镜湖区政协志

(1984—2014)

《镜湖区政协志》编纂委员会　编

安徽师范大学出版社

·芜湖·

责任编辑:胡志恒　李克非　彭　敏
装帧设计:桑国磊
责任印制:郭行洲

图书在版编目(CIP)数据

镜湖区政协志:1984—2014／《镜湖区政协志》编纂委员会编. —芜湖 :安徽师范大学出版社, 2014.12
ISBN 978-7-5676-1730-8

Ⅰ.①镜…　Ⅱ.①镜…　Ⅲ.①区(城市)－中国人民政治协商会议－地方委员会－概况－芜湖市－1984～2014　Ⅳ.①G628.543

中国版本图书馆CIP数据核字(2014)第285622号

镜湖区政协志(1984—2014)
《镜湖区政协志》编纂委员会　编

出版发行:安徽师范大学出版社
芜湖市九华南路189号安徽师范大学花津校区　邮政编码:241002
网　　址:http://www.ahnupress.com/
发 行 部:0553－3883578　5910327　5910310(传真)　E-mail:asdcbsfxb@126.com
印　　刷:安徽明星印务有限公司
版　　次:2014年12月第1版
印　　次:2014年12月第1次印刷
规　　格:789×1092　1/16
印　　张:30.5　　插页:44
字　　数:728千
书　　号:ISBN 978-7-5676-1730-8
定　　价:180.00元

《镜湖区政协志》编纂委员会

名誉顾问：李宏塔　方　成　胡邦明
顾　　问：贺　东　孙跃文
　　　　　万晓晖　许　兰
主　　任：茆振文
副 主 任：鲁厚义　奚要武　谭闽月　甄长海
　　　　　陈国强
委　　员：杨　珍　李学红　晋奇志

《镜湖区政协志》编辑部

主　　编：茆振文
副 主 编：杨　珍　金卫东
编　　辑：胡首春　王　君　邹通文
特约编辑：胡毓骅　蔡传鸿

芜湖市镜湖区(2002)行政区划图

新芜区政区图

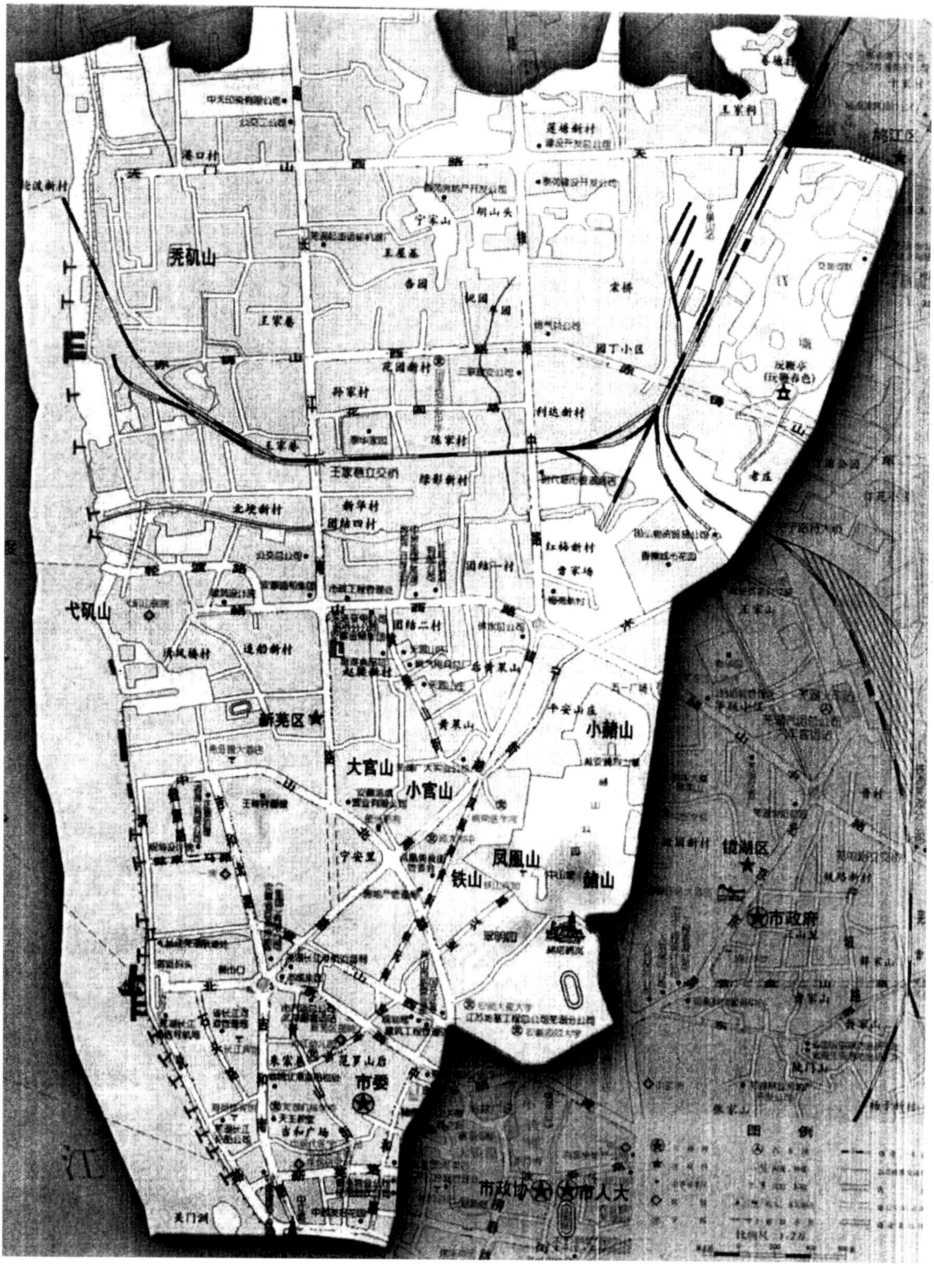

港口村
天门山西路
王家巷
宁家山
胡山头
王屋基
春园
桃园
荣桥
园丁小区
花园新村
孙家村
利达新村
陈家村
王家巷立交桥
绿影新村
北埂新村
新华村
团结四村
红梅新村
团结一村
曹家墙
弋矶山
清风楼村
造船新村
团结二村
新芜区
小赭山
中安山庄
大官山
小官山
宁安里
凤凰山
铁山
赭山
镜湖区
市政府
市委
吉和广场
天主教堂
关门洲
市政协
市人大
图例
江

芜湖市镜湖区行政区划图

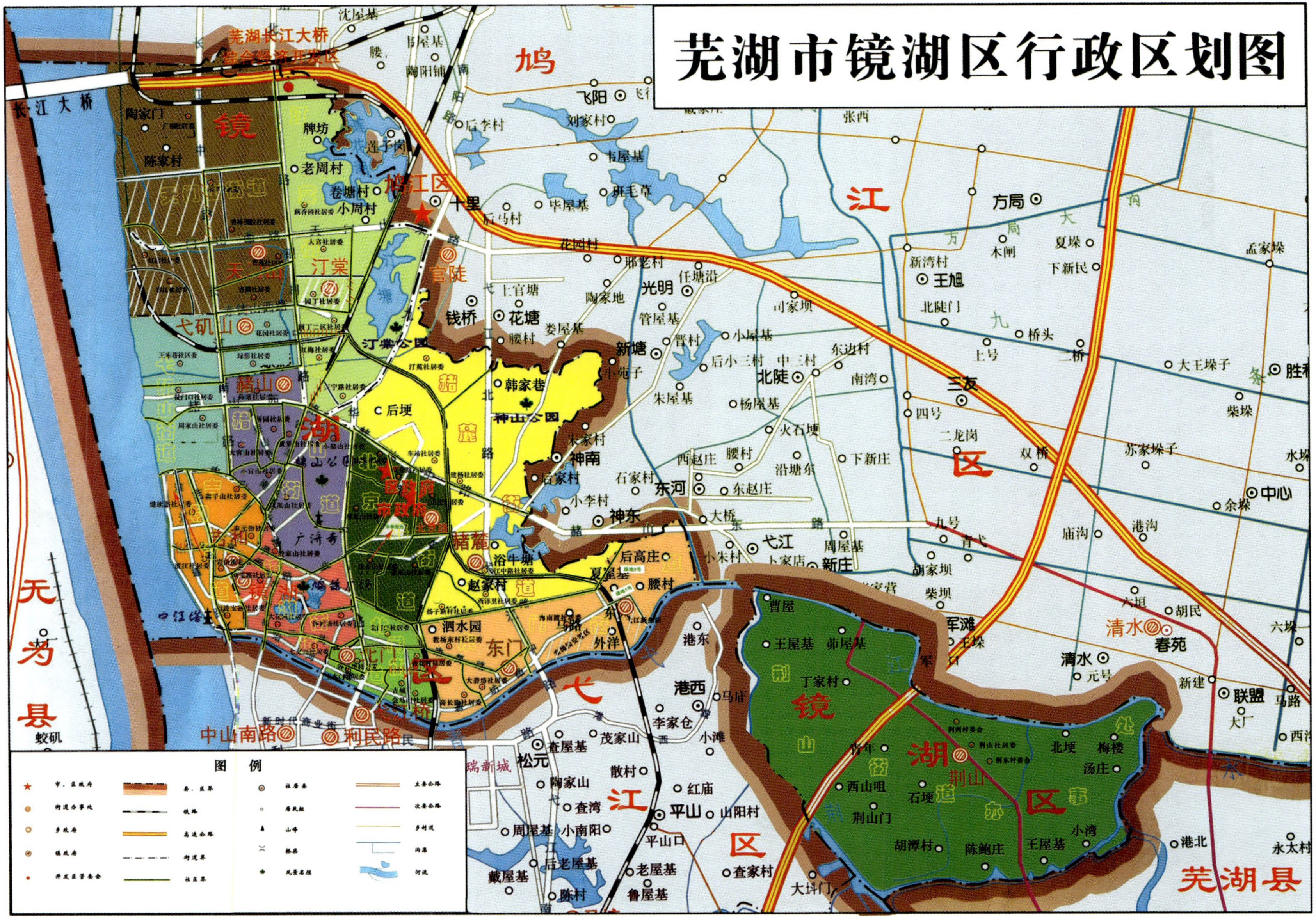

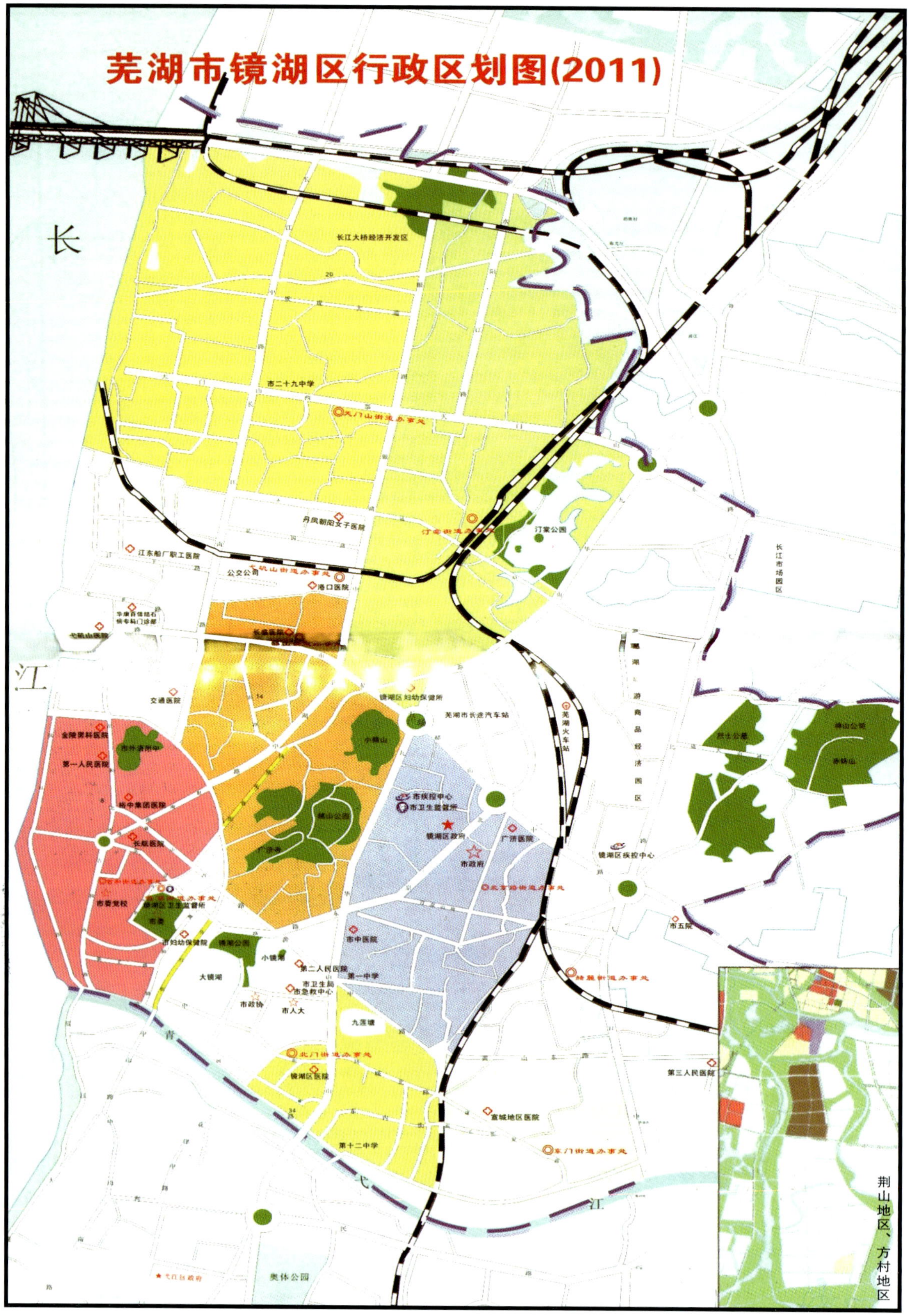
芜湖市镜湖区行政区划图(2011)
长
江
长江大桥经济开发区
市二十九中学
天门山街道办事处
丹凤朝阳女子医院
汀棠街道办事处
汀棠公园
江东船厂职工医院
弋矶山街道办事处
公交公司
港口医院
弋矶山医院
交通医院
镜湖区妇幼保健所
芜湖市长途汽车站
芜湖火车站
长江市场园区
金陵男科医院
市外语附中
第一人民医院
裕中集团医院
小赭山
赭山公园
广济寺
市疾控中心
市卫生监督所
镜湖区政府
广济医院
市政府
北京路街道办事处
镜湖区疾控中心
烈士公墓
神山公园
赤铸山
市委党校
镜湖区卫生监督所
市委
市妇幼保健院
镜湖公园
小镜湖
大镜湖
第二人民医院
市卫生局
市急救中心
市政协
市人大
市中医院
第一中学
九莲塘
市五院
赭麓街道办事处
北门街道办事处
镜湖区医院
第三人民医院
宣城地区医院
第十二中学
东门街道办事处
奥体公园
弋江区政府
荆山地区、方村地区

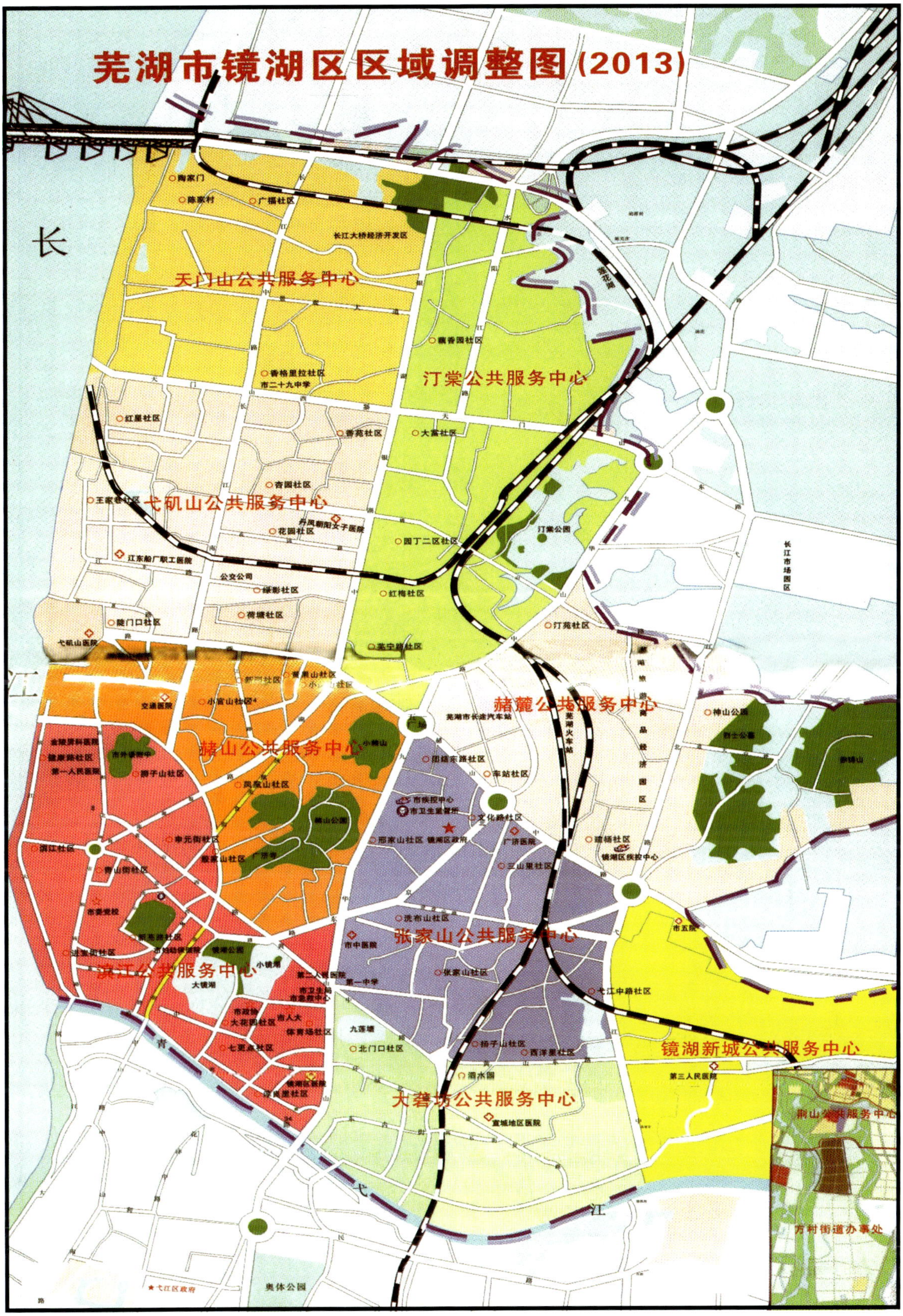
芜湖市镜湖区区域调整图(2013)
长
天门山公共服务中心
汀棠公共服务中心
弋矶山公共服务中心
赭麓公共服务中心
赭山公共服务中心
张家山公共服务中心
滨江公共服务中心
镜湖新城公共服务中心
大砻坊公共服务中心
荆山公共服务中心
方村街道办事处
陶家门
陈家村
广福社区
长江大桥经济开发区
藕香园社区
香格里拉社区
市二十九中学
红星社区
香苑社区
大富社区
杏园社区
花园社区
园丁二区社区
汀棠公园
江东船厂职工医院
公交公司
绿影社区
红梅社区
荷塘社区
陡门口社区
弋矶山医院
汀苑社区
长江市场园区
芜湖市长途汽车站
团结东路社区
车站社区
市疾控中心
市卫生监督所
文化路社区
镜湖区政府
广济医院
三山里社区
镜湖区疾控中心
狮子山社区
凤凰山社区
赭山公园
小赭山
大镜湖
小镜湖
第一中学
九莲塘
北门口社区
张家山社区
弋江中路社区
市五院
第三人民医院
泗水园
奥体公园
弋江区政府
弋
江

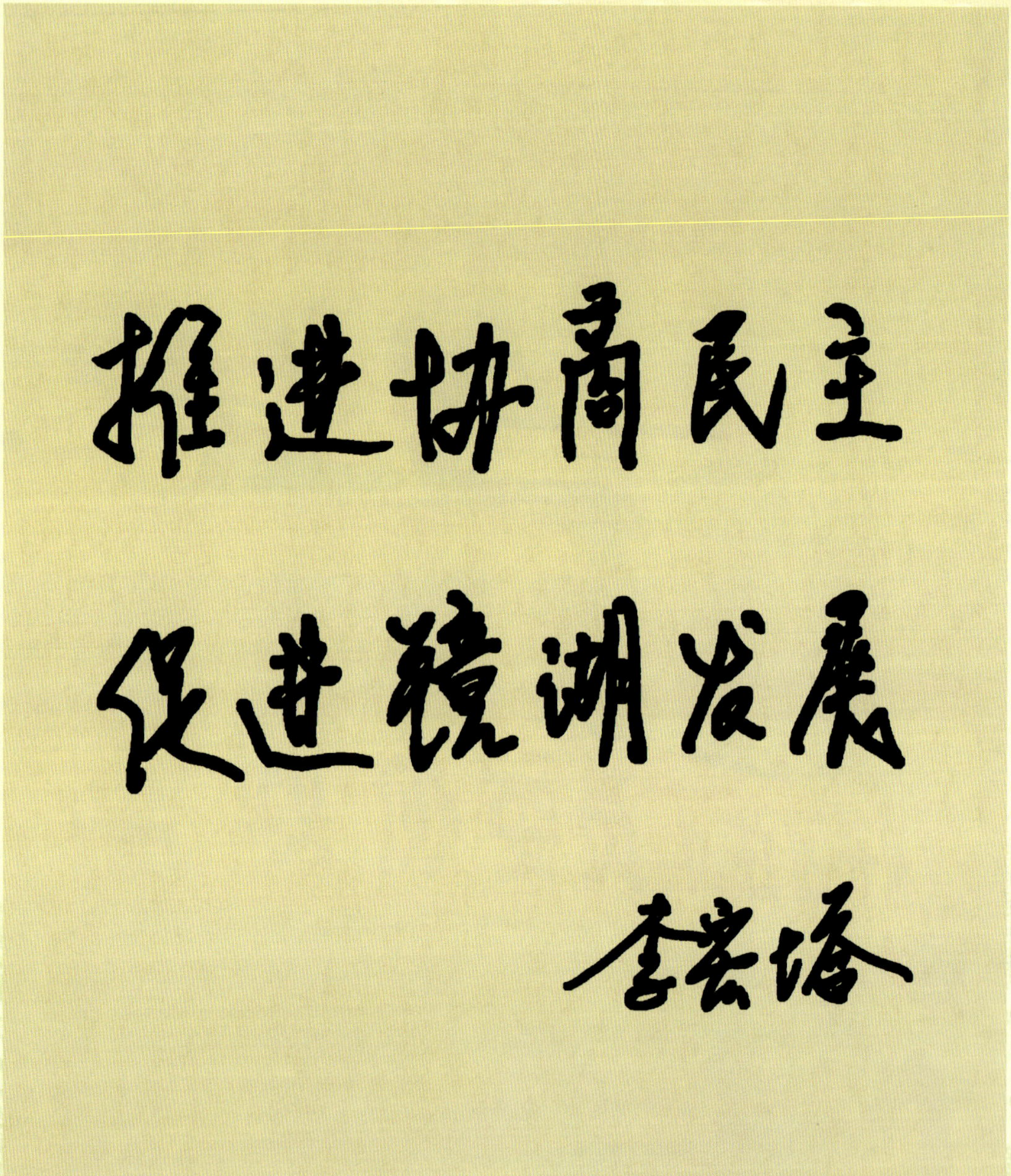

安徽省政协副主席 李宏塔 题词

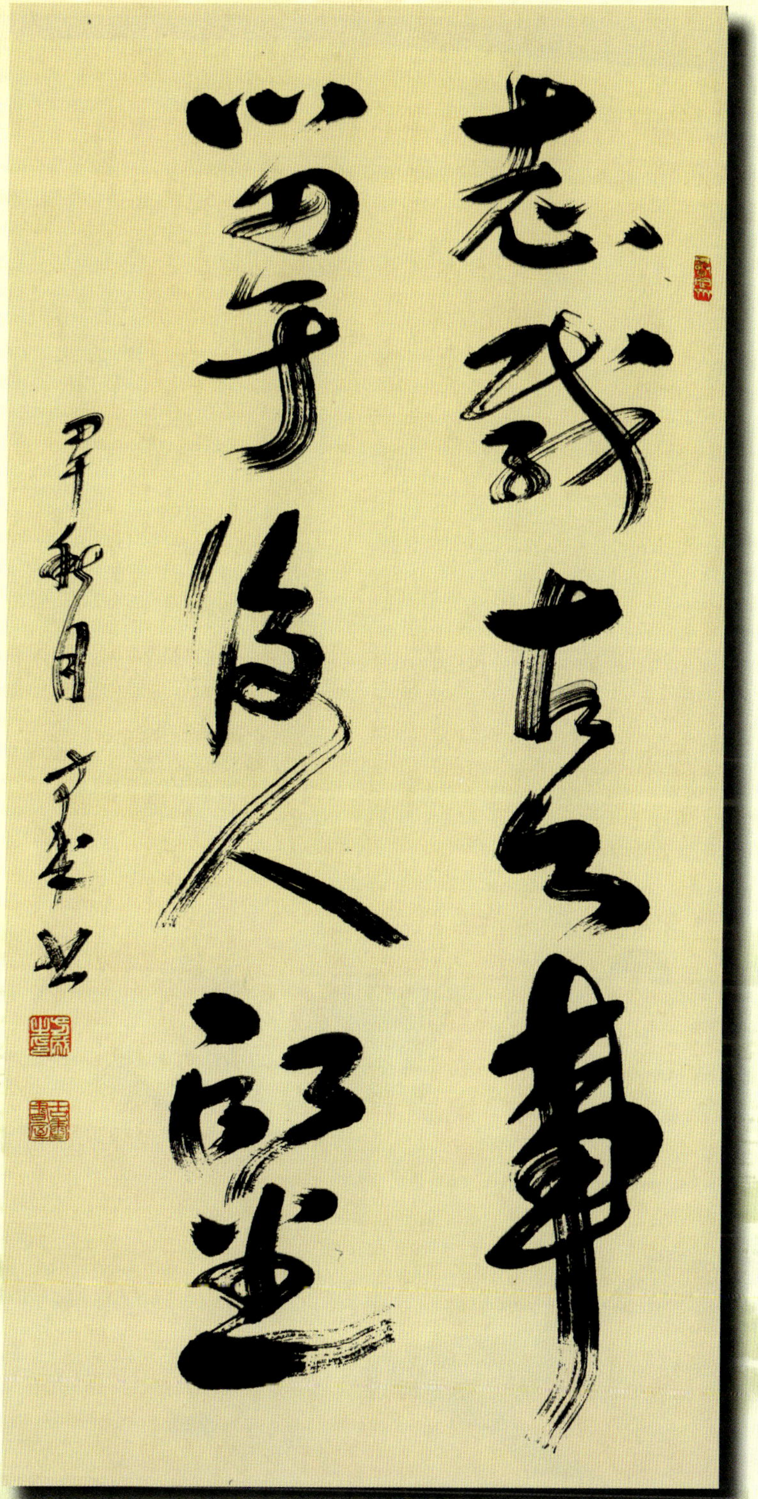

芜湖市政协主席 方成 题词

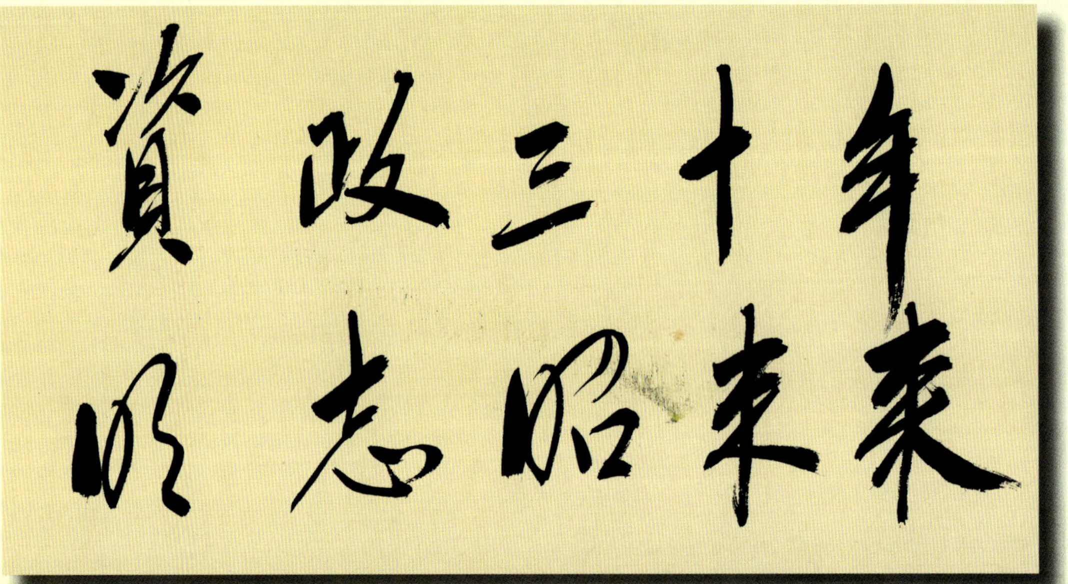

芜湖市政协主席 胡邦明 题词

鉴古知今
继往开来

贺东

二〇一〇年九月

中共镜湖区委书记　贺东　题词

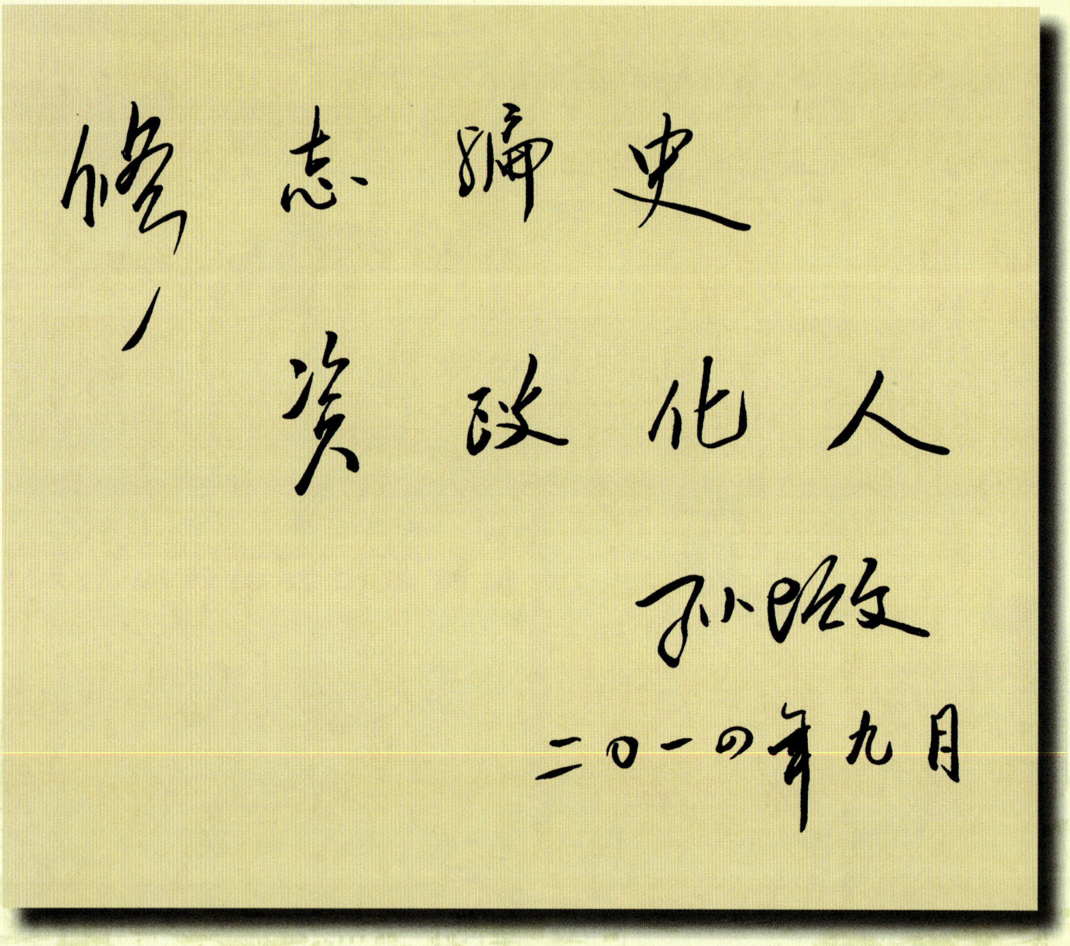

镜湖区人民政府区长 孙跃文 题词

1984 年 5 月，政协新芜区首届一次会议全体委员合影

政协新芜区三届一次会议开幕式

政协（原）镜湖区第三届委员会第一次会议

政协（原）镜湖区三届一次会议全体委员合影

政协（原）镜湖区四届一次会议全体委员合影

政协新芜区五届政协委员小组合影

政协新芜区六届一次全体会议

政协（原）镜湖区五届一次会议全体委员合影

政协（原）镜湖区六届一次会议

政协新芜区六届委员会全体常委合影

原镜湖区政协承办全市政协第八次提案工作座谈会

新芜区政协举办七省（市）部分区县政协工作理论研讨会第十四次会议

政协第七届镜湖区委员会第一次全体会议委员合影

2010 年 1 月 22 日，政协镜湖区委员会七届四次会议新老主席交接

2010 年 8 月 18 日，镜湖区召开第一次政协委员街道联络组工作会议

2012 年 2 月 16 日，镜湖区政协召开八届一次全体会议

2012 年镜湖区政协八届一次会议全体委员合影

2012 年 6 月 8 日，市政协来镜湖区检查贯彻落实全省政协工作会议精神情况

2010 年 11 月 23 日，省政协副主席田唯谦调研镜湖区的文化产业发展情况，实地参观了徽商博物馆和滨江公园

2012 年 6 月 27 日，省政协副主席李宏塔在镜湖区弋矶山街道调研我区社会管理创新情况

2014 年 7 月 28 日，省政协副主席童怀伟带领省政协委员就社会组织在社会治理中的作用来镜湖区调研

2014 年下半年，省政协副主席王秀芳视察镜湖区区雨耕山文化产业园

2011 年 5 月 10 日，市政协主席方成带领各县（区）政协主席视察我区政协联络组工作开展情况

2014 年 10 月 14 日，市政协主席胡邦明参加市政协界别组与滨江公共服务中心结对仪式，并参观雨耕山文化产业园

2008 年 1 月 3 日，区政协七届九次常委会议协商讨论七届三次全会有关事宜，协商通过优秀提案

2010 年 7 月 20 日，区政协召开七届五次会议提案督办汇报会

2010 年 7 月 20 日，区政协组织委员深入芜湖古城，实地调研地块内拆迁和古迹的开发、保护工作

2010 年 10 月 29 日，区政协常委会听取区政府负责同志作“十二五规划”情况说明

2010 年 11 月 25 日，区政协主席会议成员集体视察方村街道新农村建设情况

2011 年 4 月 29 日，区政协经济委员会调研方村街道经济社会发展情况

2011 年 5 月 11 日，区政协开展“绿化美化”督查

2011 年 6 月 21 日，区政协督查全区防汛工作情况

2011 年 8 月 3 日，区政协开展环境保护工作督，主席会议成员集体视察保兴埠整治情况

2012 年 2 月 15 日，区政协八届一次会议组织全体委员视察

2012 年 4 月 26 日，区政协人资环委员会赴方村街道合心村调研新农村建设情况

2012 年 9 月 5 日，为推动民生工程的落实，区政协成立专项督查组对部分民生项目开展实地督查

2012 年 11 月 21 日，区政协成立督查组对全区小微餐饮开展专题督查

2013 年 5 月 16 日，区政协文卫体委员会视察基层卫生服务中心建设情况

2013 年 9 月 6 日，区委副书记领衔督办重点提案

2011 年 7 月 20 日，区委常委、副区长许兰参加政协常委会通报工作

2013 年 9 月 14 日，区政协主席会议集体视察政府安置小区物业管理情况

2013 年 9 月 26 日，区政协主席会议集体视察电子商务企业发展情况

2013 年 5 月区政协副主席谭闽月率文卫体专委会部分委员进行药品监管工作调研

新芜区政协承办七省市部分区县市政协工作理论研讨会第十三次会议

新芜区政协承办六省二十六区县政协联谊会第七次会议

2009 年区政协开展“迎国庆、进社区、服务群众”活动

2010 年 7 月 28 日，区政协主席扩大会议集中学习，邀请区经发改委负责同志作《皖江城市带承接产业转移示范区规划》讲座

2010 年 9 月 9 日，区政协“委员进社区”活动中部分委员开展义诊服务群众

2010 年 9 月 20 日，区政协与区委统战部联合召开全区各界人士中秋国庆茶话会

2010 年 10 月 10 日，区政协与民主党派联合向方村困难群众捐赠

区政协开展委员"进社区、到村组"活动启动仪式

2011年5月4日，区政协机关党支部召开党员大会

2011年5月10日，全市政协镇（街道）委员联络组工作经验交流会在我区召开

2011 年 7 月 7 日，区委、区政协召开贯彻落实中共中央《关于加强人民政协工作的意见》专题会议

2011 年 10 月 24 日，区政协承办全国十四城区（市）政协工作研讨会第二十四次会议，市政协主席方成到会讲话

2011 年 8 月 11 日，区政协举办的政协联络组长培训会议

2011 年 11 月 26 日，区政协开展“百名委员进百家，关注民生工程”视察活动

2012 年 2 月 9 日，区政协组织八届全体委员培训

2012 年 7 月 25 日，区政协组织委员慰问烈日下的环卫工人

2014 年 9 月 17 日，区委常委刘淇，区委常委、副区长吴文斌参加政协八届十六次常委会议重点协商电子商务、社区管理体制改革情况

2012 年 11 月 28 日，市政协领导参观区政协举办的第五届邻里节“政协委员关注民生工程”书画摄影展

2013 年 12 月 27 日，区政协工作研究会成立大会并举行揭牌仪式

2014 年 2 月 19 日，区政协组织新委员培训

2014 年 4 月 24 日，政协赭山联络组部分委员深入社区调研居家养老工作情况

序

镜湖区政协主席

在中国人民政治协商会议成立65周年暨镜湖区政协成立30周年之际,《镜湖区政协志》付梓面世,这是我区政协发展史上的一件大事。该书的出版,有助于社会各界对我区政协的了解和支持,有助于进一步发挥人民政协职能,也必将发挥"存史、资政、团结、育人"的重要作用。

1984年5月,芜湖市辖原镜湖区、新芜区政协相继成立;2006年6月,因区划调整,两区合并成立了新的镜湖区政协,并沿用原镜湖区政协的届次至今。30年来,诞生于改革开放大潮中的镜湖区政协,在历届区委的领导下,区政府的大力支持下,广泛团结社会各界人士,充分发挥委员主体作用,围绕中心,服务大局,心系群众,反映民意,创新履职方式方法,不断拓宽工作领域,各项工作取得显著成效,积累了丰富履职经验,在推进全区经济建设和社会各项事业发展中发挥了重要作用。这是历届政协辛勤工作的收获,也是全体委员创新履职的结晶。

八届区政协决定编纂《镜湖区政协志》,旨在以史为鉴,面向未来。作为我区政协有史以来的首部志书,它坚持唯物史观,贯彻求真求实的原则,通过广征博采、客观辑录,系统地记述了1984年5月至2014年9月期间,我区政协的发展脉络和组织沿革,全面总结了区政协履行政治协商、民主监督、参政议政职能的成果和经验。虽经一年半的艰苦工作,认真搜集整理,但由于历史原因,一些史料未记载或未存档而不能入志,仍存缺憾。

回眸过去,成就辉煌。30年来镜湖区政协及广大政协委员为实现全区经济发展、社会进步、人民幸福所作出的重要贡献,为人民政协事业的蓬勃发展所作出的积极探索和实践,已经载入发展史册,也为人民政协事业的未来发展奠定了坚实基础。展望未来,任重道远。当前,我们正处在社会大变革、事业大发展的伟大时代,我们坚信,在镜湖改革发展和现代化建设新的征程中,人民政协事业一定会日新月异、兴旺发达,续写更加灿烂辉煌的巨著鸿篇。

以史为鉴,可以知兴替。《镜湖区政协志》记史实之精要,收人物之精英,传政协之精神。该志书的编纂出版对于我们认识区情,宣传镜湖,建设镜湖,推进我区人民政协事业的全面发展,大有裨益。

智慧伴汗水共洒,结晶与青史并存。我们十分感谢省政协李宏塔副主席、市政协方成主席、胡邦明主席等领导的关心厚爱,感谢区委、区政府的重视和支持,同时向参与志书编纂的所有同志致以诚挚的谢意!

值此志书付梓之际,欣然命笔,谨以为序。

2014年9月

凡 例

一、本志以马列主义、毛泽东思想、邓小平理论、“三个代表”重要思想、科学发展观、党的十八大以及习近平总书记系列讲话精神为指导,以《中国人民政治协商会议章程》为依据,坚持尊重历史、实事求是的原则,力求全面、准确、系统地反映镜湖区政协的历史与现状。

二、本志记述的时间上限为1984年5月,下限为2014年9月。记述的工作范围包括1984年至2006年的镜湖区政协(原)与新芜区政协,以及2006年至2014年的镜湖区政协。

三、本志由3部分构成:第一部分为序言、凡例、概述、大事记。第二部分为专志,分为:机构、组织、委员、会议、提案工作、调研视察考察、专项督查社情民意、文史资料、自身建设、社会活动、人物、附录共12章,章下为节、目、子目,章首设无题序言,各节以时间为经,以事件内容为纬,经纬交织,形成系列。第三部分为附录,录有部分政协会议工作报告、提案工作报告、区委书记的讲话、重要文件、重点提案等。

四、本志机关单位称谓、名词俗语按照有关规定执行,地名按当时名称使用,简称和习惯用语与国家有关规定和政协章程相一致。

五、本志除表述性名称和习惯语言使用汉字数字外,一般使用阿拉伯数字书写。

六、本志综合运用述、记、传、图、表、录等形式。行文采用语体文、记述体。计量单位、名称、符号遵照国务院1984年2月27日颁布的《中华人民共和国法定计量单位》标准执行。引文和选录原文的统计数字单位,保留其原貌。

七、本志主要参考中共中央和国务院有关政策、法规,《中国人民政治协商会议章程》,中共镜湖区委、区人民政府有关文件,芜湖市档案馆馆藏资料、区政协机关工作档案、芜湖市政协志,以及对历届政协领导及知情者的访谈和书籍报刊资料。编纂中以文件为依据,文档材料为主体,其他资料作参证,资料不全的,保持原貌,附以简要说明。对文件辑存收录的原件、原文,除文字错误外,一般不作删改。

八、本志收录的机构和人员截止时间为志书下限,不是机构和人员的终止时间。

目　录

概　述

镜湖区是芜湖市中心城区，人文历史悠久，区位优势明显，生态环境优美。交通便捷，商业发达，科教文化资源富集，生活、娱乐、休闲设施完善，是全市经济、文化、信息、金融中心和中央商务区，是宜业、宜商、宜游、宜居之地。

镜湖区境内，曾设环城区、长街区和新芜区，后调整为镜湖区、新芜区。2006年2月9日，芜湖市人民政府批准撤销原新芜区、镜湖区，设立新的镜湖区。将原新芜区、镜湖区的行政区域，芜湖县原荆山镇，鸠江区广福、莲塘2个居委会划归镜湖区管辖，区政府驻北京东路。原来的芜湖市新芜区、镜湖区面积均为约16平方千米，人口分别为25.3万和17.54万。合并成新的镜湖区，面积58平方千米，人口43.91万，街道办事处14个。2010年8月，原芜湖县方村镇划归镜湖区管辖，同时撤销方村镇，在其原行政区域设立方村街道办事处。2012年，镜湖区率先在全区进行基层社会管理机构改革，除保留方村街道，撤销了11个街道，成立了10个公共服务中心。截至2014年9月，全区辖10个公共服务中心、1个街道、60个社区、12个行政村，常住人口约60万。

近年来，镜湖区的经济保持着又好又快发展。2013年，全区地区生产总值321.3亿元，比上年增长10.5%，固定资产投资215.05亿元，比上年增长18.8%，社会消费品零售总额215.9亿元，比上年增长14.6%，财政收入43.7亿元，比上年增长15.0%。在经济快速增长的同时，镜湖区注重各项社会事业的协调发展，陆续荣获"全国平安建设先进县(区)"、"全国科普示范区"、"全国和谐社区建设示范城区"、"全国养老社会化服务示范区"、"中国民间文化艺术之乡"、"安徽省城市商贸服务业发展示范区"、"安徽省都市休闲旅游示范区"、"安徽省金融产业集聚区"、"安徽省总部经济集聚区"、"安徽省教育强区"等多项荣誉，为镜湖区加快发展经济社会事业创造了良好的社会环境。

政协镜湖区委员会自1984年成立至2014年，已走过了30年的光辉历程。在30年的历程中迅速发展壮大。以第一届与第八届比较，政协镜湖区第一届委员会有委员76人，代表中共、民主党派、无党派人士、人民团体、各族各界等16个界别，9个工作组。在行使职能上，通过政治协商、民主讨论以及开展调查学习等方式来进行。镜湖区第八届委员会有委员218人，代表23个界别；设立了提案委员会、经济委员会、社会和法制委员会、文卫体委员会、教科委员会、人口与资源环境委员会、学习和文史委员会、民族宗教和港澳台侨委员会。2010年政协镜湖区第七届委员会第五次全会后开始设立秘书长。30年来，区政协先后制定与完善了《委员会全体会议规则》、《常务委员会工作规则》、《主席会议工作规则》、《政协党组党风廉政建设的规定》、《政协党组理论学习制度》、《政协党组会议制度》、《专门委员会工作通则》、《委员会视察工作规则》等多项制度，推动了政协工作向规范化、制度化发展。

政协镜湖区委员会成立以来，在中共镜湖区委的领导下，高举爱国主义、社会主义两面旗帜,牢牢把握团结和民主两大主题,依靠全体政协委员,团结社会各界人士,充分发挥优势,认真履行职能,不断推进制度化、规范化、程序化建设,为促进全区经济建设和社会事业的全面发展,维护社会和谐稳定,巩固和发展爱国统一战线,做出了积极的贡献。

政治协商广度和深度不断扩展。区政协历届委员会通过召开全体会议、常委会议、主席会议、专门委员会会议等履行职能的基本形式,开展全方位、多层次、宽领域的协商议政活动。就国民经济和社会发展计划、财政预决算、重要人事变动、社会体制改革、经济和社会发展、社会保障和民生问题等进行协商讨论,提出意见和建议,得到了区委、区政府和有关部门的重视,被吸纳到规划纲要、重要文件和重点工程的实施之中,取得了显著的经济和社会效益。至第八届区政协,基本形成了行之有效的政治协商新格局。不断探索中国特色社会主义协商民主和民主协商新思路和新方法,政治协商的渠道得到了拓展,内容得到了深化,形式得到了规范,制度得到了完善,显示了协商议政的多层性和实效性。

民主监督的形式不断创新。区政协通过委员提案及视察、民主(行风)评议、政情交流、组建民主监督小组等多种形式,对国家法律、法规的实施,党和国家重大方针政策的贯彻执行,各年度经济和社会发展规划及阶段性的重要工作部署,改革发展中的突出问题、群众关注的热点问题等方面提出批评和建议,行使民主监督的职能。根据市政协《对全市城区公安派出所工作进行民主评议的实施意见》,从 1999 年开始,用 3 年时间,对区境 8 个派出所开展“双创”(“创人民满意的派出所、创人民满意的公安干警”)活动,进行民主评议,全过程监督。通过走访、座谈、查阅资料、问卷调查等方式,围绕年度评议内容认真开展民主评议。向公安部门提出了不少切实可行的意见和建议,受到市公安局党委的高度重视,并把评议结果作为考核派出所工作的重要依据。区政协选派委员担任法院、检察院和政府职能部门的人民陪审员、检风监督员、行风评议员。邀请政协委员和人大代表列席政协常委会,增加政协会议的透明度。

参政议政的领域不断扩大。参政议政是人民政协履行职能的重要形式,是“政治协商、民主监督”职能的拓展和延伸。参政议政是对具有综合性、全局性、前瞻性特点的政治、经济中心工作或者重特大课题,组织政协委员参与调研视察协商讨论并提出建议和意见。区政协在履行参政议政职能中,始终树立中心意识、大局意识,围绕区委、区政府中心工作,发挥自身优势,选择事关全局的重大问题,实际工作中需要解决的突出问题,人民群众关注、党政领导重视、政协有条件做的热点问题,组织委员开展调查研究,通过召开专题研讨会、协商会及提交建议案等形式,向区委、区政府和有关部门提出意见建议。在区政协全委会、常委会、专门委员会和区委、区政府召开的情况通报会等会议上作参政议政发言。不少社情民意引起党委、政府的重视,使有关问题得到了解决。

提案工作是政协行使政治协商、民主监督和参政议政职能的重要形式,也是协助党委和政府联系各族各界人士,广泛听取群众意见,实现决策科学化、民主化的重要渠道。区政协高度重视提案工作,制订并不断完善《政协镜湖区委员会提案工作条例》,从提案的征集到提案的办理,区政协形成了一整套行之有效的机制,推动了提案工作的制度化、规范化、程序化、高效化。尤其是 2010 年以后,区政协在全省率先建立并实行了区委领导、区政府领导、区政协领导牵头督办重点提案制度,加大了提案办理力度,提高了提案落实率和办理质量。

专委会的重要作用日益显现。历届区政协专委会、工作小组发挥自身优势，开展了调研视察、参政议政发言、对口联系等活动，广泛听取各方面意见，反映社情民意，积极服务群众，成为组织委员开展经常性活动的工作机构，是委员参政议政经常化的重要组织形式。

创新开展政协联络组工作。这项工作是区政协推出的一项重要创新举措，是政协工作向基层的延伸，使政协工作深入社区、贴近群众，既为政协委员发挥作用、履行职能提供了一个新载体，也为基层广大群众反映诉求、提出建议搭建了一个新平台。

团结联谊成为联络社会各界人士感情的纽带。自区政协成立以来，积极落实政协委员政策工作，协助党和政府平反冤假错案，重点解决“文化大革命”的后遗症问题，使一大批政协委员的历史问题得到了妥善解决。同时落实侨务政策，激发港澳台同胞的爱国热情，宣传和贯彻“和平统一，一国两制”的方针，广泛团结港澳台同胞和海外侨胞，成为新时期政协工作的重要特点。区政协加强了新时期统战工作，开展各种形式的宣传工作，加强联谊联络、信息交流。这些工作的开展，对镜湖区经济、政治、文化和社会建设起到了积极的促进作用。

认真抓好文史工作。为了对文史资料进行抢救性保护，弥补有关历史资料的空白，政协镜湖区委员会组织人员编撰了镜湖区文史资料共 21 辑及一大批历史文集。在安徽省政协主办的《江淮时报》上刊发了大量反映政协镜湖区委员会履职尽责的消息和成果。

政协组织自身建设不断加强。组织委员学习是政协的优良传统。历届政协组织委员认真学习马列主义、毛泽东思想、邓小平理论、“三个代表”重要思想、科学发展观、党的十八大文件及习近平总书记系列讲话精神，学习党和国家方针政策，学习政协章程、统战理论和协商民主理论。坚持为委员订阅《江淮时报》等学习资料，制定了《政协镜湖区委员会学习、考勤制度》、《政协镜湖区委员会关于政治协商、民主监督、参政议政实施意见》，既调动了委员履职尽责的积极性和主动性，又促进了委员自我管理、自我教育、自我规范、自我提高，推进了政协履行职能的规范化、制度化、程序化。长期以来，区政协始终坚持加强政协机关建设，切实加强思想、组织、作风、制度建设和反腐倡廉建设，培养造就高素质干部队伍。先后开展了“服务于人民、奉献于事业”主题教育、廉政教育、“三讲教育”、共产党员先进性教育、“三个代表”重要思想和科学发展观学习、党的群众路线教育实践活动，树立宗旨观念、服务意识和良好工作作风，使政协工作积极、主动、活跃、有序开展，为政协更好地履行职能提供了有力的保障。

回顾过去，成就辉煌；展望未来，任重道远。在建设现代化镜湖区、实现中华民族伟大复兴的“中国梦”的征程中，政协工作大有可为。全区政协组织和广大政协委员，以党的十八大、十八届三中全会及习近平总书记系列讲话精神为指导，充分发挥人民政协作为协商民主的重要渠道作用，推进协商民主广泛、多层、制度化发展，进一步解放思想，振奋精神，履职尽责，开拓创新，为推进人民政协事业和经济社会的全面发展，谱写镜湖人民美好生活的新篇章做出新的更大贡献！

大事记

1984 年

4 月 7 日，根据中共芜湖市委决定，政协芜湖市新芜区筹建领导小组成立。

4 月 10 日，根据中共芜湖市委决定，政协芜湖市镜湖区筹备委员会成立。

5 月 13 日至 18 日，政协新芜区第一届委员会第一次会议（以下简称新芜区政协）在鸠江饭店举行，新芜区政协正式建立。

5 月 14 日至 18 日，政协镜湖区第一届委员会第一次会议于（以下简称镜湖区政协）在芜湖饭店四楼会议室举行，镜湖区政协正式建立。

7 月 24 日，镜湖区政协组织部分政协委员，视察了二街、中山路的 10 家饮食食品商店的卫生状况。

10 月，镜湖区政协对本区范围内 15 个工厂企业的 138 名高中级科技人员，进行了肺部分层检查。

10 月 10 日，镜湖区政协群工法制组赴南湖茶林场，看望了镜湖区镜内 39 名在场劳教人员。

10 月 19 日，镜湖区政协举办了“南湖之行观感”报告会，区公安分局、派出所负责人，街道办事处、居委会主任和劳教人员的家属共 300 余人参加了报告会。

11 月下旬，镜湖区政协就社会关注的独生子女教育问题在部分小学、幼儿园进行重点调查。

1985 年

2 月 7 日，镜湖区政协会同区人大对本区境内的市场管理、环境卫生和食品卫生状况进行视察。

3 月，镜湖区政协《文史资料简介》正式出刊。

3 月 26 日至 29 日，镜湖区政协一届二次会议在镜湖区政府礼堂举行。

3 月，镜湖区政协举办政协委员为四化建设服务经验交流会，11 名委员进行了大会交流。

4 月，新芜区政协经济科技委员会部分委员对区属标牌厂、织带厂、棉织厂、弹簧厂等单位进行为期两天的调查研究。

4 月 23 日至 26 日，新芜区政协一届二次会议在区政府五楼会议室召开。

5 月，镜湖区政协参观学习小组一行八人赴九江市、武汉市（江汉区）、长沙市（南区）

等地学习政协工作经验。

1986 年

3 月，镜湖区政协一届三次会议召开。

3 月 24 日至 27 日，新芜区政协一届三次会议在市退伍军人接待站三楼会议室召开。

9 月 24 日至 26 日，镜湖区政协医药卫生工作组会同中医院组成医疗检查组，深入本区 7 个街道为 34 名孤寡老人进行了健康检查。

1987 年

3 月 3 日，以镜湖区政协副主席李必明为首的一行 17 人，对区境内个体饮食业的卫生状况进行了视察。

4 月 23 日至 28 日，新芜区政协二届一次会议在区机关五楼会议室举行。

4 月 25 日至 28 日，镜湖区政协二届一次会议在区机关大礼堂举行。

5 月 29 日，新芜区政协经济科技工作委员会听取分管生产的李文龙副区长关于各区街企业生产概况和存在问题的通报。

7 月中旬，镜湖区政协社会工作委员会就创建文明居委会问题，进行专题调查。

8 月 29 日，为做好海外联谊工作，经中共新芜区委同意，新芜区统一战线理论研究会成立并召开第一次会议。

下半年，镜湖区政协开始筹建“镜湖区台湾同胞、港澳同胞、海外侨胞亲属联谊会”。

1988 年

3 月 23 日至 25 日，镜湖区政协二届二次会议召开。

4 月 1 日，新芜区政协参加在江西九江市浔阳区召开的首次城区政协横向联系联谊会。

4 月 13 日至 16 日，新芜区政协二届二次会议在区政府五楼会议室举行。

5 月 28 日至 30 日，镜湖区政协社会工作委员会对赭山路、东郊路、朱家塘三个农贸市场进行了视察。

5 月 31 日，新芜区政协召开“政协委员为振兴区街经济献计献策”专题座谈会。

6 月 7 日至 9 日，镜湖区政协文教委员会就群众反映的“入学难”、“转学难”、“借读难”、“入园难”等问题进行了专题调查。

9 月 27 日至 28 日，新芜区政协对区境内集市贸易、食品卫生的情况进行视察。

12 月 24 日，镜湖区政协文教工作委员会会同区教育科赴宁渊小学对智障儿童的教育情况进行调查。

1989 年

3 月 20 日至 24 日，新芜区政协二届三次会议在市委党校召开。

3 月 29 日至 4 月 2 日，镜湖区政协二届三次会议召开。

5 月 15 日至 19 日,新芜区政协主席刘润枝等参加由广东湛江市霞山区举办的“七省市二十五城区(县)”政协联谊会。

7 月 24 日至 26 日,新芜区政协委员视察区境内 16 家酒家、餐厅、饭店的夏季食品卫生情况。

9 月 26 日,镜湖区政协社会工作委员会对《女职工劳动保护规定》执行情况进行了调查。

1990 年

6 月 26 日至 30 日,新芜区政协三届一次会议在区政法大楼召开。

7 月 8 日至 12 日,镜湖区政协三届一次会议召开。

10 月 22 日至 25 日,新芜区政协赴黄山市屯溪区参加七省二十五区(县)政协联谊会第三次会议。

1991 年

3 月 18 日至 21 日,新芜区政协三届二次会议在市委党校举行。

3 月 6 日至 8 日,镜湖区政协三届二次会议召开。

12 月 14 日,新芜区政协常委对吉和街、北京路、新芜路的 29 家商户进行食品卫生状况视察。

1992 年

3 月 16 日至 19 日,新芜区政协三届三次会议在市委党校举行。

3 月 31 日至 4 月 3 日,镜湖区政协三届三次全体会议召开。

5 月,新芜区政协文教委员会针对小学生负担过重的情况,对吉和街小学、北京路小学进行调研。

1993 年

3 月 9 日至 12 日,镜湖区政协四届一次会议在镜湖区机关大礼堂举行。

3 月 22 日至 25 日,新芜区政协四届一次会议在市委党校举行。

4 月 29 日,镜湖区政协法制群工工作委员会视察市新火车站、汽车站的综治工作。

5 月,新芜区政协文教委员会在吉和街小学、市第三职业高级中学就“优化社会环境、促进青少年健康成长”进行专题调查。

7 月,新芜区政协常委会在汪国兴主席的带领下,视察了汀棠办事处棠桥村微型汽车厂。

10 月 3 日,镜湖区政协财经工作委员会部分委员视察私营企业通达贸易公司。

10 月,新芜区政协经济委员会、科技委员会部分委员视察区街企业——中外合资永年针织有限公司。

12 月 24 日,镜湖区政协在会议室召开了由常委和部分委员代表参加的纪念毛泽东

100周年诞辰座谈会。

12月，新芜区政协在市影星剧场举办纪念毛泽东100周年诞辰报告会。

1994年

3月16日至18日，镜湖区政协四届二次会议在镜湖区机关大礼堂举行。

3月16日至19日，新芜区政协四届二次会议在市委党校举行。

4月14日，镜湖区法制群工工作委员会就城郊结合部的社会治安综合治理情况视察杨场行政村。

4月27日，镜湖区政协和区委统战部组成联合调查组，深入区属各街道办事处，调查了解区境“三胞”亲属情况。

4月，新芜区政协组织经济委员会、科技委员会的部分委员，分赴中外合资永年针织有限公司等六个单位，就组建针纺织集团进行考察调研。

9月，新芜区政协社会法制委员会视察北京路派出所“两劳”回归人员帮教工作。

10月19日，新芜区政协、区委统战部组织各民主党派、无党派爱国人士、区工商联及区“三胞”亲属联谊会代表一行20余人，前往泾县瞻仰新四军军部旧址。

11月，新芜区政协组织开展学习政协章程知识问答活动。

1995年

3月9日至11日，镜湖区政协四届三次会议在镜湖区机关大礼堂举行。

3月14日至17日，新芜区政协四届三次会议在宣城军分区举行。

4月，新芜区政协经济委员会部分委员视察汀棠办事处香店行政村投资兴办的香苑市场。

5月3日，镜湖区政协文教卫工作委员会卫生组赴市第四人民医院芜南路分院考察，对精神病的发病原因进行了深入的了解。

5月，新芜区政协文教委员会与社会法制委员会就青少年违法犯罪问题开展调查。

10月，新芜区政协文教委员会视察北京路小学素质教育工作。

10月，新芜区政协城建委员会前往汀棠办事处香店行政村视察村民住宅小区规划工作。

10月，新芜区政协会同合肥市西市区政协、安庆市大观区政协、黄山市徽州区政协，联合在合肥市举办六省二十六区(县)政协联谊会第七次会议。

1996年

3月11日至13日，镜湖区政协四届四次会议在镜湖区机关大礼堂举行。

3月12日至15日，新芜区政协四届四次会议在宣城军分区举行。

5月15日，全国政协常委、原南京军区副司令员张明一行5人，在市政协领导陪同下来镜湖区检查政协工作。

5月，新芜区政协社会法制委员会前往汀棠办事处视察对违法青少年的帮教工作。

7月25日,镜湖区政协在市政协指导下,针对我市创建国家卫生城、环卫新体制的运行及城市卫生管理等问题,开展专题调查。

8月,新芜区政协抽调部分委员,在市政协常委谢佑来等人的指导下,对区内环卫体制运行情况进行全面调查。

9月,新芜区政协医卫委员会视察全区食品卫生工作。

11月8日,镜湖区政协文教卫工作委员会部分委员视察芜湖市中医学校。

11月,新芜区政协驻会常委视察区境内部分“窗口”单位创建社会主义精神文明建设工作。

11月28日,镜湖区政协城建城管工作委员会视察了区房屋开发公司。

1997年

1月,新芜区政协科技委员会视察区乡办企业——市水泥机械配件厂。

3月11日至13日,镜湖区政协四届五次会议在镜湖区机关大礼堂举行。

3月11日至14日,新芜区政协四届五次会议在市狮子山小学举行。

4月29日,镜湖区政协文教卫工作委员会教育组视察市来凤小学的素质教育工作。

5月9日,镜湖区政协学习文史和城建城管工作委员会联合视察区街企业环球箱包厂。

5月,新芜区政协城建委员会视察全区防汛工作。

5月,新芜区政协对部分由市政府划转到新芜区的工业企业进行了实地考察和调研,并就破产企业优化重组问题,在市政协八届22次常委会上,向市政府提出七点建议。

6月26日,镜湖区政协城建城管工作委员会视察全区的防汛工作。

8月13日,镜湖区政协提案工作委员会就北门淳良里九华新村下水道堵塞和长街批发市场占道经营亟待解决提案进行追踪视察。

1998年

3月4日至7日,镜湖区政协五届一次会议在镜湖区机关大礼堂举行。

3月8日至10日,新芜区政协五届一次会议在狮子山小学举行。

4月15日,镜湖区政协和区委统战部联合举办了“侨务、对台、出入境”知识讲座。

5月26日,镜湖区政协社会法制工作委员会赴镜湖街道办事处视察街道“两创”工作。

6月25日,新芜区政协举办对台形势报告会。

6月19日,镜湖区政协文体卫工作委员会就《食品卫生法》的贯彻执行情况进行视察。

8月6日,新芜区政协领导慰问战斗在防汛抗洪第一线的12名区政协委员。

8月17日,镜湖区政协组织工商界的政协委员慰问战斗在青弋江防洪第一线的抗洪干部和群众。

8月24日,新芜区政协机关干部向灾区捐款,15人共捐款1080元。

10月27日，镜湖区政协祖国统一工作委员会就“三资”企业经营状况进行调研。

11月17日，镜湖区政协文体卫工作委员会视察文化市场。

11月20日，镜湖区政协社会法制委员会赴中医学校视察该校的青少年教育管理新模式。

12月16日，镜湖区政协城建城管工作委员会就《土地管理法》的贯彻执行情况进行调研。

12月18日，镜湖区政协提案工作委员会对委员《关于解决湖滨小区噪音、垃圾、油烟污染问题》的提案进行追踪视察、现场督办。

1999年

1月26日至28日，镜湖区政协五届二次会议在镜湖区机关大礼堂举行。

1月31日至2月2日，新芜区政协五届二次会议在狮子山小学举行。

4月29日，新芜区政协举办“邓小平理论报告会”。

5月17日，新芜区政协与马塘区政协联合承办安徽省十九县(市)区政协工作研讨会第十六次会议。

6月17日，新芜区政协领导分别上门慰问区政协扶助特困户。

7月25日，镜湖区政协科教工作委员会赴马鞍山市花山区考察区街企业科技现状。

9月10日，新芜区政协举行统战理论报告会。

9月18日，新芜区政协举办“庆祝人民政协成立50周年联欢会”。

10月，新芜区政协主席邢昌海等四人参加在湖北黄石市黄石港区召开的六省二十七区、县(市)政协工作理论研讨会第十次会议。

11月2日，新芜区政协组织委员向南陵县东七乡灾区捐款捐物。

11月9日，新芜区政协科教文卫体委员会前往无锡市崇安区等地考察社区医疗卫生工作。

11月24日，镜湖区政协为庆祝澳门回归举办《澳门的历史、现状和未来》讲座。

12月12日，镜湖区政协组织政协委员中的医务专家，举行迎澳门回归义诊活动。

12月30日，新芜区政协与区委统战部、工商联等部门联合举办“新芜区各界人士庆澳门回归，迎接新世纪”文艺活动。

2000年

1月20日至22日，镜湖区政协第五届委员会第三次会议在镜湖区机关大礼堂举行。

1月20日至22日，新芜区政协五届三次会议在新芜区政府八楼大会议厅召开。

3月3日至7日，新芜区政协受新芜区委、区政府委托，组织调研组就基层稳定工作到弋矶山行政村，进行一个星期的调研。

3月16日，新芜区政协举行“学习《一个中国的原则与台湾问题》白皮书”座谈会。

5月17日，新芜区政协举办法制教育讲座。

9月19日，新芜区政协组织常委视察区重点工程——饮食一条街建设工地。

12月13日，为做好《税法》宣传工作，新芜区政协组织区境内部分企业负责人和有关政协委员进行《税法》知识专题讲座。

2001年

1月，市政协副主席胡培英率部分市政协委员、镜湖区政协委员对镜湖区教育工作进行调研。

3月1日至3日，新芜区政协五届四次会议在区政府八楼大会议厅举行。

3月14日至16日，镜湖区政协五届四次会议在镜湖区大礼堂举行。

4月24日，新芜区经济委员会组织部分委员对全区部分私营企业的发展，开展为期三天的考察。

6月，市政协主席阮治源率部分市政协委员、镜湖区政协委员对镜湖区"两保一线"进行调研。

6月19日，新芜区政协李保明、鲍根权副主席等一行3人参加在江苏省镇江市京口区举行的七省(市)部分区、县(市)政协工作理论研讨会第十二次会议。

10月16日，镜湖区政协会同区委统战部举办了《纪念辛亥革命90周年报告会》。

2002年

1月23日至25日，新芜区政协五届五次会议在区政府八楼大会议厅举行。

2月26日至3月1日，镜湖区政协五届五次会议在区机关大礼堂举行。

5月，镜湖区政协文体卫工作委员会赴祁门县考察。

5月17日，镜湖区政协科教工作委员会对城区科普创建工作进行视察。

6月14日，镜湖区政协城建城管工作委员会对区境内住宅小区的物业管理进行实地考察调研。

9月25日，镜湖区政协社会法制工作委员会就如何创建安全文明小区进行调研。

2003年

4月6日至9日，新芜区政协六届一次会议在区机关八楼大会议厅举行。

4月8日至11日，镜湖区政协六届一次会议在镜湖区大礼堂举行。

4月14日，市政协丁光涛等四位领导来新芜区视察提案工作。

4月，新芜区政协督察组对全区防"非典"工作进行全面督查。

6月16日，市政协副主席张传几、法制委员会主任吴光祖带领部分委员，来新芜区调研预防青少年犯罪工作并召开座谈会。

6月16日，新芜区政协主席邢昌海、副主席王昌生对区2003年度防汛工作进行视察。

8月27日，镜湖区政协对区社区警务室建设及辅警队伍的使用、管理及作用发挥情况进行视察。

9月9日，镜湖区政协在凯生大酒店召开镜湖区各界人士国庆、中秋联谊会。

9月16日，镜湖区政协对区境道路建设、占道经营及骑路市场的整治工作进行视察。

10月17日，镜湖区政协部分委员对区企业产权改制工作进行调研。

10月24日，镜湖区政协部分委员对本区刑释解教人员的现状及安排帮教工作进行调研。

10月24日，新芜区政协部分委员就《中华人民共和国城市居民委员会组织法》的贯彻落实情况，在天门山街道桃园社区居委会进行视察。

2004年

1月8日至10日，新芜区政协六届二次会议在区机关办公大楼八楼大会议厅举行。

1月12日至14日，镜湖区政协六届二次会议在镜湖区机关大礼堂举行。

4月上旬，镜湖区政协经济工作委员会，召开"融入长三角，谋求新发展"的研讨会。

10月，七省市部分县(市)政协工作理论研讨会第十四次会议在新芜区政协召开。

2005年

1月11日至14日，镜湖区政协六届三次会议在镜湖区机关大礼堂举行。

1月20日至22日，新芜区政协六届三次会议在区政府八楼大会议厅举行。

4月，新芜区政协对区境内语言文字工作评估开展调研。

5月，新芜区政协视察全区排涝的准备工作和小区物业管理情况。

9月15日，新芜区政协视察区法院队伍建设情况。

9月27日，《芜湖市、县、区政协提案工作座谈会第四次会议》在新芜区政协召开。

2006年

2月，行政区划调整，原镜湖、新芜两区合并，镜湖区政协筹备组成立。

6月21日至23日，镜湖区政协七届一次会议于在区机关大礼堂召开。

8月9日，区政协举办委员培训班。

9月13日上午，区政协邀请市政协有关方面负责同志，主讲《怎样写好政协提案》。

9月21日下午，经济工作委员会对全区的经济和招商工作进行视察。

9月28日，区政协、区委统战部举行镜湖区各界人士中秋国庆茶话会暨项目推介会。

12月11日上午，镜湖区政协主席曹天民带领政协机关全体人员学习传达区委八届二次全体(扩大)会议精神。

2007年

1月28日至31日，政协镜湖区第七届委员会第二次会议在区机关大礼堂举行。

4月，政协镜湖区积极响应中共镜湖区委关于在全区开展"找准发展比较优势勇当率先发展先锋"大讨论活动的决定，在政协机关深入开展大讨论活动。

5月底，区政协常委高述红、区政协委员奚秀珍慰问市第一儿童福利院的孩子们。

6月，区政协接受区委交办的关于"长街小商品市场经营发展状况"的课题，开展调研工作。

7 月,区政协在政协机关中集中开展作风教育月活动。

2008 年

1 月 20 日至 23 日,政协镜湖区第七届委员会第三次会议在区机关大礼堂举行。

4 月,区政协启动政协委员"进社区、到村组"活动。

6 月 6 日,区政协组织委员视察长街小商品市场经营和发展状况。

7 月 18 日下午,市政协委员"进社区,到村组"活动汇报会在镜湖区举行。

7 月 22 日下午,提案工作委员会对 2008 年重点提案进行督办视察。

7 月 24 日上午,区政协机关全体同志在政协副主席周玉良的带领下视察海螺拆迁地块。

8 月 11 日,镜湖区政协委员"走进社区,关注民生"活动第三小组委员到赭山街道荷塘社区,捐资 2500 元现金,资助辖区内一名贫困大学生。

8 月 20 日上午,区政协党组(支部),认真贯彻区委"继续解放思想,推动科学发展"大讨论工作实施方案。

9 月 22 日,区政协城建城管工作委员会部分委员视察区环境保护工作。

9 月 26 日下午,区政协科教委员会委员视察区科普全国示范城区创建成效工作。

10 月 15 日下午,区政协经济委员会委员视察新华 958 文化创意产业园。

10 月 29 日下午,镜湖区政协城建城管委员会邀请区政协主席曹天民和各位副主席及驻会常委,在镜湖区城市建设管理委员会杨杰主任陪同下,视察区大建设、大发展部分重点项目。

2009 年

3 月 23 日至 26 日,镜湖区政协七届四次会议在镜湖区大礼堂举行。

3 月底至 8 月底,区政协机关开展深入学习实践科学发展观活动。

4 月 17 日,区城建城管工作委员会对区规划工作情况进行视察。

4 月 23 日,区政协召开题为"提高市民文明素质,提升市容管理水平"座谈会。

6 月 19 日,区政协召开各街道党工委副书记(区政协委员)和社情民意信息员关于反映社情民意信息工作座谈会。

7 月 17 日,区政协社会法制工作委员对区检察院反贪污、贿赂工作及预防职务犯罪工作情况进行视察。

9 月 3 日,区政协委员中的部分法律工作者和医务工作者走进吉和街道申元社区开展了"法律咨询"、"街头义诊"活动。

2010 年

1 月 19 日至 22 日,镜湖区政协七届五次会议召开。

4 月 22 日下午,区政协城市绿化美化督查组对区 2010 年大绿化进展情况进行专题督查。

5月12日上午，区政协机关举办了《物权法》专题讲座。

5月19至21日，区政协主席茆振文、副主席季业保、秘书长章启文参加在湖北沙市举行的全国十四城区第二十一次政协工作研讨会。

5月26日，区住建委主任杨杰和区农水局局长高鑫分别向区政协机关汇报2010年区排涝准备工作情况和2010年防汛准备工作。

5月27日，市政协程先国、张荣木常委和市环保局来区督查小炉窑灶污染整治工作。

7月7日，芜湖市政协系统第三次提案工作研讨会在镜湖区召开。

7月20日，镜湖区召开政协提案办理情况督办汇报会。

7月28日，区政协邀请经发改委主任刘湛发就《皖江城市带承接产业转移示范区规划》进行专题学习辅导。

8月12日，镜湖区召开政协七届五次会议重点提案第七次督办会。

8月17日，区委书记卢仓报召集政协委员就镜湖区经济建设、社会事业的发展思路进行座谈。

8月18日，镜湖区政协委员街道联络组成立大会暨联络组长第一次工作会议在区政府五楼会议室召开。

9月20日，镜湖区政协、区委统战部各界人士中秋国庆茶话会在汉爵阳明大酒店举行。

9月28日下午，镜湖区政协组织部分委员深入文化产业基地调研。

11月17日上午，市政协主席方成，秘书长李洪林，副秘书长、办公室主任孙铭等来我区就"政协委员街道联络组"工作开展情况进行专题调研。

11月22日和24日，区政协分别召开了招商引资工作和环境保护工作情况通报会。

11月16日，广德县政协主席谭运秀率考察团来我区考察交流。

11月26日，民主建国会芜湖市委部分会员在区政协主席茆振文、区民政局和方村街道办负责人的陪同下，带着慰问品走访看望了方村敬老院的老人们。

12月1日，区政协主席、副主席、政协常委、委员20余人在政协会议室听取区商务局2010年工作情况通报。

12月15日，区政协听取区人力资源和社会保障局关于就业和社会保障工作情况通报。

2011年

1月5日下午，区政协在区旅游商品经济园开展专题调研活动，重点听取了园区建设发展工作的情况通报。

1月14日，区政协、区委统战部联合召开各街道党工委副书记、政协委员联络组长会议。

2月18日，区政协班子及驻会常委、办公室人员参加区法院对一起职务犯罪案件的公开审理，接受警示教育。

2 月 20 日至 22 日,政协七届六次会议召开。

3 月 4 日,区政协提案委立案审查工作会议在方村召开。

3 月 17 日,市政协大绿化督查组在市政协副主席李志国的带领下,视察我区绿化工作及公园建设情况。

3 月 23 日上午,区政协组织机关干部进行集中学习,专题座谈学习贾庆林在全国政协十一届四次会议上所作的常委会工作报告。

3 月 30 日,区政协主席、副主席及驻会常委、机关全体赴区建投公司,听取区建投工作情况通报。

4 月 19 日,机关人员及部分政协委员参加市政协论坛,听取安师大副教授所作的《加快发展新兴产业转变》专题报告。

5 月 10 日,全市县区政协镇(街道)联络组工作经验交流会在我区召开。

6 月 22 日,区政协听取区文明办主任杨珍作《关于我区文明创建工作情况》的通报。

6 月 27 日,区政协党组成员参加了全区在王稼祥纪念馆组织的“纪念建党 90 周年,重温入党誓词”活动。

6 月 30 日,区政协机关支部为庆祝中国共产党成立 90 周年,组织党员赴江阴华西村参观考察。

7 月 7 日,中共镜湖区委召开贯彻落实中共中央《关于加强人民政协工作的意见》专题会议。

8 月 16 日下午,区政协主席茆振文,副主席周玉良、季业保、黄少雄、燕国群,秘书长章启文应邀参加了镜湖公安分局 2011 年上半年工作情况通报会。

8 月 19 日,区政协召开重点提案主席领衔督办会,区住建委、区民政局就承办的重点提案与提案委员面对面沟通交流,现场答复相关问题。

10 月 7 日,镜湖区政协机关以专题学习会的形式,集中听取雨耕山、大砻坊 77 号两个项目的建设规划情况介绍。

10 月 24 日至 26 日,全国十四城区(市)政协工作研讨会第二十四次会议在镜湖区召开。

11 月 23 日,区政协主席茆振文率政协机关全体干部及部分委员,专题听取残联理事长张晓玲关于我区 2011 年残联民生工程实施情况的通报。

2012 年

1 月 8 日,区政协主席茆振文、副主席周玉良、鲁厚义一行 7 人,对弋矶山街道政协联络组在政协七届六次会议上的提案《关于通达新村小区改造》落实情况进行跟踪督查。

2 月 9 日,区政协召开新委员培训会。

2 月 15 日至 18 日镜湖区政协第八届委员会第一次会议于在镜湖区大礼堂举行。

2 月 29 日下午,区政协提案委专题研究八届一次会议期间委员提案审查立案情况。区政协副主席鲁厚义到会并提出具体要求。

3 月 14 日,区政协机关全体同志专题听取区食品安全办公室情况通报。

5月30日上午，镜湖区政协联合区民政局、芜湖盛宇家纺公司举办“情系社区、爱心捐赠”活动。

6月6日，区政协机关召开通报会，专题听取区农水局关于全区防汛排涝工作情况汇报。

6月8日下午，市政协副秘书长孙铭带领市督查一组来我区检查指导贯彻落实省政协工作会议情况。

6月27日下午，省政协副主席李宏塔来镜湖区检查指导贯彻落实全省政协工作会议情况。

7月19日，区委、区政府召开征求政协意见会。政协主席、副主席、秘书长、专职常委参加了会议并作了发言。区委书记卢仓报充分肯定了政协卓有成效的工作，并就大家提出的意见和建议一一作答。

9月24日至25日，镜湖区政协第八届委员会第二次会议在镜湖区大礼堂举行。

9月28日，区政协主席茆振文深入荆山公共服务中心荆山社区，走访慰问结对帮扶特困家庭，为他们送上米、油等生活物资和慰问金。

10月9日，区政协召开八届六次主席（扩大）会议，协商研究决定编撰《镜湖区政协志》（1984—2014）。

10月31日，镜湖区政协召开部门情况通报会，专题听取区金旅建投公司情况通报。

11月7日上午，区政协机关召开干部学习会，专题学习贯彻中共镜湖区委《关于进一步加强新形势下人民政协工作的实施意见》。

11月14日上午，镜湖区政协召开情况通报会，专题听取镜湖区人力资源和社会保障局关于贯彻落实《社会保险法》的情况通报。

12月12日上午，区政协组织机关全体人员专题学习十八大报告。

12月13日，市政协副主席、民革芜湖市委会吴万春主委率高光兴副主委及机关人员，围绕民革党员参加区政协履职情况来镜湖区进行专题调研。

12月31日，区委书记贺东专题调研区政协工作。政协主席茆振文代表政协党组汇报工作，部分委员提出有关意见和建议。

2013年

2月25日至27日，镜湖区政协第八届委员会第三次会议在镜湖区大礼堂举行。

3月22日，区政协主席茆振文接待山东烟台芝罘区考察团，介绍我区经济社会发展情况。

5月29日，区政协召开部门（单位）情况通报会，团区委就2013年上半年工作情况进行通报。

6月28日，在区政协党组书记、主席茆振文带领下，机关全体党员和部分企业家委员一行20余人，赴江北产业集中区参观学习。

7月24日，茆振文主席主持召开部门对口协商通报会，专题听取区住建委关于全区“大绿化”工作情况的通报。

8月7日,区政协召开对口协商部门工作情况通报会。区妇联围绕实施妇女“四项行动一项建设”,服务社会管理创新,服务广大妇女群众作专题情况通报。

10月21日下午,为进一步提高政协联络组开展活动的能力和水平,更好地服务于政协委员,采取以会代训的方式对各中心(街道)政协联络组联络员进行培训。

12月27日下午,区政协工作研究会正式成立并召开第一次全体会议,市政协工作研究会会长方成、区委书记贺东为研究会揭牌。

2014年

2月25日至27日,政协镜湖区八届四次会议在镜湖区大礼堂举行。

2月24日,区政协党组、机关支部召开开展党的群众路线教育实践活动会议。

3月11日下午,区政协茆振文主席和陈国强副主席陪同市旅游局吴群局长,实地调研九莲塘边的张家山美食坊芜湖小吃街。

3月14日上午,区政协党组邀请部分民主党派及经济、文化教育等界别的委员代表座谈,征求群众意见建议。

4月25日,为落实《中共中央关于全面深化改革若干重大问题的决定》,区委、区政府、区政协首次联合印发《2014年度重点民主协商活动计划安排》通知,要求各中心(街道)、有关部门、单位认真贯彻落实。

5月8日下午,区政协党组书记、主席茆振文主持召开座谈会,就区政协党组及机关党支部开展群众路线教育实践活动,征求区政协历届老主席和机关党员同志的意见和建议。

5月9日,茆振文带领主席会议成员及人资环委员会部分委员,对全区“三线三边”整治现场开展督查。

6月9日上午,区政协主席会议成员集体视察镜湖区市民服务中心。

7月2日,区征收办主任到政协通报全区房屋征收工作。

7月9日,区政协机关党支部组织机关人员赴市政务文化中心参观“光辉的历程伟大的成就——纪念建党93周年安徽及芜湖党史图片展”。

7月10日上午,区政协党组召开群众路线教育实践活动专题民主生活会,省委第十一督导组到会指导。

7月28日,省政协副主席童怀伟率部分省政协委员,就“激发社会组织活力,更好发挥社会组织在社会治理中的作用”这一主题到镜湖区进行视察。

8月6日,区政协办领导班子召开专题民主生活会。

9月5日下午,区政协召开纪念人民政协成立65周年暨镜湖区政协成立30周年座谈会。与此同时,在委员中开展征文、书画摄影展等纪念活动。

9月17日,全国政协常委、社会和法制委员会副主任季允石率全国政协专题调研组,视察我区市民服务中心。

第一章　政协机构、组织

1984年5月14日(13日)至18日，中国人民政治协商会议芜湖市镜湖区第一届委员会第一次会议、中国人民政治协商会议芜湖市新芜区第一届委员会第一次会议分别举行，宣告了镜湖区、新芜区政协的正式成立。作为芜湖市中心城区的镜湖区、新芜区政协的成立，揭开了芜湖市政协工作的崭新篇章。

镜湖区、新芜区政协从1984年5月至2006年2月，分别历经六届。2006年2月9日，根据《国务院关于同意安徽省调整芜湖市部分行政区划的批复》(国函〔2005〕77号)，芜湖市人民政府宣布撤销原镜湖区、新芜区，设立新的镜湖区，同年6月，新的政协镜湖区委员会成立，届别与原政协镜湖区委员会衔接，至2014年已经历经2届。30年里，区政协共经历了8届。

政协镜湖区委员会由中国共产党、民主党派、无党派、工商联、人民团体、少数民族、宗教和各界的代表，港、澳、台属(胞)和归国侨胞的代表以及特别邀请的人士组成。按照《政协章程》开展工作，主要职能是政治协商、民主监督、参政议政。

1. 行使选举区政协主席、副主席、常务委员的职权；听取和审议常务委员会工作报告；听取和审议提案工作报告；讨论并通过有关决议；参与对全区重大事项、重要问题的讨论，提出批评和建议。

2. 听取区政府、区检察院、区法院工作报告。对本区的大政方针及政治、经济、文化和社会生活中的重要问题在决策之前进行协商和就决策执行过程中的重要问题进行协商。

3. 对国家宪法、法律和法规的实施，重大方针政策的贯彻执行，国家机关及其工作人员的工作，通过批评和建议进行监督。

4. 对政治、经济、文化和社会生活中的重要问题以及人民群众普遍关心的问题，开展调查研究，反映社情民意，进行协商讨论。通过调研报告、提案、建议案或其他形式，向中共镜湖区委、镜湖区人民政府及其组成部门提出意见和建议。

5. 认真贯彻依法治国方略，宣传和执行国家的宪法、法律、法规和各项方针、政策，推动社会力量积极参加社会主义物质文明、精神文明、政治文明和生态文明的建设事业。

6. 坚持公有制为主体、多种所有制经济共同发展的基本经济制度。巩固和发展公有制经济，鼓励、支持和引导非公有制经济发展。坚持按劳分配为主体、多种分配方式并存的分配制度。促进社会生产力的解放和发展。

7. 密切联系各方面人士，反映他们及其所联系的群众的意见和要求，对区机关和国家工作人员的工作提出批评和建议，协助机关进行机构改革和体制改革，改进工作，提高工作效率,克服官僚主义,加强廉政建设。

8. 协调和处理统一战线各方面的关系和政治协商会议内部合作的重要事项。

9. 通过各种形式,积极传播先进文化,弘扬和培育民族精神,开展爱祖国、爱人民、爱劳动、爱科学、爱社会主义的社会公德、职业道德、家庭美德的宣传教育工作。

10. 根据统一战线组织的特点进行关于地方近代史、现代史资料的征集、研究和出版工作。

11. 坚持发展科学、繁荣文化的“百花齐放、百家争鸣”的方针,密切联系国家机关和其他有关组织,在政治、经济、法律、教育、科学技术、文化艺术、医药卫生、体育等方面开展调查研究等活动,广开言路,广开才路,充分发挥委员的专长和作用。

12. 宣传和协助贯彻执行党的知识分子政策,尊重劳动、尊重知识、尊重人才、尊重创造,以利于充分发挥各类人才和知识分子在社会主义现代化建设中的作用。

13. 宣传和协助贯彻执行国家的民族政策,反映少数民族的意见和要求,维护少数民族的合法权利和利益,巩固和发展平等、团结、互助的社会主义民族关系,促进各民族共同繁荣进步,增进各族人民的大团结,为维护祖国的统一贡献力量。

14. 宣传和协助贯彻执行国家的宗教信仰自由政策,支持政府依法管理宗教事务,坚持独立自主自办的原则,积极引导宗教与社会主义社会相适应,团结宗教界爱国人士和宗教信仰者为祖国的建设和统一贡献力量。

15. 积极宣传和参与贯彻执行国家关于统一祖国的方针政策、侨务政策,加强同台湾同胞、港澳同胞、海外侨胞的联系和团结,鼓励他们为祖国的建设事业和统一祖国的大业作出贡献。

第一节　1984—2006 年镜湖区(原)政协机构

一、常务委员会

政协镜湖区委员会常务委员会由区政协主席、副主席和常务委员组成,其候选人由参加区政协的各党派、团体、各民族和各界人士协商提名,经全体会议选举产生。

政协镜湖区委员会常务委员会的主要职能是:

协商决定下届委员会的参加单位、委员名额、委员人选及界别设置,协商决定本届委员会增加或者变更的参加单位、委员名额和人选。

召集并主持委员会全体会议;每届第一次全体会议前召开全体委员参加的预备会议,选举第一次全体会议主席团,由主席团主持第一次会议;审议提交全体会议的文件。

在非常情况下决定委员会是否延长任期。由常务委员会以全体组成人员的三分之二以上多数通过,方得延长任期。

组织实施政协章程规定的任务。

执行政协全国委员会、政协安徽省委员会、政协芜湖市委员会和政协镜湖区委员会全体会议的决议。

政协镜湖区委员会全体会议闭会期间，审议通过提交中共镜湖区委、区人大及其常务委员会或区人民政府的重要建议案。

常务委员会组成人员增加或者变更时，常务委员会提出建议名单，由委员会全体会议决定。

决定政协镜湖区委员会工作机构的设置和变动，并任免其领导成员。

根据政协章程决定对参加政协的单位和个人的纪律处分事项。

组织和指导各专门委员会、委员活动组开展工作。

（一）政协镜湖区委员会筹备委员会

1984 年 4 月 10 日成立，由蒋登歧、张浩根、魏连泗、李必明、赵宁远、朱玖、姚彦清、谢成炳、束雪芳、徐崇保、温欣、刘小童、宗丽娟、张秀凤、薛有祥、朱聚堂、季昌筑等 17 人组成；蒋登歧任筹委会主任委员，张浩根、魏连泗、李必明、赵宁远等人任副主任委员。

（二）第一届常务委员会

主　席：张浩根（1984.5—1987.4）

副主席：李必明（1984.5—1985.12）

　　　　赵宁远（1984.5—1987.4）

　　　　林鸿民（1984.5—1987.4）

　　　　饶秀元（1984.5—1987.4）

常务委员：刘小童（女）　石玉辉　吴观奇　杨绍万　张秀凤（女）　胡曼力（女）

　　　　徐崇保　郭永乐　谢成炳　撒少华

1985 年 3 月，一届二次全委会增补的常委：赵才林　周海不　胡福如　姚彦清

（三）第二届常务委员会

主　　席：张浩根（1987.4—1990.7）

副 主 席：程志道（1987.4—1990.7）

　　　　林鸿民（1987.4—1990.7）

　　　　赵宁远（1987.4—1990.7）

　　　　饶秀元（1987.4—1990.7）

常务委员：石玉辉　赵才林　张秀凤（女）　李学韩　俞绍林　汪灿如（女）

　　　　胡福如　周海不　周振民　巫干生　胡曼力（女）　撒少华　徐崇保

　　　　郭永乐

（四）第三届常务委员会

主　　席：欧天水（1990.7—1993.3）

副 主 席：程志道（1990.7—1993.3）

　　　　饶秀元（1990.7—1993.3）

　　　　沈家庚（1990.7—1991.1）

　　　　郝冰贞（女，1990.7—1993.3）

　　　　马荫瑞（1991.3—1993.3）

常务委员:徐崇保　汪灶洪　戚小平(女)　周海不　俞绍林　周振明　巫干生
汪灿如(女)　鲁慎如　方心棣(女)　李荣芬(女)　刘　健
骆顺菉(女)　蔡齐发　杨秋瑾(女)　赵业钜

(五)第四届常务委员会

主　　席:欧天水(1993.3—1997.3)
王美成(1997.3—1998.3)

副 主 席:赵业钜(1993.3—1996.3)
林章华(女,1993.3—1998.3)
罗湘华(1996.3—1998.3)
马荫瑞(1993.3—1998.3)
郝冰贞(女,1993.3—1998.3)
鲁慎如(1993.3—1995.1)

常务委员:刘晓龙　孙映熙　杨秋瑾　张响玲(女)　周海不　胡光保　俞绍林
洪萍绿(女)　骆顺菉(女)　郭在璞　黄芬兴　戚小平(女)　梁星辰
温宗品　蔡齐发　廖习敏(女)　王复兴

1996年3月,四届四次会议增补的常委:陶大金　郑兆璋　沈国林

(六)第五届常务委员会

主　　席:王美成(1998.3—2001.3)
曹天民(2001.3—2003.3)

副 主 席:林章华(1998.3—2003.3)
罗湘华(1998.3—2003.3)
马荫瑞(1998.3—2003.3)
郝冰贞(1998.3—2003.3)
许士华(1998.3—2003.3)
黄　明(1998.3—2003.3)

常务委员:卞敬荣　刘一宁(女)　许正全　孙　斌　孙嘉璠　沈国林　严云曙
吴自谦　吴传永　张舒宁　洪萍绿(女)　袁　丽(女)　郭在璞
黄芬兴　黄少雄　戚小平　程新民　鲁运来　廖习敏(女)

五届四次会议增补的常委:王尚仁

(七)第六届常务委员会

主　　席:曹天民(2003.4—2006.2)

副 主 席:林章华(2003.4—2006.2)
许士华(2003.4—2006.2)
黄　明(2003.4—2006.2)
鲁厚义(2003.4—2006.2)
方贤益(2003.4—2006.2)
黄少雄(2003.4—2006.2)

常务委员：丁　汛　方圣辉　吕明安　许正全　孙家璠　杨成顺　吴自谦　吴金兰
沈国林　张舒宁　罗继云　范益民　胡志恒　高易华　郭继华（女）
曹　俊　戚小平（女）　章建中　鲁运来

二、政协办公室

1984 年 5 月，政协镜湖区委员会成立。同时，为适应区政协工作需要，区委决定在区政协机关设立办公室（正科级建制），作为区政协机关常设办事机构。1984 年 5 月 24 日，政协芜湖市委员会颁发“中国人民政治协商会议芜湖市镜湖区委员会”及“中国人民政治协商会议芜湖市镜湖区委员会办公室”公章两枚，并且自即日起启用。

区政协办公室的主要职责：当好领导的参谋与助手，为政协、统战工作和全体政协委员服务。区政协一届至六届委员会均设立办公室，健全办公室领导班子及其工作人员。

政协办公室是政协的综合办事机构，其主要职能是办理政协常务委员会和主席交办的工作，处理日常事务；负责会议服务、行政管理、机关学习和内外关系协调；发挥参谋助手、综合协调、保障服务、督促检查等作用。政协办公室是上下沟通的纽带、左右联系的桥梁，日常工作在秘书长（一届至六届未设秘书长一职，由办公室主任负责）统一领导下进行。主要有秘书工作、文书档案、宣传工作、后勤服务、内部建设等方面工作。

秘书工作负责政协机关文字综合、报告起草和主席会议、常委会议、政协党组会议及各种专题座谈会等会议记录，参与调研、视察、编辑《政协简报》，撰写工作计划、工作总结，起草本会工作报告、大会决议、闭幕词、会议发言材料等。主席会议、常委会议、各专委会、专题协商、经验交流等各类活动的讲话稿、调研报告、视察情况汇报等由办公室负责起草，由办公室领导审阅，定稿印发。区政协党组会议、主席会议、常委会议、委员约谈会、专题讨论和座谈会等，办公室均派员参加并作会议记录。

区政协文书档案工作，主要是负责文书收发登记，档案资料整理和印章保管。文书档案管理人员基本做到及时登记，及时分类，及时转发，做好上传下达工作。有关报告、文件、会议记录、日常工作等形成的文书档案，每年年终都要进行清理，做好分类装订、立卷归档工作。

区政协成立之后，为搞好宣传交流工作，办公室先后创办了《政协简报》等内部刊物，宣传人民政协的性质、地位、任务和作用，更好地贯彻执行党的统一战线政策，反映政协工作和委员对区内经济、政治和社会生活等方面的建言与呼声，交流学习心得，起到传递信息、促进交流、保存资料作用。区政协自成立以来先后在各级政协报刊上发表了十余篇政协工作文章。

随着政协工作开展，友好往来日趋频繁。接待各级政协、兄弟省市县区政协考察团组多批。在经常的联谊接待工作中，邀请有关部门单位负责人为来宾介绍情况，或是主席、专委会主任介绍工作经验，并组织好有关考察活动。通过兄弟政协交流联络，宣传了镜湖区，加强了联谊。

区政协召开的全委会议、常委会议、主席会议、专题座谈会、学习会、报告会及重大节日的庆祝会、政协工作横向交流会、联谊会等，机关工作人员全力以赴，分工协作，高效有序地做好会议筹备组织工作,准备好各项工作报告及其他文字资料,布置好会议场所,做好会议接待,以保证会议顺利进行。同时为区政协各个阶段组织的调研视察,外出参观活动,做好联系和服务工作。五届区政协还制订了“政协办公室主要职责”。

区政协一届至六届委员会均设立办公室,历任的办公室主任有:

区政协第一届办公室主任:徐崇保(1984.5—1987.4)

区政协第二届办公室主任:戚小平(1987.4—1990.7)

区政协第三届办公室主任:戚小平(1990.7—1993.3)

区政协第四届办公室主任:戚小平(1993.3—1998.3)

副主任:赵利生(1993.3—1995.8)

钱震球(1995.9 任职)

区政协第五届办公室主任:戚小平(1998.3—2002.7)

邓恒先(2002.8—2003.3)

副主任:钱震球(1998.3—2002.8)

胡首春(2002.8—2003.3)

区政协第六届办公室主任:邓恒先(2003.4—2006.2)

副主任:胡首春(2003.4—2006.2)

三、专门委员会

《中国人民政治协商会议全国委员会专门委员会通则》第四条指出:专门委员会工作是政协工作的重要基础,是政协履行职能的重要方式。专门委员会根据政协章程要求,以及全国委员会全体会议和常务委员会会议提出的各项任务,从实际出发开展工作。组织委员认真学习、宣传国家的方针政策和法律;就国家的大政方针及政治、经济、文化和社会生活中的重要问题,人民群众普遍关心的问题,选择其中具有综合性、全局性、前瞻性的课题,深入开展调查研究,提出意见、建议和提案;团结和联系委员及各族各界人士,积极反映社情民意;维护社会稳定和民族团结,促进祖国和平统一,加强各国人民友好往来与合作;组织各种活动,积极为委员知情出力、履行职责创造条件。地方政协参照此通则开展工作。

(一)专门委员会的地位和作用

政协专门委员会是在政协常务委员会和主席会议领导下组织政协委员进行经常性活动的工作机构,它在政协组织中有着重要的地位和作用。

专门委员会工作是政协工作的基础,是政协履行职能的重要方式,在某种意义上,代表了一级政协组织的工作水平。根据《中国人民政治协商会议章程》的规定,政协专门委员会的主要职能是,围绕团结和民主两大主题,按照政协全体会议、常委会议和主席会议提出的各项任务,团结和联系委员及有关方面人士,学习、宣传党和国家的方针政策和法律法规,组织开展各种活动,就政治、经济、文化和社会生活中的重要问题开展调查研究,切实履行政治协商、民主监督、参政议政的职能。由此可见,专门委员会的工作是直接为政协组织履行三大职能服务的。特别是在参政议政方面,专门委员会工作和它成果的质量决定了政协参政议政的实力和建言献策的质量。区政协紧紧围绕如何开展好专门委员会工作进行了大量探索，使专门委员会在多层面、各领域、全方位发挥了积极作用，并积累了很多宝贵的经验。

专门委员会工作的过程也直接关系到政协队伍的自身建设，关系到政协的内外形象和凝聚力。相比较市级政协，政协镜湖区委员会界别的联系比较松散，区政协委员主要通过各个专门委员会来开展经常性活动，如参观学习、调研视察、座谈研讨、反映社情民意等。除了一年一次的政协全体会议外，区政协主要就是通过各个专门委员会组织的活动，把政协委员团结起来、凝聚起来。因此，区政协成立以来，把建设专门委员会作为工作重点，并在通过专门委员会组织委员履行职能的过程中，提高素质，增长才干，发现人才，促进团结，树立形象，增强凝聚力，提高战斗力。

（二）专门委员会的主要工作职责和工作方法

政协镜湖区委员会内设专门委员会，其主要工作职责，概括地说，就是调查研究，建言献策。具体来说，专委会的工作主要有 4 项：

第一项工作是学习，即组织委员学习政治理论、党的方针政策、有关的法律法规和人民政协工作的业务知识。

第二项工作是开展专题调查研究，也就是围绕常委会议和主席会议确定的协商讨论的议题，组织委员进行专题调研、视察，起草调研报告、集体提案或其他有关材料。这是政协参政议政、建言献策的依据和基础，也是专门委员会组织活动、开展工作的重点。专门委员会的“专”，主要就体现在能够经常性组织某一方面有专长的政协委员进行专题性的调研视察活动，并在调研视察的基础上积极参政议政。

第三项工作是反映社情民意。帮助党和政府了解社情民意是政协履行职能的重要组成部分。在这方面，各专门委员会既有优势也有责任。区政协十分重视发挥专门委员会在反映社情民意和报送信息方面的作用，要求各专委会在组织委员学习、视察、调研等各类活动中都把反映社情民意作为一项重要任务，及时反映来自基层各方面的愿望、要求与呼声。

第四项工作是开展对口协商联系工作，包括与本级党委和政府对口部门的协商联系，也包括与上级政协组织和兄弟县市区政协相应专门委员会的交流联谊。重点是与本级党委政府部门开展对口联系。专门委员会在组织开展活动时，要加强与党委和政府有关职能部门的联系，主动听取他们的意见和建议，积极争取他们的支持和配合。商请有关部门一起调研，一起分析问题，一起研究对策，增强所提意见建议的可行性。同时，通过对口协商，在专门委员会层面开展政协协商，促进部门工作。

从区政协各专门委员会的工作实践来看，做好专委会工作，需要把握好以下几个方面：

一是把握好工作重点。各专门委员会坚持“突出重点、注重精品、量力而行”的原则，结合自身优势，各负其责，各司其职，有计划、经常性地开展专题调研、提案，信息、文史资料、政情交流、专题议政、视察和联谊等活动，努力形成活跃有序的局面，充分发挥好在政协工作中的基础作用。其中，专题调研是专门委员会的主要活动形式，也是履行职能的基础。专门委员会可做的事情很多,要真正把工作做好、做出成效来,就要抓住重点、选准角度、发挥优势、突出特色,搞好专题调研。

二是把握好工作主体。政协委员是政协工作的主体,专门委员会是政协工作的重要载体。政协工作的实力在委员,活力在委员,潜力也在委员。委员中有各方面的专家、学者,代表性强、信息量大,他们位置超脱,视野宽阔,有时间研究一些重大问题,能够反映各方面群众的意见、愿望和要求。专门委员会作为政协开展经常性工作的工作机构和联系委员的桥梁和纽带,特别要注重委员特长发挥,做到人尽其用。尤其在组织委员参加调研、视察、座谈、学习等活动中,虚心听取委员的意见,为委员发挥作用创造条件,使各专门委员会真正成为团结和谐、有战斗力的集体。

三是把握好工作基调,做到"团结民主、务实创新"。团结和民主是政协工作的两大主题,也是专门委员会工作的显著特点。专门委员会在工作中要发扬民主,坚持畅所欲言、求同存异的作风,把团结合作、加强联谊和调查研究、建言献策紧密联系起来,使专门委员会的工作更符合政协的性质和特点。同时,专门委员会要认真地履行职能,负起责任,争取有作为,就要务实、创新。务实,就是要根据工作实际安排专门委员会活动,根据专门委员会自身的特点计划工作,尽量避免做那些力不从心的工作,提那些似是而非的建议;更要深入群众、深入基层,反复论证,力争使意见建议经得起实践和时间的检验,靠质量和精品提高工作实效。创新,就是要与时俱进,在工作内容的拓宽、方法的创新等方面,积极探索,努力实践,使专门委员会工作具有时代特征、政协特点和地方特色,更使提出的意见建议有深度、有见解、有分量。

(三)历届(专门)工作委员会

1985 年 3 月,一届二次全委会增补常委 4 人,设立学习委员会、文化教育组、科技组、卫生组、经济建设组、城市建设组、祖国统一组、群工法制组、文史资料组等工作组和委员会。第二届政协镜湖区委员会将第一届的工作组一律改为工作委员会,设立学习、文化教育、城市建设、财政经济、科学技术、医药卫生、社会工作、祖国统一战线、文史资料研究、提案等工作委员会。第三届政协镜湖区委员会设立学习文史、城建城管、科学技术、财政经济、文教卫、法制群工、祖国统一、提案工作等专门委员会。第四届政协镜湖区委员会设立提案、学习文史、城建城管、科技、财经、文教卫、法制群工、祖国统一等专门委员会。第五届政协镜湖区委员会设立提案、经济、科教、文体卫、社会法制、城建城管、祖国统一等专门委员会。第六届政协镜湖区委员会设立提案、经济、教科、文卫体、社会与法制、城建城管、港澳台侨委员会。

在政协镜湖区委员会第六届期间,区政协常务委员会制订了《政协镜湖区第六届委员会工作委员会组织通则》,规范了各工作委员会的工作。

第一届工作(专门)委员会(组)领导成员:

1. 学习委员会

主　任:刘小童(女,1984.6—1986.5)

　　　　姚彦清(1986.5—1987.6)

副主任:谢成炳(1984.6—1987.6)

盛秀柏(1986.5—1987.6)

2. 文化教育组
组　长:胡曼力(1984.6—1987.6)
副组长:孙必爱(1984.6—1987.6)
叶　子(1984.6—1987.6)
3. 科学技术组
组　长:周海不(1984.6—1987.6)
副组长:殷秀芳(1984.6—1987.6)
成林森(1986.5—1987.6)
4. 卫生(医药卫生)组
组　长:陈国梁(1984.6—1987.6)
副组长:李逸岚(1984.6—1987.6)
李荣芬(1986.5—1987.6)
5. 经济建设(工商经济)组
组　长:赵宁远(1984.6—1987.6)
翟仪民(1986.5—1987.6)
副组长:翟仪民(1984.6—1986.5)
徐应到(1986.5—1987.6)
6. 城市建设组
组　长:郭永乐(1984.6—1987.6)
副组长:吉子展(1984.6—1987.6)
郭健行(1986.5—1987.6)
7. 祖国统一组
组　长:吴观奇(1984.6—1986.5)
褚永龙(1986.5—1987.6)
副组长:章德鑫(1984.6—1987.6)
孙鼎兴(1987.5—1987.11)
8. 群工法制组
组　长:张秀凤(1984.6—1987.6)
副组长:戴有云(1984.6—1987.6)
王胜国(1987.6—1987.11)
9. 文史资料组
组　长:撒少华(1984.6—1987.6)
副组长:杨绍万(1984.6—1987.6)

第二届工作(专门)委员会领导成员:

1. 学习工作委员会

主　任:孙映熙(1987.12—1990.7)
副主任:盛秀柏(1987.12—1990.7)
2.文化教育工作委员会
主　任:胡曼力(1987.12—1990.7)
副主任:俞绍林(1987.12—1990.7)
　　　孙必爱(女,1987.12—1990.7)
　　　徐国华(1987.12—1990.7)
3.城市建设工作委员会
主　任:周振明(1987.12—1990.7)
副主任:郭永乐(1987.1—l989.12)
　　　吉子展(1987.12—1990.7)
4.财政经济工作委员会
主　任:(资料缺)
副主任:毕镜洁(1987.12—1990.7)
　　　徐应达(1987.12——1990.7)
5.科学技术工作委员会
主　任:周海不(1987.12—1990.7)
副主任:茆　彬(1987.12—1990.7)
6.医药卫生工作委员会
主　任:陈国梁(1987.12—1990.7)
副主任:李逸岚(1987.12—1990.7)
　　　李荣芬(1987.12—1990.7)
7.社会工作委员会
主　任:戴有云(1987.12—1990.7)
副主任:张秀凤(女,1987.11—1990.7)
　　　王胜国(1987.12—1990.7)
8.祖国统一工作委员会
主　任:巫干生(1987.12—1993.3)
副主任:章德鑫(1987.12—1990.7)
　　　孙鼎兴(1987.12—1990.7)
　　　赵业钜(1988.2—1990.7)
9.文史资料工作委员会
主　任:撒少华(1987.12—1990.7)
副主任:汪灿如(1987.12—1990.7)
　　　张　罗(1987.12—1989.3)
10.提案工作委员会
主　任:撒少华(1987.1—1988.12)

戚小平(女,1988.12—1990.7)

第三届工作(专门)委员会领导成员:

1. 学习文史工作委员会

主　任:孙映熙(1990.7—1993.3)

2. 城建城管工作委员会

主　任:汪灶宏(1990.7—1990.11)

　　　　宫能荣(1990.11—1993.3)

3. 科学技术工作委员会

主　任:周海不(1990.7—1993.3)

副主任:骆顺蓂(1990.7—1993.3)

4. 财政经济工作委员会

主　任:温宗品(1990.7—1993.3)

5. 文教卫工作委员会

主　任:胡曼力(1990.7—1993.3)

副主任:俞绍林(1990.7—1993.3)

　　　　孙必爱(1990.7—1993.3)

6. 法制群工工作委员会

主　任:徐崇保(1990.7—1993.3)

副主任:蔡齐发(1990.7—1993.3)

7. 祖国统一工作委员会

主　任:巫干生(1990.7—1993.3)

副主任:宋子平(1990.7—1993.3)

　　　　赵业钜(1990.11—1993,3)

8. 提案工作委员会

主　任:戚小平(1990.7—1993.3)

副主任:胡之錮(1990.7—1993.3)

第四届工作(专门)委员会领导成员:

1. 提案工作委员会

主　任:戚小平(1993.3—1998.3)

副主任:胡光保(1993.3—1996.3)

　　　　燕国群(1996.3—1998.3)

2. 学习文史工作委员会

主　任:孙映熙(1993.3—1998.3)

副主任:王和欣(1993.3—1998.3)

3. 城建城管工作委员会

主　任:宫能荣(1993.3—1996.3)

刘一宁(1996.3—1998.3)
副主任:王西海(1993.3—1998.3)
4.科技工作委员会
主　任:温宗品(1993.3—1995.1)
副主任:陈国皓(1993.3—1998.3)
李习之(1993.3—1998.3)
5.财政经济工作委员会
主　任:郑兆璋(1993.3—1998.3)
副主任:李燕红(1993.3—1998.3)
郭在璞(1993.3—1998.3)
6.文教卫工作委员会
主　任:俞绍林(1993.3—1998.3)
副主任:刘晓龙(1993.3—1998.3)
廖习敏(1993.3—1998.3)
卞敬荣(1993.3—1998.3)
7.法制群工工作委员会
主　任:蔡齐发(1993.3—1995.1)
副主任:张继红(1993.3—1996.3)
邢可忠(1996.3—1998.3)
8.祖国统一工作委员会
主　任:宋子平(1993.3—1998.3)
副主任:袁　丽(1993.3—1998.3)

第五届工作(专门)委员会领导成员:

1.提案工作委员会
主　任:黄　明(1998.3—2003.4)
副主任:戚小平(1998.3—2003.4)
汤德余:(1998.3—2003.4)
2.经济工作委员会(由政协主席曹天民分管)
主　任:郑兆璋(1998.3—2003.4)
副主任:郭在璞(1998.3—2003.4)
李燕红(1998.3—2003.4)
孙益球(1998.3—2003.4)
许正全(1998.3—2003.4)
3.科教工作委员会(由政协副主席马荫瑞分管)
主　任:吴自谦(1998.3—2003.4)
副主任:廖习敏(1998.3—2003.4)
李习之(1998.3—2003.4)

陈国皓(1998.3—2003.4)
程元玮(1998.3—2003.4)

4. 文体卫工作委员会(由政协副主席郝冰贞分管)
主　任:鲁运来(1998.3—2003.4)
副主任:卞敬荣(1998.3—2003.4)
叶家佩(1998.3—2003.4)
王尚仁(1998.3—2003.4)
吴金兰(1998.3—2003.4)

5. 社会法制委员会(由政协副主席林章华分管)
主　任:吕绍文(1998.3—2003.4)
副主任:孙嘉璠(1998.3—2003.4)
蔡齐发(1998.3—2003.4)
邢可忠(1998.3—2003.4)
陈胜天(1998.3—2003.4)

6. 城建城管工作委员会(由政协副主席许士华分管)
主　任:刘一宁(1998.3—2003.4)
副主任:程新民(1998.3—2003.4)
贾月琴(1998.3—2003.4)
崔益贵(1998.3—2003.4)
杨开金(1998.3—2003.4)

7. 祖国统一工作委员会(由政协副主席罗湘华分管)
主　任:孙　斌(1998.3—2003.4)
副主任:杜文娟(1998.3—2003.4)
袁　丽(1998.3—2001.3)
张　宁(1998.3—2003.4)
宋子平(1998.3—2003.4)

第六届工作(专门)委员会领导成员:

1. 提案工作委员会(由政协副主席许士华分管)
主　任:戚小平(2003.4—2006.2)
副主任:李燕红(2003.4—2006.2)
邓恒先(2003.4—2006.2)

2. 经济工作委员会(由政协主席曹天民、副主席黄少雄分管)
主　任:齐元发(2003.4—2006.2)
副主任:许正全(2003.4—2006.2)
王同休(2003.4—2006.2)

3. 科教工作委员会(由政协副主席林章华、鲁厚义分管)
主　任:吴自谦(2003.4—2006.2)

副主任:吕明安(2003.4—2006.2)

胡志恒(2003.4—2006.2)

4.文卫体工作委员会(由政协副主席黄明、方贤益分管)

主　任:鲁运来(2003.4—2006.2)

副主任:吴金兰(2003.4—2006.2)

郭继华(2003.4—2006.2)

5.社会和法制工作委员会:由政协副主席林章华分管

主　任:张安发(2003.4—2006.2)

副主任:孙嘉璠(2003.4—2006.2)

胡首春(2003.4—2006.2)

6.城建城管理工作委员会:由政协副主席许士华分管

主　任:杨　杰(2003.4—2006.2)

副主任:高易华(2003.4—2006.2)

杨成顺(2003.4—2006.2)

7.港澳台侨工作委员会(由政协副主席黄明分管)

主　任:张　宁(2003.4—2006.2)

副主任:罗继云(2003.4—2006.2)

曹　俊(2003.4—2006.02)

四、首届政协镜湖区委员会筹备材料选编

中国人民政治协商会议芜湖市镜湖区第一届委员会第一次会议筹备工作报告

(1984年5月14日)

李必明

各位委员、各位同志:

我区政协首届委员会已经筹备完成,首届一次会议即将正式召开。为了开好这次大会,圆满地完成大会任务,今天召开预备会议,我受区政协首届一次会议筹备委员会的委托向大会作筹备工作报告,请各位委员、各位同志审议。

一、筹备经过

为了做好区政协首届委员会的筹建工作,在市政协、市统战部的指导下,在中共镜湖区委的直接领导下,首先成立了区政协首届会议筹备委员会,由蒋登歧、张浩根、魏连泗、李必明、赵宁远、朱玖、姚彦清、谢成炳、束雪芳、徐崇保、温欣、刘小童、宗丽娟、张秀凤、薛有祥、朱聚堂、季昌筑等17位同志组成;蒋登歧同志任筹委会主任委员,张浩根、魏连泗、李必明、赵宁远等同志任副主任委员。下设秘书、组织、宣传3个组,并抽调了力量,在筹委会统一领导下,具体负责各项筹备工作。根据《中国人民政治协商会议章程》有关条款的规定和上级指示,我区政协设主席1人,副主席6人,常委10人,委员80人。其中中共与非党人士的比例分别是:正副主席7人中,按照党外多于党内的要求,中共党员3人,

非党4人；常务委员10人(除正副主席)中，中共党员3人，占35%，非党7人，占65%；委员80人中，中共党员32人，占40%；非党48人，占60%。按此人数和比例，筹委会自4月10日开始至今，经过二十多天的紧张工作，在各有关单位和有关方面的大力支持和密切配合下，根据中共中央(82)29号、(82)46号文件精神，经过多方面的协商，已确定首届政协委员76人；常务委员和正副主席人选，将由大会协商、选举产生。

为了做好区政协首届一次会议的筹备工作，筹委会还安排了会议的议程、日程(草案)和大会会务等工作，并起草了首届政协今后工作任务的报告等文件初稿。目前大会的筹备工作已基本结束，已为大会的胜利召开，作了各方面的准备。

二、委员的组成情况

本届政协人事安排是：根据中共中央和省、市委指示精神，在区委的直接领导下结合我区情况，按照统筹兼顾，全面安排，力求比较合理，各方面比较满意的要求，由中国共产党，各民主党派，无党派爱国人士、各人民团体、各界代表人士和少数民族，台胞台属、归侨侨属等共十六个方面组成；安排委员名额计76人，其中共产党员27人，占委员总数的35.53%；党外人士49人，占64.47%；女委员25人，占32.89%。

本届政协委员的年龄结构是：年龄最大的73岁，最小的19岁；平均年龄50.7岁。

本届政协委员的文化结构是：文化程度具有大学的28人，占委员总数的36.84%；中专、高中的24人，占31.58%；有各种技术职称的24人，占31.58%。

本届政协委员会，还有一部分年富力强、在"四化"建设中取得显著成绩的先进人物代表，知识分子也占了一定的比例。

上述的本届政协委员组成情况，体现了以下各方面：

1. 它体现了广泛的代表性。委员中的共产党员比例低于党外人士，有利于更多地吸收各民主党派、无党派爱国人士和各界的非常代表，政协这个统一战线组织具有更加广泛的代表性，有利于更好地发挥人民政协的职能作用。

2. 它体现了新老结构以及工人同知识分子的密切结合，也体现了工人、知识分子同样都是我国社会主义现代化建设的依靠力量。

3. 它体出了大团结、大统一的方针。本届政协委员名单是在中共十二大精神指引下，以大团结、大统一、开创新局面思想的指导下提出来的。它贯彻了中国共产党与民主党派"长期共存，互相监督"、"肝胆相照，荣辱与共"的方针，进一步加强了中国共产党同各民主党派、无党派人士少数民族和宗教界爱国人士的合作；体现了进一步巩固和加强由全体社会主义劳动者、拥护社会主义的爱国者和拥护祖国统一的爱国者组成的包括台湾、港澳台胞和海外侨胞在内的最广泛的爱国统一战线。

三、首届一次大会的指导思想、任务和要求

(一)大会的指导思想

首届政协会议的召开，是我区人民政协生活中的一件大事。参加会议的同志应以中共十二大精神指导，坚定地贯彻执行"长期共存、互相监督"，"肝胆相照、荣辱与共"的方针，加强中国共产党与各民主党派、无党派爱国人士、一切爱国的党外人士的真诚团结和合作,要高举爱国旗帜,为实现中华民族大团结、大统一,为促进社会主义现代化建设,完成祖国统一大业,维护世界和平作出新贡献。

人民政协是我国爱国统一战线组织,是我国政治生活中发扬社会主义民主的一种重要形式。人民政协要更加发扬民主,广开言路,放手工作,调动一切积极因素,把蕴藏在各方面人士中的潜力充分发挥出来,要充分发挥政协委员的积极性和专长,充分发挥他们的聪明才智,为振兴中华,实现中华民族的繁荣富强和统一,作出更大的努力。

我们还要团结所有的党外爱国人士,认真学习和贯彻执行全国六届一次人大会议和全国六届一次政协会议精神,学习和贯彻省六届人大二次会议和省政协五届二次会议的精神,为开创我区社会主义建设新局面,开创爱国统一战线新局面,开创政协工作新局面而奋斗!

(二)大会的任务

1. 听取区委书记蒋登岐同志的讲话;

2. 学习中国人民政治协商会议章程;

3. 听取并审议区政协首届委员会今后工作任务的报告;

4. 民主选举政协第一届委员会主席、副主席、常务委员;

5. 列席区人代会九届一次会议,听取并讨论有关报告;

6. 听取并审议区政协首届一次会议提案审查报告;

7. 通过区政协首届一次会议的有关决议。

(三)大会要求

这次会议预计会期五天,自5月14日开始至5月18日结束,会场设在芜湖饭店四楼会议室。

这次政协会议是我区首届会议,将要通过选举产生首届政协的领导班子,并将讨论制定今后工作任务,这将对我区的革命和建设事业产生深远的影响,希望参加会议的同志们,齐心协力,把这次大会开好,把政协的领导班子选好,为此特提出以下几点要求:

1. 会议期间,同志们对本单位的工作,要作好安排,集中精力开好会议,没有特殊情况不要请假。确实需要请假的,要经大会秘书处批准。

2. 会议期间要积极参加讨论,在小组讨论中,要根据党的十二大精神畅所欲言,广开言路,为“四化”建设献计献策,共同努力,把这次大会开成一个民主的大会,团结的大会,胜利的大会。

3. 要自觉遵守大会的注意事项。

委员们、同志们,这次政协会议是首届大会,由于我们缺乏经验,加上各方面条件有限,在生活安排上,很可能有不周之处,希望同志们谅解;在工作上也可能存在一些缺点和问题,敬请同志们批评指正,为把大会开好,对大会有什么批评建议,可以向小组或大会秘书处反映,大会将听取大家合理建议,改进工作,以保证大会圆满召开。

祝委员们、同志们身体健康!

中国人民政治协商会议芜湖市镜湖区第一届委员会第一次会议开幕词

（1984 年 5 月 14 日）

张浩根

各位委员、各位同志：

我受大会主席团的委托，宣布中国人民政治协商会议芜湖市镜湖区第一届委员会第一次会议现在正式开幕。

这次大会，是在全区人民认真贯彻中共十二大、全国人大六届一次会议和市第四次党代会会议精神，全面开创我市社会主义现代化建设新局面的大好形势下，在市政协、市委统战部的指导下，在区委的直接领导下召开的。开好这次大会，对于促进我区社会主义物质文明和精神文明建设，加强爱国统一战线，做好人民政协工作，开创大团结、大统一的新局面，都具有十分重要的意义。

中国人民政治协商会议是中国共产党领导的具有广泛代表性的爱国统一战线组织，也是我国政治生活中发扬社会主义民主的重要形式。新中国成立以来，中国人民政协在国家的政治生活、社会生活和对外友好活动中开展了许多工作，作出了重要贡献。今年，在加紧社会主义现代化建设，争取实现包括台湾在内的祖国统一，反对霸权主义，维护世界和平的斗争中，中国人民政协更加需要发挥它的重要作用。

我区人民政协的组建成立，是我党统一战线工作深入开展的具体体现，它将根据中国共产党同各民主党派和无党派民主人士“长期共存，互相监督”、“肝胆相照，荣辱与共”的方针，对国家的大政方针和群众生活的重要问题进行政治协商，并通过建议和批评发挥民主监督作用。

我区政协第一届委员会的委员，是经过各个方面充分酝酿和民主协商而产生的，具有广泛的代表性。他们中间有中国共产党党员，有各民主党派和无党派爱国人士，有工商界、教育界、科技界、卫生界、文艺界、体育界、宗教界以及少数民族、台湾中胞、归国华侨等各方面的代表人物，群贤毕至，英才成集，充分体现了全区人民的团结和统一。

这次会议，委员们将要认真学习中国政治协商会议章程，听取区委书记蒋登岐同志的讲话，选举产生政协镜湖区第一届委员会主席、副主席和常务委员，听取并审议第一届委员会工作任务的报告，列席区人民代表大会九届一次会议，听取并讨论会议的有关报告，讨论通过本届政协会议的有关决议。

希望与会同志认真学好文件，畅所欲言，集思广益，把这次会议开好，开成一个民主的大会、团结的大会、胜利的大会。会议闭幕以后，要把会议精神带回去，广泛进行宣传，使各方面都了解统战工作的意义，了解人民政协的性质、任务、地位和作用，争取各方面的支持，共同把我区政协工作做好。

各位委员、各位同志，在新的历史时期，人民政协肩负着光荣的、重大的历史使命，我们一定要高举爱国旗帜，坚决响应胡耀邦同志提出的“毋忘团结奋斗，致力振兴中华”的号召，坚决贯彻执行市第四次党代会提出的各项战斗任务，同心同德，群策群力，为开创我区统一战线和人民政协工作的新局面，为加强全区人民的大团结、大统一，为实现社会主义现代化建设的宏伟目标而努力奋斗!

祝大会圆满成功!祝委员们、同志们身体健康,工作进步!

第二节　1984—2006 年新芜区政协机构

1984 年 4 月,政协新芜区委员会是根据中共中央办公厅(1983)8 号文件《关于县(市)和市辖区设立政协问题的通知》精神和芜湖市委《关于镜湖、新芜两市辖区设立政协机构的决定》而筹备成立的。这是党的统一战线工作发展,深入到基层的体现。同年 5 月 13 日,政协新芜区委员一届一次会议召开,至 2006 年 2 月因区划调整,取消新芜区建制,历时达 21 年零 9 个月。

区政协历经六届,其中一至三届每届任期 3 年,后改为每届任期 5 年(六届任期未满)。每届区政协均选举产生常务委员会(简称"常委会")主持会务。常委会下设办公室和若干个专门委员会(一届区政协称"工作组")。

一、常务委员会

(一)第一届常委会

1984 年 5 月 13 日至 18 日,新芜区政协一届一次会议选举产生第一届常务委员会,选举产生主席 1 名、副主席 4 名、常务委员 10 名,任期 3 年。第一届常委会组成人员中,中共党员 5 名,占 33%;非中共人士 10 名,占 67%。

主　　席:刘润枝(1984.5—1987.4)
副 主 席:晋　琳(女,1984.5—1986.8)
　　　　　潘孝淳(1984.5—1987.4)
　　　　　汤蕴璟(1984.5—1987.4)
　　　　　李兴华(女,1984.5—1987.4)
常务委员:冯政清(1984.5—1987.4)
　　　　　年广久(1984.5—1987.4)
　　　　　宋光炎(1984.5—1987.4)
　　　　　汪竞群(1984.5—1987.4)
　　　　　吴冠侠(1984.5—1987.4)
　　　　　范　丛(1984.5—1987.4)
　　　　　焦光明(1984.5—1987.4)
　　　　　温宏光(1984.5—1987.4)
　　　　　翟金增(1984.5—1987.4)
　　　　　雕　群(1984.5—1987.4)

(二)第二届常委会

1987 年 4 月 23 日至 27 日,区政协二届一次会议选举产生第二届常务委员会。选举产生主席 1 名,副主席 4 名,常务委员 12 名,任期 3 年。第二届委员会由 16 个方面(界别)组成,委员为 91 名。其中,中共党员 30 名,占 33%,非中共人士 61 名,占 67%。

主　　席:刘润枝(1987.4—1990.6)

副 主 席:杜伯炎(1987.4—1990.6)

潘孝淳(1987.4—1990.6)

汤蕴瑾(1987.4—1990.6)

李兴华(女,1987.4—1990.6)

常务委员:王大东(1987.4—1990.6)

尹厚霖(1987.4—1990.6)

冯政清(1987.4—1990.6)

孙裕洲(1987.4—1990.6)

吕凤娣(女,1987.4—1990.6)

杨世雄(1987.4—1990.6)

汪竞群(1987.4—1990.6)

范　丛(1987.4—1990.6)

陆企霄(1987.4—1990.6)

黄书文(1987.4—1990.6)

焦光明(1987.4—1990.6)

温宏光(1987.4—1990.6)

雕　群(1987.4—1990.6)

(三)第三届常委会

1990 年 6 月 26 日至 30 日,区政协三届一次会议选举产生第三届常务委员会,选举产生主席 1 名,副主席 4 名,常务委员 15 名,任期 3 年。

主　　席:陶永盛(1990.6—1993.3)

副 主 席:周钜生(1990.6—1993.3)

段开福(1990.6—1993.3)

张静宜(女,1990.6—1993.3)

李保明(1990.6—1993.3)

常务委员:孙裕洲(1990.6—1993.3)

尹厚霖(1990.6—1993.3)

汪竞群(1990.6—1993.3)

宋静波(女,1990.6—1993.3)

李学韩(1990.6—1993.3)

沈春云(女,1990.6—1993.3)

沈　茜(1990.6—1993.3)

沙翊昌(1990.6—1993.3)

范欣龙(1990.6—1993.3)

杨世雄(1990.6—1993.3)
何家华(1990.6—1993.3)
常　健(1990.6—1993.3)
黄书文(1990.6—1993.3)
焦光明(1990.6—1993.3)
管远华(1990.6—1993.3)

(四)第四届常委会

1993年3月22日至25日,区政协四届一次会议选举产生第四届常务委员会。选举产生主席1名,副主席6名,常务委员14名,任期5年。

1994年3月,四届二次会议补选常务委员2名。

1995年3月,四届三次会议补选常务委员1名。

1996年3月,四届四次会议补选副主席1名,常务委员6名。

主　　席:汪国兴(1993.3—1998.3)
副 主 席:甘良祥(1993.3—1998.3)
李友俊(1993.3—1998.3)
段开福(1993.3—1998.3)
李保明(1993.3—1998.3)
佘建中(1993.3—1998.3)
宋静波(女1993.3—1998.3)
齐业琛(1996.3—1998.3)(四届四次会议补选)
常务委员:范欣龙(1993.3—1998.3)
张志南(1993.3—1998.3)
管远华(1993.3—1998.3)
郑贤渔(1993.3—1998.3)
张金凤(女,1993.3—1998.3)
焦光明(1993.3—1998.3)
史可璐(女,1993.3—1998.3)
卢　源(1993.3—1998.3)
柯家华(1993.3—1998.3)
沙翊昌(1993.3—1998.3)
沈茜(1993.3—1998.3)
李健(1993.3—1998.3)
马素霞(女,1993.3—1998.3)
李锦英(女,1993.3—1998.3)
许大昭(1994.3—1998.3)(四届二次会议补选)
孙宗村(1994.3—1998.3)(四届二次会议补选)
钱建华(1995.3—1998.3)(四届三次会议补选)

吕和声(1996.3—1998.3)(四届四次会议补选)
年金宝(1996.3—1998.3)(四届四次会议补选)
李晓华(1996.3—1998.3)(四届四次会议补选)
焦奇(1996.3—1998.3)(四届四次会议补选)
殷芳春(女,1996.3—1998.3)(四届四次会议补选)
付祥林(1996.3—1998.3)(四届四次会议补选)

(五)第五届常委会

1998年3月8日至10日,区政协五届一次会议选举产生第五届常务委员会。选举产生主席1名,副主席6名,常务委员会21名。任期5年。

1999年1月,五届二次会议增选常务委员2名。

2000年1月,五届三次会议增选常务委员2名。

2001年3月,五届四次会议增选副主席1名,常务委员1名。

2002年1月,五届五次会议增选常务委员会1名。

主　　席:邢昌海(1998.3—2003.4)
副 主 席:李友俊(1998.3—2001.02)(五届四次会议不再担任)
邓伯康(1998.3—2003.4)
李保明(1998.3—2003.4)
张求学(1998.3—2003.4)
姚声涛(1998.3—2003.4)
马素霞(女,1998.3—2003.4)
鲍根权(2001.2—2003.4)(五届四次会议后补选)
常务委员:付祥林(1998.3—2003.4)
张志南(1998.3—2003.4)
李承进(1998.3—2003.4)
周自炎(1998.3—2003.4)
李燕凌(女,1998.3—2003.4)
孙宗村(1998.3—2003.4)
李　健(1998.3—2003.4)
徐成美(女,1998.3—2003.4)
卜进知(1998.3—2003.4)
朱茂汉(1998.3—2003.4)
李锦英(女,1998.3—2003.4)
戴智华(1998.3—2003.4)
李　奇(1998.3—2003.4)
黄启明(1998.3—2003.4)
万昌群(女,1998.3—2003.4)
焦　奇(1998.3—2001.3)(五届四次会议后不再担任)

袁东生(1998.3—2003.4)
殷芳春(1998.3—1999.1)(五届二次会议后不再担任)
姜炳来(1999.1—2003.4)(五届二次会议补选)
张明会(1999.1—2003.4)(五届二次会议补选)
孙照胜(2000.1—2003.4)(五届三次会议补选)
徐庆鸣(2000.1—2003.4)(五届三次会议补选)
王道文(2001.3—2003.4)(五届四次会议补选)
董正凯(2002.1—2003.4)(五届四次会议补选)

(六)第六届常委会

2003年4月6日至9日,区政协六届一次会议选举产生第六届常务委员会,选举产生主席1名,副主席6名,常务委员19名,任期5年(因区划调整,实际任期3年)。

主　　席:邢昌海(2003.4—2006.2)
副 主 席:王昌生(2003.4—2006.2)
鲍根权(2003.4—2006.2)
马素霞(女,2003.4—2006.2)
黄启明(2003.4—2006.2)
丁劲松(2003.4—2006.2)
丁桂华(女,2003.4—2006.2)
常务委员:张志南(2003.4—2006.2)
姜炳来(2003.4—2006.2)
张明会(2003.4—2006.2)
袁德华(2003.4—2006.2)
唐　艳(女,2003.4—2006.2)
李忠才(2003.4—2006.2)
倪谷峪(女,2003.4—2006.2)
方　宁(2003.4—2006.2)
李燕凌(女,2003.4—2006.2)
喻其山(2003.4—2006.2)
刘向欣(女,2003.4—2006.2)
郑元林(2003.4—2006.2)
周自炎(2003.4—2006.2)
李锦英(女,2003.4——2006.2)
李承进(2003.4—2006.2)
戴智华(2003.4—2006.2)
俞　丽(女,2003.4—2006.2)
王世文(2003.4—2006.2)
吴爱芳(女,2003.4—2006.2)

二、区政协办公室

新芜区政协办公室是在主席会议和常委会议领导下的常设办事机构,其主要职责:一是协助政协领导统揽全局工作;二是协调处理机关日常事务;三是为主席会议、常委会议和全委会议做好服务;四是为全体政协委员知情出力服务。

历届区政协办公室主任、副主任名录:

区政协第一届委员会办公室

副主任:范欣龙(主持工作,1984.3—1987.4)

区政协第二届委员会办公室

主　任:范欣龙(1989.3—1990.6)

副主任:范欣龙(主持工作,1987.4—1989.2)

区政协第三届委员会办公室

主　任:管远华(1990.6—1993.3)

区政协第四届委员会办公室

主　任:张志南(1993.3—1998.3)

副主任:严安榕(1993.12—1998.3)

区政协第五届委员会办公室

主　任:张志南(1998.3—2003.3)

副主任:严安榕(1998.3—2000.10)

区政协第六届委员会办公室

主　任:张志南(2003.4—2006.2)

主　任:周永德(2005.4—2006.2)

副主任:王双松(2002.7—2006.2)

三、专门工作机构

按照《政协章程》规定,历届新芜区政协根据实际情况和工作需要,均设置了若干个专门委员会(一届区政协称“工作组”)。各专门委员会(组)是在主席会议、常委会议的领导下,组织委员进行经常性活动的具有统一战线性质的组织形式和工作机构。专门委员会(组)设主任一人,副主任若干人,其他成员若干人,均由区政协委员担任。区政协专门委员会的机构设置、变动及人员调整由常委会议决定。

专门委员会的主要职责:团结和带领广大政协委员围绕区委、区政府工作中心开展工作,坚定地贯彻执行党的各项方针、政策;组织委员学习,广交朋友,反映社情民意,为化解矛盾、理顺情绪献计献策;对改革、发展和稳定中的重大问题,开展调查研究,提出意见、建议和提案;围绕团结和民主两大主题,积极为委员履行职能创造条件。专门委员会的活动形式主要有:调查研究、视察考察、参观学习、对口协商、撰写提案、开门办案、座谈讨论,报告会、协商会、建言会、研讨会和组织委员参加大会发言等。

(一)第一届专门委员会(工作组)

1. 学习工作组

主　任:宋光炎

副主任:范　丛

2. 科学技术工作组

组　长:焦光明

副组长:谢振德

3. 祖国统一工作组

组　长:温宏光

副组长:陆企霄

4. 经济建设工作组

组　长:冯政清

副组长:年广九　荣玉芬　尹厚霖

5. 文教卫生工作组

组　长:吴冠侠

副组长:袁训华　黄书文

6. 群工法制工作组

组　长:翟金增

副组长:方绍三　许人涛　王广瑜

7. 民族宗教工作组

组　长:汪竞群

副组长:章秀军

8. 文史资料工作组

组　长:雕　群

副组长:杜清华

(二)第二届专门委员会

1987年5月,根据市政协要求,区政协二届一次常委会议决定,将工作组改为“委员会”,设立7个委员会(部分专委会下设若干个组):学习委员会、祖国统一工作委员会、文史资料研究委员会、经济技术工作委员会、文教医卫工作委员会、群工法制工作委员会、提案工作委员会。

1. 学习委员会

主　任:范　丛

副主任:俞　钧

2. 祖国统一工作委员会

主　任:杜伯严(兼)

副主任:孙裕洲　陆企霄

3. 文史资料研究委员会

主　任:雕　群

副主任:汪英明

4. 经济科技工作委员会

主　任:焦光明

副主任:冯政清　谢振德

其中下设:经济组

组长:冯政清(兼)

副组长:尹厚霖　张维民

科技组

组长:谢振德(兼)

副组长:黄成河

5. 文教医卫工作委员会

主　任:黄书文

副主任:李保明　俞定烈

其中下设:文教组

组长:李保明(兼)

副组长:黄善富

医卫组

组长:俞定烈(兼)

副组长:吕凤娣

6. 群工法制工作委员会

主　任:许人涛

副主任:方勇三

7. 提案工作委员会

主　任:王大东

(三)第三届专门委员会

1990 年 7 月,区政协三届二次常委会决定设立:学习委员会、祖国统一联谊委员会、经济建设委员会、科学技术委员会、提案委员会、医卫委员会、文教委员会、社会法制委员会、文史资料委员会等 9 个专门委员会。

1. 学习委员会

主　任:管沅华

副主任:袁拾林

2. 祖国统一联谊委员会

主　任:孙裕洲

副主任:汪竞群　杜先智

3. 经济建设委员会

主　任:尹厚霖

副主任:范欣龙　孔惠娟

4. 科学技术委员会

主　任:焦光明

副主任:沈　茜　黄成河　史可瑢(1991 年 1 月任职)

5. 提案委员会

主　任:常　健

副主任:王逢水

6. 医卫委员会

主　任:黄书文

副主任:沈春云　宋静波　吕凤娣

7. 文教委员会

主　任:黄善富

副主任:李学韩　李锦英　张伯良　吴立生(1991 年 1 月任职)

8. 社会法制委员会

主　任:孔庆玲

副主任:唐长寿　袁光荣

9. 文史资料委员会

主　任:汪英明

副主任:汪树福

(以上未注明任期的,皆为届内任职。)

(四)第四届专门委员会

1993 年 4 月 10 日,经区政协四届一次常委会议决定设置经济委员会等 9 个专门委员会。1993 年 12 月 23 日,经区政协四届六次常委会研究决定,增设“城市建设委员会”,专委会总数达 10 个。

1. 经济委员会

主要任务:就全区经济生活中的重要问题,开展座谈讨论、专题调查等活动,向党委、政府及有关部门提出建议。

本届任期内,根据区委、区政府的中心工作,经济委员会组织了 6 次约 50 人次参加的专题调研和视察活动,并为我区建立鑫春针纺织集团、团结路集贸市场做出了重要贡献。

主　任:焦光明(1993.3—1998.3)

副主任:马素霞(女,1993.3—1998.3)

孔惠娟(女,1993.3—1998.3)

查全忠(1993.3—1998.3)

奚仲云(女,1993.3—1998.3)

周永康(1993.3—1998.3)

2. 科学技术委员会

主要任务:推动科技界的委员参政议政,为发展我国社会主义科技事业和推动我区经济建设贡献力量。

本届科技委员会就全区乡镇企业发展方向等重大问题，组织了4次约15人次参加的调研和视察活动，并通过座谈会等方式，提出意见和建议。

主　任：史可璐（女，1993.3—1998.3）

副主任：柯家华（1993.3—1998.3）

　　　　沈　茜（1993.3—1998.3）

　　　　卢　源（1993.3—1998.3）

　　　　孙宗村（1993年12月改任城市建设委员主任）

3. 文教委员会

主要任务：联系和团结从事或热心教育、文化事业的委员，组织他们就教育、文化等方面的大政方针和重要问题进行研讨，向有关部门提出建议和意见。

本届文教委员会曾就青少年犯罪问题开展6次专题调查，约40人次参加，并视察区文化市场，在全市率先发起中小学生告别歌厅、舞厅、电子游戏厅活动。

主　任：李锦英（女）

副主任：王克琏　晋泽保　吉振巧（女）

4. 医卫委员会

主要任务：组织委员就全区医药、卫生等方面的问题，开展经常性的活动，使委员们更好地知情出力。

本届医卫委员会曾5次视察全区食品卫生工作，为企业干部职工体检，40多人次参加了各项活动。并外出考察初级保健工作，为我区荣获全国食品卫生示范区、全国初级卫生保健试点区做出了贡献。

主　任：胡敬忠

副主任：吕风娣（女）　李贤俊

5. 祖国统一联谊委员会

主要任务：学习、宣传党和国家有关"一国两制"和平统一祖国的方针、政策，通过座谈会等多种方式开展与"三胞"及其亲属的联谊活动，促进海峡两岸的交往，为发展区街经济献计出力。

本届祖统委员会在工作中加强了与"三胞"的联谊，热情做好接待工作，热心为招商引资牵线搭桥。

主　任：范欣龙（1993.3—1996.3）

　　　　殷芳春（1996.3—1998.3）

副主任：李　健（1993.3—1998.3）

　　　　孙宗村（1993年12月改任城市建设委员主任）

　　　　吕和声（1993.3—1998.3）

6. 学习委员会

主要任务：组织座谈会、报告会等活动，帮助委员了解党和国家的方针、政策，提高马列主义理论水平，为知情出力、参政议政创造条件。

本届学习委员会共编辑并印发《学习资料》四辑,多次举办各种主题的报告会、座谈会,并组织委员外出参观考察。

主　任:管远华(1993.3—1998.4)

副主任:沙翊昌(1993.3—1998.4)

袁柏林(1993.3—1998.4)

7. 社会法制委员会

主要任务:宣传和贯彻国家宪法和各项法律、法规,帮助委员了解法制建设,并通过开展座谈、视察等活动,向国家机关及有关部门提出意见和建议。

本届法制委员会与其他委员会合作,就青少年犯罪问题及两劳回归人员帮教工作,进行两次专题调查,并撰写了调查报告,送交市政法委等有关部门。

主　任:郑贤渔(1993.3—1995.4)

龚远福(1995.4—1998.3.)

副主任:龚远福(1993.3—1998.4)

王逢水(1993.3—1998.4)

8. 提案委员会

主要任务:协助委员围绕全区中心工作及人民群众普遍关心的问题提出提案,审查提案并提出处理意见,送交有关部门办理。协助承办单位共同做好提案办理工作。

本届历次全会共收到委员提案134件,人民来信119件,并对四届一次、二次会议提案进行评选,应百里委员提出的"关于加速我区旧城居民住宅改造"等9件提案受到表彰。

主　任:张金凤(女)

副主任:朱成霞(女)

倪修武

李开应(1993年12月经四届六次常委会任命)

吴修林(1993年12月经四届六次常委会任命)

9. 文史资料委员会

主要任务:根据政协组织的特点,负责文史资料撰写、征集、编辑工作,为促进社会主义两个文明建设服务。

本届文史资料委员会印《新芜文史专刊》2辑,在《江淮文史》及相关报刊上发表了纪念我省著名教育家张滁生先生等文章15篇。

主　任:许大昭

副主任:李官连

10. 城建委员会

主要任务:围绕我区城市建设和管理工作,组织委员开展座谈讨论和视察调研活动,听取各界人士的批评和意见,并向国家机关及有关部门提出建议。

本届城建委员会,坚持在汛期前视察全区防汛排涝工作,并为香店行政村村民住宅规划提供了设计方案。

主　任:孙宗村(1993.12—1998.3)

副主任:陈茂盛　钱宗发

(以上未注明任期的,皆为届内任职。)

(五)第五届专门委员会

1998年4月2日,经区政协五届一次常委会议审议通过设置经济委员会等6个专门委员会。1999年4月2日,经区政协五届六次常委会议研究决定,增设"城市建设管理委员会",专委会总数达到7个。

1. 经济委员会

主　任:傅祥林

副主任:李　奇

徐庆鸣(1998.4—2001.9)

董正凯(2001.9—2003.4)

2. 科教文卫体委员会

主　任:王克链(1998.4—2001.9)

张志南(2001.9—2003.4)

副主任:李绵英

朱海沿(1998.4—1999.4)

李燕凌(1999.4—2003.4)

3. 社会法制委员会

主　任:殷芳春(1998.4—1998.11)

姜炳来(1999.4—2003.4)

副主任:王家华　汪一峰

4. 提案委员会

主　任:李开应

副主任:蒋　靓　王佩佩

5. 学习宣传委员会

主　任:张志南

副主任:朱茂汉　郎大杭

6. "三胞"联谊委员会

主　任:黄启明

副主任:孙宗村(1998.4—1999.4)　吴大光

7. 城市建设管理委员会

主　任:张明会(1999.4至换届)

副主任:朱海沿(1999.4至换届)

孙宗村(1999.4至换届)

(以上未注明任期的,皆为届内任职。)

(六)第六届专门委员会

2003 年 5 月,经区政协六届一次常委会会议研究,决定设置 6 个专门委员会。

1. 提案委员会

主　任:袁德华(2003.4—2006.2)

副主任:戴智华(2003.4—2006.2)

　　　　严安榕(2003.4—2006.2)

2. 经济委员会

主　任:张明会(2003.4—2006.2)

副主任:董正凯(2003.4—2006.2)

　　　　谢正友(2003.4—2006.2)

3. 教科文卫体委员会

主　任:张志南(2003.4—2006.2)

副主任:杨永平(2003.4—2006.2)

　　　　郭增朴(2003.4—2006.2)

4. 社会法制委员会

主　任:姜炳来(2003.4—2006.2)

副主任:刘杰义(2003.4—2006.2)

　　　　周　燕(2003.4—2006.2)

5. 学习宣传委员会

主　任:倪谷峪(2003.4—2004.2)

　　　　王铭华(2004.2—2006.2)

副主任:王铭华(2003.4—2004.2)

2004 年 9 月 11 日,区政协六届八次常委会决定增补王铭华为六届学习宣传委员会主任。

6. 港澳台侨委员会

主　任:吴爱芳(2003.4—2006.2)

副主任:蒋　靓(2003.4—2006.2)

第三节　2006—2014 年镜湖区政协机构

一、常务委员会

(一)政协镜湖区委员会筹备组

2006 年 2 月,芜湖市人民政府对市辖各区进行了区划调整,撤销原新芜区、镜湖区,成立新的镜湖区。原镜湖区、新芜区政协相继撤销,成立新的政协镜湖区委员会。为顺利实现区划调整后的政协机构的过渡,经中共芜湖市委决定,成立了政协镜湖区委员会筹备组，由曹天民任组长，王昌生、周玉良、季业保、鲁厚义、黄启明、丁劲松、丁桂华、方贤益、黄少雄等为成员，进行新政协镜湖区委员会的筹备工作。

3月29日，政协镜湖区委员会筹备组召开会议，研究了筹备组成员的工作分工，决定曹天民主持区政协筹备组全面工作，分管筹备组办公室工作，王昌生协助曹天民抓政协全面工作，分管经济委员会工作，周玉良分管城建城管委员会工作，季业保分管社会和法制委员会工作，鲁厚义分管文卫体委员会工作，黄启明分管提案委员会，港澳台侨委员会工作，丁桂华分管教科委员会工作，丁劲松分管经济委员会工作，方贤益分管文卫体委员会工作，黄少雄分管港澳台侨委员会工作。

经过四个多月的筹备，6月21日至23日，政协镜湖区委员会七届一次会议在镜湖区机关大礼堂召开，选举产生了新的政协镜湖区第七届委员会常务委员会。

（二）第七届常务委员会

2006年6月21日至23日政协镜湖区委员会第七届一次会议采取无记名投票的方式，选举产生了由曹天民任主席，周玉良、季业保、鲁厚义、黄启明、丁劲松、黄少雄等六人任副主席和33名常务委员组成的区政协第七届常务委员会。常委会的组成结构为大专以上学历的35人，占95%；妇女12人，占30.7%；党外人士24名，占61.5%。平均年龄48.7岁。

8月4日，区政协主席会议，研究、确定了主席、副主席的工作分工：

曹天民主持区政协全面工作，分管区政协办公室、经济工作委员会工作。

周玉良分管城建城管工作委员会、教科工作委员会工作。

季业保分管社会和法制工作委员会工作。

鲁厚义分管教科工作委员会工作。

黄启明分管提案工作委员会、文卫体工作委员会工作。

丁劲松分管经济工作委员会工作。

黄少雄分管港澳台侨工作委员会工作。

2010年1月19日至22日政协镜湖区委员会第七届五次会议举行。四次会议后，政协常务委员4人到龄退休，1人病故，区政协按照政协章程规定辞去5人的常务委员职务。

2009年12月，政协主席曹天民到退休年龄，其本人向区政协常务委员会申请辞去政协主席职务，五次大会召开期间区政协常务委员会接受并批准了曹天民辞去区政协主席的请求。大会通过投票选举了茆振文为区政协主席，章启文为区政协秘书长，增补孙书孝、徐宏霞、奚要武、董德午四人为区政协常务委员。

2010年，区政协常委张承武任正科已满15年，根据有关文件规定，张承武享受副县级工资待遇，不再担任区政协常委；政协常委袁德华已到退休年龄，不再担任区政协常委。经同年6月30日区政协七届二十六次常委会议审议通过，免去张承武、袁德华两人区政协常委职务。

2011年2月19日至22日区政协第七届委员会第六次会议举行。会上补选王东方（女）、张武、胡昌荣、赵苏宁、董正凯五人为区政协委员会常务委员。

第七届委员会常务委员会成员名单

主　席:曹天民(2006.6—2010.1)

　　　　茆振文(2010.1—2012.2)

副主席:周玉良(2006.6—2012.2)

　　　　季业保(2006.6—2012.2)

　　　　鲁厚义(2006.6—2012.2)

　　　　黄启明(2006.6—2012.2)

　　　　丁劲松(2006.6—2010.1)

　　　　黄少雄(2006.6—2012.2)

　　　　燕国群(2007.1—2012.2.)

秘书长:章启文(2010.1—2012.2)

常　委:丁　汛(2006.6—2012.2)

　　　　丁　毅(2006.6—2012.2)

　　　　方　宁(2006.6—2012.2)

　　　　王利军(2006.6—2012.2)

　　　　王秀芝(2006.6—2009.4)

　　　　王翠萍(2006.6—2008.4)

　　　　邓恒先(2006.6—2012.2)

　　　　吴大光(2006.6—2010.9)

　　　　吴建红(2006.6—2012.2)

　　　　吴金兰(2006.6—2012.2)

　　　　吴爱芳(2006.6—2012.2)

　　　　张承武(2006.6—2010.6)

　　　　张　群(2006.6—2009.7)

　　　　李　为(2006.6—2012.2)

　　　　李　铭(2006.6—2012.2)

　　　　李燕凌(2006.6—2010.1)

　　　　杨成顺(2006.6—2012.2)

　　　　汪　浩(2006.6—2012.2)

　　　　谷广顺(2006.6—2012.2)

　　　　陈曾木(2006.6—2012.2)

　　　　周自炎(2006.6—2012.2)

　　　　范益民(2006.6—2012.2)

　　　　郑元林(2006.6—2009.4)

　　　　胡志恒(2006.6—2012.2)

　　　　徐爱萍(2006.6—2009.7)

　　　　袁德华(2006.6—2010.6)

诸葛邦林(2006.6—2012.2)
郭继华(2006.6—2012.2)
高述红(2006.6—2012.2)
解玉兰(2006.6—2008.10)
燕国群(2006.6—2010.2)
戴春阳(2006.6—2012.2)
濮荣强(2006.6—2012.2)
王传昌(2008.1—2012.2)
陈宪生(2008.1—2012.2)
孙书孝(2010.1—2012.2)
徐宏霞(2010.1—2012.2)
奚要武(2010.1—2012.2)
董德午(2010.1—2012.2)
王东方(2011.2—2012.2)
张　武(2011.2—2012.2)
胡昌荣(2011.2—2012.2)
赵苏宁(2011.2—2012.2)
董正凯(2011.2—2012.2)

(三)第八届常务委员会

中国人民政治协商会议芜湖市镜湖区第八届委员会第一次会议于2012年2月15日至18日举行。通过选举,产生了由茆振文任主席、鲁厚义、邹维琴、奚要武、谭闽月等4人为副主席,章启文为秘书长以及36名常委组成第八届常务委员会。

3月7日区政协八届一次主席会议,初步研究确定了主席分工:茆振文主持全盘工作并负责经济、人口资源环境、法制委员会工作;鲁厚义分管提案委员会、学习与文史委员会、教科委员会、文卫体委员会;邹维琴分管经济工作委员会、社会民族宗教委员会;奚要武分管人口资源环境委员会、法制委员会;谭闽月分管教科委员会、文卫体委员会。

在第八届常委会组成人员中,上届常委连任20名,他们是丁毅、王传昌、邓恒先、孙书孝、李为、杨成顺、吴建红(女)、吴爱芳(女)、张武、陈宪生、陈曾木、范益民、赵苏宁、胡志恒、胡昌荣、徐宏霞(女)、高述红(女)、诸葛邦林、董德午、濮荣强。新提名的常委16名,他们是王何能、江琳(女)、许苏平、严兆清(女)、李学红、杨珍(女)、张金扣、张洪波、孟丽丽(女)、骆水凤(女)、董晓华(女)、谢克谦、鲍钰(女)、鲍传好、滕伟、戴泽平。常委会的组成结构为大专以上学历的38人,占90.5%;妇女13人,占31%;党外人士28名,占66.7%。平均年龄48岁。

镜湖区第八届委员会第二次会议于2012年9月24日至25日举行。政协副主席鲁厚义从工作大局出发,向区委书面提出辞去政协副主席一职,保留党组副书记职务。会议接受了他的辞职请求,并通过选举,补选甄长海为政协镜湖区第八届委员会副主席,杨珍为政协秘书长,章启文为常务委员。

2012年10月9日,经区政协八届六次主席会研究,决定对区政协领导班子成员分工进行调整。

茆振文主持区政协全面工作,主管经济委员会、人口资源环境委员会。联系荆山、方村政协联络组。

鲁厚义分管提案委员会、教科委员会、学习和文史委员会。联系弋矶山、赭山政协联络组。

邹维琴分管民族宗教和港澳台侨委员会、经济委员会。联系张家山、大砻坊政协联络组。

奚要武分管法制委员会、人口资源环境委员会、学习和文史委员会。联系滨江政协联络组。

谭闽月分管文卫体委员会、教科委员会。联系汀棠、天门山政协联络组。

甄长海分管文卫体委员会、法制委员会。联系赭麓、镜湖新城政协联络组。

杨珍综合协调机关日常工作,主持区政协办公室工作。协助联系荆山、方村政协联络组。

2013年10月,奚要武调任镜湖区副区长,不再担任副主席一职。经八届十四次主席会议研究,对主席分管工作分工进行调整,原奚要武分管的法制委员会由甄长海接管,人口资源环境委员会由茆振文接管,学习文史委员会由鲁厚义接管,滨江联络组由茆振文联系。

2014年3月19日,经区政协八届十八次主席会议研究,决定对区政协领导班子成员分工进行调整。

茆振文主持区政协全面工作,主管经济委员会、人口资源环境委员会。联系荆山、方村、滨江政协联络组。

鲁厚义分管提案委员会、教科委员会、学习和文史委员会。联系弋矶山、大砻坊政协联络组。

谭闽月分管教科委员会、文卫体委员会。联系汀棠、张家山政协联络组。

甄长海分管经济委员会、民族宗教和港澳台侨委员会。联系赭麓、镜湖新城政协联络组。

陈国强分管文卫体委员会、社会和法制委员会。联系天门山、赭山政协联络组。

杨珍综合协调机关日常工作,主持区政协办公室工作。分管学习和文史委员会。协助联系荆山、方村、滨江政协联络组。

第八届委员会常务委员会成员名单:

主　席:茆振文(2012.2至今)

副主席:鲁厚义(2012.2—2012.9)

邹维琴(女,2012.2—2013.10)

奚要武(2012.2—2013.10)

谭闽月(女,2012.2至今)

甄长海(2012.9至今)

陈国强(2014.2至今)

秘书长:章启文(2012.2—2012.9)
杨　珍(女,2012.9 至今)
常　委:丁　毅(2012.2 至今)
王传昌(2012.2—2014.5)
王何能(2012.2 至今)
邓恒先(2012.2—2014.2)
江　琳(女,2012.2 至今)
许苏平(2012.2 至今)
孙书孝(2012.2 至今)
严兆清(女,2012.2 至今)
李　为(2012.2 至今)
李学红(2012.2 至今)
杨　珍(女,2012.2—2012.9)
杨成顺(2012.2 至今)
吴建红(女,2012.2 至今)
吴爱芳(女,2012.2 至今)
张　武(2012.2 至今)
张金扣(2012.2—2014.2)
张洪波(2012.2 至今)
陈宪生(2012.2—2014.9)
陈曾木(2012.2 至今)
范益民(2012.2 至今)
孟丽丽(女,2012.2 至今)
赵苏宁(2012.2—2014.2)
胡志恒(2012.2 至今)
胡昌荣(2012.2—2012.9)
骆水凤(女,2012.2 至今)
徐宏霞(女,2012.2 至今)
高述红(女,2012.2 至今)
诸葛邦林(2012.2 至今)
董晓华(女,2012.2 至今)
董德午(2012.2—2014.2)
谢克谦(2012.2 至今)
鲍　钰(女,2012.2 至今)
鲍传好(2012.2 至今)
滕　伟(2012.2 至今)
戴泽平(2012.2 至今)

濮荣强(2012.2至今)
章启文(2012.9至今)
张晓玲(女,2014.2至今)
甘培熙(2014.2至今)

二、政协办公室

第七届办公室:
主　　任:邓恒先(2006.6—2009.5)
章启文(2009.5—2010.3)
王东方(2010.3—2012.2)
副 主 任:胡首春(2006.6—2012.02)
主任科员:陈国青(2006.6—2009.9)
科　　员:王　君(2008.6任副主任)
邹通文(2010.7—2012.2)
第八届办公室:
主　任:杨　珍(2012.6—2014.6)
晋奇志(2014.6至今)
副主任:胡首春(2012.2至今)
王　君(2012.2至今)
科　员:邹通文(2013.4任副主任科员)

三、专门委员会

(一)第七届委员会专门委员会

经2006年7月28日区政协七届一次常委会研究决定设置7个工作(专门)委员会:提案委员会、经济委员会、教科委员会、文卫体委员会、社会和法制委员会、城建城管委员会、港澳台侨委员会。并任命各委员会的主任、副主任。

2010年3月25日七届二十五次常委会议对部分委员会主任、副主任进行了调整。

1. 提案委员会
主　任:徐爱萍(2006.6—2010.3)
邓恒先(2010.3—2012.2)
副主任:邓恒先(2006.6—2010.3)
张庆玲(2006.6—2010.3)
沈怀宝(2006.6—2010.3)
王东方(2010.3—2012.2)
杨丽华(2010.3—2012.2)

2. 经济委员会
主　任:谷广顺(2006.6—2008.4)

王传昌(2008.4—2012.2)

副主任:刘湛发(2006.6—2012.2)

董正凯(2006.6—2012.2)

孙宇兵(2006.6—2012.2)

王同休(2006.6—2012.2)

3. 教科委员会

主　任:王翠萍(2006.6—2008.4)

谷广顺(2008.4—2010.9)

赵苏宁(2011.2—2012.2)

副主任:江传选(2006.6—2012.2)

殷海源(2006.6—2010.3)

杨　玲(2010.3—2012.2)

4. 文卫体委员会

主　任:王秀芝(2006.6—2010.3)

徐宏霞(2010.3—2012.2)

副主任:方虹明(2006.6—2012.2)

傅智敏(2006.6—2010.3)

汪之初(2006.6—2012.2)

殷海源(2010.3—2012.2)

5. 社会和法制委员会

主　任:解玉兰(2006.6—2010.3)

董德午(2010.3—2012.2)

副主任:张安发(2006.6—2012.2)

陶紧跟(2006.6—2012.2)

6. 城建城管委员会

主　任:张承武(2006.6—2010.3)

陈宪生(2010.3—2012.2)

副主任:李　强(2006.6—2012.2)

陶桂林(2006.6—2012.2)

王卫东(2006.6—2012.2)

7. 港澳台侨委员会

主　任:袁德华(2006.6—2010.3)

孙书孝(2010.3—2012.1)

副主任:艾　敏(2006.6—2012.2)

濮荣强(2006.6—2012.2)

(二)第八届委员会专门委员会

第八届委员会结合形势的需要,对各专门委员会进行了调整。保留提案、经济、教科、文卫体、法制委员会,原城建城管委员会调整为人口资源环境委员会;港澳台侨工作委员会调整为社会、民族宗教和港澳台侨委员会;并增加了学习和文史委员会,使专委会设置更加符合政协工作需要。

2014 年 3 月 20 日,经主席会议研究,决定对部分专门委员会名称进行调整:

法制委员会更名为社会和法制委员会;

社会和民族宗教、港澳台侨委员会更名为民族宗教和港澳台侨委员会。

1. 提案委员会

主　任:邓恒先(2012.2—2014.4)

　　　　张洪波(2014.4 至今)

副主任:张洪波(2012.2—2014.4)

　　　　张胜娟(2012.2 至今)

　　　　秦静(2012.2 至今)

　　　　王君(2013.4 至今)

2. 经济委员会

主　任:王传昌(2012.2—2014.6)

　　　　甘培熙(2014.6 至今)

副主任:刘湛发(2012.2—2012.9)

　　　　王何能(2012.2 至今)

　　　　陈君华(2012.2—2014.2)

　　　　甘培熙(2014.2—2014.6)

　　　　程益先(2014.2 至今)

　　　　张　东(2014.4 至今)

3. 人口资源环境委员会

主　任:陈宪生(2012.2 至今)

副主任:李　强(2012.2 至今)

　　　　张　弘(2012.2 至今)

　　　　周　育(2014.4 至今)

4. 教科委员会

主　任:赵苏宁(2012.2—2014.4)

　　　　李学红(2014.4 至今)

副主任:杨　玲(2012.2 至今)

　　　　王成芝(2012.2 至今)

　　　　丁宝森(2012.2 至今)

5. 文卫体委员会

主　任:徐宏霞(2012.2 至今)

副主任:殷海源(2012.2—2014.4)

　　　　杨红(2012.2—2014.4)

汪之初(2012.2 至今)

柏天华(2014.4 至今)

王向国(2014.4 至今)

6.法制委员会(2014 年 3 月调整为社会和法制委员会)

主 任:董德午(2012.2—2014.4)

张晓玲(2014.4 至今)

副主任:孙 艳(2012.2 至今)

周 燕(2012.2 至今)

胡 斌(2014.4 至今)

7.社会、民族宗教和港澳台侨委员会(2014 年 3 月更名为民族宗教和港澳台侨委员会)

主 任:孙书孝(2012.2 至今)

副主任:章启文(2012.9 至今)

许苏平(2012.2—2014.4)

鲁淑萍(2012.2 至今)

艾 敏(2014.4 至今)

8.学习和文史委员会

主 任:李学红(2012.2—2014.4)

杨 珍(2014.4 至今)

副主任:胡志恒(2012.2 至今)

曹 蕾(2012.2 至今)

丁苏琴(2014.4 至今)

四、政协委员联络组

2010 年上半年,区政协制定了《关于开展政协委员进社区活动实施意见》。经过调研、走访街道和社区,区政协党组研究,拟在街道设立政协委员联络组,并上报请示区委。区委高度重视,专门下发了《政协镜湖区委员会委员街道联络组工作实施意见》,成立"政协委员街道联络组"。

8 月 18 日下午,政协镜湖区委员会委员街道联络组成立大会暨联络组长第一次工作会议在区政府五楼会议室召开。区政协主席茆振文,区委副书记、组织部长万晓辉,区政协各位副主席等出席,部分政协委员和各街道党工委副书记参加了会议。茆振文主席在会上强调了建立"联络组"的重要意义,他指出,这项工作是 2010 年区政协推出的一项重要举措,是政协工作向基层的延伸,旨在进一步发挥政协委员联系面广、代表性强、人才荟萃、智力密集的优势,使政协工作深入社区、贴近群众;建立"联络组"既为政协委员发挥作用、履行职能提供了一个新载体,也为基层广大群众反映诉求、提出建议搭建了一个新平台。

方村街道划入后,区政协及时召开主席办公会议,将方村街道原有 9 名县政协委员全部接收并组建政协委员街道联络组,确保了工作的延续性和活动的正常开展。自此,全区首次建立了11个政协委员街道联络组，使政协组织在基层得到了拓展和延伸。

(一)镜湖街道联络组

联系领导:副主席周玉良

组　长:张云龙

成　员:陈宪生　丁　汛　李　为　郭继华(女)　王利军　卢昌福　许从霞(女)　张　欣　查　明　吴广奎　张家斌　邹　乐　毕　锋　张天梁　曹　俊　段　联　谢克谦　程玉珍(女)　张　崖　王何能

(二)北京路街道联络组

联系领导:副主席周玉良

组　长:王　平

成　员:张承武　胡　斌　杨小平　胡　锐　赵泾生　汪之初　肖旭东　宋燕萍(女)　邱　铭　梁青山　鲍　钰(女)　陶　杰　恽奎银　王晓春　袁　进(女)　石　亚　张媛媛(女)　杨　玲(女)　王　君(女)

(三)吉和街道联络组

联系领导:副主席季业保

组　长:赵　想

成　员:董德午　戴春阳　丁　毅　吴爱芳(女)　徐阳春　王红群(女)　汤艺平　唐海燕(女)　胡庆洪　于　涛　李　华(女)　蒋维卿　刘朝晖(女)　周　全　龙其霞(女)　赵建民　凤　坚(女)　孙宇宾　黄　超

(四)赭山街道联络组

联系领导:副主席燕国群

组　长:朱国华

成　员:徐宏霞　高述红(女)　李　铭　方　宁　吴祖凡　董晓华(女)　吴民杰　邵　杰　黄　祥(女)　喻其山　乐　甫　王翠莲(女)　赵　彪　袁　艺(女)　唐　艳(女)　蒋仲春　万　明　王国凡　圣　修　李　美(女)　万晓明

(五)弋矶山街道联络组

联系领导:副主席鲁厚义

组　长:陈　钧

成　员:邓恒先　周自炎　谢家政　薛雍岚(女)　方红霞(女)　陈丽亚(女)　张　弘　李玲玲(女)　姜玉宏(女)　王敬扬　张锦丽(女)　刘　彤(女)　杨　红(女)　孟　洁(女)　许　可(女)　董正凯　周　燕(女)　吴　燕(女)

(六)汀棠街道联络组

联系领导:副主席丁劲松、秘书长章启文

组　长:王　珏(女)

成　员:赵苏宁　吴金兰(女)　王守平　方　勇　吴玉民　孟丽丽(女)

汪晓东　马　乐(女)　吴晓苏　丁家林(女)　张　红(女)　宋志平
刘晓平　王裕军　强　华(女)　马　蓓(女)　唐　绯(女)

(七)天门山街道联络组

联系领导:副主席季业保

组　长:梅　松

成　员:奚要武　诸葛邦林　许有霞(女)　江红梅(女)　张　武　陶义明
王卫东　陶九胜　宛新胜　邵忠发　殷海源　李学红　王成芝(女)
李　强　陶　菲(女)　王东方(女)　季一全　陈　波

(八)北门街道联络组

联系领导:副主席黄少雄

组　长:夏　云(女)

成　员:孙书孝　杨　斌(女)　章　燕(女)　史孔明　马淑莲(女)
吴石生　江传选　罗　俊　奚秀珍(女)　席　斌　韩晓龙　倪　勇
曹　俊　郑　宁　杨丽华(女)　方虹明(女)　胡首春(女)　金红兵

(九)赭麓街道联络组

联系领导:副主席鲁厚义

组　长:晋奇志

成　员:谷广顺　汪　浩　杨成顺　陈曾木　蔡　京(女)　丁宝森
孙家万　杨敏春　郭云峰　吴大光　蒋伟刚　陈　谦
苏海燕(女)　何成龙　陶紧跟　金人麟　潘　军　傅智敏(女)

(十)东门、荆山街道联络组

联系领导:主席茆振文

组　长:郑良凤(女)

副组长:朱绍明

成　员:王传昌　胡志恒　濮荣强　范益民　吴建红(女)　王守龙
潘　敏　艾　敏(女)　方　琼(女)　程定贵　牛广建(女)
常　红(女)　刘湛发　张庆玲(女)　陈爱琪(女)

(十一)方村街道联络组

联系领导:副主席燕国群

组　长:黄大发

成　员:胡昌荣　丁学宏　陈念宁　吕凤萍(女)
孙照权　王永新　程凤兰(女)　陶庭梅(女)

2012年3月,为进一步做好街道联络组工作,区政协制定了《政协镜湖区委员会委员街道联络组工作意见》,对联络组的设置进行了调整,组长由街道党工委副书记调整为由街道党工委副书记、办事处主任担任。进一步明确了联络组的工作任务,即组织学习培训、推动区街发展、促进社会和谐、反映社情民意、服务基层群众等。并要求各联络组围绕区政协年度工作要点,结合区、街工作中心,制定活动计划,年终形成工作总结,报送区政协办公室和街道党工委。联络组每季度开展一次活动。坚持小型多样、适度实效的原则。联络组之间、联络组与市政协委员区域活动组之间要加强联系,整合力量,汇聚智慧,开展联合视察、联合考察、联合调研等,以发挥整体优势。至此,街道联络组的工作得到了进一步规范化、制度化。

2012 年 9 月,镜湖区在全市率先进行了社区管理体制改革,撤销街道,设立公共服务中心,联络组相应进行了调整。

附:2014 年 6 月联络组成员名单:

1. 天门山联络组(20 人)

联系领导:陈国强

联络组组长、天门山公共服务中心主任:鲁文翠

成　员:章启文　李学红　江　琳(女)　谢克谦　张国俊　陈　波　季一全　方兴友　崔　振　王成芝(女)　李　强　程金明　曹丽娟(女)　徐天军　王　祥　魏　欣(女)　买蓁蓁　王向国　曹铭伟

2. 弋矶山联络组(20 人)

联系领导:鲁厚义

联络组组长、弋矶山公共服务中心主任:陈　琪(女)

成　员:邓恒先　戴泽平　诸葛邦林　周自炎　许　亮　洪长林　崔　权　钱大青　鲍建国　芮　冬　鲁　燕(女)　黄胜奎　滕　伟　周　燕(女)　刘荣霞(女)　张克非　许　菲(女)　卢昌福　杨杰(女)

3. 赭山联络组(21 人)

联系领导:陈国强

联络组组长、赭山公共服务中心主任:周君凤(女)

成　员:徐宏霞(女)　高述红(女)　许苏平　董晓华(女)　李　为　邹亚敏(女)　李　铭　朱崧涛　王正华(女)　黄　祥(女)　段　莉(女)　项静茹(女)　王国凡　陆　军　圣　来　赵　彪　孙　艳(女)　王　健　许　宁(女)　邹华权

4. 滨江联络组(21 人)

联系领导:茆振文　杨　珍

联络组组长、滨江公共服务中心主任:王　珏(女)

成　员:陈宪生　董德午　丁　毅　吴爱芳(女)　奚秀珍(女)　徐阳春　王红群(女)　谢文婕(女)　胡　红(女)　李　华(女)　褚跃武　凤　坚(女)　刘朝晖(女)　谢　彬　彭东风(女)　施安信　赵建民　徐小军　周　育

5. 张家山联络组(24 人)

联系领导:谭闽月

联络组长、张家山公共服务中心主任:赵　想

人　员:鲍　钰(女)　程益先　杨　玲(女)　汪之初
肖旭东　蒋　亚(女)　陈木林　胡　斌　陈君华
王　宏　曹　蕾(女)　杨成顺　强群慧(女)
陶　杰　恽奎银　陈道军　熊　煜　石　亚　曹　红(女)
查　明　陶新伯　朱观华　宋志平

6. 大砻坊联络组(20 人)

联系领导:鲁厚义

联络组组长、大砻坊公共服务中心主任:强克顺

成　员:孙书孝　胡志恒　王何能　钱震球　马淑莲(女)　席　斌　章　捷
陈东菊(女)　李荣年　倪　勇　俞锦霞(女)　杨世荣　徐丹林
孙　芳(女)　吴　燕(女)　胡首春(女)　胡南宏　周怀海

7. 镜湖新城联络组(20 人)

联系领导:甄长海

联络组组长、镜湖新城公共服务中心主任:王　兰(女)

成　员:濮荣强　范益民　吴建红(女)　鲍传好　郑小丽(女)　王　健
薛　媛(女)　张　东　王　蓉(女)　朱本三　刘南宣(女)
夏媛媛(女)　魏正平　陆　宇　刘宏友　艾　敏　(女)
方　红(女)　柏天华

8. 赭麓联络组(21 人)

联系领导:甄长海

联络组组长、赭麓公共服务中心主任:尚　蓉(女)

成　员:张洪波　严兆清(女)　陈曾木　张　武　汪　浩　丁宝森　周文霞(女)
朱　琳　鲁淑萍(女)　郑达礼　胡　彬　秦文涛　方　勇　秦　静
王　斌　陈亚琪　陶　勇　钱正海　郁道祥　梅　松

9. 汀棠联络组(20 人)

联系领导:谭闽月

联络组组长、汀棠公共服务中心主任:程少红(女)

成　员:赵苏宁　张晓玲(女)　孟丽丽(女)　骆水凤(女)　张　冰(女)
王福仁　吴晓苏　李　泉　陈宁桥　柴　军　强　华(女)
马　蓓(女)　唐　绯(女)　丁苏琴(女)　陶紧跟　张胜娟(女)
吴卓逊　胡　勇　夏　薇(女)

10. 荆山、方村联络组(25 人)

联系领导:茆振文

联络组长、荆山公共服务中心主任:周前锋

成　员:王传昌　晋奇志　史声良　刘　浩　张庆玲(女)
姚东方(女)　王劲松　邱　铭　刘升阳　张天梁
张云龙　戴云忠

联络组长、方村街道主任:许龙斌

成　员:甘培熙　陈聘婷(女)　杨　勇　许木根　周长凤(女)　王永升　陈　健
　　陶庭梅(女)　王　君(女)　张　弘　王利军

五、各专委会的主要活动

(一)七届一次工作(专门)委员会

七届一次委员会常委会十分重视发挥各工作(专门)委员会的作用,遵循"有计划、有安排、抓热点、跟中心、少而精、重实效"的原则开展工作。半年里,提案、经济、教科、文卫体、社会和法制、城建城管、港澳台侨七个工作委员会,分别就现代服务业,重点提案的办理情况,招商引资重点项目,企业科技创新,均衡义务教育,社区卫生服务,创造绿色网吧、打造平安镜湖,集中整治"四乱"及我区港澳台侨胞企业生产等方面进行了13次视察调研工作,各工作(专门)委员会在视察调研结束后,及时写出具有可行性、可操作性的调研报告,并报送相关部门,受到重视和好评,为区委、区政府的决策提供了有价值的参考依据。

2006年9月26日,教科委员会为贯彻落实《义务教育法》,全面推进教育均衡发展工作,组织部分政协委员开展了对全区教育均衡化工作的调研视察活动。活动听取了教育局局长吴永生关于镜湖区教育均衡化发展工作情况的通报;赴北塘小学、建设路小学、第二十七中学进行了现场调研。

10月24日,社会和法制委员会对镜湖区检察院开展的"与法同行,创造绿色网吧,打造平安镜湖"活动情况进行了视察。参加视察的人员除部分政协委员外,还有区检察院、区文体局、镜湖公安分局、镜湖工商分局的负责人。视察听取了区检察院开展活动的情况通报,视察了若干网吧经营场所。

(二)七届二次工作(专门)委员会

2007年,各工作(专门)委员会组织政协委员就区青少年科技教育活动情况、凤凰美食街企业经营发展状况、重点提案督办情况、北门街道为侨属服务工作开展情况、区重点招商引资项目进展情况、民商事审判工作情况、区教育局2007年学校重点工程建设情况、背街背巷道路整治改造情况等专题进行了视察。一年中,各工作委员会组织视察调研活动18次,参与视察调研的政协委员达300多人次。其中,社会与法制委员会组织委员听取情况通报、深入走访低保户,提出了"弱势群体应保尽保"的建议,得到了区委、区政府的重视与采纳。

(三)七届三次工作(专门)委员会

2008年,为进一步发挥工作委员会作为政协组织委员开展经常性活动的常设工作机构的作用,政协常委会年初要求各工作委员会结合自身优势和特点,制定详细的工作方案。为了及时掌握各工作委员会工作进展情况和成果,定期召开主席(扩大)会,听取工作开展情况的汇报,在区政协第十五次常委会上还安排各工作委员会向常委会汇报一年来工作开展情况,接受常委们的监督和评议,有效地提高了各工作委员会的工作质量和水平。全年开展视察、调研16次,听取专题通报5次。

（四）七届四次工作（专门）委员会

2009年，各工作委员会于年初制定了具体的活动计划（见附表），结合工委会的自身特点，有针对性地开展了卓有成效的活动，取得了较好的政治影响和社会效果。其中，教科委员会在视察校园建设情况后，提出了“整合优势资源，促进教育均衡发展”的建议，受到了区委、区政府的重视。

4月17日，城建城管委员会组织部分委员对区规划工作进行视察。视察听取了区建委对镜湖区规划基本情况的介绍、镜湖规划分局的工作汇报；开展了实地察看，结合汇报与现场调研情况进行了座谈。

7月17日，社会法制委员会对区检察院反贪污、贿赂工作及预防职务犯罪工作情况进行视察。视察听取了区检察院反贪污、贿赂工作及预防职务犯罪工作情况的汇报，并进行了座谈讨论。

（五）七届五次专门委员会

2010年9月28日，区政协主席茆振文带领部分政协城建城管委员会对房屋征迁及安置房建设情况进行了调研。调研组实地察看了光华星城、在水一方、名流印象、澳然天成等地块的安置房建设情况，并组织了座谈讨论。政协副主席周玉良、鲁厚义参加了视察活动。

通过实地察看和听取了区安置办严杰主任关于镜湖区安置房建设的情况汇报后，政协委员们认为，区委、区政府高度重视安置房建设，在财力、物力上给予有力保障，工作卓有成效；区安置办在人员少、任务重的情况下，克服诸多困难，强力推进了安置房建设；全区安置房品质较高，与商品房同品质建设，入住的老百姓满意度较高。

在肯定安置房建设取得的成绩同时，城建城管委员会提出了“进一步加大安置房建设力度，切实维护群众利益”的建议。

（六）七届六次专门委员会

2011年各专委会开展专题调研活动10多次。如在全会期间围绕促进科学发展的主题，对欧亚达家居广场、世茂百货、华亿置业、皖江电子商务中心等商贸服务企业开展视察。各专委会围绕文明创建、荆方地区发展规划、义务教育学校校安工程、基层医疗卫生机构建设、文化创意产业项目、社会矛盾调处中心建设、宗教场所管理开展专题视察活动。

其中，文卫体委员会关于“加大残疾人社区康复工作力度”的建议，对我区成功创建国家级“残疾人康复示范区”起到了推动作用。

4月7日下午区政协文卫体委员会在区政协副主席燕国群率领下，专委会主任徐宏霞组织从事卫生工作的委员对镜湖区医药卫生体制综合改革工作进行了调研，在调研中委员们认真听取了区卫生局负责人的医改工作汇报，并现场查看了北京路街道社区卫生服务中心的运行情况，形成《关于我区医药卫生体制改革的调研报告》。

5月19日下午，科教委员会委员视察我区科协工作。区政协副主席鲁厚义、教科委员会主任谷广顺参加视察，区科协主任杨玲、区教育局副局长江传选陪同。首先委员们在东门办事处会议室观看了全区活动精彩、内容丰富的科协专题录像，东门街道办事处科协汇报了科普工作,同时委员们也提出了一些问题,区科协都给予了圆满答复。随后委员们视察了大砻坊社区科普活动基地,参观了区青少年科普活动中心。委员们对镜湖区科普工作的开展情况表示满意。

(七)八届一次、二次专门委员会

2012 年 2 月,政协换届后,第八届委员会常委会为适应形势的变化和工作的需要,调整了专门委员会,进一步加强了对专委会工作的领导。在 3 月 7 日的八届一次主席会议上,讨论确定了各专委会的领导分工,并提出各专委会一年不得少于一次调研。由于加强了领导和任务、目标的具体化,八届专委会的工作卓有成效。

1. 提案委员会

2012 年的提案工作进行了新的探索和尝试。

(1)首次提出两个百分之百,即提案办理委员满意或基本满意率 100%;承办提案单位与委员见面率 100%,回复件也由提案人本人签字确认。

(2)提案的交办工作,与市政协接轨,由区委办、政府办分别承办相关提案,归口负责,提高了立案的准确性。

(3)进一步加大提案督办力度,由区委、区政府、分管联系政协工作的领导参与到督办工作中来,提高了承办单位的办理质量和办事效率。

2. 经济委员会

2012 年 7 月 13 日,经济委员会在茆振文主席、邹维琴副主席的带领下,针对我区经济尤其是中小企业在国际金融危机的冲击下所面临的困难,深入走访部分企业,开展如何帮助中小企业走出困境的调研。调研组先后对兴业银行、招商银行、扬子银行、徽商银行进行调研,并组织部分银行、中小企业负责人及区机关相关部门负责人召开了座谈会,共同探讨解决中小企业生存发展的途径。调研组分析了制约中小企业求生存谋发展的因素,主要是人才、资金以及中小企业政策资源与国有大企业政策资源不对等。认为要切实帮助中小企业,政府搭台、多方联动是解决问题的基础。在调研与分析的基础上,形成了主题为“政府搭台、多方联动,切实帮助中小企业求生存谋发展”的调研报告。报告提出了五条具体建议:(1)政、校、企联动以解决中小企业人才问题;(2)政、银、企联动以解决中小企业融资难问题;(3)企业间互助联动、抱团取暖以共谋发展;(4)行业间城际联动、互通有无、拾遗补缺;(5)适度调整税收。

3. 人口资源环境委员会

2012 年,按照市政协和区委、区政府的要求,人口资源环境委员会在主席茆振文的亲自带领下,开展了大绿化督查。先后多次到西洋湖公园、赭山公园、弋矶山服务中心等处实地督查绿化工作,在督查调研的基础上,就推进生态文明建设,提出了建议和意见,形成了《建设秀美镜湖的几点建议》的专题报告。茆振文主席在全市政协建言会上做了专题发言,得到广泛好评。

4 月 26 日,区政协主席茆振文率人口资源环境委员会一行 20 余名委员,专题调研方村街道农村环境卫生整治工作。

上半年,人口资源环境委员会对群众反映强烈的胜利渠市场的环境污染严重,存在许多安全隐患问题高度重视，先后四次实地考察调研，针对沼气安全隐患、环境污染隐患、汛期内涝隐患、违章建筑承载安全隐患、消防安全隐患提出了近远期整改建议。该建议作为区政协建议案提交区政府研究办理。

受“7.21”北京大雨内涝造成特大灾害的经验教训，7月24日，在茆振文主席的带领下，对广福泵站、袁泽桥泵站和板城埠水系、镜湖新城水系排涝设施运行状况进行了调研。形成的调研报告，由委员会副主任张弘在八届政协二次全体会议上作了发言，报告提出的5条建议引起区委、区政府领导重视，批示有关部门抓紧处理。

9月6日下午，人资环委员会部分委员赴方村街道，就“美丽乡村”建设课题开展调研。区政协主席茆振文、副主席奚要武参加，区政府副区长周守标陪同调研。

方村街道划入镜湖区后，一直保持着环境优美、自然和谐的江南田园风光，因此，被誉为镜湖区“城市后花园”。调研组一行先后走进方村街道的生态农业观光地香叶星城生态园、历史底蕴深厚的方村老街、具有徽派建筑特色的旗杆村部以及经土地流转而形成的旗杆村蔬菜种植园等处进行实地调研。调研组就村庄环境整治建设、水系改造美化等进行实地参观，对方村街道纯朴的民风、优美的环境给予了高度的赞扬。

4. 教科委员会

5月15日，组织开展了全区科普工作视察活动。委员们集中听取了区科协负责人杨玲“关于区科协2011—2012年上半年科普工作情况的专项汇报”以及区科协开展的社区科普益民计划实施情况报告，并先后实地察看了弋矶山街道社区青少年科学工作室、科普图书室、科普活动室，大富社区电子科普阅览室等科普活动场所和设施，委员们通过听汇报、看现场，多方面真实地了解了近年来我区科普工作的进展情况，为参政议政提供了第一手资料。

11月8日，组织开展了以“缩小城乡差距，促进教育公平”为主题的调研活动。委员们先后到方村的天民学校、埭南中小学等校园进行了调查了解，察看了学校的教学设施和生活设施，和学校师生进行了交流；集中听取了区教育局“关于缩小城乡差距，促进公平教育的专题报告”。有针对性地提出了三点建议：(1)集中有限财力，打造一所全新最美的乡村校园，以起到示范带动作用；(2)方村教育要走出去，请进来，主动参与联系，融于城市教育，充分发挥城市名校的辐射和带动作用，在教育教学上真正融合，做到城乡一体化；(3)要大力营造校园文化，切实加强农村孩子的卫生和行为习惯的培养教育，使他们尽快融入高速发展的城市潮流，从各个方面努力，缩小城乡教育差距。

5. 文卫体委员会

2012年3月14日，文卫体委员会组织政协镜湖区委员会机关及部分委员，就镜湖区食品安全状况和推进食品安全工作召开专题座谈会，听取并讨论了全区食品安全情况。

4月25日下午，区政协主席茆振文、副主席鲁厚义、文卫体委员会主任徐宏霞带领专委会委员调研了西河古镇的文化旅游产业发展情况。

文体卫委员会对我区的文化事业发展情况进行了调研和研讨，5月8日的《江淮时报》对此次活动进行了报道。

文体卫委员会组织委员开展了为安全用药献策的实地调研活动，6月26日《中国健康》第五版进行了以题为“镜湖政协委员为安全用药献策开展实地调研活动”的报道;11月的《芜湖政协》第三期封面上刊登了活动的图片。

6月19日,区政协副主席鲁厚义、谭闽月率文卫体委员会委员就区境内药品零售行业规范管理及保障百姓用药安全工作进行了调研。

11月18日,区政协文卫体委员会召开2013年对口部门工作务虚会。

2012年本委员会共参加市政协撰写提案、社情民意、建设性的建议和意见共有3件。其中有市政协140号提案《关于加强开发商把好各类配套设施的规划关的建议》,被纳入社情民意类,由市委高书记、杨市长批示,收录于市政协《社情民意简报》第二期。同时区政协常委文卫体专委主任提交了《关于生态文明建设的一点建议》,该建议被编入了市政协《推进生态文明建设建言会材料汇编》。

6. 社会和民族宗教、港澳台侨委员会

2012年4月,区政协社会和民族宗教、港澳台侨委员会赴我区创新社会管理示范社区——镜湖新城社区就镜湖新城社区创新社会管理进行了专题调研。委员们听取了社区创新社会管理的情况介绍,察看了居民安置小区2号、3号、6号地块,政协委员和社区工作者进行了座谈讨论,委员们在肯定成绩的同时,针对存在的问题,提出了具体建议。

5月,社会和民族宗教、港澳台侨专委会部分成员和区民族宗教事务局、区归国华侨联合会等有关单位对我区台属企业情况进行了调查。到市台湾事务办公室、市侨联查阅资料、了解情况,通过发放调查表、电话调查和上门走访等形式,摸清了我区台属的基本情况。对台属企业存在的困难和问题进行了分析,提出了四点建议:(1)加强政府对台属企业的引资工作的有效引导;(2)改进服务,高标准建设投资软环境;(3)制定和完善扶持台属企业发展的具体优惠政策;(4)加大对台属企业的宣传和保护力度,使社会各界充分认识台属企业在我区经济发展和祖国统一中的重要作用。

6月,社会和民族宗教、港澳台侨委员会部分成员赴周家山社区视察民族宗教工作进社区情况。周家山社区辖区面积0.41平方公里,现有居民3533户、10599人,为少数民族散杂居地,有少数民族17个,常住少数民族人口124人,流动少数民族人口117人。随着经济的发展,近年来越来越多的外来人口流入辖区新联造船厂,社区民族工作也随之更加复杂多样。委员们认为周家山社区一直高度重视民族工作,将民族工作纳入社区党建年度工作计划,着眼团结,立足服务,积极探索社区民族工作新机制,有力促进社区民族工作的深入开展,取得了显著的工作成效。

委员们在充分肯定成绩的同时,希望周家山社区能够推动民族工作朝着规范化、制度化方向发展。

6月28日,区政协港澳台侨工作委员会在政协副主席黄少雄的带领下,对我区宗教活动场所贯彻执行国家宗教事务局第7号令《宗教活动场所财务监督管理办法》的落实情况进行了调研,并邀请佛教、伊斯兰教、天主教以及基督教的宗教教职人员就宗教场所财务监督管理方面的工作进行了座谈,市宗教局陶涛副局长应邀参加了当天的调研,形成了《宗教活动场所财务监督管理情况调研报告》。

7. 法制委员会

4 月 20 日下午，法制委员会全体成员召开本年度第一次会议，讨论年度调研、工作计划。区政协党组书记、主席茆振文，区政协副主席、区房管办主任奚要武参加会议。

8 月 10 日，区政协副主席奚要武率法制委员会部分委员开展以"强化法律援助功能，切实保护弱势群体"为课题的专题调研。

11 月 14 日，法制委的部分委员前往区民政局调研视察我区"困难群体救助"工作情况。

8. 学习和文史委员会

2012 年，学习和文史委员会组建后，围绕学习和文史工作，积极开展调研活动，认真探索工作方式。委员会组织了一次学习研讨，就学习和文史委员会的工作内容、方式、方法和具体措施进行了广泛的座谈。组织了两次专题调研视察，一是调研视察芜湖古城建设情况。观看了《芜湖古城规划条例》宣传片，听取了市古城投资公司负责人"关于古城建设工作进展情况"的通报，委员们就古城建设规划、修缮、保护工作进行了热烈的讨论，积极建言献策。随后视察了正在修缮的省级文保"衙署前门"和已修复完好的 2 处民居建筑。二是调研视察区非物质文化遗产情况。听取了区文体局负责人"关于镜湖区非物质文化遗产情况的通报"，委员们就我区"非遗"工作积极建言献策，随后视察了省级非物质文化遗产——芜湖"耿福兴"老字号。

为了充分发挥政协文史资料的存史、资政、团结、育人作用，启动了《镜湖区政协志（1984—2014）》编纂工作；重视挖掘地方文史资料，广泛发动政协委员及社会各界人士参与，着手编辑了《镜湖文史资料》第一辑。

（八）八届三次专门委员会

1. 提案委员会

2013 年 4 月 18 日，为学习、借鉴周边城区政协电子提案工作的先进经验和做法，由鲁厚义副书记带队，区政协提案委成员一行赴铜陵市铜官山区考察学习政协提案工作情况。形成了"学习考察提案工作的调研报告"。

11 月 4 日，提案委员会分管领导鲁厚义率队赴区农水局督办重点提案。建议增强我区防汛意识，建立和完善水利设施管理的长效机制。

2. 经济委员会

6 月 26 日上午，经区政协经济委员会联系介绍，中国信贷控股有限公司风险控制总监黄俊、事业发展部总监姜天及投资总监王宇春等一行 5 人莅临镜湖区考察商业投资环境。区政协主席茆振文，区委常委、常务副区长许兰、区政协秘书长杨珍以及区商务局、金融办、楼宇办等相关部门负责人接待并参加座谈。

11 月，经济委员会在对全区现代服务业全面考察的基础上，形成了关于"培育和扶持服务型中小企业，引导和促进服务业集群化发展"的调研报告，就镜湖区服务业集群化发展，提出 5 点建议。

3. 人口资源环境委员会

2013 年 6 月 9 日上午，为全面了解我区防汛工作情况，推动各项防汛措施的进一步落实,确保全区安全度汛,区政协主席茆振文、副主席奚要武带领人资环委员会部分委员对全区防汛排涝工作进行专题视察。

9月上旬,按照年度工作安排,人资环委员会在茆振文等领导带领下,对新都花园、在水一方和天湖花园等政府安置小区以及新新物业管理公司运营情况进行了调研。并形成了关于"政府安置小区物业管理情况"的调研报告。

12月20日,区政协主席茆振文率政协人资环委员会部分委员开展绿化工作督查活动,并就督查情况提出意见和建议。

4. 教科委员会

2013年6月20日上午,教科专委会组织委员开展科普工作专项视察。区政协领导鲁厚义、谭闽月及教科专委会主任赵苏宁等参加了视察调研。

5. 文卫体委员会

2013年5月16日下午,区政协文卫体委员会就"基层医药卫生体制综合改革工作"开展视察。区政协副主席甄长海,专委会主任徐宏霞、文卫体文员会全体委员参加视察活动。

6月下旬,专委会在区政协领导的指导下,对芜湖非物质文化遗产铁画、堆漆画、通草画的现状进行了调研。

专委会全年提供提案16件,社情民意、建设性建议和意见多件。在各种媒体上发表文稿5篇。

6. 社会和民族宗教、港澳台侨委员会

2013年5月,专委会对镜湖区创新社区体制改革工作运行情况进行调研,先后深入10个中心、30多个社区,听取基层负责人的情况介绍与意见,形成了"关于镜湖区社区管理体制改革的几点建议"的调研报告。

11月19日,专委会在海南渡社区调研社区民族工作。专委会先后参观了民族人口文化园、社区公共服务大厅、少数民族之家、电子阅览室等,观摩了社区书记对社区"信息一站通"平台的办公演示,听取了区民族宗教局关于城市社区民族工作开展情况的专题汇报。

7. 法制委员会

2013年5月17日,专委会与区委统战部组成联合调查组,就全区社区管理体制改革工作情况,分别与张家山、天门山公共服务中心党工委班子、部分社区负责人进行交流、座谈。

11月6日,专委会在茆振文主席的带领下,在镜湖区人民法院就诉前调解工作进行调研。在此基础上,形成了"坚持能动司法,强化诉前调解"的调研报告。

8. 学习和文史委员会

2013年1月14日,学习和文史委员会专题调研了我区非物质文化遗产保护工作,听取区文广新局有关情况通报。区政协党组副书记鲁厚义、副主席奚要武参加调研。

11月7日下午,学习和文史专委会实地考察堂子巷文化产业园,区政协党组副书记鲁厚义带队参加,并进行座谈交流。滨江公共服务中心党工委书记王庭国,区招商局副局长、文产办副主任吴彬等相关部门负责人陪同考察调研。专委会在对芜湖古老街巷——堂子巷进行实地考察的基础上，形成了“关于堂子巷历史古迹开发与保护”的调研报告。

（九）八届四次专门委员会

1. 提案委员会

2014 年 6 月，提案委员会部分委员分别走访区教育局、住建委、人社局、文体局、镜湖交警大队、市容局、民政局，听取上述单位对近两年来的提案办理情况的报告。

2. 经济委员会

2014 年 7 月至 8 月，经济委员会会同区经发改委、信息办、商务局在区政协领导的带领下，前往芜湖易迅达海商务电子有限公司、安徽乐游网络科技有限公司、安徽无境网络技术有限公司，针对镜湖区电子商务发展情况进行专题调查研究，并与我区部分企业就电子商务发展展开讨论，最后形成调研报告报送区政协八届十六次常委会议审议通过。

3. 人口资源环境委员会

2014 年 6 月 13 日，人资环委和赭山联络组联合调研，就推进企业创新创业情况，赴奇瑞公司及芜湖高新技术创业服务中心考察调研。

6 月 17 日下午，区政协主席茆振文带领人资环委员会成员开展全区防汛工作专题视察，建议各中心和职能部门要高度警惕汛情、克服麻痹思想和侥幸心理，全力做好防汛备汛工作。区农水局和荆山、方村等部门（单位）负责人参加。

4. 教科委员会

2014 年 5 月 20 日，教科专委会委员深入部分中小学校、幼儿园，开展校园安保工作专题调研。5 月 20 日，由区政协教科专委会部分委员组成的调研组，在茆振文主席、鲁厚义副书记带领下，分别深入部分区属中小学校、幼儿园，开展校园安保工作专题调研。区政府副区长吴永生、区教育局局长范有好参加活动。

调研组一行重点查看了第二十九中学教学楼、体育场馆等设施、视频监控等设备和校园周边环境，就人防、技防、物防等情况与学校负责人进行了深入交流。并前往镜湖新城的启明星幼儿园，实地了解园内安全保卫、消防设施设备、用电安全管理和校车情况，对存在的问题提出了意见与建议。

5. 文卫体委员会

2014 年，中共镜湖区委、区政府、区政协共同制定了“构建现代公共文化服务体系，全面推动文化繁荣发展”等五项重点民主协商计划。为认真落实此项工作，文卫体专委会部分委员在茆振文主席，谭闽月、陈国强副主席及杨珍秘书长的带领下，赴黄果山社区文化站和镜湖区文体活动中心，就“推进镜湖区公共文化服务体系建设”进行专项调研。

4 月 18 日，文卫体委员会就“镜湖区全民健身工作”开展视察。副主席陈国强，专委会主任徐宏霞、文卫体文员会全体委员参加视察活动。委员们听取了区文体局局长杨红关于全民健身工作情况的汇报，并就如何依法推进全民健身事业的发展进行了交流探讨。

5 月 16 日下午，文卫体委员会就“基层医药卫生体制综合改革工作”开展视察。区政协副主席甄长海、专委会主任徐宏霞及文卫体文员会全体委员参加视察活动。委员们听取了区卫生局局长殷海源对基层医药卫生体制综合改革情况的汇报,并就如何继续深化完善基层医药卫生体制综合改革工作进行了交流探讨。

6 月 13 日下午,政协副主席谭闽月和文卫体专委会副主任王向国一行来到芜宁路社区文化站进行调研活动,并与辖区内的文艺爱好者们进行了交流。

6. 社会和法制委员会

社会和法制委员会围绕区委、区政府中心工作,针对本区人口老龄化的实际情况,确定"养老服务体系建设"为今年课题调研和对口协商工作的主题。委员会 10 余名委员在陈国强副主席带领下,先后对我区绿地镜湖新城居家养老中心、荆山敬老院、工农路平安阳光老年公寓进行了视察,并于 5 月 27 日下午就视察调研情况进行了专题座谈。

7 月 3 日,社会和法制委员会委员、深蓝律师事务所律师刘朝晖及其律师事务所其他 3 位律师来到弋矶山红星社区免费为滨江山庄居民提供法律咨询。在整个咨询活动中,律师们运用专业的法律知识,详细地回答了每一位咨询居民的法律问题,解答了居民们心中的疑惑。

8 月 19 日,区政协副主席陈国强、社会和法制委员会主任张晓玲等组成观察组,在区民政局和方村街道分管领导陪同下,深入到方村街道花园、合心两村,就《镜湖区第九届村民委员会换届选举工作的实施意见》的落实情况进行视察。观察组现场了解选区的基本情况和换届工作的进度,查看了选民榜的公示情况。

7. 民族宗教和港澳台侨委员会

2014 年 6 月 19 日下午,政协主席茆振文率民族宗教和港澳台侨专委会赴芜湖市清真寺,对伊斯兰教在我区的发展现状进行专题调研。委员们在清真寺阿訇的带领下参观了伊斯兰教教民活动场所,并对清真寺悠久的历史和保存良好的建筑给予了高度的评价;随后,双方展开了座谈,清真寺方面就目前的发展状况和存在的问题向专委会作了报告,专委会表示会就这些问题同相关部门协调、反映,力求解决。

8. 学习和文史委员会

2014 年 5 月 6 日,委员会召开主任会议,总结去年的工作,讨论今年工作计划安排,决定对镜湖区历史建筑复活计划的实施情况进行一次视察,对"一街一品"的特色建设进行调研。

六、政协联络组主要活动

从 2010 年下半年开始,辖区内各街道联络组开展了丰富多彩的活动,较好地贯彻了区委"两代表、一委员"参与基层重大决策的要求。

(一)2010 年

1. 镜湖街道联络组

8 月 23 日下午,联络组举行成立及"政协委员进社区"活动动员会,围绕"街道政协联络组的正式建立以及如何开展好工作"等问题进行交流。

2. 吉和街道联络组

8月23日，联络组举行政协委员进社区活动启动仪式，为广泛征求各位委员的意见建议，组织委员填写了“打造滨江文化特色街道”调查问卷。

3. 北京路街道联络组

8月24日下午，联络组举行第一次会议。办事处主任谢海保对街道的基本概况、拆迁工作、社区建设、城市管理等多方面工作进行了详细的介绍，联络组为充分发挥政协的政治优势，开展深入调查研究。

4. 弋矶山街道联络组

为积极响应区委组织的“百名委员进社区”活动，进一步推动政协工作在基层的延伸和拓展，联络组开展了政协委员进社区开通民情“直通车”活动。

5. 东门（荆山）街道联络组

8月27日下午，联络组举办“政协委员进社区”活动。茆振文主席及部分委员一行来到东门街道辖区内镜湖新城1号地块廉租房察看，并探望弋江新生活小区的困难群众。

6. 赭山街道联络组

8月27日下午，联络组举办了“政协委员进社区”活动的启动仪式。

7. 天门山街道联络组

8月30日下午联络组召开“政协委员进社区”座谈会，为政协委员进社区架起和谐桥。

8. 赭麓街道联络组

为了更好地将“政协委员进社区”活动落到实处，9月7日下午，联络组召开了“政协委员进社区”活动座谈会。

（二）2011年

各街道政协联络组立足基层，就“365幸福家园计划”、学前教育、社区医疗卫生机构建设、芜湖古城建设、社会矛盾与纠纷调处等方面开展调研视察，积极议政建言，为区委、政府及相关部门科学决策提供了依据。

1. 镜湖街道联络组

联络组组织委员参观新芜路社区、体育场社区卫生服务站等，并与社区工作者及居民零距离接触，提出了要把党委、政府的惠民政策落实到位、反映到位的建议等。

3月23日上午，镜湖街道组织辖区部分“两代表一委员”、群众代表、警风警纪监督员，参与镜湖派出所“警营开放日”活动。听取镜湖派出所教导员钱万保关于镜湖派出所近年来的工作情况汇报，对公安民警为维护社会和谐稳定作出的积极贡献表示满意，同时也从加强管理服务等方面提出了意见和建议。

4月12日下午，街道联络组在区教育局的配合下，围绕民办幼儿园发展办学情况，组织开展专项调研活动。政协委员们深入镜湖街道辖区5所民办幼儿园、亲子园，进行实地调查研究。区政协茆振文主席、周玉良副主席亲临此次专项调研活动。

2. 吉和街道联络组

一年来，联络组的委员们分别走访了街道辖区内6个社区，实地考察社区公共服务设施，小区环境状况等。同时对于特困家庭，委员们坚持特殊情况特殊对待。专门入户走访,与特困家庭群众面对面交流,积极收集和反映社情民意。街道联络组还自发组织捐款活动,成立了政协委员捐助基金。通过向特困家庭送上慰问金的方式,鼓励他们积极面对生活困境,乐观生活,相信在政府及社会各界的帮助下他们一定能渡过难关。

3. 汀棠街道联络组

一年来,区政协联络组委员王珏、方勇、孟丽丽、汪晓东、马乐、张红、马蓓、唐绯、吴晓苏充分发挥模范带头作用,多次参加汀棠街道对棠桥村、汀棠公园等周边地块的居民行政拆迁听证会。委员们在认真地听取了居民拆迁困难和要求后,协助街道及时化解矛盾,帮助街道做深、做细各项拆迁工作,并对整个听证会的程序进行了监督。

10 月 12 日下午,汀棠街道和弋矶山街道政协联络组紧紧围绕"创新社会管理,加强社区建设"主题联合开展调研交流活动,共探社区建设新思路。区政协鲁厚义副主席参加了本地活动。

两个街道联络组的 18 名委员先后实地考察了汀棠街道红梅社区和弋矶山街道文化站、居家养老服务中心和行政服务大厅;听取了红梅社区、汀棠街道建设品牌示范社区、提升服务质量、开展志愿服务等工作的介绍,以及街道在创新社会管理,加强社区软硬件建设,强化社工队伍素质能力培训,加大老旧小区改造以及通过党员议事会等载体广纳民言,积极实施"365 幸福家园"计划,努力提高居民幸福指数,建设宜居宜业和谐家园的工作汇报。

4. 北京路街道联络组

10 月 11 日下午,北京路街道召开了政协联络组工作会议。各位委员针对"政协委员进社区"发表了各自的看法。

10 月 21 日上午,联络组的部分政协委员携带着 1000 元爱心款,专程来到团结东路社区,看望慰问了身处急难中的居民卜广发。

联络组的部分成员利用业余时间深入社区,开展"政协委员进社区"便民咨询服务实践活动,提供的咨询项目有法律咨询、医疗卫生咨询、卫生监督咨询、税法咨询、教育咨询、科技创新咨询等,吸引了众多市民前来。

联络组组织委员看望生活困难家庭和海外侨眷家庭,开展为困难学子提供资助、为下岗职工提供岗位等活动,起到了凝聚人心的作用。

5. 天门山街道联络组

联络组组织成员实地视察宝文大市场和广福社区创业园,共同探讨以创业带就业,以就业促富民,实践创业富民创新强街的新思路。

6. 东门、荆山街道联络组

10 月 10 日上午,联络组在东门街道办事处举办"政协委员进社区"活动。听取街道党工委书记吴永生介绍镜湖新城社区管理模式及本街道近期开展的主要工作,参观镜湖新城社区及教场东村社区办公用房,组织全体委员召开总结交流会。

7. 赭山街道联络组

联络组于 10 月中旬组织委员参观视察了"福禄巷小吃街"建设工作情况并就该议题进行了座谈,针对建设过程中的重点、难点问题进行深入探讨。

联络组全年开展视察活动共5次。1月27日在区政协委员高述红所经营的百年老字号耿福兴，成立了“耿福兴—米阳光志愿服务站”，开创了“两新”党组织志愿服务的新局面，深化了赭山街道“一米阳光”品牌建设，壮大了志愿者队伍，拓展了辖区政协委员为民办实事的新渠道、新领域。

7月20日，联络组委员到大小官山棚户区，与居民亲切交流，了解居民的需求与意愿。

(三)2012年

区政协全年参与“两代表一委员”接待的政协委员达500余人次，汇总梳理关于城市建设、社会保障、文化教育、医疗卫生等事关社会和谐稳定的意见和建议千余条。

1. 吉和街道联络组

5月30日，吉和街道政协联络组开展了视察鸿瑞熙龙湾房地产项目及座谈活动，区政协副主席鲁厚义参加了此次活动。

2. 弋矶山街道联络组

7月27日下午，联络组在街道办事处三楼召开政协工作会议，联络组组长芦义介绍了今年以来联络组开展的活动情况，交流了明年工作设想，并对街道政协工作提出意见和建议。区政协主席茆振文参加会议并做重要讲话。

3. 北门街道联络组

8月14日下午，联络组开展了2012年度第3次委员活动，20余名委员出席会议。北门街道党工委书记周逢涛参加了活动。会上，北门街道办事处主任、联络组长晋奇志就芜湖古城的规划与建设情况以及古城、堂子巷改造中存在的困难和问题做了专题介绍。政协委员就如何解决这一系列问题展开了讨论，并提出意见和建议。

4. 天门山街道联络组

10月14日下午，联络组围绕“创业富民”开展主题视察交流活动，共同探讨以创业带就业，以就业促富民，实践创业富民创新强街的新思路。区政协副主席季业保参加了此次活动。

5. 荆山、方村街道联络组

联络组自“两代表一委员”工作室成立以来，联络组的11位政协委员认真接待群众信访工作，从不耽误每周五的接待调处工作。他们利用各自的专长为来访群众提供各种服务。2012年，委员们和两代表共接待群众174人，涉及矛盾类型有土地征用纠纷、拆迁安置矛盾、社保问题、邻里纠纷、家庭矛盾、学籍与户籍问题等。共收到群众诉求53例，已帮助落实和调解成功的案例37例(占70%)。

6. 赭山街道联络组

为充分发挥政协委员的参政议政作用，推进中心各项工作健康有序发展，12月28日下午，联络组在中心三楼会议室开展活动。区政协主席茆振文、区政协党组副书记鲁厚义、赭山公共服务中心党工委书记沈怀宝、中心主任周君凤等参加了本次活动。

(四)2013年

区政协全年参与“两代表一委员”接待群众是委员一千多人次，协助相关部门、单位调解各种矛盾纠纷600多件。针对调解社会矛盾的普遍规律和重点问题，部分联络组召开群众工作座谈会，有效增强了委员服务群众的能力，延伸拓展"双联系"工作。同时，根据市政协统一部署和安排，各中心(街道)联络组，陆续开展了"政协委员进社区"活动，拉近了与社区群众距离，架起一座社会和谐之桥；为镜湖区的经济建设与社会稳定和谐的发展做出了贡献。

1. 天门山公共服务中心联络组

4月18日下午，联络组活动，茆振文主席亲自参加。委员们听取了中心总体概况和主要工作的落实情况，学习了区委书记贺东在政协八届三次会议闭幕式上的讲话。中心党政负责人就亮点特色工作与委员作了交流。会后，实地考察了芜湖市泰德隆再生资源利用有限公司，听取了公司董事长周育委员对企业的详细介绍。

7月5日，联络组开展了"政协委员进社区"活动。委员们听取了该中心社区管理体制改革情况和房屋征收工作情况介绍。在参观香格里拉社区时，委员们了解社区大党建"1+X+1"创新工作模式。

10月29日下午，区政协委员、市中医院老年科副主任医师熊煜专程来到天门山公共服务中心香苑社区，专门为社区老年人做了一堂《冬季养生和膏方调补》知识讲座。联络组委员还深入香格里拉社区，向社区患病群众开展医疗卫生咨询服务，解答群众大病救助、帮助联系医疗康复机构等工作。

11月5日下午，联络组视察境内园林工具厂预征收地块。区政协主席茆振文、副主席谭闽月、秘书长杨珍，天门山公共服务中心主任曹铭伟、党工委副书记谭燕、副主任姚涛及中心联络组政协委员们参加了此次活动。

11月22日上午，政协委员魏欣和周育一行再次来到天门山公共服务中心香格里拉社区开展"双联系"活动，走访慰问了社区双联系户。

12月25日下午，区政协副主席谭闽月赴香格里拉社区慰问双联系户，并进行交心座谈。

2. 滨江公共服务中心联络组

11月8日，联络组成员视察电子商务产业发展。区政协主席茆振文、秘书长杨珍参加活动。委员们重点视察了镜湖区淘宝特色中国·芜湖馆和安徽乐游网络科技有限公司等新兴电子商务业态。

3. 赭山公共服务中心联络组

1月21日下午，政协赭山公共服务中心联络组在大官山小学举办了爱心进校园捐助活动。有20名困难学生收到了区政协委员、光明书店总经理项静茹爱心大礼包。区政协党组副书记鲁厚义、区政协常委徐宏霞、大官山小学校长程斌、赭山公共服务中心主任周君凤等参加了活动。

5月10日下午，赭山联络组开展活动。区政协党组副书记鲁厚义及辖区委员参加了活动。联络组集中学习了《政协镜湖区委员会2013年工作要点》、《镜湖区"双尽职"优秀政协委员评选办法》等文件，通报了委员们参加"两代表一委员"接待活动的情况。随后来到了大(小)官山棚户区房屋征收地块进行了实地调研，详细了解征收的进展情况及遇到的问题。

7月16日上午，区政协委员、区检察院副检察长陆军带领检察院志愿者参加在赭山公共服务中心黄果山社区举行的“一米阳光”爱心援助基地启动仪式。陆军委员带着慰问品及慰问金看望社区残疾青年胡斌家，还向社区留守儿童赠送了文具。

7月30日下午，联络组在周家山社区开展“政协委员进社区”活动。区政协主席茆振文、党组副书记鲁厚义及联络组所属委员参加了活动。

4. 汀棠公共服务中心联络组

1月14日，公共服务中心邀请区政协主席茆振文、副主席谭闽月、秘书长杨珍，以及汀棠联络组的委员到红梅社区座谈交流，就社会管理体制改革工作听取政协委员的意见和建议。

6月20日，区政协副主席谭闽月带领联络组委员走进大富社区，调研创新社区管理体制改革的情况，与社区工作人员和居民代表一起畅谈改革成效并认真听取问题和建议。会后，委员们分为两组，走进大富社区两户困难户的家中，为他们送去了大米、油和牛奶，并认真询问他们的家庭情况，了解他们的所思所需。

6月23日，组织委员们赴浙江湖州南浔，实地参观久盛地板生产基地，副主席谭闽月和秘书长杨珍参加。区政协委员、久盛地板总经理王福仁引领委员们全程观摩了复合地板生产车间及实木地板生产车间的流水线。

10月31日下午，公共服务中心举办“两代表一委员”法律调解知识培训会，邀请全国优秀人民警察、安徽省优秀社区民警俞灿芳为政协委员们授课。区政协副主席谭闽月应邀出席，汀棠中心党工委书记潘际新主持会议，联络组10余名委员参加了此次培训会。

5. 赭麓公共服务中心联络组

3月15日上午，赭麓公共服务中心联络组的三名“两代表一委员”来到中心接待室，等待群众来访。在接访中，他们得知车站社区家住团结东路27号3幢的3户居民，因楼上邻居不慎引发火灾，在灭火过程中他们三家遭水浸泡，至今无法居住和正常生活的情况后；当即会同镜湖区重点局刘科长来到火灾现场，逐户查看房屋及生活用品、电器等受损情况，并安慰受灾居民，告知他们待墙体干燥后马上进行房屋维修和水、电、气的管道布设。

5月25日，中心联络组在梅莲路小学举办了简单而又隆重的庆六一“关爱留守儿童，放飞童年梦想”主题捐赠活动，为孩子们带来了100册图书，让广大少年儿童度过一个快乐而有意义的儿童节。

7月10日，联络组组织委员走进汀苑社区开展访民生、察民情活动。委员们实地察看了民生工程——汀苑临时菜场。委员们对下一步菜场的经营如何向标准化、精细化发展，提出了建设性的意见。

11月14日下午，中心开展“政协委员进社区讲科普活动”，邀请政协镜湖区委员会委员，芜湖市第二人民医院胸心外科主任陶勇在建杨社区开展“食管癌的预防和治疗”讲座。

6. 弋矶山公共服务中心联络组

中心联络组通过在中心和社区设立调节室、入户走访等形式,对群众关心的热点难点问题,做好释疑解惑工作,努力协调关系,化解矛盾,凝聚人心,促进和谐。仅在六月份内就接待了9批次群众的诉求事件,并一一做出了解答和处理。

7月6日,弋矶山公共服务中心举行第四届社工风采展示,联络组全体委员观摩了此次活动。区政协党组副书记鲁厚义及各区直部门领导亲临活动现场观摩指导。委员们认为,社工节创新的方式和丰富的内容不仅为广大社工展现资深才艺提供了舞台,还锻炼了社工各方面能力,全面提升了各位社工团队合作精神,在提高社区队伍素质取得显著的成效。

10月12日,区政协委员、妇幼保健院副主任卢昌福来到陡门口社区,给广大老年居民上了一堂“合理膳食健康长寿”的健康知识讲座。

11月9日,联络组组织委员参加了弋矶山公共服务中心社区睦邻文化活动周,在家庭趣味运动会暨廉政文化书画展活动中,委员带着家人和辖区的群众一起参加手工制作、抬花轿等家庭趣味运动和展示,融洽与群众的关系,了解社区建设形势和群众需求。

11月16日,组织委员们观摩学习了区人大代表在陡门口选区开展的述职活动,同选民们一起听取人大代表的述职报告。

11月21日,针对解放西路小学改扩建工程房屋征收工作进入攻坚阶段,组织委员们深入房屋征收一线,通过听取情况汇报、实地考察、入户走访、与区有关部门对口协商、交换意见,经过认真分析、研究,向中心提出有价值的意见和建议。

7. 大砻坊公共服务中心联络组

4月2日,联络组一行16人到三山响水涧水库开展第一季度活动。座谈会上,联络组组长、大砻坊中心党工委副书记、主任王劲发通报了大砻坊政协联络组2013年政协工作计划及全年活动安排。

6月8日、9日联络组受芜湖东方蓝海置业公司总经理胡南宏(区政协委员)的邀请,前往淮南矿业集团顾桥矿参观考察,并进行了座谈。座谈会上,委员们学习了“政协镜湖区委员会关于宣传信息奖励办法(试行)”及在全区开展“创建先进联络组、争当优秀政协委员”活动等材料。

10月25日下午,大砻坊联络组受宝能产业有限公司副总经理李刚的邀请,前往江北宝能产业有限公司慧谷电子信息产业园参观考察。委员们认真听取江北产业集中区管委会杨副主任介绍江北集中产业区的发展及总体规划,全面地了解了宝能公司的发展前景。

8. 张家山公共服务中心联络组

1月4日,联络组在中心会议室召开会议,围绕镜湖区社会化管理体制改革展开讨论。

3月29日,联络组组织委员视察领袖城美食坊项目。

中心联络组安排委员分批选点深入到领秀城小区居民家中,与群众面对面交流,了解居民想法和需求。

春节期间，联络组委员、广济医院院长汪之初先后慰问两位重病儿童并送1000元现金和物品；看望困难户邹恒桢、王英、姜中东、后月香并送去500元。5月25日，在六一儿童节来临之际，为20名留守、流动困难儿童送书包，并慰问困难学生5人每人给予现金1000元。

区政协委员、民盟宣传部长曹蕾，在张家山中心代职副主任期间，在春节、端午节时慰问困难群众家庭共8户。

9. 镜湖新城公共服务中心联络组

1—6月份，中心联络组组织委员接待来访居民25批57人次；调解家庭邻里矛盾11人次；协调社保、就业、低保、养老、医疗问题2人次；与部门、街道、社区共同解决群众拆迁安置问题4人次。

5月17日下午，联络组委员赴华亿集团视察本土经济发展情况。副主席甄长海应邀出席视察活动。在随后的座谈会上，委员们针对华亿集团提出的"本土经济和外来经济在享受我市优惠政策方面的不平衡性"这一问题展开交流。活动中，委员们还集中学习了区政协2013年工作要点及关于优秀政协委员、先进联络组、联络员等评比考核的相关文件精神。

从7月下旬至8月中旬，联络组组织委员参加其所对应的网格居民代表、党员议事会议，共同参与讨论了棠梅园物业更换、绿地部分地块健身路径规划等问题。

自8月以来，联络组围绕"服务科学发展，关注社会建设"的履职主线，组织委员开展视察调研，收集民情民意，结对帮扶。通过集中调研活动，收集了创新社区管理体制改革的成效、存在问题及建议；通过开展联系走访、深入网格等活动，协商解决了棠梅园物业公司更替、绿地部分地块健身设施规划等问题，得到辖区百姓一致赞许。

9月4日，联络组组织委员参观了新建成的2200平方米的海南渡社区党群活动、便民服务和邻里中心三大中心。

为进一步地推动政协委员深入基层，了解社情民意，努力为基层群众办实事、解难事、做好事，8月下旬至9月初，联络组梳理出辖区38名群众作为本组政协委员固定结对联系对象。这些群众类别涉及老党员、社区志愿者、困难户、困难家庭儿童、低保户等群体，建立政协委员走访工作的长效机制。在活动期间，委员们共上门走访38人次，慰问金、物品金额达2000余元。

9月4日，联络组委员集中参观新建成的海南渡社区党群服务中心、便民中心、邻里中心；调研中心、社居委社区管理体制改革创新工作。

9月上旬，联络组委员范益民、魏正平、方红等先后来到绿地六号地块韦宏民、孙保安家中，询问他们的身体健康和生活情况，并送上慰问品。

7—9月份，联络组共接待来访居民11批17人次；调解家庭邻里矛盾4人次；协调社保、就业、低保、养老、医疗问题2人次；与部门、街道、社区共同解决群众拆迁安置问题2人次，切实发挥了政协委员为基层群众办实事、解难事、做好事的作用。

11月14日下午，联络组与海南渡社区邀请芜湖市第二人民医院小儿科主任、政协委员王医生为辖区居民们开展了小儿疾病预防知识讲座。

12 月 29 日,联络组在海南渡社区组织委员召开座谈会。中心主任、联络组组长王兰回顾了一年来工作开展情况,布置了“两节”期间委员走访要求。委员们交流了一年来在接访群众、走访居民工作中的心得体会。区政协副主席甄长海、区政协秘书长、办公室主任杨珍应邀参会。

10. 荆山、方村街道联络组

6 月 5 日,联络组委员 22 人在荆山开展联络组第二季度活动。联络组组长、荆山中心党工委副书记、主任高鑫通报了荆山政协联络组 2013 年政协工作计划及全年活动安排,同时介绍了荆山作为市里发展的扩展区的情况。委员们还查看了荆山安置小区、关闭后的矿山等。区政协主席茆振文、政协秘书长杨珍参加了联络组的活动。

联络组成员全年参与调解各种社会矛盾与纠纷达 40 次,为缓和社会矛盾、协调邻里关系、构建和谐社区(乡村)作出了贡献。

(五)2014 年

1. 滨江公共服务中心联络组

5 月 16 日下午,联络组 20 余名委员到市第一人民医院(新区)视察,区政协茆振文主席,杨珍秘书长参加本次活动。委员们在听取了滨江中心主任 1—5 月份工作情况通报后,视察了芜湖市第一人民医院(新区)工程,参观了门诊大厅、行政大厅、500 人报告厅、门诊诊室、儿科、妇产科等病区。

2. 弋矶山公共服务中心联络组

7 月 10 日,联络组所属委员深入中心社区便民服务站、商合杭重点工程施工现场进行视察,为建设美丽弋矶山献计出力。区政协党组副书记鲁厚义参加视察。

3. 天门山公共服务中心联络组

5 月 9 日下午,联络组召开政协委员座谈会。区政协主席茆振文、副主席陈国强,中心党工委书记芦义,联络组组长、中心主任鲁文翠及党工委副书记谭燕参加。会上,传达学习了《政协镜湖区委员会 2014 年工作要点》,中心分管领导向各位委员通报了党的群众路线教育实践活动特色做法,委员们就如何结合群众路线教育开展今后的工作提出了建设性的意见和建议。

9 月 25 日下午,联络组在区政协副主席陈国强的带领下,深入香格里拉社区就棚户区改造进行模拟预征收开展座谈,中心党工委班子成员和改造地块居民代表以及社区党员代表 15 人参加了座谈。

4. 张家山公共服务中心联络组

8 月 5 日上午,联络组委员视察镜湖区市民服务中心,听取了市民服务中心副主任童光娣关于镜湖区社会服务管理信息化和 96365 生活服务中心工作的详细介绍。视察结束后,联络组长、张家山中心主任赵想组织委员们进行了座谈。

5. 镜湖新城公共服务中心联络组

自去年 6 月“政协委员进社区”活动开展以来,联络组组织委员先后开展了社区管理体制改革集中调研、走访社区党员群众等活动,一方面为政协委员发挥参政议政作用提供了平台,另一方面拓宽了政协工作的渠道,让政协工作更贴近基层、贴近群众。

为了将委员进社区活动长效化，春节前夕，联络组委员自发结成结对帮扶小组，深入到辖区困难群众家中，带去节日的祝福与慰问。集中走访社区的空巢老人、留守儿童，以及低保户及因病致困的家庭。走访中，委员们给走访对象送上慰问金和慰问品共计3000余元。

5月16日下午，联络组组织本组委员来到新成立的市民服务中心，开展视察工作。

6. 赭山公共服务中心联络组

1月14日下午，联络组开展2014年第一季度活动。组长周君风主持并组织学习，区政协党组副书记鲁厚义参加了活动。

4月24日下午，联络组以“居家养老”为切入口，来到凤凰山社区对“智能化社区居家养老服务”进行专题调研，为社会民生事业的发展出谋划策。区政协副主席陈国强参加了活动。

6月13日下午，联络组来到奇瑞汽车公司、安徽芜湖汽车电子及关键零部件创业园进行调研。区政协主席茆振文、副主席陈国强等参加了活动。

7. 大砻坊公共服务中心联络组

4月27日，联络组部分委员冒雨来到大砻坊、高长街社区，带着米、油及慰问金等走访慰问了棚户区改造征收地块困难群众。

8. 汀棠公共服务中心联络组

5月9日，联络组开展了委员进社区活动。区政协委员、镜湖交警大队教导员陈宁桥为居民送上一堂道路安全知识讲座。

5月14日上午，联络组委员在区政协副主席谭闽月带领下，深入环赭山一号征收地块进行调研。

8月29日下午，协联络组在区政协副主席谭闽月的带领下来到镜湖区交警大队调研，区交警大队教导员和相关领导参加了座谈。委员们在听取了区交警大队教导员陈宁桥介绍了镜湖区交通管理的基本情况和区交警大队信息化建设与应用工作后，纷纷以“开车人”和“步行者”的身份，结合自身体会，对如何解决我区道路交通管理难题提出了一些思考和建议。

9. 赭麓公共服务中心联络组

5月31日，联络组的政协委员在区政协副主席甄长海的带领下，走进梅莲路“五四”爱心学校，看望这里的留守儿童、特困家庭学生，并慰问了大学生志愿者们。

10. 荆山、方村街道联络组

6月20日下午，荆方联络组在茆振文主席带领下前往方村街道天城中心村供电台区、天城村大中沟、利民村村级道路以及利民村村部，视察方村街道基础设施情况并召开座谈会。

9月26日下午，联络组开展集体调研视察活动。区政协主席茆振文和荆方联络组委员一道深入到原荆山四大厂等老旧居民区和供水站进行走访，认真了解民情、倾听民声、关注民盼。

政协委员们在荆山中心党工委书记谢海保，中心主任、联络组组长周前锋带领下先后来到原荆山水泥厂居民区、原化工厂居民区,走访了解至今仍生活在原荆山四家企业宿舍区里的居民生活状况,现场察看居民住房及生活配套实施,听取部分居民群众的意见和建议。在荆山供水站,委员们还详细询问和了解当前水站的设备运行管理情况及有关制水工艺流程,对水站在青弋江的取水口进行了实地察看。

附录一

1987年政协镜湖区委员会各工作委员会工作安排

1. 文化教育工作委员会

第二季度:(1)举行纪念“七一”文艺联欢会;

(2)举行庆祝教师节活动,召开教书育人报告会。

第三季度:(1)专题调查如何提高差生素质问题;

(2)视察部分公、民办及个体办的各类幼儿园;

(3)创作一部儿童电视剧。

2. 城市建设工作委员会

第一季度:视察青弋江江堤;

第二季度:(1)专门题调查如何加强城市管理问题;

(2)请区城建科通报小区建设规划和城市管理情况;

第三季度:视察一个地区违章建筑情况。

3. 财政经济工作委员会

第一季度:视察区、街道企业开展“双增双节”情况;

第二季度:(1)赴外地考察第三产业,专题调查如何发展区、街第三产业问题;

(2)配合会计学会举办经济形势、经济体制改革报告会和会计培训班。

第三季度:请区经委通报区、街工业、商业及第三产业状况。

4. 科学技术工作委员会

第一季度:参观学习马鞍山市花山科技咨询服务委员会的工作经验;

第二季度:(1)专题调查区、街企业技术状况;

(2)召开科技人员座谈会,探讨筹建科技咨询服务部事项。

5. 医药卫生工作委员会

第二季度:(1)视察饮食食品卫生;

(2)为学前散带儿童进行健康检查。

第三季度:为五保户进行健康检查。

6. 社会工作委员会

第一季度:专题调查一个街道办事处的文明单位创建情况与验收标准;

第二季度:专题调查青少年犯罪原因及防治问题。

第三季度:(1)专题调查青年婚姻状况与离婚问题;

(2)春节前配合有关部门慰问孤寡老人。

7. 祖国统一委员会

第一季度：筹建“三胞”联谊会，赴马鞍山等地考察组建“三胞”联谊会的经验；

第二季度：(1)进行境内“三胞”调查；

(2)举办台湾形势报告会。

第三季度：举办欢度中秋节“三胞”联谊活动。

8. 文史资料研究委员会

第一季度：(1)调整、充实《文史资料简介》编辑委员会；

(2)出《文史资料简介》第十期。

第二季度：出《文史资料简介》第十一期，关于《纪念抗日战争五十周年》专刊。

第三季度：出《文史资料简介》第十二期。

9. 学习委员会

第一季度：组织学习“坚持四项基本原则，反对资产阶级自由化”的有关文件；

第二季度：(1)举办新时期统战理论及其任务的报告会，并进行座谈；

(2)组织自学政协业务；

(3)召开学习“坚持四项基本原则，反对资产阶级自由化”座谈会。

第三季度：组织学习“中共十三大”文献。

附录二

政协镜湖区委员会2004年工作要点

2004年是继续深入学习、贯彻党的十六大、十六届三中全会精神的关键一年，也是我区实现加快发展目标的重要一年。根据区政协六届二次会议提出的任务，今年区政协工作的指导思想是：以邓小平理论、“三个代表”重要思想为指导，认真贯彻十六大和十六届三中全会精神，坚持中国共产党领导的多党合作和政治协商制度，广泛团结政协委员和各界人士，紧紧围绕区委、区政府中心工作，认真履行政治协商、民主监督、参政议政职能，解放思想，与时俱进，献计出力，扎实工作，为全面建设小康社会，为打造富裕、繁荣、文明的新镜湖而努力奋斗！

一、继续学习贯彻“三个代表”重要思想、中央和省、市经济工作会议精神及区第七次党代会第二次会议精神

1. 继续贯彻《政协镜湖区委员会关于兴起学习贯彻“三个代表”重要思想新高潮的决定》，深刻领会“三个代表”重要思想的科学内涵和精神实质，用“三个代表”重要思想统领政协工作。深入学习贯彻中央十六大、十六届三中全会、中央经济工作会议和区第七次党代会第二次会议精神，紧密联系我区实际，进一步明确履行职能的重点，把全体政协委员的智慧和力量凝聚到加快发展、富民强区、全面建设小康社会的宏伟目标和各项工作上来。

2. 切实加强对学习工作的组织领导。拟在上半年组织一次“融入长三角，谋求新发展”研讨会，请专家学者讲课，组织部分政协委员参加，力争办出政协特色，务求实效。

二、积极开展视察调研工作

3. 围绕全面建设小康社会和“打造富裕、繁荣、文明的新镜湖”的目标，围绕区委、区政府的中心工作，坚持少而精的原则，以各工作委员会为单位，精心组织专题调研和委员视察等活动。力求调研深入、研讨细致、意见中肯、建议可行，提高建言立论水平。

4. 进一步提高主席会、常委会、全委会的会议质量，主动与党政有关部门联系，主动开展协商讨论，坚持协商于决策之前的原则，为区委、区政府决策提供科学、民主的意见。

三、提高提案和反映社情民意工作水平

5. 继续提高提案的办理和服务质量。加强与区委办公室、区政府办公室的联系和合作，开好六届二次会议提案交办会。继续采取领导领衔办案、走访承办单位、现场协商等有效的办案形式，加强提案督办力度。第二季度对重要提案办理工作进行查访，促进承办单位不断提高提案办理的质量。第三季度对提案工作进行总结评比。

6. 区政协领导班子成员要加强与委员的联系，坚持走访联系委员制度，倾听他们的意见和建议。对委员和群众反映强烈的问题，要及时提请区委、区政府予以关注和解决，对一些一时不能解决的问题，要协助有关部门做好解释工作，化解矛盾，维护社会稳定。

7. 进一步做好了解和反映社情民意工作。要把反映社情民意纳入政协各工作委员会的工作中，充分发挥政协各党派、人民团体和政协委员联系各方面群众的优势，进一步畅通反映社情民意的渠道，做好社情民意的收集、报道和反馈工作，为区委、区政府密切联系群众服务。

四、为祖国和平统一做好服务

8. 以“区海联会”为窗口，进一步加强与港澳台同胞和海外侨胞的联谊工作，做好他们来我区探亲、访友、经商、旅游的接待工作，以联谊促引进，服务于我区经济建设，鼓励海内外人士来我区投资，为我区外向型经济牵线搭桥。

9. 继续学习十六大关于推进祖国和平统一的重要论述，建立最广泛的爱国统一战线，宣传“和平统一”、“一国两制”的基本方针，为促进海峡两岸人民的合作和交流做好服务工作。

五、加强自身建设

10. 认真学习贯彻全国政协十届二次会议修订的政协《章程》。以《章程》为指导，修订和完善区政协的各项工作制度，推动区政协履行职能的制度化、规范化建设。

11. 进一步加强政协常委会建设，使之始终成为团结民主、务实开拓、廉洁勤政、风正气顺的战斗集体，并善于运用班子成员的集体智慧、实践经验、理论水平做好政协的工作。

12. 争取市政协的业务指导，密切与兄弟县、区政协的交流和联系，促进横向、纵向的联系，开阔视野，增长知识，不断提高政协工作水平。

13. 进一步加强政协机关组织建设、思想建设、制度建设。采取集中和自学的形式学习政治理论、业务知识，不断提高机关干部的政治素质、业务能力，提高工作效率，强化服务意识，提高服务水平。

附录三

2004年政协镜湖区委员会各工作委员会活动计划安排

1.2004年1月 提案工作委员会 征集六届二次会议提案并对提案审查立案，同时确定承办单位。

2.2004年2月 提案工作委员会 提案交办会

3.2004年3月中旬 港澳台侨工作委员会 调研港澳台侨属办企业情况，视察调研侨属企业

4.2004年4月上旬 经济工作委员会 开展“融入长三角，谋求新发展”的研讨会

5.2004年5月中旬 提案工作委员会 召开提案办理情况座谈会，对一次会议提案办理工作“回头看”

6.2004年5月中旬 社会和法制工作委员会 调查、了解学校法制教育及在校学生违法犯罪情况、视察调研市一职高

7.2004年5月下旬 教育科学工作委员会 视察项目建设工作、视察调研区经济园区、经计委

8.2004年6月上旬 城建城管工作委员会 对全区重点工程进展落实情况进行调研 视察调研区政府办

9.2004年6月下旬 提案工作委员会 对提案办理结果不满意的委员进行回访

10.2004年7月下旬 提案工作委员会 走访办案大户，对老案追踪视察，对重要提案办理工作进行查访

11.2004年9月上旬 文卫体工作委员会 视察调研《母婴保健法》落实情况、视察调研区保健站

12.2004年9月中旬 经济工作委员会 民营经济发展工作调研视察调研民营企业、改制企业

13.2004年9月下旬 提案工作委员会 总结评比提案工作

14.2004年9月下旬 港澳台侨工作委员会 中秋联谊会

15.2004年10月中旬 教育科技工作委员会 对全区社会保障和劳动再就业情况进行视察，视察调研区社保局

16.2004年10月中旬 社会和法制工作委员会 对政法系统涉法上访问题进行专题调研，视察调研区检察院

17.2004年11月上旬 城建城管工作委员会 调研区境旱改水工作，视察调研区环卫所

附录四

新芜区政协1998年下半年工作要点

(1998年7月14日区政协五届第二次常委会议通过)

区政协1998年下半年工作的指导思想,高举邓小平理论伟大旗帜,认真贯彻落实中共十五大精神,根据"服务经济建设要上新水平,履行主要职能要有新作为,推进'两化'建设要有新举措,开展调查研究要有新成果,反映社情民意要有新进展,加强自身建设要迈出新步伐"的要求,在做好上半年工作的基础上,全面落实区政协五届一次会议提出的各项任务。

一、进一步加强政协学习的组织工作

学习是人民政协一项重要任务,是各项工作的基础。尤其是在当前中共中央决定在全党兴起学习马列主义、毛泽东思想、邓小平理论新高潮之际,进一步加强政协的学习工作更显得重要。

1. 加强政协领导班子的学习。领导班子成员要带头学习邓小平理论,学习政协业务,要用邓小平理论指导和推动政协工作,不断开创我区政协工作新局面。政协机关要坚持学习日制度,要把学习邓小平理论,同学习党的路线、方针、政策、社会主义市场经济知识、法律知识和政协业务知识紧密结合起来,进一步提高干部的思想理论素质和工作能力。

2. 坚持自学与辅导相结合的原则,组织好委员的学习。政协学习提倡以委员自学为主,力求学习突出重点。根据学习宣传委员会安排的学习内容,下半年举办一场纪念十一届三中全会二十周年报告会,并通过印发学习材料等形式,辅导委员学习,把学习活动搞得更加活跃、富有成效。

二、服从和服务于全党中心工作,积极为经济建设献计献策

政协工作必须服从和服务于全党工作大局,按照"为有重点,为而有度,为而有效"的精神,充分发挥履行政协主要职能的作用。

1. 围绕区委、区政府的中心工作,选准角度,选好题目,积极组织委员参与经济建设,进一步发挥政协人才优势。为了让委员多了解实情,区政协拟在下半年邀请区委、区政府就全区今年经济工作及有关重大问题,向政协常委会进行情况通报。各专委会将组织委员对我区乡镇企业进一步发展、下岗再就业工程、小学素质教育、"三五"普法等工作进行视察、调研。重点抓好对乡镇企业进一步发展的调查活动。

2. 要加强委员的视察、调查工作。组织委员开展视察、调查活动,是履行政协职能的重要方式。因此,我们要在"选准角度、掌握实情、分析论证、提出建议"上下工夫,克服走马观花的现象。各专委会在开展视察、调研活动时,也要做到事前精心组织,事后要有总结,突出问题,提出建议意见,切实做到围绕中心,服务大局,发挥优势,尽职尽责。

3. 要加强委员之间的联系,充分发挥各界别委员的作用。要针对政协委员从业面广、科技界、经企界人士多,对外联系广的特点,进一步发挥政协人才优势,利用一切涉外关系,为我区的经济发展及两个文明建设引进资金、引进人才献计献策。

三、加强对专委会工作的指导，努力发挥专委会作用

政协专委会是组织委员进行经常性活动的工作机构，是完成政协各项工作的重要基础。要把加强专委会工作列为重要日程，从组织上、制度上、工作上切实加强领导和具体指导，加强对各专委会工作计划执行情况的督促检查。政协办公室要加强与各专委会的联系，坚持各专委会主任联席会议制度，定期召开会议，做好协调服务工作，保证专委会各项活动顺利进行。

四、继续做好提案工作，进一步提高提案的办理质量

五届一次会议的34件提案已全部送交各办理单位，下半年提案工作的重点是加大督办力度，提高提案的办理质量。根据区政协《提案工作实施细则》的有关规定，不断完善提案工作的规范化和制度化。要做好优秀提案和提案办理先进单位的评选工作，为五届二次会议上的表彰活动做好准备。

五、进一步完善各项规章制度，不断加强自身建设

1. 尽快对现行的一些规章制度（条例）进行修改，进一步规范区政协的各项工作，同时根据工作需要再制定一些配套制度。对已确认的有关制度，要认真落实执行。

2. 认真开好政协主席会议、常委会议和各专委会主任联席会议，认真贯彻“长期共存，互相监督，肝胆相照，荣辱与共”的方针，加强与各界人士的联系，注重发挥政协常委的参政议政的作用。

3. 大力加强政协机关的建设，不断提高机关工作的质量和效率。要做好政协自身的宣传报道工作，办好《政协简报》，使机关工作按照“讲质量、讲效率、讲规范、讲协作”的要求，更好地为政协委员服务。

六、承办全省十九县（市）区政协工作研讨会第十六次会议

全省十九县（市）区政协工作研讨会第十六次会议，将于9月底由我区政协和马塘区政协共同承办。本次会议本着节俭的原则，力争少花钱，多办事，讲究实效，搞好服务。目前，要抓紧时间，加强与马塘区政协的协调配合，做好会议的前期筹备工作。

附：

表1－1　新芜区政协各专门委员会1998年工作计划安排表

1998年5月10日

承办专委会	时间	活动项目	分管主席	负责人	工作人员
提案委员会	6月 9月 12月 6月 11月 12月	每季度集中学习一次 视察提案办理重点单位提案办理工作 走访重点提案人 评选优秀提案及提案办理先进单位及个人	张求学	李开应	潘克仓
经济委员会	5月 8月 10月	视察区境部分私营企业经济发展情况 组织全体委员集中学习 对乡镇企业进一步发展和面临的问题进行调查	姚声涛 马素霞	傅祥林	张志南

续表

承办专委会	时间	活动项目	分管主席	负责人	工作人员
科教文卫体委员会	4月 6月 8月 10月	对我区公费医疗制度进行专题调查 对区境中、小学校门口食品摊点进行卫生检查 视察我区小学素质教育工作 参观长江大桥建设工地	邓伯康 李保明	王克琏	严安榕
社会法制委员会	5月 8月 10月	视察全区防汛准备工作 对我区"三五"普法教育工作进行专题调查 对违法女性教育　改造工作进行专题调查	邓伯康	殷芳春	严安榕
学习宣传委员会	6月 三季度 四季度	举办统战理论及人民政协知识报告会 举办《政协章程》知识答题竞赛 举办纪念中共十一届三中全会召开20周年报告会	李友俊	张志南	张志南
"三胞"联谊委员会	下半年 10月 12月 下半年	学习江泽民总书记关于推进祖国和平统一"八项"主张,观看台情资料片 举办政协委员与"三胞"亲属"中秋"联谊活动 召开迎春茶话会 赴南京市鼓楼区政协学习考察,参观中山陵	李友俊	黄启明	潘克仓

附录五

政协新芜区委员会2002年工作要点

(2002年3月7日区政协23次常委会议通过)

2002年是我区改革和发展关键的一年,经济和各项事业将进一步向前发展,在新的形势下,围绕中心服务大局是人民政协履行政治协商、民主监督、参政议政职能的出发点和落脚点。我们必须认清形势,明确任务,从贯彻落实江泽民同志"三个代表"重要思想的高度,充分认识做好政协工作的重要性和特殊性,增强做好政协工作的责任感和使命感,紧紧围绕经济建设这个中心,服务改革、发展、稳定这个大局,为我区的两个文明建设作出更大的贡献。

一、认真抓好学习,增强做好政协工作的使命感

1. 要结合中共十五届六中全会精神、全市政协工作会议和中共十六大精神的贯彻落实,坚持搞好区政协党组以及主席会和常委会、各专委会的学习,推动广大委员和机关工作人员的学习。要坚持搞好政治理论和政协业务知识的学习,同时组织学习有关WTO、经济、法律等方面的知识,进一步加强思想和作风建设,认真实践"三个代表"重要思想,不断增强做好政协工作的使命感,善始善终地做好五届区政协的工作。

二、切实履行职能,充分发挥委员的主体作用

2. 围绕中心、服务大局,是新时期人民政协工作提出的总体要求。我们要充分发挥政协人才荟萃、智力雄厚的优势,充分发挥委员参政议政的积极性,对事关全局的重大事项进行协商讨论，要坚持“实事求是、突出重点、量力而行”的原则。对热点和难点问题，可实行专项监督、跟踪监督，以期达到较好的社会效果。我们还要继续做好反映社情民意工作，进一步搞好委员和各界人士反映的热点难点问题的跟踪、反馈工作。

3. 精心组织开好全委会、常委会议和主席会议等例会。充分运用人民政协履行职能的各种有效形式做好视察、调研和协商工作。

4. 进一步做好有关方面的视察和调研工作。对防汛排涝、小区整治、环卫体制改革、中江园区的规划、文化市场管理、撤村并居、乡镇企业改制、民营经济的发展、办学体制的改革、社区医疗卫生、“四五”普法启动以及区法院案件执行情况等适时地组织视察和调研。

5. 做好提案交办工作。不断完善规范提案的立案、交办、督办等工作。举办提案知识讲座，提高提案办理质量。

三、加强自身建设，开创政协工作新局面

6. 加强专委会和委员小组的建设。充分发挥专门委员会的基础作用，加强政协机关与专委会及委员小组的联系，继续实行委员列席常委会议制度、政协委员要增强光荣感和责任心，牢固树立为人民服务的宗旨，不断提高自身素质，积极参加政协的各项活动，反映社情民意，认真履行委员职责。

7. 高举团结和民主两面大旗，进一步拓宽联系面，加强同民主党派人士的联系，加强同“三胞”人士及亲属的联系，为促进大团结、大联合、为促使祖国早日统一多做工作。

8. 把履行职能的规范化、制度化建设提高到新水平，完善和落实例会、协商、通报、调研等工作制度，提高效率，求真务实，勇于创新。

9. 加强同兄弟县（市）、区政协的联系、交流，发挥联系面宽、社会影响大的优势。做好宣传新芜、招商引资、招贤引智工作。同时抓好通讯报道，积极向《江淮时报》、《芜湖政协》等报刊投稿。

四、认真总结经验，为今冬明春的换届做好筹备工作

10. 按照市政协的要求，认真搞好五年来的工作总结。积极协助市政协搞好《芜湖政协志》的编撰等工作，在中共新芜区委的领导下，做好区政协换届的有关筹备工作。

附录六

表 1－2　2009 年政协镜湖区委员会各工作委员会活动安排

专委会	序号	时间	活动内容	承办单位
提案工作委员会	1	4 月中旬	编制四次会议提案目录，确定重点提案。	提案工作委员会 政府办公室
	2	8 月份	开展重点提案跟踪督办活动	重点提案承办单位
	3	10 月份	向区政协七届十九次常委会议汇报四次会议提案办理情况	提案工作委员会
	4	11 月份	组织开展优秀提案评选活动	提案工作委员会 政府办公室

续表

专委会	序号	时间	活动内容	承办单位
经济工作委员会	5	4月上旬	组织相关人员召开招商引资座谈会(围绕区招商引资做好工作)	经济工作委员会招商小分队成员
	6	8月下旬	受国际金融危机的影响,对镜湖区中、小型企业经济运行情况进行调研	区经发改委
教科工作委员会	7	5月下旬	视察教育大课间活动开展情况	区教育局
	8	10月下旬	视察企业科技创新工作	区科技局
文卫体工作委员会	9	6月上旬	视察区卫生行政执法工作	区卫生局
	10	9月中旬	视察创建文化示范街道(社区)工作	区文体局
社会法制工作委员会	11	7月中旬	视察了解区检察院反贪污、贿赂工作及预防职务犯罪工作情况	区检察院
	12	11月上旬	视察了解区法院案件执行工作开展情况	区法院
城建城管工作委员会	13	4月下旬	视察镜湖区规划工作	镜湖规划分局
	14	10月下旬	视察镜湖区环境卫生及区管公共厕所的管理使用情况	区环卫所
港澳台侨工作委员会	15	5月中旬	组织部分港澳台侨委员参观学习考察	待定
	16	9月下旬	选择一至二个侨属企业,调研该企业在国际金融危机的大背影,如何应对市场及发展生产的	待定
区政协城市绿化、美化督查工作组	17	适时	督查区境内城市绿化、美化工作,并与市政协督查办公室信息对接	区建委区督查办
	18	6月份 12月份	向区政协七届十八、十九次常委会汇报镜湖区绿化、美化工作进展情况	区建委

附录七

镜湖区“政协委员进社区”活动工作小结

镜湖区“政协委员进社区”活动是区政协今年开展的一项创新工作,“民心工程”是贯彻区委建设和谐社会的要求部署在政协工作中的创新与实践。自8月下旬活动开展以来,全体政协委员紧紧围绕“关注民生、服务社区、构建和谐、促进发展”的主题,积极深入社区察民情、听民意、集民智、解民忧,搭建起了党委政府、政协委员与人民群众之间的沟通新平台,畅通了群众表达利益诉求的新渠道,探索出了政协履职的新模式,收到明显成效,赢得社会各界好评。

一、主要做法、特点

根据区委《关于印发〈关于进一步发挥党代表、人大代表、政协委员作用的意见〉的通知》要求，为充分发挥政协委员作用，促进政协委员更好地履职为民，区政协决定从8月下旬开始在全区开展“政协委员进社区”活动。8月18日，区政协召开了政协委员街道联络组长第一次工作会议，对活动的时间、方法和具体要求进行统一部署安排。活动开展过程中，各街道联络组积极拓展工作思路，创新活动载体，为政协委员了解民生、倾听民意搭建平台。全区近200名委员走进街道、社区和群众家庭，通过座谈交流、走访调研、咨询服务和扶贫帮困等形式，较好地起到了联系群众、沟通思想、协调关系、增进共识和凝聚人心的作用。

（一）加强组织指导，突出主体作用。今年，区政协把委员按属地、就近、有利于工作的原则划分成10个政协委员街道联络组。因此，“政协委员进社区”活动是在政协委员街道联络组成立之后，以“街道联络组”为单位组织开展的首项重要工作。对此，各级各单位高度重视，能严格按要求迅速启动。一是组织严密，落实到位。区政协通过召开主席会、联络组长工作会议，通过实行领导联系点制度和《致政协镜湖区委员会委员的一封信》等，明确了各街道联络组开展活动，要有政协领导、专委会人员参与，进一步加强了对“委员进社区”活动的指导、督促。在活动开展中，各街道党工委、办事处大力支持，使整个活动顺利开展。如弋矶山街道办事处主任陈玉红同志亲自担任联络组长，认真组织各项活动；镜湖街道、北京路街道、赭麓街道、天门山街道等单位主要负责同志，在街道拆迁、文明创建等工作任务十分繁重情况下，主动参加委员座谈，并向委员介绍街道、社区建设和发展情况，为委员们提供第一手资料；吉和街道、东门、荆山街道、北京路街道和弋矶山街道等，专门成立领导小组，制定了详细活动方案，确保了活动开展的有特色、有成效、有影响。二是突出委员主体作用的发挥。政协委员以联络组为单位开展活动，打破了以往按专委会开展活动形式单一的传统模式，更加有利于政协委员了解社情民意、参事议政，也更加有利于突出委员的主体作用。在各街道联络组座谈交流中，广大政协委员均表示，通过各街道联络组开展进社区活动，使委员能更加直接地了解群众所想所盼。如东门、荆山街道联络组安排委员现场考察安置房建设情况，委员们冒雨深入安置户、贫困户家中，倾听群众对拆迁安置等工作的意见和建议，拉近了委员与群众的距离。

（二）突出各自特色，活动内容丰富。各街道联络组紧紧围绕“关注民生、服务社区、构建和谐、促进发展”的主题，结合街道工作特点，组织委员深入街道、社区居民家庭，察民情，听民声，抒民意，解民困，增进了社会各阶层和不同群体的和谐。在活动开展过程中，各街道联络组注重采取多种形式、多种渠道，发挥委员作用。一是在进街道、社区中共商发展。政协委员来自不同群体，具有人才智力优势，在座谈交流中，政协委员们与街道、社区充分沟通交流，共同商讨街道、社区经济社会建设和发展计策等。如赭麓街道、赭山街道部分政协委员对街道拆迁安置、文明创建、扶贫帮困等纷纷献计献策，得到了各街道、社区的高度重视。二是在联系群众中共推文明创建。针对全区开展的“百万市大走访”活动和我市文明城市创建工作，广大政协委员积极发挥作用。如北京路街道、吉和街道等委员们通过深入居民家庭，一方面积极宣传文明创建，一方面也进一步了解居民提出的对街道、社区在文明创建工作中需要改进的地方和存在的问题，并及时将情况反馈到街道。三是在走访调研中共建社会和谐。如东门、荆山街道、北京路街道、汀棠街道、北门街道等,组织了部分委员向贫困学子捐资助学、慰问台籍同胞等;弋矶山街道、镜湖街道、天门山街道等,针对辖区委员特长,开展进社区为居民提供政策咨询、免费义诊和疾病防控等方面的咨询服务;中秋节前夕,弋矶山街道还组织了10多名政协委员走进陡门口社区,为40户特困家庭送上中秋节的慰问和祝福等活动,受到了居民的欢迎。

(三)加大宣传力度,深化活动影响。各街道联络在活动中坚持一手抓活动组织,一手抓活动宣传。各单位能充分利用市区两级新闻媒体,如芜湖政务信息网、镜湖区信息网、政协网站等宣传载体,有计划、有重点地组织"委员进社区"活动的新闻宣传报道工作。在活动宣传中,一是强化舆论氛围营造。各街道联络组十分注重提高政协委员及人民群众对活动知情率和参与率,激发委员和社区的参与热情。如北京路街道、弋矶山街道在活动动员时,专门安排社区干部参加,第一时间向社区宣传活动;吉和街道、镜湖街道等利用板报、内部简报等形式,及时反映活动的动态信息。二是充分展现活动成果,深化活动影响。活动期间,区政务信息网专门开辟了"政协之窗"、区政协网站开辟了"街道联络组专栏",全方位宣传介绍"政协委员进社区"情况。弋矶山街道、北京路街道、汀棠街道等,及时将本单位好做法、先进典型推荐宣传,深化了活动影响。

二、存在问题和今后工作

存在的问题:活动形式比较单一,个别联络组的政协委员参与率不高,宣传工作有待进一步加强等。今后,政协委员各街道联络组在开展活动中,应着重把握以下几点:

一是坚持抓好"委员进社区"活动长效机制的建立。要在委员参加活动的出席率、解决问题的成功率和社区群众的满意率等方面下功夫;要通过建立委员进社区联系点制度,确保委员与群众面对面沟通,真正使委员进社区活动走进来、沉下去。

二是创新活动载体,发挥政协委员作用。要以灵活多样、内容充实、意义深刻的活动形式,积极引导广大政协委员的参与。同时,切实为政协委员开展民主监督、参政议政提供平台。

三是加大学习和宣传力度。政协委员特别是各街道联络组长要进一步加强知识学习,提高组织指导开展活动的能力;要重视加强"政协委员进社区"活动的宣传工作。

2010年10月

附录八

表1-3 2012年政协镜湖区委员会及各专门委员会重点工作安排表

2012年3月

序号	活动内容	组织形式	时间安排	承办单位
1	政协八届一次全体会议	全会	2月	大会秘书处
2	八届一次会议提案立案审查会		2月	提案委员会
3	"生态文明"建设	调研	3月	人资环委员会
4	学前教育	调研	4月	教科委员会

续表

序号	活动内容	组织形式	时间安排	承办单位
5	社会管理创新	调研	4 月	社会、民宗和港澳台侨委
6	公共安全应急队伍建设(救护)	视察	5 月	文卫体委
7	民族宗教工作进社区	视察	6 月	社会、民宗和港澳台侨委
8	中小企业融资困难问题	调研	6 月	经济委员会
9	法律援助	调研	6 月	法制委员会
10	集体督办重点提案		7 月	提案委员会
11	防汛排涝情况	视察	7 月	人资环委员会
12	港澳台侨资企业摸底调查	调研	8 月	社会、民宗和港澳台侨委
13	历史文化街区建设	调研	9 月	学习和文史委员会
14	困难群体救助	视察	9 月	法制委员会
15	中秋国庆各界人士茶话会	座谈	9 月	区政协、统战部
16	重点提案“回头看”		10 月	提案委员会
17	科普益民计划及科普大讲堂	视察	10 月	教科委员会
18	文化产业发展及公共文化服务体系建设	调研	10 月	文卫体委员会
19	区重点项目建设情况	视察	11 月	经济委员会
20	房屋征收及安置房建设	调研	11 月	人资环委员会
21	招商引资		全年	政协常委会
22	绿化美化、环境保护及文明创建	督查	全年	政协常委会
备注	各专委会调研视察结束后,务必于两周内将书面调研报告提交区政协办公室,以便整理、报送有关部门(单位)。			

附录九

镜发〔2014〕7 号

中共镜湖区委关于转发《政协镜湖区委员会 2014 年工作要点》的通知

各公共服务中心党工委,方村街道党工委,区委各部委办,区直各单位、驻区各单位党组织:

《政协镜湖区委员会 2014 年工作要点》已经区委同意,现予转发。

中共镜湖区委

2014 年 4 月 25 日

政协镜湖区委员会 2014 年工作要点

2014 年,区政协工作的总体要求是:深入贯彻落实中共十八大和十八届三中全会精神,在中共镜湖区委的坚强领导下,牢牢把握团结和民主两大主题,认真履行政治协商、民主监督、参政议政职能,充分发挥协商民主重要渠道作用,为打造安徽人居环境最美、经济实力最强、社会秩序最好、百姓受益最多的中心城区目标广泛凝聚智慧力量。

一、加强教育引导,夯实政协履职基础

1. 加强学习增进共识。组织引导全体委员认真学习十八届三中全会精神,认真贯彻落实省、市、区党代会精神,切实把思想和行动统一到中央和省、市、区委决策部署上来,努力用科学发展观指导和推动人民政协工作,始终保持人民政协工作的正确政治方向。深入学习中国特色社会主义理论体系,举办庆祝人民政协成立65周年及区政协成立30周年等系列活动,巩固团结奋斗的共同思想基础。

2. 深入推进协商民主。坚持把政协工作与推动我区改革发展实践紧密结合起来,积极争取区委重视、政府支持,及时制定并组织实施年度民主协商计划。重点围绕“创新社会治理体制和方式,维护社会和谐稳定”、“加快现代服务业发展,助推经济转型升级”、“推广模拟征收,改善民生,提升城市品质”、“突出保障和改善民生,提升百姓幸福指数”、“构建现代公共文化服务体系,推动文化繁荣发展”课题开展民主协商。

3. 深入开展党的群众路线教育实践活动。区政协党组和机关党支部按照区委统一部署,认真组织开展以为民务实清廉为主题的党的群众路线教育实践活动,进一步提升联系群众、服务群众的能力,使政协履职符合政协特点,顺应群众意愿。

二、服务中心工作,围绕改革发展献计出力

4. 扎实开展专题调研。着重围绕我区经济建设、社会治理、民生保障等目标任务,重点就促进现代服务业发展,社会管理创新等课题深入调研,为推动经济社会发展献计出力。各专委会、联络组要发挥政协优势,集聚委员智慧,组织开展专题调研,为党委、政府科学决策提供参考。

5. 开展主席会议协商。完善主席会议协商形式,推进主席会议成员集体视察,着重围绕重点工程项目建设、社区管理体制改革、文明城市创建及民生工程等议题开展协商。

6. 组织委员视察。各专委会、联络组结合实际,围绕现代服务业发展、生态环境保护、文化建设、社会保障及教育、医疗卫生、社区建设、民生工程等党政关注、群众关心的热点难点问题,组织委员开展视察,为镜湖科学发展献计献策。

7. 扎实开展专项督查。围绕“产业升级和文明创建”两大课题,重点就特色街区建设、重点项目推进和居民小区建设管理、背街背巷治理、小微餐饮整治等问题开展督查,促进工作落实。

8. 主动服务中心工作。按照区委、区政府统一部署,积极参与招商引资工作,主动做好重点项目建设、房屋征收、信访维稳等服务工作。

三、突出团结民主,促进社会和谐稳定

9. 充分发挥党派、人民团体作用。加强与民主党派及社会各界人士沟通交流,切实发挥政协在扩大公民和社会各界有序政治参与中的渠道和平台作用。

10. 做好社情民意工作。充分发挥社情民意信息反映群众诉求方面的重要作用,建立各联络组信息直报点,引导委员深入基层、深入群众,倾听百姓心声、反映群众愿望。

11. 开展“委员进社区”活动。继续深入开展“委员进社区”主题活动,鼓励和组织委员积极参与结对帮扶、捐资助学、咨询服务及“两代表一委员”接待群众等活动,力所能及做好理顺情绪、化解矛盾工作,为促进社会和谐稳定发挥作用。

四、坚持务实创新,扎实做好经常性工作

12. 精心组织通报协商。加强与党政部门对口联系,通过定期听取职能部门工作情况通报,真正做到知情明政。

13. 加强提案工作。按照“严格立案审查、强化办理质量”的要求,改进提案办理协商工作思路和方式。进一步完善办理协商机制,规范协商办理程序;扩大党政领导领衔督办,努力推进提案办理落实。

14. 认真开展民主监督。组织委员运用提案、视察、政风行风评议、媒体问政等形式开展监督,加强民主监督员工作,做好委员列席党政会议选派、推荐工作。

15. 做好政协宣传和文史资料工作。加强政协宣传队伍建设,提高《镜湖政协》会刊质量,加强区政协网站维护管理。完成《政协镜湖区委员会志(1984—2014)》编撰出版。征集、编印《镜湖文史资料》(第一辑)。

五、强化自身建设,提高履职能力和服务保障水平

16. 加强政协工作研究和实践探索。围绕“充分发挥人民政协作为协商民主重要渠道作用”主题,通过政协工作研究会组织开展研讨、交流等活动,认真总结经验,不断推动政协工作创新。

17. 发挥委(组)作用。发挥专委会基础性作用,健全专委会调研视察和报告工作机制。重视和加强政协联络组工作,认真开展先进联络组的评选表彰,切实发挥政协委员协调关系、汇聚力量、建言献策、服务大局的作用。

18. 加强委员队伍建设。建立和完善约谈、走访联系委员制度。加强委员管理,做好委员履职情况的统计工作,组织开展“双尽职”优秀政协委员评选活动。

19. 加强政协机关建设。以创建“学习型、服务型、创新型、和谐型”机关为目标,全面推进机关思想、组织、作风、制度和廉政建设。继续深入开展“双联系”活动,着力改进文风、会风和工作作风,不断提高服务保障水平。

附:政协镜湖区委员会 2014 年主要工作安排表

表 1－4　政协镜湖区委员会 2014 年主要工作安排表

序号	活动内容	组织形式	时间	承办单位
1	政协八届四次全体会议	全会	2 月	大会秘书处
2	八届四次会议提案立案审查会		3 月	提案委员会
3	优秀提案办理情况走访	调研	4 月	提案委员会
4	全民健身情况	视察	4 月	文卫体委员会
5	休闲旅游经济发展状况	调研	5 月	经济委员会
6	居民小区建设与物业管理	督查	5 月	人资环委员会

续表

序号	活动内容	组织形式	时间	承办单位
7	社区科普工作	视察	5月	教科委员会
8	文史资料经验学习交流	考察	6月	学习和文史委员会
9	养老服务体系建设	调研	6月	社会和法制委员会
10	区域内宗教文化发展现状	调研	6月	民宗和港澳台侨委员会
11	防汛抗旱工作	视察	6月	人资环委员会
12	百年历史建筑保护与利用	视察	7月	学习和文史委员会
13	重点提案督办	督办	7—10月	提案委员会
14	农村(荆、方)医疗卫生服务	调研	8月	文卫体委员会
15	校园安保现状	调研	9月	教科委员会
16	学习外地侨联工作经验	考察	9月	民宗和港澳台侨委员会
17	提案办理先进单位经验交流	座谈	10月	提案委员会
18	生态文明建设	视察	10月	人资环委员会
19	法制镜湖建设	视察	10月	社会和法制委员会
20	听取民政、市容、教育、法院工作情况通报	专题协商	各季度	区政协常委会
21	加快现代服务业发展,助推经济转型升级	专题协商	二季度	区政协常委会
22	构建现代公共文化服务体系,推动文化繁荣发展	专题协商	二季度	区政协常委会
23	创新社会治理体制和方式,维护社会和谐稳定	专题协商	三季度	区政协常委会
24	突出保障和改善民生,提高百姓幸福指数	重点协商	四季度	区政协主席会
25	推广模拟征收,改善民生,提升城市品质	重点协商	四季度	区政协主席会
26	组织开展调研、视察、学习和建言献策等活动		各季度	各联络组
备注	各专委会、联络组调研视察结束后,及时将书面调研报告提交区政协办公室,以便整理、报送有关部门(单位)			

中共镜湖区委办公室

2014年4月25日印发

第二章　区政协党组织

根据《中国共产党章程》规定，1984 年 5 月成立中共镜湖区政协党组、中共新芜区政协党组，隶属区委领导。其任务主要是：贯彻执行中国共产党的路线方针政策，落实中国共产党领导的多党合作和政治协商制度及中共镜湖区委的各项决议，团结党外干部和群众，指导机关党组织开展工作，在人民政协工作中发挥政治核心作用。为加强中国共产党对政协工作的领导，每届区政协换届和重大人事调整后，区委及时对区政协党组组成人员进行调整。

第一节　1984—2006 年镜湖区（原）政协党组

中共镜湖区政协党组在中共镜湖区委的领导下，始终围绕党在新时期的总任务和区委、区政府的中心工作部署开展组织活动，保证党的路线、方针、政策在政协工作中贯彻执行，并向区委汇报政协工作。有关上级党委的文件、会议精神和政协的重要工作都通过党组会议传达贯彻和讨论，然后提请政协主席会议或常务委员会议协商决定。党组会议规定每月召开一次，或与主席会议联席召开，会议主要内容是：传达学习上级文件和有关会议精神；传达贯彻区委、区政府的工作部署和重要决定；研究政协委员、常委的人事安排，报经区委批准后提交政协常委会协商讨论，或按《政协章程》规定，交由全体委员会进行选举；研究政协机构设置，向政协常委会提出建议；组织机关工作人员开展调查、向区委或政府提出建议；研究并提出召开各种座谈会、研讨会、论证会及培训会的建议；研究表彰先进政协工作组和先进政协委员、并向政协常委会提出建议；研究关于加强政协工作的意见、向区委提出建议；研究检查党纪党风和廉政建设事项，督促党组成员和政协领导班子成员带头廉洁自律，在委员和人民群众中树立良好形象。

第一届委员会党组

书　记：张浩根（1984.5—1987.4）

副书记：李必明（1984.5—1987.4）

第二届委员会党组

书　记：张浩根（1987.4—1990.7）

副书记：程志道（1987.4—1990.7）

第三届党组组成人员

书　记：欧天水（1990.7—1993.3）

副书记：程志道（1990.7—1993.3）

成　员:戚小平

第四届委员会党组

书　记:欧天水(1993.3—1997.3)

　　　　王美成(1997.3—1998.3)

副书记:林章华(1993.3—1998.3)

成　员:赵业钜(1993.3—1996.3)

　　　　罗湘华(1996.3—1998.3)

第五届委员会党组

书　记:王美成(1998.3—2001.3)

　　　　曹天民(2001.3—2003.3)

副书记:林章华(1998.3—2003.3)

成　员:罗湘华(1998.3—2003.3)

　　　　许士华(1998.3—2003.3)

　　　　黄　明(1998.3—2003.3)

第六届委员会党组

书　记:曹天民(2003.4—2006.2)

副书记:林章华(2003.4—2006.2)

成　员:许士华(2003.4—2006.2)

　　　　黄　明(2003.4—2006.2)

　　　　鲁厚义(2003.4—2006.2)

第二节　1984—2006年新芜区政协党组

新芜区政协党组主要工作:一是保证中共新芜区委的重大决策、决议在政协工作中得到贯彻和落实;二是凡政协工作中的重大问题或政协内部重大人事安排,由党组事先向区委报告;三是对下一届政协工作的安排意见,包括规模、委员名额、常委组成和筹备工作情况,由党组事先向区委通报,以利主席会议、常委会议协商讨论;四是加强对政协机关的领导,时刻关注政协机关工作人员的思想建设、组织建设、作风建设和廉政建设;五是加强党组自身建设,坚持每年举行一次民主生活会,主动接受全体政协委员和各界人士的监督。

新芜区历届政协党组,均由中共新芜区委批准设立的。其组成如下:

第一届委员会党组

书　记:刘润枝

副书记:晋　琳

成　员:范欣龙

第二届委员会党组

书　记:刘润枝

副书记:杜伯严
成　员:范欣龙
第三届委员会党组
书　记:陶永盛
副书记:周钜生
成　员:范欣龙　管远华
第四届委员会党组
书　记:汪国兴
副书记:甘良祥(1993.4—1996.4)
　　　齐业琛(1996.4—1998.4)
成　员:李友俊　张志南
第五届委员会党组
书　记:邢昌海
副书记:李友俊(2001年3月4日因退休,免去副书记职务)
　　　张求学(2001年3月14日任副书记)
成　员:姚声涛
　　　马素霞
　　　张志南
　　　鲍根权(2001年3月14日增补为党组成员)
第六届委员会党组
书　记:邢昌海
副书记:王昌生
成　员:鲍根权
　　　张志南
(未注明任期的,皆为届内任职)

第三节　2006—2014年镜湖区政协党组、民主党派支部

一、政协党组

第七届委员会党组成员
书　记:曹天民(2006.6—2009.12)
　　　茆振文(2009.12—2012.2)
副书记:周玉良(2007.6—2012.2)
成　员:季业保(2006.6—2011.8)
　　　鲁厚义(2006.6—2012.2)
　　　黄启明(2006.6—2009.8)

燕国群(2011.12—2012.2)
章启文(2010.3—2012.2)

第八届委员会党组成员

书　记:茆振文(2012.2 至今)

副书记:鲁厚义(2012.2 至今)

成　员:邹维琴(2012.2—2013.10)
甄长海(2012.9 至今)
杨　珍(2012.9——至今)
陈国强(2013.12——至今)

二、民革镜湖区支部

(一)组织发展

民革镜湖区支部成立于 1982 年,是当时在芜湖市所有县区支部中唯一一个市辖区支部。支部成立之初,时任区人大副主任的民革党员晁祯担任支部主委,有民革党员 5 名。

2006 年区划调整时,支部共有党员 15 名,黄少雄担任支部委会主委、奚要武任副主委,卞敬荣任组织委员,王碧华任宣传委员,戴春阳任组统委员。

2008 年 11 月支部换届时选举产生新的支部委员会,奚要武任主委,王道明任副主委,戴春阳任组织委员,曹峥峥任宣传委员,孙景琨任组统委员。

2011 年 10 月,经民革镜湖区支委会议改选决定,奚要武任支委会主委,戴春阳任副主委,夏燕飞任组统委员,孙景琨任组织委员,聘请王道明、郭增补、陈春生等三位老同志为支部顾问。

2013 年 10 月支部换届产生新的支部委员会,选举戴春阳任主委,孙景琨任副主委,刘萍任组织委员,夏燕飞任组统委员,马甜甜任宣传委员。

民革镜湖区支部成立后,十分重视组织发展工作,不断提高成员的政治素质与思想修养。从成立之初的 5 名党员增加到 23 人。党员中:高级专业技术职称 1 人,中级职称 6 人。其中,黄少雄当选为市人大代表,奚要武、卞敬荣、孙景昆、王道明、姚本龄、晋其年先后当选为市政协委员;晁祯当选为区人大代表,区人大常委会副主任;黄少雄、奚要武先后当选为区政协副主席;黄少雄、奚要武、卢华、戴春阳先后当选为区政协委员;黄少雄、奚要武、戴春阳先后当选为区政协常委;奚要武现任镜湖区人民政府副区长。

(二)履行职能

民革支部成立后,为更好地履行职能,时刻注意强化党员的政治思想教育,制定了常态化的学习制度,组织党员认真学习了邓小平理论、“三个代表”和科学发展观以及党的十八大以来习近平总书记的一系列重要讲话。在学习过程中,系统地学习了《毛泽东、邓小平、江泽民论科学发展》及《科学发展观学习读本》。通过学习,党员们明了干社会主义离不开科学发展观。振兴中华、建设和谐社会,一定要全面领会科学发展观的科学内涵、精神实质和根本要求。党员们在学习的基础上,增强了贯彻落实科学发展观的自觉性和坚定性、学习提高了每位党员的自身素质,也激发了每位党员为振兴中华、服务社会的热情。

民革支部高度重视提案工作，不断汇聚集体智慧，形成高质量的政协提案。在每年政协会议前都要召开支部专题会，集思广益，帮助支部成员中市、区两级政协委员们拓展思路。通过支部专题会议的形式，大家在一起汇集、讨论社情民意，透过各种经济与社会现象，分析其深层次的原因和问题，针对性的提出意见与建议。汇聚集体智慧，分析、研究探讨最终形成政协提案，是民革镜湖支部的一大创新。这一做法，既拓宽了政协委员们的思路，又提高了提案广度和深度，同时又使支部所有成员融入到参政议政活动中去。

（三）社会服务

民革支部始终把关爱社会、服务群众作为自己的社会责任。推动党员在各自的工作岗位上都做出成绩的同时，服务社会、服务人民，为构建文明、和谐社会作出贡献。

支部宣传委员孙景琨是我市知名的年轻企业家，他长期资助安徽师范大学政法学院12名因家庭贫困面临辍学的农村大学生完成学业。在青海玉树发生8级强烈地震后，他立即召开公司职工大会，以身作则，捐钱、捐物，并号召本公司职工行动起来，在他的带领下，全体职工有钱出钱，有力出力。他所在的支部在民革市委会也是积极为灾区捐款。

支部党员芦红，是育红小学的教师，她曾为取缔和整顿黑网吧的建言献策受到上级的高度重视和表扬。她的论文《浅谈小学英语教学中的德育因素》，引起很大的反响，在《安徽教育论坛》杂志发表后，受到中小学教育界的多方好评。

支部陈春生是市老年协会成员，2010年他以他的真知灼见，写了一篇《加快建立健全社会养老服务体系》的论文，民革市委会根据该论文提出了《芜湖养老体系的几点建议》，在芜湖市政协十一届会议大会发言，此文受到市领导的重要批示，之后这篇文章还在中国老年协会高峰论坛上发表。

刘萍是一名新党员，目前在镜湖区支部担任组织委员，她热爱本职工作，2009年、2011年区级年终考核优秀，2007年市财政填报企业所得税税源调查报表先进个人，2011年被评为安徽省“十一五期间扶残助残先进个人”，2012年被评为安徽省金融不良资产打包处置工作先进个人。

（四）自身建设

在加强集中学习的基础上，定期开展活动，每次活动由一名支部委员主持，并用专车把行动不便的老同志接到会场。开展集体游览、参观、座谈、朗读自己的作品等活动，形成了一个生动活泼的支部。

《芜湖民革》是民革市委会的会刊，已创办近20年，出版了90多期，期刊不仅阐述统战理论，而且还经常介绍参政议政的经验和要点，反映社情民意的核心和社会动态。支部实行双倍稿酬奖励《芜湖民革》会刊投稿录用者。2009年支部在《芜湖民革》上的中稿有10篇，诗歌有6首，其中王道明写的通讯报道《拳拳之心回报社会——记孙景琨同志慷慨助学二三事》在《芜湖民革》上刊载后，芜湖政协期刊《芜湖政协》、中共芜湖市委统战部期刊《大江同舟》先后进行转载，社会影响颇大，得到方方面面的好评。

第三章　历届政协委员

政协委员是中国人民政治协商会议各级委员会成员的简称，是人民政协的主体，是履行政治协商、民主监督、参政议政职能的主要力量。其构成是多层次、多方位的，代表不同界别、不同阶层参加政协组织。政协委员一般经过协商产生，协商委员人选是中国共产党统一战线工作的一项重要工作，每届委员人选既要考虑平衡、比例原则，又要考虑人选的广泛性、全面性、代表性，把社会各界中有一定的资历、威望和影响，在社会主义物质文明、精神文明建设和促进祖国统一大业中有一定贡献和作用的人士吸收到政协中来。协商、推荐、考察、确定委员的整个过程，要求做到高度重视，统筹兼顾，不偏不漏，公正合理。政协委员绝大部分是在政协换届时产生。每届任期内，因自然减员和便于工作，也可以届中增补委员。政协刚成立时，委员和界别数均较少。委员年龄大，文化程度低。随着政协组织作用的发挥和时间的推移，委员队伍发生了质和量的变化。结构更加科学和合理，委员数增加，界别扩大，委员平均年龄降低，文化程度逐届提高。

界别是构成人民政协的基础。人民政协通过界别联系不同阶层、不同职业、不同方面的人民群众，代表群众的意愿和诉求。按界别组成，决定了人民政协在组织上的广泛代表性和政治上的巨大包容性，充分体现了团结和民主的本质属性。

由于我国不同历史时期中心任务的需要，及社会阶层的重组、不同行业的兴起、统一战线内部结构的变化，界别也在不断调整、不断补充、不断扩大，把各个历史阶段、各个方面的代表人士及时吸收到人民政协组织中来，较好地体现了我国统一战线的广泛发展和一切爱国民主力量的大统一、大汇合。应当说，社会构成的每一次大的变化都带来人民政协的界别调整。正是通过一次次的界别调整，使人民政协的发展与经济社会发展相适应，也使得界别的时代特征越来越鲜明。

第一节　1984—2006 年镜湖区（原）政协委员

一、委员构成

（一）一届委员

根据中共中央和省、市委指示精神，在区委直接领导下结合镜湖区的情况，按照统筹兼顾，全面安排，力求比较合理，各方面比较满意的要求，由中共、民主党派、无党派人士、团委、工会、工商、科技、妇联、教育、卫生、文艺、台湾同胞、归侨、少数民族、宗教、特邀人士 16 个界别组成。安排委员名额计 76 人，其中中共党员 27 人，占委员总数的 35.53%，党外人士49人,占64.47%;女委员25人,占32.89%。

年龄结构是:年龄最大的73岁,最小的19岁;平均年龄50.7岁。

文化结构是:文化程度具有大学水平的28人,占委员总数的36.84%,中专、高中不平的24人,占31.58%;有各种技术职称的24人,占31.58%。

（二）二届委员

二届委员会的委员名额为110名,经过各党派、团体和各有关方面协商提名,二届一次会议实际安排委员名额为106名。二届委员会委员的年龄,除个别有代表性的人士外,新进政协的委员,一般在60周岁以下;继任的老委员中,中共党员一般不超过60周岁,党外人士一般不超过65周岁,已经办理离退休手续的同志一般不安排。

根据《政协章程》第二章第十九条规定,结合镜湖区的实际情况,二届委员会由中国共产党、各民主党派、无党派人士、人民团体、各少数民族和各界的代表、台湾同胞、港澳同胞、归国侨胞的代表以及特别邀请的人士共16个界别组成。中共党员38名占35.85%;党外人士68名,占64.15%;新进政协的委员52名,占49.06%,继任的老委员54名,占50.94%;大专以上文化程度的48名,占45.28%;具有各种专业技术职称的39名,占36.79%;委员的平均年龄49.6岁,其中最大的69岁,最小的27岁。

（三）三届委员

三届政协委员会由中共、民主党派、无党派人士、团委、工会、妇联、工商、科技、教育、卫生、文艺、台湾同胞、归侨、少数民族、宗教、经济、特邀人士17个界别组成。共安排委员113名,其中中共为44人,占委员总数的38.94%,党外为69人,占总数的61.06%;新进政协委员53人,占46.9%,继任的老委员60人,占53.1%。从委员的结构看,大专以上文化程度47人,占委员总数的41.59%;有各种专业技术职称的78人,占委员总数的69.02%,女委员41人,占36.28%,委员平均年龄为47.3岁。

（四）四届委员

根据新的《政协章程》规定,从1993年第四届委员会开始,每届任期为五年。第四届政协委员会规模为130人,由中共、民主党派、无党派人士、共青团、工会、妇联、工商、科技、教育、卫生、文艺、台联、侨联、少数民族、宗教、经济、特邀人士17个界别组成。

四届一次会议实际安排委员120人,其中中共委员48人,占委员总数40%;非中共委员72人,占委员总数60%;从文化程度上看,大专以上文化程度的委员有56人,占委员总数46.67%;委员平均年龄为46.3岁。常务委员会规模为25人,实际安排23人,占委员总数的19.16%,其中中共常委8人,占常委总数34.78%。非中共常委15人,占常委总数65.22%。

（五）五届委员

区政协第五届委员会委员规模为130人,五届一次会议实际安排委员129人,由中共、民主党派、无党派人士、妇联、经济、科技、教育、卫生、文艺、台联、侨联、少数民族、宗教、特邀人士17个界别组成。

其中中共党员51人,占委员总数的39.5%;非中共人士78人,占委员总数的60.5%;大专以上文化程度的委员79人,占委员总数的61.2%;委员的平均年龄为45.5岁;常务委员会规模26人,占委员总数的20%,其中中共党员9人,占常委数的34.6%,

非中共人士17人,占常委数的65.4%。

(六)六届委员

六届委员会委员数仍维持五届130人的规模,界别同五届一样,设17个。六届一次会议安排委员127人,其中中共党员51人,占规模数的39.23%,非中共人士76人,占规模数的60.77%;上届委员连任的52人(中共党员23人,非中共人士29人),占实际安排数的40.9%;本届新进委员75人(中共党员28人,非中共人士47人),占实际安排数的59.1%;女委员45人,占实际安排数的35.43%;少数民族委员9人,占实际安排数的7.08%。127名委员分布在104个部门、单位,具有大专以上文化程度的94人,占实际安排数的74.02%。委员的平均年龄为44.19岁,比五届一次会议召开时下降1.13岁。

二、委员名录

(一)一届委员

中　共(10人):张浩根、李必明　徐崇保　石玉辉　刘小童(女)　张秀凤(女)
蔡齐发　潘克鼎　戴有云　余惠中(女)

民主党派(8人):林鸿民　谢成炳　吴旭初　郭建行　姚彦清　杨绍万
孙书亚　李逸岚(女)

无党派人士(2人):吴观奇　宁振州

团　委(3人):王蕴倩(女)　邹维琴(女)　李　斌

工　会(3人):宫元强　徐应达　俞静英(女)

工　商(2人):杨乐庭　马维德

科　技(9人):吉子展　程元玮　成林森　任荣俊　周不海　潘锦昌
陈奕文(女)　殷秀芳(女)　曹锦文(女)

妇　联(6人):李荣芬(女)　陶　婉(女)　张秀英(女)　黄仁仙(女)
毕镜洁(女)　胡家桂(女)

教　育(9人):张千秋　章德鑫　诸永龙　孙必爱(女)　陈秀芳(女)　俞正东
李季梅(女)　汪明贤　盛秀柏

卫　生(4人):周炳南　袁银根　季昌筑(女)　魏启秀(女)

文　艺(4人):胡曼力(女)　叶　子(女)　张　罗　臧玉华

台湾同胞(1人):陈良荣

归　侨(1人):饶秀元

少数民族(4人):撒少华　伍品芳(女)　余家茂　陈国梁

宗　教(2人):王锡琪　妙　定

特　邀(8人):娄凤英　齐伦志　许文州　胡福如　郭永乐　翟仪民　潘维浩　赵宁远

(二)二届委员

中　共(10人):张浩根　徐崇保　石玉辉　蔡齐发　潘克鼎　戴有云
余惠中(女)　程志道　赵才林　张秀凤(女)

民主党派(13人):林鸿民　李逸岚(女)　李学韩　庄慧娟(女)　刘晓龙
孙映熙　张开银　俞绍林　胡靖仁　汪灿如(女)

叶于彬　孙鼎兴(女)　卢　华
无党派人士(3人):杨振球　王陪月(女)　陈　敖
团　委(3人):王蕴倩(女)　邹维琴(女)　宋秀文(女)
工　会(3人):徐应达　俞静英(女)　王胜国
妇　联(6人):李荣芬(女)　陶婉(女)　毕镜洁(女)　张孟珊(女)
徐应南(女)　朱代勤(女)
工　商(8人):朱庭芳　黄自强　吴二惠(女)　孙焕钦　许文州　胡福如
雍万银　梁星辰
科　技(14人):吉子展　程元玮　周海不　陈奕文(女)　殷秀芳(女)
曹锦文(女)　蔡芝萍(女)　骆顺蓂　茆　彬　殷文秀(女)
陈其禄　周振民　沈前瑞　沈承烈
教　育(15人):章德鑫　陈秀芳(女)　俞正东　李季梅(女)　汪明贤
盛秀柏　孙必爱(女)　王连芳(女)　廖习敏(女)　崔时慧(女)
陈国皓　巫干生　张瑞科　崔可祥　黄仁发
卫　生(5人):周炳南　袁银根　季昌筑(女)　魏启秀(女)　夏鸿达
文　艺(6人):胡曼力(女)　叶子(女)　张　罗　臧玉华　徐国华　潘功祝
台湾同胞(2人):陈良荣　杨秋瑾(女)
归　侨(1人):饶秀云
少数民族(6人):撒少华　伍品芳(女)　余家茂　陈国荣　李慰堂(女)　马萌瑞
宗　教(3人):王锡琪　妙定　海万象
特　邀(8人):赵宁远　郭永乐　王艺胜　夏鸣　陈庆良　宋志平
王安琪　李元敏

(三)三届委员

中　共(11人):欧天水　程志道　徐崇保　戚小平(女)　赵业钜　汪灶洪
李　峰　胡之钜　张千传　邓恒先　蔡齐发
民主党派(14人):俞绍林　刘晓龙　孙映熙　汪灿如(女)　杨振球　郑梦怀
王碧华(女)　方心棣(女)　芮伯樨(女)　郝冰贞(女)
吴　凡　徐太平(女)　周丕南　许成德
无党派人士(3人):王陪月(女)　陈敖　沈家庚
团　委(3人):吴永生　邹维琴(女)　宋秀文(女)
工　会(3人):李晓玲(女)　徐应达　王胜国
妇　联(6人):裴凤先(女)　陶婉(女)　张孟珊(女)　毕镜洁(女)
王蕴倩(女)　李荣芬(女)
工　商(8人):赵翠英(女)　胡曼珠(女)　高观寿　鲁慎如　黄自强
吴二惠(女)　许文州　梁星辰
科　技(13人):程元玮　周海不　陈奕文(女)　曹锦文(女)　骆顺蓂(女)
茆　彬　古有嘉　王明仲　石庆铭　陈其禄　周振民　沈前瑞
沈承烈

教　育(14 人):徐德芝　戈国英(女)　王和欣　杨珍(女)　凤兆娟(女)　鲍天传
刘智梅(女)　陈秀芳(女)　廖习敏(女)　崔时慧(女)　陈国皓
巫干生　张瑞科　崔可祥
卫　生(6 人):周炳南　袁银根　魏启秀(女)　张响玲(女)　邓士俊　王之怀
文　艺(5 人):臧玉华　徐国华　潘功祝　沈青芳(女)　刘健
台湾同胞(2 人):陈良荣　杨秋瑾(女)
归　侨(1 人):饶秀云
少数民族(6 人):余家茂　李慰堂(女)　马荫瑞　马正安　展玉英(女)
王德玲(女)
宗　教(2 人):潘德新　沙金富
经　济(6 人):李燕红(女)　郑兆璋　宋志平　毕修和　晋泽喜　鲍士平
特　邀(10 人):宫能荣　宗丽娟(女)　张善喜　孙习平　夏鸣　胡严华(女)
黄新兰(女)　刘在平　陈四林　陈庆良

(四)四届委员

中　共(11 人):欧天水　赵业钜　林章华(女)　戚小平(女)　蔡齐发　宫能荣
范德芳(女)　温宗品　胡光保　张光和　张继红
民主党派(14 人):俞绍林　刘晓龙　孙映熙　王碧华(女)　郝冰贞(女)
徐太平(女)　许成德　黄芬兴　唐大勋　孙　斌　徐光宝
洪萍绿(女)　王复兴　叶家佩(女)
无党派人士(3 人):候苏苏　袁秀珍(女)　孟祥莲(女)
共青团(3 人):滕文静(女)　周长凤(女)　杨玲(女)
工　会(3 人):李晓玲(女)　黄新兰(女)　查菊霜(女)
妇　联(4 人):王蕴倩(女)　刘一宁(女)　倪哲华(女)　许运桃(女)
工　商(8 人):赵翠英(女)　鲁慎如　吴二惠(女)　许文洲　梁星辰　雍万树
郭少安　戴　强
科　技(13 人):程元玮　周海不　陈奕文(女)　骆顺菉(女)　古有熹　王明仲
陈其禄　徐应达　程新民　李习之　刘新华　严云曙　过邦强
教　育(9 人):徐德芝　王和欣　杨珍(女)　鲍天传　刘智梅(女)
廖习敏(女)　陈国皓　巴建全　楼岗松
卫　生(5 人):袁银根　张响玲(女)　邓士俊　叶元金　吴徽蕖(女)
文　艺(6 人):藏玉华　徐国华　潘功庆　卞敬荣　宋启民　施　凯(女)
台　联(5 人):陈良荣　杨秋瑾(女)　宋志平　郑兆璋　甘盛久
侨　联(7 人):陈四林　魏启秀(女)　崔时慧(女)　张瑞科　张孟珊(女)
袁　丽(女)　程世新
少数民族(4 人):余家茂　马荫瑞　展玉英(女)　王德玲(女)
宗　教(2 人):潘德新　金崇国
经　济(12 人):李燕红(女)　毕修和　晋泽喜　鲍士平　刘在平　方佑军
甘培勤　郭在璞　王子体　晋毓寿　支如兴　孟祥冬

特　邀(11人):张善喜　孙习平　夏　鸣　胡严华(女)　赵利生　章建中
水兴如(女)　王西海　盛二宝　王敏(女)　丁成贵

1994年增补委员名单:
储金霞(女)　沈国林　叶青　方贤益　江孝镛　王和玲(女)　武昌锦　巫乃强

1995年增补委员名单:吴传永　姚旭东　吴海燕(女)　周蓬华　许苏平

1996年增补委员名单
梁青山　邢可忠　陈庆荣　杨阿林(女)　甘云霞(女)　陆达桂　钱震球
燕国群　李　健　吴自谦　杜文娟(女)　陶大金　罗湘华　张庆云

1997年增补委员名单:
奚要武　黄安娜(女)　李庆　徐正华　张大康　翟文卉(女)　李祝平(女)
王美成　殷海源　韩坤华　徐善龙

(五)五届委员

中　共(14人):王美成　王素琴(女)　方虹明(女)　吕绍文　刘一宁(女)
许士华　杜文娟(女)　吴自谦　林章华(女)　罗湘华
黄　明　戚小平(女)　鲁运来　熊承松;

民主党派(20人):王子林　牛广建(女)　方云霞(女)　方贤益　叶家佩(女)
朱厚坚　江林风(女)　孙　斌　李祝平(女)　吴二惠(女)
张　欣　胡志恒　郝冰贞(女)　赵翠英(女)　洪萍绿(女)
姚旭东　奚要武　黄芬兴　黄义武　董九栋

无党派人士(3人):史　健　严云曙　程新民

共青团(3人):王怀红(女)　殷海源　滕文静(女)

工　会(2人):杨珍(女)　张大康

妇　联(2人):王梅霞(女)　刘智梅(女)

工商联(10人):刘　峰　许正全　孙　挺　孙益球　杨成顺　吴传永　贾　宁
徐正华　谢青山　李　庆　吴传永　贾　宁　徐正华　谢青山

经　济(11人):王来安　王长旺　刘在平　杨阿林(女)　施平　徐光宝　郭在璞
盛二宝　崔恒祥　崔益贵　谭柏森

科　技(6人):古有熹　杨亚青　李习之　张舒宁　陈国皓　程元玮

教　育(11人):王和欣　王圣玉(女)　巴健全　许成德　汪润生　罗　俊
胡顺强　徐德芝　梁青山　童　珊(女)　廖习敏(女)

卫　生(6人):王碧华(女)　邓士俊　许从霞(女)　吴徽蕖(女)
郭继华(女)　魏启秀(女)

文　艺(6人):卞敬荣　杨乾明　吴金兰(女)　施　凯(女)　藏玉华　潘功庆

台　联(5人):甘邦春　沈国林　宋志平　郑兆璋　黄少雄

侨　联(5人):王尚仁　张　宁　袁　丽(女)　黄安娜(女)　程世新

少数民族(4人):马荫瑞　王琢(女)　王德玲(女)　钱震球

宗　教(2人):闪电永　潘得新

特　邀(19人):王　敏(女)　王志鹏　方长贵　水兴如(女)　邢可忠　汤德余

孙嘉璠　杨　玲(女)　杨开金　李燕红(女)　吴海燕(女)
陈胜天　季福生　周家斌　胡荣凤　胡严华(女)　贾月琴(女)
徐跃华　蔡齐发;

1999年增补委员名单:戎和平(女)　马水玲(女)　罗继云　徐俊元

2000年增补委员名单:陶大才　程　明　谈荆敏(女)　罗大宝　陶义明

2001年增补委员名单:王宏芬(女)　陈尚珠(女)　金登林　郑　宁　胡汉卿
洪术年　晋毓寿　高易华　曹　俊　曹天民

2002年增补委员名单:章建中

(六)六届委员

中　共(15人):邓恒先　许士华　孙习平　吴自谦　张安发　林章华(女)
杨　杰(女)　陶紧跟　曹天民　黄明　戚小平(女)
章建中　鲁厚义　鲁运来　熊承松

民主党派(20人):王卫东　王守龙　牛广建(女)　方贤益　吴广奎　张　欣
杨成顺　范益民　郑宁　胡程　胡志恒　钟浓　姚旭东
徐阳春　侯小琴(女)　唐丽雯(女)　蔡京(女)
章燕(女)　潘　军　戴春阳

无党派(3人):巴健全　许正全　许从霞(女)

共青团(3人):马涛　杨红(女)　洪　俊

工　会(2人):杨　珍(女)　孟　军

妇　联(2人):牛　蓓(女)　方　燕(女)

工商联(11人):王同休　冯士兰(女)　齐元发　陈尚珠(女)　张天梁　张建成
郑晓云　袁进(女)　夏华银　高易华　董帮琪

经　济(12人):卢炳华　濮永晶　戎和平(女)　齐中龙　严秀华(女)
李八英(女)　杨阿林(女)　施　平　唐　绯(女)
甄翠萍(女)　谭柏森　戴　鸣

科　技(5人):包荣喜　吕明安　李习之　张舒宁　杨敏春

教　育(9人):丁　汛　邵杰　林蓉(女)　杨　斌(女)　柯　群(女)
姜　真(女)　顾敏亚(女)　谈　荣(女)　童　珊(女)

卫　生(6人):石　亚　冷　伟　汪之初　杨辉平　胡翠荣(女)　郭继华(女)

文　艺(6人):马晓玲(女)　吴金兰(女)　杨晓梅(女)　杨乾明　施　凯(女)
程玉珍(女)

台　联(5人):宋志平　沈国林　罗俊　罗继云　黄少雄

侨　联(5人):艾　敏(女)　张　宁　曹　俊　郭培保　蒋文海

少数民族(4人):王　琢(女)　王德玲(女)　李　军　钱震球

宗　教(2人):闪电永　潘得新

特　邀(14人):方圣辉　刘　荣　孙嘉璠　李燕红(女)　吴　燕(女)　吴永生
宋秀文(女)　杨　玲(女)　杨开金　周家斌　胡首春(女)
胡荣凤　胡劲松　骆国义　顾修勇　陶义明　常　红(女)

第二节　1984—2006年新芜区政协委员

一、委员构成

(一)一届委员

一届一次会议委员75名,由16个界别构成。其中:中共党员24人,占32%;非党人士51人,占68%;大专以上的委员25人,占33%;高中(中专)以上26人,占35%。

中共10人,民主党派8人,无党派爱国人士2人,共青团4人,妇联6人,工会4人,工商界2人,科技界6人,教育界6人,卫生界5人,文艺界2人,台湾同胞1人,归侨侨眷2人,少数民族3人,宗教界2人,特邀人士12人。

(二)二届委员

二届一次会议委员91名,由15个界别构成。其中:中共党员30人,占33%;非党人士61人,占67%;大专以上的委员29人,占32%;高中(中专)以上38人,占42%;助工以上职称19人,占21%;新进委员47人,占52%。

中共11人,民主党派10人,无党派民主人士2人,工会6人,共青团6人,妇联8人,科技界10人,医卫界8人,教育界8人,文艺界2人,台湾同胞1人,侨眷侨属2人,少数民族3人,宗教界3人,特邀人士11人。

(三)三届委员

三届一次会议委员112名,由12个界别构成。其中:中共党员34人,占31%;党外人士78人,占69%;高、中专以上87人,助工职称以上58人,占52%;新进委员64人,占57%;科技、经企、医教界委员增加到71人,占63、4%。平均年龄比上届下降2.2岁,为45岁。

中共10人,工会7人,妇联7人,共青团6人,科技界16人,医卫界12人,台胞、台属、归侨5人,文化新闻界5人,教育界18人,民族宗教界4人,经济、企业界12人,特邀人士10人。

(四)四届委员

四届一次会议委员136名,由12个界别构成。其中:中共党员56人,占41.1%;党外人士80人,占58.9%;少数民族4人,获得中级以上职称的委员70人。委员平均年龄46.6岁。

中共8人,工会6人,妇联7人,共青团6人,科技界20人,医卫界12人,三胞3人,经企界23人,民族宗教界4人,教育界17人,文化新闻界5人,特邀人士17人。

(五)五届委员

五届一次会议委员137名,由13个界别构成。其中:中共党员51人,占37.2%;党外人士86人,占62.8%;少数民族4人,获得中级以上职称的委员70人。委员平均年龄46岁。

五届二次会议增补委员7人,五届三次会议增补委员6人。五届二次会议以后有3

人不再担任五届委员;五届三次会议以后因退休、工作变动,7 人不再担任五届委员;五届四次会议以后因退休、工作变动,4 人不再担任五届委员。

中共 9 人,工会 5 人,妇联 6 人,共青团 6 人,科技界 16 人,医卫界 13 人,三胞 5 人,经企界 22 人,民族宗教界 4 人,文化新闻界 4 人,教育界 15 人,工商联 7 人,特邀人士 18 人。

(六)六届委员

六届一次会议有委员 130 人,由 12 个界别构成。其中:中共党员 9 人,工会 6 人,共青团 6 人,妇联 6 人,工商界 14 人,科技界 12 人,经企界 19 人,医卫界 13 人,教育界 16 人,三胞 5 人,民族宗教界 4 人,文化新闻界 5 人,特邀人士 15 人。

二、委员名录

(一)一届委员

中　共(10 人):方绍三　刘润枝　汪竞群　吴冠侠　范欣龙　陈文水　赵选发
晋　琳(女)　袁训华(女)　翟金增

民主党派(8 人):冯政清　宋光炎　李思流　范　丛　黄书文　翟炳基　潘孝淳
雕　群

无党派爱国人士(2 人):杜清华　杨承群

共青团(4 人):卫永红　朱成霞(女)　张晓玲(女)　俞　均

妇　联(6 人):王广瑜(女)　王秀芝(女)　汪永英(女)　赵芸芳(女)
张春琳(女)　靖丽兰(女)

总工会(4 人):马仁龙　仇厚照　吴　伟　张玉兰(女)

工商界(2 人):郑绍淳　蒋云峰

科技界(6 人):汤蕴瑾　吴稚梅(女)　徐槐林　唐绍明　焦光明　谢振德(女)

教育界(6 人):王克琏　李兴华(女)　李保明　金美珠(女)　张正金
程淑平(女)

卫生界(5 人):冯　杰　任士文(女)　刘耀先　陈瑞增　姚积俭(女)

文艺界(2 人):倪雪南　薛永棣

台湾同胞(1 人):陈庆华

归侨侨眷(2 人):金光闫　温宏光

少数民族(3 人):杨世雄　谭志超　撒世芳(女)

宗教界(2 人):杨纳英(女)章秀劳

特邀人士(12 人):尹厚霖　许人涛　年广九　刘国记　冷永泰　陆企霄
陆维传　金传世　荣玉芬(女)　俞定烈　梅国桢　彭长嶽

(二)二届委员

中　共:(11 人):王大东　方绍三　朱成霞(女)　刘润枝　孙裕洲　杜伯严
汪竞群　陈文水　范欣龙　黄善富　温宏光

民主党派(10 人):史可溶(女)　邓伯康　伍开函(女)　汪英明
范　丛　黄书文　黄绪动　潘孝淳　翟炳基　雕　群

无党派民主人士(2 人):应百里　董逸园
总工会(6 人):马仁龙　仇厚照　杨社权　罗铜山　郑金玲(女)　薛文俭
共青团(6 人):凤　峻　张晓玲(女)　俞　钧　殷　凤(女)　董超群
詹　琳(女)
妇　联(8 人):马桂梅(女)　王宝玉(女)　王秀芝(女)　汤静莉(女)
李波萍(女)　芦美青(女)　陈国青(女)　郭安兰(女)
工商界(2 人,暂缺 1 人):冯政清
科技界:(10 人):叶玉华　汤蕴瑾　吴稚梅(女)　柯家华　唐绍明　徐槐林
张静宜(女)　黄成河　焦光明　谢振德(女)
医卫界(8 人):叶宗林　任士文(女)　吕凤娣(女)　吕和声
宋静波(女)　陈瑞增　俞定烈　姚积俭(女)
教育界(8 人):王克琏　方素芬(女)　许诗和　汪廷芹(女)　李兴华(女)
李保明　金美珠(女)　张其琦(女)
文艺界(2 人):吴立生(女)　薛永棣
台湾同胞(1 人):陈庆华(女)
侨眷侨属(2 人):金广闫　陆企霄
少数民族(3 人,暂缺 1 人):杨世雄　谭志超
宗教界(3 人):石文秀(女)　杨纳英(女)　陆国华
特邀人士(11 人):尹厚霖　许人涛　刘国记　冷永泰沙翊昌
林继良　陆维传　胡合文　张维民(女)　彭常嶽　靖丽兰

(三)三届委员

中　共(10 人):孔庆玲(女)　朱成霞(女)　孙裕洲　汪克群
范欣龙　周钜生　袁光荣　陶永盛　黄善富　管运华
总工会(7 人):仇厚照　钟莉莉(女)　杨社权　郑金玲(女)
范玉莲(女)　崔永嘉(女)　朱晓萍(女)
妇　联(7 人):王素珍(女)　宋毓梅(女)　张明文(女)　张颖梅(女)
陈晓兰(女)　黄诗华(女)　盛瑞芹(女)
共青团(6 人):王　虹　凤　峻　邱　晨(女)　周光友　张晓玲(女)
詹　琳(女)
科技界(16 人):史可溶(女)　叶正华　孙宗村　沈　茜　吴祖梅(女)
陈大烈　赵启宏　唐绍明　徐槐林　彭盛河　焦光明
医卫界(12 人):任士文(女)　吕凤娣(女)　吕和声　沈春云(女)
邢重兴(女)　宋　彭(女)　宋静波(女)　李贤俊　陆仁康
陶文兆　徐世安　黄书文
台胞台属归侨(5 名):陈庆华(女)　金光闾　林继良　胡合文　张宏光
文化新闻界(5 人):吴立生(女)　沙翊昌　高　俊　袁伯林　薛永棣
教育界(18 人):王　驹　王克连　王家莲(女)　许诗和　杜先智
李保明　李学韩　李锦英(女)　汪黄明　汪树福

应百里　陈　怡(女)　陈兰英(女)　张伯良
金美珠(女)　胡靖仁　晋泽保　常　健
民族宗教界(4人):仁　煜　杨世雄　吴爱芳(女)　谭志超
经济企业界(12人):孔惠娟(女)　刘有爵　伍开福(女)　李立霞(女)
李贤书　李金龙　罗　平　周志武　赵春芳(女)
钱宗发　唐长寿　黄知和
特邀人士(10人):王逢水　韦春保　尹厚霖　刘永功　汪业贵　邹维根　周功鼎
陆维传　徐克贵　彭常嶽

(四)四届委员

中　共(8人):汪国兴　甘良祥　李友俊　朱成霞(女)　范欣龙
管远华　张志南　张金凤(女)
工　会(6人):罗铜山　崔永嘉　郎大杭　查　宁　杨社权　仲莉莉(女)
妇　联(7人):王素珍(女)　吉振巧(女)　吴复莲(女)　宋　宁(女)
张明文(女)　杨　云(女)　汪　虹(女)
共青团(6人):风　峻　吴泽强　周光发　刘国华(女)　张晓玲(女)
陶声霞(女)
科　技(20人):王胜佳　卢　源　王天来　史可瑢(女)　孙宗村　沈　茜
刘鸿云　刘道芳(女)　佘建中　陈大烈　陈明延　吴　华(女)
柯家华　陈茂盛　段开福　浦美玲(女)　焦光明　梅　青
黄成河　徐槐林
医　卫(12人):任士文(女)　吕凤娣(女)　宋　彭(女)　吕和声　邢重兴(女)
宋静波(女)　李贤俊　尚文兆　胡敬忠　徐世安　袁开样
王心铎
三　胞(3人):林继良　胡合文　陈庆华(女)
经　企(22人):刘有爵　孙锦章　李贤书　李金龙　张代杰　王春芳　钟链乐
周永康　钱宗发　谢万旭　程世明　倪道怀　王淮斌　王志勇
唐盛明　李立霞(女)　邬宇明(女)　奚仲云(女)　马素霞(女)
林叶俊(女)　汪培培(女)　孔惠娟(女)
民主宗教(4人):马仁龙　谭志超　仁　缘　吴爱芳(女)
教　育(17人):丁桂华(女)　李锦英(女)　朱诗秀(女)　陈兰英(女)
金美珠(女)　陈　怡(女)　王　驹　王克琏　李保明　许大昭
李　健　葛立华(女)　晋泽保　李官连　应百里　吴小红
汪筱敏
文化新闻(5人):沙翊昌　袁柏林　薛永棣　高　俊　吴立生(女)
特邀人士(18人):王逢水　韦春保　汪业贵　吴修林　李开应　余文年　吴大光
邹维根　郑贤渔　龚远福　周功鼎　陆维传　徐克贵　彭常岳
谢召安　周贤春　查全忠　黄诗华(女)
1993年增补的委员:葛立三　钱昌年　苏健雄　施大明　钱建华

1995 年增补的委员:焦　奇　孟祥生

1996 年四届四次会议增补的委员:殷芳春　傅祥林　朱洪生　夏跃生　汤柏林　裴亚飞(女)　高全国　陈文魁　杨光荣　李　霞(女)　万健伟　年金宝　李小华　陈文德　齐业琛

1995 年四届十七次常委会议撤销王志勇政协委员资格

1997 年四届二十七次常委会议撤销陈兰英政协委员资格

(五)五届委员

中　共(9 人):邢昌海　李友俊　张求学　姚声涛　马素霞(女)　黄启明　殷芳春　傅祥林　张志南

工　会(5 人):王佩佩(女)　崔永嘉(女)　罗铜山　张少峰　黄筱俐(女)

妇　联(6 人):周　晴(女)　李　霞(女)　洪　霞(女)　万昌群(女)　杨　云(女)　张明文(女)

共青团(6 人):戴向军　陈玉红(女)　徐　静　丁　阳　孙宇兵　陶　新

科　技(16 人):王开延　李春桂(女)　宋善忠　陈大烈　孙宗村　陈明延　张家宁　陈丽亚(女)　胡永年　王淮斌　卜近知　刘道芳(女)　刘发清　李承进　雍向明　王和生

医　卫(13 人):郭增朴　朱海沿　陈文魁　王富明　李燕凌(女)　张颖梅(女)　谢新华　俞义萍(女)　周自炎　戴智华　吴家幂　汪　虹(女)　徐建初(女)

三　胞(5 人):彭常狱　陈庆华(女)　胡合文　洪子安　黄英俊

经　企(22 人):徐庆鸣　吴永福　张大河　周志松　李艳萌(女)　陈余平(女)　吕国武　张代杰　徐善龙　李国俊　王照胜　刘　勇(女)　万建伟　汪业贵　施大明　吴大光　叶庭贵　刘向欣(女)　李忠才　朱惠兰(女)　潘　斌　李　奇

民族宗教(4 人):马仁龙　马家妙　仁　玉　吴爱芳(女)

文化新闻(4 人):冯慧莲(女)　刘　云(女)　李普民　徐成美(女)

教　育(15 人):王克琏　丁宝森　朱茂汉　许　虹　宋　颖(女)　李保明　李　健　李锦英(女)　丁桂华(女)　朱诗秀(女)　吴小红(女)　夏国斌　龙学群　崔执风　庆启明(女)

工商联(7 人):张荣生　许　震　焦　奇　袁冬生　张德江　胡诗猛　周寅生

特　邀(18 人):李开应　潘和正　蒋德生　郭宜云(女)　王秀芝(女)　董正凯　王芳莺(女)　黄永华　郎大杭　王家华　徐宏霞(女)　蒋　靓　江一峰　邓伯康　倪树磊　王玉琳(女)　王　萍(女)　刘　萍(女)

1999 年五届二次会议以来增补的委员:

张明会　姜炳来　王　庆　王守平　杨培根　盛迎生　孙志义

2000 年五届三次会议以来增补的委员:

孙照胜　王晓春　尹厚坤　张剑萍(女)　洪　祥　魏泽芳(女)　韦秀华(女)

陈宪生

2001 年五届四次会议以来增补的委员：

李传文　刘顶学　严安榕(女)　风　峻　王道文　鲍根权

1999 年五届二次会议以后因病故、工作单位变动的 3 人不再担任政协委员：

殷芳春　许　虹　张大河

2000 年五届三次会议以后因退休、工作单位变动的 7 人不再担任政协委员：

万昌群(女)　刘　萍(女)　潘和正　杨　云(女)　张德江　张代杰　刘　勇(女)

2001 五届四次会议以后因退休、工作单位变动的 4 人不再担任区政协五届委员职务：

李友俊　焦　奇　周志松　李国俊

(六)六届委员

中　共(9 人)：邢昌海　王昌生　鲍根权　马素霞(女)　黄启明　姜炳来　张明会　张志南　袁德华

工　会(6 人)：王　伟　潘幼兰(女)　方国强　姜德霞(女)　李来凤(女)　孙学红(女)

共青团(6 人)：汪　洋　俞　丽(女)　张文顺　王铭华　黄　磊　王海燕(女)

妇　联(6 人)：周　晴(女)　夏　云(女)　王世文(女)　潘玉兰(女)　滕　梅(女,回族)　吴晓莉(女)

工商联(14 人)：丁劲松　黄正凯　王守平　叶庭贵　张剑平(女)　张荣生　许　震　魏泽芳(女)　郑元林　高述红(女)　杜维龙　韦业涛　丁　毅　宛新胜

科技界(12 人)：方　宁　陈丽亚(女)　李　为　刘向欣　赵丹琪(女)　谢克谦　王晓春　李忠才　张家宁　王程仓　郭金宝　李承进

经企界(19 人)：汪廷震　李艳萌(女)　王　胜　李　俊　唐　艳(女)黄继军　王静华(女)　刘顶学　谢正友　汪法洲　杜大欣　魏　山　金　苇　李培木　李　纲　王少平　卜福英(女)　程俊杰　邓美华(女)

医卫界(18 人)：李燕凌(女)　郭增朴　周自炎　王先庆　卢昌福　祝韵芳(女)　谢家政　陈树华(女)　张　勇　沈晴娟(女)　王东方(女)　钱尔凡(女)　韦秀华(女)

教育界(16 人)：丁桂华(女)　杨永平　丁宝森　洪　霞(女)　龙学群　李锦英(女)　周秉根　阮　琼(女)喻其山　倪谷峪(女)　王国凡　郭存晋(女)　石秀凌(女)　吴建红(女)　董晓华(女)　范正明

三　胞(5 人)：庆启明(女)　许万玉　李　华　吴顺平　张家斌

民族宗教界(4 人)：马　蓓(女,回族)　仁　玉　吴爱芳(女)　赵为英(女)

文化新闻界(5 人)：金昌龙　徐林波　孟丽丽(女)　汪　军　陶有江

特邀人士(15 人)：戴智华　蒋　靓　严安榕(女)　刘杰义　范仁高

马淑莲（女，回族）　徐　军　周　燕　吴文斌　何世文
樊道清　谢树涛　牟志斌　杜南华　张　玲（女）

第三节　2006—2014 年镜湖区政协委员

2006 年 2 月，芜湖市区划调整后，经中共芜湖市委决定，成立由曹天民任组长，王昌生、周玉良、季业保、鲁厚义、黄启明、丁劲松、丁桂华、方贤益、黄少雄等为成员的镜湖区政协筹备组，负责镜湖区政协的筹备工作。筹备组在区委的正确领导下，将工作的重点放在协商提名委员工作中。从确定委员规模、界别设置、党派比例等方面，会同区委组织部、统战部做好政协委员推选、考察、确定等工作。为保证政协委员产生的严肃性、广泛性、代表性，筹备组从以下几个环节开展工作。

首先，坚持民主协商原则，严格推选程序。一是根据上级规定和区委的要求，由区政协会同区委组织部、统战部协商制定委员推选产生的方案，包括确定委员规模、界别设置、组成比例、推选程序、产生的方法原则等；二是区委组织部、统战部分别提出中共、党外委员候选人名单；三是委员产生整体方案，由区委统战部汇总后，提交政协党组协商研究通过；四是协商通过的方案提交区委审定；五是审定的方案再提交区政协筹备组协商确定。

其次，全面摸底考察，获得大量翔实的第一手资料，为民主推荐打下了坚实的基础。筹备组从三个方面协同进行民主推荐：一是对于符合条件、积极参政议政的老委员，深入到其所在单位，征求推荐意见；二是深入到辖区街道、驻地单位特别是个私和民营企业中，进行新委员的推荐；三是主动征求民主党派、工商联和各界代表人士的推荐意见。

再次，严格执行条件，一是注重选拔参政议政能力强，有较强的责任感和使命感，大胆建言立论，积极献计献策的人士担任委员；二是注重委员的代表性。代表性强是委员的重要条件，是政协广泛代表性和大团结大联合特征的具体体现，在推选中尽可能把区域范围内的各党派、各团体、各民族、各阶层、各界别和方方面面的代表人士选拔为委员；三是热爱政协工作是委员的基本要求，积极吸收赞成并遵守政协章程、热爱政协事业、积极参加政协活动的人士；四是年龄和体质要求，无论是老委员还是新委员，不符合年龄要求及身体状况欠佳的本届不再安排。

最后，合理设置规模界别，规范界别名称。对于委员规模的规定，筹备组严格按照市委组织部、统战部统字〔2006〕7 号文件规定执行。对于委员的界别设置，坚持两个原则：一是按照上级规定设置界别的类别，均是在全国、省、市政协现有界别的基础上，结合我区的实际设置了 17 个界别。二是设立的界别名称与全国、省、市政协界别名称一致，做到了统一和规范。

一、委员构成

（一）七届委员

第七届委员会委员规模定为 200 名，第一次会议实际安排委员 196 名，其中：中共委

员80名,非中共委员116名,女委员71名,少数民族委员6名,他们分别来自中共和民革、民盟、民建、民进、农工、致工、九三学社等7个民主党派以及无党派。分别为中共、民主党派、无党派、团委、工会、妇联、工商联、经济、科技、教育、卫生、文艺、台联、侨联、少数民族、宗教、特邀等17个界别。

委员中,大专以上文化程度的169名,占实际安排数的86.2%;中级以上职称的54名,占实际安排数的27.6%。委员中老委员78名,占实际安排数的39.8%,本届新进委员118名,占实际安排数的60%,委员平均年龄43.29岁。

(二)八届委员

第八届委员会委员规模为218名。第一次会议实际安排委员212名,与上届持平。其中:中共委员82名,占实际安排数的38.7%;非中共委员130名,占实际安排数的61.3%;女委员73名,占实际安排数的34.4%;少数民族委员6名,占实际安排数的2.83%。他们分别来自中共、民革、民盟、民建、民进、农工、致公、九三学社、无党派、共青团、工会、妇联、工商联、经济、科技、教育、卫生、文艺、台联、侨联、少数民族、宗教、特邀等23个界别。

委员中:大学以上文化123人,占实际安排数的58.0%;大专文化60人,占实际安排数的28.3%。上届委员连任的85名,占实际安排数的40.1%,本届新进委员127名,占实际安排数的59.9%。新一届委员平均年龄44岁。

二、委员名录

(一)七届委员(196人)

2007年1月29日,出席区政协第七届委员会第一次会议的政协委员196人

中　共(21人):

王成芝(女)　王秀芝(女)　王翠萍(女)　邓恒先　张　群(女)　张安发

张承武　李　强　谷广顺　邵忠发　周　燕(女)　周玉良　季业保

徐爱萍(女)　袁德华　曹天民　黄启明　鲁厚义　解玉兰(女)

熊承松　燕国群

民主党派(30人):

丁　汛　方　宁　王卫东　王守龙　王晓春　王翠莲(女)　江红梅(女)　吴广奎

吴建红(女)　吴晓苏　张　欣　李　铭　李燕凌(女)　杨成顺　汪　浩　肖旭东

范益民　胡志恒　赵　彪　赵丹琪(女)　唐　绯(女)　徐阳春　曹　俊　章　燕(女)

喻其山　谢克谦　鲍　钰(女)　蔡京(女)　潘　军　戴春阳

无党派人士(6人):

万　明　王敬扬　刘晓平　陈　谦　周自炎　曹　俊

共青团(3人):

孙家万　张　崖　杨　红(女)

工　会(4人):

张媛媛(女)　李学红　段　联　胡庆洪

妇　联(3人):

宋燕萍(女)　陈爱琪(女)　奚秀珍(女)
工商联(20人):
丁劲松　王同休　王守平　王裕军　刘登祥　何爱林　吴玉民　吴明杰
吴祖凡　张天梁　李志钊　宛新胜　郑元林　赵建民　倪　勇　袁　进(女)
诸葛邦林　陶　杰　高述红(女)　董正凯
经　济(20人):
丁　毅　丁家林(女)　王　胜　刘湛发　孙宇兵
许　可(女)　何承龙　吴　丹　杨小平　肖　俊
苏海燕(女)　邹　乐　陈曾木　金　苇　恽奎银
唐　艳(女)　唐丽雯(女)　陶桂林(女)　蒋伟刚　潘　敏
科　技(7人):
方红霞(女)　刘　彤(女)　李　为　李　美(女)
杨敏春　陈丽亚(女)　殷海源
文化、新闻(7人):万晓明　方虹明(女)　吴金兰(女)　孟丽丽(女)　胡　锐
赵泾生　程玉珍女
教　育(17人):
丁宝森　凤　坚(女)　方　琼(女)　王国凡　江传选　许有霞(女)
李玲玲(女)　杨　斌(女)
邵　杰　陈新民　郑　宁　姜玉宏(女)
袁　艺(女)　梁青山　黄　祥(女)　强　华(女)　董晓华(女)
卫　生(14人):
马　乐(女)　牛广建(女)　王红群(女)　卢昌福
史孔明　石　亚　许从霞(女)　汪之初
汪晓东　郭继华(女)　陶九胜　傅智敏(女)
谢家政　薛雍岚(女)
台　联(4人):
宋志平　李　华(女)　罗　俊　黄少雄
侨　联(4人):
艾　敏(女)　张家斌　张锦丽(女)　濮荣强
少数民族(4人):
马　蓓(女)　马淑莲(女)　陶　菲(女)　韩晓龙
宗　教(3人):
圣　修　吴爱芳(女)　席　斌
特　邀(29人):
于　涛　王　蓉(女)　王利军　王金玉　韦小宝　龙其霞(女)　吴大光
张艾群(女)　张庆玲(女)　杜骏鸠　沈怀宝　陈邦龙　周　全　金人麟
胡劲松　胡首春(女)　项冬鹂(女)　徐宏霞(女)　贾　康　郭云峰
钱震球　陶义明　陶紧跟　常　红(女)　程定贵　韩　洁(女)

韩莺燕(女)　潘际新　潘国英(女)

2009年12月29日七届十二次常委会审议通过,同意增补朱国华、周恒峰、王少林、朱绍明、孟洁、茆振文、孙书孝、董德午、章启文、奚要武、胡斌、王君、王珏、王兰、方勇、查明、张红等17人为七届委员会委员;项冬鹏、韩洁、韦小宝、齐友平、孙毅、王劲发等不再担任七届政协委员。

2010年3月25日七届二十五次常委会议审议通过,同意增补王东方、汤艺平、张武为七届政协委员;李志钊、吴丹、何爱林不再担任七届政协委员。

2011年1月26日七届二十九次常委会审议通过,同意增补陈钧、梅松、赵想、晋奇志、郑良凤、吴石生、赵苏宁、金红兵、黄超、陈波、王何能、季一全等12人为七届政协委员。周逢涛、周恒峰、王少林、王兰、汪胜宝、孙平、陈新民、陶桂林等不再担任七届政协委员。

2011年7月20日七届三十三次常委会审议通过,同意许龙斌、徐业勤、张业新为七届政协委员。黄大发、张云龙、郑良凤不再担任七届政协委员。

(二)八届委员(212人)

2012年2月15日,出席区政协第八届委员会第一次会议的政协委员212人。

中共(14人):

茆振文　鲁厚义　邹维琴(女)　章启文　陈宪生　王传昌　邓恒先　孙书孝
赵苏宁　徐宏霞(女)　董德午　李学红　杨珍(女)　张洪波

民　革(7人):

江　琳(女)　查　明　王红群(女)　刘朝晖(女)　刘升阳　邹亚敏(女)　谢　彬

民　盟(7人):

李　铭　强　华(女)　曹　蕾(女)　方　红(女)　许　亮　刘荣霞(女)　范益民

民　建(8人):

刘南萱(女)　周　育　朱崧涛　杨成顺　唐　绯(女)　鲍　钰(女)　汪　浩
王　敏(女)

民　进(6人):

董晓华(女)　王正华　陶新伯　段　莉(女)　孙　芳(女)　魏正平

农　工(8人):

郑小丽(女)　曹　红(女)　戴泽平　陶　勇　石　亚　卢昌福　王　健　肖旭东

致　公(4人):

陆　宇　汪重楠　曹丽娟(女)　姚文林

九　三(5人):

谢文婕(女)　胡志恒　李　为　吴晓苏　鲁　燕(女)

无党派人士(10人):

储跃武　陈君华　王福仁　丁　毅　史胜良　杨　勇　许木根　陈　波
王利军　吴　燕(女)

共青团:

王　兰(女)　洪长林　蒋　亚(女)

工　会(3人)：
夏　云(女)　王　祥　方兴友
妇　联(6人)：
高述红(女)　张庆玲(女)　奚秀珍(女)　陶庭梅(女)
夏　薇(女)　姚东方(女)
工商联(21人)：
许苏平　王何能　陈曾木　张　武　陶　杰　冯士兰(女)　胡昌荣　张克非
汪之初　张天梁　张　弘　俞锦霞(女)　诸葛邦林　朱观华　赵建民　杨文华
钱正海　鲍传好　滕　伟　刘宏友　蒋　诚
经　济(18人)：
程金明　程益先　徐小军　恽奎银　李荣年　陈小平　花雪琴(女)　张金扣
周长凤(女)　徐丹林　钟令托　王　健　方　勇　刘湛发　魏　欣(女)
章建平　吴文骏　王　萍(女)
科　技(9人)：
杨　玲(女)　章　捷　徐阳春　陈木林　赵　彪　施安信　王永升　季一全
周文霞(女)
教　育(13人)：
王成芝(女)　凤　坚(女)　黄　祥(女)　薛　媛(女)　李　泉　张国俊
丁宝森　陈东菊(女)　陈道军　陈　健　钱大青　许　菲(女)　吴建红(女)
卫　生(9人)：
殷海源　史孔明　周自炎　鲍建国　彭东风(女)　谭闽月(女)　王　斌
熊　煜　郑达礼
文化、新闻(8人)：
杨　红(女)　孟丽丽(女)　项静茹(女)　谢克谦　许　宁(女)　王国凡
骆水凤(女)　王　宏
台　联(2人)：
宋志平　李　华(女)
侨　联(3人)：
艾　敏(女)　濮荣强　夏媛媛(女)
少数民族(4人)：
马　蓓(女)　马淑莲(女)　钱震球　芮　冬
宗　教(4人)：
圣　修　吴爱芳(女)　席　斌　杨世荣
特　邀(39人)：
周君凤(女)　高　鑫　王劲发　潘际新　谢海保　芦　义　倪树磊　曹铭伟
胡云峰　晋奇志　周　伟　陈　钧　徐　遥　陆　军　胡　斌　梅　斌
鲁和平　唐海燕(女)　朱　琳　郭志宏　朱宝琴(女)　朱本三　陶紧跟
孙　艳(女)　秦　静　张胜娟(女)　胡首春(女)　王　君(女)　郑武军

胡才富　李　强　周　燕(女)　奚要武　王　蓉(女)　严兆清(女)
黄胜奎　吴卓逊　鲁淑萍(女)　崔　权

在2012年9月召开的八届二次会议上,对部分委员进行了调整,免去9名,增补9名。免去的委员有:

冯士兰(女)　胡昌荣　蒋　诚　刘湛发　夏　云(女)　圣　修　胡云峰
徐　遥　谢海保

增补的委员有:

甄长海　邱　铭　倪　勇　程少红(女)　张　冰(女)　王劲松　秦文涛
圣　来　项冬鹂(女)

2013年1月23日,八届六次常委会议协商通过了八届委员会委员调整名单,免去委员6人,增补6人,总数与构成不变。因工作变动和其他政治原因免去的6人为:

朱宝琴(女)　郭志宏　王　萍(女)　史孔明　华雪琴(女)　王　敏(女)。

增补6人为:胡　彬　陈亚琪　徐天军　胡南宏　戴云忠　丁苏琴(女)。

2014年2月,在第八届四次会议上,因工作变动,对部分委员进行了调整。免去21人,他们是:

倪树磊　唐海燕(女)　奚要武　高　鑫　鲁和平　潘际新　梅　斌　项冬鹂(女)
陈　钧　郑武军　胡才富　芦　义　王劲发　周　伟　殷海源　杨　红(女)
陈小平　张金扣　钟令托　邹维琴(女)

增补委员23人,他们是:

陈国强　甘培熙　张　东　刘　浩　郁道祥　陈娉婷(女)　柏天华
张云龙　周前锋　强克顺　尚　蓉(女)　王　珏(女)　陈　琪(女)
谈中伟　陈宁桥　买蓁蓁　强群慧(女)　胡　勇　柴　军　邹华权
胡　红(女)　周怀海　崔　振

调整后,政协委员总数为214人,其中:中共党员81人、占37.85%,党外人士133人、占62.15%,

2014年4月,因工作需要,增补委员三人,他们是:

王向国　许龙斌　鲁文翠(女);同时,免去谈中伟委员一职。

经此次政协委员调整,政协委员总数为216人,其中:中共党员82人、占37.96%,党外人士134人、占62.04%。

2014年6月25日,区政协八届十五次常委会审议通过,增补赵想、梅松、杨杰(女)为八届政协委员,免去姚文林的委员一职。

经此次政协委员调整,政协委员总数为218人,其中:中共党员85人、占38.99%,党外人士133人、占61.01%。

第四章　政协历届会议

1984年5月，镜湖区政协、新芜区政协分别召开第一届委员会第一次全体委员会议（简称“全体会议”），至2014年9月，历经八届，一般每年召开一次全体会议。每届第一次全体会议选举产生本届常务委员会主席、副主席、常务委员。每次全体会议除了审议区政协常务委员会工作报告，提案工作报告、讨论决定大会的重大事项外，主要听取、协商讨论区政府工作报告、计划、财政和法院、检察院工作报告。会上委员作参政议政发言，充分履行政协委员职责。历次区政协全体会议均邀请区委、区人大、区政府全体领导班子成员、区法院、区检察院主要负责人，区直机关各部委办的主要负责人和有关人士列席会议。

区政协常务委员会会议（简称“常委会议”）一般每季度召开一次，会议的议程和日期由主席会议拟定，参加人员有主席、副主席、常务委员，会议由主席主持，也可由主席委托的副主席主持。根据工作需要，区政协各专门委员会正、副主任，办公室负责人，政协联络组长列席会议。常委会议主要讨论决定区政协及常务委员会会务和工作中的重要问题，协商讨论全区经济建设、政治建设、文化建设、社会建设、生态文明建设中的重大问题，审议提交全体会议的文件，审查重要的建议、提案、视察报告、调查报告和其他报告，听取区委、区政府以及有关部门负责人对重要问题的通报和听取意见建议。

区政协主席会议一般每月召开一次，必要时可临时召集。会议由主席主持，也可由主席委托的副主席主持。会议的议程由主席或副主席、秘书长提出。会议研究和安排区政协常委会及其他重要工作，保证委员行使职权及各项工作的正常进行。必要时也可邀请与会议议题有关的其他人员列席，协商讨论重大问题时，可邀请有关部门的负责人到会通报情况、听取意见。区政协办公室主任列席会议。

第一节　1984—2006年镜湖区（原）政协会议

一、全体会议

镜湖区（原）政协自1984年5月至2006年2月，历经六届。

（一）第一届委员会

1. 第一次全体会议

一届一次会议于1984年5月14日至18日召开。会议选举产生政协镜湖区委员会第一届委员会主席、副主席和常务委员15名。

镜湖区人大、工会、共青团、妇联派代表出席并致祝贺词。

中共镜湖区委书记蒋登歧在会议上发表了讲话,他指出:我区政协第一届委员会汇集了各方面的代表和多方面的人才,体现了广泛的代表性和我区人民的大团结、大统一。区政协将在国家的大政方针和地方重要事务以及群众生活的重要问题等方面,发挥政治协商、民主监督的作用,更好地实行在共产党领导下的多党合作,为社会主义现代化建设作出积极贡献。他希望政协不仅成为政治协商,民主监督的场所,成为联系各方面人士的纽带,而且要把人民政协办成政协委员之家、知识分子之家。要创造条件,运用各种有效形式,组织他们参加各种活动,为国家建设事业献计献策。要充分发挥自己的优势,建立健全学习委员会和各种工作组,围绕各项中心工作,结合本委员会、工作组的业务工作实际,制订出学习和工作计划,争取有关部门的配合,积极开展多种形式的活动,从而发挥各方面人才的知识专长和特点,使其成为"四化"建设的"智囊团"、"参谋部"。区政协作为新建机构,今后工作要有学习和熟悉的过程,希望本着自觉自愿的原则,组织和推动委员通过学习和实践,努力掌握统战理论,适应新情况,尽快熟悉政协业务,不断探索,不断创新,注意总结经验,把区政协工作做好。

会议通过了会议决议,决议要求全体委员在党的十二大精神指引下,认真贯彻"长期共存,互相监督"、"肝胆相照,荣辱与共"的方针,"毋忘团结奋斗,致力振兴中华",为开创政协工作的新局面,巩固和扩大爱国统一战线,为加快社会主义现代化建设步伐和实现统一祖国大业作出贡献。

2. 第二次全体会议

一届二次全体会议于 1985 年 3 月 26 日至 29 日召开。为了总结交流区政协委员为"四化"建设服务的经验,并精简会议,一届二次会议与区政协委员为"四化"建设服务经验交流会同时举行;为适应工作需要,区政协一届委员会适当增补委员名额,并增选常务委员会委员。

一届二次会议议程是:听取和审议区政协的工作报告,并通过区政协工作的决议;增选区政协常务委员会委员;列席区人大九届二次会议,听取和讨论区政府、区法院、区检察院的工作报告;交流区政协委员为"四化"建设服务的经验。

在一届二次会议期间,11 位在"四化"建设中做出贡献的政协委员代表在会上作了发言。具体如下:

(1)搞好本职工作为"四化"出成果出人才多做贡献

(林鸿民)

(2)大会发言(无标题)

(撒少华)

(3)大会发言(无标题)

(周海不)

(4)我市帆板运动员是怎样起飞的?

(齐伦志)

(5)走联营之路,创名牌产品,为发展"胡大"瓜子贡献余热

(胡福如)

(6)依靠党领导，群策群力，做好工作——1984 年排除洪涝，建设排水站工作回顾

（吉子展）

(7)为“四化”献身，为放射医学献力

（陈国梁）

(8)全心全意为幼儿教育事业贡献力量

（黄仁仙）

(9)搞好商业，为“四化”服务

（翟仪民）

(10)为祖国的“四化”建设，添砖加瓦

（成林森）

(11)立足本职，为“四化”献余年

（潘维浩）

3. 第三次全体会议

一届三次全体会议于 1986 年 3 月 26 日至 29 日，在镜湖区政府礼堂举行。会议议程有：听取和审议李必明作的政协常委会工作报告，并通过区政协常委会工作报告的决议；听取和审议了撒少华作的区政协一届二次会议以来提案工作情况和一届三次会议提案审查情况的报告。列席区人大九届三次会议，听取和讨论区政府、区法院、区检察院的工作报告；交流区政协委员为“四化”建设服务的经验。

会议期间，14 位政协委员作了为“四化”建设服务经验交流，具体如下：

(1)建立健全经济责任制，为振兴中华，振兴企业做贡献

（王艺胜）

(2)1985 年工作的回顾

（任荣俊）

(3)我的心愿

（胡福如）

(4)搞好社会主义商业，为“四化”多作贡献

（翟仪民）

(5)一年来工作汇报

（俞正东）

(6)一心扑在孩子们身上

（李季梅）

(7)坚持改革，为国家多贡献

（陈奕文）

(8)干实事，当参谋

（孙必爱）

(9)虚心学习，顾全大局，为影剧事业多贡献

（胡曼力）

(10)我在1985年做的两件事

(陈良荣)

(11)个人小结(1985年度)

(余惠中)

(12)汇报我的平凡工作

(吉子展)

(13)1985年我为两个文明建设做一些力所能及的工作

(李荣芬)

(14)汇报提纲

(二)第二届委员会

二届一次全体会议于1987年4月25日召开。根据政协章程规定,镜湖区首届委员会任期三年已满,应予换届。经区政协首届委员会第19次常务委员会协商决定,区政协二届一次全委会于4月25日召开。

会议选举产生区政协第二届委员会主席、副主席和常务委员19名。听取讨论二届一次会议筹备工作情况的报告和区政协第一届委员会常委会工作报告以及区政协首届三次会议以来提案工作情况和二届一次会议提案审查情况的报告,全体委员列席区人大十届一次会议,听取、讨论"一府两院"工作报告。并通过常委会工作报告的决议和二届一次全体会议决议。

二届二次全体会议于1988年3月23日至25日召开。

二届三次全体会议于1989年3月29日至4月2日召开。

(会议议程档案资料缺失)

(三)第三届委员会

三届一次全体会议于1990年7月8日至12日召开。为保证这次换届工作的顺利进行,成立了三届一次会议筹备处。由程志道牵头,赵业钜、戚小平二人具体负责。筹备处在区政协常务委员会的领导下,负责这次会议的筹备工作。大会筹备处下设组宣、秘书两个组,制定了各组的职责范围,分工负责,完成各项筹备工作。

中共镜湖区委书记陈哲亚在会上作了《团结合作,继往开来,努力开创人民政协工作的新局面》的讲话。

会议选举产生了由欧天水任主席,程志道、饶秀元、沈家庚、郝冰贞任副主席,常务委员16人组成的第三届常务委员会。

三届二次全体会议于1991年3月6日至8日召开。会议除全体政协委员参加外,还列出特邀人员和列席人员名单,改变了过去列席人代会的开法,政协全委会提前十天左右,先于人代会召开,听取并讨论区政府、区法院、区检察院工作报告。体现协商于决策之前,充分发挥政协的协商监督和参政议政职能作用。

三届三次全体会议于1992年3月31日至4月3日召开,出席会议的委员120人,特邀和列席人员60人。这次会议增加了大会发言。

(四)第四届委员会

1.第一次全体会议

四届一次全体会议于1993年3月9日至12日,在镜湖区机关大礼堂举行。会议议程:听取和审议区政协第三届委员会常务委员会工作报告;听取和审议区政协第三届委员会提案办理情况和区政协四届一次会议提案审查情况的报告;听取和讨论区"一府两院"工作报告(征求意见稿);选举产生镜湖区第四届委员会主席、副主席和常务委员;通过大会各项决议;听取区委书记陈哲亚重要讲话。

会议选举产生了主席欧天水,副主席赵业钜、林章华、马荫瑞、郝冰贞、鲁慎如和刘晓龙等17名常委组成的四届政协常委会。

2. 第二次全体会议

四届二次全体会议于1994年3月16日至18日在镜湖区机关大礼堂举行。会议议程:听取和审议政协芜湖市镜湖区第四届委员会常务委员会工作报告和政协芜湖市镜湖区第四届委员会第一次会议以来提案工作情况的报告;听取和讨论芜湖市镜湖区人民政府、人民法院、人民检察院工作报告(征求意见稿);听取和审议政协芜湖市镜湖区第四届委员会第二次会议提案委员会关于提案审查情况的报告;讨论和通过大会各项决议;区委书记陈哲亚讲话。

3. 第三次全体会议

四届三次全体会议于1995年3月9日至11日在镜湖区机关大礼堂举行。会议议程:听取和审议政协芜湖市镜湖区第四届委员会常务委员会工作报告;听取和审议政协芜湖市镜湖区第四届委员会第二次会议以来提案工作情况的报告;协商讨论镜湖区人民政府、人民法院、人民检察院工作报告及区财政预决算报告(均为征求意见稿);听取和审议政协芜湖市镜湖区第四届委员会第三次会议提案审查情况的报告;讨论并通过各项决议;区委书记朱长明讲话。

4. 第四次全体会议

四届四次全体会议于1996年3月11日至13日在镜湖区机关大礼堂举行。会议议程:听取和审议政协芜湖市镜湖区第四届委员会常务委员会工作报告;听取和审议政协芜湖市镜湖区第四届委员会第三次会议以来提案工作情况的报告;协商讨论镜湖区人民政府、人民法院、人民检察院工作报告及区一九九五年财政预算执行情况和一九九六年财政预算(草案)的报告(均为征求意见稿);听取和审议政协芜湖市镜湖区第四届委员会第四次会议提案审查情况的报告;选举事项;讨论并通过各项决议;区委书记朱长明讲话。

会议同意赵业钜因年龄原因辞去四届政协副主席职务,通过选举,增补罗湘华为四届政协副主席,陶大金、郑兆璋、沈国林为四届政协常委。

5. 第五次全体会议

四届五次全体会议于1997年3月11日至13日在镜湖区机关大礼堂举行。会议议程:听取和审议政协芜湖市镜湖区第四届委员会常务委员会工作报告;听取和审议政协芜湖市镜湖区第四届委员会第四次会议以来提案工作情况的报告;听取和讨论镜湖区人民政府、人民法院、人民检察院工作报告及区财政局一九九六年财政预算执行情况和一九九七年财政预算(草案)的报告(均为征求意见稿);听取和审议政协芜湖市镜湖区第四届委员会第五次会议提案审查情况的报告;选举事项;讨论并通过各项决议;区委书记朱长明讲话。

会议同意欧天水因年龄原因辞去四届政协主席职务,选举王美成为四届政协主席。

(五)第五届委员会

1. 第一次全体会议

五届一次全体会议于1998年3月4日至7日在镜湖区机关大礼堂举行。会议议程有:听取和审议王美成主席所作的区政协第四届委员会常务委员会工作报告:听取和审议区政协第四届委员会提案办理情况和区政协五届一次会议提案审查情况的报告;听取和讨论区“一府两院”及区财政预决算工作报告(均为征求意见稿):选举产生了区政协第五届委员会主席、副主席和常务委员;通过大会各项决议;区委领导讲话。

2. 第二次全体会议

五届二次全体会议于1999年元月26日至28日在镜湖区机关大礼堂举行。会议议程有:听取和审议许士华副主席所作的区政协第五届委员会常务委员会工作报告;听取和审议区政协五届一次会议以来提案工作情况的报告;听取和讨论区“一府两院”工作报告及区财政预决算报告(均为征求意见稿);听取和审议区政协五届二次会议提案审查情况的报告;讨论通过大会政治决议;区委书记韩世安讲话。

3. 第三次全体会议

五届三次全体会议于2000年1月20日至22日在镜湖区机关大礼堂举行。会议议程有:听取和审议了郝冰贞副主席所作的区政协第五届常务委员会的工作报告;听取和审议区政协五届二次会议以来提案工作情况的报告;听取和讨论区“一府两院”工作报告及区财政预决算报告(均为征求意见稿);听取和审议区政协五届三次会议提案审查情况的报告;讨论通过大会政治决议;区委书记韩世安讲话。

4. 第四次全体会议

五届四次全体会议于2001年3月14日至16日在镜湖区大礼堂举行。会议议程有:听取和审议许士华副主席所作的第五届委员会常务委员会工作报告;听取和审议区政协第五届委员会第三次会议以来提案工作情况的报告;听取和讨论区“一府两院”及区财政预决算工作报告(均为协商稿);听取和审议区政协五届四次会议提案审查情况的报告;选举事项;讨论通过会议政治决议;区委书记周凯讲话。

会议同意王美成因年龄原因辞去五届政协主席职务,选举曹天民为五届政协主席;增补王尚仁为五届政协常委。

5. 第五次全体会议

五届五次全体会议于2002年2月26日至3月1日在区机关大礼堂举行。会议议程有:听取和审议罗湘华副主席所作的区政协第五届委员会常务委员会工作报告;听取和审议区政协五届四次会议以来提案工作情况的报告;听取和讨论区“一府两院”工作报告及区财政预决算(草案)的报告(均为协商稿);听取和审议五届五次会议提案审查情况的报告;讨论通过会议政治决议;区委书记周凯讲话。

(六)政协镜湖区委员会第六届委员会

1. 第一次全体会议

六届一次全体会议于2003年4月8日至11日在镜湖区大礼堂举行,会期4天。会议议程有:听取和审议林章华所作的《开拓创新与时俱进努力开创新世纪政协工作新局面》的镜湖区第五届委员会常务委员会工作报告;听取和审议区政协第五届委员会提案工作情况的报告;听取和讨论区镜湖区人民政府、人民法院、人民检察院工作报告及区2002年财政预算执行情况和2003年财政预算(草案)的报告;听取和审议区政协六届一次会议提案审查情况的报告;选举产生政协芜湖市镜湖区第六届委员会主席、副主席、常务委员;讨论通过会议政治决议;区委书记李志国讲话。

2. 第二次全体会议

六届二次全体会议于2004年1月12日至14日在镜湖区机关大礼堂举行,会期三天。会议议程有:听取和审议黄明所作的镜湖区第六届委员会常务委员会工作报告;听取和审议许士华所作的《关于六届一次以来提案工作情况的报告》;听取和讨论区镜湖区人民政府、人民法院、人民检察院工作报告及区2002年财政预算执行情况和2003年财政预算(草案)的报告;听取和审议区政协六届二次会议提案审查情况的报告;讨论通过会议政治决议;中共镜湖区委书记李志国讲话。

3. 第三次全体会议

六届三次全体会议于2005年1月11日至14日在镜湖区机关大礼堂举行,会期4天。会议议程有:听取和审议方贤益所作的镜湖区第六届委员会常务委员会工作报告;听取和审议许士华副主席所作的《关于六届二次以来提案工作情况的报告》;听取和讨论区镜湖区人民政府、人民法院、人民检察院工作报告及区2003年财政预算执行情况和2004年财政预算(草案)的报告;听取和审议区政协六届二次会议提案审查情况的报告;讨论通过会议政治决议;中共镜湖区委书记李志国讲话。

会议邀请:区五大班子领导、曾经担任过五届政协的主席王美成和副主席罗湘华、五届政协离会专职常委、区经济园区和未安排区政协委员的区机关各部、委、办、局及公、检、法、工商分局、国税、地税分局、土地分局、环保分局主要负责人、各街道办事处的主要负责人、各街道办事处分管书记列席会议。

二、常委会议

(一)第一届常委会议

1984年6月至1987年4月一届政协共召开19次常委会议,共计57项议题。其中:

第一次常委会议于1984年6月14日在一次全会期间召开。

第十次常委会议于1985年11月5日,在区政协会议室召开,会议听取区政府通报我区创建文明单位情况及研究年内有关事宜。

第十六次常务委员会于1986年10月30日召开,会议集中学习中共十二届六中全会决议。会议要求全区政协委员认真学习《中共中央关于社会主义精神文明建设指导方针的决议》,深刻理解决议的精神实质及其意义。会议指出,在社会主义精神文明建设中,加强政协委员的自身建设极其重要,区政协组织要按照自愿的原则,积极倡导委员学习马克思主义,学习党的路线方针政策,学习历史文化科学知识,不断提高委员的思想素质和文化素质,更好地为人民服务,为社会主义服务。

（二）第二届常委会议

1987年5月至1990年6月，二届政协共召开18次常委会议，共计44项议题。其中：

第一次常委会议于1987年5月12日在全会期间召开。

第二次常委会议于1987年8月15日召开，议题：学习赵紫阳在全国宣传工作会议上的讲话；区政府有关负责同志通报今年上半年开展“双增双节”情况和下半年的经济工作；并座谈协商；汇报区政协今年上半年工作，协商讨论下半年政协工作；协商讨论有关人事安排。

第六次常委会议于1988年4月13日召开，议题：传达学习中共中央一号文件精神；协商安排1988年区政协各工作委员会的活动。

第八次常委会议于1988年10月26日召开，议题：学习中央十三届三中全会精神；分管区长通报全区城管、城建有关工作情况；审议常务委员会工作报告和各工作委员会组织通则。

第九次常务委员会扩大会于1988年12月24日召开。会议协商决定，提案工作委员会由戚小平、潘克鼎、陈良荣、赵才林、郑兆璋（兼）、黄少雄（兼）、陶婉（兼）七人组成。戚小平任工作委员会主任。

第十次常委扩大会议于1989年3月20日召开。讨论决定，3月29日至4月1日在镜湖区礼堂召开镜湖区第二届委员会第三次全体会议。

第十二次常委会议于1989年6月17日召开。会议内容：学习座谈接见戒严部队军以上干部讲话和党中央、国务院《告全体共产党员和全国人民书》、《解放军报》6月4日社论等重要文件；汇报商定1989年各工作委员会的活动安排。

第十四次常委会议于1989年10月27日召开，议题：听取区委、区政府关于我区“二清”、“社会治安”和“深化教育改革”的情况通报；通报今年以来政协工作情况。

（三）第三届常委会议

1990年8月至1993年2月三届政协共召开16次常委会议，共计51项议题。其中：

第一次常委会议于1990年8月9日在全会期间召开。

第三次常委会议召开于1990年11月5日。

第四次常委会议召开于1990年11月29日。

第六次常委会议召开于1991年2月25日。

第七次常委会议召开于1991年4月1日。

第十次常委会议召开于1992年1月13日。

第十一次常委会议召开于1992年2月19日。

第十三次常委会议召开于1992年2月。

第十四次常委会议召开于1992年7月17日。

第十六次常委会议召开于1993年2月26日。

（常委会议议题档案资料缺失）

（四）第四届常委会议

1993年4月7日至1998年2月，四届政协共召开32次常委会议，共计91项议题。

第一次常委会议于1993年4月7日在全会期间召开，议题：传达市政协八届一次常委会精神;通报市政府关于我市三年大变样五年达小康实施方案;讨论决定主席工作分工;讨论决定各工作委员会人员组成及正副主任人选;研究关于召开三届政协离退老委员座谈会有关事宜。

第二次常委会议于1993年6月23日召开,议题:传达学习全国政协八届一次会议精神;传达中共芜湖市委五届八次扩大会议精神;讨论通过下半年工作要点;讨论通过九三年各工作委员会活动计划;讨论通过四届常务委员会工作规则、各工作委员会组织通则及提案工作条例。

第三次常委会议于1993年8月27日召开,议题:传达学习中共中央(93)6号、省委(93)8号文件;区领导通报上半年全区经济生产任务完成情况及下半年安排;通报区境城市建设和拆迁情况;组织实地考察区境拆迁情况;协商四届一次会议提案办理及活动的有关情况。

第四次常委会议于1993年9月22日召开,议题:听取和讨论中共镜湖区第五次党代会工作报告(初稿)。

第五次常委会议召开于1993年11月30日,议题:学习《中共中央关于学习(邓小平文选)第三卷的决定》;学习江泽民在学习《邓小平文选》第三卷报告会上的讲话;学习李瑞环在全国统战工作会议上的讲话;区纪委通报我区反腐倡廉工作情况;汇报安徽省十二县(市)区政协工作研讨会情况。

第六次常委会议于1994年元月28日召开,议题:传达区委工作会议精神;传达省委统战工作会议精神;汇报九三年政协工作情况和九四年工作意见;协商讨论召开区政协四届二次会议的有关事宜。

第七次常委会议于1994年3月3日召开,议题:听取和讨论"一府两院"工作报告(征求意见稿);审议通过四届常委会工作报告(草案);审议通过四届一次会议以来提案工作情况的报告(草案);协商讨论召开四届二次会议的日程议程和委员增补等事宜。

第八次常委会议于1994年3月18日召开,议题:听取各工作委员会"一府两院"工作报告讨论情况汇报;审议通过四届二次会议提案审查情况的报告;讨论四届二次会议各项决议。

第九次常委会议于1994年3月31日召开,议题:学习新的政协章程;审定各工作委员会九四年度工作计划。

第十次常委会议于1994年6月4日召开,议题:区政府领导通报全区经济工作情况、发展项目及优惠政策;区委政法委领导通报我区社会治安综合治理情况;汇报参加安徽省十九县市区政协工作研讨会第八次会议情况;各工作委员会交流工作情况。

第十一次常委会议于1994年9月1日召开,议题:传达贯彻区委经济工作会议精神;讨论科技咨询服务部筹建情况。

第十二次常委会议于1994年12月29日召开,议题:区委书记朱长明传达中共芜湖市第六次代表大会精神;学习全国政协提案工作条例;总结汇报1994年度政协工作。

第十三次常委会议召开于1995年1月25日,议题:协商研究区政协四届三次会议召开的有关事宜。

第十四次常委会议于1995年2月23日召开,议题:学习座谈江泽民总书记在新春茶话会上的重要讲话;听取和讨论“一府两院”及区财政预决算报告(征求意见稿);听取和审议区政协四届常委会工作报告;听取和审议区政协四届二次会议以来提案工作情况的报告;讨论四届三次会议的议程日程讨论研究有关增补委员事宜。

第十五次常委会议于1995年3月11日召开,议题:听取和审议区政协四届三次会议提案审查情况的报告;听取各工作委员会主任对大会六个报告的讨论情况汇报;审议通过大会各项决议(草案)。

第十六次常委会议于1995年4月14日召开,议题:学习全国政协《关于政治协商、民主监督、参政议政的规定》;讨论决定各工作委员会1995年度工作计划。

第十七次常委会议于1995年7月6日召开,议题:汇报参加安徽省十九县市区政协工作研讨会第十次会议情况;汇报关于承办召开安徽省十九县市区政协工作研讨会第十一次会议的筹备情况;传达省第二次提案工作会议精神;章学广副区长通报防汛工作情况;传达市政协八届十二次常委会精神。

第十八次常委会议于1995年8月25日召开,议题:听取区政府领导关于上半年经济计划完成情况通报;听取区财政局上半年财政预算执行情况通报;听取区纪委关于上半年廉政工作情况的通报;审议区政协《提案工作条例》的修订情况;审议通过关于学习贯彻全国政协《规定》的实施意见;纪念抗日战争胜利50周年专题发言。

第十九次常委会议于1995年12月14日召开,议题:传达全市政协工作会议精神;讨论召开四届四次会议的有关事宜。

第二十次常委会议于1996年1月9日召开,议题:讨论召开四届四次会议时间、议程和大会选举等事宜;讨论决定有关委员增补事宜;讨论决定春节期间的活动安排。

第二十一次常委会议于1996年2月6日召开,议题:听取和讨论“一府两院”及区财政预决算工作报告(征求意见稿);听取和审议区政协四届常委会工作报告;听取和审议区政协四届三次会议以来提案工作情况的报告。

第二十二次常委会议于1996年3月6日召开,议题:讨论召开四届四次会议有关事宜;讨论决定增补新委员事宜。

第二十三次常委会议于1996年3月13日召开,议题:听取各工作委员会主任汇报四届四次会议六个工作报告的讨论情况;协商增补四届政协副主席、常委候选人事宜;审议通过四届四次会议提案审查情况报告;讨论通过各项会议决议(草案)。

第二十四次常委会议于1996年4月18日召开,议题:传达市政协八届十六次常委会议精神;传达学习《中共镜湖区委关于进一步加强和改善政协工作的决定》;讨论确定有关工作委员会正副主任人选;讨论各工作委员会1996年度工作计划。

第二十五次常委会议于1996年7月18日召开,议题:听取区政府领导通报“三个起来”和“防汛工作”情况;讨论有关委员增补事宜;汇报参加安徽省十九县市区政协工作研讨会第十二次会议情况;区政协欧天水主席通报我区引进外资工作;汇报区政协考察组赴江浙考察情况。

第二十六次常委会议于1996年11月7日召开,议题:学习中共中央十四届六中全会公报和决议;汇报参加安徽省十九县市区政协工作研讨会第十三次会议情况;汇报省政协李明俊副主席来我区检查政协工作情况;通报与市政协联合开展城市卫生管理工作的

调查情况;听取各工作委员会汇报年度活动计划开展情况及下步打算

第二十七次常委会议于1997年1月3日召开,议题:讨论召开四届五次会议有关事宜;讨论春节期间活动安排;学习元旦社论《把握大局,再接再厉,同心同德,开拓进取》。

第二十八次常委会议于1997年1月28日召开,议题:听取和讨论"一府两院"及区财政预决算工作报告(征求意见稿);听取和审议区政协四届常委会工作报告;听取和审议区政协四届四次会议以来提案工作情况的报告;讨论确定有关委员增补事宜。

第二十九次常委会议于1997年3月6日召开,议题:讨论召开四届五次会议的日程议程等事宜;讨论四届政协主席候选人;讨论有关委员增补事宜。

第三十次常委会议于1997年3月13日召开,议题:听取各工作委员会主任汇报四届五次会议六个工作报告讨论情况;讨论通过各项会议决议(草案);听取和审议四届五次会议提案审查情况报告。

第三十一次常委会议于1997年3月31日召开。议题:学习李瑞环主席在全国政协八届五次会议闭幕会上的讲话;讨论研究1997年度各工作委员会活动计划;讨论确定四届政协主席工作分工。

第三十二次常委会议于1997年6月19日召开。

(五)第五届常委会议

1998年4月21日至2002年9月26日,五届政协共召开23次常委会议,

第一次常委会议于1998年4月21日召开,议题:讨论修改和通过《政协镜湖区第五届委员会工作委员会组织通则》;协商任命五届区政协各工作委员会主任、副主任;宣布五届区政协主席分工;讨论确定各工作委员会1998年活动计划。

第二次常委会议于1998年9月11日召开,议题:听取区政府上半年经济工作情况通报;听取区财政局上半年财政收支情况的通报;听取区委政法委关于我区政法队伍整顿工作情况通报;学习《防洪法》并通报我区抗洪救灾工作情况;听取各工作委员会汇报上半年活动计划执行情况。

第三次常委会议于1998年12月29日召开,议题:学习江泽民在纪念党的十一届三中全会召开20周年大会上的讲话;审议通过《提案工作条例》(草案);审议区政协1998年度工作总结;通报中共镜湖区委第六次党代会精神。

第四次常委会议于1999年1月18日召开,议题:审议区政协五届常委会工作报告(讨论稿);审议区政协提案工作情况的报告(讨论稿);协商决定有关委员增补事宜;协商决定召开五届二次全委会议有关事宜;讨论区政府、区法院、区检察院和区财政预决算工作报告(均为征求意见稿)。

第五次常委会议于1999年1月27日召开,议题:听取各组关于五届二次会议分组讨论情况的汇报;审议五届二次会议提案审查情况的报告;讨论并通过会议政治决议(草案)。

第六次常委会议于1999年3月30日召开,议题:学习李瑞环在全国政协九届二次会议闭幕会上的讲话;协商区政协1999年工作要点;审议各工作委员会1999年度活动计划。

第七次常委会议于1999年10月9日召开,议题:听取区政府通报我区上半年经济工

作情况;听取区政府通报我区上半年财政收支工作情况;通报市政协联合评议组对我区公安派出所民主评议工作情况;通报区政协个私企业调研工作情况;通报我区防汛排涝情况。

第八次常委会议于1999年11月18日召开,议题:学习江泽民在庆祝人民政协成立五十周年大会上的讲话;听取各工作委员会主任汇报全年活动计划完成情况;通报区政协评议组对公安派出所的民主评议工作情况。

第九次常委会议于1999年12月30日召开,议题:审议区政协1999年工作总结;审议区政协五届常委会工作报告(讨论稿);审议区政协提案工作情况的报告(讨论稿);协商决定有关委员增补事宜;协商决定召开五届三次全委会议有关事宜。

第十次常委会议于2000年1月2日召开,议题:听取各组关于五届三次会议分组讨论情况的汇报;审议五届三次会议提案审查情况的报告;讨论并通过会议政治决议(草案)。

第十一次常委会议于2000年3月22日召开,议题:学习李瑞环在全国政协九届三次会议闭幕会上的讲话和会议政治决议;协商区政协工作要点;审议各工作委员会年度活动计划;通报政协党组“三讲”教育情况。

第十二次常委会议于2000年7月12日召开,议题:学习江泽民在江苏、浙江、上海考察工作时的讲话:《按照“三个代表”的要求全面加强党的建设》;听取区政府通报我区上半年经济工作情况;听取区政府通报划转到我区的23个企业情况;听取区政协祖统工作委员会赴安庆市迎江区政协考察学习情况的工作汇报;听取区政协科教工作委员会关于我区“普九”教育和“减负”工作调研的情况汇报;听取区政协经济工作委员会关于区“社保”工作调研的情况汇报。

第十三次常委会议于2000年10月20日召开,议题:学习《中国共产党第十五届中央委员会第五次全体会议公报》;传达贯彻全省政协工作会议精神;传达市政协提案工作会议精神;各工作委员会汇报年度活动计划完成情况及下一步打算。

第十四次常委会议于2001年1月16日召开,议题:学习江泽民在全国政协新年茶话会上的重要讲话;传达市政协九届四次会议精神;审议区政协2000年工作总结;协商通过有关委员增补事宜。

第十五次常委会议于2001年3月1日召开,议题:审议区政协五届常委会工作报告(讨论稿);审议区政协提案工作情况的报告(讨论稿);讨论“一府两院”及区财政工作报告(协商稿);协商决定有关人事事项;协商决定召开五届四次全委会议有关事宜。

第十六次常委会议于2001年3月15日召开,议题:听取各组关于五届四次会议分组讨论情况的汇报;讨论通过《选举办法》(草案)及主席候选人和增补常务委员候选人名单;审议五届四次会议提案审查情况的报告;讨论并通过会议政治决议(草案)。

第十七次常委会议于2001年4月29日召开,议题:审议各工作委员会2001年度活动计划;协商区政协2001年工作要点;传达全国、全省统战工作会议精神。

第十八次常委会议于2001年8月28日召开,议题:学习座谈江泽民“七一”重要讲话精神;听取区政府通报旅游商品经济园区建设情况;听取区政府通报上半年经济运行情况;听取区财政局通报上半年财政收支情况。

第十九次常委会议于2002年1月30日召开，议题：传达学习全市政协工作会议精神；审议区政协五届常委会工作报告和提案工作报告（讨论稿）；讨论区政府、区法院、区检察院工作报告（协商稿）；协商决定委员增补事项；协商决定召开五届五次全委会议有关事宜。

第二十次常委会议于2002年2月28日召开，议题：听取各组关于五届五次会议分组讨论情况的汇报；讨论并通过会议政治决议（草案）；审议五届五次会议提案审查情况的报告。

第二十一次常委会议于2002年3月29日召开，议题：学习市委书记詹夏来《在全市政协工作会议上的讲话》；听取区民政局通报工作情况；审议各工作委员会2002年度活动计划；传达市政协2002年度活动计划情况。

第二十二次常委会议于2002年7月9日召开，议题：听取区政府通报我区上半年的主要工作情况；听取区人事局通报我区党政机构改革工作情况；听取区政协提案工作委员会、科教工作委员会、文体卫工作委员会、城建城管委员会视察调研工作情况汇报。

第二十三次常委会议于2002年9月26日召开，议题：学习江泽民“5.31”重要讲话；听取经济工作委员会、祖国统一工作委员会、城建城管工作委员会活动情况汇报。

（六）第六届常委会议

第一次常委会议于2003年6月3日在全会期间召开，会议议程：学习通报六届区政协主席、副主席分工事宜；审议通过区政协2003年工作要点；审议关于设立六届区政协各工作委员会的决定；决定任命六届区政协各工作委员会主任、副主任；审议通过各工作委员会活动计划；听取镜湖区公安分局通报工作情况；区委副书记宋建华讲话；区政协主席曹天民讲话。

第二次常委会于2003年9月5日召开，会议议程：协商讨论《政协镜湖区第六届委员会提案工作细则》、《政协镜湖区第六届委员会工作委员会组织通则》。

第三次常委（扩大）会议于2003年11月27日在区政府政务大楼四楼政协大会议室召开。会议议程：学习中共十六届三中全会公报；总结区政协2003年工作；听取、审议各工作委员会视察调研工作情况的报告。

第四次常委会于2003年12月24日和25日在镜湖区政务大楼四楼政协会议室召开，会议议程：听取镜湖区政府2003年工作情况的通报；听取镜湖区公安分局2003年工作情况的通报；协商、讨论区政协六届二次会议有关事宜。

第五次常委会于2004年1月13日（六届二次大会期间）召开，会议议程：汇报各组讨论情况；审议《六届二次会议提案审查报告》。

第六次常委会于2004年3月24日召开；会议内容：学习、讨论工作要点；审议工作计划。

第七次常委会于2004年7月28日在区政务大楼四楼政协大会议室召开，会议议程：听取政府通报上半年工作情况；上半年主要工作及指标完成情况；下半年工作安排。

第八次常委会于2004年10月27日在区政务大楼四楼政协大会议室召开，会议议程：学习中共十六届四中全会精神；听取各专门委员会视察调研活动工作汇报；审议通过《关于开展优秀提案、先进承办单位及个人评选表彰活动暂行办法》。

第九次常务会议于2004年12月24日在区政务大楼四楼政协大会议室召开,会议议程:袁华区长通报政府工作情况;讨论三次全会的有关事宜;讨论六届三次会议上的六届常委会的工作报告及六届二次会议以来的提案工作报告。

第十次常委会于2005年元月14日(六届三次会议期间)召开,会议议程:各工作组汇报工作情况;讨论提案审查报告;讨论通过政治决议。

第十一次常委会于2005年3月25日召开,会议议程:宋建华副书记到会通报第一批共产党员先进性教育活动情况;学习、讨论工作要点和工作计划。

第十二次常委会于2005年7月27日召开,会议内容:听取袁华区长通报上半年工作情况;听取上半年常委会活动情况汇报。

三、主席会议

主席会议由主席、副主席和秘书长组成,处理常务委员会的重要日常工作。主席会议由主席或主席委托的副主席召集并主持,根据会议内容和工作需要,由主席或主持会议的副主席确定其他列席人员。主席会议行使以下职权:

(1)审议本届政协镜湖区委员会增加或者变更的参加单位、委员名额和人选,提请常务委员会协商决定。审议下届政协镜湖区委员会的参加单位、委员名额和人选及界别设置,提请常务委员会协商决定。

(2)根据政协章程和有关规定,安排协商活动,决定协商的形式和内容。

(3)对中共镜湖区委和镜湖区人民政府的重大决策、政治、经济和社会生活中的重大问题以及政协、统战工作方面的重要事务进行协商讨论,提出建议、意见或建议案。

(4)审查以政协镜湖区委员会或常务委员会名义向中共镜湖区委、区人大常务委员会、区人民政府提出的重要建议案和其他重要报告。

(5)召集并主持常务委员会会议,拟定会议的议程草案和日程,审议提交常务委员会会议审议的文件。

(6)受常务委员会的委托,主持下一届第一次全体会议预备会议。

(7)审议政协镜湖区委员会及其常务委员会的工作计划、工作报告和重要活动方案,审议专门委员会的年度计划和工作总结,检查布置工作;决定专门委员会人选。

(8)执行常务委员会的决议;根据常务委员会的授权,履行常务委员会的部分职权。

(9)协调政协各参加单位之间的关系,促进团结合作。

(10)处理常务委员会的其他重要日常工作。

(原政协镜湖区委员会一至五届主席会议档案资料缺失)

镜湖区六届部分主席会议的议程:

五次会议:2004年3月11日;主持人:曹天民;会议议程:讨论2004年工作要点;讨论2004年工作计划;讨论六次常委会有关事项。

六次会议:2004年7月16日;主持人:曹天民;会议议程:六届七次常委会有关事宜;办公室汇报涉及政协的有关提案。

七次会议:2004年10月13日;主持人:曹天民;会议议程:研究八次常委会有关工作。

八次会议:2004 年 10 月 20 日;主持人:曹天民;会议议程:讨论六届三次全会的有关事项;讨论六届九次常委会有关事项。

九次会议:2005 年 3 月 18 日;主持人:曹天民;会议议程:研究常委会的有关事项。

十次会议:2005 年 5 月 20 日;主持人:曹天民;会议议程:讨论协商同意文卫体工作委员会去宁波考察;讨论协商 2005 年重点提案;2005 年政协承办提案的答复。

十一次会议:2005 年 6 月 3 日;主持人:曹天民;会议议程:开展对全区社保体系建设,推动构建和谐社会调研活动;讨论政协与政府协商制度;第三季度常委会议程。

十二次会议:2005 年 7 月 15 日;主持人:曹天民;会议议程:讨论十二次常委会的有关事宜。

十三次会议:2005 年 9 月 1 日;主持人:曹天民;会议议程:讨论研究外出参观考察事宜。

十四次会议:2005 年 9 月 5 日;主持人:曹天民;会议议程:安排主席学习期间的政协工作;讨论十三次常委会内容;中秋茶话安排;行风监督员调研情况;九月份专委会活动安排。

十五次会议:2005 年 10 月 21 日;主持人:曹天民;会议议程:研究十三次常委会有关事项。

第二节　1984—2006 年新芜区政协会议

一、全体会议

新芜区政协自 1985 年 5 月至 2006 年 2 月,历经六届。

(一)第一届全体会议

1984 年 4 月,在中共新芜区委直接领导下,成立了芜湖市“新芜区政协筹建领导小组”。筹建领导小组由叶之茂、刘润枝、晋琳、李长青、王有荣、汲于盛、潘孝淳、季龙英、李正美、陶运发、温宏光、范丛、刘国记、雕群、范欣龙十五人组成。叶之茂任组长,刘润枝、晋琳二人任副组长,下设四个组:王有荣任组织组长、汲于盛任宣传组长、范欣龙任秘书组长,雕群任会务组长。首届会议筹备工作自 4 月 2 日起至 5 月 12 日止。

一届一次全体会议于 1984 年 5 月 13 日至 18 日在市鸠江饭店三楼会议室举行。为力求做到合理,各方面满意,政协新芜区委员会由中国共产党、各民主党派、各人民团体、无党派爱国人士和各界人士中有代表性人士共 16 个方面组成。会议选举产生了区政协第一届委员会主席、副主席及常务委员 15 名。晋琳致开幕词并作《新芜区政协一届一次会议筹备工作情况的报告》,刘润枝代表大会主席团作了《勿忘团结奋斗,致力振兴中华,为开创人民政协工作新局面而奋斗》的讲话。大会列席了区人大九届一次会议,听取、讨论了陶先耀区长作的《政府工作报告》和区人大、区法院、区检察院的工作报告,并通过了一届一次会议决议。潘孝淳致闭幕词。区委书记叶之茂在首届一次会议上发表了重要讲话。

一届二次会议:1985 年 4 月 23 日至 26 日在区政府五楼会议室召开。刘润枝主席致开幕词,晋琳副主席作常委会工作报告,李兴华副主席致闭幕词。会议列席了区人大九届二次会议,听取并讨论了陶先耀区长作的《政府工作报告》和区人民法院、区人民检察院工作报告,并通过一届二次会议决议。区委书记叶之茂在会议上作了重要讲话。

一届三次会议:1986 年 3 月 24 日至 27 日在市退伍军人接待站(吉和街)三楼会议室召开。刘润枝主席作常委会工作报告,雕群常委代表提案委员会作一届二次会议提案办理及一届三次会议提案审查情况的报告。会议期间,各工作组进行了大会发言并通过一届三次会议决议,委员们列席了区人大九届三次会议,听取并讨论了陶先耀区长作的《政府工作报告》和区人民法院、区人民检察院工作报告。区委书记叶之茂在会议上作了重要讲话。

(二)第二届全体会议

1987 年 4 月至 1990 年 6 月,第二届委员会历时三年二个月。共召开三次全体会议。

二届一次会议:1987 年 4 月 23 日至 28 日在区机关五楼会议室举行。出席这次会议的委员有 91 名。会议选举产生了区政协第二届委员会主席、副主席和常务委员 18 名。一届副主席潘孝淳作常委会工作报告,雕群委员作一届三次会议以来提案工作办理情况及二届一次会议提案审查情况的报告。刘润枝主席致开幕词和闭幕词。会议通过大会政治决议,并列席区人大十届一次会议。

二届二次会议:1988 年 4 月 13 日至 16 日在区政府五楼会议室举行。出席会议的委员共 86 人,另有 8 名委员因援外、公出、因事因病请假。会议听取了刘润枝主席致开幕词,听取并审议了杜伯严副主席作常委会工作报告,列席了区人大十届三次会议,听取并讨论了陶先耀区长的政府工作报告和其他报告。区委书记乔业鹏在闭幕式上讲话。会议通过大会政治决议。

二届三次会议:1989 年 3 月 20 至 24 日在市委党校召开。刘润枝主席致开幕词和闭幕词。会议听取、审议了潘孝淳副主席、王大东常委所作的区政协常委会工作报告和区政协二届二次会议提案办理情况的报告。听取并协商讨论了郑光福副区长所作的政府工作报告以及朱福南院长、吴学智检察长所作的区法院、区检察院的工作报告。会议还学习座谈了《全国政协关于政治协商、民主监督的暂行规定》。区委书记乔业鹏作了重要讲话。会议期间,还表彰 32 名在为“四化”建设服务中做出贡献的委员,并有 8 名委员做了发言,介绍了他们为“四化”建设服务的经验。本次会议于区人大十届四次会议前半个月举行,体现协商于决策之前。

(三)第三届全体会议

1990 年 6 月至 1993 年 3 月,区政协第三届委员会历时两年九个月,共召开全体会议三次。

三届一次会议:1990 年 6 月 26 日至 30 日在区政法大楼大法庭召开。出席这次会议的委员 112 名。会议选举产生了政协新芜区第三届委员会主席、副主席和常务委员 19 名。陶永盛致开幕词,刘润枝作常委会工作报告,王大东作关于提案工作办理情况的报告,段开福致闭幕词。大会听取和讨论了“一府两院”工作报告,并通过本次会议政治决议。

三届二次会议:1991 年 3 月 18 日至 21 日在市委党校举行,段开福副主席致开幕词,陶永盛主席作常委会工作报告,李健常委作三届一次会议以来提案办理情况及二次会议提案审查情况的报告,周钜生副主席致闭幕词。大会听取和讨论了“一府两院”工作报告,并通过会议政治决议。

三届三次会议:1992 年 3 月 16 日至 19 日在市委党校举行,周钜生副主席致开幕词,陶永盛主席作常委会工作报告,李健常委作三届二次会议以来提案办理情况及三次会议提案审查情况的报告,李保明副主席致闭幕词。会议听取并讨论了“一府两院”报告,通过大会政治决议。

(四)第四届全体会议

1993 年 3 月至 1998 年 3 月,区政协第四届委员会历时五年,共召开五次全体会议。

四届一次会议:1993 年 3 月 22 日至 25 日在市委党校举行。出席会议的委员 128 名。市委组织部胡正强亲临大会指导。汪国兴致开幕词,三届主席陶永盛作三届委员会《常务委员会工作报告》,三届政协常委、提案委员会主任李健作《关于三届委员会提案办理情况的工作报告》。会议听取和讨论了曹佳凡区长的《政府工作报告》,对区法院孙志富院长,区检察院吴学智检察长所作的工作报告进行了认真的讨论。葛立华、李健等九位委员作大会发言。宋静波副主席致闭幕词。区委书记佘敦坤在大会上讲话。大会通过了会议决议,选举产生了四届委员会常务委员会,共选出正、副主席及常委 21 名。

四届二次会议:1994 年 3 月 16 日至 19 日在市委党校举行。市政协常务副主席庄继民、市政协秘书长胡荣金、市委统战部副部长吴逢鼎等领导亲临大会指导。佘建中副主席致开幕词,甘良祥副主席作《常委会工作报告》,区政协常委、提案委员会主任张金风作《关于四届一次会议以来提案工作情况的报告》,段开福副主席致闭幕词。会议对汪奇燕区长作的《政府工作报告》和对区人民法院、区人民检察院工作报告及区财政局《财政预决算报告》(草案)进行了认真的讨论。区委书记佘敦坤在大会闭幕式上作了讲话。大会通过政治决议。增选许大昭、孙宗村委员为常委。

四届三次会议:1995 年 3 月 14 日至 17 日在宣城军分区举行。李友俊副主席致开幕词,甘良祥副主席作《常委会工作报告》,政协常委、提案委员会主任张金风作《关于四届二次会议以来提案工作情况的报告》,汪国兴主席致闭幕词。会议对齐业琛副区长所作的《政府工作报告》及区人民法院、区人民检察院和区财政局工作报告进行了认真的讨论,并提出意见和建议。区委书记佘敦坤在会上讲话。会议通过了大会政治决议。同意接受郑贤渔(退休)辞去政协常委、社会法制委员会主任职务,增选钱建华委员为政协常委。与会期间,李贤俊、刘国华等十位委员作了大会发言。

四届四次会议:1996 年 3 月 12 日至 15 日在宣城军分区举行。市政协常务副主席庄继民、市政协秘书长胡荣金、市委统战部副部长吴逢鼎亲临大会指导。区委书记佘敦坤在开幕式上讲话,甘良祥副主席作《常委会工作报告》,提案委员会主任张金风作《关于四届三次会议以来提案工作情况的报告》(书面),汪国兴主席致闭幕词。会议讨论了汪奇燕区长所作的《关于芜湖市新芜区国民经济和社会发展“九五”计划和 2010 年远景目标纲要的报告》,对区人民法院、区人民检察院工作报告和区财政局《关于 1995 年财政决算和 1996 年财政预算的工作报告》(草案)、区经计委《关于 1995 年经济计划执行情况和

1996 年经济计划(草案)的通报》进行了认真的讨论。会议通过政治决议。大会同意甘良祥副主席(离休)辞去区政协副主席和委员职务;同意范欣龙(退休)辞去区政协常委和委员职务。增选吕和声、年金宝、李小华、焦奇、殷芳春、傅祥林六位委员为常委,增选齐业琛为区政协副主席。

四届五次会议:1997 年 3 月 11 日至 14 日,在市狮子山小学举行。市委统战部副部长吴逢鼎亲临大会指导。汪国兴主席致开幕词,齐业琛副主席作《常委会工作报告》,区政协常委、提案委员会主任张金风作《关于四届四次会议以来提案办理情况的报告》,会议听取和讨论了代区长王彬同志所作的政府工作报告,并对区人民法院、区人民检察院的工作报告和区财政局《关于财政预决算执行情况》(草案)、区经计委关于《1996 年经济计划执行情况和 1997 年经济计划安排(草案)的报告》进行了认真的讨论,并提出意见和建议。大会讨论通过了会议政治决议。区委书记高理玉在会上讲话,宋静波副主席致闭幕词。

(五)第五届全体会议

1998 年 3 月至 2003 年 4 月,区政协第五届委员会历时五年一个月,共召开全体会议五次。

五届一次会议:1998 年 3 月 8 日至 10 日在狮子山小学举行。出席会议的委员共 130 名。汪国兴作《常委会工作报告》,李友俊作了第五届委员会第一次会议筹备工作情况的报告;四届区政协提案委员会副主任李开应作《关于四届五次会议以来提案工作情况的报告》。会议听取并协商讨论了李金华副区长所作的《政府工作报告》,协商讨论了全区经济计划报告、财政预决算报告及区人民法院、区人民检察院工作报告。会议通过了大会政治决议。选举产生了五届委员会常务委员会,共选出正副主席及常委 26 名。新当选的五届区政协主席邢昌海致闭幕词。

五届二次会议:1999 年 1 月 31 日至 2 月 2 日在狮子山小学举行。邓伯康副主席作《常委会工作报告》,提案委员会主任李开应作《关于五届一次会议以来提案工作情况的报告》;会议听取并协商讨论了李金华区长所作的《政府工作报告》,协商讨论了区经计委《关于 1998 年经济计划执行情况和 1999 年经济计划(草案)的报告》,区财政局《关于 1998 年财政预算执行情况和 1999 年财政预算(草案)的报告》及区人民法院和区人民检察院工作报告,会议增选姜炳来、张明会为区政协五届委员会常委。会议通过了大会政治决议。区委书记高理玉在大会上作了讲话。

五届三次会议:2000 年 1 月 20 日至 22 日在新芜区政府八楼大会议厅召开,邢昌海主席致开幕词,邓伯康副主席作《常委会工作报告》,张求学副主席作《关于五届二次会议以来提案工作情况的报告》,姚声涛副主席致闭幕词。会议对李金华区长所作的《政府工作报告》和区人民法院、区人民检察院及区财政局、区经计委的报告进行了认真的讨论,并提出意见和建议。会议增选了孙照胜、徐庆鸣为区政协五届委员会常委。会议通过了大会政治决议。区委书记高理玉在会上讲话。

五届四次会议:2001 年 3 月 1 日至 3 日在区政府八楼大会议厅举行。邢昌海主席致开幕词,姚声涛副主席作《常委会工作报告》,张求学副主席作《关于五届三次会议以来提案工作情况的报告》,会议听取并协商讨论了区政府丁祖荣代区长的《政府工作报告》;协商讨论了区人民法院、区人民检察院、区经计委和区财政局的报告。协商讨论了芜湖市新芜区国民经济和社会发展第十个五年计划纲要;会议增补鲍根权为区政协五届委员会副主席、增选王道文为区政协五届委员会常委。政协委员张志南、姜炳来、傅祥林、张明会、徐庆鸣、卜近知、黄启明等作了大会发言。在大会期间,区政协还组织委员参观了通宝汽车厂、永年针织厂、红梅新村、经济技术开发区、长江大桥、凤凰美食街。会议通过了大会政治决议。区委书记李金华作了重要讲话。邓伯康副主席致闭幕词。

五届五次会议:2002 年 1 月 23 日至 25 日在区政府大会议厅举行。邢昌海主席作《常委会工作报告》,张求学副主席作《关于五届四次会议以来提案工作情况的报告》,会议听取并协商讨论了区政府丁祖荣区长作《政府工作报告》;协商讨论了区人民法院、区人民检察院和区经计委、区财政局的报告。会议增选了董正凯为区政协五届委员会常委。政协委员董正凯、王开延、洪霞、王照胜、王佩佩等作了大会发言。大会期间还组织委员参观了我区的社区建设情况。会议通过了大会会议决议。李金华书记作了重要讲话。鲍根权副主席致闭幕词。

(六)第六届全体会议

2003 年 4 月至 2006 年 2 月,区政协第六届委员会历时两年十个月共召开全体会议 3 次。

六届一次会议:2003 年 4 月 6 日至 9 日在区机关八楼大会议厅举行,出席会议委员 130 名。区政协历届老领导、区级老干部代表、五届政协常委、基层党委、党工委负责人、区直部、委、办、局负责人、区政协各专委会主任、副主任共 61 人列席会议。会上听取并讨论了邢昌海所做的政协五届常委会工作报告;听取并讨论了鲍根权同志所作的提案工作情况报告;听取并讨论了代区长陈家本所做的《政府工作报告》和其他工作报告。选举产生主席邢昌海、副主席王昌生、鲍根权、马素霞、黄启明、丁劲松、丁桂华等六位,张志南等十九位同志当选为常委。区委书记李金华在闭幕式上讲话。

六届二次会议:2004 年 1 月 8 日至 10 日在区机关办公大楼八楼大会议厅举行。会议同意鲍根权副主席代表区政协六届常委会所作的《常委会工作报告》,同意黄启明副主席所做的《提案工作报告》,全体委员听取并讨论了陈家本区长所做的《政府工作报告》,区委书记李金华到会讲话。

六届三次会议:2005 年 1 月 20 日至 22 日在区政府八楼大会议厅举行,184 名委员和列席人员出席。会议听取并讨论了政协副主席王昌生所作的《常委会工作报告》,听取并讨论了黄启明副主席所作的《提案工作报告》,听取并讨论了陈家本区长所做的《政府工作报告》(协商稿)。区委书记李金华到会作重要讲话。

二、常委会议

新芜区政协自成立以来,先后召开常委会议 125 次(其中:一届 17 次、二届 20 次、三届 20 次、四届 28 次、五届 27 次、六届 13 次)。

(一)第一届常委会议

共召开常委会及扩大会和工作组组长会 17 次。

一届十七次会议于 1987 年 4 月 11 日下午召开。主要议程:讨论首届常委会工作报告;协商决定出席区政协二届一次会议政协委员的人事安排;协商确定召开区政协二届一次会议的日程、议程(草案);协商确定区政协二届一次会议大会主席团和大会秘书长名单(草案)。

(二)第二届常委会议

二届一次会议于1987年5月22日召开。会议由刘润枝主席主持,副主席杜伯严、潘孝淳、李兴华及全体常委出席会议。李保明、许人涛两位委员应邀列席会议。刘润枝传达了省委书记李贵鲜在省政协五届五次会议上的讲话、市委书记陈光琳在市政协六届五次会议上的讲话和市政协六届五次会议精神。与会常委结合区政协首届委员会工作报告中提出的设想和二届一次主席办公会议研究的意见,进行了协商讨论。会议在充分讨论和酝酿的基础上,根据工作需要,决定设立七个工作委员会,即学习、文史资料研究、祖国统一、经济科技、文教卫生、群工法制、提案工作委员会。其中经济科技和文教卫生各分别下设两个组,做到有分有合,便于开展工作。会议最后协商决定了有关会议制度。

二届二次会议于1987年7月23日下午召开。主要议程:学习座谈邓小平关于《党和国家领导制度的改革》的重要讲话;通报区政协视察全区防汛工作情况。

二届三次会议于1987年9月12日上午召开。主要议程:传达学习全国地方政协工作组(委)工作会议精神;协商任命区政协办公室领导成员;区负责同志通报全区两个文明建设情况。

二届四次(扩大)会议:1987年10月31日下午召开。主要议程:学习座谈对中国共产党第十三次全国代表大会工作报告,交流个人学习心得体会。

二届五次(扩大)会议:1988年3月7日召开。主要议程:传达学习中共中央(88)1号文件和省委书记李贵鲜的"远学粤闽,近学江浙,加快我省改革开放步伐"的讲话;传达市政协七届一次会议黄连庄同志的讲话和七届一次常委(扩大)会议的精神;提请会议审议区政协87年工作总结和88年工作设想;区政府副区长郑光福通报了去年全区经济生产情况和今年的生产计划;区委书记乔业鹏作重要讲话。

二届六次常委会议:1988年4月8日上午召开。主要议程:审议常委会工作报告及88年各工作委员会的工作打算;协商二届二次全体会议议程、日程;协商增补委员和增选常委的人事安排名单;协商确定大会筹备处人员名单。

二届七次(扩大)会议:1988年5月21日召开,会议由杜伯严主持。主要议题:一是刘润枝主席传达参加九江市浔阳"七省二十五城区(县)政协联谊会"精神;二是办公室通报二届二次全会上委员所提的意见情况;三是各委员会提出年度工作设想。

二届八次会议:1988年8月11日在区政协三楼会议室召开,刘润枝主持。主要议题:区政府副区长郑光福通报上半年全区工业生产形势;杜伯严副主席总结上半年各工作委员会活动的情况;讨论如何进一步落实各工作委员会下半年的活动计划。

二届九次会议:1988年11月11日在区政协三楼会议室召开,刘润枝主持。会议议题:区委书记乔业鹏传达中共十三届三中全会及省委四届九次全会和市委有关会议的精神;听取办公室负责同志关于经济组对劳动路街道创办第三产业情况的调查报告;文教医卫委部分委员对我区集市贸易和食品卫生的视察报告及赴徽州、屯溪、休宁兄弟区(县)政协学习考察的情况汇报。大家一致赞同和拥护中共十三届三中全会提出的方针和政策，表示要以国家和改革的大局为重，在中国共产党的领导下，同心同德，努力克服困难，保证改革顺利进行。同时对我区一些的现象和问题，提出了诚恳的批评和建议。会议决定，今后要坚持开短会，并按有关规定，不再用公款招待香烟，同时改进学习方法，对凡需要学习讨论，并在报刊上发表的文章，会上不再宣读，由常委们在会前先做好学习发言准备。

二届十次常委会议：1988 年 12 月 23 日下午召开。主要议程：传达省政协工作会议精神；讨论 1988 年区政协工作总结及 1989 年工作要点。

二届十一次会议：1989 年 3 月 2 日下午召开。主要议题：审议常委会工作报告，协商讨论二届三次会议议程、日程及有关事宜。

二届十二次会议：1989 年 4 月 13 日下午召开。主要议题：传达市政协七届二次会议精神；研究协商安排今年各工作委员会的活动计划。

二届十三次（扩大）会议：1989 年 6 月 7 日召开。传达市委紧急会议精神，要求政协委员在这场大是大非的政治斗争中，要在政治上、行动上与党中央保持一致，为稳定大局、稳定经济、稳定人民生活做出应有贡献。

二届十四次会议：1989 年 6 月 24 日召开。主要议题：传达李鹏、姚依林同志的重要讲话。学习邓小平同志在接见首都戒严部队军以上干部时的重要讲话，并座谈讨论。

二届十五次（扩大）会议：1989 年 8 月 25 日召开。主要议题：区政府副区长郑光福通报我区上半年经济生产情况，区委书记乔业鹏通报我区学习贯彻十三届四中全会文件的情况，区政协主席刘润枝总结上半年政协工作及下半年工作安排意见。

二届十六次会议：1989 年 11 月 16 日召开。主要议题：学习江泽民同志在国庆 40 周年庆祝大会上的讲话；听取群工法制委员会关于对我区 1988 年度处以缓刑及管制犯罪的调查报告；听取文教组赴安庆、桐城学习考察的汇报；讨论四季度工作若干问题。

二届十七次会议：1989 年 12 月 18 日召开。主要议题：传达学习中央有关文件；传达省委四届十一次会议精神；传达市政协七届九次常委（扩大）会议精神。

二届十八次（扩大）会议：1990 年 3 月 14 日召开。主要议题：听取区委书记乔业鹏关于全区工作情况的通报，并座谈讨论；各工作委员会汇报全年工作安排；讨论“学习委员会”关于召开《意见》座谈会的工作。

二届十九次会议：1990 年 4 月 26 日召开。主要议题：听取各工作委员会活动情况的汇报；听取区委书记传达区域划分情况。

二届二十次会议：1990 年 6 月 12 日召开。通过二届提案工作办理情况报告。

（三）第三届常委会议

三届一次会议：1990 年 6 月 29 日召开。通过二届常委会工作报告决议。

三届二次会议：1990 年 7 月 13 日召开。主要议题：研究三届各委员会机构设置、人事安排及主席、副主席分工；研究 1990 年工作要点及各专门委员会任务；研究讨论三届区政协《常务委员会组织通则》；研究讨论区政协《关于政治协商、民主监督的暂行规定》。

三届三次（扩大）会议：1990 年 8 月 17 日召开。主要议题：学习中发（90）10 号、中办通报 1990 年第 22 期和皖发（90）18 号文件；协商讨论《政治协商、民主监督的暂行规定》；研究三届区政协各专门委员会工作任务（征求意见稿）。

三届四次扩大会议:1990 年 10 月 11 日召开。传达学习市政协工作座谈会会议精神;听取讨论各工作委员会工作计划。

三届五次会议:1990 年 12 月 13 日召开。传达省委(90)19 号文件及省政协工作研讨会的精神;汇报七省二十五城区政协联谊会第三次会议精神;视察区境内《食品卫生法》执行情况。

三届六次会议:1991 年 1 月 10 日召开。讨论各工作委工作计划的落实,研究部署新老委员“迎新春”活动。

三届七次会议:1991 年 2 月 4 日召开。学习中央(91)1 号文件及江泽民、李鹏在中共十三届第七次会议上的讲话,听取区政府 1991 年工作思路和近期经济工作安排,听取区委关于党外人士安排意见的通报。

三届八次会议:1991 年 3 月 2 日召开。讨论区政协三届二次全会常委会工作报告、关于提案办理情况的报告,讨论区政协三届二次会议的议程、日程安排等事宜。

三届九次会议:1991 年 6 月 11 日召开,会期一天。主要议题:讨论研究各专门委员会 1991 年工作计划;讨论视察内容及视察时间;听取经济委员会赴沿江三市区参观学习情况汇报。

三届十一次(扩大)会议:1991 年 10 月 18 日召开。主要议题:听取区政协三届二次会议以来的工作情况;对吉和街、新芜路两个办事处创建国家卫生城的工作进行视察。

三届十二次会议:1991 年 12 月 19 日、20 日召开,会期两天。主要议题:学习讨论江泽民同志“七一”讲话及中共中央十三届八中全会公报等有关文件;听取科技委员会对汀棠办事处乡镇企业视察情况的汇报;听取经济委员会对天门、龙侨饭店有关情况调查的汇报;讨论举办委员活动日的有关事宜。

三届十三次会议:1992 年 2 月 28 日召开,会期一天。主要议题:协商讨论区政协三届常委会工作报告、提案工作办理情况报告,协商讨论区政协三届三次会议议程、日程,协商讨论区人民政府区长人选问题及其他事项。

三届十四会议:1992 年 3 月 18 日召开。协商通过三届三次全会政治决议和工作报告。

三届十五次会议:1992 年 4 月 22 日召开,会期一天。主要议题:学习中共中央中发(1992)2 号文件,听取各专门委员会汇报 1992 年工作计划,听取区政府关于区标牌厂与化工建材厂合并的情况通报;办公室汇报三届三次会议上委员对区政协及区政府工作报告的意见和建议,研究委员走访日活动与联系点的有关制度。

三届十六次(扩大)会议:1992 年 6 月 24 日召开,会期一天。主要议题:研究讨论《关于政治协商、民主监督的暂行规定》;听取科技、文教等五个委员会外出参观、视察情况的汇报;学习江泽民同志在中央党校发表的重要讲话。

三届十七次会议:1992 年 8 月 27 日召开,会期一天。主议议题:听取区长通报全区上半年工作情况及下半年工作安排;区委组织部关于人事招聘工作情况的通报;学习政协换届工作有关文件。

三届十八次会议:1992 年 10 月 21 日召开。主要议题:学习江泽民同志在中共第十四次代表大会上的报告。

三届十九会议:1992 年 12 月 8 日召开,会期一天。主议题:学习中央十四大会议文件;传达省委五届八次扩大会议精神;传达七省二十五城区(县)政协联谊会第四次会议情况。

三届二十次会议:1993 年 3 月 5 日召开,会期一天。主要议题:协商讨论常委会工作报告、提案工作报告;协商讨论四届委员会委员名单和常务委员名单,协商通过四届一次会议日程、议程等事宜。

(四)第四届常委会议

1993 年 4 月至 1998 年 3 月,四届区政协召开常委会议 29 次。

四届一次会议:1993 年 4 月 10 日召开。主要议题:(1)学习全国政协八届一次会议有关文件;(2)研究各专门委员会机构设置和成员组成;(3)通报政协主席、副主席分工;(4)研究区政协二季度工作要点;(5)人事任命事项(任命张志南任办公室主任)

四届二次会议:1993 年 5 月 25 日召开。主要议题:(1)学习省委五届九次全体(扩大)会议有关文件及李瑞环、叶选平同志的讲话;(2)研究各专门委员会工作计划;(3)讨论区政协下半年工作要点;(4)讨论区政协有关工作规则(常委会工作规则,专委会通则);(5)区委副书记李文龙通报区政府组成人员情况。

四届三次会议:1993 年 7 月 15 日召开。主要议题:(1)区政府通报上半年全区经济工作情况;(2)区综治办通报全区社会治安情况;(3)区政协办公室汇报政协机关筹办经济实体情况;(4)区政协上半年工作总结;(5)甘良祥副主席传达全国政协李瑞环主席在安徽视察的讲话,汇报参加省政协第八期干训班的情况。

四届四次会议:1993 年 9 月 9 日召开。主要议题:(1)学习中纪委二次全会公报及《人民日报》社论;(2)听取中共新芜区委关于召开第五次党代会的情况通报;(3)听取区政府关于全区企业技改项目情况的通报;(4)听取区政府关于全区贯彻《食品卫生法》情况的通报;(5)听取区政府关于全区计划生育工作情况的通报。

四届五次会议:1993 年 10 月 28 日召开。主要议题:(1)学习中共中央有关反腐倡廉文件;(2)听取区纪委关于近期反腐倡廉工作情况通报;(3)听取区政府关于全区财政收支情况通报;(4)听取学习委员会关于纪念毛泽东同志一百周年诞辰活动安排汇报。

四届六次会议:1993 年 12 月 23 日召开。主要议题:(1)学习中共十四届三中全会公报和决定;(2)听取区政协参加七省二十六城区(县)政协联谊会和省十二市、县区政协研讨会情况汇报;(3)听取提案委员会汇报四届一次会议委员提案办理情况;(4)听取区公安分局关于全区社会治安情况通报;(5)研究增补政协委员;(6)研究机构设置及人事任免事宜(免去朱成霞提案委员会副主任职务;组建城市建设委员会,任命孙宗村为主任,陈茂盛、钱宗发为副主任);(7)听取并讨论区政协全年工作总结。

四届七次会议:1994 年 3 月 3 日召开。主要议题:(1)协商讨论召开区政协二次会议有关事宜;(2)听取讨论区政协常委会工作报告(草稿)和四届一次会议以来提案工作报告(草稿);(2)研究增补政协常委(候选人)。

四届八次会议:1994 年 3 月 19 日召开。主要议题:(1)讨论四届二次会议决议(草案);(2)听取拟增补的常委候选人建议名单讨论情况的汇报;(3)听取提案委员会关于提案审查报告。

四届九次会议:1994 年 4 月 22 日召开。主要议题:(1)学习全国政协章程及省政协七届二次会议有关文件;(2)讨论各专门委员会全年工作计划;(3)讨论区政协提案委员会关于《提案工作实施细则》。

四届十次会议:1994 年 6 月 14 日召开。主要议题:(1)学习江泽民同志在全国省、部级干部研讨班上的讲话;(2)汪国兴主席汇报参加省十九市、县、区政协研讨会情况;(3)协商讨论区政协《提案工作实施细则》,经研究讨论,原则上通过《提案工作实施细则》。

四届十一次会议:1994 年 7 月 26 日召开。主要议题:(1)听取区政府关于全区上半年经济工作情况通报;(2)听取新芜公安分局关于全区上半年社会治安情况通报;(3)讨论区政协上半年工作小结;(4)甘良祥副主席汇报参加省政协理论研讨班情况。

四届十二次会议:1994 年 10 月 27 日召开。主要议题:(1)学习中共十四届四中全会文件;(2)听取甘良祥副主席汇报参加省十九市、县、区政协研讨会情况,汪国兴主席汇报参加六省二十六区、县政协联谊会情况;(3)各专门委员会主任汇报下半年工作安排。

四届十三次会议:1995 年 1 月 19 日召开。主要议题:(1)学习李瑞环主席在全国政协八届九次常委会上的讲话及全国政协关于《政治协商、民主监督、参政议政的规定》;(2)听取区政府关于九四年经济工作情况及九五年工作计划安排;(3)听取区纪委关于全区反腐倡廉工作情况通报;(4)讨论区政协 1994 年工作总结及 1995 年工作计划;(5)协商讨论增补政协委员事宜(增补焦奇、孟祥生为政协委员);(6)听取学委会关于开展学习政协章程测验,提案委员会关于开展评选优秀提案表彰活动工作情况的汇报。

四届十四次会议:1995 年 2 月 17 日召开。主要议题:(1)学习江泽民《为促进祖国统一大业的完成而继续奋斗》重要讲话;(2)协商讨论召开四届三次全会有关事宜;(3)协商讨论增补四届常委及有关委员变动事宜(增补钱建华为常委,同意郑贤渔辞去常委职务)。

四届十五次会议:1995 年 3 月 16 日召开。主要议题:(1)听取各讨论组负责人汇报增补常委候选人意见和大会发言人名单;(2)讨论大会两个决议和提案审查报告。

四届十六次会议:1995 年 4 月 7 日召开。主要议题:(1)学习全国政协《政治协商、民主监督、参政议政的规定》和李瑞环主席在全国八届三次会议上的讲话;(2)人事任免(任命:龚远福为法制委主任,免去郑贤渔法制委主任职务)(3)研究各专门委员会工作计划。

四届十七次会议:1995 年 6 月 28 日召开。主要议题:(1)学习李瑞环主席在全国政协八届十三次常委会上的讲话;(2)总结区政协上半年工作;(3)讨论《区政协关于与区委、区政府完善对口联系制度的意见》;(4)听取参加省十九县(市)区政协研讨会第十次会议情况及祖统委、文教委、科技委分别赴鄞县、省少管所、当涂县政协参观学习的情况汇报;(5)讨论关于撤销王志勇政协委员资格事宜。

四届十八次会议:1995 年 11 月 30 日召开。主要议题:(1)传达市委召开的全市政协工作会议精神;(2)听取我会参加六省二十六区、县政协联谊会第七次会议和本省十九县(市)区政协研讨会第十一次会议情况;(3)传达市政协提案工作会议精神及我区提案工作情况汇报;(4)听取区政府关于我区房地产开发公司情况通报。

四届十九次会议:1996 年 2 月 9 日召开。主要议题:(1)研究决定四届四次全会日程、议程等事宜;(2)协商增补政协委员;(3)讨论区政协常委会工作报告(草稿)及四届三次会议以来提案办理情况的报告(草稿)(注:本次会议协商增补殷芳春、傅祥林为政协常委候选人,增补朱洪生等11人为政协委员。)

四届二十次会议:1996年3月5日召开。主要议题:(1)听取区委关于区政协、区人大人事安排情况通报;(2)协商讨论增补政协常委及政协委员事宜;(3)汇报区政协四届四次会议的筹备情况;(4)研究如何做好退下来政协委员工作。

四届二十一次会议:1996年3月14日召开。主要议题:(1)审议区政协提案审查委员会报告;(2)审议区政协四届四次会议政治决议;(草案)(3)审议《选举办法》草案及听取各讨论组对常委候选人意见;(4)审议闭幕会上主席讲话的初稿。

四届二十二次会议:1996年4月10日召开。主要议题:(1)学习全国政协八届四次会议有关文件;(2)研究各专委会九六年工作计划;(3)协商有关人事安排;(4)讨论区政协《关于常务委员参加常委会议的规则》、《关于开展视察、调查的规定》。(注:会议任命傅祥林为经济委员会副主任,殷芳春为祖统委员会主任,倪修武为提案委员会副主任。会议还研究了主席、各位副主席的分工。)

四届二十三次会议:1996年7月25日召开。主要议题:(1)学习全国政协八届十七次常委会议有关文件;(2)听取区政府关于上半年经济工作情况通报;(3)区政协上半年工作总结和下半年主要工作安排。

四届二十四次会议:1996年11月28日召开。主要议题:(1)学习省委、市委六届三次全会决议;(2)听取新芜公安分局关于全区严打斗争的情况通报;(3)听取区文明委关于全区精神文明建设工作的情况通报;(4)传达六省二十六区、县政协联谊会第八次会议和省十九县(市)区政协研讨会第十三次会议的情况;(5)听取段开福等四位副主席赴福建省参观学习的情况汇报。

四届二十五次会议:1997年2月24日召开。主要议题:(1)协商讨论关于召开区政协四届五次会议有关事宜;(2)协商讨论区政协常委会工作报告及四届四次会议以来提案办理情况的报告(均为初稿);(3)听取区政府关于提案办理情况的通报。

四届二十六次会议:1997年3月13日召开。主要议题:(1)审议四届五次会议《政治决议》(草案)(2)审议提案审查委员会关于提案审查报告。

四届二十七次会议:1997年6月3日召开。主要议题:(1)学习江泽民同志在中纪委八次全会上的讲话;(2)传达省十九县(市)、区政协工作研讨会第14次会议和市政协召开的县、区政协主席联席会议精神;(3)听取区政府关于划转企业和防汛情况通报;(4)听取区监察局关于政协委员陈兰英犯罪情况的通报。(注:经常委会研究决定撤销陈兰英政协委员资格。)

四届二十八次会议:1997年8月5日召开。主要议题:(1)学习江泽民同志在中央党校省部级干部进修班毕业典礼上的讲话;(2)听取区经计委关于全区上半年经济工作情况及下半年工作安排的通报;(3)听取区政府关于全区上半年税收情况的通报;(4)听取区政协办公室关于参加编写《芜湖政协志》的情况汇报。

(五)第五届常委会议:

1998年4月至2002年6月,五届区政协召开常委会议27次。

五届一次会议:1998年4月2日召开。主要议题:(1)学习李瑞环主席在全国政协九届一次会议闭幕式上的讲话；（2）审议通过《新芜区政协1998年二季度工作要点》；（3）审议通过《政协新芜区委员会专门委员会通则》；（4）协商任命五届区政协各专门委员会主任、副主任；（5）通报区政协主席、副主席分工情况。

五届二次会议：1998年7月14日召开。主要议题：（1）学习《中共中央关于在全党深入学习邓小平理论的通知》；（2）审议通过《新芜区政协1998年下半年工作要点》；（3）审议通过《政协新芜区委员会常务委员会工作规则（修订稿）》等规章制度；（4）听取区政协科教文卫体委员会《关于区医院公费医疗制度改革情况调查的报告》。

五届三次会议：1998年10月20日召开。主要议程：（1）学习中委1995第3号通知的主要内容及全国政协关于政治协商、民主监督、参政议政的规定；（2）审议通过《政协新芜区委员会提案工作实施细则》和《政协新芜区委员会关于完善与区委、区政府对口联系制度的意见》；（3）听取审议区政府1998年1—8月财政预算执行情况的通报和区政府1998年1—8月经济计划执行情况的通报。

五届四次会议：1999年1月19日召开。主要议程：（1）听取区政府关于提案办理情况的通报；（2）协商决定五届区政协委员增补及调整名单；（3）审议通过五届区政协常委会工作报告（讨论稿）并推荐报告人；（4）审议通过五届区政协提案委员会关于提案工作情况的报告（讨论稿）并推荐报告人；（5）协商决定五届二次会议召开的时间、议程、日程、列席人员范围等事宜。

五届五次会议：1999年2月1日召开。主要议程：（1）听取各组五届二次会议期间讨论情况的汇报；（2）听取关于提案审查情况的汇报；（3）听取各组对选举办法（草案）讨论情况汇报；（4）听取各组对常委候选人酝酿情况汇报；（5）听取各组对大会政治决议（草案）讨论情况汇报。

五届六次会议：1999年4月2日召开。主要议题：（1）学习李瑞环主席在全国政协九届二次会议闭幕会上的讲话；（2）审议通过区政协1999年工作要点；（3）审议通过各专委会1999年工作计划；（4）协商通过增设“城市建设管理委员会”及部分专委会组成人员调整名单的决定；（5）协商通过人事任免名单。

五届七次会议：1999年7月6日召开。主要议题：（1）听取区政府《关于1999年1—5月份区财政预算执行情况》的通报；（2）听取区政府《关于1999年全区经济体制改革情况》的通报；（3）听取并审议区政协城建委《关于对区境内明渠污染整治情况的调研报告》；（4）其他事宜。

五届八次会议：1999年10月8日召开。主要议题：（1）学习江泽民同志在庆祝中国人民政治协商会议成立五十周年大会上的讲话；（2）听取区政府关于1999年政协提案办理情况的通报；（3）听取区政府关于《安徽省计划生育条例》的修改情况及贯彻执行意见的通报；（4）协商决定在区政协委员中开展一次赈灾活动的意见。

五届九次会议：2000年1月10日召开。主要议题：（1）学习政协章程；（2）审议区政协五届常务委员会工作报告（讨论稿）并决定报告人；（3）审议区政协提案委员会关于五届二次会议以来提案工作情况的报告（讨论稿），并决定报告人；（4）协商讨论不再担任五届区政协委员的人员和协商决定增补五届区政协委员名单，协商讨论增补五届区政协常务委员建议名单；（5）听取区政协城建委员会《关于对新芜路4号地块开发建设情况的视察报告》。

五届十次会议:2000年1月21日召开。主要议题:(1)听取各组讨论区政协常委会工作报告和提案工作情况报告的汇报;(2)听取各组讨论“一府两院”报告的情况汇报;(3)听取各组讨论选举办法(草案)及增补常委候选人建议名单的情况汇报;(4)听取各组讨论会议政治决议(草案)情况的汇报并审议修改;(5)听取提案委员会对本次会议委员提案的审查情况汇报。

五届十一次会议:2000年3月10日召开。主要议题:(1)学习《人民政协报》关于全国政协九届三次会议的社论和市政协2000年工作要点;(2)听取区劳动局《关于扩大社保面、提高征缴率工作情况的通报》;(3)审议通过区政协2000年工作要点;(4)审议通过区政协2000年各专委会工作计划;(5)审议通过《区政协关于主席领办督办重点提案和跟踪督办重要提案办理工作的意见》;(6)审议通过《关于区政协宣传报道评选工作的意见》。区政府副区长鲍根权,区长助理、区劳动局长夏峰列席会议。

五届十二次会议:2000年6月14日召开。主要议题:(1)学习《中华人民共和国防洪法》;(2)听取区政府关于全区优化产业结构情况的通报;(3)听取城建专委会关于对我区2000年防汛准备工作视察情况的报告。

五届十三次会议:2000年9月19日召开。区政府副区长谢为群、政府办副主任潘和正、区重点办(拆迁办)主任唐盛明列席会议。会议由张求学副主席主持。主要议题:(1)学习全省政协工作会议精神;(2)听取关于六省(市)二十区县(市)政协工作研讨会议情况;(3)听取区政府办关于2000年度提案办理情况的通报;(4)听取区重点办关于饮食一条街工程建设情况的通报。

五届十四次会议:2000年12月21日召开。主要议题:(1)学习贯彻全省政协工作会议精神;(2)协商通过关于接受李友俊、焦奇俩同志辞去五届区政协常务委员职务的决定;(3)听取五届区政协委员调整情况的说明,协商通过关于增补五届区政协委员的建议名单。(4)其他。

五届十五次会议:2001年2月16日召开。主要议题:(1)审议区政协第五届委员会常务委员会工作报告(讨论稿)并决定报告人;(2)审议区政协五届常委会关于五届三次会议以来的提案工作报告(讨论稿)并决定报告人;(3)协商讨论增补区政协五届常务委员候选人建议名单;(4)协商讨论区政协五届四次会议选举办法(草案);(5)协商讨论区政协五届四次全委会议召开的时间、地点、议程、日程(草案)等有关事宜。

五届十六次会议:2001年2月27日召开。主要议题:(1)听取中共新芜区委关于增补区政协一名副主席的情况说明;(2)协商通过区政协五届委员会副主席及常委人选;(3)协商讨论五届四次会议选举办法(草案)。

五届十七次会议:2001年3月3日召开。主要议题:(1)听取各组讨论区政协常委会工作报告和提案工作报告的情况汇报;(2)听取各组讨论“一府两院”报告的情况汇报;(3)听取各组讨论选举办法(草案)及增补副主席、常委候选人建议名单的情况汇报;(4)听取各组讨论会议决议(草案)情况的汇报并审议修改;(5)听取提案委员会关于五届四次会议提案审查情况的汇报。

五届十八次会议:2001年6月15日召开。主要议题:(1)学习全国统战工作会议精神和中央领导同志的讲话;(2)听取区政府关于2001年防汛准备工作情况的通报;(3)听取区教委关于狮子山小学人事分配制度改革情况的通报;(4)听取区政协调研组关于“撤村并居”工作考察情况的汇报。

五届十九次会议:2001年9月6日召开。主要议题:(1)学习江泽民同志《在中国共产党成立八十周年大会上的讲话》;(2)听取区政府关于1—8月份全区经济运行情况的通报;(3)听取区政府关于2001年提案办理情况的通报;(4)人事事项。

五届二十次会议:2001年12月18日召开。主要议题:(1)学习江泽民、李瑞环同志关于做好反映社情民意工作的有关论述;(2)听取区政府关于社区建设工作情况的通报;(3)听取区政府关于新芜区2001年1—10月份财政预算执行情况的通报;(4)听取区政协社会法制委员会关于对公安派出所创“双满意”活动进行民主评议工作情况的报告;(5)关于社情民意征集情况的报告;(6)审议关于召开区政协五届五次会议的决定;7、关于增补区政协五届委员会常委的有关事宜。

五届二十一次会议:2002年1月11日召开。主要议题:(1)审议通过五届区政协常务委员会工作报告(讨论稿);(2)审议通过区政协常委会提案工作情况的报告(讨论稿);(3)审议通过选举办法(草案);(4)审议通过区政协五届五次会议的有关事项。

五届二十二次会议:2002年1月24日召开。主要议题:(1)听取区政协常委会工作报告和提案工作报告讨论情况的汇报;(2)听取“一府两院”报告讨论情况的汇报;(3)听取选举办法(草案)及人事事项讨论情况的汇报;(4)听取会议决议(草案)讨论情况的汇报并审议修改;(5)听取提案委员会关于五届五次会议期间提案审查情况的汇报。

五届二十三次会议:2002年3月7日召开。主要议题:(1)学习传达全市政协工作会议精神;(2)审议政协新芜区委员会2002年工作要点和工作计划。

五届二十四次会议:2002年6月1日召开。主要议题:(1)学习经省委同意转发省政协党组《关于进一步加强和改进政协工作的几个具体问题的报告》;(2)听取区政府关于社区卫生服务情况的通报;(3)听取区政府2002年防汛准备工作情况的通报。

五届二十七次会议:2003年3月28日召开。主要议题:审议区政协五届常委会工作报告(讨论稿)和提案工作报告(讨论稿);协商通过六届一次会议日程、议程;听取区委副书记和统战部长关于区政协六届一次会议委员名单、选举办法等。

(六)第六届常委会议:

2003年5月至2005年11月,六届区政协召开常委会议13次。

六届一次会议:2003年5月16日召开。讨论通过年度工作安排和要点,审议通过专委会的设置及各专委会主任、副主任人选的决定,通报了主席、副主席的分工。

六届二次会议:2003年7月24日召开。区委书记李金华到会听取常委们的汇报,并作重要讲话。会议学习了《政协全国委员会关于政治协商、民主监督、参政议政的规定》,听取了区政府办关于2003年上半年经济财政运行情况、重点项目建设情况和非典防治工作情况的通报,听取了区堤防所关于2003年防汛工作情况的通报。

六届三次会议:2003年10月28日召开。审议通过《区政协提案工作实施细则》、《区政协关于提案审查、立案标准的暂行规定》、《区政协表彰优秀提案评选办法》。办公室就《地名探源》工作情况作了通报。

六届四次会议:2003 年 12 月 26 日召开。协商讨论召开六届二次会议的有关事项,审议六届区政协《常委会工作报告》(讨论稿)和关于《提案工作报告》(讨论稿)。

六届六次会议:2004 年 3 月 10 日召开。听取区政府办公室关于全区防治高致病性禽流感工作情况的通报。审议通过《区政协 2004 年工作要点》。

六届七次会议:2004 年 6 月 18 日召开。学习《政协章程及章程修正案》。听取区建委主任关于区政府 2004 年民心工程建设情况通报。

六届八次会议:2004 年 9 月 11 日召开。传达中共新芜区七届三次全体(扩大)会议精神。听取区教育局长关于特色教育和八所学校(园)划转情况的通报。

六届九次会议:2004 年 12 月 28 日召开。协商讨论召开区政协六届三次全体会议的有关事项,审议六届常委会《工作报告》(讨论稿)和《关于提案情况的工作报告》(讨论稿)。

六届十一次会议:2005 年 3 月 16 日召开。讨论通过区政协 2005 年工作要点。

六届十三次会议:2005 年 11 月 3 日召开。学习中国共产党第十六届中央委员会第五次全体会议公报。通报政府重点项目运行情况。

三、主席会议

(一)第一届主席会议:

共召开主席办公会议 22 次。(档案资料缺失)

(二)第二届主席会议

共召开主席会议 19 次。

一次会议

1987 年 5 月 20 日召开。主席刘润枝、副主席杜佑严、潘孝淳、李兴华出席了会议(副主席汤蕴瑾因公在沪工作,请假)。会议协商讨论了主席分工、会议制度、及工作机构设置等问题。会议协商确定建立学习委员会等九个工作机构及各工作委员会负责人和组成人员名单,待提交二届一次常委会议协商后确定。

二次会议

1987 年 6 月 17 日召开。正副主席三人出席会议。会上听取了办公室汇报各工作委员会对今年下半年的工作安排计划。会议还着重讨论了学习委员会《关于组织政协委员自愿参与学习的意见》并予以同意。

三次会议

1987 年 7 月 15 日召开。主要议题:传达学习市政协党组(87)03 号文件《关于市政协今年下半年工作意见》和市政协(87)06 号文件《关于调整任命我会各工作委员会领导成员的通知》;研究了下半年如何落实各工作委员会的工作。

四次会议

1987 年 9 月 9 日召开。主要议题:研究确定区政协二届三次常委会议日程、议程(预定 9 月 12 日召开,传达全国政协工作会议精神、人事任免、区委负责同志通报工作)。

五次(扩大)会议

1987 年 10 月 31 日下午召开。主要议程:学习座谈对中国共产党第十三次全国代表大会工作报告,交流个人学习心得体会。

十一次会议

1988年9月1日召开。主要议题:(1)学习国务院第20次会议精神;(2)由办公室汇报金广闫委员为芜湖市日用搪瓷厂与香港搪瓷公司牵线搭桥的情况;(3)研究区标牌厂关于邀请区政协有关人员到该厂进行科技咨询的事宜;(4)部署区政协下一阶段工作。会议决定:(1)召开各工作委员会联席会议,总结上半年各委员会开展活动的经验,抓紧时间,争取全面完成各项活动计划;(2)邀请本届和上届政协委员中从事教育工作的委员,参加第四个"教师节"的庆祝活动;(3)祖国统一工作委员会邀请有"三胞"关系的委员,举行"中秋茶话会";(4)接受区标牌厂的邀请,商请部分科技人员到该厂进行科技咨询论证工作。

十四次会议

1988年12月13日召开。刘润枝主持,杜伯严副主席汇报省政协工作会议简况,传达省政协朱俊杰主席的工作报告和省委书记卢荣景重要讲话精神及省政协工作暂行条例。会上商讨了政协工作总结提纲及下一年度工作要点。会议听取了政协委员提案办理情况及法制委员会赴王家巷、吉和街两所小学进行对高年级学习近年来开展法制教育和学生中违纪、违法、犯罪情况的调查汇报,会议原则通过,并要求向市政协法制委员会作出报告。

十九次会议

1989年7月2日下午召开。会上,学习了党的十三届四中全会公报,与会领导进行了热烈的讨论。大家一致认为,党的十三届四中全会是在首都平息反革命暴乱取得重大胜利,党和国家处于关键时刻召开的,是一次具有深远历史意义的极为重要的会议。通过对四中全会公报精神的多次学习,进一步澄清了是非,提高了认识,明确了方向,坚定了信心,一致表示坚决拥护四中全会各项决议和决定,要联系全区实际,认真抓好四件大事,为全面完成全年各项奋斗目标作出自己的贡献。会议还听取了区政协办公室汇报了二届三次全会以来各工作委员会开展活动情况的汇报。

(三)第三届主席会议

本届政协期间,每次常委会、全委会前及重大事情前夕,都首先召开主席办公会,协商研究相关事宜。

1990年7月10日召开主席办公会。主要议题:协商讨论主席、副主席分工及机构设置、人事安排;研究讨论区政协1990年工作要点;研究讨论区政协常务委员会工作规则、各专门委员会组织通则;研究讨论区政协《关于政治协商、民主监督的暂行规定》。

1990年8月8日召开主席办公会,会议学习中共中央、中发(90)10号,中办通报第22期和安徽省委皖发(90)18号文件,研究安排三届三次常委会日程、议程。

1990年9月5日召开主席办公会,学习传达省委书记卢荣景重要讲话和市委统战工作会议精神;协商研究有关视察事宜。

1991年11月8日召开主席办公会,主要议题:(1)学习江泽民在中央工作会议上的讲话;(2)自学人权白皮书;(3)讨论订阅《人民政协报》事宜等。

1992年2月21日召开主席办公会,研究三届三次全委会筹备工作。

1992 年 4 月 14 日召开主席办公会，主要议程：(1)学习中共(92)2 号文件；(2)传达市政协会议有关文件精神；(3)讨论 1992 年工作计划等。

1992 年 7 月 7 日召开主席办公会，研究常委视察防汛工作。

1992 年 8 月 19 日召开主席办公会，研究第十七次常委会召开事宜。

1992 年 10 月 10 日召开主席会议，学习换届有关文件。

1992 年 11 月 27 日召开主席会议，传达中共十四大精神，传达南京七省二十五区(县)政协联谊会情况等。

1993 年 3 月 3 日召开主席会议，讨论三届常委会工作报告，通过四届委员名单。

(四)第四届主席会议

一次会议

1993 年 4 月 5 日召开。协商研究主席的分工。分工如下：汪国兴主持政协全面工作，侧重抓经济委员会工作；甘良祥协助主持抓全面工作，分管学习宣传委员会、社会法制委员会、提案工作委员会及政协办公室。李友俊分管祖国统一联谊委员会、文史资料委员会；段开福分管经济委员会；李保明分管文化教育委员会；佘建中分管科技委员会；宋静波分管医卫委员会。

二次会议

1993 年 5 月 11 日召开。各专门委员会主任汇报全年工作。

三次会议

1993 年 6 月 28 日召开。研究决定第三次常委会议时间内容。

驻会主席办公会议

1993 年 7 月 22 日召开。通报区生产情况、党务工作。

四次会议

1993 年 8 月 5 日召开。听取各位对下半年工作的意见和建议。

五次会议

1993 年 9 月 28 日召开。研究第五次常委会的时间和内容。

六次会议：

1993 年 12 月 7 日召开。研究协商增补四届政协委员。

七次(扩大)会议

1994 年月 19 日召开。宣布人事任免和机构变化情况。

八次会议

1994 年 2 月 26 日召开。协商讨论四届二次会议有关事宜。

九次会议

1994 年 4 月 1 日召开。专题调查(永年针织厂牵头的集团可行性事宜)。

十次会议

1994 年 6 月 3 日召开。讨论研究政协办实体的情况。

十一次会议

1994 年 7 月 21 日召开。通报政协实体情况。

十二次会议

1994 年 10 月 6 日召开。各专委会工作情况、十二次常委会议时间。

十四次会议

1995 年 2 月 16 日召开。讨论四届三次会议有关事宜。

十五次会议

1995 年 4 月 27 日召开。讨论个别委员调整的问题。

十六次（扩大）会议

1995 年 8 月 30 日召开。区委组织部通报推荐副区长人选事宜。

十八次会议

1996 年 1 月 23 日召开。关于召开四届四次会议的准备工作。

十九次会议

1996 年 4 月 2 日召开。研究各专委会人事安排。

二十次会议

1996 年 5 月 27 日召开。区委组织部向驻会常委通报中层干部情况。

二十一次会议

1996 年 5 月 31 日召开。研究增补三名政协委员。

二十二次会议，

1997 年 1 月 24 日召开。研究召开四届五次全体会议事宜。

二十三次（扩大）会议

1997 年 4 月 11 日召开。讨论研究 1997 年区政协工作要点、各专委会工作。

二十四次会议

1997 年 5 月 20 日召开。研究撤销陈兰英政协委员资格的事宜。

二十五次会议

1997 年 6 月 22 日召开。听取区经委主任关于区直企业改制工作安排。

二十六次（扩大）会议

1997 年 9 月 15 日召开。总结四届政协各项工作。

二十七次会议

1997 年 11 月 7 日召开。研究区政协换届工作。

二十八次（扩大）会议

1998 年 2 月 23 日召开。研究四届二十八次常委会议时间内容。

（五）第五届主席会议

五届新芜区政协共召开主席会议 25 次。

一次会议

1998 年 3 月 26 日召开。主要议题：协商通过各专委会设置及主任、副主任名单；协商讨论主席会成员分工；讨论专委会通则的修改；讨论二季度工作要点。

二次会议

1998 年 4 月 20 日召开。主要研究办公室的职责、范围、人员分工和有关制度。

三次会议

1998 年 7 月 6 日召开。主要讨论通过下半年工作要点，讨论通过有关规则，听取讨论科教文卫体委员会关于医疗改革调研报告。

四次会议

1998 年 8 月 20 日召开。听取区政法委关于全区政法队伍整顿教育情况的通报。

五次会议

1998 年 10 月 9 日召开。主要议题：学习中委(95)13 号文件和全国政协规定；讨论审议区政协与区委、区政府对口协商办法；讨论审议区政协提案工作细则(草案)。

六次会议

1998 年 12 月 24 日召开。主要讨论五届二次会议日程、议程安排等有关事宜。

七次会议

1999 年 1 月 11 日召开。主要议题：讨论通过五届二次全会议程等；审议讨论常委会工作报告和提案工作报告。

八次会议

1999 年 4 月 6 日召开。主要议题：研究 1999 年度工作要点(讨论稿)；研究各专委会 1999 年度工作计划；讨论增设城市建设管理委员会及部分专委会人员调整名单；协商讨论五届六次常委会召开时间、议程等。

九次会议

1999 年 6 月 7 日召开。主要议题：部署开展市、区公安派出所工作民主评议工作等。

十次会议

1999 年 6 月 28 日召开。主要议题：研究五届七次常委会议议题；听取区政府关于经济体制改革和财政税收情况的通报；听取区城建委关于明渠治污调查报告。

十一次会议

1999 年 8 月 27 日召开。主要议题：听取办公室关于举办纪念人民政协成立 50 周年庆祝活动安排的汇报。

十二次会议

1999 年 9 月 27 日召开。主要议题：听取 1999 年度提案办理情况的通报；关于举办赈灾捐款活动。

十三次会议

1999 年 12 月 2 日召开。主要研究讨论五届三次会议等事宜。

十四次会议

1999 年 12 月 28 日召开。审议五届政协常委会工作报告和提案工作报告等。

十五次会议

2000 年 3 月 4 日召开。主要议题：审议 2000 年新芜区政协工作要点和各专委会工作计划；审议区政协关于主席会议、督办、办理提案制度的意见；关于区政协宣传报道评议工作的意见。

十六次会议

2000 年 5 月 11 日召开。主要议题：审议确定年度重点提案并落实领办、督办事宜；

审议通过对1999年度宣传报道做出成绩的人员给予表彰的决定。

十七次会议

2000年7月22日召开。主要议题：五届三次会议立案情况、交办重点提案情况；法制专委会汇报全市、区公安派出所“民主评议”评议情况。

十八次会议

2000年9月13日召开。主要议题：研究五届十三次常委会召开时间和内容安排。

十九次会议

2000年10月13日召开。主要议题：传达参加全国政协第25期干部培训班（北戴河）学习培训情况；传达全省政协工作会议上王太华、方兆祥讲话精神。

二十次会议

2000年12月10日召开。主要议题：研究关于调整增补委员。

二十一次会议

2001年2月13日召开。主要研究讨论五届四次会议等有关事宜。

二十二次会议

2001年3月13日召开。主要议题：传达党组会议精神；研究调整主席分工（部分）。

二十三次会议

2001年4月3日召开。主要研究讨论2001年政协工作要点。

二十四次会议

2001年5月17日召开。主要议题：传达市政协召开的政协主席联谊会有关精神；研究五届十八次常委会的议题、时间等工作。

二十五次会议

2001年6月6日召开。主要议题：社区建设工作的实施意见书（征求意见稿）；研究2001年重点提案的确定；研究讨论2001年对公安派出所创“双好”活动的评议工作。

（六）第六届主席会议

一次会议

2003年5月9日召开。讨论主席工作的分工，审议决定设立6个专门委员会，研究各专委会主任和副主任人选，讨论部署了2003年工作要点。

二次会议

2003年6月12日召开。听取审议各专委会年度工作计划，研究部署新委员培训事宜，审议拟提交六届二次常委会议讨论的有关规章制度，研究六届二次常委会议题。

三次会议

2003年7月3日召开。会议听取学习宣传委员会工作计划的汇报，审议六届二次常委会日程、议程事宜。

四次会议

2003年8月12日召开。会议对《关于开展新芜区社区地名探源工作的实施方案》做了研究，拿出了如何落实的具体意见，研究部署关于开展广泛征集社情民意信息的事宜，审议通过《区政协办公室工作规则》。

五次会议

2003年10月20日召开。审议区政协提案委员会《提案工作实施细则》、《关于提案审查立案标准的暂行规定》，审议《区政协关于表彰优秀提案、先进承办单位和办案人员的评选办法》，审议六届三次常委会日程、议程事宜等。

六次会议

2003年11月24日召开。主席、各位副主席对今年各自分管的工作进行了小结通报，各专委会主任就活动开展情况分别作了报告，协商讨论了召开区政协六届二次全体会议的有关事项。

七次会议

2003年12月19日召开。审议六届二次常委会工作报告、提案工作报告、报告人，研究六届四次常委会事宜等。

八次（扩大）会议

2004年2月9日召开。协商讨论2004年各专委会活动安排。

九次（扩大）会议

2004年2月24日召开。讨论审议区政协2004年工作要点，协商讨论六次常委会时间、内容等。

十次会议

2004年3月31日召开。主要内容：传达市政协"关于举办'三个代表'重要思想学习研讨班的通知"。

十一次会议

2004年6月10日召开。主要协商讨论六届七次常委会的议程、时间等。

十三次（扩大）会议

2004年11月23日召开。协商讨论六届三次全委会的准备工作。

十六次会议

2005年3月9日召开。研究六届三次会议新增补委员安排相关专委会等事宜。

十七次会议

2005年4月20日召开。听取各专委会工作计划汇报。

十八次会议

2005年6月13日召开。研究调整副主席的分工等。

十九次会议

2005年8月24日召开。研究召开七省28县市政协工作研讨会事宜。

二十二次会议

2005年10月25日召开。研究六届十三次常委会议的主题。

四、其他重要会议

（一）政协工作会议

1987年6月24日下午，区政协召开二届第一次各工作委员会负责人联席会议，协商确定下半年各工作委员会的活动计划。同年，9月26日，召开第二次联席会议。会上，各工作委员会交流了换届以来的活动开展情况。

1987 年 10 月 23 日下午,区政协召开全体委员会议。重点传达全国地方政协工作组(委)会议和省政协工作组(委)工作会议精神。

1988 年 9 月 2 日上午,区政协召开各工作委员会联席会议,总结交流上半年活动开展情况;对四季度活动进行总体安排和部署。

2003 年 6 月 19—20 日,区政协组织新委员进行政协基础理论知识和提案基本知识业务学习培训。

2003 年 11 月 6 日,区政协邀请市委党校潘肃明副教授作"现代化建设中的小康社会"理论报告,近百名政协委员和区直部委办局及街道办事处负责人参加。

(二)政协工作研讨会

为了在全区深入地学习和研究统一战线理论,以指导统战工作更好地服务于新时期总任务,在区委的关怀下,成立了以区委统战部长、区政协常委孙裕洲为组长的新芜区统一战线理论研究筹备组。

1987 年 8 月 29 日,区政协副主席杜伯严,政协委员陆企霄、范丛、汪英明、沙翊昌、朱成霞、李保明、金美珠、吕和声等出席第一次会议。会上就开展统战理论研究的目的、意义及学术探讨中贯彻"双百"方针精神进行了座谈,学习了《台声》杂志 1986 年第 6 期"一国两制是中国和平统一的最佳模式"文章,印发了新时期统一战线理论研究中一些问题汇摘。

1987 年 11 月 28 日下午,新芜区统一战线理论研究会召开会议,专题举办《一国两制》理论研讨。

(三)专题建言会

1988 年 5 月 31 日下午,区政协召开"振兴新芜区区街企业经济献计献策座谈会"。区委、区政府、区政协主要负责人到会听取意见。

1990 年 2 月 19 日,区政协召开常委及部分委员中共中央《关于坚持和完善中国共产党领导的多党合作和政治协商制度的意见》座谈会。

第三节 2006—2014 年镜湖区政协会议

一、全体会议

(一)第七届全体会议

区划调整以后的新的镜湖区政协第七届委员会于 2006 年 6 月至 2012 年 2 月,先后召开了 6 次全体会议。

1. 第一次会议

2006 年 6 月 21 日至 23 日,七届一次会议在镜湖区机关大礼堂召开。这是芜湖市区划调整以后,镜湖区召开的第一次政协全体会议。在举行开幕式前,大会召开了预备会。区政协筹备组成员周玉良代表镜湖区政协筹备组就新一届政协委员的推选及七届一次会议的日程安排等工作，向大会作了报告。

区政协筹备组成员季业保主持了开幕式。区委、区人大、区政府、区纪委、区人武部的主要负责人韩卫民、朱建平、陈家本、茆振文等出席了开幕式、闭幕式。

区政协筹备组成员、七届一次会议主席团常务主席曹天民向大会作了题为“凝心聚力共谋发展为镜湖区经济和社会发展献计出力”的工作报告。

会议听取了镜湖区代区长陈家本作的《政府工作报告》，区人民法院、区人民检察院向大会作了书面工作报告，区财政局向大会作了书面《财政预算（草案）报告》。

根据市委组织部、市委统战部文件通知，政协镜湖区第七届委员会委员规模定为200名，第一次会议实际安排委员196名，会议根据政协章程和政协换届工作的有关规定和要求，通过民主协商和选举，产生了由曹天民为主席、周玉良、季业保、鲁厚义、黄启明、丁劲松、黄少雄为副主席，及常务委员33人组成的七届常务委员会。

会议要求，全体政协委员要在中共镜湖区委的领导下，认真贯彻中共十六大和十六届四中、五中全会精神，高举邓小平理论和“三个代表”重要思想伟大旗帜，紧密地团结在以胡锦涛为总书记的中共中央周围，团结和联系各界群众，调动一切积极因素，团结一致，扎实工作，以新的姿态、新的思路、新的作风和新的作为，把区政协工作不断推向前进，为镜湖区经济和社会的跨越式发展做出贡献！

2.第二次会议

2007年1月29日至31日，七届二次会议在镜湖区大礼堂召开。中共镜湖区委书记韩卫民到会并讲话。会议听取和审议了区政协副主席周玉良作的《镜湖区第七届委员会常务委员会工作报告》、副主席黄启明作的《关于七届一次会议以来提案工作情况的报告》。

全体委员列席了镜湖区第十五届人民代表大会第二次会议，听取和协商讨论了代区长卢仓报所作的《镜湖区人民政府工作报告》。

会议听取和协商讨论了区财政局局长夏峰《2006年财政预算执行情况和2007年财政预算（草案）的报告》、区人民法院院长李强国的《镜湖区人民法院工作报告》、《区检察长吴敏的检察院工作报告》。

会议采取举手表决的方式，补选燕国群为七届委员会副主席。

3.第三次会议

2008年1月21日至23日，七届三次会议在镜湖区大礼堂举行。

会议听取和审议了由政协副主席季业保代表镜湖区政协第七届委员会常务委员会所做的工作报告；听取和审议了政协副主席黄启明所做的《第二次会议以来提案工作情况的报告》。

会议听取并讨论了区长卢仓报所作的《政府工作报告》；讨论了区人民法院、区人民检察院工作报告、区经发改委的《镜湖区2007年经济和社会发展计划执行情况和2008年经济和社会发展计划（草案）的报告》以及区财政局《关于2007年财政预算执行情况和2008年财政预算》（草案）的报告。会议期间，委员们还实地视察了区重点工程建设。

中共镜湖区委书记韩卫民参加了闭幕式并发表了重要讲话。

4. 第四次会议

2009 年 3 月 24 日至 26 日,七届四次会议在镜湖区大礼堂举行。

会议听取和审议了政协副主席鲁厚义代表镜湖区政协第七届委员会常务委员会所做的工作报告;听取和审议了政协副主席季业保所做的七届委员会第三次会议以来提案工作情况的报告。

会议认真听取并协商讨论了代理区长程刚所作的《政府工作报告》,李强国院长所作的《镜湖区人民法院工作报告》、吴敏检察长所作的《镜湖区人民检察院工作报告》,听取和协商讨论了区经济和发展改革委员会主任刘湛发《关于镜湖区 2008 年经济计划执行情况和 2009 年经济计划草案的通报》、副区长兼财政局局长夏峰《关于镜湖区 2008 年预算执行情况和 2009 年草案的报告》。

中共镜湖区委书记卢仓报出席了会议并发表了重要讲话。

5. 第五次会议

2010 年 1 月 20 日至 22 日七届五次会议在镜湖区大礼堂召开。

会议听取并审议了黄少雄副主席代表区政协第七届常务委员会所作的工作报告和季业保副主席所作的《关于七届四次会议以来提案工作情况的报告》。

会议认真听取并协商讨论了程刚区长所作的《政府工作报告》、李强国院长所作的《镜湖区人民法院工作报告》、吴敏检察长所作的《镜湖区人民检察院工作报告》、刘湛发主任所作的《关于镜湖区 2009 年经济计划执行情况和 2010 年经济计划草案的报告》以及吴文斌局长所作的《镜湖区 2009 年预算执行情况和 2010 年草案的报告》。

四次会议后,政协常委 4 人到龄退休,1 人病故,按照政协章程规定辞去 5 位常委职务。2009 年 12 月,接市委组织部组干一[2009]340 号文件,政协主席曹天民已到退休年龄,本人向区政协常务委员会申请辞去政协主席职务,大会召开期间区政协常务委员会接受并批准了曹天民辞去区政协主席的请求。根据《中国人民政治协商会议章程》第四十三条规定,中国人民政治协商会议各级地方委员会,设主席、副主席若干人和秘书长,会议决定补选政协镜湖区第七届委员会主席 1 名、秘书长 1 名、常务委员 4 名。经过大会全体委员的选举表决通过了茆振文为区政协主席,章启文为区政协秘书长,孙书孝、徐宏霞、奚要武、董德午 4 人为区政协常务委员。

中共镜湖区委书记卢仓报出席了会议并发表了重要讲话。

6. 第六次会议

2011 年 2 月 20 日至 22 日,七届六次会议在镜湖区大礼堂举行。

会议听取并审议了燕国群副主席代表七届区政协常委会所作的工作报告和季业保副主席所作的提案工作报告。会议听取并协商讨论了区人民政府副区长谢兵受区长程刚委托所作的《政府工作报告》,区人民法院院长李强国所作的《镜湖区人民法院工作报告》,区人民检察院检察长吴敏所作的《镜湖区人民检察院工作报告》,区经发改委副主任邵忠发所作的《关于镜湖区 2010 年经济计划执行情况和 2011 年经济计划草案的报告》、区财政局局长戴鸣所作的《关于镜湖区 2010 年预算执行情况和 2011 年预算草案的报告》会议通过选举,增补王东方(女)、张武、胡昌荣、赵苏宁、董正凯为区政协常委。

中共镜湖区委书记卢仓报出席会议并发表了重要讲话。

（二）政协镜湖区第八届委员会全体会议

1. 第一次会议

八届一次会议于2012年2月15日至18日在镜湖区大礼堂举行。会议听取并审议了七届政协主席茆振文所作的《政协镜湖区第七届委员会常务委员会工作报告》、副主席鲁厚义所作的《政协镜湖区第七届委员会常务委员会提案工作报告》。会议认为，七届区政协在中共镜湖区委的领导下，以科学发展观统领各项工作，牢牢把握团结民主两大主题，围绕中心，服务发展，积极履行政治协商、民主监督、参政议政职能，各项工作取得显著成效。会议一致赞同常委会工作报告和提案工作报告。

会议听取并协商讨论了区长程刚所作的《政府工作报告》，区人民法院院长郑必宏所作的《镜湖区人民法院工作报告》和区人民检察院检察长李晓玲所作的《镜湖区人民检察院工作报告》，协商讨论了《关于镜湖区2011年经济计划执行情况和2012年经济计划（草案）的报告》、《关于镜湖区2011年预算执行情况和2012年预算（草案）的报告》。与会委员对上述五个报告均表示赞同并提出了一些意见和建议。

会议选举产生了以茆振文为主席，鲁厚义、邹维琴（女）、奚要武、谭闽月（女）为副主席、章启文为秘书长，及丁毅、王传昌、王何能、邓恒先、江琳（女）、许苏平等36名常委组成的政协第八届常务委员会。

会议审议并通过了区政协八届一次会议决议。

中共镜湖区委书记卢仓报出席了会议并发表了重要讲话。

2. 第二次会议

2012年9月24日至25日，八届二次会议在镜湖区大礼堂召开。会议听取了区委常委、区常务副区长陈海俊所做的"关于2012年民生工程实施情况的通报"并进行了分组讨论。会议学习讨论了《中共镜湖区委关于进一步加强新形势下人民政协工作的实施意见》（征求意见稿）；学习了《镜湖区政协提案工作细则》、《镜湖区政协委员履行职责考核办法（试行）》和《镜湖区政协信息和宣传报道奖励办法》等文件。

会议通过选举，增补甄长海为副主席，杨珍（女）为秘书长，章启文为常委。鲁厚义辞去副主席一职，转任区政协党组专职副书记。

中共镜湖区委书记卢仓报到会发表了重要讲话。

3. 第三次会议

2013年2月25日至27日，八届三次会议在镜湖区大礼堂召开。会议听取并审议了邹维琴副主席代表八届区政协常委会所作的工作报告和鲁厚义副书记代表八届区政协常委会所作的提案工作报告。会议同意这两个报告。

会议听取并协商讨论了孙跃文区长所作的《政府工作报告》，郑必宏院长所作的《镜湖区人民法院工作报告》和李晓玲检察长所作的《镜湖区人民检察院工作报告》，协商讨论了《关于镜湖区2012年经济计划执行情况和2013年经济计划（草案）的报告》、《关于镜湖区2012年预算执行情况和2013年预算（草案）的报告》。与会委员对上述五个报告均表示赞同并提出了一些建设性的意见和建议。

会议通过了政治决议，并讨论了全年的活动计划。

中共镜湖区委书记贺东到会发表重要讲话。

4. 第四次会议

2014年2月25日至27日,八届四次会议在镜湖区政府大礼堂举行。会议审议并通过了茆振文主席代表八届区政协常委会所作的工作报告和鲁厚义副书记代表八届区政协常委会所作的提案工作报告。

会议听取并讨论了孙跃文区长所作的《政府工作报告(协商稿)》、郑必宏院长所作的《镜湖区人民法院工作报告(协商稿)》和张宁代理检察长所作的《镜湖区人民检察院工作报告(协商稿)》,讨论了《关于镜湖区2013年经济计划执行情况和2014年经济计划草案的报告(协商稿)》、《关于镜湖区2013年预算执行情况和2014年预算草案的报告(草案)》,提出了积极的意见和建议。

区委书记贺东出席了会议,并作了重要发言。

会议表彰了政协提案办理工作先进单位和优秀提案先进个人。

会议通过选举,增补陈国强为副主席,张晓玲、甘培熙为常委。

会议通过了政治决议,号召区政协各参加单位和全体政协委员,要在中共镜湖区委的坚强领导下,以更加奋发的精神状态和更加务实的工作作风,齐心协力,开拓创新,扎实工作,为建设繁荣、秀美、人文、和谐、幸福的现代化新镜湖作出新的更大贡献!

二、常委会议

(一)第七届常委会议

七届区政协六年共召开常委会议35次。

1. 一次常委会议

2006年7月28日召开,区政协主席、副主席、秘书长和全体常委出席会议。会议根据政协章程规定,结合镜湖区实际情况,协商决定设置7个工作委员会:提案工作委员会、经济工作委员会、教科工作委员会、文卫体工作委员会、社会和法制工作委员会、城建城管工作委员会、港澳台侨工作委员会。并审议通过了对7个工作委员会主任、副主任的人事任命。

会议审议通过了《镜湖区政协2006年各工作委员会活动计划》。

2. 二次常委会议

2006年10月31日召开,区政协主席、副主席、秘书长和全体常委出席会议。会议学习了中共十六届六中全会文件,传达了全省政协工作会议精神,讨论了《中国人民政治协商会议镜湖区委员会关于各工作委员会和区委、政府各部门加强对口协商的意见(征求意见稿)》;听取和讨论了区政协提案工作委员会《关于重点提案督办情况的汇报》,听取并讨论区政协教科工作委员会《关于教育均衡发展专题调研报告》。

3. 七次常委会议

2007年6月29日召开,区政协主席、副主席、秘书长和全体常委出席会议。会议传达了市委、区委政协工作会议精神,听取了区政府主要领导关于2007年上半年经济运行情况和下半年工作打算的通报。并就政府通报进行了协商讨论,对政府的工作给予了充分的肯定,同时就加强重点工程项目建设、加强安置房经济适用房建设、加强市容管理、依法行政等方面提出了一些建设性的意见和建议。

4. 十四次常委会议

2008 年 7 月 30 日召开。会上，有常委提出区政府在拆违工作中应进一步提高透明度，拆迁政策应向弱势群体倾斜等建议，区政府领导当场责成政府办公室督办，协商建议落到实处。

5. 二十三次常委会议

2010 年 1 月 20 日（七届五次全会期间）在区政务大楼四楼政协大会议室召开。区政协党组书记茆振文、副主席和全体常委出席会议。会议由周玉良副主席主持。会议同意曹天民辞去主席职务，协商讨论了选举办法，听取了主席、常委、秘书长建议人选名单的说明。

6. 二十五次常委会会议

2010 年 3 月 25 日在区政务大楼四楼政协大会议室召开。区政协主席、副主席、秘书长和全体常委出席会议。会议由副主席燕国群主持。会议审议通过区政协 2010 年工作要点，审议通过《区政协领导联系委员制度》，审议通过《关于开展镜湖区政协委员结对帮扶特困家庭活动实施意见》，通报区政协主席、副主席、秘书长工作分工情况，审议通过区政协办公室主任任免，审议通过区政协委员增补事项，审议通过区政协部分工作委员会主任、副主任名单。

7. 二十六次常委会议

2010 年 6 月 30 日在区政务大楼六楼会议室召开。区政协主席、副主席、秘书长和全体常委出席会议。区政府副区长刘琪应邀出席。会议由副主席黄少雄主持。会议主要内容为：（1）邀请安徽师范大学经济管理学院副教授马骥做“低碳经济与低碳生活”知识讲座；（2）会议听取区人民法院院长李强国关于审判监督工作及今年上半年工作进度、下半年工作计划的汇报；（3）听取区文明办主任杨珍关于文明创建工作情况的汇报；（4）听取副区长刘琪就镜湖区近期文明创建和市容管理工作情况所作的介绍。

会上，政协主席茆振文就下阶段政协结对帮扶工作和政协领导联系委员两项制度，美化绿化、环境保护、文明创建三项督查工作及招商引资工作进行部署。

会议还进行了人事任免事项。

8. 二十七次常委会议

2010 年 9 月 30 日在区政务大楼六楼会议室召开。区政协主席、副主席、秘书长和全体常委出席会议。区委常委、副区长陈海俊应邀出席会议。政协委员街道联络组组长列席会议。会议由副主席周玉良主持。会议听取区政府办公室关于 2010 年提案工作办理情况的通报，听取区民生办公室关于 2010 年民生工程进展情况的通报，听取区政协办公室关于区政协委员街道联络组工作情况的汇报，讨论通过《镜湖区政协委员街道联络组工作规则》。

9. 二十八次常委会议

2010 年 12 月 29 日在区政务大楼六楼会议室召开。区政协主席、副主席、秘书长和全体常委出席会议。政协委员街道联络组组长列席会议。副主席季业保主持会议。会议主要议程为：听取程刚区长作的关于制定镜湖区国民经济和社会发展第十二个五年规划建议的报告，讨论《镜湖区国民经济和社会发展第十二个五年规划》，听取区政协各工作委员会关于2010年工作总结和2011年工作安排情况的汇报。

10. 七届三十三次常委会议

2011年7月20日召开。区政协主席、副主席、秘书长和全体常委出席会议。会议议程为:(1)听取区政府关于2011年上半年工作情况的通报;(2)协商通过区政协第七届委员会委员调整事宜;(3)协商通过区政协第七届委员会专委会主任任免事项;(4)中共芜湖市委党校教授陈丽应邀作"学习胡锦涛在庆祝中国共产党成立90周年大会上的讲话"辅导。

11. 三十五次常委会议

2012年2月3日召开。这政协主席副主席、秘书长和全体常委出席会议。会议协商研究了召开第八届委员会第一次会议相关问题和会议议程。通过了提案审查委员会组成人员的提名名单。

(二)第八届常委会议

1. 一次常委会议

2012年3月28日,在区政务大楼六楼会议室召开。区政协主席、、副主席、秘书长及全体常委参加了会议;区政府副区长王芳应邀出席会议。

会议协商通过了政协镜湖区第八届委员会关于设置各专门委员会的决定及各专门委员会主任、副主任任命决定。协商讨论并通过《镜湖区政协2012年工作要点(协商稿)》、《镜湖区政协委员街道联络组工作意见(协商稿)》。区教育局范友好局长作了"大力发展学前教育,推进学前教育均衡发展"的情况通报。与会人员围绕我区学前教育工作展开热烈的讨论,并提出一些建议和意见。区政协主席茆振文在会上作了"切实发挥政协常委会作用,努力做好政协工作"的讲话。

2. 二次常委会议

2012年6月27日召开。区政协主席、副主席、秘书长及全体常委出席了会议。会议邀请区政府副区长徐平、区住建委、文广新局负责人及各街道联络组长列席会议。会议由邹维琴副主席主持。

会议传达学习了全省政协工作会议主要精神,协商通过了《政协镜湖区提案工作细则》。会议专题听取了区文广新局关于我区文化事业发展情况和区住建委关于全区大绿化工作情况的通报。区政府副区长徐平重点介绍了我区打造"秀美镜湖"的主要内容、工作思路和举措。最后,茆振文主席作了重要讲话,他希望常委会成员要带头深入做好调研工作,为我区加快构建"五型镜湖"做出应有的贡献。

3. 三次常委会议

2012年9月14日召开。区政协主席、副主席、秘书长及全体常委出席会议。区委统战部、区政府办相关人员、各联络组长及区人大代表1名应邀列席会议。区政协主席茆振文主持会议并讲话。

会议听取了区政府办关于2012年提案办理情况的通报。审议通过了《镜湖区政协委员履行职责考核办法(试行)》,听取了区委统战部关于区政协八届委员会委员调整名单的情况说明。会议还审议通过了区政协八届二次全会有关事宜,协商通过了《关于表彰镜湖区先进政协街道联络组的决定》和《镜湖区政协信息和宣传报道奖励办法》。

4. 五次常委会议

2012 年 9 月 25 日召开。会议协商提出了区第八届委员会第二次会议副主席、秘书长、常务委员正式候选人名单。

5. 六次常委会议

2013 年 1 月 23 日召开。会议由副主席谭闽月主持。会议主要议:表彰先进联络组,表彰“政协委员看民生”摄影展获奖单位和个人,协商通过区政协第八届委员会委员调整名单,听取各专门委员会关于 2012 年工作情况和 2013 年工作计划的汇报,协商讨论区政协第八届委员会常务委员会工作报告并确定报告人,协商讨论区政协第八届委员会常务委员会关于八届一次会议以来提案工作情况的报告并确定报告人,协商通过区政协第八届委员会第三次会议议程和日程安排。

6. 八次常委会议

2013 年 4 月 24 日召开。会议由副主席奚要武主持。会议主要议程:听取区民政局关于社区管理体制改革工作情况的汇报,人事任免,协商通过《镜湖区政协 2013 年工作要点》,协商通过《镜湖区政协先进联络组及优秀联络员评选办法》,协商通过《镜湖区“双尽职”优秀政协委员评选办法》。

7. 九次常委会议

2013 年 7 月 1 日召开。会议由主席茆振文主持。会议主要议程:听取了区委常委、区人武部部长倪从启做的国防知识讲座,听取区文明办关于文明创建工作的情况汇报,协商讨论《关于抢救芜湖“三画”等传统工艺美术技艺的建议案》。

8. 十次常委会议

2013 年 10 月 16 日召开。会议由主席茆振文主持。会议主要议程:学习《中共芜湖市委关于推进人民政协政治协商制度建设的实施意见》,听取区政府关于 2013 年政协提案办理情况的汇报,听取区人民检察院检察长李晓玲关于反渎职侵权工作情况的通报。

9. 十一次常委会议

2014 年 1 月 24 日召开。会议由副书记鲁厚义主持。会议主要议程:协商通过区政协第八届委员会委员调整名单,听取区政协各专委会关于 2013 年工作情况和 2014 年工作计划的汇报,协商通过区政协第八届委员会第四次会议议程,协商通过区政协第八届委员会第四次会议日程,协商讨论区政协第八届委员会常务委员会工作报告并确定报告人,协商讨论区政协第八届委员会常务委员会提案工作报告并确定报告人,协商通过对优秀提案、先进承办单位的表彰决定。

10. 十四次常委会议

2014 年 4 月 2 日召开。区政协主席、党组副书记、副主席、秘书长及全体常委出席会议,分管民政工作的副区长吴永生应邀出席会议,政协各联络组组长列席会议。会议由谭闽月副主席主持。会议主要议程:听取区民政局关于养老服务体系建设的情况通报;通报区政协领导分工情况;通报 2014 年度重点民主协商活动计划安排;协商通过区政协第八届委员会委员调整名单;协商通过人事任免事宜;协商通过《镜湖区政协 2014 年工作要点》。

11. 十五次常委会议

2014 年 6 月 25 日召开。区政协主席、党组副书记、副主席、秘书长及全体常委出席会议,区委常委、宣传部长赵继红应邀出席会议,政协各联络组组长列席会议。副主席甄长海主持会议。会议主要议程:听取区文广新局关于构建现代公共文化服务体系、全面推进文化发展的情况通报,听取区政协文卫体委员会关于构建现代公共文化服务体系、全面推进我区文化发展调研情况的汇报,听取区市容局关于 2014 年工作情况的通报;协商通过区政协第八届委员会委员调整名单;协商通过人事任免事宜;协商通过关于构建现代公共文化服务体系、全面推进文化发展的建言报告。

12. 十六次常委会议

2014 年 9 月 17 日召开。区政协主席、党组副书记、副主席、秘书长,全体常委出席会议,区委常委刘琪、区委常委、副区长吴文斌应邀出席会议,政协各联络组组长列席会议。陈国强副主席主持会议。会议主要议程:听取并讨论经济委员会关于《镜湖区电子商务发展情况调研报告》,听取并讨论社会和法制委员会关于《以信息化为支撑,以网格化为基础全面提升社会服务管理现代化水平》的调研报告,协商通过《关于加大扶持电子商务企业实行全区商业服务业快速发展的战略建言报告》,协商通过《关于以信息化为支撑,以网格化为基础全面提升社会服务管理现代化水平的建言报告》。

三、主席会议

(一)第七届主席会议

七届政协六年共召开主席会议 55 次。

一次会议

2006 年 7 月 4 日在镜湖区政务大楼四楼政协会议室召开。曹天民主席主持会议。会议主要议题是讨论主席、常委的工作分工,并就新一届的委员分组与区政协的招商引资工作进行研究。

二次会议

7 月 20 日在镜湖区政务大楼四楼政协会议室召开,曹天民主席主持会议。会议主要议题有:讨论七届一次常委会的议题,专委会的设置与负责人的人选,通过下半年政协工作要点,讨论制定相关制度。

三次会议

8 月 25 日在镜湖区政务大楼四楼政协会议室召开,曹天民主席主持会议。会议议题为:讨论提交市资政会的材料,总结前一阶段政协工作,对今后的工作提出建议与要求。

四次会议

9 月 20 日在镜湖区政务大楼四楼政协会议室召开,曹天民主席主持会议。会议学习了《中共安徽省委关于贯彻〈中共中央关于加强人民政协工作的意见〉的实施意见》;研究与部署区政协贯彻全省政协工作会议精神的工作。

五次会议

10 月 24 日在镜湖区政务大楼四楼政协会议室召开,曹天民主席主持会议。会议中心议题为讨论七届二次常委会的有关事宜。

六次会议

12月7日在镜湖区政务大楼四楼政协会议室召开,曹天民主席主持会议。参加会议的有季业保、鲁厚义、黄启明、黄少雄等。会议主要讨论政协工作报告与提案报告,为召开七届二次全会做准备。

七次会议

2007年1月5日在镜湖区政务大楼四楼政协会议室召开,曹天民主席主持会议。会议议程为:协商讨论七届常委会工作报告,协商讨论七届一次会议以来提案工作情况的报告。

八次会议

1月17日在镜湖区政务大楼四楼政协会议室召开,曹天民主席主持会议。会议主要研究确定常委会的主持人和报告人。

九次会议

3月23日在镜湖区政务大楼四楼政协会议室召开,曹天民主席主持会议。会议议程为:讨论2007年工作要点和计划,研究七届四次常委会议程。

十次会议

5月29日在镜湖区政务大楼四楼政协会议室召开,曹天民主席主持会议。会议议程为:(1)根据市委、区委的安排,开展"坚持科学发展观,打造五大优势"大讨论,学习有关文件,结合讨论交流;(2)传达市政协工作会议精神。

十一次会议

6月20日在镜湖区政协会议室召开了区政协,曹天民主席主持了会议。会议传达贯彻全市政协工作会议精神,研究了召开区政协七届七次常委会议的有关事项。

十二次会议

7月18日在镜湖区政协会议室召开,曹天民主席主持会议。会议主要讨论分管街道政协工作事宜。

十三次会议

8月24日在镜湖区政协会议室召开,曹天民主席主持会议。会议讨论通过《区政协评选表彰优秀提案及承办提案先进单位(个人)暂行办法》。

十四次会议

9月26日在镜湖区政务大楼四楼政协大会议室召开,曹天民主席主持会议。会议讨论招商引资奖金发放工作。

十五次会议

10月15日在镜湖区政协大会议室召开,曹天民主席主持会议。会议主要研究七届八次常委会有关事宜。

十六次会议

12月24日在镜湖区政协会议室召开,曹天民主席主持会议。会议议程为:研究优秀提案的提名,讨论政协工作报告和提案报告。

十七次会议

2008年1月11日召开,曹天民主席主持会议。会议主要讨论七届十次常委会事宜。

十八次会议

3月26日在镜湖区政协会议室召开,,曹天民主席主持了会议。会议讨论2008年工作要点以及七届十三次常委会的有关事宜。

十九次(扩大)会议

6月6日在镜湖区政协大会议室召开,曹天民主席主持会议。会议主要研究“政协委员进社区”的工作安排。

十七次会议

4月11日召开,曹天民主席主持会议,参加会议的除各位副主席外,还有驻会常委张永武等。会议主要通报了政协委员进社区活动的开展情况。

二十二次(扩大)会议

8月8日在镜湖区政协大会议室召开,曹天民主席主持会议。会议主要议程为:听取“政协委员进社区”工作情况汇报,研究外出考察事宜和新闻报道奖励事宜。

二十三次(扩大)会议

9月28日在镜湖区政协大会议室召开,曹天民主席主持会议。会议主要听取了提案委员会关于提案办理进展情况的汇报以及“大讨论”活动中的建言献策情况。

二十四次(扩大)会议

10月10日召开,曹天民主席主持会议。会议主要议程为:学习十七届三中全会文件,讨论十七届十五次常委会议题及相关事宜。

二十五次(扩大)会议

12月10日,在镜湖区政协大会议室召开,曹天民主席主持会议。会议主要讨论研究2008年工作总结和2009年工作计划。

二十六次会议

2009年1月5日在镜湖区政协大会议室召开,曹天民主席主持会议。会议讨论常委会的有关事宜。

二十七次会议

3月4日召开,曹天民主席主持会议。会议讨论十七次常委会议程,协商讨论七届四次会议议程和工作报告、提案报告。

二十八次会议

3月12日召开,曹天民主席主持会议。会议主要为即将召开的常委会和全委会做准备。

二十九次会议

4月30日在镜湖区政协会议室召开,曹天民主席主持会议。会议主要围绕学习实践活动研究讨论有关事宜。

三十次会议

6月1日在镜湖区政协会议室召开,曹天民主席主持会议。会议听取政府通报招商引资情况和人民法院今年以来工作汇报,研究人事任免。

三十一次会议

8月5日在镜湖区政协会议室召开,曹天民主席主持会议。会议研究学习实践活动第三阶段实施方案和庆祝建国60周年、庆祝人民政协成立60周年方案。

三十二次会议

10月20日在镜湖区政协会议室召开,曹天民主席主持会议。会议研究常委会议程和近期专委会活动安排。

三十三次会议

12月21日在镜湖区政协会议室召开,曹天民主席主持会议。会议讨论近期召开常委会的内容与时间。

三十四次(扩大)会议

12月28日在镜湖区政协会议室召开,曹天民主席主持会议。会议通报政协委员调整问题,讨论优秀提案的表彰决定。

三十五次会议

2010年3月8日在镜湖区政协会议室召开,茆振文主席主持会议。会议主要议程:讨论2010年工作要点,政协领导联系委员制度,政协委员与特困群众结对帮扶工作。

三十六次会议

3月17日在镜湖区政协大会议室召开,茆振文主席主持会议。会议主要议题:听取提案委员会工作汇报,讨论二十五次常委会有关事宜以及委员调整。

三十七次会议

4月21日在镜湖区政协会议室召开,茆振文主席主持会议。会议研究了政协成立督查组以及主席督查提案和支部改选等事宜。

三十八次会议

6月21日在镜湖区政协会议室召开,茆振文主席主持会议。会议主要听取了法院和文明办的工作汇报,研究了人事任免。

三十九次会议

7月21日在镜湖区政协会议室召开,茆振文主席主持会议。会议主要议程有:(1)关于提案办理情况;(2)关于建立街道政协联络组的有关事宜。

四十次会议

8月16日在镜湖区政协会议室召开,茆振文主席主持会议。会议主要议程有:(1)讨论8月20日至9月20日开展政协委员界别周活动安排;(2)讨论街道联络组的委员划分等。

四十一次会议

9月15日在镜湖区政协会议室召开,茆振文主席主持会议。会议主要:讨论了中秋茶话会事宜。讨论常委会议程。

四十二次会议

10月25日在镜湖区政协会议室召开,茆振文主席主持会议。会议分别讨论了专委会的调整与对接、政协委员的增补以及常委会工作报告和提案工作报告的准备等事宜。

四十三次(扩大)会议

11月25日在镜湖区方村镇会议室召开,茆振文主席主持会议。会议一方面了解方村现状及基本情况,与方村联络组政协委员对接;另一方面就全会的两个报告进行审议审查。

四十四次会议

12月23日在镜湖区政协会议室召开,茆振文主席主持会议。会议主要讨论报区委常委会研究的相关事宜和政协常委会的议程。

四十五次(扩大)会议

2011年1月11日在镜湖区政协会议室召开,茆振文主席主持会议。会议主要讨论全委会的各项事宜。

四十六次(扩大)会议

3月21日在镜湖区政协会议室召开,茆振文主席主持会议。会议主要议程有:(1)讨论全年工作要点及各工作委员会计划;(2)听取提案工委会的汇报;(3)讨论各工委会与政府部门对口联系的意见。

四十七次(扩大)会议

4月28日在镜湖区政协大会议室召开,茆振文主席主持会议。会议主要研究"七一"表彰事宜。

四十八次(扩大)会议

5月15日在镜湖区政协大会议室召开,茆振文主席主持会议。会议主要议题:(1)听取提案办理情况汇报;(2)讨论街道党工委副书记调整后联络组组长的安排;(3)研究新常委到位后的工作分工。

四十九次会议

6月20日在镜湖区政协大会议室召开,茆振文主席主持会议。会议主要议题:(1)研究安排迎接区委书记卢仓报调研政协落实中央2006年5号文件的事宜;(2)讨论市政协给各位委员的一封信,及区政协是否要采取相应措施;(3)讨论支部活动。

五十次会议

7月11日在镜湖区政协大会议室召开,茆振文主席主持会议。会议主要议题:(1)委员调整;(2)讨论十四城区研讨会议题;(3)关于接待江阴政协来区回访事宜;(4)常委会议题。

五十一次会议

8月26日在镜湖区政协大会议室召开,茆振文主席主持会议。会议主要议题:(1)讨论征文评奖事宜;(2)联络组的经费问题;(3)讨论十四城区研讨会事宜。

五十二次会议

9月6日在镜湖区政协大会议室召开,茆振文主席主持会议。会议主要讨论十四城区研讨会的筹备工作。

五十三次(扩大)会议

11月7日在镜湖区政协大会议室召开,茆振文主席主持会议。会议主要议题:(1)讨论通过政协领导班子述职述廉报告;(2)听取燕国群传达全市换届工作座谈会议精神;三、协商讨论常委会时间与议题。

五十四次(扩大)会议

12月26日在镜湖区政协大会议室召开,茆振文主席主持会议。会议主要讨论即将召开的全委会议程。

五十五次会议

2012 年 2 月 8 日在镜湖区政协大会议室召开，茆振文主席主持会议。会议主要讨论换届工作中的委员调整问题。

（二）第八届主席会议

八届政协自 2012 年第一次会议至 2014 年四次会议的两年间，共召开 21 次（截至 2014 年 9 月）主席会议。先后就镜湖区的经济、社会发展、环境建设，开展了主题研究和重点调研。对常委会、专门委员会的组成人员进行了调整。

一次会议

2012 年 3 月 7 日召开，会议由主席茆振文主持。会议协商讨论了 2012 年工作要点，专委会的设置及组成，联络组的划分，以及主席工作分工。

二次会议

4 月 20 日召开，会议由茆振文主席主持。会议议程：研究提案工作，修订政府部门与专委会对口联系意见，确定民主监督员，推荐妇代会代表，对全年政府有关部门情况通报工作的安排，听取摄影展准备工作汇报。

三次会议

6 月 6 日召开，会议由茆振文主席主持。会议议程：听取镜湖区 2012 年大绿化工作汇报，讨论人力资源环境委员会关于治理胜利渠市场环境污染问题的建议案，讨论提案工作细则的修改意见。

四次会议

8 月 24 日召开，会议由茆振文主席主持。会议议程：协商通过《镜湖区政协委员履行职责考核办法（试行）》，讨论八届三次常委会的有关事宜，协商通过区政协八届委员会委员调整名单，讨论研究八届二次全会有关事宜，协商通过《关于表彰镜湖区政协委员先进街道联络组的决定》，协商通过《镜湖区政协信息和宣传报道奖励办法》。

五次会议

9 月 12 日召开，会议由茆振文主席主持。会议议程：讨论与调整八届二次全委会议程，划分联络组，成立二次全委会筹备处。

六次（扩大）会议

10 月 9 日召开，会议由茆振文主席主持。会议协商讨论了主席、副主席的工作分工，人事调整，研究编写政协志的有关事宜以及其他事宜。

七次（扩大）会议

11 月 14 日召开，会议由茆振文主席主持。会议议程：协商讨论绿化美化、文明创建大检查，协商讨论“民生工程摄影展”有关事宜，协商讨论区政协委员“双尽职”述职活动事宜，协商讨论八届六次常委会议程。

八次（扩大）会议

12 月 28 日召开，会议由茆振文主席主持。会议议程：协商委员调整名单，讨论常委会工作报告，讨论提案工作报告，讨论三次全委会议程，讨论三次全委会日程，通报“民生工程摄影展”评比结果。

九次(扩大)会议

2013年1月6日召开,会议由主席茆振文主持。会议主要议程:研究召开六次常委会有关事宜。

十次(扩大)会议

3月20日召开,会议由茆振文主席主持。会议议程:听取提案委员会关于八届三次会议提案立案的情况汇报,讨论《镜湖区政协2013年工作要点》,讨论《2013年有关单位、部门情况通报安排表》,讨论"镜湖区文史资料征稿启事",协商参加全国十四城区(市)政协工作研讨会第27次会议人员名单。

十一次(扩大)会议

4月17日召开,会议由茆振文主席主持。会议议程:协商讨论先进联络组及优秀联络员评选办法,协商讨论"双尽职"优秀政协委员评选办法,协商通过八届八次常委会议题,讨论招商引资有关事宜,讨论机关党支部活动意见。

十二次(扩大)会议

6月5日召开,会议由茆振文主席主持。会议议程:协商讨论《镜湖区政协关于开展"政协委员进社区"活动的意见》,协商讨论《镜湖区志政协(1984—2014)》编撰工作。

十三次(扩大)会议

7月10日召开,会议由茆振文主席主持。会议议程:讨论调研报告,讨论抢救"芜湖三画"建议案,讨论八届九次常委会议程。

十四次(扩大)会议

10月10日召开,会议由茆振文主席主持。会议议程:学习《中共芜湖市委关于推进人民政协政治协商制度建设的实施意见》,协商讨论报省政协提案办理协商工作专题研讨班材料,协商通过八届十次常委会有关事宜,协商参加全国政协十四城区(市)政协工作研讨会第28次会议有关事宜,协商讨论主席分工调整事宜。

十五次(扩大)会议

10月23日上午,区政协召开主席扩大会议,专题听取统计工作情况通报。会议由区政协茆振文主席主持。

十六次(扩大)会议

12月23日召开,会议由茆振文主席主持。会议主要讨论八届常委会工作报告、提案报告,协商表彰优秀提案、先进承办单位名单。

十七次(扩大)会议

2014年1月17日召开,会议由茆振文主席主持。会上,茆振文首先介绍了陈国强已被区党委任命为政协党组成员。会议接着研究讨论了以下几方面工作:听取委员调整事宜,讨论八届十一次常委会事宜,八届四次会议日程。

十八次(扩大)会议

3月19日召开,会议由茆振文主席主持。会议议程共6项:协商调整八届委员会主席分工事宜,协商通过八届委员会调整名单,协商讨论2014年工作要点,讨论八届十四次常委会有关事宜,讨论2014年度重点民主协商活动计划,协商讨论人事任命事宜。

十九次(扩大)会议

4月22日召开,会议由茆振文主席主持。会议有5项议程:协商通过八届委员会各专委会组成人员名单,协商讨论各专委会与部门(单位)对口联系、协商制度,协商讨论区政协志有关事宜,协商讨论党的群众路线教育实践活动的有关事宜,协商讨论区政协招商引资奖金事宜。

二十次(扩大)会议

6月12日上午,在政协小会议室召开,会议由茆振文主席主持。会议主要议程有:(1)协商通过区政协第八届委员会委员调整名单;(2)协商通过人事任免事宜;(3)协商通过区政协八届十五次常委会有关事宜;(4)协商讨论党组对照检查材料;(5)协商讨论人民政协成立65周年、区政协成立30周年系列庆祝活动;(6)协商讨论区政协志有关事宜。

二十一次(扩大)会议

9月5日上午,在政协小会议室召开,会议由茆振文主席主持。会议主要议程有8项:(1)协商讨论《镜湖区政协党组党的群众路线教育实践活动整改方案》;(2)协商讨论《镜湖区政协党组党的群众路线教育实践活动"四风"突出问题专项整治方案》;(3)协商讨论《镜湖区政协党组党的群众路线教育实践活动制度建设计划》;(4)协商讨论经济委员会关于《镜湖区电子商务发展情况调研报告》;(5)协商讨论《关于加大扶持电子商务业实行全区商业服务业快速发展的战略建言报告》;(6)协商讨论社会和法制委员会《关于以信息化为支撑,以网格化为基础全面提升社会服务管理现代化水平的调研报告》;(7)协商讨论《关于以信息化为支撑,以网格化为基础全面提升我区社会服务管理现代化水平的建言报告》;(8)协商讨论八届十六次常委会有关事宜。

四、其他重要会议

(一)芜湖市政协系统第三次提案工作研讨会

2010年7月7日,芜湖市政协系统第三次提案工作研讨会在镜湖区召开。市政协副主席万相改、提案委主任张怀铮出席,镜湖区政协主席茆振文致欢迎词。会议由区政协副主席季业保主持。区政协以"创新提案办理新机制,努力推进提案办理新成效"为主题,介绍了镜湖区创新政协提案工作的新思路和新举措。会上,三县四区政协系统相关负责人总结交流了各县区政协提案工作的经验和做法,并就如何创新政协提案工作的新思路、新举措进行深入探讨。

万相改在会上要求,要进一步提高做好提案工作的认识,在提案质量、办理质量和服务质量上下工夫,积极探讨征集方法,拓宽征集的渠道;提案者、承办单位、政协相关部门要形成合力,加大办理力度,重点提案重点办理,提高提案的运作层次;要继续坚持政府、政协联合检查提案办理工作制度,扩大督办主体,研究探讨自我督办、牵头督办、上下联动督办的有效途径,进一步提高提案建议的采纳率和问题的解决率;政协提案部门要从知情、沟通、反馈三个方面入手,搞好知情服务,加强与各方面的协调沟通,做好提案办理实效的反馈服务,推动提案办理工作扎实有序地进行。同时,县区政协组织要加强自身建设。进一步重视提案工作,充分发挥提案工作在促进发展、维护稳定、构建和谐社会中的重要作用。

(二)全国十四城区(市)政协工作研讨会第二十四次会议

2011年10月24日至26日,全国十四城区(市)政协工作研讨会第二十四次会议在镜湖区召开。来自贵州省贵阳市南明区等区(市)政协汇聚镜湖区,开展政协工作研讨。市政协主席方成,区委书记、区人大常委会主任卢仓报致欢迎词,区委副书记、区长程刚到会祝贺并讲话。区政协主席茆振文主持开幕式。区委副书记万晓晖,区人大党组书记、副主任梁忆平应邀列席会议。

区委副书记、区长程刚向与会代表介绍了镜湖区经济社会发展相关情况。他说,近年来,镜湖区政协紧紧围绕中心工作,服务大局,牢牢把握团结、民主两大主题,切实履行政治协商、民主监督、参政议政各项职能,为推动经济发展、促进民生改善、维护社会和谐作出了贡献,他希望与会代表在镜湖区多走走,多看看,对镜湖区的发展提出宝贵意见和建议。

市政协主席方成代表政协芜湖市委员会对会议的召开表示热烈祝贺。他指出,全国十四城区政协工作研讨会是各城区政协之间加强沟通、扩大交流的一个良好的平台,是政治大舞台、人才大积聚、学习大学校、建言大渠道、和谐大家庭。长期以来,各城区政协坚持与时俱进、大胆探索、开拓创新,在履行职能的实践中创造了许多鲜活有效的新做法、新经验,值得认真总结和推广,相信通过这次研讨会,大家相互学习,相互交流,相互启发,取长补短,对各地政协工作都将产生推动作用。

区委书记卢仓报在午宴上致欢迎词,充分肯定全国十四城区(市)政协在围绕中心、履行职能、协调关系、汇聚力量、建言献策、服务大局等方面所做的工作,希望各友好城区借助研讨会平台,加强交流和合作,不断提高政协工作水平,为促进地方经济社会发展作出新贡献。

研讨会期间,湖北省武汉市东西湖区政协、浙江省瑞安市政协、江苏省丹阳市政协、贵州省贵阳市云岩区政协、辽宁省大连市西岗区政协、湖北省荆州市沙市区政协、浙江省温州市鹿城区政协和安徽省芜湖市镜湖区政协等8家单位,围绕“发挥政协优势,切实履行职能”的主题,进行了大会经验交流。

参会代表在认真听取经验交流后,展开了深入的探讨,会议始终洋溢着团结向上、亲切友好的气氛。经过4天的学习、研讨,会议取得了圆满成功。会议最后确定,十四城区(市)第二十五次政协工作研讨会由贵阳市云岩区政协承办。

本次政协工作研讨会,对于促进地方政协之间的工作交流,相互学习借鉴,拓宽工作视野,提升工作水平具有重要意义。

附表:

表4－1　第七、第八届区政协常委会议情况简表

会议名称	时间	地点	主持人	内容	参加人员
七届一次常委会议	2006年7月28日	政协大会议室	曹天民	会议根据政协章程规定,结合镜湖区实际情况,协商决定,设置7个工作委员会:提案工作委员会、经济工作委员会、教科工作委员会、文卫体工作委员会、社会和法制工作委员会、城建城管工作委员会、港澳台侨工作委员会。审议通过了对7个工作委员会主任、副主任的人事任命	区政协主席、副主席,全体常委
七届二次常委会议	2006年10月31日	政协大会议室	曹天民	会议学习了中共十六届六中全会文件;传达了全省政协工作会议精神;讨论了《中国人民政治协商会议镜湖区委员会关于各工作委员会和区委、政府各部门加强对口协商的意见(征求意见稿)》;听取和讨论了区政协提案工作委员会《关于重点提案督办情况的汇报》、区政协教科工作委员会《关于教育均衡发展专题的调研报告》	区政协主席、副主席,全体常委
七届三次常委会议	2007年1月18日	政协大会议室	曹天民	会议协商讨论关于召开镜湖区第七届委员会第二次会议的日程等相关事宜	区政协主席、副主席,全体常委
七届四次常委会议	2007年1月29日	政协大会议室	曹天民	会议讨论选举结果和选举人情况说明	区政协主席、副主席,全体常委
七届五次常委会议	2007年1月30日	政协大会议室	曹天民	会议分别讨论了政府工作报告、提案报告,听取各工作委员会的工作汇报	区政协主席、副主席,全体常委
七届六次常委会议	2007年4月6日	政协大会议室	曹天民	讨论2007年工作要点和工作计划	区政协主席、副主席,全体常委
七届七次常委会议	2007年6月29日	政协大会议室	曹天民	听取卢仓报区长通报政府工作情况,听取燕国群传达区委、市委政协工作会议精神 会议传达了贯彻市委、区委政协工作会议精神;听取了区政府主要领导关于2007年上半年经济运行情况和下半年工作计划的通报。就政府通报进行了协商讨论,对政府的工作给予了充分的肯定,同时就加强重点工程项目建设、加强安置房经济适用房建设、加强市容管理、依法行政等方面提出了一些建设性的意见和建议	区政协主席、副主席,全体常委

续表

会议名称	时间	地点	主持人	内容	参加人员
七届八次常委会议	2007 年 10 月 26 日	政协大会议室	曹天民	政协主要领导还就十七大报告主要精神进行了宣讲,并要求常委们带头学习和把握十七大关于统一战线和人民政协的论述,把思想和行动统一到中共十七大的决策和部署上	区政协主席、副主席,全体常委
七届九次常委会议	2008 年 1 月 3 日	政协大会议室	曹天民	讨论七届三次会议有关事宜,讨论常委会工作报告,讨论评选优秀提案决议	区政协主席、副主席,全体常委
七届十次常委会议	2008 年 1 月 18 日	政协大会议室	曹天民	协商调整七届三次会议召开的时间	区政协主席、副主席,全体常委
七届十一次常委会议	2008 年 1 月 21 日	政协大会议室	燕国群	讨论《选举办法》(草案),听取区政协七届常委候选人建议名单	区政协主席、副主席,全体常委
七届十二次常委会议	2008 年 1 月 23 日	政协大会议室	鲁厚义	听取各组讨论情况汇报; 通过“选举办法”; 通过区政协七届常委候选人名单; 审议七届三次会议提案审查情况报告; 讨论通过区政协七届三次会议政治报告	区政协主席、副主席,全体常委
七届十三次常委会议	2008 年 4 月 8 日	政协大会议室	周玉良	学习胡锦涛在安徽考察时的重要讲话,协商通过区政协 2008 年工作要点及各工作委员会工作计划,通过区政协第七届委员会人事任免,听取区政府通报大建设工作及区委统战部通报全省统战部长工作会议精神	区政协主席、副主席,全体常委
七届十四次常委会议	2008 年 7 月 30 日	政协大会议室	季业保	常委提出区政府在拆违工作中应进一步扩大透明度,建议拆迁政策能向弱势群体倾斜等建议,区政府领导当场责成政府办公室督办,协商建议落到实处	区政协主席、副主席,全体常委
七届十五次常委会议	2008 年 10 月 31 日	政协大会议室	鲁厚义	安排各工作委员会向常委会汇报一年来工作开展情况,接受常委们的监督和评议,达到了相互学习、相互交流、相互提高,有效地提升了各工作委员会的工作质量和水平	区政协主席、副主席,全体常委

续表

会议名称	时间	地点	主持人	内容	参加人员
七届十六次常委会议	2009年1月16日	政协大会议室	黄启明	协商调整部分政协委员;协商讨论区政协七届四次全会有关事宜;协商讨论区政协第七届委员会常务委员会工作报告;协商讨论区政协第七届委员会常务委员会关于七届三次会议以来提案工作情况的报告。	区政协主席、副主席,全体常委
七届十七次常委会议	2009年3月13日	政协大会议室	黄少雄	统战部介绍届中委员调整情况,协商四次会议议程、日程,协商通过政协工作报告、提案报告的报告人	区政协主席、副主席,全体常委
七届十八次常委会议	2009年3月26日	政协大会议室	燕国群	四次全会期间召开,主要听取各组讨论情况汇报,审议通过政治决议	区政协主席、副主席,全体常委
七届十九次常委会议	2009年3月26日	政协大会议室	曹天民	讨论2009年工作要点	区政协主席、副主席,全体常委
七届二十次常委会议	2009年6月10日	政协大会议室	周玉良	1. 听取区政府通报全区招商引资有关情况;2. 听取区法院报告今年以来工作情况;3. 协商有关人事任免问题	区政协主席、副主席,全体常委
七届二十一次常委会议	2009年11月10日	政协大会议室	季业保	1. 学习中共十七届四中全会文件;2. 区政府通报2009年提案办理情况;3. 区政协各工作委员会汇报2009年视察调研及其他工作情况。	区政协主席、副主席,全体常委
七届二十二次常委会议	2009年12月29日	政协大会议室	鲁厚义	协商讨论区政协第七届委员会第五次全会有关事宜和其他事项	区政协主席、副主席,全体常委
七届二十三次常委会议	2010年1月20日	政协大会议室	周玉良	会议由周玉良副主席主持。会议同意曹天民主席辞去主席职务;协商讨论了选举办法;会议听取了主席、常委、秘书长建议人选名单的说明	区政协党组书记茆振文、副主席和全体常委出席会议
七届二十四次常委会议	2010年1月22日	政协大会议室	燕国群	会议听取了各组讨论情况汇报;讨论通过《选举办法(草案)》;通过区政协第七届委员会主席,秘书长、常委候选人名单;审议区政协第七届委员会关于七届五次会议提案征集情况的汇报;讨论并通过区政协第七届委员会第五次会议决议(草案)	区政协副主席周玉良、季业保、鲁厚义、黄少雄、燕国群,全体常委出席会议

续表

会议名称	时间	地点	主持人	内容	参加人员
七届二十五次常委会议	2010年3月25日	政协大会议室	燕国群	会议审议通过区政协2010年工作要点;审议通过《区政协领导联系委员制度》;审议通过《关于开展镜湖区政协委员结对帮扶特困家庭活动实施意见》;通报区政协主席、副主席、秘书长工作分工情况;审议通过区政协办公室主任任免;审议通过区政协委员增补事项;审议通过区政协部分工作委员会主任、副主任名单	区政协主席茆振文、副主席周玉良、季业保、鲁厚义、黄少雄、燕国群、秘书长章启文和全体常委出席会议
七届二十六次常委会议	2010年6月30日	区政务大楼六楼会议室	黄少雄	邀请安徽师范大学经济管理学院马骥副教授做低碳经济与低碳生活知识讲座;会议听取区人民法院院长李强国关于审判监督工作及今年上半年工作进度、下半年工作计划的汇报;听取区文明办主任杨珍关于文明创建工作情况的汇报;副区长刘琪就镜湖区近期文明创建和市容管理工作情况进行介绍	区政协主席茆振文、副主席周玉良、季业保、鲁厚义、黄少雄、燕国群、秘书长章启文和全体常委出席会议
七届二十七次常委会议	2010年9月29日	政协大会议室	周玉良	会议由副主席周玉良主持。会议听取区政府办公室关于2010年提案工作办理情况的通报;听取区民生办公室关于2010年民生工程进展情况的通报;听取区政协办公室关于区政协委员街道联络组工作情况的汇报;讨论通过《镜湖区政协委员街道联络组工作规则》	区政协主席、副主席、秘书长和全体常委。区委常委、副区长陈海俊应邀出席会议。联络组组长列席会议
七届二十八次常委会议	2010年12月29日	区政务大楼六楼会议室	周玉良	听取区政府程刚区长作关于制定镜湖区国民经济和社会发展第十二个五年规划建议的报告;讨论《镜湖区国民经济和社会发展第十二个五年规划》;听取区政协各工作委员会关于2010年工作总结和2011年工作安排情况的汇报	区政协主席、副主席、秘书长和全体常委出席会议。政协委员街道联络组组长列席会议
七届二十九次常委会议	2011年1月26日	区政务大楼六楼会议室	季业保	(1)协商通过增补区政协第七届委员会委员名单;(2)协商讨论区政协第七届委员会第六次全会有关事宜;(3)协商讨论区政协第七届委员会常务委员会工作报告;(4)协商讨论区政协第七届委员会常务委员会关于七届五次会议以来提案工作情况的报告	区政协主席、副主席、秘书长和全体常委

续表

会议名称	时间	地点	主持人	内容	参加人员
七届三十次常委会议	2011 年 2 月 20 日	政协大会议室	鲁厚义	(1)讨论《选举办法(草案)》;(2)听取区政协第七届委员会常委候选人建议名单的说明并通过建议名单	区政协主席、副主席、秘书长和全体常委
七届三十一次常委会议	2011 年 2 月 22 日	政协大会议室	燕国群	(1)听取各组审议区政协七届常委会工作报告和提案工作报告情况的汇报,讨论区政府工作报告、法院、检察院工作报告、计划报告、财政报告情况的汇报,审议会议决议(草案)、选举办法(草案)、酝酿常委候选人名单情况的汇报;(2)协商通过《选举办法》(草案);(3)协商通过区政协第七届委员会常委候选人名单;(4)听取区政协第七届委员会提案委员会关于七届六次会议提案征集情况的报告;(5)协商通过区政协第七届委员会第六次会议决议	区政协主席、副主席、秘书长和全体常委
七届三十二次常委会议	2011 年 4 月 13 日	政协大会议室	季业保	(1)协商通过《镜湖区政协 2011 年工作要点》;(2)协商通过《关于建立镜湖区政协专门委员会与区有关部门(单位)对口联系协商制度的意见》	区政协主席、副主席、秘书长和全体常委
七届三十三次常委会议	2011 年 7 月 20 日	区政务大楼六楼会议室	鲁厚义	(1)听取区政府关于 2011 年上半年工作情况的通报;(2)协商通过区政协第七届委员会委员调整事宜;(3)协商通过区政协第七届委员会专委会主任任免事项;(4)中共芜湖市委党校教授陈丽应邀作"学习胡锦涛在庆祝中国共产党成立 90 周年大会上的讲话学习"辅导	区政协主席、副主席、秘书长和全体常委
七届三十四次常委会议	2011 年 11 月 16 日	政协大会议室	燕国群	(1)听取区政府关于七届六次会议以来提案办理情况的通报;(2)听取区政府关于财政工作及民生工程情况的通报;(3)区政协关于庆祝建党 90 周年和纪念辛亥革命 100 周年征文获奖情况通报并给予表彰;(4)人事任免	区政协主席、副主席、秘书长和全体常委

续表

会议名称	时间	地点	主持人	内容	参加人员
七届三十五次常委会议	2012 年 2 月 3 日	汉爵阳明大酒店会议室	周玉良	(1)听取各专门委员会全年工作情况汇报;(2)协商讨论区政协七届委员会常务委员会工作报告并确定报告人;(3)协商通过《关于表彰芜湖市镜湖区政协 2010—2011 年度优秀提案的决定》;(4)协商通过区政协八届委员会委员建议名单;(5)协商通过区政协八届委员会第一次会议有关事项;(6)茆振文主席讲话	区政协主席、副主席、秘书长,全体常委。各街道联络组组长列席
八届一次常委会议	2012 年 3 月 28 日	政府六楼会议室	鲁厚义	(1)协商通过区政协八届委员会关于设置各专门委员会的决定;(2)协商通过政协八届委员会专门委员会主任、副主任任命决定;(3)协商通过《镜湖区政协 2012 年工作要点》;(4)协商通过《镜湖区政协委员街道联络组工作意见》;(5)听取区教育局《大力发展学前教育,推进学前教育均衡发展》情况通报;(6)茆振文主席讲话	区政协主席、副主席、秘书长,全体常委。各街道联络组组长列席
八届二次常委会议	2012 年 6 月 27 日	政府六楼会议室	邹维琴	(1)传达学习全市政协工作会议精神;(2)协商通过《中国人民政治协商会议芜湖市镜湖区委员会提案工作细则》;(3)人事任命;(4)听取区文广新局关于镜湖区文化建设工作情况通报;(5)听取区住建委关于区 2012 年大绿化工作情况通报;(6)听取区政府副区长徐平就我区绿化美化工作情况介绍;(7)茆振文主席讲话	区政协主席、副主席、秘书长、全体常委。列席人员:区政府副区长、区教育局、区文广新局负责人,各联络组组长
八届三次常委会议	2012 年 9 月 14 日	汉爵阳明酒店会议室	茆振文	(1)听取区政府关于 2012 年提案办理情况的通报;(2)协商通过《镜湖区政协委员履行职责考核办法(试行)》;(3)协商通过区政协八届委员会委员调整名单;(4)协商讨论区政协八届委员会第二次会会有关事宜;(5)协商通过《关于关于表彰镜湖区先进政协街道联络组的决定》;(6)协商通过《镜湖区政协信息和宣传报道奖励办法》;(7)茆振文主席讲话	区政协主席、副主席、秘书长,全体常委。各街道联络组组长列席

续表

会议名称	时间	地点	主持人	内容	参加人员
八届四次常委会议	2012 年 9 月 24 日	政协大会议室	邹维琴	(1)讨论《选举办法(草案)》;(2)听取补选政协八届委员会副主席、秘书长、常务委员候选人建议名单的说明;(3)协商通过建议名单	区政协主席、副主席、秘书长,全体常委
八届五次常委会议	2012 年 9 月 25 日	政协大会议室	奚要武	(1)听取大会各讨论组讨论情况的汇报;(2)协商通过《选举办法(草案)》;(3)协商提出总监票人、监票人建议名单;(4)协商通过候选人名单	区政协主席、副主席、秘书长,全体常委。各联络组长列席会议
八届六次常委会议	2013 年 1 月 23 日	政协大会	谭闽月	(1)表彰先进联络组及"政协委员看民生"书画摄影展获奖单位和个人;(2)协商通过区政协第八届委员会委员调整名单; (3)听取区政协各专门委员会关于 2012 年工作情况和 2013 年工作计划的汇报; (4)协商讨论八届区政协常委会工作报告并确定报告人; (5)协商讨论八届区政协一次会议以来提案工作情况的报告并确定报告人; (6)协商通过区政协八届三次会议议程、日程	区政协主席、副主席、秘书长,全体常委。政协各联络组组长、区人大代表、区政协委员各 1 名列席会议
八届七次常委会议		政协大会议室	邹维琴	在区政协八届三次会议期间召开。	区政协主席、副主席、秘书长,全体常委
八届八次常委会议	2012 年 4 月 24 日	政协大会议室	奚要武	(1)听取区民政局关于社区管理体制改革工作情况通报; (2)协商通过人事任免的有关事宜; (3)协商通过《镜湖区政协 2013 年工作要点》; (4)协商通过《镜湖区政协先进联络组及优秀联络员评选办法》; (5)协商通过《镜湖区"双尽职"优秀政协委员评选办法》	区政协主席、副主席、秘书长,全体常委。政协各联络组组长,区人大代表、区政协委员各 1 名列席会议

续表

会议名称	时间	地点	主持人	内容	参加人员
八届九次常委会议	2013年7月17日	政协大会议室	茆振文	(1)听取国防知识讲座; (2)听取区文明办关于文明创建工作的情况通报; (3)协商讨论《关于抢救芜湖"三画"(铁画、堆漆画、通草画)等传统工艺美术技艺的建议案》	区政协主席、副主席、秘书长,全体常委。政协各联络组组长,区人大代表、区政协委员各1名列席会议
八届十次常委会议	2013年10月16日	政协大会议室	茆振文	(1)学习《中共芜湖市委关于推进人民政协政治协商制度建设的实施意见》;(2)听取区政府关于2013年政协提案办理情况的通报;(3)听取区人民检察院关于反渎职侵权工作情况通报;(4)有关人事事项	区政协主席、副主席、秘书长,全体常委。政协各联络组组长,区人大代表、区政协委员各1名列席会议
八届十一次常委会议	2014年1月24日	政府六楼会议室	鲁厚义	(1)协商通过区政协第八届委员会委员调整名单;(2)听取区政协各专委会关于2013年工作情况的汇报和2014年工作计划;(3)协商通过区政协第八届委员会第四次会议议程;(4)协商通过区政协第八届委员会第四次会议日程;(5)协商讨论区政协第八届委员会常务委员会工作报告并确定报告人;(6)协商讨论区政协第八届委员会常务委员会提案工作报告并确定报告人;(7)协商通过优秀提案、先进承办单位的表彰决定	区政协主席、党组副书记、副主席、秘书长,全体常委。政协各联络组组长(公共服务中心主任)列席会议
八届十二次常委会议	2014年2月26日	四楼政协大会议室	谭闽月	(1)讨论《选举办法》(草案);(2)是听取区政协第八届委员会副主席、常务委员候选人建议名单的说明并通过建议名单;(3)通过监票人建议名单、协商提出总监票人	区政协主席、党组副书记、副主席、秘书长,全体常委

续表

会议名称	时间	地点	主持人	内容	参加人员
八届十三次常委会议	2014 年 2 月 27 日	四楼政协大会议室	甄长海	(1)听取各组讨论情况的汇报;(2)协商通过《选举办法》(草案);(3)协商通过区政协第八届委员会副主席、常务委员候选人名单;(4)听取区政协第八届委员会提案委员会关于八届四次会议提案征集情况的报告;(5)协商通过区政协第八届委员会第四次会议决议(草案)	区政协主席、党组副书记、副主席、秘书长,全体常委区人民政府、区人民法院、区人民检察院领导、各街道联络组组长列席列席会议
八届十四次常委会议	2014 年 4 月 2 日	政府六楼会议室	谭闽月	(1)听取区民政局关于养老服务体系建设的情况通报;(2)通报区政协领导分工情况;(3)通报 2014 年度重点民主协商活动计划安排;(4)协商通过区政协第八届委员会委员调整名单;(5)协商通过人事任免事宜;(6)协商通过《镜湖区政协 2014 年工作要点》	区政协主席、党组副书记、副主席、秘书长,全体常委。特邀领导:分管民政工作的副区长。政协各联络组组长列席会议
八届十五次常委会议	2014 年 6 月 25 日	区文体中心二楼会议室	甄长海	(1)听取区文广新局关于构建现代公共文化服务体系、全面推进文化发展的情况通报;(2)听取区政协文卫体委员会关于构建现代公共文化服务体系、全面推进文化发展调研情况的汇报;(3)听取区市容局关于 2014 年工作情况的通报;(4)协商通过区政协第八届委员会委员调整名单;(5)协商通过人事任免事宜;(6)协商通过关于构建现代公共文化服务体系、全面推进文化发展的建言报告	区政协主席、党组副书记、副主席、秘书长,全体常委。特邀领导:区委常委、宣传部长赵继红。政协各联络组组长列席会议

续表

会议名称	时间	地点	主持人	内容	参加人员
八届十六次常委会议	2014 年 9 月 17 日	区政务大楼六楼会议室	陈国强	(1)听取并讨论经济委员会关于《镜湖区电子商务发展情况调研报告》;(2)听取并讨论社会和法制委员会《关于以信息化为支撑,以网格化为基础全面提升社会服务管理现代化水平的调研报告》;(3)协商通过《关于加大扶持电子商务企业实行全区商业服务业快速发展的战略建言报告》;(4)协商通过《关于以信息化为支撑,以网格化为基础全面提升社会服务管理现代化水平的建言报告》	区政协主席、党组副书记、副主席、秘书长,全体常委特邀领导:区委常委刘琪、区委常委、副区长吴文斌政协各联络组组长列席会议

第五章　提案工作

政协提案是参加政协的单位和政协委员向政协全体委员会议或常务委员会提出的、经提案委员会审查立案后交付党委、政府及其有关部门和单位办理的书面意见或建议，是政协行使政治协商、民主监督和参政议政职能的一个重要方式，是参加政协的党派、团体和政协委员行使民主权力，为物质文明、精神文明、政治文明、生态文明建设献计出力的一种重要方式，也是协助党委和政府联系各族各界人士，广泛听取群众意见，实现决策科学化、民主化的一条重要渠道。提案工作主要由“提案委员会”负责。

第一节　1984—2006 年镜湖区(原)政协提案工作

政协镜湖区委员会自建立以来，高度重视提案工作，并逐步走向经常化、制度化、规范化。提案工作不仅是大会期间的一项工作，而且成为区政协的一项日常工作。每年主席会议和常委会都要专题研究提案工作，并把每年的五月定为提案督办月，对委员提案进行集中督办。镜湖区第四届政协期间，制订了《政协镜湖区委员会提案工作条例》，对提案的征集、审查和督办都作出具体明确的规定。五届政协又修改成《政协镜湖区委员会提案工作条例》，对部分内容进行了调整。2003 年 9 月 5 日，区政协六届二次常委会又讨论通过了《政协镜湖区第六届委员会提案工作细则》。

一、历届政协提案

（一）一届委员会提案

一次会议，共收到提案 41 件，经提案审查委员会审理，共分 7 个方面。

文化教育 13 件，内容涉及增办幼儿园及小学学前班，增加小学幼儿教育经费，培养幼教师资，提高民办保教人员工资待遇，改善幼儿园校舍，治理个别小学环境污染，组织成立离退休教师协会，兴建区文化馆，落实市书画院院址，增设东门地区新华书店门市部或售货亭等问题。

体育卫生 2 件，内容涉及尽快拨款修建镜湖区医院病房大楼，建议制订计划生育实施细则以及具体落实计划生育的有关政策。

城市管理 19 件，内容涉及开拓北门口马路，修建西门口马路，拆除市区主要马路的违章建筑，加强交通管理和公共汽车的管理，改善服务态度以及实行粪便无害化处理，加强镜湖风景区环境保护和花津桥段涵管排污治理，增设路灯，增设马路洒水车等问题。

落实政策 2 件，主要是归还个体工商业户房屋问题。

体制改革1件,建议设立科技人员统一管理机构,解决技术人才合理流动问题。

政法工作3件,内容涉及解决区检察院、法院的办公用房,建议公安政法人员进修学习,提高业务素质,建议学校、街道对少年加强法制教育等问题。

群众生活2件,内容涉及增加服务项目,增设蔬菜供应点,解决双职工洗衣难、做饭难、买菜难的问题。

上述提案,经提案审查委员会逐案分析研究,建议区政协第一届常务委员会转请区政府有关部门研究办理的9件,办理结果将由常委会分别转告提案人。其余32件,作为区政协委员的意见和建议,转请市有关部门研究办理。

三次会议,共收到委员提案27件,经提案审查委员会整理,分为以下四类:

文化教育5件。其包括建立芜湖市职工业余大学、扩建回族小学、设置离退休职工俱乐部、统一职业学校毕业生的定级标准以及对传说中的周瑜墓按照文物保护条例规定进行保护等方面的意见和建议。

城市建设和环境保护14件。其包括修建道路、增建公共厕所、将闹市区街道改为步行街、改善自来水供应、解决乘车难、添置环卫机械设备、降低城市噪音、减少空气污染等方面的意见和建议。

农贸市场管理和群众生活5件。其包括开辟赭山新村农贸市场、搬迁朱家塘小学门前菜场、农贸市场和集体商业实行明码标价并防止缺斤少两现象、改善生活用煤供应等方面的意见和建议。

政法工作3件。其中包括加强公、检、法和居委会的组织建设,充实干部力量,严厉打击刑事犯罪,加强消防工作,保障社会治安等方面的意见和建议。

上述提案,区政协提交区政府及有关部门研究办理。其中由市有关部门负责办理的,区政府承办部门转请市政府有关部门办理,并指定专人具体负责联系。

(二)二届委员会提案

一次会议,共收到各类提案及意见和建议83件。经提案审查委员会审理,共分八个方面:

文化教育19件,内容涉及调整小学布局,解决幼儿入园难问题,增加中小学、幼儿园教育经费和解决教师住房困难等问题。

财政经济4件,内容涉及加强税收管理,增加区级财政收入和加强本区印刷业的统筹规划问题。

城市建设和管理37件,内容涉及加强城市管理的综合治理、改善城市交通和自来水供应、加强环保工作和绿化管理等问题。

工商管理14件,内容涉及平抑农贸市场物价,加强食品检验,增设农贸市场,加强市场管理等问题。

政法工作2件,内容涉及普法教育、待业青年教育和户籍管理问题。

政权建设2件,内容涉及健全区一级政府的管理体制和增设居委会等问题。

群众生活8件,内容涉及改善水产品供应和加强物价管理等问题。

其他方面2件,内容涉及引进外资、加强“三胞”联系和发挥政协委员在本单位参政议政作用等问题。

上述提案及意见和建议，经提案审查委员会逐案分析研究，属于本区立案办理的30件，请区政府有关部门办理；其余53件因不属于本区职权范围，转请市有关部门研究处理。

在整个二届政协期间，共收到委员各类提案153件，内容涉及财经、工商、城建、城管、文化、教育、卫生、房管、物价、政权建设及群众生活等各方面。提案委员会逐年召开了专门会议，按管理职权范围，分别提交区政府有关职能部门办理或作为意见、建议转请市有关部门处理。各级党政领导对委员提案也十分重视，一般都指定专人负责办理，涉及两个或两个部门以上的提案，部门之间也能互相配合办理。区政府及政协两个办公室都确定专人负责，对于一些重要提案还派专人到承办单位了解和协助办案，从而使一些疑难问题得到解决。在二届的153件提案中，被采纳的52件，占34%；限于条件，只能逐步解决的56件，占37%；由于财力、物力及现行政策所限不能办的33件，占22%，不能办的33件提案，都向提案人作了解释。

（三）三届委员会提案

一次会议，共收到委员提案、意见和建议32件，经提案审查委员会整理归纳，属于本区责权范围内应予立案的有26件，属于市有关部门研究参考的意见和建议有6件。在审查立案的26件中，教育、科技7件，市场管理4件，城管、城建4件，民族宗教2件，社会治安2件，群众生活2件，卫生6件，财经1件，其他4件。提案人共有48人次，其中新委员23人，占48%。

（四）四届委员会提案

一次会议，收到委员提案49件，立案33件，立案率67%，其中经济建设类9件，占27%，科教文卫类9件，占27%，城建城管类7件，占21%，统战及其他类8件，占24%，承办单位17个。

二次会议收到委员提案46件，立案31件，立案率67%，其中经济建设类6件，占19%，科教文卫类8件，占26%，城建城管类15件，占48%，统战及其他类2件，占7%，承办单位11个。

三次会议收到委员提案53件，立案28件，立案率53%，其中经济建设类7件，占25%，科教文卫类2件，占7%，城建城管类17件，占61%，统战及其他类2件，占7%，承办单位11个。

四次会议收到委员提案47件，立案23件，立案率49%，其中经济建设类6件，占26%，科教文卫类6件，占26%，城建城管类9件，占39%，统战及其他类2件，占9%，承办单位9个。

五次会议收到委员提案45件，立案19件，立案率42%，其中经济建设类4件，占21%，科教文卫类3件，占16%，城建城管类9件，占47%，统战及其他类3件，占16%，承办单位13个。

（五）五届委员会提案

一次会议，收到委员提案66件，立案41件，立案率62%，其中经济建设类7件，占17%，科教文卫类13件，占32%，城建城管类10件，占24%，统战及其他类11件，占27%，承办单位15个。

二次会议,收到委员提案63件,立案48件,立案率76%,其中经济建设类8件,占17%,科教文卫类11件,占23%,城建城管类18件,占38%,统战及其他类11件,占23%,承办单位12个。

三次会议,收到委员提案62件,立案59件,立案率95%,其中经济建设类4件,占7%,科教文卫类11件,占19%,城建城管类33件,占56%,统战及其他类11件,占19%,承办单位18个。

四次会议,收到委员提案65件,立案51件,立案率78%,其中经济建设类10件,占20%,科教文卫类7件,占14%,城建城管类24件,占47%,统战及其他类10件,占20%,承办单位21个。

五次会议,收到委员提案63件,立案48件,立案率76%,其中经济建设类12件,占25%,科教文卫类14件,占29%,城建城管类17件,占35%,统战及其他类5件,占10%,承办单位21个。

五届政协期间,提案质量显著提高。当届政协关于经济建设、社会发展的提案逐年增多。提案的主题鲜明,重点突出。有重点、有分析、有具体建议的提案日渐增多。多数提案是在认真研究后提出的。委员们紧紧围绕区委、区政府的中心工作,密切结合事关社会进步、人民生活的实际问题和人民群众反映的热点问题开展工作;着重在改革开放、经济建设和社会稳定等方面出主意、想办法,以对人民高度负责的态度,提出了与人民群众息息相关的提案,很多提案案由突出、中心明确、建议具体、书写规范、针对性强,为提案的办理奠定了坚实的基础。

提案办理的满意度提高。五年中提案办理工作"实事求是、件件办结",办理质量逐步提高,提案效益日趋明显,为镜湖区的经济建设、社会事业等方面发挥了积极作用。如:刘峰委员提出"切实保障私营企业和个体工商户的合法利益"的提案,得到了区政府和有关部门的高度重视,对提案中所涉及的问题,承办单位和有关领导及时到现场进行了协调、疏导。针对提案中涉及的问题,区委、区政府根据市委有关文件精神,制定了五条实施意见,效果明显,委员满意。罗俊委员提出"加强对民办私立幼儿园的规范管理和行业指导"的提案得到区教委的高度重视,在办理过程中,拟定了《镜湖区幼儿园管理实施细则》和《关于镜湖区境内社会力量办学单位管理的暂行规定》,并通过幼儿园办学水平评估、年检、年报、评优等措施强化了幼儿园的常规行政管理,增强了民办幼儿园依法办园的意识和规范办学行为。同时对幼儿师资队伍建设和培训工作也做出了相应的规定。1998年,几位委员提出"加强对镜湖公园周围环境的管理"的提案,针对涉及面广,办理难度大的特点,区政府召集了公安分局、工商分局、环保局、区文体局、城管执法队等部门研究制定了具体管理方案,先后组织二十余次,集中行动进行查处;区文管办还拨出一万余元支持管理工作的开展,分管区长、区文体局负责人带队在镜湖四周严看死守,在各有关部门共同努力下,取缔了露天卡拉OK,制止了影响公共利益的不良行为。潘德新委员提出《保留基督教礼拜堂》的提案,区政府立即做出了反映,及时与市宗教局联系,并向市有关领导汇报,在市、区两级政府的高度重视下,很快得到了妥善处理。区建委每年都办理很多委员的提案,其中在办理关于"八中垃圾中转站需拆迁重建"的提案过程中,多次选点,历经3年,投资80余万元于2002年初建成新站。

(六)六届委员会提案

一次会议,共收到委员提案73件(其中3件会后提案),经审查立案59件(1件会后提案),立案率81%。在立案的提案中,经济建设方面的提案31件,占立案总数的53%;科教文卫体方面的提案16件,占立案总数的27%;政治、法律、劳动人事方面的提案9件,占立案总数的15%;统战、政协、民族宗教方面的提案3件,占立案总数的5%。截止到当年12月底已全部办理完毕,办结率100%。另有14件涉市提案由区政协中的市政协委员提交市政协办理。

二次会议,共收到委员提出的意见和建议76件。根据《政协镜湖区委员会提案工作条例》的有关规定,提案审查委员会对收到的提案进行了认真审查,立案61件,占提案总数的79%。其中,经济建设28件,占立案总数的46%;教科文卫体15件,占立案总数的25%;政治法律、劳动人事15件,占立案总数的25%;统战、政协、民族宗教2件,占立案总数的3%;其他方面1件,占立案总数的1%,未予立案4件,涉市提案12件。经与提案者协商,有的作为委员来信转交有关部门研究处理;有的商请提案者进一步充实、完善后作为平时提案重新提出,有的整理成送阅材料向有关领导反映。

三次会议,共收到委员提案、意见、建议60件,参与提出的委员106人次。根据《政协镜湖区委员会提案工作条例》规定,通过提案委员会的审查,立案45件。内容涉及区域经济建设(包括城市建设)17件;教科文卫体12件;政治法律、劳动人事13件;统战、政协、民族宗教3件,未予立案15件(其中涉市提案3件,作为委员来信处理的提案12件)。有的提案将作为委员来信转交有关部门研究处理;有的提案需进一步充实、完善、规范后作为会后提案重新提出,一并处理。

对列入计划分步实施的多年提案,政协镜湖区委员会还定期督促承办单位"回头看",按时兑现承诺,按计划实施方案,按期落实提案。为促进提案成果的转化和落实,将提案工作落到实处,提案委在分管主席带领下,精心选题,针对社会普遍关心的热点和难点问题"回头看",如区政协曾经组织对赭山小学道路进行修建,网吧市场的管理和整治、南门湾菜场设置公平秤、棠梅村垃圾清运及区青少年科技中心的建设等5件提案,进行了实地追踪,掌握了办理情况,通过"回头看"这一新举措,提案人普遍认为承办单位领导重视,认识到位,措施具体,工作扎实,对组织"回头看"抓提案落实较为满意。

二、提案的评比和表彰

为进一步激发委员参政议政热情,提"精品"提案,推动承办单位更加自觉地办好提案,办实提案,区政协提案委先后走访了繁昌县政协、芜湖县政协,学习他们开展评比表彰活动的经验,并结合镜湖区的实际,草拟了《政协镜湖区关于开展优秀提案、先进承办单位及个人评选表彰活动暂行办法》提交政协六届八次常委会通过实施。办法规定:每届评选两次,按总数的8%评优。评选条件:

优秀提案的评选条件:

(1)围绕大事,献计献策。提案内容紧紧围绕党和国家大政方针及地方的重大事项,人民群众普遍关心的热点、难点问题。提案立题明确,针对性强。

(2)内容翔实,建议可行。提案提出的问题和建议应建立在调查研究的基础上,实事求是,分析中肯,言之有据,解决问题的措施、建议和办法具体可行,操作性强。

(3)参考值高,效果明显。提案具有较强的宏观指导意义并被区委、区政府纳入科学决策之中,反映人民群众关心的重大问题得到了解决,对我区三个文明建设起到了一定的促进作用,在办理后产生了较明显的社会效益和经济效益。

先进承办单位及个人评选条件:

(1)领导重视,组织机构和制度健全。

(2)办理认真,注重质量。能主动加强与委员的联系,并按时完成办理任务,且认真对待委员的反馈意见,满意率在95%以上。

(3)答复文字准确、规范。

(4)总结及时,档案完整。

(5)先进个人必须是从事政协提案办理工作成绩显著的专职或兼职人员。

评选程序:

(1)由各承办单位、政府各专门委员会向区政协提案委员会推荐优秀提案,区政协委员、区委办、区政府办向区政协提案委员会推荐先进承办单位及个人。

(2)区政协提案委员会邀请区有关部门参加,汇总推荐意见,对照评选条件集体进行审议,提出初评意见。

(3)提案委员会将初审的优秀提案、先进承办单位及个人名单提交区政协主席会议审定,常委会协商决定。

六届八次常委会,在区委办公室、政府办公室的配合和大力支持下,对六届一次和二次会议以来的提案进行评选,筛选出6件优秀提案(9人提出),2个提案办理工作先进单位,8名提案办理工作先进个人。先进承办单位和提案办理先进个人的共同特点是:领导重视,专人负责,制度健全,程序规范,方法灵活,办理认真,措施落实,效果良好。提案委将初评结果经六届十五次主席会和六届八次常委会审议通过,并作出在六届三次全委会上进行表彰的决定。

受表彰的优秀提案及提案人、提案办理工作先进单位、提案办理工作先进个人如下:

优秀提案及提案人(6件、9人)

推进城市东扩(提案人:杨成顺)

加强社区建设(提案人:张　宁)

为社区辅警购买人身意外伤害保险(提案人:胡劲松　张安发)

成立长街小商品市场消防组织(提案人:卢炳华)

加强网吧市场管理(提案人:王卫东　郑　宁　郭继华)

治理汤家北巷,整顿社区环境(提案人:胡志恒)

提案办理工作先进单位(2个)

区政府办公室、区建委

提案办理工作先进个人(8人)

陈　伟(区政府办公室)

杨　杰(区建委)

齐中龙(区工商分局)

柳书挺（区公安分局）

梅　松（区民政局）

王志保（区文体局）

吕明安（区经计委）

杨　静（区教委）

政协镜湖区委员会为强化提案工作，除了依据政协有关规定修订了《提案工作细则》，把提案办理和政协委员视察工作相结合，把办理和跟踪督办相结合，注重增强服务意识，提高服务质量，主动与提案承办单位加强沟通、协调，对一个承办单位难以办理的提案，区政协提案委还发挥政协优势，同有关单位协商，使提案工作落到实处。区政协也主动向省、市等报刊投稿、介绍政协镜湖区委员会提案工作开展情况。提案工委副主任戚小平同志被授予2000年度"全市政协系统提案工作先进个人"荣誉称号；在人民政协成立50周年之际，政协镜湖区委员会推荐的倪哲华委员提出的"垃圾转运站污水处理问题"的提案，入选安徽省优秀提案展，受到省领导、政协委员和各界人士的好评，扩大了镜湖区的影响。

第二节　1984—2006年新芜区政协提案工作

新芜区政协成立以来，在党委、政府重视支持和政协自身努力下，提案工作得到不断发展，并逐步走上规范化、制度化、程序化的轨道。根据《政协章程》和省、市有关文件规定，区政协负责提案的征集、审查立案和交办工作（全会期间集中交办，平时提案随时交办），区委办、区政府办等单位负责承担提案的办理工作。区政协提案主要是委员个人提案和部分联名提案。一至六届共收到委员提出的提案943件，立案652件，立案率69%。

一、历届政协提案

（一）一届委员会提案

一届政协收到提案63件，立案56件。

一次会议收到提案40件，立案34件，分别送至13个部门办理。经办理答复的提案22件，如：修建铅丝厂门前的马路问题；浴室提前营业时间，解决"洗澡难"问题；办理旁系亲属出境探亲问题等，有关部门均已付诸实施。

二次会议收到提案10件，立案10件。其中，属于旧城改造、市政建设4件。关于修建新芜路附近的巷道问题，区城建科列入1986年整修计划；关于建立绿化专业队伍问题，区城建科答复现已有一支五人组成的绿化专业队，负责全区公共绿化管理和指导工作；关于花园街小商品市场建造公共厕所问题，区城建科、环卫所计划在铁路边建造一所公厕；关于在劳动剧场附近修建邮电支局问题，市邮电局回复，邮电所开设是根据人口密度，居民用邮及邮电接收情况，且附近已有多所代办所。关于加强社会治安2件；增加幼托设施的1件；治理脏、乱、差，改善环境卫生面貌的3件；反映吉和街农贸市场2件。

三次会议收到提案13件，立案12件。12件提案中有9件涉及市属单位，已通过市政协转请有关单位处理,其余3件均办理并答复。其中:改善市政建设3件;加强农贸市场管理3件;医卫2件;其他2件。

(二)二届委员会提案

二届政协共收到提案90件,立案83件。其中:文教医卫24件,占28.9%;城建18件,占21.7%;市场管理18件,占21.7%;社会治安7件,占8.4%;经济建设4件,占4.8%;组织建设4件,占4.8%;宗教建设4件,占4.8%;其他方面4件,占4.8%。提案总人数82人次(其中二届一次会议40人次,二次20人次,三次会议22人次)。截至1989年年底,已办结提案78件,提案办结率达94%。

一次会议收到提案40件,立案36件。其中:文教卫生10件,交通1件,工商及市场管理9件,治安3件,城建9件,加强政协机关建设1件,落实宗教房产政策2件,其他方面1件。如,汪英明委员提出对社会待业青年开展业余职业教育的问题,建议由区政协民主党派和教育界委员联合,面向社会待业青年开展职业教育。区政府办、区团委认真采纳委员意见,表示将积极协同社会人士做好这项工作,开展健康有益的文体活动。

二次会议收到提案22件,全部立案。其中:经济建设4件,城管城建5件,科教文卫体7件,统战工商6件。如:范丛委员提出对农贸市场严格管理,保护消费者权益的提案,区政府及职能部门表示将进一步制定切实可行的措施,加强市场管理,切实维护消费者利益。黄成河委员建议尽快整修“石头路”问题,得到市、区两级政府的重视和采纳,表示将于10月开始整修施工。

三次会议收到提案28件,立案25件。其中:文教医卫8件,市场管理5件,社会治安4件,城建5件,其他方面3件。

(三)三届委员会提案

三届政协收到提案109件,立案67件。

一次会议收到提案45件,立案27件。其中:经济建设3件,廉政建设3件,城市管理15件,城市建设11件,法制建设2件;文教医卫5件;组织建设1件,环保4件,社会福利1件。截至1991年2月,除移送市属各有关单位的18件,其余区属单位内的27件提案已全部办结。

二次会议收到提案46件,立案30件。其中:经济建设6件,城建城管12件,科教文卫体9件,统战2件,环保1件。在这些提案中,凡属区各单位或各部门的提案,均已送区政府办公室进行归口办理,凡属市各有关单位的提案由区政协办公室移送交办。

三次会议收到提案18件,立案10件。其中:关于经济建设2件,城建城管6件,文教医卫1件;统战1件。这些提案移送有关部门办理,并全部办结反馈于提案人。如,段开福委员建议区政府要安排专人负责推动科技成果的转化。区委、区政府根据区情实际,成立了经济顾问团,并安排了区经计委成立“三人小组”专门负责此项工作。

(四)四届委员会提案

四届政协收到提案254件,立案135件。

一次会议送交提案46件,立案22件。其中:经济建设2件,城管城建12件,文教医卫4件,组织建设3件,政法1件。作来信处理24件。如,王胜佳委员建议发展我区市场经济。区政府答复认为建议很好,并积极安排有关部门、各街道和有条件的居委会结合各自特点,兴办各类市场。陆维传等4位工商企业界委员建议,进一步发挥我区城市信用社功能,为区街经济发展服务的建议,受到区政府高度重视,表示将积极采纳。

二次会议送交提案50件,立案32件。其中:经济建设2件,城管城建14件,文教医卫8件,组织建设8件。作来信处理18件。

三次会议送交提案60件,立案31件。其中:经济建设4件,城管城建12件,文教医卫9件,组织建设3件,政法3件。作来信处理29件。

四次会议送交提案50件,立案21件。其中:经济建设2件,城管城建10件,文教医卫5件,组织建设3件,政法1件。作来信处理29件。

五次会议送交提案48件,立案29件。其中:经济建设4件,城管城建15件,文教医卫3件,组织建设5件,政法2件。作来信处理19件。

(五)五届委员会提案

五届政协收到提案260件,立案208件。

一次会议送交提案50件,立案34件。其中:经济建设2件,城管城建17件,科教文卫体8件,政法劳动7件。作来信处理16件。

二次会议送交提案38件,立案37件。其中:经济建设2件,城管城建21件,科教文卫体5件,政法劳动9件。作来信处理1件。

三次会议送交提案53件,立案53件。其中:经济建设4件,城管城建16件,科教文卫体12件,政法劳动21件。

四次会议收到提案76件,立案52件。其中:城管城建33件,科教文卫体6件,政法劳动13件。作来信处理24件。经13个部门(单位)办理,于当年办结的提案中,A类38件(已采纳)、B类12件(已采纳列入计划)、C类2件(暂无法解决)。

五次会议送交提案43件,立案32件。其中:经济建设2件,城管城建20件,科教文卫体8件,政法劳动2件。作来信处理11件。

(六)六届委员会提案

六届政协收到提案167件,立案103件。

一次会议收到提案57件,立案30件。其中:经济建设5件,城市建设和城市管理20件,科教文卫体9件,政法和劳动人事11件,政协统战2件。尚有27件因不具备立案条件和要求做人民来信处理。这些提案将会同有关部门逐一落实。

六届二次会议收到提案51件,立案36件。其中:经济建设方面4件,城建城管方面30件,科教文卫方面12件,政法劳动人事方面5件。15件作为来信处理。以上提案经有关部门承办,做到了件件有落实,案案有答复。

六届三次会议收到提案59件,立案37件。其中:经济建设方面5件;科教文体卫方面12件;政法劳动人事方面8件;统战、民族宗教方面1件;城建城管方面11件。18件作人民来信处理,4件未予立案。

二、提案征集、办理

(一)提案征集

政协提案是履行协商监督职能的一种富有成效的重要方式,是委员们为经济建设和社会事业发展贡献才智、发挥专长、献计出力的主要方法,是完善中国共产党领导的多党合作制度的一种不可替代的重要形式。按照全国政协和省政协提案工作会议精神的要求,结合本区的工作实际,区政协主要做好以下工作:

加强学习,提高认识。为增强委员参政议政意识,提高提案质量,提案委员会利用《政协简报》,连载政协提案知识问答,便于委员们自学。同时,每年例会前,随会议通知提前附发提案表,要求各位委员会前开展调查研究,以便在会议期间提出具有一定价值的"三性"(即:严肃性、科学性、可行性)提案。

认真做好提案的征集、整理、审查、立案、交办、催办等工作。每次会议,对委员每年提出的提案均能做到逐一登记,确定承办单位,提出处理意见和要求。根据提案交办程序,及时送交区委、区政府批转有关职能部门办理。

努力提高办理质量。提案交办后,定期组织人员,由分管主席带队,会同政府办公室负责人深入基层,主动听取承办单位对提案办理工作情况的汇报,共同研究和解决重点、难点提案的办理,有效地促进了提案办理进度和办理质量。

认真做好提案反馈工作。提案反馈是提案工作的重要环节。依照办理程序,对委员们提出的应该解决而又具备条件解决的提案,要求承办单位及时答复并着手办理。对应该解决但由于客观条件限制暂时不能解决的问题,由承办单位负责向委员解释清楚。对一时难以解决的问题,也应由承办单位负责向委员讲清道理,以便在适当时机创造条件争取解决。

总结经验,表彰先进。为调动提案人和承办人的积极性,促进提案质量和办理质量的进一步提高,每届均要开展优秀提案评比活动。对优秀提案,给予表彰和物质奖励,有力地促进了提案工作的开展。

完善制度,注重实效。为完善提案办理工作程序和制度,根据"保证质量,注重实效"的原则,1995年6月制定了《新芜区政协提案工作实施细则》共六章75条,并经区政协四届第十次常委会议通过实施。使提案工作逐步走向程序化、制度化、规范化的轨道,充分发挥了提案工作应有的作用。

(二)立案审查与交办

每届区政协全体会议期间均成立"提案审查委员会",专门负责收集委员提案和审查立案工作,并向大会报告提案审查情况。由于一届区政协没有设立"提案委员会",在全会闭幕期间,提案工作由区政协办公室具体负责,并向主席会议、常委会议和全体会议报告提案工作情况。二届区政协以后,每届区政协由"提案委员会"具体负责提案工作。

提案审查主要是在每次全体会议期间,由提案审查委员会根据提案工作有关要求,确定是否立案和承办单位建议名单,经整理编目后,会同区委办、区政府办交由有关部门(单位)办理,对未立案的,由提案委对提案委员当面说明,或退还或作为人民来信,也可作为社情民意信息转给有关部门参考。大会闭会期间的委员提案,则由提案委直接审查交有关部门(单位)办理。审查立案的提案,应明确承办单位,对需几个部门联合办理的,分清主办和协办,以避免互相推诿。区政协提案的交办,一般由区委办、区政府办和区政协办联合召开提案交办会议,实行会议现场交办,并明确办理任务、时限和办理要求等。

提案承办单位通过召开座谈会、上门走访、征求意见等方式,与提案委员保持密切联系,达成共识。开门办案,委员欢迎。如2000年9月,区建委为确保10件提案的办案质量,特地邀请区政协提案委及有关提案人参加“提案办理工作见面会”。通过“一听、二看、三议、四反馈”的方式,对区建委提案办理情况进行现场评议,受到委员欢迎。

为进一步做好政协的提案工作,体现政协参政议政的职能,1994年6月14日,四届十次常委会通过《政协新芜区委员会提案工作实施细则》。2000年,经区政协五届十一次常委会议决定,自当年开始,实行主席会成员领办、督办重点提案办理工作。

(三)历届重点提案办理

1. 二届委员会提案

二届一次会议提案

案由:提请解决小学教室采光问题

提案者:陆企霄、雕群

提案内容:目前,各小学教室普遍存在采光不足,导致小学生视力下降的问题很多。建议在今后新建或改建小学教室时应重视采光问题。

承办单位:区政府办

办理情况:为保护小学生视力的问题,区教育部门拟增加教室灯头,每个教室5~6个,以保证采光。今后凡新建、改建教室,都将严格按照上级对采光方面的要求和规定落实,以保护学生视力。

二届二次会议提案

案由:关于加强区街企业共青团工作的建议

提案者:凤峻、俞均、殷凤、张晓玲、董超群

提案内容:近年来,由于区街企业团的工作没有正常开展,不能适应经济发展和青年需要。建议:(1)区委、区政府有关部门及企业党组织要重视和支持团的工作,给予指导督促,调动团干部工作积极性,促进成长进步;(2)企业党组织要帮助团组织和青年解决实际问题和困难,如经费问题、活动时间问题等。

承办单位:区委办

办理情况:区委副书记朱长明批示:(1)近年来,企业团的工作有所放松,应引起重视;(2)针对提案反映的情况,已与团委商讨,拟在适当时机,召开一次关于企业中团的工作座谈会,予以讨论解决;(3)视情况可形成会议纪要,或另拟文件,报请区委批转。

二届三次会议提案

案由:关于小偷扰乱社会治安问题

提案者:方素芬

提案内容:近年来,小偷十分猖獗,在一些公共场所(如公共汽车),明目张胆作案,直接危害群众利益。建议公安部门采取有力措施予以打击。

承办单位:市公安局刑警大队

办理情况:对于该提案,大队领导非常重视。经大队研究决定,从当年7月15日至25日,将开展“反扒突击旬”活动,大队从二中队抽调干警10名、转业干部9名和新进实习生5名,共计24人组成反扒队,收到较好效果。

2. 三届委员会提案

三届一次会议提案

案由:区委、区政府领导应安排与人民(群众)直接对话日(接待)

提案者:杜先智

提案内容:为发扬联系群众的工作作风,及时听取他们的愿望和要求,建议:(1)每年的上半年和下半年各安排一次与人民(群众)直接对话日;(2)区委、区政府领导亲自参加,由专人记录来访者的意见和要求;(3)对话日之前的半个月颂通知;(4)安排专人处理收集到的意见。

承办单位:区委办

办理情况:区委办及时将访提案呈送区委书记乔业鹏,区委副书记、区长张宝华,区委副书记余敦坤等领导。表示:(1)着手解决办公用房问题,立即恢复信访接待日制度;(2)坚持区委、区政府领导定期向区政协通报工作。

三届二次会议提案

案由:加强花园街市场管理

提案者:袁光荣

提案内容:由于花园街与殷家山村系老居民区,简易房较多,是火灾易发地段。近年来,为发展地方经济,申元街两边摊位越来越多,阻碍了消防通道,建议区政府出面责成有关部门划出规定线位,不准摊贩越过界线,确保消防通道畅通。

承办单位:区政府

办理情况:区政府认为该提案反映情况属实,由于场地小,摊位多,确实带来一定隐患,为此,区政府一是采取应急措施,设置消防设施,加强管理;二是加强对摊贩的消防安全宣传,提高经营户防火意识;三是停止发展摊位,经营旺季进行整顿。为根本解决问题,区政府答复,市政府已规划"以天工商场为龙头,以花园街为主体,以龙桥饭店为依托"建立大型服装贸易中心,并安排有关部门进行前期调研和草拟方案。

三届三次会议提案

案由:美化区境市容,保护环境

提案者:孙宗村、史可瑢

提案内容:团结路保兴埠段是多年未解决的"龙须沟"。建议:(1)将明沟改造为盖板沟,可在此处规划建造菜市场,以充分利用土地;(2)在广福矶修建污水处理设施,污水经处理后再排入长江。

承办单位:区政府办

办理情况:承办单位认为该提案很好。在组织区环保办等部门进行实地察看和讨论后认为,从目前区级财政情况来看,暂时还无力完成。表示将积极向市政府有关部门反映,并尽力会同市里早日解决团结路保兴埠的环境污染问题。

3. 四届提案

四届一次会议提案

案由:关于加速我区旧城改造进程

提案者:应百里

承办单位:区政府办

办理情况:区委、区政府对此非常重视,专门成立了新芜区旧城改造建设指挥部,具体负责区境内的旧城改造建设工作,同时,还成立了区房地产开发公司,第一批 4500 平方米的拆迁建房已交付使用。正积极筹划新芜路的旧城改造工作。

四届二次会议提案案由:关于在中小学开展孝敬父母的教育活动

提案者:许大昭

承办单位:区教委

办理情况:区教委按此提案的精神,于当年秋季开学初期,在全区的学生中开展了“五自”(自理、自律、自学、自救、自护)和“两有”(心中有祖国、心中有他人)主题教育活动,同时,将孝敬父母作为小学生行为规范的重要内容。

4. 五届委员会提案

五届一次提案

案由:加快周家山集贸市场建设进程

提案者:王昭胜

承办单位:区政府

提案内容:现有周家山骑路市场位于狭窄通道,多年来附近约五万居民在此购物。去年底,区政府结合惠源制冷厂“退二进三”方案,将该厂区内建设新的周家山集贸市场列入今年工作计划。由于多方面原因,目前进展较慢。建议:(1)将惠源制冷厂实施“退二进三”方案,建设新周家山集贸市场列入区政府今年为民办实事之中;(2)确定一名政府领导分工负责并帮助解决市场建设中的各种问题,如资金等;(3)确保上半年建成并投入营业,尽早发挥经济效益和社会效益。

办理情况:为帮助惠源制冷厂尽快摆脱困境,区政府决定对该厂实施“退二进三”,利用该厂区位优势,新建集贸市场。并列入 1998 年为民办的件实事之一,落实了分管领导和责任部门。目前,市场主体工程已完成,年内可建成并发挥经济效益和社会效益。

五届二次提案

案由:彻底整治陶沟

提案者:孙宗村

承办单位:区政府

提案内容:陶沟作为区境内蓄水排污重要沟塘,近年来,因污染问题严重影响附近居民,已到了非治不可的地步。建议:对陶沟进行清淤治理,东段修建停车场,解决停车难问题,中段建设成大蓬市场,西段设一个简易污水处理场。

办理情况:认为该提案很好,很有价值,也是我区多年着力解决而未解决的问题。市政府对此也很重视,已将其列为 1999 年为民办十件实事之一,并由市建委负责落实具体整治工作。关于中段和西段的建议,尚在进一步研讨和规划中。

五届三次提案

案由:努力发展本区商业街和专业街

提案者:胡诗猛

承办单位:区政府

提案内容:为繁荣本区商贸经济,增加税源,解决下岗工人就业。建议:学习南京的莫愁路、太平路一带的市场,通过放宽政策,大力发展以经营电子、电器、机械、型材等为主体的专业街、商业街。

办理情况:区政府今年重点工作之一,就是大力发展第三产业,培育新的经济增长点。在对吉和街、劳动路、黄山西路等特色商业街调研基础上,拟拿出可行方案,现已确定将劳动路至皖医旧铁路线彻底改造,新建集餐饮、文化娱乐、休闲健身为一体的商业一条街。同时对汀棠公园进行改造和扩建等。

五届四次提案

案由:中和新村小区亟待整治

提案者:邓伯康

提案内容:中和新村是新建小区,因物业管理不到位,导致违章搭建成风,车辆随意进出,道路、绿化、下水管道损毁严重,严重影响居民生活。

承办单位:区建委

办理情况:该提案反映的问题确实存在,在现场调查基础上,经分管领导和区建委研究决定将该小区列入 2001 年我区住宅小区综合整治计划,现违法建筑的拆除已全面展开,路灯、道路和下水等基础设施整治陆续进行,至 9 月底各项整治工作全部结束。

5. 六届委员会提案

案由:在我区建设一条文化艺术街

提案者:陈丽亚

承办单位:区重点办

办理情况:我区作为芜湖市的中心城区,兴建一条既能体现芜湖古城风貌,又具有时代气息,体现芜湖改革开放的繁荣景象,集商贸、观光、文化、娱乐和小吃为一体的商贸文化园区,是一个富有创意的建议。根据这一建议,我们选择在新芜路和沿河路之间,东起中和路、西至华盛小区,南起中西友好花园、沿河路,北至吉祥新村地块兴建一条文化街区,该地块占地面积 36900 平方米,预算总投资 1.3 亿元。

文化街区暂定名为“中江园”,功能定位为中山路步行街的补充,结合地域特色,体现历史文化,将其建设成具有较高文化品位,集休闲、观光、娱乐、小吃为一体的文化街区,突出社会效益和环境效益,以吸引人流,营造浓厚的商业氛围。建筑风格拟借鉴苏州观前街、上海城隍庙的格局,建成中西合璧、古今融汇的风格,为城市增添新亮点。“中江园”商贸街建设项目意见书于 2002 年 3 月 18 日上报区政府。

第三节 2006—2014 年镜湖区政协提案工作

一、历届政协提案

(一)七届委员会提案

七届委员会自 2006 年至 2012 年历经 6 年,先后召开了 6 次全委会。6 年来,七届区政协共收到提案632件，经审查立案512件。这些提案绝大部分紧扣经济社会发展主题，反映人民群众关心的热点难点问题，充分体现了广大政协委员对参政议政的高度负责精神。为进一步推进提案工作，提案委员会坚持创新发展。通过将“会前立案”改为“会后立案”，加强提案审查力度；积极推进承办单位与提案者面对面协商办理提案；坚持主席、副主席督办重点提案，提案委员会限时催办、跟踪督办等一系列举措，推动了经济社会发展中的突出问题和人民群众关心的难点问题的解决。

七届一次会议上因区划调整，区政协重组，未征集提案。

一次会议后，共收到提案127件，立案122件（其中10件涉市提案），内容涉及经济建设方面60件，占提案总数的49.2%；科教文卫体方面28件，占提案总数的23%；政法和劳动人事方面22件，占提案总数的18%；政协、统战、民族宗教等其他方面12件，占提案总数的9.8%。在区人大、政府、政协议案、提案交办会上，分别交由各承办单位办理。未立案5件，作为委员来信处理。截至2006年11月下旬，提案已全部办复。对条件尚不具备暂时不能办理的提案，区政府及有关承办部门在认真调查研究的基础上，均向提案人作了详细说明。10件涉市提案因时间限制未能转交市政协办理，经电话与委员协商，表示理解。1件因所提内容涉及面广，需多个部门共同研究办理，年内推进难度较大，经会同环保等部门与委员协商，同意将该提案转为2007年提案。

二次会议，共收到提案88件，经审查立案76件（含涉市提案10件）。其中经济建设提案32件，占提案总数的42.1%；科教文卫体提案18件，占提案总数的23.7%；政法和劳动人事提案19件，占提案总数的25%；政协、统战、民族宗教等提案7件，占提案总数的9.2%。对内容相同或相近的作了并案处理。在区人大、区政府、区政协议案、提案交办会上，分别交由各承办单位办理。未立案12件，作为委员意见转交有关部门处理，其中3件交由提案人补充完善，重新作为提案提出。截至2007年10月下旬提案已全部办复。根据委员的反馈意见，满意或基本满意为75件，占98.68%，不满意1件，占1.32%。

三次会议，共收到提案104件，经审查立案95件，其中并案5件，11件提案因超出我区承办范围，已作为涉市提案转交市政协。在区人大、区政府、区政协议案、提案交办会上，分别交由各承办单位办理。未予立案的9件，与提案人沟通后，已退还给本人。截止到2008年11月底，提案全部办理完毕，从委员反馈意见看，对提案办理表示满意或基本满意94件，占98.9%，不满意1件，占1.1%。

其中，发展城市人文景观、加强小区物业管理和打造优质投资环境45件，占立案总数的47.9%。卫生、教育、文化宣传25件，占立案总数的26.6%。劳动人事、政治法律18件，占立案总数的19.1%。民族宗教、政协统战5件，占立案总数的6.4%。

四次会议，共收到提案95件，经审查立案80件。其中，涉及经济建设38件（并案1件），科教文卫体25件（集体提案1件），政法人劳10件，其他5件。这些提案有情况、有分析、有建议，多数具有一定的针对性、可行性和前瞻性，有利于各承办单位办理落实。截至2009年11月底，各承办单位均已办理完毕。其中，委员对办理结果表示满意的75件，占提案总数的93.75%；基本满意或不满意的3件，占提案总数的3.75%。这些提案在协助党委、政府实现决策科学化、民主化，促进本区经济发展、提高城市建设和管理水平、推进社会事业发展和维护群众利益方面发挥了积极作用。

五次会议,委员们共提出意见、建议89件,经会后审查立案69件。其中经济建设和城市管理41件,教科文卫体13件,政法人劳的11件,政协、统战及其他4件。这些提案具有政治性、严肃性、全局性,多数提案有一定的针对性、可行性和前瞻性,且有分析、有建议、有利于承办单位(部门)办理落实。截至2010年11月底,各承办单位已办理完毕。其中,委员对办理结果表示满意的62件,占提案总数的89.9%;基本满意的7件,占提案总数的10.1%。

六次会议上共征集到委员递交的提案118件,参与委员182人次。其中联名提案10件,集体提案1件。提案中:经济建设69件,占提案数的58.4%;教科文卫体31件,占提案数的26.3%;政法人劳14件,占提案数的11.9%;政协、统战、民族宗教及其他4件,占提案数的3.4%。

(二)八届委员会提案

一次会议,共收到提案130件(其中会后提案2件)。经审查,立案100件(其中并案1件,二次会议会后1件),转市社情民意3件,作为委员来信1件,未立案26件。未立案的26件提案已作为委员意见转送有关部门供参考。涉及区域经济发展11件,占提案总数的11%。涉及城市建设管理28件,占提案总数的28%。涉及科教文卫体35件(并案1件),占提案总数的35%。涉及社会建设和民生问题25件,占提案总数的25%。八届一次会议闭幕以后,提案委员会将会议期间审查立案的提案送交区委、区政府办公室,分别由38个单位负责承办。截至2012年11月底,各承办单位均已办理完毕,办结率100%。委员对办理结果表示满意或基本满意100%。

三次会议,共收到政协委员递交的提案153件。其中:集体提案3件,联名提案22件。参与撰写提案的委员298人次。收到的提案中:经济建设类92件,占提案总数的60.1%;教科文卫体类29件,占19%;劳动政法人事类28件,占18.3%;政协统战、民族宗教及其他4件,占2.6%。

四次会议,共收到政协委员递交的提案145件。其中:集体提案、界别提案、联名提案均有大幅度提高。参与撰写提案的委员232人次。收到的提案中:经济建设类的32件,占提案总数的22.1%;城市建设及管理类的48件,占提案总数的33.1%;教科文卫体类的28件,占提案总数的19.3%;社会民生保障及其他37件,占提案总数的22.5%。

二、提案征集与办理

提案工作是政协的主要工作,历届政协高度重视提案工作,一直将其作为全局性工作来抓。

(一)提案的征集

1.提案征集的程序与基本原则

提案是政协发挥政治职能的主要途径,也是委员发挥参政议政、履行政治协商职责的重要手段。因此,提案的征集是搞好提案工作的基础,而制定与形成提案征集的有效程序与基本原则则是搞好提案工作先决条件。

(1)程序

政协提案分为重点提案、一般提案、急办提案、远程提案和会后提案等类别。其中,远程提案是指需几年完成或需要长期关注的提案；而会后提案则是指全委会闭会期间，政协委员提出的提案。

为加强提案征集工作，政协镜湖区委员会在长期的提案工作中，逐步形成了一套提案征集程序。具体为五个步骤。

首先，成立提案审查委员会，负责提案的征集与审查工作。每届政协第一次全体会议上，在本届政协委员中选举产生提案审查委员会，由主任、副主任和委员若干人组成；负责提案的审查立案工作，并向全体委员会议报告提案审查情况。会议闭会后，提案审查委员会转为提案委员会。列入专门委员会序列，在常务委员会和主席会议领导下，负责提案工作。

其次，在历次全会召开前半个月，提案委员会根据区委、区政府的中心工作，及时向委员发出通知，对提案征集提出总体要求。

第三，提案委员会制定提案标准格式，规范提案形式。

第四，会议期间，委员向大会提交提案；提案审查委员会对所有提案进行分类、审查、立案。

第五，休会期间，区政协通过委员小组活动、走访、座谈等形式，鼓励委员对社会热点问题进行及时收集整理，形成有分析、有建议的提案，报提案委员会审查、立案。

(2)基本原则

为确保提案的质量，历届政协制定了提案征集的基本原则，即：提案的政治性、严肃性、全局性、针对性、可行性和前瞻性。

为提高提案的质量，政协组织广大委员在不断加强学习的基础上，积极参加各项调研活动和专委会活动，不断拓展知识面，提高观察问题、分析问题、处理问题的能力。积极围绕区委、区政府中心工作和群众普遍关心的热点、难点问题，深入基层，调查研究，充分掌握第一手资料，精心撰写提案，力求每件提案内容充实，视觉新颖，立意高远，做到有情况、有问题、有分析、有建议，切实为领导及部门作出科学决策提供重要的参考依据。

2. 提案的审查与立案

为保证提案的质量，历届政协严格把好审查关。提案的审查主要集中于历次全会期间。提案审查委员会在收到委员提案后，根据《提案工作条例》规定，将收到的提案进行分类整理，逐件审查。

提案审查的具体内容：一是政治性。即提案内容应符合党和政府的大政方针、政策要求，符合履行政治协商、民主监督、参政议政的基本职能。二是全局性。即提案内容应能够反映全局性的问题，而不是个别性的或局部性的问题。三是可行性。即提案的内容应有具体情况，有科学分析、有针对性的建议或解决办法。四是规范性。即提案的形式应规范，要使用了统一印制的提案表；应一事一议；联名提案领衔者应列在首位；团体提案，须有该组织负责人签名并加盖公章。

符合上述内容的予以立案。对于案由不清、分析不透、建议不具体的提案，提案委员会及时与提案人协商，请提案人补充完善；对一案多事、内容过于宏观或者过于狭窄，近期无可操作性的不予立案。

自2010年开始，坚持以创新的精神，按照“围绕中心，服务大局，提高质量，讲求实效”的提案工作方针,不断转变观念,加大工作力度,积极探索提案工作的新思路、新方法、新措施,努力提高提案质量、提案办理质量和服务质量,推动了提案工作科学化水平的新提高。在提案立案方法上进行了探索改进,经七届政协常委会协商,同意将提案由会中立案改为会后立案。实践证明,这一做法具有几大优势:一是立案时间有保证,对大会提案能充分酝酿,避免了因全会期间立案时间紧而导致提案审查不够严谨的情况,提高了提案立案的准确率;二是对重点提案和联名提案,能做到由分管主席牵头及时与提案人沟通情况,使立案更具准确性;三是对委员反映的同类型提案并案办理,更具可操作性。

(二)提案的办理

每次会议提案经审查、立案后,提案委员会在认真编制提案目录的基础上,抓紧做好提案交办的各项准备工作,及时会同区人大、区政府召开交办工作会议。为确保提案交办准确无误,会同区政府办研究交办意见,明确每件提案的承办单位。

在提案办理过程中,提案委员会采取了分层次处理的办法。即对全区“四个文明”建设、事关经济社会发展大局和广大人民群众重大利益并具有宏观性、前瞻性和可操作性的提案,作为重点提案提交主席会议审议;对于反映问题重要,但论据、措施尚须进一步充实、完善的提案,请提案人补充、完善后再交办;对于一般提案,按照“归口管理”的原则,召开会议交办;对于不符合立案条件的,作为委员来信以其他形式交有关部门办理或参考。

七届、八届委员会期间,各承办单位在提案办理过程中,拓宽工作思路,不拘一格办理提案,使提案办理效率和办理质量有了新的提高。逐步形成了四种提案办理方法,即:一是召开座谈会办理提案。二是登门走访办理提案。三是现场办理提案。四是联合办理提案。有的提案在办理过程中,牵涉到多家单位,主办单位能积极与协办单位沟通、协商,注重加强与提案人联系,并做好意见汇总和及时答复提案人。

在提案办理中,强调规范运作,不断提高提案办理的工作实效,努力做到“三个百分百”,即承办单位在办理过程中与委员的沟通联系要做到100%,在规定的办理时间内要做到答复100%,委员对办复情况的信息反馈要达到100%。

从2010年开始,镜湖区不断完善提案办理工作机制。区政府办公室按照归口的原则,成立了提案办理工作领导小组,在完善收录登记、专人承办、规范答复、领导审签、汇集归档等制度的基础上,积极创新办理工作机制,建立完善了主要领导、分管领导、具体承办人的“三级办理机制”,使提案的办理规范化、程序化、制度化、高效化。

(三)提案督办与落实

1. 提案督办的制度化及其创新

提案督办是政协提案工作的重要组成部分,通过督办以推动提案的落实。在七届委员会期间,对重点提案采取了由主席和分管副主席领衔督办,对一般提案在办理进程中分别采取电话督办、抄告督办、重点督办等多种形式,推动了提案的落实。区政协对各承办部门提出了定期报告办理工作进度,各主办单位在条件许可的情况下要与委员面商的方式取得沟通、征求意见,促进了承办单位提案办理工作的规范化、程序化,提升答复满意度,使提案的落实取得了显著的成效。

从2010年开始,区政协为进一步克服重答复、轻落实的倾向,不断创新督办方式,取得了明显成效。其督办的方式也逐步强化与发展:一是在全省率先建立并实行了区委领导、区政府领导、区政协领导牵头督办重点提案制度,大大加强了重点提案的督办力度。二是扩大集体督办的范围,仅以2010年11月底的资料统计,政协集体形式督办的提案占提案总数的64%,提案承办单位与委员面对面沟通占提案总数的90%以上。三是督办形式的多样化,对口督办、上门督办、集中督办等灵活多样的形式,推动了提案落实。如镜湖交警大队、区住建委、拆迁办、古城办、区卫生局、区教育局等单位承办的提案,采取行业集中的方式督办,效果较好。四是督办活动与专委会活动相结合,在专委会开展活动时,提案委员会成员通报本专委会所提的相关提案办理情况,并征询意见,促进了提案办理工作。

2. 七届委员会部分提案落实情况

2006年

倪勇委员的提案《引导和推动电子商务园区的发展》,得到区政府的高度重视,在进一步调研论证的基础上,政府采纳了这一建议,制定了电子商务园区的发展规划蓝图,以引导和推进电子商务业发展。

吴大光委员针对大砻坊11家改制企业的遗留问题,提出了《关于加快企业改制步伐,促进社会稳定的建议》,经过区相关部门审核确认,在企业改制时未兑付项目的资金,随即基本发放到位,职工普遍比较满意。

程定贵委员的提案《关于加快荆山地区基础设施建设,改善生活环境的建议》,荆山街道和区建委领导高度重视,结合荆山地区的实际,分重点、按照规划逐步实施和改善,同时,为彻底改善镇区车辆停放无序问题,将11路车站移址,投资约7万元建设了调度室、停车场地、公厕和围墙。

陶紧跟委员的提案《关于加大力度扶持旅游商品交易中心、中基鞋城发展的建议》,反映了旅游商品交易中心和中基鞋城发展中遇到的问题,区委、区政府对此高度重视,根据我市发展思路的重大调整,已将旅游商品经济园区作为发展弋江路商贸经济圈中的核心和辐射带动项目予以大力扶持。

胡志恒委员的提案《关于建议整顿康复路铁道口占道经营现象的建议》,区市容局会同东门街道对该处的占道经营问题进行了集中整治。

在提案的办理过程中,对重点提案采取了由分管主席领衔督办,以促进提案办理落实。

郑宁委员提出的《加强加大对镜湖区违章建筑执法力度》和吴广奎委员提出的《让农民工子女就近入学》2件提案,被列为2006年重点提案。政协分管主席领衔组成了由提案委员会成员和提案人参加的重点提案督办组,于9月29日就这两个重点提案进行了现场督办视察。区教育局接办《让农民工子女就近入学》提案后,根据上级部门文件精神,制定了《镜湖区流动儿童就学暂行管理办法(试行)》,确定了13所学校为外来务工子女就学定点学校(其中中学2所,小学11所),较好地解决了农民工子女就学的问题。

2007年

委员们围绕服务中心工作,促进区域经济发展的重点,从多方面、多角度谋发展思路,献发展计策。

李燕凌委员的提案《关于进一步规范整合"社区卫生服务中心"的建议》和王利军委员提出的提案《关于改善镜湖区残疾人医疗保障的问题的建议》,区卫生局予以采纳,一方面加大了对社区卫生服务机构考核评价工作力度,另一方面加强了对医疗机构规范执业的管理,加强了社区卫生服务的功能建设。

由倪勇等 8 位委员提出的《加快重点项目建设,推动我区经济发展》的提案。被列为当年的重点提案,区重点办、拆迁办对该件提案高度重视,区政府分管领导亲自督办,阶段性地向委员通报办理情况,区政协领导、提案委和倪勇委员就该件提案的办理情况数次听取了承办部门的专题汇报并莅临项目建设和拆迁现场进行视察。

《提升我区旅游景点的知名度的建议与对策》、《关于荆山概念性规划的几点建议》为区政协 2007 年的重点提案,由主席领衔督办。主席、分管副主席、提案工作委员会全体委员和提案人参加了对 2 个重点提案的督办视察活动。区政府高度重视张崖委员的提案《关于荆山概念性规划的几点建议》,召开了研究荆山概念性规划的专题会议,制定了荆山概念性规划初步方案,待市委、市政府确定具体发展目标后,再按照规划方案具体实施。区商旅局积极采纳徐阳春委员的提案《提升我区旅游景点知名度的建议与对策》并及时采取相应措施逐步落实,如大力改善旅游景点的环境和配套设施,在有条件的景点推行免票或低票价,缔结旅游联盟,加大网上宣传力度,举办旅游购物节、美食节等节庆活动等。

2008 年

孟丽丽委员的提案《发展城市人文景观,提高江城芜湖亮度》,得到区政府高度重视,将此项目列入 2008 年镜湖区重点工程,上报市规划部门研究。

袁德华委员的提案《加强小区物业管理,促进社会和谐发展》,得到了区政府的采纳,区政府对老旧小区进行了综合整治,同时将加大对各个物业公司的监管力度。

对于强华和杨成顺委员提出的并案《对芜湖古城规划建设的建议》,承办单位古城办作了专题研究,并提供给三家规划设计单位,要求在设计时尽量反映古城旧时风貌,建成一个围而不合,合而不分的开放式旅游目的地。

牛广建委员的提案《提高免费婚检率,保障民族人口素质》,区妇幼保健站十分重视,并予以落实。在区社会事务服务中心的民政大厅设立了咨询室,安排专人宣教、指导,实现"一站式"服务,婚检率现已呈逐步上升的趋势。

董晓华委员的提案《深化教育改革,共享优质资源》,提交区教育局后,教育局成立了"镜湖区教育均衡发展工作领导组",提出了高位均衡的理念,并积极争创省义务教育均衡发展示范区。

章燕委员的提案《关注"留守子女"的监护和教育》,得到区教育局的重视。区教育局通过组织优秀贫困留守儿童开展了"镜湖留守好少年,快乐自信我能行"夏令营,同时结合各街道实际情况开展了多种形式的关爱留守儿童活动。

对于史孔明委员的提案《建议政府为残疾人提供 2 年一次的免费体检》,承办单位区残联以文件形式报告区政府,区政府领导给予了高度重视,从年内开始对持有残疾证的残疾人进行免费体检。

2009 年

陶桂林委员的提案《加快解决拆迁遗留问题,促进我区拆迁工作顺利进行》,提交承办单位后,区拆管办和安置办针对提案内容及时进行研究,客观分析当前我区拆迁进程和安置房建设现状,不断改进工作机制,一方面采取开发商代建回购、安置房土地挂牌限价回购以及团购商品房等形式,多方筹集安置房源,另一方面不断加快在建安置房项目的建设进度,全力保障全区拆迁建设工作的顺利进行。此外,我区还在全市率先公示安置房建设交付时间,通过公开承诺和社会监督促进安置房如期交付,为全区大建设、大发展提供了有力保障。

徐阳春委员的提案《强化我区小吃店食品卫生安全监督的建议》提交后,承办单位区卫生监督所针对提案中反映的当前小餐饮存在的卫生问题,采取多种措施,开展了多项食品卫生安全专项整治行动,在日常管理中就小餐饮的操作卫生、环境卫生、个人卫生等加大检查力度,使小餐饮群的食品卫生安全现状得到了进一步规范和改善。

高述红委员的提案《发展规范小吃店、大众早餐店》,区商务局接办后进行了调研,结合本区实际,提出落实的“便利消费进社区、便民服务进家庭”为主题的社区商业“双进工程”为工作抓手,将固定门店式的早餐供应作为主要经营模式,明确了我区早餐业的发展方向。

2010 年

广大政协委员关注镜湖区发展、服务大局的意识进一步增强,紧紧围绕区委、区政府中心工作积极建言献策。张庆玲委员的提案“注重盘活存量楼宇资源,促进现代服务业发展”,得到区政府及相关部门的高度重视,承办部门区财政局针对提案内容及时进行汇报的研究落实。当年年初,区政府成立了楼宇经济办公室,着手对镜湖区所有商务楼宇资源进行普查,建立了镜湖区楼宇经济信息库。对我区境内的商务楼宇和市级机关原办公楼,采取一楼一策的方式分别制定入驻企业管理办法,并对入驻企业的资格认定和奖励政策做出详细规定。

区卫生局就王红群委员提出的《如何高效发挥社区医疗服务中心的作用》的提案,实行发放房租补贴,以奖代补,为社区诊所排忧解难。并在成立镜湖区社区卫生工作领导小组的基础上,建立了由区疾控、监督、妇保等人员组成的社区卫生服务指导专家组,负责全区社区卫生服务和机构管理、指导和考核工作,收到了较好的效果。

区住建委结合镜湖区实际对李铭委员的“城市中心区应开展公共绿地服务半径化建设”提案进行了研究,就进一步提高城市中心绿化水平和档次制定了详细规划,见缝插绿,街景小品档次明显提高。

促进我区文化产业协调发展,是“十二五”规划的重点工作之一,也是贯彻落实科学发展观和中共十七届五中全会精神的重要举措。委员们结合我区的实际情况,有针对性地提出一系列围绕我区文化产业建设和发展规划方面的建议,得到区委、政府高度重视。段联委员《加快建设芜湖古城,提升芜湖旅游文化产业的发展水平》、曹俊委员《尽快培育发展我区古玩产业经济》等提案,建立在具体调研与审慎论证的基础上,具有可操作性,得到政府的重视。在芜湖古城项目建设领导小组的领导下,古城在拆迁前,经市文物办鉴定,明确保留了 48 处文保和历史建筑。集中在花街、太平大路、南正街、儒林街、肖家巷等历史街区的一大批老建筑先采取封门窗方式保护下来,同时对历史名人在古城留有印迹的历史建筑进行整理,对其现有结构和安全性进行鉴定,明确其市场功能业态,在“古城”建设中重点保护。

针对丁汛委员的提案《建黄叶村纪念馆,打造旅游新景点》,区政府决定将纪念馆的布点放在芜湖古城总体商业策划中予以统筹考虑。

王翠莲、陶九胜、戴春阳、吴晓苏委员的提案《关于加强城市交通监管宣传和规范管理》,得到了镜湖交警大队的重视,出台了《对城市“三车”违法违规行为监管的意见》。

2011 年

我区首件集体提案——弋矶山街道联络组的《关于通达小区改造的建议》,经多次召集提案委员会、区住建委、弋矶山街道等单位听取意见,充分协商、克服困难、落实措施。经多方努力,在区政府的支持下,终于解决了这一群众反映强烈的问题。

7 月 20 日,区政协副主席季业保及提案委部分成员,对区政协七届六次会议第 59 号、第 61 号、第 68－1 号、第 68－2 号、第 70 号由区卫生局承办的五件提案办理情况进行了督办,提案委员到会并与承办单位进行了面对面交流。

上述 5 件提案分别涉及婚前健康体检、医疗纠纷、社区卫生监督、居家养老服务等民生问题。被列为 68 号并案的王红群、马乐的提案《加强免费婚检,提高婚前医学检查》,区卫生局高度重视,加大宣传力度,最大限度地提供便民措施。2010 年统计表明我区婚检率达到 88%,并呈逐年上升趋势。近年来,我国医疗纠纷发生率逐年增多,出现了恶意巨额索赔、暴力索赔以及医疗纠纷刑事化的趋势。被列为 59 号提案的程凤兰《关于完善医疗纠纷处理机制和打击“医闹”的建议》,区卫生局十分重视,从建立医疗纠纷调解处理新机制、建立医疗损害保险制度、加强医疗机构自身建设、提高医疗服务质量的管理体系等四个方面努力探索建立医疗纠纷多元化的解决机制,以化解医患矛盾。

3. 八届委员会部分提案落实情况

2012 年

八届一次会议至三次会议期间,收到提案 130 件。其中,提案《关于支持我区中小企业发展的几点建议》,受到区委、区政府高度重视。区经发改委与市邮政储蓄银行人员一同走访数十家中小企业,向各位企业老总和财务负责人了解企业近期发展情况和融资问题,积极为企业提供所需融资贷款帮助,受到企业的欢迎。

在办理提案《东郊路亟待整治改造的建议》中,区市容局督促张家山公共服务中心(原北京路街道)市容执法中队赶赴现场,对存在问题进行了整改,对东郊路的违法建筑进行查处和拆除,还路于民。

提案《打造镜湖文化品牌,加快建设区域性文化中心的建议》,与镜湖区区委、区政府以文化立区的发展思路高度吻合,25000 万平方米的区文体活动中心即将竣工使用,有力促进了我区文化事业的发展。

提案《关于加强对民办幼儿园的监管,规范民办园办学行为的建议》反映了委员普遍关注的学前教育问题,对此,区委、区政府做了大量细致的工作,创新学前教育发展模式,新建和改扩建 2 所公办幼儿园,确定 6 所普惠性幼儿园,确保全区适龄幼儿全部入园。

针对委员提出的提案《加强社区卫生服务站的建设》提案,区卫生局把该项工作作为民心工程来抓，改建了4298平方米的区公共卫生服务中心和覆盖全区的社区卫生服务体系，逐步实现了社区卫生服务机构网络化、人才队伍专业化。

区人社局在办理提案《关于加强对从事农业生产创业项目奖扶力度的建议》中，组织我区有创业能力的农民，参加SYB创业培训，通过系统培训，激发农民的创业精神，寻找适合自身发展的创业项目。同时对创业农民出台了一系列优惠政策。

区商务局在办理提案《关于加大对家政服务业的扶持和管理，创新社会管理的建议》中，主动联系协办单位制定家政服务行业的工作细则和奖励政策，培育和扶持一批家政服务企业，并联合人社局加强对该行业服务人员的技能培训，加快企业规模化、连锁化步伐。

针对委员提案《关爱荆方地区学生安全，消除重大交通安全隐患的建议》，区荆方办、交通办和教育局多次协调督促解决，区政府拨款200多万元购置了8辆公交车，基本解决了学生上学、放学的交通安全问题。

政协镜湖区委员会八届委员会在全省率先建立并实行了区委领导、区政府领导、区政协领导牵头督办重点提案制度。通过提案"回头看"和承办单位与委员面对面沟通等形式，确保提案落到实处，得到提案人的认可。

在区委副书记万晓晖牵头督办081号提案《关于加强创新社会管理实施社区网格化管理》的过程中，全区配备了670名网格管理员，建立了社区网格管理机构。

区委常委、副区长陈海俊牵头督办087号提案《全面提升镜湖社会治安视频监控系统质量，构建镜湖"天网"工程》，2012年区财政拨付专项资金130万元人民币，在20个社区内安装了236个视频监控探头，在全区重点防范区域内从"零散分布"向"连线成面"发展，基本形成了致密监控网络，有效提高了社会面治安管控能力，维护了社会的稳定。

区政协主席茆振文牵头督办的2012年001号提案《关于支持我区中小企业发展的几点建议》，得到政府的认可和认真办理，镜湖区充分发挥财政奖扶资金作用，通过落实各类财税免缓政策支持企业发展。2012年支出2亿元人民币作为产业引导资金，扶持企业发展，奖补企业近160户（次），企业类型包括总部经济、金融创业、再生资源、文化产业等。

2013年

1月4日上午，在镜湖区政府四楼会议室，政协镜湖区委员会、区经发改委组织召开重点提案协商督办暨中小企业发展座谈会。区有关政协委员、区内部分银行、企业代表共约20人应邀参加座谈。区政协主席茆振文出席并讲话。镜湖区经发改委对《关于支持我区中小企业发展的几点建议》（001号）提案办理情况进行了汇报，就区政府在搭建政银企平台，紧抓金融服务，重点发展金融集聚区，优化发展环境，为我区中小企业融资服务做了重点介绍。

在八届三次全会上，有关民生发展问题仍然是政协委员关注的焦点，其中由方村街道政协联络组集体提交的提案《尽快出台农业产业发展和招商项目的相关优惠政策》，事关该地区未来经济社会发展，被列为区政协"一号提案"。9月4日，由区政协主席茆振文、提案工作分管领导鲁厚义、提案委部分成员及提案人代表组成的重点提案督办组，对这一提案的办理情况进行现场督办。承办部门区经发改委、协办单位区农水局等会同方村街道多次进行专题研究讨论。在区政协有力督办和相关单位共同努力下,区委、区政府出台了《关于鼓励和促进农业发展扶持意见》,并结合我区产业发展规划的修订,给予方村大力发展生态农业,观光农业,培育绿色无公害农业的产业定位。对改善农业产业结构,建设"美丽方村"产生了重要作用。

《加快发展镜湖区电子商务》、《支持中小企业发展》等提案,从加快镜湖区产业转型升级、增强企业自主创新能力等方面提出建议,相关承办部门积极响应、认真办理。目前,我区已成立中小企业服务中心,区财政每年安排 2 亿元引导资金支持企业发展。区经发改委还专门组织召开重点提案协商督办暨中小企业发展座谈会,邀请区有关政协委员、区内部分金融界、企业代表约 20 人参加座谈,在答复提案办理情况的同时搭建政银企交流沟通平台。

在办理提案《关于尽快整治改造滨江山庄》过程中,区住建委联合弋矶山公共服务中心、红星社区居民委员会、勘察、设计等有关部门对小区进行摸底,制定了详细的整治方案并进行公示,征求群众及物业公司意见。同时对小区停车位、下水管网、健身场所等进行整体规划,对外墙及屋面渗水问题也提供了专业解决方案。

在办理提案《增强我区防汛意识,建立和完善水利设施管理长效机制》过程中,区农水局将委员提案进行梳理、汇总成表格,成立办理小组,由专人负责。根据我区防汛抗旱能力的实际情况,逐年加强经费投入(2012 年投入经费 1125 万元,2013 年投入经费 1400 万元),促水利工程兴建、养护和维护,提高水利工程设施的防洪标准,不断完善水利工程管理长效机制。

2014 年

区政协进一步加强了提案督办工作,推动了提案的落实。

7 月 22 日上午,区委常委、区纪委书记罗珊红、区政协党组副书记鲁厚义及提案委员会部分成员,在区政协会议室听取了区征收办关于八届四次第 42 号提案"关于加强信息公开保障房屋征收健康快速发展"办理情况的汇报。政协委员提案者、主办单位及协办单位(各中心、街道)相关负责人参加了会议。

7 月 29 日上午,区委常委、副区长许兰及提案委员会部分成员,在区政府三楼会议室听取了区住建委关于八届四次第 29 号提案《老旧小区改造"回头看"》办理情况的汇报。政协委员提案者、主办单位主要负责人参加了会议。

8 月 11 日下午,区政协党组副书记鲁厚义、区政协副主席谭闽月及提案委员会部分成员,在区文体中心三楼会议室听取了区文广新局关于区政协八届四次第 95 号提案《关于文化惠民、服务群众,促进发展的建议》办理情况的报告。政协委员提案者、主办单位主要负责人参加了会议。

8 月 12 日下午,区委副书记万晓晖、区政协党组副书记鲁厚义及提案委员会部分成员,在区委三楼会议室听取了区征收办关于区政协八届四次第 38 号提案《扎实做好"三个加大"推进我区房屋征收工作》办理情况的报告。政协委员提案者、主办单位主要负责人参加了会议。

8 月 18 日下午和 19 日上午,区委常委、副区长吴文斌,区政协党组副书记鲁厚义,区政协副主席甄长海及提案委员会部分成员,在区政府三楼会议室分别听取了区商务局关于《打造特色商业街区，加快中心城区商贸业转型升级》和《培育镜湖区本土特色产品品牌的建议》提案办理情况的报告。相关区人大代表、政协委员提案者、主办单位主要负责人参加了会议。

8月19日下午，区政协党组副书记鲁厚义带领提案委员会部分成员，在区交警大队三楼会议室听取了关于八届四次第164号提案《关注中小学门口的交通乱象》提案办理情况的报告。区政协委员提案者、主办单位主要负责人参加了会议。

8月27日，区政协党组书记、主席茆振文和区政协党组副书记鲁厚义带领提案委员会相关委员，实地视察了镜湖区文体活动中心后续管养情况，听取了区财政局关于区政协八届四次第1号提案《进一步加大民生工程后续的监督》办理情况的报告。在督办过程中，茆振文指出，民生工程类项目的后续管养尤为重要。为此，他建议：一要加大宣传力度，借助多种载体宣传项目内容，提高居民知晓率；二要强化项目推进，早谋划、早预算、早开工；三要明确保障措施，人力、物力、经费要及时跟上；四要加大督查力度，实行法律监督、民主监督、媒体监督、社会监督、审计监督等全方位监督；五要探索引进第三方评估民生工程后续管养项目。通过各方努力，推进民生工程，真正发挥其经济、社会效应，获得群众认可。

7月29日下午，区政协秘书长杨珍及提案委员会部分成员，在区社会事务中心四楼会议室听取了区文明办、区教育局关于八届四次第109号提案《积极开展社区教育，提高市民综合素质》办理情况的汇报。政协委员提案者、主办单位负责人参加了会议。

（四）优秀提案评选工作

为推动提案工作，建立和完善提案工作的激励机制，七届政协于2007年制定了《政协镜湖区委员会评选表彰优秀提案及承办提案先进单位（个人）暂行办法》，开展了优秀提案评比表彰活动。根据评选办法，提案委员会对两年来立案的198件提案进行逐一筛选，初选出优秀提案10件，在征求有关方面意见后，经主席会议讨论审议，七届九次常委会议审议决定，在七届三次会议上予以了表彰。

2012年，区政协提案委员会对2010—2011年度年立案的201件提案进行了认真审核和评选，经政协七届35次常委会议审议，通过了对《关于通达新村小区亟待整治的建议》等10件优秀提案的提名，并在区政协八届一次会议上进行了表彰。

2014年，为了更好地发挥提案在人民政协履行职能中的作用，推动提案工作质量的进一步提高，区政协提案委员会对区政协八届一次会议以来征集并立案的224件提案，和提案承办单位进行了进行了认真评定，给每位委员发放征求意见函；在此基础上，推选出10件“优秀提案”和8个先进承办单位，报经区政协八届十一次常委会议审议、批准，在八届四次会议上进行表彰奖励。

附录一

表 5-1 新芜区四届政协提案情况一览表

时间	提案数(件)	立案数(件)	立案率%	分类情况										承办单位(个)
				经济建设		城建城管		文教医卫		组织建设		政法		
				件数	%	件数	%	件数	%	件数	%	件数	%	
四届一次 1993 年	46	22	48	2	10	12	55	4	48	3	13	1	4	11
四届二次 1994 年	50	32	64	2	6	14	44	8	25	8	25			12
四届三次 1995 年	60	31	52	3	10	12	40	9	30	3	10	3	10	10
四届四次 1996 年	50	21	42	2	10	10	48	5	23	3	14	1	5	10
四届五次 1997 年	48	29	60	4	14	15	52	3	10	5	17	2	7	12

附录二

表 5-2 新芜区五届政协提案情况一览表

时间	提案数(件)	立案数(件)	立案率%	分类情况								承办单位(个)
				经济建设		城建城管		科教文卫体		政法劳动		
				件数	%	件数	%	件数	%	件数	%	
五届一次 1998 年	50	34	68	2	6	17	49	8	24	7	21	23
五届二次 1999 年	38	37	97	2	5	21	57	5	14	9	24	23
五届三次 2000 年	53	53	100	4	8	16	30	12	23	21	39	24
五届四次 2001 年	76	52	68			33	63	6	12	13	25	13
五届五次 2002 年	43	32	74	2	6	20	63	8	25	2	6	13

附录三:四届、六届新芜区政协优秀提案

四届政协优秀提案(9 件)

(1)王胜佳:《发展社会主义市场经济》

(2)应百里:《加速我区旧城居民住宅改造》

(3)陈　怡:《关于育红幼儿园教学楼拆除重建的建议》
(4)史可瑢:《发挥我区环保监督职能部门的作用》
(5)许大昭:《关于在我区小学生中开展孝敬父母启蒙教育》
(6)邢重兴:《加强对区医院的领导与建设》
(7)王心铎:《定期通报我区各项卫生工作,让医卫委员会委员知情出力》
(8)彭常岳:《区属企业领导层,抓紧培养本区新一代企业家》
(9)沈　茜:《要为委员参与经济建设沟通渠道》

六届政协优秀提案

2003 年度
(1)樊道德:《加快吉和市场改造清除重大安全隐患》
(2)喻其山:《提请修建殷家山市场》
(3)倪谷峪:《关于长宁街道路改造的建议》
(4)龙学群:《强化网吧管理规范游戏机室经营》
(5)潘玉兰:《为社区居委会干部购买养老金》
(6)谢克谦:《在新芜区建立老年大学事项》
2004 年度
(1)赵丹琪:《对背街背巷违章建筑的整治》
(2)金昌龙:《打造学习型社区》
(3)姜德霞:《下岗失业人员参加基本医疗保险》
(4)谢正友:《充分发挥改制企业留守人员在新芜区各项事业中的作用》
(5)严安榕:《建议在凤凰美食街成立党组织》

附录四

表 5-3　政协镜湖区委员会 2006—2007 年度优秀提案

序号	案号	提案者	案由
1	2006(009)	程定贵	加快荆山地区基础设施建设,改善居民的生产、生活环境
2	2006(032)	郑　宁	加大对镜湖区违章建筑的执法力度
3	2006(043)	吴金兰	关于芜宁路集贸市场一带加强综合整治的提案
4	2006(060)	马　乐	关于进一步加强我区妇幼保健工作的提案
5	2006(064)	傅智敏	建议实行免费婚前医学检查工作
6	2006(066)	牛广建	完善社区医疗服务
7	2006(070)	吴广奎	让农民工子女就近入学
8	2007(007)	杨成顺	对违章的宽容,就是对遵章者的不公平
9	2007(012)	倪　勇	加快重点项目建设,推动我区经济发展
10	2007(025)	艾　敏	关于设立北塘小学门前“爱心岗亭”的建议

附录五

政协镜湖区委员会2010—2011年度优秀提案

(1)弋矶山街道联络组:《关于通达新村小区亟待整治的建议》
(2)王　珏:《设立政协委员活动联络组,扩大征集社情民意渠道,提高委员履职能力》
(3)王翠莲:《关于加强对城市“三车”违法违规行为监管的建议》
(4)王红群:《如何高效发挥社区医疗服务中心的作用》
(5)奚要武:《关于对棚户区拆迁改造工作的建议》
(6)查　明:《关于规范处理我区餐饮业垃圾的建议》
(7)张庆玲:《注重盘活存量楼宇资源,促进现代服务业发展》
(8)周自炎:《给住宅小区一个绿色环保的环境》
(9)杨　斌:《大力发展公办幼儿园,提高学前教育水平的建议》
(10)杨丽华、张云龙:《强化“文化立区”举措,打造现代化文化强区》

附录六

表5-4　政协镜湖区委员会2012—2013年度优秀提案

序号	案号	案由	提案者
1	2013—028	促进物业企业良性发展,建立、完善监督与管理体系	周　伟
2	2013—023	组建总部经济社会化政企协作平台,营造吸引总部企业聚集的软环境	程益先
3	2012—101	关于村镇水污染的整治建议	章　捷
4	2013—047	整合社会资源,加快城市中心区薄弱节点建设	邱　铭
5	2012—040	关于加快芜宁路菜市场建设的建议	方　勇
6	2012—019	关爱荆方地区学生安全、消除重大交通安全隐患	王成芝
7	2012—003	关于加强镜湖区旅游产业发展的建议	江　琳
8	2013—006	建议把握芜湖拥江发展机遇,着力打造区域转型发展新平台	张胜娟
9	2012—086	关于进一步加强我区年鉴、方志编纂工作的建议	胡志恒
10	2013—098	增强我区防汛意识,建立和完善水利设施管理长效机制	刘宏友

政协镜湖区委员会2012—2013年度提案先进承办单位

(排名不分先后)

区文广新局　区住建委　区民政局　区政府办公室　区教育局　区农水局
区经发改委　区卫生局

第六章　调研、视察、考察工作

人民政协的调查研究、视察、考察是各级政协组织和广大政协委员履行职能和发挥作用的一项重要的基础性工作。人民政协开展调查研究、视察、考察工作具有独特的优势，在促进物质文明、政治文明、精神文明、生态文明建设中发挥着重要作用。

首先，调查研究、视察、考察工作是政协履行职能的基础环节。政协不是权力机关，也不是行政机关，不能靠发号施令去履行职能。政协是组织各党派团体、各族各界委员进行政治协商、民主监督和参政议政的重要机构，主要是通过提出意见、建议的方式履行职能，要使政协的意见、建议做到言之有物、言之有据、言之有理，符合实际，对决策具有参考价值，就必须以调研、视察、考察作为基础。在新的形势下，政协履行职能面临许多新的情况、新的事物，只有加强调研、视察、考察，才能跟上时代的步伐，开创新的局面。

其次，调查研究、视察、考察工作是参政议政的主要形式。《中共中央关于加强人民政协工作的意见》明确要求，“人民政协要选择经济社会发展中具有综合性、全局性、前瞻性的课题，深入调查研究，开展咨询论证，提出意见和建议”。从全国政协及各级地方政协的实践来看，调查研究使参政议政更加主动，更为经常，更具实效，是发挥委员主体作用和活跃政协工作的重要途径。区政协以专委会为依托，以课题为纽带，联合、组织各行各业的专家学者，围绕党和政府的中心工作，有重点地进行调查研究、视察、考察工作，形成了许多内容翔实、观点鲜明、论证周密的调研报告或建议案，提出了大量切实中肯的意见和建议，得到了区委和政府的重视，对实际工作起到了推动作用，在社会上产生了广泛的影响，促进了党政决策的民主化、科学化。

另外，调查研究、视察、考察工作也是发挥民主党派作用的重要渠道。人民政协是各党派、各人民团体、各界代表人士团结合作、参政议政的重要场所。民主党派和无党派人士通过调查研究建言献策，是发挥其参政议政作用的重要形式和渠道，是保障其发挥政治监督功能的重要手段。尊重和保障各民主党派参与调查研究，充分发挥其在政协的作用，是各级政协组织义不容辞的责任。密切同各民主党派的联系与合作，与民主党派开展联合调研，既有利于民主党派发挥优势，拓展参政议政渠道，又有利于政协博采众长，广开言路，建言立论。

长期以来，区政协不断加强调研力度，充分发挥人才荟萃和参政议政的优势，形成了一批较高质量的调研报告和建议案。

第一节 1984—2006年镜湖区(原)政协调研、视察、考察工作

一、上级政协的调研工作

2001年1月,市政协副主席胡培英率市政协委员与我区政协委员一道对我区教育工作进行了为期一天的调研。区委副书记、区政协主席曹天民、区政府副区长陶建国、区政协副主席林章华陪同调研。

2001年5月,市政协副主席胡培英率市政协委员与我区政协委员一道对我区社区建设进行了为期一天的调研。区委书记周凯,区委副书记、区政协主席曹天民,区政协副主席林章华陪同调研。

2001年6月,市政协主席阮治源率市政协委员与我区政协委员一道对我区"两保一线"进行了为期两天的调研。

二、区政协调研、视察工作

1985年

7月16日,经主席办公会研究,7月20日提交常委会讨论,制定1985年调研计划。

群工法制工作组:

调查1个街道办事处两劳人员解教或刑满释放后的思想、工作和生活情况。

工商经济组、科技工作组:

调查1至2个区街企业提高经济效益的做法和经验。

城市建设工作组:

调查康复路以南,建设路以北,铁路线以东范围内的内涝情况;

有重点地组织视察创建文明单位的情况。

文化教育工作组:

调查小学音、体、美、史、地、常等课教育质量和师资状况;

调查和座谈如何加强对小学生的思想教育问题。

医药卫生工作组:

组织调研、视察食品和社会卫生问题。

4月30日,区政协城建组对康复路以南,建设路以北,铁路线以东范围内的内涝情况进行了调查,并形成报告。区政协将此调查报告上报市政协,供审阅,建议转市城乡建设环境保护局研处。

7月16日,以1984年11月开始对独生子女教育问题进行调查,并且在今年2月2日发表关于"独生子女教育必须认真对待"的简报的基础上,7月16日上午在区政协会议室召开了"如何搞好独生子女教育"座谈会。

7月20日,为推动文明单位建设,经研究组织区政协部分常委及医药卫生和城建两组全体政协委员对我区东门办事处所辖笆斗街、杏花村两个居民委员会创建文明单位的

情况进行视察。

8月21日，根据区委领导的意见，区政协科技组、工商经济组就镜湖织布厂的发展趋向组织专题座谈，并将两个工作组《关于座谈会的情况汇报》送请区委阅示。

10月5日，为全面贯彻德、智、体、美的教育方针，培养四化建设人才，区政协文教工作组组织开展了一次体、美、史、地、常教学情况的调查。

10月26日，区政协群工法制组对中山路街道办事处解教、刑满释放人员回来后的思想、生活和工作安排情况，作了一次比较全面的调查了解，并且写出了《关于中山路街道青年解教人员情况的调查报告》。区政协将此报告上报区委，请区委将此报告批转变给各办事处、派出所、区公检法等有关部门，以便进一步搞好这方面工作。

11月5日，区政协针对"六五"期间，镜湖区针对纸品印刷、纸品包装两个行业的良好生产形势，召开了"印刷、包装业展望"座谈会，以探索这两个行业的发展前景。应邀参加座谈会的有街道办事处分管生产负责人、生产股长、企业厂长共二十余人。会后提出了几点建议：(1)建议区政府进一步加强对印刷、包装业的领导，召开专业性会议，专题研究这两个行业的发展规划和具体措施。(2)关于印刷、包装业发展中所需用的土地，拟请区政府统一研究审定，分期分批地帮助解决。(3)印刷、包装业的干部，要按照"四化"要求逐步配备。上级要制订培训计划，组织干部、工人学文化、学科学、学技术、学管理，不断提高企业素质。(4)建议区经计委和街道办事处注意收集，并向企业输送有关的经济技术信息，帮助企业开阔视野，疏通渠道。

11月22日，为了全面贯彻党的教育方针，认真执行《中共中央关于教育体制改革的决定》，全面提高小学教育质量，在区政协政协会议室召开教育体制改革座谈会。

11月30日，区政协邀请区工商分局部分市场管理人员，座谈当前的农贸市场的副食品价格问题，并将座谈会的情况汇报镜湖区委。

1986年

5月9日，为有利于加强小学生的思想品德教育，决定由区政协工作组和区教育科教研室联合组成调查组，对区属部分小学的常规教育进行调查考察。

8月22日，为学习宣传贯彻《中华人民共和国义务教育法》，区政协于8月22日下午在区政协会议室召开座谈会。

9月，区政协城建工作组对长街进行了调查，形成了《关于"十里长街"现状的调查报告》。

9月23日至26日，为使本区的鳏寡孤独老人健康地欢度晚年，区政协医药卫生工作组会同区医院组成医疗检查组，深入本区7个街道办事处为84名孤独老人(其中男性27人，女性57人)进行了健康检查。医疗检查组认为，对这些孤寡老人的健康，应该给予关怀。因为他们无儿无女，无亲人照顾，只有依靠政府，才能享受社会主义的幸福。建议：

(1)区政协医药卫生工作组和区医院应确立长期为孤寡老人服务的思想，要建立制度，每年为老人健康进行一次全面检查。

(2)检查后，要及时与街道联系，对患病老人街道办事处和民政部门要给予应有的治疗。对行动不便的患者，有关街道要尽可能做到送药上门。

(3)医疗费用，应保证孤寡老人的病患能得到正常治疗。

(4)要建立健全孤寡老人病历档案,便于了解和掌握病史,更好地系统治疗。

(5)医疗检查组还希望各个级有关部门都来关心孤寡老人的生活与健康,使他们老有所养,老有所“医”,欢度晚年。

1987 年

1 月 16 日,区政协群工法制组就南门办事处为五保老人服务情况进行调查,并写成调查报告。区政协将此报告报送市政协,提出两点建议,请转有关部门研究统筹解决。两点建议:(1)因物价有所调整、上涨,五保老人原来的生活标准过低,建议有关部门提高他们生活费的标准,每月以 30 ~ 35 元为宜;(2)对鳏寡孤独老人看病,建议单设记账卡,挂号费纳入记账卡内,并将此记账卡交办事处管理,便于老人及时就诊。

3 月 3 日,为了保障人民健康,防止“病从口入”,区政协医药卫生工作组会同区防疫站、工商管理分局组成卫生视察小组,在区政协副主席李必明的带领下对镜湖区境内个体饮食业的卫生状况进行了视察。先后视察了九华山路、渡春路、大花园、赭山路、人民路、芜屯路等 6 个主要街道的 59 个饮食摊点。建议:(1)治理脏、乱、差要列入区政府的重要议程;(2)要积极宣传贯彻工商管理和食品卫生法规,坚决取缔无照无证经营。

3 月 28 日,区政协文教工作组会同区教育科,对环小、回族两所小学在学生中进行爱国主义教育的情况进行了调查,并且撰写了调查报告。调查报告中总结了两所小学进行爱国主义教育的基本做法,提出了建议。区政协认为,该调查报告有一定的参考价值,并随文报送区政府,建议转发本区各小学、幼儿园供研究参考。

7 月中旬,为加强居委会工作,推进文明建设,区政协社会工作委员会于 7 月中旬听取了区文明办负责同志关于区文明城市建设情况通报;视察了中山路街道大花园、陡门巷、镜湖三个居委会,就创建文明居委会问题,进行了专题调查。并且形成了《关于创建文明居委会的调查报告》,提出以下几点意见和建议:(1)各居委会应配正、副主任 2 ~ 3 人,居民组长应配齐,现有的年老体弱或因其他原因不能胜任者,应给予调整;(2)要支持各基层居委会因地制宜地发展第三产业或家庭加工业等,以创造一点经济条件;(3)卫生、城建、城管要给居委会下放一些必要的权力;(4)区境内公共单位,应支持所在居委会工作。

9 月 11 日,为了更好地反映当前教师、家长、社会对青少年教育的状况,以唤起各有关方面重视和加强对青少年的思想教育工作,并有助于丰富群众文化生活,政协文化教育工作委员会,在深入生活、认真调查研究的基础上,创作了电视文学剧本《悠悠寸草情》。

11 月 17 日,区政协文教工作委员会对个体幼儿园作了为期两天视察,并写出了《关于对我区家庭、联户举办幼儿园的调查报告》。区政协转报区政府,建议加强这方面的管理和业务指导,使这枝幼苗能健康发展,发挥最佳的社会效益。

1988 年

6 月 9 日上午,区政协文教工作委员会先后视察了东内街、朱家塘两所学校,听取了两校校长关于校办工厂的汇报,并参观了东内街小学的糊精厂和朱家塘小学的味美食品厂。6 月 10 日上午在区政协会议室召开座谈会,并于 6 月 29 日,向区委进行了汇报。

7 月 11 日,向区委汇报区政协社会工作委员会《关于视察农贸市场情况的调查报告》。在区政协二届一次会议上,近20%的提案是有关农贸市场管理问题。为了了解情况,加强管理,促进文明建设,区政协社会工作委员会从5月28日起,采取看、听、访等多种形式,对赭山路、东郊路、朱家塘三个农贸市场进行了为期3天的视察。6月1日,视察人员召开会议,座谈观感。17日,社会工作委员会和镜湖工商分局负责同志就当前农贸市场管理问题进行了对话。

7月13日,向区委报送文教工作委员会《关于小学幼儿园招生工作的调查报告》。为确保《义务教育法》的实施,不断提高基层教育的质量,使我区学龄儿童百分之百的入学,文教委员会进行了专题调查。报告提出了几点建议:(1)广泛宣传义务教育法,坚持"就近入学"的原则,说服家长按照教育部门划分的地段就近入学;(2)区教育科要加强对基础比较弱学校的领导重点扶持帮助解决师资、经费、设备上的困难逐步缩小校际间教育质量的差别;(3)公安部门对户口迁移要严格把关;(4)教育部门要制定学籍管理制度,严格入学和转学管理手续,没有特殊情况,不得随便转入或接收跨区、跨校的学生;(5)各校在完成本区普及义务教育任务,保证提高质量的前提下,对确有困难的外区生、借读生、挂户生,经教育科研究审批,可适当照顾接收,对非特殊情况可适当采取限制措施;(6)对符合入学、转学、借读规定的学生,教育行政部门和学校要及时妥善安排,不得拖延,不得提出种种不合理的附加条件;(7)市教委根据我区学校分布南密北疏的极不合理现状,给予调整,使小学布局逐步合理。

12月24日,为了促使智障儿童和其他儿童一样茁壮成长,并了解智障班的办学情况,区政协文教工作委员会与区教育科一行9人赴宁渊小学调查。调查后提出如下建议:(1)智障教育应该列入特殊教育范畴,由市教委统一领导,大力宣传,争取社会支持;(2)为适应特殊教育需要,应增加经费,添置教育设施和教具,增加人员编制,每班配备三人,两班增加勤杂工一人;(3)智障儿童属于智力残缺,学习期满后,应安置就业,给予出路;(4)有关部门要做好优生优育的宣传教育工作,医务部门要做好产后的保健工作,把智障婴儿的降生率降到最低限度。

12月25日,向区委送呈《政协委员视察镜湖织布厂座谈会纪要》。12月25日区政协邀请部分具有高中级技术职称的政协委员和市纺织公司的两位工程师,组成视察小组,视察了多年亏损的镜湖织布厂。在视察中,听取了镜湖织布厂负责同志的汇报,实地察看了厂容厂貌、生产流程、工人的技术操作和产品质量。视察后进行了座谈。《纪要》中提出了意见和建议,如有可供采纳的部分,请区政府有关职能部门将采纳和实施情况,及时函告区政协。

1989年

6月8日、9日两日区政协视察组就小学、幼儿园招生工作和学校创收两个专题,听取了区教育科负责人的汇报,视察了东内街、朱家塘两所小学的校办工厂。10日上午就以上两个专题召开了座谈会并邀请部分小学校长、园主任参加会议。会上大家各抒己见,畅所欲言,气氛十分热烈,区政协主席张浩根、副区长卫忠良到会并讲了话。

6月17日,社会工作委员会与镜湖工商分局负责同志就关于当前农贸市场管理进行了对话,区政协主席张浩根、副主席程志道、副区长韩世安到会并讲了话。

9月26日,区政协社会工作委员会对《女职工劳动保护规定》执行情况进行了调查,并写了调查报告。报告中就我区《女职工劳动保护规定》执行情况存在一些问题,提出了一些看法和建议。区政协认为,该调查报告有一定参考价值,随文报送区委,供参考。

1993 年

4 月 29 日,法制群工工作委员会一行 12 人,由林章华副主席带队,视察了市新火车站、汽车站的综治工作,委员们认真听取了两站管理办公室的综治情况通报,肯定了两站广场综治工作卓有成效,针对两站广场的治理力度应进一步加强,管理人员不足,经费困难等存在问题,向区委、区政府和有关部门写出专题报告,提出意见和建议。

10 月 3 日,由区政协副主席赵业钜、鲁慎如带队,组织财经工作委员会部分委员视察了私营企业通达贸易公司,鼓励该企业要克服偏见和思想顾虑,大力发展私营经济,并对今后如何鼓励和扶持发展个体私营经济,提出意见和建议。

1994 年

4 月 14 日,法制群工工作委员会一行 9 人,由林章华副主席带队,以城郊结合部的社会治安综合治理情况为重点视察了杨场行政村,在肯定成绩的同时,针对城郊结合部管理难度大、暂住人口多、私房出租多等特点,如何加强社会治安综合治理工作提出意见和建议。

1995 年

5 月 3 日,区政协文教卫工作委员会卫生组一行 13 人,在郝冰贞副主席带领下,赴市第四人民医院芜南路分院考察,对精神病的发病原因进行了深入的了解,特别对精神病发病的社会因素进行了调查和探讨。

7 月 4 日,提案工作委员会部分委员会同承办单位区教委和提案人,由林章华副主席带队,就回族小学门墩开裂和电线老化问题,进行了追踪视察,使该提案得到了较好的落实,取得了良好的社会影响。

11 月 21 日,由区政协副主席林章华带队,组织了法制群工工作委员会部分委员就《工会法》执行情况,视察了区属企业运达汽车厂,并对今后如何贯彻落实《工会法》,发挥工会的职能作用提出了建设性意见和建议。

11 月 22 日,区政协科技工作委员会在副主席马荫瑞带领下,组织部分委员视察了区街企业江南净化器材厂,对该厂产品的科技性能和如何进一步开发新产品进行了深入了解,对进一步发挥区街企业优势,加快经济发展,使科技工作更好地为经济建设服务等问题进行探讨,提出了较好的意见和建议。

1996 年

3 月 29 日,城建城管工作委员会一行 8 人在主席欧天水带领下,就城市管理、房屋拆迁等问题,视察了镜湖街道办事处,并对加强城市管理,搞好拆迁安置和社区服务等问题提出了意见。

4 月 20 日,文教卫工作委员会部分委员由副主席郝冰贞带队,视察了区街企业环球箱包厂,委员们详细了解该厂的发展历史和产品经营销售情况,对该厂艰苦创业,实现腾飞给予高度的赞扬,并实事求是地指出由于厂房狭小陈旧给生产发展带来困难,希望政府和有关部门能帮助选好新厂址,使该厂能实现再发展。

6 月 13 日,财经、科技工作委员会部分委员由鲁慎如副主席带队,联合视察了区属企业运达汽车厂，委员们详细考察了该厂的生产和经营现状，针对存在的问题向区委、区政府写出专题调研报告，提出 9 个方面的意见和建议，为区委、区政府的经济决策提供参考。

7 月 8 日，城建城管工作委员会在听取区堤防所关于汛情和防汛工作情况通报后，由主席欧天水带队，组织 8 名委员视察了青弋江的堤防情况，针对中山桥至弋江桥 1600 米防洪墙的防汛与管理脱节问题，向有关职能部门提出意见和建议。

8 月 2 日，由副主席林章华带队，组织法制群工工作委员会部分委员在听取区综治办关于我区社会治安综合治理和当前“严打”斗争情况通报后，重点视察了芜湖市火车站和汽车站，委员们对综治成果予以充分肯定，针对“两站”广场治安人员的配备不合理、经费困难、“两站”的卫生状况不佳、治安力度不够等问题也提出诚恳的意见和建议。

8 月 30 日，提案工作委员会一行 6 人，由副主席林章华带队对十九中门前道路长期堵塞问题进行急案追踪视察，经过多方协调，疏通了骑路市场，整治了脏、乱、差现象，较好地解决了十九中门前行路难问题，取得了良好的社会影响。

12 月 4 日，法制群工工作委员会一行 12 人在区政协林章华副主席带领下，就《劳动法》执行情况视察了私营企业——国清美食娱乐城和通达贸易有限公司。委员们对他们认真行使《劳动法》所赋予的权利和义务，促进企业的生存和发展情况表示满意，对个体私营企业要依法办事，关心职工，增强后劲，促进发展提出了要求。

11 月 8 日，文教卫工作委员会部分委员由副主席林章华带队，视察了芜湖市中医学校，对该校的全面建设和发展情况予以高度赞扬。

11 月 28 日，城建城管工作委员会一行 8 人在主席欧天水带领下，视察了区房屋开发公司，了解该公司的开发经营情况，以及旧城改造、改善居民住房条件等情况，对房屋的建筑质量和居民小区的综合治理工作提出建设性意见。

1997 年

4 月 29 日，文教卫工作委员会教育组视察市来凤小学的素质教育工作，通过参观该校的素质教育表演，对我区近几年素质教育的成果，给予充分的肯定，对进一步巩固和发展素质教育情况提出建设性意见。

5 月 9 日，学习文史和城建城管工作委员会 18 名委员，由副主席林章华带队联合视察了区街企业环球箱包厂，通过参观听取该厂的介绍，委员们对该厂克服困难，艰苦创业，成功地将产品打入国际市场，成为我区出口创汇大户给予高度的赞扬。同时建议区委、区政府要重视和扶持区街企业，加大投入，加快发展。

6 月 26 日，城建城管工作委员会 9 名委员由政协主席王美成带队，视察了防汛工作情况，委员们在听取区堤防所通报防汛工作情况后，深入青弋江堤实地察看，针对江堤平时的管理、防汛器材、防汛经费等问题，提出意见和建议。

8 月 13 日，政协副主席林章华带领提案工作委员会 6 名委员，就北门淳良里九华新村下水道堵塞和长街批发市场占道经营亟待解决的提案进行追踪视察，使该提案得到较好的落实。

1998 年

上半年，由经济工作委员会牵头，抽调专业人员，在政协主席王美成、副主席罗湘华带领下,对下岗再就业问题进行专项调研。调研组走访了区经计委、统计局、劳动局、民政局等职能部门,深入企业、街道办事处等单位。通过调研,提出了很好的建议,受到区委、区政府的重视。

5月26日,区政协社会法制工作委员会在主席王美成、副主席林章华带领下,赴镜湖街道办事处视察,对该街道"两创"工作中党委重视"三抓一加强"的做法给予了充分肯定,对因大规模拆迁而新出现的4个问题,向区委、区政府提出了建设性意见。

6月19日,文体卫工作委员会在政协主席王美成、副主席林章华、许士华、黄明的带领下,对《食品卫生法》的贯彻执行情况进行了视察。委员们首先听取了区卫生局的工作汇报,然后实地察看了中山路和人民路的部分饭店、宾馆和副食品商场,并提出3条意见,受到区政府有关职能部门重视。

10月27日,祖国统一工作委员会在区政协副主席罗湘华带领下,就"三资"企业经营状况,进行了调研,委员们走访了华亨汽车部件有限公司和尼康电子公司,听取了企业负责人的汇报,并对企业反映的问题,向有关部门作了汇报。

11月17日,文体卫工作委员会在政协副主席林章华、郝冰贞的带领下,视察了文化市场,委员们赴芜湖汽车站、火车站的书刊零售摊点及"两站"广场的地下大世界书刊批发市场进行调研,并对存在问题提出整改意见。

11月20日,社会法制委员会在政协副主席林章华的带领下,赴中医学校视察,对该校加强青少年教育管理的模式,给予高度赞扬。

12月16日,城建城管工作委员会在政协主席王美成,副主席林章华、许士华带领下,就《土地管理法》的贯彻执行情况进行了调研,并向有关职能部门提出参考性意见。

1999年

3月15日,科教工作委员会深入我区柳春园小学,视察区小学"学陶师陶,深化素质教育"的情况。

5月12日,城建城管工作委员会在政协副主席许士华的带领下,结合创建工作,组织委员赴长街商都调研"工商体制改革后,如何加强市场的管理"的情况。

6月8日,文体卫工作委员会组织委员中的部分专业人员在副主席郝冰贞的带领下,视察医疗市场的医政管理工作,针对存在问题提出了7个方面的意见和建议。

6月24日,城建城管工作委员会在王美成主席、林章华、许士华、黄明副主席带领下,视察了青弋江防洪墙建设和区境排涝情况,委员们对防洪墙建设表示赞赏,对排涝工作提出了改进意见。

9月16日,文体卫工作委员会,就新的计划生育条例的颁布,视察了我区的计生管理工作。

下半年,经济工作委员会就个私经济发展现状进行专题调研。调研组走访了区境工业、建筑、商贸、餐饮等私企法人代表,召集了工商、税务、政法、工商联、私协等分管领导座谈会,调研形成的报告,受到区委、区政府的重视。

12月,社会法制工作委员会就如何加强对居民小区的管理进行了视察,委员们实地察看了汀苑小区,认为建造安全文明小区,是确保一方平安和社会治安综合治理的基础性工作,委员们在肯定成绩的同时,提出了3条建议,受到了区综治办的重视。

2000年

6月6日，城建城管工作委员会在副主席许士华的带领下，视察了泗水园集贸市场的建设和经营情况，委员们听取了锁厂和金马门工商所负责人的情况汇报，并进行了座谈讨论。委员们针对市场管理、宣传教育、完善建设等方面存在的问题提出了意见和建议。

6月14日，科教工作委员会在政协主席王美成、副主席马荫瑞带领下，就我区"普九"义务教育和减负增效落实情况进行了调研。这次调研以点带面地走访了三所小学，听取了学校领导的情况介绍，分别召开了部分教师座谈会和部分学生座谈会，通过调研，委员们就"普九"教育和减负增效工作提出了意见和建议。

7月15日，文体卫工作委员会在政协主席王美成、副主席林章华、许士华带领下深入镜湖街道居委会对《计划生育条例》贯彻执行情况进行调研。

11月5日，城建城管工作委员会对区境内居民小区的物业管理工作情况开展了调研。

2001年

9月25日，社会法制工作委员会在政协主席曹天民、副主席林章华的带领下，就预防职务犯罪工作情况进行了调研。先后听取了区检察院、红光针织有限公司的情况介绍，并举行了座谈，通过调研，委员们就检企共建、预防职务犯罪提出了很好的建议。

9月29日，科教工作委员会在区政协副主席林章华、马荫瑞率领下，就我区社会力量办幼儿园状况进行了调研。委员们在听取区教委有关负责人关于全区社会力量办园情况汇报后，参观调研了"海燕"、"乐成"、"真善美"三所不同规格、各具特色的幼儿园。

9月30日，城建城管工作委员会视察背街背巷道路维修情况，委员们先听取了区建委负责人汇报，后亲临现场视察了高城坂、高长后街、高长街南二巷、神山口王旭路口几条道路，最后进行了座谈讨论，委员们对背街巷建设给予了肯定，对存在问题提出了建议。

10月12日，文体卫工作委员会的全体卫生界委员，在区政协副主席林章华的带领下，对区"传染病防治法"执法工作进行了视察。委员们首先听取了区卫生局长关于近两年来我区"传染病防治法"执行情况的汇报，然后对区医院、市二院的各类传染病防治工作进行了视察，通过视察，委员们提出了一些建设性的意见。

2002年

5月17日，科教工作委员会在政协副主席林章华、马荫瑞率领下，对城区科普创建工作进行了视察，委员们听取了区政府、区科协的情况汇报，并深入社区、企业、幼儿园视察基层科普创建工作，委员们对镜湖区创建科普城区工作给予了肯定，并就今后的工作提出了3点建议。

6月14日，城建城管工作委员会对区境住宅小区的物业管理进行了实地考察调研，委员们听取了区建委物业管理办公室的情况介绍，视察了"百蕊山庄"、"新华新村"等住宅小区，召开了"新华新村"物业管理座谈会，通过调研，委员们认为住宅小区物业管理取得的成绩是显著的，但也存在一些不尽如人意的地方，并提出了4点工作建议。

6月27日，文体卫工作委员会全体卫生界委员对区政府近两年来我区贯彻执行"母婴保健法"作情况进行了视察，委员们首先听取了区卫生局长的工作汇报，然后进行了实地查看,委员们认为,“母婴保健法”在我区贯彻执行是有成效的,并对今后工作提出了几点建议。

9月25日,社会法制工作委员会在政协副主席黄明带领下,就如何创建安全文明小区进行了调研。委员们实地察看了“新华新村”小区,听取了物管公司、公安分局、中江派出所就如何加强对小区的治安管理的汇报,委员们对“新华新村”的管理表示满意,并就其不足之处提出了建议。

2003年

7月3日,文卫体工作委员会卫生界委员和主席、副主席、分管副区长一行22人对区贯彻执行“传染病防治法”特别是当年上半年全区防治“非典”工作进行了视察,首先委员们听取了区卫生局孙在玉局长代表区政府对区防治“非典”工作的汇报,接着对区防疫站、区医院和区上水门社区居委会防治“非典”工作进行了视察。

8月27日,区政协社会和法制工作委员会委员在副主席林章华、许士华的带领下,对区社区警务建设及辅警使用、管理和作用发挥情况进行了视察。首先委员们听取了镜湖公安分局副局长对区社区警务建设及辅警使用、管理和作用发挥情况的汇报,接着,委员们到上水门社区、黄山东路社区警务室进行了实地视察。

9月16日上午,区政协城建城管工作委员会对区境内道路建设、赭山小学、北门杨家巷占道经营及骑路市场整治情况进行调研。活动由区建委副主任、政协城建城管工作委员会主任杨杰主持,区政协主席曹天民、副主席许士华、分管副区长周玉良参加了座谈。首先由区建委马金保主任对建委几年来所做街巷道路建设的工作进行了汇报,提出工作中存在的一些难题和不足,市容局汤国华局长汇报了赭山小学及杨家巷占道经营的情况。同时,大家还在汇报单位的带领下实地察看了赭山、杨家巷两条道路。

9月17日,区政协港、澳、台、侨工作委员会就怎样“搞好海外统战工作,为镜湖区经济建设服务”进行了专题调研活动。参加这次活动的有港、澳、台、侨工作委员会15名委员,还特邀了9名港、澳、台、侨等亲属代表。通过座谈,大家从不同的角度,用了大量事例,交流了搞好港、澳、台、侨工作的心得体会;畅叙了加强与海外亲属进行联系的新做法;提出了要利用社区组织扩大区海外联谊会的影响;加强与海外亲属的联系,注重做好港、澳、台、侨的下一代工作,加深感情联络,为镜湖区的经济建设服务,为祖国统一大业服务。

9月26日,文体卫工委组织卫生界委员一行16人,对区贯彻执行“食品卫生法”、“野生动物保护条例”进行了视察和调研。委员们在听取了区卫生局孙在玉局长代表区政府对近两年执行“食品卫生法”的情况汇报后,对区境内金宝酒家、中原土菜馆、隆盛蛋糕房、来凤市场进行了视察。从1995年“食品卫生法”正式颁布实施以来特别是近两年来,区有关部门加强日常监督管理,严格核发证,基本上做到主要路段季检查一次,监督覆盖率达96%,核发证2400余份,餐具检测1300份,食品监测902份,处罚9次其中罚款1次,警告责令改正8次,组织各项检查16次,接受上级业务部门检查7次,对部分整改单位实行等级量化管理,坚决打击食品领域制假、贩假违法行为,严禁国家保护的野生动物入餐,加强了对学校、托幼机构食品卫生的管理,全区近两年来.学校、幼儿食堂未发生一起食物中毒事件。

10 月 16 日上午，教科工作委员会部分委员在区政协副主席林章华的带领下就区电脑教育工作进行了视察。区电脑教育工作起步于 1983 年，当时在罗家闸小学建立了我区同时也是全市第一个学生机房。1990 年成立了镜湖电脑中心，由区原政协委员陈国皓同志主持工作。发展至今，我区目前共拥有学生机房 22 个，计算机总计约 1200 台，多媒体设备 17 套，学生多媒体网络机房 10 间。除教育局机关、区电教馆外，有 7 所小学接入宽带，区教育局已建立自己的网站，不少学校也建立了相应网站，学校通过各种形式上因特网，对于探索整合性网络课程，建立网上教育资源库，研究网络教育新方法，起到传统方法不能替代的作用

10 月 17 日下午，经济工作委员会以及政协曹天民主席、黄明、黄少雄副主席，听取了区经计委张俊副主任关于全区产改工作的介绍，区经计委汪钰生副主任作了补充介绍；全体委员在区政协领导的带领下，到已改制的企业工艺美术厂和正在改制的企业仪表厂进行调研。10 月 22 日上午，又召集了 6 家不同类型的改制企业领导、工会工作人员和车间干部进行了座谈。经济工作委员会委员们通过调研，对镜湖区的改制工作，有了一个基本的了解和认识。

10 月 24 日下午，在区委、区政协的领导下，区政协文体卫工委组织政协文体委员一行 8 人，对镜湖区文化体育开展情况进行了调研，首先听取了文体局局长王素琴代表区政府汇报了镜湖区一年来文化体育开展情况，区政协分管领导参加。

10 月 29 日，区政协社会和法制工作委员会对区境内的刑释解教人员的安置帮教工作进行调研。此次调研，由区委政法委副书记、区政协社会和法制工作委员会主任张安发主持。区政协主席曹天民、区委副书记陈仁民、区政协副主席林章华、分管区长张光和参加了座谈。

11 月 4 日上午，区政协城建城管工作委员会进行本年度的第二次调研活动，调研由区政协城建城管工作委员会主任杨杰主持，区政协主席曹天民、副主席许士华、林章华、黄明出席了此次调研活动，活动议题为：(1)听取区物业办关于全区物业管理工作情况的汇报；(2)听取康居物业公司关于百蕊山庄小区物业管理工作的情况汇报；(3)听取华联物业公司关于华联小区物业管理工作的情况汇报；(5)现场视察；(5)讨论。

2004 年

4 月 2 日，区政协港、澳、台、侨工作委员会对港属企业进行了调研。参加这次活动的有港、澳、台、侨工作委员会 13 名委员，还特邀了港属企业所在地的办事处、社居委会负责同志参加。镜湖区港、澳、台、侨属企业不多，多数规模较小。唯有皖能电力安装公司发展迅速，经营业绩显著，规模越做越大，是此次调查活动中重点。该公司 2000 年 9 月在赭麓办事处神山口居委会管辖的地域内购地 10 亩，修建办公楼一栋，主营输配电线路及电气设备安装，注册资金 800 万元，现有 120 人，其中下岗职工占 40% 以上。2004 年年初该公司又注册 50 万元，成立皖能科技公司，生产玻璃工艺品，产品全部出口到日本、印度。

5 月 21 日，区政协教科工作委员会部分科技委员和专职常委在副主席林章华带领下对我区旅游商品经济园区进行了考察。

5 月 25 日上午，在政协镜湖区委员会副主席林章华的带领下，社会法制工委委员前

往芜湖市职教中心调研了未成年人法制教育工作，并参观了学校的宿舍、食堂、教学楼等设施。芜湖市职教中心是国家级重点职业高中，现有在职教职工 248 人，在校学生 2160 余人。是芜湖市“三五”普法工作先进集体。

8 月 26 日，区政协文卫体工作委员会全体委员及驻会常委、副主席一行 25 人，对镜湖区民营医院的现状，就如何发展等问题进行视察和专题调研。区政府分管副区长熊诗全和区卫生局长章建中同志参加，调研重点是广济医院。委员们通过听情况介绍，走访察问，座谈交流，了解了广济医院现状，对广济医院如何发展提出了一些建设性意见。

9 月 22 日上午，区政协文卫体工委卫生组全体委员和分管副主席一行 14 人对区政府近两年来贯彻执行“母婴保健法”工作情况进行了视察，熊诗全副区长、区卫生局章建中局长参加了视察。委员们首先听取了区妇幼保健所胡翠荣所长代表区政府对我区 2002 年以来贯彻执行“母婴保健法”的情况汇报，随后到好孩子幼儿园和环南幼儿园进行了检查。从听汇报和实地检查情况来看，全区已形成了以母婴保健法为中心，提高出生人口素质，促进母婴保健，在加快推动我区“两个文明”建设方面起到了积极作用。

10 月 19 日，区政协社会和法制工作委员会的全体委员、区政协主席、副主席及专职常委一行 26 人，在区政协四楼会议室，首先听取了区劳动和社会保障局的王胜国局长和区民政局张群局长对全区社会保障、再就业和低保工作的通报，然后到实地察看了区劳动力市场和小营盘社区工作站。

10 月 20 日上午，区政协对区政府重点工程落实情况进行了视察，区建投公司在区政协会议室做了关于棠梅安置小区、小九华文化商业街项目进展落实情况的汇报。区政协、区政府领导，政协城建城管工作委员会部分委员听取了汇报，并对现场进行了实地考察。委员们各抒己见，对政府工作予以充分肯定，并提出了许多宝贵的意见。

2005 年

3 月 19 日区政协社会和法制工作委员会一行 12 人在林章华副主席的带领下，就区法院案件执行情况进行了调研。区法院执行局局长汇报了区法院近两年来的执行情况，然后委员们进行了座谈，提出了意见和建议。

4 月 8 日下午，在政协镜湖区委员会林章华副主席的带领下，区政协社会和法制委员会委员听取了区综治办 2004 年全区社会治安综合治理工作情况的通报，并到赭麓街道的汀苑社区进行了视察。2004 年全区认真贯彻落实中共中央、国务院《关于进一步加强社会治安综合治理的意见》，坚持“打防结合，以防为主”的方针，深化“严打”整治斗争成果；大力开展“创安创模”活动，注重矛盾纠纷排查调处，治安防范工作进一步加强，2004 年 7 月，镜湖区被省委、省政府授予“安徽省社会治安综合治理模范区”光荣称号。

4 月 28 日下午，根据党的十六届四中全会提出的最广泛最充分地调动一切积极因素，构建社会主义和谐社会的战略任务，构建社会主义和谐社会，需要全社会各阶级、阶层的广泛参与、共同努力，还特别需要新的社会阶层人士承担更多的责任，发挥更大的作用。而新的社会阶层的产生和发展，使我国社会关系趋于复杂，对构建社会主义和谐社会提出更为迫切的要求。政协镜湖区委员会港澳台侨工作委员会的委员一行 16 人，对镜湖区北门街道办事处的社区港澳台侨工作进行了调研。

5 月 24 日下午，政协镜湖区委员会教科工作委员会部分委员在副主席林章华带领下，对我区社区科普工作进行了考察。区政协部分驻会常委也参加了这次视察活动。镜湖区科普工作在省、市科协的指导帮助下，坚持普及与提高相结合的原则，以科技为先导，以宣传教育为支撑，紧紧围绕经济建设这个中心，努力加大科普工作力度，在全区开展了形式多样、有声有色的科普活动，取得了良好的社会效益。从2002年开始，镜湖区筹备创建省科普示范区，成立了科技局和科协，配备了相关人员，随着资金的投入，通过科普工作者和广大干部群众的共同努力，于2004年正式被授予省科普示范区。

6月17日上午，区政协城建城管工作委员会组织对区管道路进行调研，由杨杰主持，政协副主席许士华、林章华参加了调研活动。活动由三项内容：(1)听取区建委关于街巷道路改造工作的报告；(2)讨论；(3)现场视察。按照活动安排，各位委员首先在区政协会议室听取了区建委徐平主任作《关于区境街巷道路改造工作的报告》，报告对区境32条道路现状及改造情况工作作了说明，并有重点地介绍了长街、民生路等7条二级道路详细情况。

7月初，驻会副主席、部分常委、经济工作委员会全体委员，开展近一周的“加强我区社保体系建设，推进和谐社会发展”专题调研，通过听取区政府三局一委(社保局、民政局、卫生局、经计委)的通报，并采取走访企业、社区，座谈讨论收集资料等形式，对区社会保障体系的现状、问题、对策进行专题调研。

8月18日，区政协社会和法制工作委员会在副主席林章华的带领下，就镜湖区管辖范围内减刑、假释、暂予监外执行情况进行了调研。区检察院将相关情况进行了汇报，然后委员们进行了座谈，提出了意见和建议。

9月28日，区政协财经工委全体委员前往长街小商品市场进行调研活动。委员们认真视察了长街市场，并请了部分经营户召开了座谈会，详细地了解了广大经营户对该市场的经营环境的看法，征求他们对改造长街市场经营环境的建议和要求。长街市场工商行政管理分局领导也到场，介绍了长街市场的基本情况。

10月21日上午，区政协教科工作委员会对我区特色教育进行了考察，听取了教育局有关领导的汇报，实地考察了赭山小学、北塘小学以及在建中的新北塘小学。特色教育创建是镜湖区教育在新世纪的跨越式发展工程和创新品牌工程，也是区委区政府批准并关注的强区项目、民心项目。

三、考察交流

1989年5月20日，合肥市郊区政协考察组一行6人，在副主席刘邦治、常委倪泽兰带领下，来到镜湖区考察指导工作，受到热情接待。并召开了座谈会，区政协主席张浩根，副主席程志道、赵宁远和常委石玉辉等参加了会议，会上双方畅所欲言，交流了工作。

1998年11月10日，科教工作委员会组织委员赴芜湖县政协，考察了解科教兴县(区)和政协委员根据自身的特点和优势，在科技战线上发挥才干，贡献力量等方面情况。

1999年5月16日，经济工作委员会委员赴南陵县工山镇，考察经济发展、税收组成和税源结构等情况。

1999年7月25日，科教工作委员会委员在政协主席王美成、副主席林章华的带领下，赴马鞍山市花山区考察区街企业科技现状。

2000 年 4 月 10 日,祖国统一工作委员会委员在区政协主席王美成、副主席罗湘华的带领下赴安庆市迎江区考察祖统工作开展情况。

2001 年 10 月 16 日,城建城管工作委员会委员在区政协副主席许士华的带领下,赴黄山市进行了城建城管工作的考察。

2002 年 5 月,文体卫工作委员会一行 10 人在政协副主席林章华带领下,赴祁门县考察。

2005 年 1 月 27 日上午,文体卫工作委员会在分管副主席方贤益、黄明的带领下,一行 34 人去繁昌县偏远的平铺镇送医、送文化下乡。这次活动是由区政协文卫体工作委员会主办,区政协办公室协办共同完成的。此次活动,文体卫工作委员会的全体委员积极热情、认真负责,得到了汪之初委员、施凯委员的大力支持和帮助,汪之初委员赠送价值 3000 多元药品,施凯委员赠送价值 1500 多元的书刊杂志。活动中各科医疗诊治 350 余人次,送春联 300 余幅,文艺演出 11 个节目,演出标准和水平较高,受到了平铺镇广大人民群众的热烈欢迎。市电视台、《大江晚报》、《江淮时报》都进行了报道。

第二节　1984—2006 年新芜区政协调研、视察、考察工作

一、上级政协调研视察

1991 年 10 月 20 日,市政协黄连庄主席、奚昭玲副主席带领 15 名省市政协委员,专程来新芜区视察创建国家卫生城市工作。

2003 年 4 月 14 日,市政协副主席丁光涛等四位领导来新芜区就提案工作进行专题调研。

2003 年 6 月 16 日,市政协副主席章传儿、法制委员会主任吴光祖带领部分委员,来我区调研预防青少年犯罪工作并召开座谈会。

2005 年 9 月 27 日,市政协丁光涛、汪树福等领导参加在区政协召开的《芜湖市、县、区政协提案工作座谈会第四次会议》。

二、区政协历年的调研视察

1984 年 4 月,经济科技委员会科学技术工作组部分委员对区属标牌厂、织带厂、棉织厂、弹簧厂等单位进行了为期两天的调查研究。经调研组讨论后对疑难问题进行了剖析。

1986 年 6 月,文教医卫委员会卫生工作组组织部分委员,会同区卫生科、防疫站,对吉和街市场、工人食堂、鸠江饭店、同庆楼等单位以及 20 多个夜市个体饮食业摊贩,进行了为期三天的食品卫生视察活动。并形成了调研报告,及时送区人民政府。对好的单位和个体摊贩,在市电视台、广播电台和芜湖日报进行报导和表扬,对差的单位提出了批评意见和改进的建议。

1986 年 9 月,文教卫生委员会在有关部门的大力支持下,分别对三联幼儿园 91 名幼

儿和市第二棉纺厂84名幼儿开展了为期两天的体格检查。通过对幼儿的体检,发现多数幼儿身高达到或超过国家统一标准,但体重普遍低于国家标准,且视力普遍下降,有的形成“豆芽型”的体型。为此,调研组形成专题调研报告,及时移送有关单位。同时,向芜湖电视台、芜湖广播电台和《芜湖日报》等媒体单位投稿报导,以引起教师、家长和社会的重视。

1987年7月9日,汛期到来前,区政协主席、副主席及常委一行7人赶赴边进行视察,形成《关于视察我区境内江堤的情况报告》。

1987年6月10日下午,区政协常委、工程师陆企霄与区政府副区长郑光福,在区政协办公室有关人员陪同下,前往春光针织服装厂,就该厂织造车间兴建投产问题,进行现场考察咨询,提出了不少有益的建议,并及时为该车间提供了平面草图,受到区政府领导和厂方的好评。同年6月15日,陆企霄常委应标牌厂的邀请,为该厂扩建方案进行咨询,经过现场查勘,认为从该厂发展的布局来看,不宜在市区扩建厂房,并提出了不少的积极建议,从而避免了经济上的损失。

1987年7月4日,文教医卫工作委员会部分委员,在潘孝淳副主席带领下,会同区防疫站对吉和街、新芜路的59家国营、集体及个体户饭店、糖业烟酒公司的食品状况进行视察。并将视察情况在《芜湖日报》7月16日第一版上进行了报导。

1988年4月17日,刘润枝主席、汤蕴瑾副主席、陆企霄常委冒雨前往狮子山小学施工现场视察,对该校总体规划方案进行了咨询,随后,由陆企霄常委利用业余时间绘制设计草图,以供学校分期使用。

1988年4月23日,文教医卫委员会主任黄书文带领俞定烈、史可瑢、冷永泰、李保明、伍开涵、叶宗林等委员视察了蚌埠化工厂驻芜肉骨转运仓库,就该库空气污染,影响周围环境卫生一事提出批评和建议。

1988年6月,为确保安全度汛,在汛期来临之前,区政协常委一行7人,在副区长章学广的陪同下,对新芜区境内自中山桥江岸地段至江边13号码头的大堤和防水墙进行了实地视察,对存在问题提出5点意见和建议,及时提交了《关于视察新芜区境内江堤情况的报告》,分别抄报市委、市政府和市防汛指挥部,引起有关部门高度重视。

1988年9月27—28日,区政协对集市贸易、食品卫生的情况进行视察。

1989年5月22日、29日,文教医卫委员会部分委员前往市第二十八中学、市三高职,对中学生课外阅读书籍进行抽样调查。调查结果表明,目前中学生课外阅读工作情况令人担忧,为此,该专委会将调查结果整理为书面材料,上报市教委等有关部门,以便引起全社会的关注。

1989年7月24日至26日,文教医卫委员会的医卫组12名委员分成3个小组,分别视察区境内16家酒家、餐厅、饭店的夏季食品卫生情况。此次活动,适逢区防疫站、饮服公司开展夏季食品卫生互查,通过听取汇报、现场检查,委员们感到,我区食品卫生工作较前几年有一定提高,但也存在对仓库改造不重视、食品餐具消毒不严格等问题。视察组建议,由区防疫站牵头,建立每季度互查制度,互能情况,互相促进。视察结束对16家评比打分情况予以公示。

1989年10月,文教医卫委员会组织委员前往市二十八中学和市第三高级职业中学开展视察,对中学生课外阅读书籍进行抽样调查,发现学生的课外书籍中有武侠和色情内容,令人担忧,随即写出视察材料上报市教委,以引起重视。

1990年上半年,群工法制委员会为配合市政协关于社会治安治理的科教工作开展跟踪调研。先后对吉和街办事处、北京路办事处、长江路办事处、区铸造厂、芜湖纺织厂、市起重运输机器厂等单位进行实地调查研究,为搞好新芜区社会治安综合治理工作提供了第一手资料。

1991年上半年,经济委员会组织委员就如何开展对口协商服务区街经济,赴沿江兄弟区县政协参观学习。下半年,针对旅馆业不景气的现状,先后对天门饭店、龙侨宾馆、望江楼饭店和市饮服公司开展调研,对上述几家饭店、宾馆的经营思想、发展方向、存在问题写出了有情况、有分析、有具体意见的调查报告。

1991年12月14日,区政协常委对吉和街、北京路、新芜路的29家商户进行食品卫生状况的视察。

1992年5月,文教委员会针对小学生负担过重的情况,对吉和街小学、北京路小学进行调研,通过听汇报、看作业、查课程表,发问卷调查,召开座谈会等形式,写出了《关于对小学生课业负担过重情况的调查报告》,就问题产生的原因、解决的方法,向有关部门进行呼吁,为改进新芜区教学和教育工作提供了参考意见。

1993年5月,文教委员会在李保明副主席、李锦英主任的带领下,前往吉和街小学、市第三职业高级中学就"优化社会环境、促进青少年健康成长"进行专题调查。通过听取校领导介绍情况,召开各种类型座谈会,与学生个别交谈,在掌握第一手资料的前提下,撰写了"优化社会环境、关心青少年健康成长"的报告,呈送市教委、市政法委、市关工委和区政府等有关部门,以引起重视。

1993年7月,常委会在汪国兴主席的带领下,视察了汀棠街道办事处棠桥村微型汽车厂。委员们对农民兴办汽车厂表示支持,同时提出了要加大科技投入,引进管理人才等意见和建议。

1993年10月,经济委员会、科技委员会组织部分委员在汪国兴主席、段开福副主席的带领下,视察中外合资永年针织有限公司,在充分肯定该厂出口创汇成绩后,提出"加强管理、引进人才、扩大厂房"等建议。

1994年4月,为了加快我区经济建设的步伐,根据区政府工作报告中提出的组建针纺织集团的决策,区政协组织经济委员会、科技委员会的部分委员,在汪国兴主席、甘良祥副主席的带领下,分赴中外合资永年针织有限公司等6个单位进行考察调研,并在调查报告中提出组建针纺织集团的几项建议,受到区委、区政府的重视和采纳。在区政协的积极参与和协助下,新芜区鑫春针纺织集团于1994年12月正式成立。

1994年9月,社会法制委员会在甘良祥副主席的带领下,视察了北京路派出所"两劳"回归人员帮教工作。委员们对公安干警的辛劳表示敬佩和理解,并对进一步做好"两劳"回归人员的教育工作提出了建议。

1995年4月,经济委员会组织部分委员在汪国兴主席、段开福副主席的带领下,视察了汀棠街道办事处香店行政村投资兴办的香苑市场。委员们对农民兴办市场表示赞赏,同时根据发展需要建议兴办香苑果蔬批发市场。

1995 年 5 月 10 日到 12 日，文教委员会与社会法制委员会就青少年违法犯罪问题开展调查。委员们走访了教师、学生和学生家长，并到市看守所、合肥少年管教所了解情况，共同探讨导致青少年犯罪的因素和预防遏制违法犯罪的有效方法。在调查报告中委员们呼吁全社会关心青少年的健康成长。副主席甘良祥、李保明参加了这次调查，区政协还向省少年管教所赠送了《新三字经》等书籍，受到省少管所高度重视。

1995 年 6 月 26 日上午，为扎实做好我区防汛排涝工作，确保全市人民安全度汛，区政协组织部分委员对我区的防汛排涝工作进行视察。

1995 年 10 月，主席汪国兴、副主席李保明带领文教委员会成员视察了北京路小学素质教育工作。通过座谈和观摩，认为该校工作开展较好，但用发展的眼光来审视尚存在一些问题，就此提出一些建议。同月，汪国兴主席、佘建中副主席前往汀棠街道香店行政村视察村民住宅小区规划工作。

1996 年 8 月，在市政协常委谢佑来等人的指导下，区政协抽调部分委员，在齐业琛副主席的带领下，对我区环卫体制运行情况进行全面调查。调查组深入街道办事处、居委会、环卫所、城建局等部门，就全区环境卫生工作现状写出专题调查报告，提出改进建议，为促进环卫体制改革起到了一定作用。

1996 年 9 月，医卫委员会在宋静波副主席的带领下，视察了全区食品卫生工作，就贯彻《食品卫生法》的过程中存在的问题，提出了意见和建议，对新芜区荣获全国食品卫生示范区表示祝贺。

1996 年 11 月，驻会常委在汪国兴主席、齐业琛副主席带领下，视察了区境内部分创建“窗口”单位的社会主义精神文明建设工作，并在区政协四届二十四次常委会议上作了汇报，对全区社会主义精神文明建设工作提出了一些意见和建议。

1997 年 1 月，佘建中副主席带领经济科技委员会，视察了新芜区乡办企业——市水泥机械配件厂。通过视察发现乡办企业在技术上的问题，为此，科技组委员会的一些专家当场为他们解决了一些实际困难。

1997 年 5 月，区政协对部分由市政府划转到我区的工业企业进行了实地考察和调研，向区委、区政府领导和职能部门提出了一些建议。并在市政协八届二十二次常委会议上，就破产企业优化重组问题，向市政府提出了 7 点建议。

1998 年 4 月 23 日，科教文卫体专委会部分委员，在邓伯康、姚声涛两位副主席和王克琏主任的带领下，就我区公费医疗制度改革问题，前往区医院开展调研活动。委员们听取了区医院朱海沿院长关于我区 1996 年至 1998 年公费医疗情况汇报。通过这次活动，科教文卫体委员会将就我区公费医疗制度改革问题，提出意见和建议。

1998 年 6 月 25 日下午，“三胞”联谊委员会与区委统战部联合承办了“庆香港回归一周年”座谈会，会议邀请市对台办张明星副主席作对台形势报告，区委副书记胡正强、区境内部分“三胞”亲属及区属各党组织统战委员 30 余人参加了座谈会。

1998 年 6 月 24 日上午，科教文卫体委员会一行 12 人，在李保明副主席、王克琏主任的带领下，视察了大庆路小学、大官山小学、安师大附中学校门口食品摊点卫生状况，卫生局李贤俊局长，政协常委、防疫站副部长戴智华等有关同志陪同视察。

1998 年 8 月 6 日下午，区政协主席邢昌海、副主席邓伯康、姚声涛和我市著名书画家后其仁、端木礼海、王伟等人携一批精美折扇(由书画家们在折扇上作画题词)和毛巾等物品,亲自来到江堤上,慰问奋战在抗洪一线的区政协委员。

1999年4月9日,城建专委会对区境内明渠污染情况进行了调研,对存在的问题,提出5点建议书面报区政府。

1999年4月23日,科教文卫体委员会对全区公费医疗制度改革情况进行调研,并撰写调研报告,对存在的问题提出4点建议报送区政府。

1999年5月,经济委员会为贯彻区政协五届六次常委会议和市委、市政府(1999)1号文件精神,组织召开了个体工商户、民营企业主座谈会。通过座谈,专委会提出3条建议报区委,得到区委书记高理玉同志的高度重视,推动了全区个私企业党、团、工、妇等组织关系的落实工作。区委书记高理玉批示:"政协参政参到点子上,议政议到关键处"。

1999年9月19日,区政协组织部分常委专题视察了新芜区重点工程——饮食一条街(现为凤凰美食街)建设工作,现场建议饮食业的下水道、排污工程建设应列入议事日程。

1999年11月24日,城建委员会对新芜路4号地块进行了调研。新芜路4号地块商住楼建设,因种种原因,未能按期交付使用,群众意见极大。区政协及时反映社情民意,协助政府做好沟通思想、化解矛盾,安定群众情绪的工作。

1999年12月22日,区政协组织城建委员会部分委员对汀棠公园规划设计情况进行调研视察。在听取汀棠街道办事处关于芜湖市汀棠公园规划设计招标方案的汇报后,委员们及时提出了意见和建议。

2000年3月3日至7日,区政协肩负着区委、区政府的重托,由区政协主席邢昌海带队,3位驻会常委参加的调研组到新芜区弋矶山行政村,就做好稳定工作进行了一个星期的调研。调研组认为,该村应立即在盘活现有集体资产、增加集体收入、搞好开源增收、减轻集体负担以及闲置资金利用上下工夫,为弋矶山村的稳定和发展起到积极推动作用。

2000年4月4日,区政协党组成员对龙侨行政村的改革、稳定、发展进行了调研。调研组本着实事求是的精神到龙桥村,进村串户、走访部分村干部和村民,摸情况、找问题、提建议,将调研情况向龙桥村进行了反馈,并向区委提出了专题报告。

2000年6月5日,经济专委会对我区部分企业改制情况进行了调研,对企业存在问题如何解决,提出建议报区委、区政府。

2000年12月26日至29日,区政协社会法制委员会组织部分委员深入全区7个街道办事处调研社区建设工作,写出调研报告,受到区委、区政府的高度重视。

2001年4月24日,经济专委会组织部分委员利用3天时间对我区部分私营企业经营与发展情况进行了调研。

2001年8月6日,提案委员会组织部分政协委员先后赴香店行政村和区拆迁办就重点提案办理工作进行实地调研。区政协、区政府领导自始至终参加了调研。

2002年4月23日,城建委员会组织有关委员对区环卫体制改革实施情况进行调研。

2002年5月24日,科教文卫体委员会组织有关委员对区社区卫生服务情况进行视察。

2002 年 5 月 30 日，城建委员会组织有关委员对区防汛准备工作情况进行了视察。

2002 年 10 月 14 日，邓伯康副主席、李保明副主席和科教文卫体委员会部分委员组成调研组，对我区小学布局的设置问题进行了调研。

2002 年 10 月 15 日，副主席张求学、姚声涛、鲍根权带队分 3 个小组，分别对 7 个街道的社区建设工作，进行了专题调研，分别围绕"社区建设硬件达标进度，社区居委会干部素质，标志型小区建设"等情况开展，调研组察看了 50% 以上的社区居委会，采取召开社区居座谈会和走访社区内公共单位的方法，深入了解了社区建设情况。

2002 年 12 月 3 日，城建专委会对小区整治工作情况进行了视察。

2003 年 6 月 16 日，区政协主席邢昌海、副主席王昌生对区 2003 年度防汛工作进行视察。

2003 年 7 月 18 日、23 日，对上海香花桥服装有限公司、通宝汽车有限公司等单位进行调研和视察。

2003 年 8 月 14 日，社会法制委员会委员在副区长陈怡陪同下，对全区"讲文明、改陋习、树新风"活动开展视察。听取了区市容局工作汇报，对市规划设计研究院、赤铸山西路等地进行了实地察看。

2003 年 10 月 24 日，王昌生副主席一行 7 人对天门山街道桃园社区居委会进行视察，了解和掌握《中华人民共和国城市居民委员会组织法》的贯彻落实情况。

2004 年 3 月 12 日，社会法制委员会组织了部分委员对全区社会治安，安全防范工作进行视察，区公安分局给予热情接待，副区长杨少华参加了视察。

2004 年 4 月 2 日，社会法制委员会组织了部分委员到区教育局视察《未成年人保护法》实施情况，副区长杨少华参加了视察。

2004 年 5 月 25 日，社会法制委员会组织了部分委员到区建委视察 2004 年为民办实事"民生工程"，副区长陈怡参加了视察。

2004 年 8 月 30 日至 31 日，副主席鲍根权带领经济委员会部分委员对永年针织有限公司、长江机械厂、强力帆布有限公司、新华印刷厂、汽运总公司等 5 家企业进行视察，重点了解企业改制后职工状况及当前企业发展情况。

2004 年 10 月 29 日，区政协部分委员前往区民政局视察 2004 年度全区社区建设情况，副区杨少华长参加了视察。

2005 年 3 月 5 日至 26 日，由区政协牵头，组织社区建设专题调研组开展了专题调研，调研组实地调研了镜湖区西洋里社区、马塘区南瑞社区和市区吉和街、汀棠两个办事处，召开了社区主任座谈会，查阅了区民政局有关资料。

2005 年 4 月 14 日，教科文卫体委员对区境内语言文字工作评估工作进行了调研，以进一步提高全社会语言文字规范意识和规范水平。

2005 年 5 月 26 日，城建管理委员视察全区排涝的准备工作和小区物业管理情况，副区长陈怡参加了视察。

2005 年 6 月 17 日，教科文卫体委员会组织了部分委员对陡门口新兴、黄果山、藕香苑社区居委会卫生服务中心工作开展情况进行了视察，裴亚飞副区长参加视察。

2005 年 9 月 15 日，社会法制委员会组织了部分委员视察区法院队伍建设情况。

三、考察交流

1984年11月至1986年11月,为学习兄弟县(区)政协经验,新芜区政协先后组织28名委员参加的学习考察团,分别赴柳州市鱼峰区、合肥市东市区、蚌埠市东市区等地参观学习。同时,也接待了成都市、合肥市、蚌埠市等地政协。

1985年8月,本着拜师访友的精神,文史组、文卫组等8名委员专程赴繁昌、南陵、青阳、九华山等地,学习邻县兄弟政协的先进经验,进一步丰富了自己的工作内容,委员们受益匪浅。同年10月,区政协常委会学习参观团一行8人远赴西安新城区、洛阳老城区政协学习经验,特别是如何履行政治协商、民主监督职能,调动委员们为四化建设服务的积极性提供了先进的经验。

1987年9月18日至20日,区政协主席刘润枝、办公室副主任范欣龙赴青阳县参加市政协召开的县(区)工作会议。会议交流了各区县政协换届以来的工作情况,着重讨论了如何做好委员中的"三胞"联谊工作和各工作委员会开展对口协商问题。

1988年4月1日,由江西省九江市浔阳区发起的城区政协横向联系联谊会召开筹备会议,区政协办公室副主任范欣龙代表本会参加。

1988年4月28日至5月3日,区政协主席刘润枝、区政府副区长郑光福及区政协办有关人员参加九江市浔阳区政协举办的七省二十五城区(县)横向联系联谊会第一次会议。会议通过了联谊会章程,规定每年召开一次会议。

1988年6月10日,合肥市东市区政协主席一行4人,前来我会交流工作。双方就政协工作开展情况,新时期政协工作的性质任务和要求以及如何争取党委领导,行使政协基本职能等方面进行探讨。区委书记乔业鹏、副书记朱长明等领导会见。

1988年10月27日至31日,区政协文教卫医卫委员会一行9人赴黄山市徽州区、屯溪区、休宁县考察学习。同年,先后接待了黄山市歙县、徽州区、休宁县、合肥市东市区、西市区等地政协的考察人员。

1989年5月15日至19日,七省市二十五城区(县)政协联谊会第二次会议在广东省湛江市召开。参加这次会议的有广东、湖南、湖北、江西、安徽、江苏等省城区(县)单位。我区政协主席刘润枝和办公室主任范欣龙、区经计委主任史静华等3人参加了会议。

1990年10月22日至25日,区政协赴黄山市屯溪区参加七省二十五区(县)政协横向联系联谊会第三次会议。

1991年1月11日至14日,区政协医卫工作委员会赴合肥西市区、蚌埠东市区参观学习。

1992年6月,医卫委员会赴烟台、威海参观学习。

1992年12月18日,部分常委赴江阴华西村参观学习。

1993年10月,甘良祥副主席等3人出席了在四川綦江县召开的六省二十六区、县政协联谊会第五次会议。

1993年11月,区政协首次参加在无为县召开的全省十二县、市、区政协工作第七次研讨会。本次会议我会作为特邀代表参加,在此次会议上,我会被吸收为研讨会的正式成员。主席汪国兴等4人出席会议。

1994年5月6日至7日，由区政协主席汪国兴带队一行4人参加了在蚌埠市固镇县召开的安徽省十九市、县、区政协研讨会。会上，作了题为“注重调查研究，认真履行政协职能”的书面发言，受到与会政协领导的赞誉。《安徽政协信息》第8期也刊登了我会的研讨材料摘要。通过参加研讨会，不仅学习到各县、区政协的许多宝贵经验，并结识了一批新朋友。

1994年上半年，组织学习宣传委员会和文史资料委员会赴歙县政协、黄山市徽州区政协学习考察，还走访了马鞍山市金家庄区、铜陵市铜官山区、繁昌县政协、镇江市京口区政协，先后接待了歙县、泾县、青阳县、镇江市京口区政协的来访，通过互相访问，交流了经验，沟通了信息，拓宽了工作思路，扩大了联谊渠道，推动了我区政协工作的开展。

1994年8月，受区政府委托，由区政协负责联系，我区与江苏镇江市京口区结成友好区。区政协还协助政府组织全区街道办事处、乡镇企业、街办企业负责同志赴京口区参观学习。

1994年9月，甘良祥副主席等四人出席了在风台县召开的全省十九县、市、区政协工作第九次研讨会。

1994年10月，汪国兴主席等3人出席了在武汉市召开的六省二十六区、县政协联谊会第六次会议。

1995年5月，甘良祥副主席等4人出席了在濉溪县召开的全省十九县、市、区政协工作第十次研讨会。

1995年5月20日至27日，区政协部分委员赴上海、奉化等地参观考察学习。

1995年8月24日至28日，区政协全体政协常委赴九江市浔阳区考察学习。

1995年10月30日至11月9日，区政协文教委一行7人，在副主席李保明的带领下，赴山东济南、烟台等地参观考察，受到各地政协热情接待，委员们听取了山东各地开展素质教育等方面的经验介绍，参观了烟台50个儿童村，感到不虚此行，受益匪浅。

1995年10月，甘良祥副主席等3人出席了在镜湖区召开的全省十九县、市、区政协工作第十一次研讨会。

1995年10月，区政协会同合肥市西市区政协、安庆市大观区政协、黄山市徽州区政协，在合肥市望江宾馆，联合举办了六省二十六区、县政协联谊会第七次会议。本次会议受到区委、区政府的重视和大力支持，区委书记余敦坤、区长汪奇燕专程到合肥向大会表示祝贺。

1996年，接待来访客人7批近40人，我会也分别组织文史委、学习委、祖统委、文教委部分委员到浙江、上海、山东等地学习考察。区政协还分别三次参加在合肥、濉溪等地召开的省内外政协联谊会和研讨会。10月份，在区委的重视和区政府的支持下，我会与合肥西市区政协、安庆市大观区政协、黄山市徽州区政协联合承办了六省二十六区、县政协联谊会第七次会议，既提高了我区的知名度，也增进了政协之间的友谊与合作。

1996年5月，齐业琛副主席等五人出席了在芜湖县召开的全省十九县、市、区政协工作第十二次研讨会。

1996年10月，汪国兴主席等三人出席了在江西景德镇市召开的六省二十六区、县政协联谊会第八次会议。

1996年10月,区政协组织党外兼职主席赴福建省参观考察。段开福、李保明、佘建中、宋静波4位副主席参加了本次活动。

1996年10月,齐业琛副主席等四人参加在长丰县召开的全省十九县、市、区政协工作第十三次研讨会。

1996年10月,区政协还组织四位兼职副主席去南方参观考察,学习外地政协的先进经验,深受启发和教育。通过上述联谊活动,开阔了我们的视野,提高了我区的知名度,扩大了政协之间的友好往来。

1997年,参加了在江西景德镇市召开的六省二十六区、县、市政协联谊会和在芜湖县、长丰县、繁昌县召开的安徽省十九县、市、区政协工作研讨会第十二次、十三次、十四次会议。我会在大会上介绍了如何提高委员参政议政自觉性和积极性的做法和体会,共同探讨交流在社会主义市场经济体制新形势下,如何做好政协工作的经验,并积极介绍和推销我区企业产品,多渠道地宣传我区在改革开放中取得的新成就。

1998年6月9日,区政协主席邢昌海等一行4人,与马塘区政协主席郑学词等人专程前往歙县政协,共同商议承办安徽省十九县(市)区政协工作研讨会有关事宜。

1998年9月22日至30日,“三胞”联谊委员会一行9人,由副主席李友俊、主任黄启明带队,赴南京鼓楼区政协参观学习。

1999年5月17日,新芜区政协与马塘区政协联合承办安徽省十九县(市)区政协工作研讨会第十六次会议。会议于5月17日至19日在芜湖市海员楼宾馆举行。共有18个县(市)区政协领导及代表130余人出席了会议。

1999年10月,区政协主席邢昌海等4人参加了在湖北黄石市黄石港区召开的六省二十七区、县(市)政协工作理论研讨会第十次会议。

1999年11月9日,区政协科教文卫体委员会一行5人,前往无锡市崇安区等地考察社区医疗卫生工作,在反复论证的基础上,形成《关于社区医疗卫生服务的考察报告》。

2000年8月22日至24日,六省二十七县(市)政协工作理论研讨会第十一次会议在重庆南川市举行。区政协副主席邓伯康、张求学等3人参加会议,并在会上作了“试论如何加强专题调研,搞好建言立论工作”的专题交流发言。

2001年5月下旬,区政协驻会主席、副主席、常委组成调研组,前往江、浙等地考察了社区建设情况,同时写出报告,报区委、区政府。

2001年5月31日,区政协及区政府有关部门负责人前往常州、杭州、宁波等地考察了撤村建居工作,撰写了两份有一定参考价值的调研报告,及时报区委、区政府,为新芜区撤村建居工作决策提供了宝贵的意见。

2001年6月19日,区政协李保明、鲍根权副主席等一行3人参加了在江苏省镇江市京口区举行的七省(市)部分区、县(市)政协工作理论研讨会第十二次会议。区政协副主席李保明作了发言交流。

2004年10月,七省市部分县(市)政协工作理论研讨会第十四次会议在我区召开。

附：七省市二十五城区（县）政协联谊会

联谊会是由九江市浔阳区政协倡议发起的，其主要宗旨是：联络感情、增进友谊、沟通信息、发展经济。联谊会理事成员单位：安徽省合肥市西市区，黄山市徽州区、屯溪区，安庆市大观区，芜湖市新芜区；广东省湛江市赤坎区、霞山区；湖南省衡阳市城南区；湖北省武汉市江汉区、武昌区，黄石市黄石港区；江西省九江市浔阳区、景德镇市珠山区、安福县；江苏省南京市鼓楼区、浦口区、大厂区、江浦县、六合县，常州市钟楼区，无锡市北塘区，苏州市金阊区，镇江市京口区，南通市城区及重庆南川市政协等。

通过这座友谊桥梁，新芜区政协广泛开辟了交流政协工作经验和经济协作的新路子。一是为探讨和发展政协工作和经济工作，加强了友好往来，增进了友谊，增强了民主意识和参政议政意识。二是通过各种资料交流，沟通了开展政协工作的信息，有效地达到互相学习、互相促进，共同提高的目的。三是积极开展经济信息交流，为发展本地经济服务。

第三节　2006—2014 年镜湖区政协调研、视察、考察工作

一、上级政协调研视察

（一）省政协领导的调研、视察工作

1. 省政协领导检查指导贯彻落实省政协工作会议情况

2012 年 6 月 27 日下午，省政协副主席李宏塔来镜湖区检查指导贯彻落实全省政协工作会议情况。省政协副秘书长曹国强，省政协社法委副主任张传才，文史委副主任周晓光，省委督查室副主任王锦生，省政协社法委办公室副主任樊春云；市政协副主席司旌霞，秘书长李洪林，副秘书长陶泰山，区委书记卢仓报，区政协主席茆振文，区委常委、区政府常务副区长陈海俊，区政协副主席鲁厚义等领导陪同。

李宏塔副主席实地参观了镜湖区弋矶山街道办事处办事服务大厅和“两代表一委员”工作室，听取了工作人员关于“邻里节”、“365 幸福家园”等活动开展情况的汇报。在“两代表一委员”工作室，省政协领导了解了该工作室的工作职责和运行模式。镜湖区的代表委员们除了公布联系方式定期接访群众外，还通过走访形式深入基层了解民情，帮助群众解决实际问题，开辟了一条建言献策的“绿色通道”。在座谈会上，李宏塔副主席高度评价了镜湖区为贯彻落实省、市政协会议精神所做的各项工作，尤其是镜湖区“两代表一委员”参与社会矛盾调处的创新举措。希望镜湖区再接再厉，以发挥代表、委员的主体作用为抓手，带动发挥群众主体作用，通过丰富的社区活动和创新社会管理模式为老百姓搭建舞台，激发群众活力，为建设幸福镜湖、幸福芜湖、幸福安徽做出更新更大的贡献。

2. 省政协领导会同国家与省级媒体采访团来我区采访

2012 年 8 月 23 日上午，由省政协研究室主任沈性善、省政协经济委员会专职副主任、人民政协报驻安徽记者站站长胡海燕及《人民日报》、《安徽日报》、安徽广播电视台、

中安在线、《江淮时报》、《新安晚报》、《安徽商报》、《市场星报》等国家、省级媒体记者组成的采访团来镜湖区进行集中采访。区委书记卢仓报,区政协主席茆振文,区委副书记万晓晖,区委常委、常务副区长陈海俊,区委常委、区委宣传部部长赵继红及区政协各副主席、秘书长等参加会见或陪同。

镜湖区委书记卢仓报向记者介绍了区情并接受专访。在情况通报会上,他重点介绍我区自2006年两区合并以来经济发展、城市建设、社会事业以及基层党建、干部队伍建设等方面摸索的经验和成果。尤其是镜湖区在客观分析发展形势的基础上,确立了“三产强区”的发展战略,实行“退二进三”,舍弃了眼前利益,将工业迁移出镜湖区,全力发展第三产业。多年的发展证实,三产强区的发展战略符合镜湖区实际,取得了良好的效果。高度注重社会事业的建设,先后荣获全国和谐社区建设示范区、全国社区服务先进单位、全国养老社会化服务示范区、全国社区教育示范区和安徽省教育强区等一系列殊荣。

主席茆振文在介绍镜湖区政协工作时指出,近年来,区政协牢牢把握“提高政协工作科学化水平”这一主题,始终围绕“服务科学发展,真情履职为民”这一主线,在继承历届政协好经验、好作风的基础上,坚持创新发展。特别是2010年以来,探索出的“两代表一委员”参与社会管理新模式。通过参与全区各部门及街道的工作考评、行风政风评议,参与社会矛盾调处工作,倡导、组织“两代表一委员”走访和接待群众,参与结对帮扶困难群众活动,建立重大情况向“两代表一委员”通报制度等。在镜湖区大调解工作体系运行中,发挥了政治优势,公信力强,化解社会矛盾效果好。

现场采访过程中,媒体记者们分别赴方村街道、弋矶山街道、西洋湖公园等,对镜湖区政协参与社会管理创新、经济发展、安置房建设模式、城市绿化美化等多个方面进行全方位的报道。

3. 省政协副主席童怀伟来我区调研

2014年7月28日,省政协副主席童怀伟率部分省政协委员,围绕创新社会治理体制和方式,促进社会和谐稳定,就“激发社会组织活力,更好发挥社会组织在社会治理中的作用”这一主题到镜湖区进行视察。市政协副主席周明,区委书记贺东,区政协主席茆振文,区领导杨杰、刘琪等陪同调研。

调研组一行先后来到镜湖区市民服务中心和天门山公共服务中心。在市民服务中心,听取了该中心内部信息化管理发展的介绍,详细了解了一站通服务平台、网格化管理平台以及“96365社会化服务平台”的应用情况,对镜湖区设立市民服务中心应用信息化技术支撑,实现“一站受理,一点办结”的服务方式给予充分肯定。在天门山公共服务中心,现场观摩了信息化为民服务操作演示。童怀伟副主席对中心在网格化服务管理体系中充分发挥“两代表一委员”作用,推行社会矛盾调处“三个延伸”的工作机制、开展“平安志愿者网格化管理”特色工作给予肯定。

4. 全国政协常委季允石到我区市民服务中心调研

2014年9月17日,全国政协常委、社会和法制委员会副主任季允石率全国政协专题调研组,就“推进政务公开,增强政府公信力”来芜调研。期间,调研组到镜湖区市民服务中心,察看了行政审批服务、便民缴费服务、法律援助、婚姻登记等服务窗口,详细了解信息化系统的建设运行情况。

(二)市政协领导的调研、视察工作

1. 市政协关于“政协委员街道联络组”工作的专题调研

2010 年 11 月 17 日上午,市政协主席方成,秘书长李洪林、副秘书长、办公室主任孙铭等领导来我区就“政协委员街道联络组”工作开展情况进行专题调研。区委书记卢仓报、区政协主席茆振文等陪同调研,部分政协委员参加交流座谈。

调研组分别对镜湖、吉和两个街道进行深入细致地调研考察。镜湖、吉和两个街道主要负责同志作了专题汇报。自全区成立“联络组”以来,广大政协委员们通过列席街道重要会议、走访慰问群众、协助做好拆迁、参与矛盾纠纷化解、开展结对帮扶等方式,积极发挥服务全区“大建设、大发展”和促进社会和谐中的独特作用。

2. 市政协领导来我区走访慰问

2011 年 1 月 19 日上午,在市政协秘书长李洪林的带领下,市政协办公室副主任陶泰山等一行 5 人专程来我区走访慰问。区政协主席茆振文、各副主席、驻会常委及办公室人员参加了座谈活动。

李洪林代表市政协表达了节日的问候,对我区政协工作一年来取得成绩给予充分肯定。主席茆振文代表区政协向市政协领导的到来表示衷心感谢。

3. 市政协视察调研镜湖区公园建设

2011 年 3 月 17 日上午,市政协城市绿化美化工作督查组在李志国副主席的带领下专题视察调研镜湖区公园建设工作,市政协常委恽元超、程先国、总工崔巍巍参加视察。区政府区长程刚、区政协主席茆振文、副区长徐平、区住建委主任杨杰等陪同视察。

督查组一行深入现场,对西洋湖现状进行了视察。该湖分三个湖面,规划总面积约 24 公顷,改造后将成为中心城区集都市休闲、时尚运动、观光娱乐为一体的具有自然、生态、都市、现代、开放、活力的特色主题公园,成为镜湖区大绿化建设的一大亮点。随后督查组在区政府观看了公园的规划设计方案,听取了镜湖区在工作进展、计划安排上存在的困难以及对景观施工建设的建议的详细汇报。督查组成员均提出了很好意见和建议。

李志国副主席充分肯定了镜湖区委、区政府对大绿化工作的高度重视和 2010 年取得的成绩,表示督查组将高度关注、加强协调,帮助区政府解决实际工作中遇到的困难和问题。同时希望镜湖区在 2011 年高起点、高水平地规划建设,将西洋湖公园建成芜湖市的亮点工程。

4. 市部分政协委员来我区视察街道工作

2012 年 5 月 17 日,市政协区域委员活动组第 12 组及 2 名省政协委员应邀来到镜湖区北京路街道,与该街道政协委员联络组联合开展了视察活动。市政协副主席周明参加并指导工作,镜湖区政协主席茆振文,副主席、区委统战部长邹维琴参加了视察活动。

活动中,市、区两级政协委员与街道党政主要负责人进行了座谈交流。在听取街道党工委书记、办事处主任所作的情况介绍后,区政协主席茆振文就组织区域活动组、联络组联合开展活动的目的和意义以及街道如何发挥市、区两级政协委员重要作用作了讲话。在北京路街道“两代表一委员”群众接访工作站,街道调处中心负责人介绍了街道组织委员参与基层社会矛盾调处工作的情况和政协委员帮助化解社会矛盾,促进社会稳定的典型案例。在视察区境公共单位——中广有线芜湖分公司时,委员们饶有兴趣地参观了广电监控室、高清电视室，体验了三维电视及高清电视的效果，并对百姓关心的数字电视推广应用、发展高清电视等问题进行了热烈的探讨。

市政协副主席周明在讲话中对我区“两代表一委员工作室”工作给予了充分肯定，特别是组织委员参与群众接访，帮助化解矛盾纠纷，共同构建社会和谐的做法表示赞同。他强调，这种方式应当在实践中加以推广，真正发挥政协委员广泛联系群众的作用。他希望委员们今后要深入基层了解情况，真正发挥政协委员的纽带作用，积极参加街道社区活动，切实履行职能。

5. 市政协领导来我区进行“创新社区管理体制，增强社区服务功能”专题调研

2013 年 5 月 15 日，市政协副主席周明带领“创新社区管理体制，增强社区服务功能”专题调研组来镜湖区进行调研，区政协主席茆振文陪同调研，区委副书记万晓晖、区政府副区长刘淇及有关部门、部分中心、社区负责人参加汇报会。

6. 市政协领导来我区调研协商民主工作

7 月 11 日，市政协主席胡邦明，秘书长韩肃等市政协领导来镜湖区调研协商民主建设、参与中心工作、促进社会和谐以及机关自身建设等情况。区委书记贺东，区委副书记、区长孙跃文，区政协主席茆振文，区委副书记万晓晖，区政协党组副书记鲁厚义，副主席邹维琴、奚要武，区政协秘书长杨珍等陪同调研。

二、区政协调研、视察

2007 年

6 月区政协接受了区委交办的关于“长街小商品市场经营发展状况”的调研课题，随即组织部分政协委员成立了调研组，制定了调研计划和方案。6 日调研组赴长街小商品市场进行实地视察。听取长街管理办公室情况介绍，初步了解了长街小商品市场经营状况。8 日下午，政协调研组在镜湖区工商分局会议室召开部分长街经营户座谈会，就“你在长街小商品市场经营中有什么经验，遇到困难和问题有哪些？目前长街小商品市场管理的薄弱环节在哪些地方？为了长街小商品市场发展，打造好优良的经营环境，你有什么建议和要求？”等问题进行座谈讨论，听取经营户的意见。

6 月 12 日上午，在区政协四楼大会议室召开镜湖区有关单位(部门)分管负责人会议，就“目前长街小商品市场管理的薄弱环节、长街小商品市场发展应该抓好哪些工作？以及本部门(单位)是如何为长街小商品市场开展服务的，下一步有何打算？”等问题进行座谈、听取汇报。在此基础上，形成了《长街小商品市场经营与发展状况调研报告》，得到了区委、区政府的重视与采纳。

2008 年

区政协认真组织委员深入实际，就区环境状况与保护工作、群众文化工作、学前民办教育现状与发展、全区“五·五”普法工作开展情况、突发公共卫生事件处理能力及对策、区“大建设、大发展”重点项目完成情况和社会治安工作及公安“三基”建设等方面工作开展专题视察活动，并提出了 25 条意见和建议。其中，在视察区环境保护工作时，委员们建议要做好企业管理和监督，把好新申企业入驻关，坚持把污染减排作为一项重要措施来抓，继续加大环保工作意义的宣传和教育；在视察我区群众文化工作时，委员们建议

当前文化系统要认真学习十七大精神，结合我区文化系统实际，着力推进我市公共文化服务体系，在文艺创作上出精品、出人才、出亮点，实现我区文化的大繁荣、大发展；在视察学前民办教育现状与发展时，委员们建议，区政府要设立民办教育专项资金，重点扶大、扶优、扶强一批各方面做出显著成绩的民办幼儿园，同时要坚决取缔非法办学的幼儿园；在视察"五·五"普法工作开展情况时，委员们认为，要将青少年普法作为工作的重中之重精心实施，发挥法制副校长的骨干作用，真正做到法制教育从孩子抓起。

这一年，受国际金融危机的影响，我区民营企业也不同程度受到严重的挑战。区政协组织部分经济界的委员、专家对区内十二家民营企业进行了为期 3 天的调研，提出了一些建议和设想，形成了《关于对镜湖区十二家民营企业的调研报告》。针对我区企业实际状况，提出要通过培育创业文化、营造创业氛围、表彰创业先进等方法来激发自主创业活力；通过倡导特色创业、建立创业平台、壮大产业规模等途径来提供创业发展动力；通过完善配套政策、加强指导服务等措施来增强自主创业等一系列建议，得到政府的重视。

在区政府第十八次常务会议上确定了由区政协牵头就市、区、街道、社区四级行政服务工作之间的过渡、衔接等问题开展专题调研。区政协抽调季业保副主席负责并成立了调研组，制定了详细的调研计划。调研组先后召开大小座谈会 6 次，走访了鸠江区、弋江区民政局和本区部分社区、部门，形成了《关于镜湖区行政服务工作情况的调研报告》。归纳提出 8 条切实可行的建议，并及时提交区政府，得到区政府重视和落实。

12 月 23 日区政协组织全体政协委员视察、参观了镜湖区重点工程建设和惠民工程建设情况，让委员们更多地了解区情区貌，以便更好地参政议政，反映社情民意，为我区建设献真言、谋良策。

2009 年

区政协年初便确定了将如何有效缓解人口导入给城市管理负荷带来的压力，解决市容环境与加快城市化进程之间的矛盾作为重点关注课题。由周玉良副主席牵头组成调研组，召集区相关部门和街道召开座谈会，走访区市容局，形成了《提高市民文明素质，提升市容管理水平》的调研报告。报告建议，在城市人口规模和人口结构发生变化的情况下，必须把提高市民的文明素质与维护城市环境卫生有机结合起来，要树立民建、民营、民管的大建设观念，真正形成人人都服务于城市建设管理的良好氛围，从根本上提升市容管理水平。

2010 年

区政协组织开展了广泛深入的调研视察活动。围绕现代楼宇经济、旅游资源开发利用、商贸服务业发展和企业科技创新等课题，组织委员到区经发改委、古城办、商务局、招商局和科技局等单位、部门调研；参与了皖江电子商务中心、凯帆大厦、镜街等楼宇经济的视察；与新联造船、金鼎集团、瑞信软件和中天印染等企业座谈交流。通过常委会集中协商、主席会专题协商、专委会对口协商等形式，开展议政建言活动，提出了许多有针对性的意见和建议，区委、区政府主要领导高度重视，并批示要求有关部门认真研究、积极采纳。

围绕以"文化提升品位，创新推动发展"的主题，组织委员对古城建设状况、华强旅游城项目、小九华和滨江休闲旅游建设等进行调研，召开了文化产业发展专题座谈会。

打造皖江区域现代服务业核心区,是区委、区政府贯彻落实承接产业转移示范区建设作出的重要决策部署。区政协顺应时势、积极作为,先后赴上海、温州、合肥及苏南等地学习考察,一方面了解他们在产业发展、载体打造方面的经验做法,另一方面积极为招商引资搭台、牵线,为引荐兴业银行作出积极努力,并与民生银行等单位达成意向性协议。

组织委员对大(小)官山棚户区改造、古城拆迁和镜湖新城、华强安置房建设等实地视察,委员们耳闻目睹,结合实际提出了坚持阳光拆迁,充分维护拆迁群众利益,进一步加大安置房建设力度,尽快使拆迁群众早迁新居等建议。围绕棚户区改造及防汛排涝,组织视察安置房建设情况,形成了调研报告"加快安置房建设力度,切实维护群众利益",送达区政府供研究参考。

开展了残疾人社区康复服务工作调研,撰写了专题报告《建立健全居民健康档案,完善社区卫生服务功能》,对我区成功创建国家级"残疾人康复示范区"起到了推动作用。

积极配合市政协"界别周"、"百名委员进百家"等调研活动,承担了市政协经济界组别的委员对我区现代服务业发展现状的调研、参加了市政协绿化美化亮化督导组对我区大绿化进展情况以及环境保护等专题调研视察活动。

9 月 28 日下午,区政协为助推镜湖区文化产业的发展,组织部分委员深入文化产业基地调研,并召开座谈会,广泛征集促进镜湖区文化产业发展的良方良策。? 副主席周玉良、燕国群参加调研。区文产办陈厚明主任介绍了镜湖区文化产业发展计划,区文化产业领导小组副组长、政协副主席周玉良介绍了文化产业的发展情况。与会委员们就镜湖区目前文化产业的发展方向和存在问题进行了热烈的讨论,为促进文化产业发展积极进言献策。燕国群强调,要充分认识到文化产业是市场经济条件下发展繁荣社会主义文化的重要载体,是满足人民群众多样化、多层次、多方面精神文化需求的重要途径,是推动经济结构调整、转变经济发展方式的重要着力点,要高度统一思想,形成加快镜湖区文化产业发展的共识。要依托丰富的地域文化资源,推动文化产业与旅游经济有机结合,找准镜湖文化产业发展的优势条件和关键环节,形成文化产业发展的特色。大力培育一批有实力、有竞争力的文化企业,做强文化产业发展的市场主体,充分调动社会各方面发展文化产业的积极性,形成文化产业发展的强大合力。

11 月 25 日上午,区政协主席茆振文率政协主席会议成员及办公室负责人等,对区划调整后的方村街道进行专题调研视察,并就方村街道政协委员接收工作召开政协主席会议。会议专门听取了街道党工委书记吴小文关于街道基本情况介绍,实地视察了方村街道土斗村新农村建设;会议还专题研究了方村街道辖区内政协委员接收工作,一致同意接收 9 名政协委员,同时成立方村街道政协委员联络组。在听取街道情况汇报和实地视察方村街道土斗村新农村建设后,区政协主席会议对街道工作给予了充分肯定,街道党工委、办事处在区划调整动员大会后,能迅速统一班子成员的思想认识,顾大局、识大体,按照区委、区政府的统一要求,圆满完成了街道交接工作。希望街道在今后的工作中,抓住有利机遇,聚精会神干事业,认真抓好班子和队伍建设,做好社会稳定和谐工作。要充分发挥街道政协联络组和政协委员们的作用,为方村的发展做出更多更大的贡献。

2011 年

全年，区政协常委会、主席会及各专委会、联络组开展专题调研活动 30 余次，向市政协、区委、区政府报送《镜湖区学前教育现状与对策》、《关于防汛排涝工作的报告》、《居家养老工作情况的调研报告》、《基层医疗卫生体制改革的调研报告》、《建设“幸福镜湖”几点建议》等专题调研报告、建议案等 20 余件，受到区委、区政府重视，主要领导都作了重要批示，要求有关部门认真研究、落实。

1 月 5 日下午，区政协开展专题调研活动，在实地视察区旅游商品经济园区的欧亚达·正元家居广场项目、宁安城际铁路、芜湖火车站扩建项目基础上，重点听取了园区建设发展工作的情况通报。区政协主席茆振文、副主席周玉良、季业保、鲁厚义、黄少雄、燕国群，秘书长章启文及驻会常委等参加。园区党工委书记甘培熙、主任笪秉春陪同调研。调研组在听取园区基本情况介绍、芜湖火车站扩建及周边商圈建设情况后，观看了火车站规划设计方案宣传片，并就园区建设发展及火车站扩建规划方面进行了座谈交流。大家对园区工作发挥的重要作用表示了充分肯定，同时指出，园区的建设发展应与火车站扩建相融合，将之打造成为镜湖区又一重要的商业区。

12 月 12 日下午，城建城管专委会部分委员在区政协主席茆振文、副主席鲁厚义带领下，对全区安置保障房建设情况进行专题调研视察。区重点局负责人及有关同志陪同了调研。近年来，镜湖区把加快保障性住房建设作为改善民生的重要抓手，作为加快经济结构转型和提升城市形象的重要举措，严格项目管理，创新工作机制，保障性安居工程建设取得了一定成效。据了解，全区在建安置房项目 37 个，建筑面积近 1000 万平方米数量约 9 万余套，廉租房项目 10 个，面积 23 万平方米近 5000 套。2012 年，安置房计划开工 112 万平方米 1 万余套，新增廉租房 2000 余套。调研组一行在实地察看了镜湖世纪城、东方砻城等安置点后，对全区保障性住房取得的成绩给予充分肯定。调研组最后建议，一要继续加大对我区保障性住房建设取得成就的宣传力度，宣传区委、区政府推动保障性住房建设的决心；二是要严把保障性住房质量关，继续完善相关配套设施建设，真正让老百姓住得放心；三要克服资金紧张、专业技术人才不足困难，加快保障性住房建设力度，为推动全区经济社会发展和提升人民群众幸福感提供支撑。

2012 年

为落实中共十七大提出的把生态文明建设战略融入到经济社会发展中的具体要求，区政协年初成立了生态文明建设课题组，开展“推进生态文明建设”专题调研活动。调研组在广泛深入的实地走访、调查、座谈的基础上，初步掌握了我区在推进“生态文明”建设中的成效以及面临的难题。对今后如何进一步深化和落实，调研组提出四个方面的建议，一是坚持生态为先，环保为重；二是完善规划，保持风格；三是加大投入，强力治污；四是绿化提升，丰富景观。

4 月 13 日上午，区政协主席茆振文、副主席奚要武、区政协人资环专委会主任陈宪生及部分成员，在区住建委李强副主任的陪同下，冒雨实地走访调研胜利渠、保兴埠。此后，区政协组织委员又 3 次深入胜利渠集贸市场、福禄商城等地视察，提出了“治理胜利渠集贸市场环境污染问题”的建议案，引起市政协、区委、区政府的高度关注。

区政协围绕促进荆方地区发展，先后 3 次实地查看，提出了科学规划合理建设、保持生态原貌和开展综合治理等意见建议。

6月6日下午,茆振文率区政协主席会议成员及部分常委专程赴区卫生监督所调研食品药品安全问题。区卫生局局长殷海源及卫生监督所班子成员参加了调研。调研期间,区卫生局长殷海源就全区食品药品监管"一肩担双责"的情况做了简要介绍。区政协副主席、卫监所所长谭闽月就我区食品药品监管现状、食药监督队伍建设、单位文化建设、创新管理以及效能建设等方面进行了详细的汇报。参加调研的主席、常委们不时地提出问题,并积极地参与讨论,从各个方面为我区食药监督和卫生监督提出了许多宝贵意见和建议。

9月12日,镜湖区作为全省社区管理体制改革试点区正式启动,区政协积极参与和支持,及时组织委员开展调研视察,并做好委员联络组的调整和划分,确保了政协委员联络组工作的衔接和委员活动的正常开展。

2013年

区政协先后完成专题调研报告5篇,3篇调研报告转化为政协建议案,并经区政协常委会议、主席会议协商通过报送区委、区政府。其中"深化改革,优化服务,积极稳妥地推进社区管理体制改革"作为全市各县区重点建议,在市政协推进社会管理创新专题议政会上交流。区委、区政府主要领导对《关于政府安置小区物业管理情况的调研报告》作出批示,要求有关部门采纳并落实。

一年来,区政协围绕公共文化服务体系建设、促进文化事业发展,多方位、多视角开展了视察与调研。为推动文化事业的发展,主席会议集体视察了区文体活动中心,组织委员深入社区了解群众文化活动开展情况。为促进文化产业发展,组织委员对雨耕山文化创意产业园、堂子巷等地视察,并提出建设性意见。

区政协围绕发挥老城区传统美食文化优势,与江淮时报社联合开展了张家山美食坊——芜湖小吃街专题调研,委员们听取了建设项目规划情况,针对就业扶持、文明创建、税收政策、美食文化等方面积极献计献策,在社会各界共同努力下,小吃街顺利开业。

区政协针对防汛抗旱和水利设施建设等问题,组织委员对袁泽桥排涝泵站、欧阳河滩涂险段、青弋江分洪道工程等进行视察,在完善应急机制、加强防汛队伍建设、落实群防群控等方面提出了建设性意见和建议。

5月14日,区政协主席茆振文带领区政协社会、民族宗教和港澳台侨委员会及区委统战部联合调研组,就全区社区管理体制改革工作情况,分别与张家山、天门山公共服务中心党工委班子、部分社区负责人进行面对面交流,进一步了解改革试点工作进展情况。

5月2日,区政协主席茆振文到重点企业联系点——芜湖汉爵阳明大酒店有限公司走访调研,区政协秘书长、办公室主任杨珍陪同。汉爵阳明大酒店为我市规模较大、设施设备完善、功能齐全的综合性商务会议型酒店,在全市餐饮行业中具有较高知名度,也是我区重点企业。通过走访调研,进一步了解企业发展情况,为企业出谋划策,排忧解难。

7月,区政协主席会议成员调研文化创意产业园。在区文产办的陪同下,主席会一行先后视察了位于区文体活动中心四楼的中启创公司云计算服务展示中心、大砻坊工业创意设计产业园、堂子巷民俗文化产业园、滨江大剧院以及雨耕山文化创意产业园。

2014 年

区政协为贯彻、落实《中共中央关于全面深化改革若干重大问题的决定》精神，按照中共镜湖区委 2014 年工作总体要求，本着突出重点任务、明确工作目标、落实责任主体、形成协商成果的原则，制定了 2014 年度重点民主协商活动计划。计划确定就 5 大课题开展民主协商：(1)创新社会治理体制和方式，维护社会和谐稳定；(2)加快现代服务业发展，助推经济转型升级；(3)推广模拟征收，改善民生，提升城市品质；(4)突出保障和改善民生，提高百姓幸福指数；(5)构建现代公共文化服务体系，全面推动文化繁荣发展。

根据以上计划，区政协分阶段、有步骤地开展了调研，截止 2014 年 9 月，已完成 3 大课题的调研，形成了 3 篇调研报告。即：《关于加强全区公共文化服务体系建设，全面推进文化发展的建言报告》、《关于以信息化为支撑，以网格化为基础全面提升我区社会服务管理现代化水平的建言报告》、《关于加大扶持电子商务企业促进全区现代服务业快速发展的建言报告》。

2014 年，区政协针对经济建设、社会发展中的主要工作，开展了适时的实地调研视察。为推动老城区棚户区改造工程，区政协主要负责人深入征收工作的第一线，了解情况、分析问题，指导工作。

3 月 3 日，区政协主席茆振文前往赭麓公共服务中心万家牌地块进行现场调研，并参加了房屋征收工作推进会，与中心征收指挥部的现场负责同志分析研究推进目标、措施和方法。在调研过程中，茆振文指出，万家牌房屋征收已经进入收尾阶段，各项工作要有明确的时间节点，对尚未签约户进行梳理分类，同时征收指挥部要有分有合，各有侧重。充分发动群众，发挥群众工作的优势，大力动员已签约居民做尚未签约邻居工作，要通过亲戚、朋友、同事、同学等广泛的社会关系，寻找切入点与突破口；要发挥好公信平台的优势，利用各种资源，搭建综合性协调平台。特别要注意掌握未签约居民诉求与矛盾症结所在，有针对性地解决那些疑难杂症。

3 月 5 日下午，区政协党组副书记鲁厚义来到大砻坊公共服务中心，深入现场听取古城地块的房屋征收工作进展情况，了解征收户所思所盼，积极帮助做好思想工作。

6 月 9 日上午，区政协主席会议成员集体视察了位于西洋湖公园旁的镜湖区市民服务中心，区综治办、服务中心负责人陪同视察。该服务中心分为两层，目前已正式启用。一层为市民服务大厅，分成两个岛区：一个岛区承担区社保、民政、计生、文化、市场监管及原属张家山公共服务中心、大砻坊公共服务中心行政服务部门功能；另一个岛区则承担行政审批功能，如公安部门办理户籍、换发二代证、非机动车上牌等；市容部门申办临时占道经营、户外广告等。中心二层为社会管理网格化、数字化城管及居家养老服务三个信息化平台，每日由专人值守开展各类服务。居民们可以不再劳心费力，在此享受到“一站式”服务。

在实地视察过程中，视察组认真听取了中心工作人员对大厅办事窗口服务区功能和服务项目的详细介绍，实地观看了市民咨询或申办事务的过程。对各窗口工作人员耐心的服务态度，有条不紊地接办、处理纷繁的事务的能力，给予了肯定。视察组还现场观看了中心的社会管理网格化、数字化城管及居家养老服务等信息化平台的演示，充分肯定了区政府在提高社会服务能力、推动社会服务的高效化、自动化建设方面做出的努力。

8月19日,区政协副主席陈国强、社会和法制委员会主任张晓玲等组成观察组,在区民政局和方村街道分管领导陪同下,深入到方村街道花园、合心两村,就《镜湖区第九届村民委员会换届选举工作的实施意见》的落实情况进行视察。观察组现场了解选区的基本情况,换届工作的进度,查看了选民榜的公示情况。

8月26日,区政协副主席陈国强、提案委主任张洪波及相关委员到方村地区视察我区居民查治病、急感防控工作,并现场查看了青弋江分洪道查、灭螺情况。视察组一行在方村埭南卫生服务点查看了当地居民查、治病工作,并与医生、居民进行了交谈,了解了今年急感防控所采取的措施及成效。最后在方村青弋江分洪道工地现场,查看了分洪道工程的查、灭螺工作。

三、区政协考察交流

2006年七届一次会议以来的半年里,区政协共组织了两次外出学习活动。参加了在福建省漳州市芗城区召开的七省29个区县(市)政协工作理论研讨会,交流、学习了各地政协工作经验;组织各工作委员会主任到省内政协工作做得比较好的县区学习取经,学习他们好的工作经验和工作方法。

2008年全年多次接待外省市政协来访,其中以江浙为主,先后接待省内、外政协系统组织的考察、交流、参观团22批,向他们宣传镜湖的建设、投资环境、优惠政策和重点开发项目,增进了相互了解。同时,区政协还分成两组分别回访了12个友好县(区)政协,同友好县(区)互探新时期人民政协工作的新思路,扩大了对外联谊和交往,也为宣传镜湖、提高我区改革开放的知名度起到了良好的推动作用。

2009年,区政协加强了与外界的联谊沟通,努力为镜湖区经济社会发展凝聚人气,增添名气,提升朝气。先后与黄山市黄山区政协交流旅游经济与发展,与镇江市京口区政协交流了“委组工作”经验。参加七省(市)部分区(市)县政协工作研讨会第十八次会议,我区政协在大会上被安排第一个作经验介绍,起到了很好的带头作用。

2010年,区政协在全国十四城区政协工作研讨会湖北省荆州会议上,结合镜湖区文化产业建设,以“保护与利用、传承与发展”为主题作了交流发言,介绍了镜湖区在建设徽风皖韵滨江山水园林城市的经验和成就。

在七省(市)部分区(县)政协工作研讨会上,区政协以“加强街道政协工作,推进基层民主政治建设”为主题作了交流发言,介绍了区政协在发挥政协委员主体作用,服务基层、服务群众的做法。

2011年7月26日,根据区委安排,区政协党组书记、主席茆振文率团应邀参加四川省凉山州西昌文化旅游节等相关活动。区政府办、人社局及部分街道党工委负责人参加了此次考察活动。考察期间,考察团先后参加了火把节开幕式。与当地新闻媒体、相关部门共同交流探讨旅游资源的开发等问题。考察团还受西昌市新村街道办事处盛情邀请,与街道班子成员交流了社区管理方面的经验做法,与新村街道建立了友好街道关系。

2012年10月30日下午,芜湖县政协副主席胡意照率领该县政协提案委专程来我区,就提案工作考察交流。区政协主席茆振文、政协党组副书记鲁厚义参加会议并陪同考察。双方提案工作人员介绍了提案工作情况,围绕各自提案工作创新情况进行了热烈的交流和探讨。镜湖区政协党组副书记鲁厚义在讲话中指出，十分欢迎兄弟县(区)政协领导和同志们登门传经送宝，并将抓好这次学习机会，借鉴经验，吸取营养，启发思路，推动工作。

2013 年，区政协先后接待了烟台芝罘区、黄山徽州区、扬州广陵区和沈阳铁西区、南通通州区、安庆宿松县、嘉兴秀洲区等地政协考察组，就镜湖区的楼宇经济发展情况、社区管理体制改革情况、老龄工作情况和政协特色工作开展情况等进行了考察交流。

4 月 8 日至 9 日，区政协主席茆振文赴扬州广陵区考察，参观了扬州东关历史文化街区，围绕“充分发挥政协作用，加快现代服务业发展”课题，与广陵等十四城区政协进行了交流座谈。

4 月 18 日，由鲁厚义副书记带队，区政协提案委成员一行赴铜陵市铜官山区考察学习政协提案工作情况。

4 月 25 日，在黄山市徽州区政协副主席程晓珊带领下，该区编办、人社、民政等部门负责同志一行 10 余人，专程来镜湖区考察社区管理体制改革试点工作情况。区政协副主席邹维琴、秘书长杨珍接待并陪同考察。

8 月 8 日，我区友好城区——扬州广陵区政协部分委员在副主席、统战部长阚永明带领下来我区考察老龄工作。

10 月 16 日，沈阳市铁西区政协主席王泽胜带领该区政协机关工作人员一行来我区交流考察工作。茆振文与来访客人相互介绍情况、交流工作。

11 月 7 日下午，安庆市宿松县政协主席吴捍东，副主席贺青松、秘书长毕志华等一行来区交流考察政协“三化”建设及民主协商方面的经验、做法，随后召开座谈会。

11 月 12 日，浙江省嘉兴市秀洲区政协来区考察交流政协特色工作情况。区政协党组副书记鲁厚义、副主席谭闽月、秘书长杨珍接待并与考察人员交流了两地政协特色工作开展情况。

2014 年

1 月至 9 月，区政协先后接待了池州市贵池区、镇江市丹徒区、常德市武陵区等地政协来我区进行的考察交流活动。

5 月 16 日，池州市贵池区政协秘书长杜荣生等一行 5 人，来我区考察政协街道联络组建设，双方就基层协商民主工作进行了交流。

5 月 27 日，镇江市丹徒区政协副主席李晓娟率部分政协委员对我区食品安全监管体系及工作进行考察，区政协负责人陪同考察。

9 月 15 至 16 日，常德市武陵区政协副主席彭次君带队来我区考察基层卫生医疗体系建设工作，区政协负责人陪同考察，并参加了座谈交流。

附:调研报告

一、镜湖区(原)政协部分调研报告

表6-1 五届区政协形成的主要调研、考察报告一览表

时间	主要内容	承办部门
1998年	关于解决下岗职工再就业问题的调研报告	经济工作委员会
1998年10月	关于“三资”企业现状的调查报告	祖国统一工作委员会
1999年6月	关于我区个私经济发展现状的调查报告	经济工作委员会
2000年6月	关于建立我区社保制度的调研报告	经济工作委员会
2000年6月	关于“普九”义务教育和减负增效落实情况的调研报告	科教工作委员会
2000年11月	关于对境内部分居民小区物业管理工作的调研报告	城建城管工作委员会
2000年11月	关于预防职务犯罪,促进经济发展的调研报告	社会法制工作委员会
2002年6月	关于《母婴保健法》执行情况的调研报告	文体卫工作委员会
2002年9月	关于镜湖区个私经济发展的意见	经济工作委员会
2002年9月	关于加强城市建设和小区程序管理的调研报告	城建城管工作委员会

关于十里长街现状的调查报告

芜湖是全国四大米市之一,昔日的芜湖商业中心——十里长街曾被誉为芜湖的一颗明珠。芜湖籍的“三胞”非常惦记家乡的建设,也十分关注十里长街的发展变化。他们归来探亲,都不免要去十里长街观赏一番。可是令人遗憾的是新中国成立三十多年来,十里长街的建设情况并不那么理想。

芜湖在腾飞,长街不应裹足不前;芜湖是明星城市,对外开放、对内搞活,十里长街这颗明珠,应该让它更加光彩闪烁。关心长街建设的各级人民代表和市、区政协委员,曾多次提出并议论过长街应该修和怎样修的问题。

根据多数区政协委员的意见,我们镜湖区政协城市建设工作组从今年9月起,通过中山路、中二街、西门三个街道办事处,走访了中长街、陡门巷、狮子桥、上长街、花津桥和西内街6个居委会,对十里长街中的东起中江桥,西到中山桥的街道居民户、商店和道路等情况进行了百余日的调查、访问和座谈。在调查的基础上,12月15日下午,区政协驻会常委和区城建科有关同志,在区政协主席张浩根同志的带领下,到长街进行了实地视察。

据初步调查,原是芜湖商业中心的十里长街,而今已经发生了很大变化:其一,商业中心已经演变成为居民区。从中江桥到中山桥以西这一段,居民1476户,而商店仅有89家。其二,违章建筑多。上述地段路边搭盖的小厨房等建筑共计42处,占地面积约160平方米。其三,多数房屋古老陈旧,年久失修,已经失去了原有的面容。

建议:

1. 十里长街路面亟待维修,首先拆除违章建筑,修复下水道及路面,解决行人难的问题。

2. 对现有小商品市场要进一步加强管理,改变目前摊位的零乱状态。

3. 长街的建设和店面的恢复,请市政府制定规划,逐步实施。

镜湖区政协城建工组

1986 年 12 月 28 日

关于视察农贸市场情况的调查报告

镜湖区政协:

在今春举行的区政协二届一次会议上,近 20% 的提案是有关农贸市场的管理问题,为了了解情况,加强管理,促进文明建设,我委成员从 5 月 28 日起,采取看、听、访等形式,对赭山路、东郊路、朱家塘 3 个农贸市场进行了为期 3 天的视察。6 月 1 日,视察人员召开会议,座谈观感,17 日我委与镜湖工商分局负责同志就当前农贸市场管理问题进行了对话,区政协主席张浩根、副主席程志道、副区长韩世安等到会并做了讲话。

一、主要成绩和问题

在视察中大家一致认为以上 3 个农贸市场在管理方面都做了大量的工作,并取得一定的成绩。如赭山路市场秩序好,井井有条,表现在:(1)组织健全,分工配合好。该市场有工商、城管、防疫等部门,分工管理,互相配合。(2)管理干部做到"三不",即:不买便宜东西,不吃人家,不吓唬流动摊贩,对固定与流动摊贩一视同仁。(3)把熟食、肉类、蔬菜等分类摆设,井井有条,东郊路市场由于来往车辆多,管理难度更大,管理干部抓得紧;同时发挥了个体户治保会的作用,个体协会的理事,多数担任执勤工作,既维护了个体户的利益,又方便了群众,朱家塘市场正在改进中,他们下决心把部分破旧棚子拆除,盖上玻璃瓦,划分摊位,便于管理,虽然地方狭窄,买卖人多,非常拥挤,但是菜类品种多,全天供应,方便群众,深受顾客欢迎,但也存在一些共同问题:

(一)几年来工商干部人数虽有所增加,但由于任务重,仍显得管理人员不足。

(二)市场临时聘用的管理人员缺少培训,所以有的素质不够高,有的责任心不强,群众反映存在"只收钱,不管理"的现象。

(三)市场管理人员的上下班时间还不能适应市场供销时间的要求,岗位责任制还不够具体明确,奖惩制度还不够完善。

二、几点建议

农贸市场供应关系到我区 16 万人民生活的大事,因此,我们建议:

(一)必须进一步充实工商管理队伍,切实加强市场管理,以适应新形势的需要。

(二)加强工商干部和市管人员的培养教育,进一步提高人员的素质;聘用市管人员要把好录用关,要进一步建立和健全各项管理制度,强化岗位责任制,健全考勤、奖惩等制度;加强法制与职业道德教育,做到秉公执法,文明服务,赭山路市场的"三不",符合廉洁要求,值得参考,希望做到请客不到,送礼不要,说情无效,否则,嘴软手软,是难以搞好市场管理的。

(三)加强宣传工作,经常向群众宣传有关方针政策,使群众知道市场管理的重要意义和难度等,进而支持管理工作。

(四)有的同志建议,请区政府牵头,由工商、物价、防疫、城管、环卫、公安等有关部门建立区市场综合治理(或协调)委员会,以加强市场综合治理。

(五)袁泽桥附近的水上市场已成雏形,一年四季分别有大批禽类、瓜果、粮食制品等在此成交,因此,建议在该地区建立一个水上批发市场。

以上报告,供有关部门参考。

镜湖区政协社会工作委员会

1988年7月2日

关于小学、幼儿园招生工作的调查报告

区政协:

为确保《义务教育法》的实施,不断提高基础教育的质量,使我区适龄儿童百分之百的入学,让更多的幼儿受到学前教育。我区政协文教工作委员会在该会副主任孙必爰、俞绍林带领下一行10人于6月7日、9日采取听、座谈等形式,就群众反映的“入学难”、“借读难”、“入园难”等问题进行了专题调查,现将调查情况汇报如下:

一、基本情况

我区是老城区,人口密度大,交通方便,基础教育条件较差,现有小学20所,共203个班,有学生9562人,公办幼儿园6所,39个班,入园儿童达2022人,平均每班52人,大大超过幼教大纲大班35人一班,中班30人一班的规定,近几年,努力贯彻《义务教育法》,普及小学义务教育,学龄儿童入学率达100%。

二、存在问题

1.学校布局不均,我区大多数学校集中在青弋江沿岸,靠近“五一”广场的只有一所赭山小学,形成南密北疏的不合理布局,加之民房南拆北建,人口大批北流,不利于儿童就近入学,出现了部分学校“吃不饱”,另一部分“吃不了”的现象,这给招生工作带来很大困难。

2.家长选校之风盛行,致使部分学校负担太重

目前,各校教育质量存在着一些差距,入学儿童多数是独生子女,家长望子成龙心切,通过各种关系改年龄,把孩子户口挂在亲戚朋友处,让未满6周岁的孩子提前上学,千方百计把孩子塞进质量较好的学校,仅去年统计,不满6周岁入学儿童有230人,占招生数13.8%,舍近求远跨区、跨地段入学的多达413人,占招生总数的37%,这不但给我区教育普及工作带来很大困难,而且造成部分学校超负荷安排学生,班级人数高达65人,教师负担太重,影响了教学质量,也增加了正常转学生的转学难度。

3.农村户口的孩子进城入学剧增,外地市的借读生越来越多,据去年统计就有62人,外区挂户的有190多人,这给招生工作造成了预想不到的困难。

4.公办幼儿园收费标准比民办幼儿园低得多,目前大多数是独生子女,广大家长不愿把子女送入厂办、民办幼儿园,千方百计地把孩子送到条件好的,质量高的公办幼儿园,因而,造成我区6所公办幼儿园超负荷招生,各园各班级极度饱和,造成难以开展正常的保教活动,严重地影响了保教质量的提高。

四、几点建议

为了确保我区《义务教育法》的普及和实施,不断提高基础教育的质量,坚持就近入学的原则,严格控制跨区、跨地段入学,我们建议:

1.广泛宣传《义务教育法》,坚持“就近入学”的原则,说服家长按原教育部门划分地

段就近入学。

2. 教育科要加强对基础比较薄弱学校的领导，重点扶植帮助解决师资、经费及设备上的困难，逐步缩小校际间教育质量的差距。

3. 公安部门对户口迁移要严格把关，亦不能随意更改幼儿的出生年月。

4. 教育部门要制定学籍管理制度，严格入学和转学管理手续，没有特殊情况，不得随便转入或接收跨区、跨校的学生。

5. 各校在完成本区普及义务教育任务，保证提高教育质量的前提下，对确有困难的外区生、借读生、挂户生，经教育科研究审批，可适当照顾接收，对非特殊情况可适当采用限制措施。

6. 对于符合入学、转学、借读规定的学生，教育行政部门和学校要及时妥善安排，不得拖延，不得提出种种不合理的附加条件。

7. 市教委根据我区学校南密北疏的极不合理的分布现状给予调整，使小学的布局逐步合理。

区政协文教工作委员会

1988 年 7 月 7 日

关于视察“传染病防治法”在我区执行情况的意见

2003 年 7 月 3 日，根据区政协常务会议的工作安排，文卫体工作委员会卫生政协委员和主席、副主席、分管副区长一行 22 人对我区贯彻执行“传染病防治法”特别是今年上半年全区防治“非典”工作进行了视察，首先委员们听取了区卫生局孙再玉局长代表区政府对我区防治“非典”工作的汇报，接着对区防疫站、区医院和区上水门社区居委会防治“非典”工作进行了视察。

自去年下半年和今年上半年，全国性“非典”疫情发生以来，区政府在各级领导关心和支持下与全区人民一道投入了紧张的“防非”斗争。从视察的情况看，一是全区“防非”组织健全，各级加强了领导。区长亲自任指挥长，区委副书记、副区长任副指挥长，下设防治、重点人员监测、社会秩序、宣传、办公室等 5 个工作组。区辖 6 个街道办事处及相关部门也相应成立了“非典”防治指挥部，全区形成了条块结合、分工协作、责任明确、上下联动、有机联系的工作机制，确保政令畅通和各项防治措施落实到位。从视察的 3 个单位(情况)来看，组织落实，措施到位。二是开展了形式多样的宣传活动，普及了“非典”的预防知识。区政府大力宣传“非典”病毒的危害及防治知识，先后召开不同层次会议 20 余次。组织医疗机构医护人员，境内公共场所负责人，街道办事处，社区居委会负责人等“防非”业务培训班 30 余期，印发给境内居民一封信近 2 万份，各类宣传材料 9 万多份，设各类宣传栏近百期，拉宣传横幅 30 余条，组织稿件刊发在电台、电视台、报纸上达 120 多篇，还及时制定了《镜湖区“非典”防治档案管理办法》，今年 5 月 21 日，区政府隆重举行了民营企业“抗非典，献爱心”专项捐赠仪式，共收到区境民营企业捐款 21.8 万元，全区投入“非典”防治工作近百万元。三是措施得力，成效显著。区相关部门对外地车辆上的 4000 多人次进行健康体检，喷洒、消毒面积达 16 万平方米。全区外来和返芜人员 1196 人(其中来自北京 177 人)，体检率达 100%，处理举报电话 250 多次。全区党政各部门、各单位和全区人民一道齐抓共管,未发现、未传染一例“非典”病人,圆满地完成了区委交给的任务,维护了一方稳定。四是加强了日常管理,常抓不懈。我区从今年7月1日起,将“非典”防治工作纳入日常管理,归属到区卫生局的日常工作,做到防非工作日常化,为确保“十五”期间我区实现基本控制血吸虫和消除碘缺乏病及降低肠道寄生虫感染的目标,保障全区人民基本健康,区政府和6个街道办事处还签订了地方病防治责任书。制度规划,分步实施,确保任务的完成。

委员们通过听、看、查,我区在传染病防治法执行,特别是“防非”和地方病防治方面给予了高度评价,组织健全,措施得力,常抓不懈,成效显著。委员们最后还建议:

1. 区政府还要继续狠抓全区人民的健康教育。要讲文明,改陋习,树新风,养成良好的卫生习惯,努力提高生活质量。

2. 镜湖区医院要大胆探索,走特色化医院的路子,在突出特色上狠下功夫。

3. 为了防止二次污染,区境医疗垃圾处理要走有偿服务路子。

4. 加大对地方病监测力度,做好报卡和统计工作。

区政协文卫体工委

2003年7月10日

港、澳、台、侨工作委员会的调研报告

根据2003年工作计划安排,港、澳、台、侨工作委员会于9月17日,就怎样“搞好海外统战工作,为镜湖区经济建设服务”进行了专题调研活动。

参加这次活动的有港、澳、台、侨工作委员会15名委员,还特邀了9名港、澳、台、侨等亲属代表。通过座谈:大家从不同的侧面,用了大量事例,交流了搞好港、澳、台、侨工作的心得体会;畅叙了加强与海外亲属联系的新做法;提出了要利用社区组织扩大区海外联谊会的影响;加强与海外亲属的联系,注重做好港、澳、台、侨的下一代工作,加强感情联络,为镜湖区的经济建设服务,为祖国统一大业服务。

通过这次调研活动,港、澳、台、侨工作委员会的同仁们,提出如下工作建议:

一、要利用镜湖区海外联谊会为窗口,做好港、澳、台同胞、侨眷、侨属的感情联络工作。只有沟通好了,水到渠成,才能做更多的招商引资工作。另外,把港、澳、台、侨同胞的经济情况了解一下,对有实力的台胞、侨胞开展有针对性的工作;走访港、澳、台、侨的亲属以后,要留一个电话号码便于联系;印发一些介绍镜湖区情的宣传小册子,告知他们政府在想什么、做什么,这样便于工作,也有利于招商引资。

二、要通过老台胞、老侨胞的桥梁作用,做好台胞、侨胞的第二代、第三代的思想工作。目前台湾当局正在人为割裂“台湾史”与“中国史”,打着“去中国化”,“本土化”冠冕堂皇的旗号,堂而皇之地推行“通用拼音”,刻意提升“台湾史”在历史教育中的地位。中国有句古话,“欲亡其国,先亡其史”,台湾当局正在企图通过对下一代施加影响,来割裂中国文化的历史轴线,从而慢慢培养后代对“台独文化”的认同,达到分裂中国的目的。未来是属于年轻人的,现在创业、建业、守业的也大多数是这些台胞、侨胞的第二代,甚至是第三代,我们必须加强对台宣传工作,创造促进统一的舆论条件,让他们了解乡情,有了亲情,感觉不错,才有意向来投资,更有利于祖国的统一。

三、注意做好三个方面的工作。利用出国和归国留学人员的资源，积极探索海外统战工作的新途径；依托港、澳、台、侨，深入细致地做好港、澳、台、侨亲属的服务工作，建立畅通的联系渠道，帮助协调解决具体问题；重视开展海外统战调研工作的体会和成效。

四、提高“换位意识”。港、澳、台、侨工作主要是感情方面联络，服务做到位，经济方面自然就会水到渠成。我们要站在投资者的角度上，帮助他们全面了解情况，介绍投资环境的相关政策，以保护“三胞”投资者的利益，因为很多投资者的投资是他们在海外一生的积蓄，也是血汗钱，只有以诚信换真情，这样才能吸引更多的投资，才能为新世纪统战工作的进一步发展打下坚实的基础，为实现“富民强区”的宏伟目标多作贡献。

港、澳、台、侨工作委员会

2003 年 10 月 18 日

关于企业产改工作的调研报告

2003 年 10 月 17 日下午，区政协经济工作委员会的全体委员，以及区政协曹天民主席、黄明、黄少雄副主席，听取了区经计委张俊副主任关于全区产改工作的介绍，区经计委汪钰生副主任作了补充介绍。全体委员在区政协领导的带领下，到已改制的企业工艺美术厂和正在改制的企业仪表厂进行了调研，两企业的领导详细介绍了该企业的改制情况。10 月 22 日上午，又召集了 6 家不同类型的改制企业领导、工会工作人员和车间干部进行了座谈。

经济工作委员会委员们通过听、看、走下去，请进来等形式进行了调研，对镜湖区的改制工作，有了一个基本的了解和认识。

一、全区通过处置国有资产，并给予政策扶持，在年内可完成产改安置职工的企业有 14 家，其中，以产改转机制，自我成立的新体有望进一步发展的有：区房屋开发公司、锅炉安装公司、东方箱包厂、二运公司等 4 家；资产变现安置职工，消号走人的企业有：运达汽车厂、福利综合厂、装潢漆具厂、锁厂等 4 家；外来收购保持生产力发展的企业有：皖江灭火器厂、宏达制衣厂、江源阀门厂、三花电器厂、丰源电工器材厂、宏远无线电厂等 6 家；这 14 家企业基本上在年内可完成改制。

二、全区目前正在进行改制的有 4 家，其中长江药业公司、三机床厂已经完成全员经济补偿发放，职工解除了劳动关系，厂区地块已拆平，正等待上市土地拍卖，返还资金用于解决企业善后事务。缝纫机厂安置职工方案已经市审定，无线电二厂改制已接近尾声。

三、依靠城市改造，用土地出让返还资金安置职工的企业有：色织布厂、新亚服装厂、永惠饮料厂、宏益塑料厂、金星绒布厂、永华纸箱厂、鸿达机械公司、时新木器厂、毛纺织厂、雁达印刷有限公司等 10 家，前 8 家坐落在砻坊路上，后 2 家坐落在东郊路 1 号、2 号地块上，由于企业特困，唯有土地变现返还资金安置职工，只有依托城市成片改造，才能完成改制目标。

四、需保持和发展生产力，应重点抓的上规模的产改企业有红光针织公司、仪表厂、锦隆搪铝公司等 3 家，这 3 家企业以前在我市也是规模上相对大些，人数多些，遗留问题也复杂些，是企业改制的重点，他们的共同特点是采取不同的融资方式保留和发展生产力。

综上所述,我们认为:

第一,应加强领导,分类指导。在区产改领导小组已组成的三个指导组的基础上,明确任务,责任到人,但区领导要通盘考虑,动员各种资源,聚心合力,使各机关,各部门密切配合,形成“人人关心支持产改”的氛围。

第二,要用超常规方法,加快产改步伐。现在企业产改的难点主要是对安置职工经济补偿资金的筹措。资金缺口大,往往导致产改时间长、反复大,人心就更加涣散。建议区政府对将要成立的具有资产经营性质的公司尽快启动,用市场运作的方法,处置产改企业的资产,支持困难中的小企业,解决改制中的职工先期置换和社会保障问题。

第三,加大招商引资力度,促进企业改革发展。面对市场经济的日益成熟,沿海及周边经济较发达地区的企业以及我市一些民营企业低成本扩张的动机愈发强烈,我区企业的存量资产备受投资者关注,因此,要以项目为载体,坚持落实吸引外来投资的优惠政策,通过招商引资,并选商引“智”促改革,吸引增量盘活存量。

第四,利用“东郊路”城市改造重点项目建设的启动的大好时机,争取成片产改的早日实现。成片产改又可产生连动作用,形成良性循环,降低产改难度,这又是加快改制步伐的具体举措,为我区产改工作添上浓彩的一笔。

第五,由于产改事务繁杂,往返于财政、银行、甚至法院,牵制了不少精力,因此建议区成立跨部门企业债务清算小组,为企业牵头处理好各类债务,并积极争取金融、财政部门对我区改制企业可欠债务适应核销呆坏账的政策支持。只有各级各部门的通力协作,我区的企业改制任务才能圆满完成。

区政协经济工作委员会

2003 年 10 月 29 日

关于区刑释解教人员安置帮教工作的调研报告

10 月 29 日,区政协社会和法制工作委员会对区境内的刑释解教人员的安置帮教工作进行了调研。调研活动主要有三项内容:一是听取镜湖区司法局关于刑释解教人员安置帮教工作情况的汇报;二是委员们到北门口社区、花街社区、镜湖街道办事处进行了实地视察;三是座谈讨论。此次调研,由区委政法委副书记、区政协社会和法制工作委员会主任张安发主持,区政协主席曹天民、区委副书记陈仁民、区政协副主席林章华、分管区长张光和参加了座谈。现将视察调研情况报告如下:

一、刑释解教人员安置帮教工作的基本情况

刑释解教人员的安置帮教工作是预防和减少重新犯罪,维护社会治安稳定的重要抓手,去年 10 月份,区安置帮教工作协调小组在全区范围内开展了刑释解教人员调查摸底工作,重点对 2OO1 年以来回归的刑释解教人员进行全面的排查和登记造册,对我区刑释解教人员及时进行了安置帮教工作。可以说,我区充分发挥了司法行政工作的组织网络、宣传教育、法律服务这三大优势,安置帮教工作取得一定的成效。据统计,1998 年以来,我区刑释解教人员共 229 人(其中刑释 189 人,解教 40 人),安置帮教工作,帮教率为 95%,安置就业或自谋职业 131 人,安置率为 51.3%,重新犯罪率控制在 1.9% 以下。

二、刑释解教人员安置帮教工作开展情况

1. 建立健全了我区刑释解教人员安置帮教工作的组织网络，成立了“镜湖区刑释解教人员安置帮教工作协调小组”，各街道成立了工作领导小组，各社居委成立了工作小组，以此加大领导力度，制定工作制度，形成三级帮教网络，并着手完善衔接制度，强化管理，全面切实地开展我区安置帮教的工作。

2. 在实际工作中明确分工，责任落实到人。街道、社区按照“一帮一”，“多帮一”的结对形式，如由社居委主任、社区民警、刑释解教人员的一名亲属或单位负责人三人组成的“三帮一”小组具体负责，承包到人，责任到人，踏实细致地把安置帮教工作落到实处。

3. 把刑释解教人员的安置帮教工作作为社会治安综合治理工作的一项重点内容列入目标管理，签订目标责任书，实行帮教承包。制定帮教工作的检查考评制度，定期进行检查评比，表彰先进，鞭策后进，有效地促进了安置帮教工作的深入开展。

4. 积极落实省、市有关刑释解教人员安置优惠政策，帮助刑释解教人员解决生产、生活、学习等相关问题，确保他们的切身利益不受侵害，确保对他们在政治上一视同仁，经济上同工同酬。

三、对刑释解教人员安置帮教工作的意见和建议

1. 在我区刑释解教人员安置帮教的工作中，各级领导给予了高度的重视，各基层单位尤其是各社居委的同志，坚决落实、执行了相关的政策、制度，为此项工作的顺利开展付出了相当大的努力，建议有关部门要及时的表彰先进，树立典型，以点带面，更进一步地将我区刑释解教人员安置帮教工作深入扎实地开展下去。

2. 对于流动人员中的帮教对象以及帮教对象与帮教组织的衔接问题，有待进一步的完善。一方面要制定相应的规章制度，加强对流动帮教对象的有效帮教；另一方面要完善对刑释解教人员数据信息中心的建设，强化动态管理。力求刑释解教人员安置帮教工作全方位、无遗漏地展开。

3. 对刑释解教人员的安置帮教工作，既要做到积极主动，认真踏实，不敷衍了事，同时也要注重对刑释解教人员的自身素质培养，从他们的生理、心理发展实际出发，提高他们的道德素养，加强对他们的专业技术技能培训，使他们能尽快地融入社会群体之中，树立信心，自强不息，走上生存、生活、发展的正常道路。

4. 借助街道党工委、团工委、少工委的力量和其他多种社会力量，通过举办活动、开办讲座等方式方法，做好预防未成年人犯罪的工作，促进社会稳定发展。

区政协社会和法制委员

2003 年 11 月 15 日

关于镜湖区社会保障、再就业和低保工作的视察报告

根据区政府 2004 年各工作委员会活动计划安排，10 月 19 日专区政协社会和法制工作委员会的全体委员、区政协主席，副主席及专职常委 26 人，在区政协四楼会议室，首先听取了区劳动和社会保障局的王胜国局长和区民政局张群局长对全区社会保障、再就业和低保工作的通报，然后到实地察看了区劳动力市场和小营盘社区工作站，现将视察情况汇报如下：

一、基本情况

2004年1月至9月,我区的基本养老保险金,已经100%按时足额发放。养老基金征缴率、失业保险年末参保人数的指标均超额完成,就业再就业任务按计划进度基本完成。

城市低保工作认真贯彻落实国务院和省、市城市低保政策,在区、街、居三级的共同努力下,实现了应保尽保的目标任务。

(一)社会保障工作

我区的社会保障工作由区劳动和社会保障局具体组织实施,依托街道、社区平台,6个街道办事处分别设立了社会保障事务所,43个社居委分别设立了社会保障工作站,确保了我区的社保工作层层落实到位。

1.养老保险方面:我区原参保企业中,绝大多数为特困或困难企业,养老保险缴费能力弱,而且,多为轻纺等劳动密集型企业,人员老化,退休人员赡养率高并呈上升趋势,另外,随着城市改造的深入,我区境内多数地区已经开发成居民区和商业区,工业企业越来越少,区境正常运转的企业已基本参保,未参保的多为规模较小、从业人员少、流动性大的餐饮业,扩面提率难度很大。为做好养老保险金的征缴工作,一方面,全区制定了区、街道办事处、社居委三级目标责任制,将扩面提率任务落实到人;另一方面,区政府成立社保基金监督领导组,定期对基金的使用进行全面审查,确保基金有效运转。目前,我区的基本养老保险金已经实行100%按时足额发放;养老保险年末参保人数、养老基金征缴率等指标均已完成任务。

2.失业保险方面:过去,失业保险只有国有、集体单位才参加,随着企业逐步全面改制,职工与企业解除劳动关系后都将终止失业保险关系,领取失业金,使得参保人数下降。针对这一实际情况,区社保局利用多种方式动员已参加养老保险的民营、私营企业再参加失业保险,取得了一定的成效。

3.医疗保险方面:我区财政供给单位的医疗保险工作是2002年1月起在区内实行封闭运作,共有机关单位3个、全额拨款事业单位3个,共1870人参加,运行状况基本正常。

自市政府芜政〔2004〕9号文件下发后,区政府成立了专门的工作组,印制了《关于改制企业退休人员参加基本医疗保险有关问题的公开信》发放到每位退休人员手中,详细介绍参加医保的知识。同时,对所有未参保企业(我区有7家企业已经参加过医保),严格按照9号文件规定,本着“成熟一个参保一个”的原则办理。目前,我区又办理了40家企业5164人参保,另有4家企业372人按正常运转企业方式参保,剩余的19家末改制困难企业,待资产变现、企业改制后再办。

(二)就业和再就业工作

1.整合区境资源,拓展就业空间。一是建立区、街道、社区三级就业服务网络,发布就业信息,推出便民措施,多渠道帮助下岗失业人员再就业。二是积极推动企业改制,加大招商引资力度,发掘新的就业岗位。三是开发社区服务项目,增加社区就业岗位。今年我区的43个社居委已开发非正规就业组织200多个,开发社区公益性岗位500余个,安置“4050”人员650余人。

2.开展就业援助,实行组织起来就业。一是积极开展免费职介、免费培训。二是建立再就业帮扶中心,为下岗失业人员提供再就业帮扶服务。三是继续扶持“4050”工程,进行腾岗安置工作。四是加强组织起来就业实施力度。

3.加强优惠证发放，落实优惠政策。随着再就业优惠证领取条件的放宽，只要符合条件的下岗失业人员都要动员他们办证。工商、税务认真落实税费减免政策。加快小额贷款发放的初审进程，简化程序对申领小额贷款即时审批。初步起到了实现再就业、创业的效果。

4.加大资金投入，认真落实四项补贴措施。区财政在资金紧张的情况下，筹措资金，建立再就业资金专户，在认真安排市拨再就业资金的同时，区财政也专拨配套资金用于落实下岗失业人员再就业培训补贴、社会保险补贴、岗位补贴及职业介绍补贴等。

今年1至9月份，我区就业再就业任务基本按计划进度完成。城镇新增就业岗位6098个，下岗失业人员再就业4930人，“4050”人员再就业979人，再就业培训1700人，免费提供职业介绍1480人，清腾公益性岗位200个，推荐小额贷款实际发放数额340万元。

养老保险任务基本完成。基本养老保险金已经100%按时足额发放；养老保险年末参保人数任务1.37万人，已完成1.35万人，完成率98.54%；养老基金征缴率91.5%，超额完成任务。

失业保险年末参保人数1.7万人，完成任务的147.83%。

（三）低保工作

2004年，金区在区、街、居三级的共同努力下，通过规范操作程序、动态管理和网络化管理，有效地保障了社会困难群体的基本生活权益，实现了应保尽保的目标任务。截至9月底，全区低保对象3827户，8580人，月保障资金55万元。

与此同时，为进一步做好企业军转干部的稳定工作，区民政局在区经计委协调配合下，正在有条不紊地开展企业军转干的特困救助工作。

为适应低保工作形势的发展和需要，区民政局率先在全市出台了《镜湖区城市居民最低生活保障实施细则（试行）》，体现了民政工作实事求是、依法行政的原则，标志着镜湖区的低保工作迈上了一个新的台阶。

二、存在问题

1.我区目前还没有专门的社保经办机构，人员都为兼职或聘用，缺少一支稳定的专业队伍，不利于社保政策的贯彻执行和基金的安全。

2.企业退休人员参加医疗保险，划转企业缴费能力弱，资金缺口巨大，区政府负担沉重。

3.大砻坊地区10余家企业和街道所辖企业即将进行改制，职工解除劳动关系后将终止失业保险关系，将使我区失业保险参保人数大幅下降，难以完成全年目标。

4.下岗失业人员创业培训后多数当了小老板，培训目的未完全达到。

5.少数下岗失业人员对政策领悟不透，不愿意申领再就业优惠证。国家的各项再就业扶助政策也就难以落实到每个下岗失业人员。

6.区级机关小，所属事业单位少，工勤岗位有限，腾岗工作难度大。

7.人户分离情况突出。我区现有低保户3827户，其中人户分离达到917户，占总数的四分之一，给动态管理带来难度。根据我区的实施细则要完全实现人户统一有一定的难度。

8. 我区地处老城区,低保申请人数居高不下,给政府带来较大的财政负担。

三、对全区社会保障、再就业和低保工作的建议

1. 在继续抓好社会保障的基础上,加大就业和社会保障政策宣传力度。

2. 为做好养老、失业保险的工作,建议区政府加快社保中心建设。

3. 创新思路,拓展就业空间,提高我区下岗失业人员再就业率,积极培养下岗失业再就业创业带头人。

4. 加强养老保险、失业保险的扩面征缴工作,做到应保尽保。

5. 区政府将区财政供给的机关、事业单位的医疗保险上交市医保中心统一管理。既方便了患者的就诊,又减轻区政府有关部门的工作量。

6. 加大对平台和就业服务中心的投入,促进就业网络化建设。加强对民办职介机构的管理,为我区下岗失业人员就业困难群体提供再就业服务。

7. 低保工作继续坚持“以民为本,为民解困”的工作方向,落实低保有关政策,严格规范管理,加强对执行区政府低保实施细则的督查工作。继续推广低保义工制度,不断提高我区低保管理工作水平。

区政协社会和法制委员会

2004 年 10 月 23 日

关于镜湖区 2004 年度重点工项目进展情况的调研报告

2004 年 10 月 20 日上午,区政协对区政府重点工程落实情况进行了视察,区建投公司在区政协会议室做了关于棠梅安置小区、小九华文化商业街项目进展落实情况的汇报。区政协、区政府领导,政协城建城管工作委员会部分委员听取了汇报,并对现场进行了实地考察。委员们各抒己见,对政府工作予以充分肯定,并提出了许多宝贵的意见。

一、廉租房建设情况

棠梅安置小区位于棠梅村委会原棠梅小学东侧,北至东风自然村,东南至青弋江,西至铁路,规划占地面积 108200 平方米。一期工程 A 区占地面积 35000 平方米,共 15 幢 6 层结构,建成后可安置住户 800 户。户型为 60 平方米、45 平方米、30 平方米三种,目前在建的四幢楼 7 号、14 号、15 号主体已封底,8 号楼主体将于 11 月中旬封顶。其余 11 幢招标工作已结束,力争 11 月份全面动工。

廉租安置房项目是政府在住房领域中实施的一项具有社会保障作用的措施,是向本区范围非农业人口的最低收入者或其他需要保障的特殊家庭提供低廉租金或售价的普通居民住房,区政府成立了“镜湖区廉租安置房建设安置领导小组”,政府主要领导任组长,区建投作为该项目的实施主体,设立了廉租房管理办公室,负责资金筹措、项目立项、审报批准、建设管理、配租销售、物业管理等工作。

区建投在棠梅安置小区建设过程中做了大量的工作,完成了小区的整体规划和土地征用、场地平整及动迁工作,对影响工程建设的铁路高压线和村民线路进行了移位和拆除,对施工单位和监理单位进行了公开招标,多方筹措资金,确保施工的顺利进行。由于国家政策调整和该地区的基础条件相对较差,在建设过程中遇到一些困难,主要是政府冻结土地审批，廉租安置房用地紧缺、央行政策调整等导致建设资金紧张，供水、供电及排污进入市政主管网最佳方案落实遇到阻力等问题直接影响工程进度，区建投已认真研究，克服困难，进一步加快棠梅安置小区的建设。

政协委会们认为棠梅廉租房安置小区建设前期工作比较透明规范，区政府非常重视，7个月来主体工程进展较快，工作扎实，整体比较满意。为加快该小区的建设步伐提出以下建议：

1. 针对建设资金紧张问题，建议区建投招标具有一定实力的开发企业承包建设，政府以较高于建设成本的价格整体回购，适当让利开发商，利用开发企业的垫资缓和资金压力。

2. 廉租小区建设工作量大，目前配套设施建设要作为整个项目的重中之重先抓到位，道路、水、电、有线、排污、煤气等配套工程要齐头并进，整体考虑。

3. 要提前介入落实廉租小区房产证办理工作，及时处理好廉租房和拆迁安置房的矛盾，减少拆迁安置矛盾。

二、小九华文化商业街情况

小九华文化商业街地块位于芜湖市重要景点赭山公园和广济寺边，该地块于2004年5月向社会公开拍卖，芜湖金科房地产开发公司取得开发经营权，规划建成具有佛教文化内涵与特色鲜明的佛事商品、古玩字画市场及部分茶楼酒肆一条街。

小九华地块于2004年6月5日开始搬迁，截至10月19日，已搬迁141户，占总户数的44.34%；搬迁面积8261.61平方米，占总面积的37.23%。江城拆迁事务所在拆迁过程中做了大量细致的工作，但由于国家宏观政策的调整，二手房价格的攀升，特殊群体聋哑学校及十八家老干部楼的安置难度较大，影响了拆迁进度。目前，区政府已采取加快廉租房建设等措施，使拆迁户有安身之所，加快拆迁的进度。

委员们认为区委、区政府在该项目的实施过程中做了大量耐心、细致的工作，拆迁进展同市、区其他地块相比，成绩显著。建议如下：

1. 坚持依法拆迁，加大拆迁力度。对拆迁户采取各个击破的方法，对少数“钉子户”可以通过司法程序依法强拆，既维护了法律的严肃性又不影响老百姓的利益。

2. 加强同当地派出所和居委会的联系，掌握被拆迁户的具体信息和要求，研究对策，加快拆迁进程。

3. 加快廉租安置房建设，以解除困难拆迁户的后顾之忧。

镜湖区政协城建城管工作委员会

2004年10月25日

二、新芜区政协部分调研报告

表6－2　五届区政协主要调研视察报告一览表

序号	时间	题目	承办部门
1	1999年5月31日	关于改善我区投资环境的几点建议	经济专委会
2	1999年6月10日	做好防汛准备，确保安全度汛	城建专委会
3	1999年6月28日	增强环保意识，整治明渠污染	城建专委会

续表

序号	时间	题目	承办部门
4	1999 年 11 月 20 日	关于社区医疗卫生服务的考察报告	科教文卫体专委会
5	2000 年 3 月 7 日	关于弋矶山村现状的调查报告	区政协调研组
6	2000 年 4 月 4 日	关于龙桥村情况的调研报告	区政协党组
7	2000 年 6 月 5 日	关于我区 2000 年防汛准备工作情况的视察报告	城建专委会
8	2000 年 12 月 5 日	关于我区住宅小区综合整治的几点建议	城建专委会
9	2000 年 12 月 28 日	关于我区部分行政村投资环境的调查报告	经济专委会
10	2001 年 1 月 8 日	加强委员学习,认真履行政协职能	学习专委会
11	2001 年 1 月 10 日	关于新芜区社区建设工作的调研报告	区政协调研组
12	2001 年 3 月 2 日	要重视加强基督教活动场所的管理	“三胞”联谊专委会
13	2001 年 3 月 18 日	落实政协提案,促进教育发展	科教文卫体专委会
14	2001 年 4 月 6 日	大有希望的新芜区私营经济	区工商联
15	2001 年 6 月 5 日	关于部分私营企业经营与发展情况的调查报告	经济专委会
16	2001 年 6 月 7 日	关于撤村建居工作的考察报告	区政协调研组
17	2001 年 6 月 15 日	关于赴江浙等地考察社区建设工作的报告	区政协调研组
18	2001 年 8 月 7 日	认真做好提案工作,努力提高“两个质量”	提案专委会
19	2001 年 11 月 20 日	关于社情民意征集情况的报告	区政协调研组
20	2001 年 12 月 17 日	关于铅丝厂职工子弟小学、解放西路小学办学情况的调查报告	科教文卫体专委会
21	2001 年 12 月 18 日	关于公安派出所创“双满意”活动开展民主评议工作情况的报告	社会法制专委会

关于视察我区境江堤的情况汇报

(1987 年 7 月 13 日)

为了认真贯彻中央、省、市防汛工作会议精神,深入实地了解我区防汛工作准备情况,做到有备无患,确保市区安全度汛。我会于 7 月 9 日上午组织了由区政协主席、副主席、常委 7 人的视察团,在区防汛指挥部负责同志的陪同下,前往中山桥青弋江大堤和长江宝塔根至十三号码头进行了视察。这次视察采取边查、边议,并在下午集中进行复议。通过实地视察,大家认为:我区防汛工作在区委、区政府的领导和各有关单位的协作下,已做了大量准备工作。

(一)由区委副书记、区长陶先耀同志担任区防汛指挥部指挥长,并于 7 月 4 日下午主持召开了清障工作会议,对我区 3510 米防线,21 个重点障碍共 1281 平方米,2 个洼地排涝、清障工作都作了具体部署。

(二)重点研究了港务局历年来遗留障碍 11 处,调查沿河 500 米危及土堤的电杆和攀杆情况。

(三)召开了秃矶山低洼地区明沟疏浚会议,临时突击清障干渠 991 米,清挖土方

3853.2 立方。

（四）召开了陶沟水系清障协调会，划分了 7 个责任段，成立了清障小组，确定了清障范围以及清障后各单位的善后管理和维护。总计拆障碍 10 处、面积 436 平方米，清除沙石 210 吨，清除建筑垃圾 20 吨，清除混乱堆放物 100 吨。

这是保护江堤的有效措施，还有一些问题亟待从速解决。

从中山桥侧到 13 号码头段，我们进行了检查，发现 4 号到 5 号码头及 5 号到 6 码头处三分之一长一段钢筋防水墙有 7 处（历年修补时加的）粉刷凸起，用手清除外皮后，可见钢筋锈蚀严重（由于粉刷起壳、长期积水形成）原主筋可用手指挖干净。9 号码头及 10 号码头各有一处伸缩缝开裂严重。5 号到 6 号码头之间有一处砼剥落处横筋扎反在里面，为施工中钢筋扎反所致。为此深感不安。

故建议：市区有关部门

（一）组织专业质量检查人员（带工具）对钢筋砼防水墙里、外两面做一次全面仔细的检查。

（二）对不足之处进行整修。

（三）为测定防水墙安全度，应对防水墙进行一次加荷检验（可用油压千斤顶，侧顶防水墙两侧，对受荷情况下观察变形情况），以提供安全数据，科学地确保防汛工作安全。

（四）陶沟、二沟排灌站闸门虽已换新，是否能配套应予试用，防止一旦涨水时难以应急。

（五）市区至铜网厂取土较远，一旦内涝，取土陆运困难，建议在对江或利丰窑厂附近考虑第二取土方案，急时通过水运取土。

编者按：培养社会主义、共产主义事业接班人，是全党、全社会的共同责任。区政协文教委员会这篇调查报告，反映了当今青少年教育中存在的一些问题及教育工作者的忧虑和期望。现将这篇报告转交有关部门，望能引起重视，并积极采取措施，使全社会都关心青少年的成长，最大限度地为青少年的健康成长创造良好的社会环境。

优化社会环境　使青少年健康成长

新芜区政协文教委员会调查小组

（1993 年 7 月）

一、调查目的和方法

关心教育下一代，是一项面向未来的事业，为了了解社会环境中的不良因素对我区中、小学生成长的影响，呼吁社会各方面配合教育，形成齐抓共管的良好教育环境，区政协、文教委员会组织委员们于 5 月 20 日和 22 日分别到吉和街小学和市三职高进行调查，区政协副主席李保民、李友俊，区政协办公室主任张志南等同志参加了这次调查。

这次调查采用实地考察法和问卷调查法，调查内容涉及影响青少年健康成长的学校、家庭、社会等方面因素，调查对象是吉和街小学和市三职高的校长、教导主任、班主任、团队干部和部分学生代表。实地考察与问卷调查同步进行，目的在于接触实际，收集第一手资料，确认问卷内容，考察方法采用了座谈会、参观学校教学环境等多种形式，在吉和街小学和市三职高学校领导、教师和学生的积极配合下,调查收到了预期效果。

二、调查结果与分析

调查中,所在学校的领导和教师们反映,近年来,各级领导对青少年教育给予高度重视,为青少年成长倾注了满腔热情,学校、家庭、社会三方面相互配合,建立了由老干部、教师组成的“关心下一代委员会”,以促进青少年茁壮成长。

但是,90年代的青少年是跨世纪的一代,我们现在开创的有中国特色社会主义伟大事业能否得到巩固和发展,在一定意义上取决于能否把青少年一代教育好,从这样的高度来看目前的教育环境,确实还存在着不少令人担忧的问题。

1.“圣地”中建起了治安办公室

调查中,不少教师反映,现在学校已不是一块“净土”,社会环境中的不良因素对学校的影响很大,主要表现为一些游手好闲的人在午间经常到学校捣乱,有的向低年级同学要钱,有的威吓女学生,有的无事生非,吵架打闹。此外,各类买卖人也经常擅自出入学校,这就严重影响了学校的管理以及学校正常的教学秩序。为了搞好学校工作,保证在校学生的安全,学校采取了一系列措施。

市三职高赵校长颇有感触地说,过去学校是“圣地”,现在却要引进“治安办公室”,中午要派两个人值班,显然,在学校中设立这些机构的目的很明确,那就是:排除外界干扰,把学校的小气候搞好,但是人们都在担心,这样做,能解决根本问题吗?

2.课外生活单调,“儿童不宜”之物渗透到学生生活的各个方面

青少年天性活泼好动,参加各种文体活动是他们健康成长的必要条件,但目前我市青少年活动场所太少,仅有的一所少年宫,也是以收费办班为主要活动内容,能参加的孩子很有限,问卷中大部分学生星期天和课余时间均为看书,做作业,看电影,逛马路和跳舞,然而,可供学生看的电影、电视片太少,武打片、言情片成了不少孩子必看节目。有的学生看了武打片后,在上课时学“点穴”,直接影响了课堂的教学秩序。有的学生模仿电视里的做法,请客吃饭,送生日礼物。不仅增加了家长的经济负担,而且滋长了超前消费意识,有的学生因互相攀比,在经济条件不许可的情况下,走上了犯罪的道路。

学校图书室的书太少,每周能借的次数有限,所以不少学生在外面书摊上租书,而书摊上不健康的书很多,有关部门只管收税,或是管一阵松一阵,使教师防不胜防。学生代表反映,希望能看一些世界名著,看一些反映青少年思想动态的电影、电视。

如何满足青少年成长的需要,为他们提供必要的精神食粮,已成为我们各方面都必须关注的大问题。

3.残缺家庭对孩子的影响

父母是孩子的第一任教师,孩子健康成长,家庭教育尤为重要。但目前离异家庭越来越多,残缺的家庭给孩子的心灵带来严重的创伤,在孩子成长的道路上布下了阴影。据调查,吉和街小学的学生中,来自父母离异家庭的占10%,家庭的列缺给孩子们带来的伤害是无法弥补的。吉和街小学六(二)班学生崔啸,父母离异后均重新组成新家,但后父、后母均不容小崔啸,他只得和大伯生活在一起,但婶婶又不乐意,孩子无人照料,并染上一些不良习惯,类似情况在被调查的两所学校中都有。有的孩子的父母吵闹不休,直至离异。在这个过程中,孩子的教育问题无人问津,学习退步,精神抑郁。还有的家长整

天沉湎于“万城之战”，对孩子的影响极坏。吉和街小说五年级一学生父亲每晚邀人在家打麻将，母亲去舞厅跳舞，孩子晚上连做作业的地方都没有。孩子在这样的环境中如何健康成长，实在令人担忧。

4. 电子游戏效应

随着人们消费水平的提高，电子游戏应运而生。这本不是件坏事，如何处理得好，对孩子的智力的发展，调节课余生活也有很多好处。按有关规定，学校周围200米之内不应设立游戏机。但由于目前管理不严，各学校周围游戏机摊点越来越多，市三职高附近就有三四台，直接干扰了学生的学习。不少班主任反映，游戏机旦吸引力比教师的吸引力大。学生一旦迷上，成绩就会下降。据统计，去玩游戏机的大多是中小学生。吉和街小学刘平同学，天资不差，但玩游戏机成瘾，发展到经常逃学在外玩，时间长了无钱就回家偷，有时数额达百元之多，有些个体户家长在外忙生意，买了游戏机，晚上将孩子锁在家任其玩，这样无节制地玩游戏机，对学生的身体素质、学习成绩、思想品德都会产生不良影响。

面对目前的电子游戏机热所产生的效应，学校领导和班主任老师的做法大致有两种：一是听其自然，二是严加管束。有的班主任规定，凡打游戏机的，被发现后罚款一元，检举的奖励0.5元。

但是，人们心里都很清楚，这样做是不能解决根本问题的，电子游戏机产生的效应不是学校单方面能改变得了的。

5. 学校周围环境杂乱，无证摊点不断增加

孩子的教育离不开社会的支持，学校的工作同样需要各方面的配合和支持，只有这样，尊师重教才能蔚然成风。

但是，目前却存在着许多不尽如人意之处，学校周围居民的违章搭建，遮住了学校教室的窗户。在学校围墙上开窗户，在学校门口倒垃圾等现象时有发生。吉和街小学大门口成了群众垃圾临时堆放点，周围小摊贩堵塞校门，师生难以进出，特别是周围居民无证经营，设点摆摊，兜售软管饮料、盐水萝卜等不洁食物，有的摊点还赊账给学生，致使个别学生在家偷钱物去抵债。

三、几点建议

1. 社会方方面面要高度重视青少年教育，真正认识到培养社会主义、共产主义事业接班人，是全党、全社会的共同责任。市有关方面在城市规划中，要考虑青少年活动场所和设施的建设，宣传、文化、教育等部门要组织学生观看一些有利于青少年成长的优秀影片、电视节目、戏剧，丰富青少年课外生活，建立一些德育基地，对青少年进行“五爱”教育。

2. 在贯彻宣传《婚姻法》的同时，要加强《未成年人保护法》的宣传，使家长认识到教育子女的义务和责任，宣传父母轻率离异对子女造成的伤害，必须三思而后行。学校的领导和教师要关心离异家庭的孩子，给他们以温暖，使他们健康成长。

3. 工商、城管、卫生等部门要切实加强对学校附近的游戏机摊点和校门口饮食小摊贩的管理，取缔无证经营和卫生不合格者，以确保青少年的身心健康。

三、镜湖区政协部分调研报告

发挥中心城区优势、提升综合服务功能

——镜湖区商贸流通业的现状及思考

区政协副主席　周玉良

一、基本概况

镜湖区是2006年2月经国务院批准,芜湖市实行区划调整,撤销原镜湖、新芜两区后成立的一个新区,区域总面积为58平方公里、人口超50万。下辖11个街道办事处,2个园区管委会,56个社区居委会、2个村民委员会。新的镜湖区区位优势明显,已成为我市唯一的中心城区,境内交通便利,商铺林立,资源丰富,是芜湖市传统服务业的发祥地和现代服务业的集散地。两区合并后新的镜湖区综合经济实力明显增强,产业结构日趋合理,二三产业比重为30∶70,经过整合已形成了产业特色,“退二进三”成效得到显现,商贸流通业快速发展,一批有影响力的商贸业的重点项目相继建成,中心商务区的特色进一步凸现,新型的商贸中心正在加快形成,城市综合服务功能正在不断提升。

二、现状分析

我区现有商贸流通企业683家,从业人员16712人,企业法人单位年营业收入在70亿元左右。个体经营户26440户,从业人员61440人,年营业收入近64亿元。商贸流通业的发展为我区区域经济、社会的和谐发展做出了贡献。

(一)主要特点

1.流通规模不断扩大,消费品市场持续增长,年增幅达16%,在芜湖市各县区位居前列。居民消费结构快速升级,生活必需品品质不断提高,住房、旅游等相关产品已成为消费热点和重要消费市场的增长点。

2.大型商业设施发展迅速,对经济和社会发展的贡献程度不断提高,30余家大中型商业网点,带动了全区商贸业的整体发展,商贸服务业已成为我区经济发展的主导产业,是吸纳就业量最多的行业,吸纳市内外劳动力就业人员达10多万人次。

3.现代流通方式快速发展,新型业态不断涌现。连锁的现代商贸业已进入快速发展阶段,行业组织化水平明显提高。以新百大厦为代表的传统百货业向现代商业转型、沃尔玛等著名连锁企业成功登陆我市,有力地推动我区连锁业每年约以25%的速度增长,优化了结构和功能。

4.板块化格局逐步显现,有形市场体系不断优化。由传统的商贸服务业转型为现代商贸业的聚集效应更加明显,板块化格局逐步显现。北京路、九华山路、步行街、美食街、镜湖周边等地域已初步形成了功能定位清晰,发展目标明确,现有设施良好的商贸板块。

(二)存在问题

1.效率低、成本高。有些行业长期处于垄断经营状态,导致缺乏竞争,效率低下,因此成本也高。以流通业为例,服务方式和手段比较原始单一,企业组织规模不大,缺乏必要的竞争实力,企业经营管理水平较低,服务质量有待进一步提高,与需求相比还有很大差距。

2. 规模小，设施差。基础薄弱，有些商贸业规模较小，主营业务收入在100万元以下的服务业约占总数的56%。有的因过分依赖大型企业存在着较大风险和不确定性，不利于区内经济的稳定和持续发展。这与我区的区位优势很不相称。一些大型商店市场没有或者缺乏与之相适应的停车场，直接影响人气的集聚和商气的扩张。一些领域的服务，特别是基础公共服务供给数量有限，尚不能满足所有人都享受到足够的基础公共服务，发展环境应进一步优化。

3. 布局有待调整，行业竞争激烈。商业整体布局规划缺乏长期思考，造成行业竞争加剧。一个区域中心城市的商务中心建设有待进一步明确和完善。档次偏低的商贸业，亟待改造提升，提高档次。行业诚信建设尚处于起步阶段，诚信体系的作用有待于进一步发挥，以赢得百姓的信任。

4. 管理人才缺乏，整体素质有待提高。现代商贸业的发展，需要大量的专用人才，由于长期以来现代商贸业人才的培养没有得到足够的重视，也没有专业的培训机构，高层次经营管理人才短缺的现象比较严重。据不完全统计，现代服务业从业人员中，高中以下文化程度约占70%左右，本科以上文化程度仅占8%。

三、明确目标

商贸流通业是现代服务业的重要组成部分，这种新兴的产业概念，越来越受到社会的关注。镜湖区委、区政府对发展现代服务业特别是商贸流通业非常重视。在“十一五”规划中已确定了在传统商贸业的基础上发展现代商贸流通的宏伟目标，到2010年商贸流通业增加值在180亿元左右，同时制定了具体发展策略和措施。稳步推进商贸业项目建设，提升城市综合服务功能和服务水平，优化行业结构、不断壮大规模。通过努力，使我区商贸流通业在“十一五”期间形成优势突出，结构协调、布局合理、发展迅速、规模扩大、比重上升、外向度高的商贸业体系。

为保证上述目标实现，建议区委、区政府在市委、市政府领导和相关职能部门的支持下，结合区情实际和功能定位，积极做好商贸流通业三个功能区域的规划布局工作。

一要尽快建立中央商务区。要以环滨江公园区域、环镜湖区域与环赭山区域为核心，在西临长江、南靠青弋江、东至北京东路与九华山路、北至赭山路的区域内，加大资源整合力度，加快项目建设进度，提升商贸流通业的规模与档次。充分利用商务楼宇群落，锐意发展总部经济，做大商务活动。形成一个集商务、购物、旅游、休闲等功能为一体的中央商务区。

二要大力发展休闲旅游区。要以建设中的华强旅游城、芜湖古城为两极，在中央商务区向北拓展至天门山路、向东拓展至弋江路的区域内，以芜湖古城、汀棠公园等旅游基础设施项目的开发建设为契机，不断优化环境，重点发展都市休闲旅游业和文化娱乐业，同时加快以便民为宗旨的商贸流通业、社区服务业的发展，形成一个以都市休闲旅游居住为主的区域。

三要努力打造商贸物流区。要充分发挥弋江路、天门山路的交通区位优势，以服务中央商务区商务经济和城北工业经济的发展为宗旨，以加快旅游商品经济园区的建设为契机，大力发展现代物流业，吸引更多的物流企业集聚，按照“政策引导，打破垄断，整合资源，扩大开放，企业为本，规划运作”的发展原则，将弋江路、天门山路两侧打造成消费性商贸物流区。

四、发展重点

要以市场化、产业化、社会化为方向,发挥中心城区的地位优势,在改造提升传统商贸业的同时,大力发展现代化商贸流通业,增加供给,拓宽领域,扩大就业。其重点是:

1. 积极发展文化旅游业。加快芜湖古城、中国铁画博物馆、徽文化艺术馆等项目建设,打造特色徽文化旅游休闲区;加快汀棠公园改造,打造假日旅游休闲旺地;全面改造小九华与赭山公园旅游环境;加快旅游商品园区旅游休闲项目建设,完善园区旅游休闲功能;全面提升旅游接待等服务水平。通过加大旅游基地设施建设,全面打造七大品牌旅游景区:即镜湖旅游休闲区、芜湖古城徽文化景观区、滨江大道双江风景区、小九华佛事文化旅游区、赭山公园和汀棠公园山水风景区、园区官塘水韵休闲度假区。力争打造2家以上具有全方位服务功能的旅游集团,办好旅游商品博览交易会和凤凰美食文化节,加快旅游住宿餐饮业发展,打造3家以上五星级宾馆,推动镜湖区旅游事业的发展。力争2010年把我区建设成为文化特色鲜明、功能齐全、管理先进的"文化旅游区"。

2. 培植发展商贸流通业。完善商贸服务设施,提升管理服务水平,积极培植商贸流通骨干企业,引进新型经营业态,加快流通方式与国际接轨,努力形成大贸易、大流通、大市场的商贸流通新局面。年内基本完成侨鸿综合商贸工程、和平大厦工程;加大对吉和市场、镜街、融汇中江广场二期等项目建设的协调服务;加快天门山西路商业项目招商引资力度,争取启动国际汽车文化广场和芜湖古城项目建设;加快美食街二期、小九华文化旅游商业街和东郊路商业步行街建设进度;高起点做好芜湖古玩艺术中心等项目规划建设工作,力争2010年建成使用。

3. 大力发展现代物流业。积极引进新型业态和技术,推行连锁经营代理制、多式联运、物流配送、电子商务等,改造提升传统商贸流通业,依托我区交通、区位、专业市场综合的优势,搞好物流基础设施建设,改造完善交通等物流通道,发展一批专业性物流配送中心,培育一批大型物流企业,建设物流信息服务平台,形成现代化的物流网络,加速融入长三角物流圈,积极培育第三方物流,发展大型商贸流通集团,加快天门山路、弋江路现代物流基础设施建设,努力构建开放互通的物流,运输信息平台和集约发展的物流园区。2010年初步将镜湖区建成"物流中心城区",争取有2家流通企业进入全国百强。

4. 规划发展特色街区业。特色街区是一种多功能、多业种、多业态的商贸集合体。通过特色街区建设和经营,可以极大地提升城市的知名度,为促进商贸繁荣,带动区域经济发展,提升城市综合服务功能发挥积极作用。到2010年年底前,在重点抓好中山路商业步行街。凤凰美食街等商业特色街区的建设、改善、管理的前提下,再打造2~3条在国内具有较高知名度的商业街品牌。到2015年,根据全市产业发展布局和市场需求,重点培育发展服装、餐馆、文化旅游、电子家电等特色商业街区,力争使符合标准的商业街区达15条以上,并建立起较为完善的商业特色街区的管理体系。

5. 完善发展社区服务业。以满足居民生活需求为目标,努力推进社区服务的产业化和规范化进程。到2010年,争创全国商贸示范社区2~3家。把社区服务建设纳入城区建设总体规划,开拓服务领域,提高服务质量,不断扩大就业容量,缓解就业矛盾。在搞好社区组织建设的同时,加强社区服务基础设施建设。重点发展家政、养老、医疗、社区文化、健康教育等社区服务业，推进便民菜店，便利店，洗衣保洁、旧货回收等便民服务业联动进社区，提高社区服务便捷度。加强社区养老服务工作，规划建设一所设施配套、服务一流的老年活动公寓，解决老有所养、老有所乐的问题。完善退休人员社会管理体系，为政府和企事业提供辅助性后勤服务，为社区居民生活提供全方位、专业化的便民利民服务，建设管理有序、文明祥和的新型社区。到2010年基本实现困有所帮、难有所助、需有所应的社区服务新局面。

五、保障措施

镜湖区的功能定位为发展现代服务业的中心城区，而镜湖区商贸流通业发展的好坏，事关我市能否成为区域发展中心，也直接影响到我市的经济发展和社会稳定。为此，建议市委、市政府对镜湖区商贸流通业的发展，在规划功能上要给予定位，在政策上要给予倾斜，在工作上要给予支持。

1. 尽快确立镜湖区的功能定位。作为芜湖市的现代服务业的中心城区，不能再把工业企业的发展作为镜湖区年度综合考核指标，这与区域功能定位不相匹配。建议市政府制定积极鼓励“退二进三”的相关政策，调整镜湖区的用地结构，严控工业企业用地，提高商贸业用地比重。要根据城区总体规划，逐步迁出或关闭我区内的工业企业，工业企业退出的土地，要优先用于商贸业的发展和拆迁安置房的建设，以保证商贸业项目顺利推进。

2. 加大政策扶持多渠道增加投入。建议各级政府都要适当安排一定的数量的投资，作为加快发展商贸业的引导资金。银行要在独立审贷基础上，积极向符合贷款条件的商贸业企业及其建设项目发放贷款，鼓励符合条件的商贸企业进入资本市场融资。

3. 出台发展商贸流通业的相关政策。积极支持鼓励发展现代服务业。建议市政府及相关部门对商贸流通业的企业，在符合国家政策和上级有关规定的前提下，对应缴的各种税收给予减免。建议市区两级同时出台政策，引导周边大企业将总部设在芜湖，利用优越的区位优势、人才优势来发展总部经济，带动芜湖人流、物流、信息流和资金流。

4. 加快商贸流通业人才的培养。培养所需各类人才应纳入全年教育布局规划，统筹考虑。建议市教育局、劳动和社会保障局等职能部门，要有计划地在现有高等学校和中等职业学校，增设紧缺的专业，拓宽人才培养途径，为商贸业的发展提供智力资源。同时还要根据需要，积极引进和聘用外地的高级人才。成立和规范行业协会，发挥协会组织在行业中的管理协调作用。加强岗位和职业培训，提高从业人员的专业水平和整体素质。

5. 发挥政府的协调监管作用。大力发展商贸流通业，各级政府引导、协调、监管是关键。在商贸流通业的发展中，政府应为其发展营造优良环境，它是吸引资金、人才、技术、信息和各类生产要素的前提。要发挥各级政府在商贸流通业发展中的引导、协调、监管作用，为商贸流通业的健康发展，营造优良的投资环境、消费环境和治安环境。

2007年8月29日

关于建设生态文明城市的几点思考

芜湖市镜湖区政协主席　茆振文

2012 年 4 月 13 日

调研内容:生态文明城市建设问题及建议

调研范围:区境内公园、水系、道路

参加人员:政协镜湖区人资环委员会

如何将党的十七大提出的生态文明建设战略融入到当地的经济和社会各项事业的发展中,在推进生态文明建设中面临着哪些难题,如何进一步深化和落实? 近期,按照芜湖市政协要求和部署,镜湖区政协专门成立了"推进生态文明建设"调研课题组,通过实地走访、召开座谈会等形式,对建设生态文明城市开展了专题调研活动,认为镜湖区在生态文明建设上亮点频现,成绩喜人,但存在的问题需要我们认真审视和着力解决。

镜湖区位于芜湖市的中心城区,面积 121 平方公里,下辖 12 个街道办事处,常住人口约 60 万。境内山水资源丰富,人文景观众多。但是随着城市建设的推进,人口过度集中,交通拥堵,建设用地和生态环境之间的矛盾日益凸显,生态环境的承载能力尚显不足,生态文明建设的认识必须强化,生态保护的措施要更加完善,生态文明建设和经济与社会发展的关系要更加协调。

一、生态文明建设的问题和成因

一是认识不到位。在实际工作中不能正确处理经济建设与生态保护的关系,片面追求 GDP 增长的观念和做法还不能根本扭转,"先污染后治理、先破坏后治理"的陈规尚未绝迹,生态建设滞后于经济建设。人们过于注重经济效益,而对生态效益、环境效益则未能兼顾。这恰恰背离了科学发展的主旨。生态文明建设事关经济持续发展,关乎群众的健康和福祉。一定要摒弃危害生态环境来换取经济效益的短视行为。

二是规划欠科学。生态文明建设是一个系统工程。它既涉及地表的水系、山林植被、绿化层次,还有地下水的保护。在现实生活中,围湖盖房,侵占水面,随意将明渠覆盖成暗渠。在大拆大建中,绿地得不到保证。地下管网尚不能配套,导致老城区的污水处理能力不足。房屋开发的容积率偏高,城市建筑的雷同与挤塞,对生态建设带来了硬伤。在房地产开发中,商业和住宅混为一体的格局,也容易产生噪声和经营过程的污染。

三是污染难根治。一些企业和居民将生产和生活污水直接排入到江河湖泊中,导致城市水质的下降。例如,2010 年,我区保兴埠经过整治取得了水清岸绿的生态效果。但是由于一些老小区在当初设计中雨污不能分流,仍有污水排放到水渠中,影响到保兴埠的整治效果。位于我区的胜利渠,过去是明渠,较好发挥蓄调水的作用。但是 80 年代,为了解决就业,将此明渠覆盖,建成商业网店和农贸市场。明渠壅塞,水系不畅,沼气生成,急需纳入保兴埠整治范围。一方面要恢复胜利渠原有风貌,实现生态美观,还会排除沼气爆燃的安全隐患。主城区中由于汽车拥有量大,城市道路拥挤,汽车尾气排放集中,建设工地沙尘,渣土污泥防范措施不到位,导致空气污染严重。主城区的汽车噪音及其他经营噪音也影响人居环境。

四是绿化不配套。近几年来我们投入了财力物力进行植树造林和绿化美化,但是城市的绿化率仍须提升。城市道路的建设和房地产开发中对树木的保护不够。林荫带缺失,城市的古树大树数量在减少,绿化的维护保养能力尚显不足。绿化的设计水平不高。江南园林的特色还不明显。

二、生态文明建设的举措与愿景

针对以上问题,我们急需从观念和行动上落实生态保护的各种措施,完善机制,增加投入,切实提升主城区的生态水平,实现山清水秀蓝天绿树的生态愿景。

一是生态为先,环保为重。将生态文明建设置于社会经济发展的全局中去谋划,并放在优先地位。在建设项目的立项,一定要统筹处理好经济建设与环境资源的关系,严把环境保护关,对那些污染环境的一定要拒之门外,把生态效益作为项目的首要考量,充分考虑城市的生态承载能力。中心城区人口密度高,用地紧张,应当更加积极实施产业转型,继续实施“退二进三”发展战略。发展现代服务业,发展生态经济循环经济,节约资源,维护好生态平衡。增强市民的环保意识,培养环保习惯。树立节约型社会和环境友好型社会的观念,以生态建设的实效,来增强市民对建设生态文明城市的认同感和参与度。在对荆山、方村农村地区的开发中要注意保护原有的生态风貌,避免重蹈“开发、污染、治理”的覆辙。

二是完善规划,保持风格。以生态规划统揽城市建设,做到城市功能合理,尊重自然生态。要对城市的水系和山体实行严格的保护措施,特别要防止因建设用地填埋湖塘而减少水面。在城市建设的规划中,要确保一定的绿地用量。要统筹考虑建筑的风格和城市环境的关系。注重城市建筑的美观和协调。防止任意提高建筑的容积率,造成城市的拥挤。在古城的建设中,要突出江南水乡园林的特色,彰显明清建筑的风格。要重视城市建筑与园林的关系,提高城市的品位。要注意地上地下的协调,对主城区的排涝系统要加以完善。完善城市的道路布局,重视人居环境的改善和优化。

三是加大投入,强力治污。加大力度,对保兴埕支流加快清污治理,巩固保兴埕整治效果。要对辖区内的西洋湖、汀棠等公园实行彻底的截污措施,防止水质的恶化。对地下管网进行完善,从而将城市污水全部纳入到城市污水处理系统,提高城市污水处理能力。发展电动汽车,控制汽车尾气排放。对“黄标车”实行限行。在城市大力发展公交事业,做到公交优先,推行低碳出行。要对噪音污染、光污染实施治理。推广新型材料,降低城市噪音。要淘汰落后产能,对个别印染企业,要加快迁出主城区,杜绝工业污染。

四是绿化提升,丰富景观。对树木绿化要提高管养水平,进一步提高成活率。对城市原有树木要注意保护,尽量减少迁移。对任意毁绿的行为加大惩处力度。在城市规划中,要预留公共绿地的用地,扩大城市绿地面积,两年内达到国家生态园林城市申报标准。培养引进园林人才,增加园林建设的经费投入。对道路绿化要实行责任制,改变建而不管的状况。提高主城区的树木密度,要科学合理配置树种和花卉的品类。重视小区的绿化水平,防止小区公共绿化被侵占和损坏。实施立体绿化,注重屋面楼体桥梁的绿化美化,让人们生活在绿树环绕绿草丰盈的主城区中。

生态文明建设是功在当代惠及子孙的事业,任重而道远,我们必须充分认识到生态文明建设的艰巨性和长期性,以更加积极的态度,运用更加科学的手段,动员社会各方的力量,坚持以政府为主导,完善各项措施,确保主城区的生态环境持续改善,为建设生态秀美镜湖,提升百姓的幸福指数而再创佳绩。

关于治理胜利渠市场环境污染问题的建议案

(2012 年 6 月 6 日政协第八届镜湖区委员会第三次主席会通过)

2011 年以来,区政协对群众反映强烈的胜利渠市场的环境污染严重,存在许多安全隐患问题高度重视,先后四次实地考察调研,现将调研主要情况报告如下:

一、胜利渠的概况和历史

胜利渠原系明渠,南自银湖路皖医段,北至绿影桥与保兴埠相通,全长 1000 余米,胜利渠菜场段约 700 米,福禄商城段约 300 米,总建筑面积 5 万多平方米。该地块现有经营商户有 231 户,住户 219 户(含周边棚户区住宅),非住宅 2 户(管理公司),集贸市场无证砖混及大棚面积约 5 千多平方米。

胜利渠于 1997 年加盖水泥预制板,开发成集贸市场与商贸城,施工单位在明渠建筑设施上做了 12 个排气孔和简易清污处理。但由于周边住户多年来的生活污水和雨水排放,经长期积压,导致污染和沼气集成情况十分严重。经现场实地察看,目前渠内水质浑浊,臭气熏天,大量污泥浊水直接排放保兴埠,对保兴埠形成直接污染。归纳问题有六大安全隐患:

1. 沼气安全隐患

有少数经营户直接向暗渠内排污,加之常年污垢沉积形成沼气,没有得到有效释放处理,随时可能引发沼气爆燃事故。

经燃气公司专业监测,虽尚未达到危险限度,但超标十分严重,急需采取安全措施。

2. 环境污染隐患

目前周围居民生活排污,直接排放胜利渠,长年淤泥沉积,臭气熏天,对周边环境卫生状况影响严重,尤其是对第二十七中学学习环境影响很大,不利于学生健康。

3. 污染保兴埠隐患

由于原排污设计,胜利渠污水直接排放保兴埠,流入长江,这次保兴埠整治,对胜利渠没有采取截污,使得保兴埠整治无法消除的污染源,严重影响保兴埠整治效果。

4. 汛期内涝隐患

胜利渠污染物长期未清理,导致渠床抬高,周边团结一村、二村内涝隐患严重,每年汛期,渠水倒流,群众意见很大。

5. 违章建筑承载安全隐患

福禄商城内违章建筑现象严重,几乎原二楼建筑家家盖了三楼,远远超过了设计承载能力,有可能引发崩塌事故,存在人员安全隐患。

6. 消防安全隐患

地块内道路狭窄、拥挤,无消防通道且消防设施不全,消防隐患问题突出,如不加以治理,一旦发生火情,后果不堪设想,对居民的生命财产安全存在严重的安全隐患。

二、调研建议

近期建议:

1. 请相关部门跟踪监测，及时了解动态沼气安全问题，杜绝安全事故的发生；
2. 及时清淤，缓解污染和内涝问题；
3. 拆除违章建筑并加大监管力度；
4. 疏导消防通道，增加消防设施，杜绝火灾隐患；
5. 制定截污方案，做到雨污分流，减轻污染压力。

远期建议：

1. 纳入保兴埠整治工程计划，市区联动，巩固保兴埠整治成果；
2. 结合大小官山建设，规划建设市场，妥善安置经营户，以维护社会稳定；
3. 坚决拆除建筑物，还明渠本来面目，全面重新规划建成生态公园或生态长廊。

2012 年 6 月 8 日

镜委办〔2014〕22 号

中共镜湖区委办公室　镜湖区人民政府办公室
镜湖区政协办公室关于印发《2014 年度重点民主协商活动计划安排》的通知

各公共服务中心、方村街道办事处，区各相关部门、单位：

现将《2014 年度重点民主协商活动计划安排》印发给你们，请结合实际认真贯彻落实。

中共镜湖区委办公室
镜湖区人民政府办公室
镜湖区政协办公室
2014 年 4 月 25 日

2014 年度重点民主协商活动计划安排

《中共中央关于全面深化改革若干重大问题的决定》提出，推进协商民主广泛多层制度化发展，要求各级党委和政府、政协制定并组织实施协商年度计划，就一些重要决策听取政协意见。为落实《决定》精神，按照区委 2014 年工作总体要求，本着突出重点任务、明确工作目标、落实责任主体、形成协商成果的原则，根据区委、区政府、区政协负责同志研究的意见，2014 年重点就以下课题开展民主协商：

1. 创新社会治理体制和方式，维护社会和谐稳定；
2. 加快现代服务业发展，助推经济转型升级；
3. 推广模拟征收，改善民生，提升城市品质；
4. 突出保障和改善民生，提高百姓幸福指数；
5. 构建现代公共文化服务体系，全面推动文化繁荣发展。

区直有关单位要按照职责分工，深入调查研究，落实承办责任，积极主动配合区政协搞好协商工作，着力提高协商成效。附表中“承办单位”排在首位的为第一责任单位。

附:2014 年度重点民主协商活动计划安排表

附件

表 6-3　2014 年度重点民主协商活动计划安排表

序号	协商题目	牵头领导	承办负责人	承办单位	实施时间	协商方式	协商成果形式
1	创新社会治理体制和方式,维护社会和谐稳定	贺　东 茆振文 杨建伟 沈世跃 陈国强	陈国强	区委政法委、区民政局、区政协社会和法制委	第三季度	区政协常委会	区政协建言报告
2	加快现代服务业发展,助推经济转型升级	孙跃文 茆振文 吴文斌 甄长海	甄长海	区经发改委、区商务局、区政协经济委	第二季度	区政协常委会	专题建言报告
3	推广模拟征收,改善民生,提升城市品质	万晓晖 吴永生 谭闽月 甄长海	谭闽月 甄长海	区征收办、区建投、区政协经济委员会、人资环委	第四季度	区政协主席扩大会	区政协建言报告
4	突出保障和改善民生,提高百姓幸福指数	许　兰 吴永生 鲁厚义 陈国强	鲁厚义 陈国强	区财政局(民生办)、区民政局、区人社局、区政协社会和法制委	第四季度	区政协主席扩大会	区政协建言报告
5	构建现代公共文化服务体系,全面推动文化繁荣发展	赵继红 奚要武 谭闽月 陈国强	谭闽月 陈国强	区文广新局、区政协文卫体委、教科委	第二季度	区政协常委会	专题建言报告

中共镜湖区委办公室

2014 年 4 月 25 日印发

关于加强全区公共文化服务体系建设,全面推进文化发展的建言报告

(2014 年 6 月 25 日区政协八届十五次常委会议通过)

6 月 25 日,区政协召开八届十五次常委会议暨民主协商会,重点围绕"加强全区公共文化服务体系建设,全面推进文化发展"协商议政。

近年来,区委、区政府高度重视公共文化服务体系建设,通过完善公共文化基础设施、拓展公共文化服务范围、提高公共文化服务能力、丰富公共文化活动内容,全区文化建设取得了新的发展。同时,我区公共文化服务在体制机制、品牌资源、人才队伍和服务

设施等方面还存在一些问题，与构建现代公共文化体系的要求和人们日益增长的多层次、多样化文化需求还存在差距。为此，提出以下建议：

1. 加强规划和政策扶持。编制出契合我区实际的公共文化发展计划和总体规划，并将其纳入区“十三五规划”之中，使其与经济建设、政治建设、社会建设一同部署、一同实施、一同推进、一同考核。设立扶持公共文化发展基金，积极鼓励、支持和引导社会力量参与文化建设。

2. 坚持政府主导，体现公益特点。推行公共文化服务项目公开招标和政府购买等方式，提升文化服务水平。要充分发挥文化引导社会、教育人民、推动发展的重要功能，引导人民群众树立和弘扬社会主义核心价值观，不断提高全区民众的整体素质。

3. 明确供需关系，实现全民共享。围绕群众读书看报、观影看戏、文化鉴赏、素质培训等群众性文体活动需求，不断增强服务能力，提升服务质量，努力提供更好更多的公共文化产品。在服务内容上，紧贴时代主题，体现基层需求，打造出一批老少皆宜、雅俗共赏的群众文化服务精品。将一些适合在农村地区开花结果的文化产业引导过去，用文化传播缩小城乡精神文化的差距；在服务方式上，遵循为城乡群众提供便捷服务的原则，联动基层、方便群众、不违农（工）时、不择场地、不拘形式；在服务对象上，始终关注社会各阶层、各群体人员，并向未成年人、老人、城市低保户、农民工等倾斜，高度重视和保护其文化权益的均等。

4. 加强监管，优化资源配置。对基层公共文化服务资源从组织体系、经费机制、人员保障等方面进行整合，形成资源优势，实现共建共享。在服务场地上，在新建小区安排社区用房时，提前统筹考虑基层文化活动场地设施的安排。合理使用社区用房，采取置换办公用房等方式，高效使用，避免闲置现象；在服务运营上，通过“政府采购付单、百姓共享”的方式，降低票价，给市民发放看戏补贴的做法，补贴公众看戏。

5. 加大投入，盘活现有资源。在加大投入的基础上，努力将公共文化服务体系建设与全区社会经济发展相挂钩，充分利用区域内现有的场馆设施及文化资源优势，筑巢引凤，招商引资，借他山之石推动发展。努力把我们的大剧院打造成东方的“星光大舞台”，把我们的文体中心打造成百姓的“欢乐之家”。在百姓享受文化大餐的同时，助推城市品位的提升，促进我区的经济发展。

6. 引入市场竞争机制。鼓励社会参与，打造共赢平台。吸引社会力量广泛参与到公共文化服务体系中来。引导广大企业投资捐助公益文化事业，加强对民办文化机构和团体的支持力度，广集社会资金，建立公共文化服务发展资金库。引入市场竞争机制，集合社会文艺节目，建立节目资源库；努力形成多元互补、多方共赢、全社会共推的文化事业发展新格局。

7. 加强队伍建设，多方培养人才。加强基层文化队伍建设，尤其是公共服务中心（街道）、社区专兼职岗位，要明确人员和岗位职责。调动广大民间文艺人才的积极性，积极发展文化志愿者队伍。广聚社会人才，建立文艺人才库。加强对基层文化从业人员和志愿者的定期培训。积极发现和保护民间文化艺人，鼓励他们多出原创性作品。开展对非物质文化遗产和传统工艺美术技艺的传承与培训。通过在职业学校、技术学院开设芜湖传统工艺美术专业课程，有条件的可以设立传统工艺美术实践基地。在小学开设专家授课的越剧、黄梅戏、梨簧戏兴趣班。

8. 做大做强特色,彰显文化实力。进一步做大做强镜湖区现有的特色品牌文化,进一步挖掘整理传统特色文化,打造镜湖区公共文化特色服务新亮点。如借助第三方服务机构,推出“镜湖文化一日游”项目,开通镜湖区文化旅游公交线路,科学安排路径和内容,给市民朋友和来芜客人提供一个集休闲、娱乐、充电等一站式文化服务。

9. 开发文化旅游项目,提升文化软实力。可以选择适宜的场地,建设一些芜湖传统工艺美术品和旅游商品生产基地,积极开发文化产品和旅游工艺项目。根据芜湖传说、戏剧经典等文化记忆,设计出旅游商品,供人们馈赠亲友、留做记忆。同时,适时参与各项互动节目,如建立“芜湖三画”制作体验中心、梨簧戏欣赏学习中心、睦邻文化样板体验小区、“一米阳光”爱心活动展区、芜湖美食文化品味展区等特色项目,以亲身经历将美丽的芜湖、美丽的镜湖传播出去,让镜湖的人文魅力传遍五湖四海。

关于以信息化为支撑，以网格化为基础全面提升我区社会服务管理现代化水平的建言报告

(2014 年 9 月 17 日在区政协八届十六次常委会议通过)

9 月 17 日,区政协召开八届十六次常委会议,围绕“以信息化为支撑,以网格化为基础,全面提升我区社会服务管理现代化水平”协商议政。

会议认为,区委、区政府根据党的十八大关于“加快形成科学有效的社会管理体制,完善社会保障体系,健全基层公共服务和社会管理网络,建立确保社会既充满活力又和谐有序的体制机制”精神,以及党中央、国务院提出的“加强和创新社会管理”,“完善信息网络服务管理,全面提高社会管理科学化水平”要求,高度重视社会管理创新工作。目前,我区社会服务管理信息化工作已初显成效,得到了省、市主要领导以及居民群众的充分肯定。但在信息资源共享、网格事件联动处置机制、信息化考核激励机制、居民的配合支持等方面还存在一些问题,影响了我区社会服务管理现代化水平的提升。

为此,提出以下建议:

1. 加大宣传力度,营造工作氛围。要广泛深入地开展宣传工作,增强推进社会管理服务信息化建设的坚定性。全区上下要适应新形势的变化,改变传统的社会服务管理模式,更新工作理念,主动适应信息化时代下社会治理工作的需要。同时,在宣传中,提高群众对社会服务管理信息化、网格化的知晓率,引导群众从理解支持到主动参与,进一步营造全民参与的工作氛围。

2. 优化整合公共服务中心,实行高效管理。进一步深化社区管理体制改革,兼顾提升效能、节约资源和方便群众的原则,将全区现有的公共服务中心进行优化整合,适当减少数量。实行便捷、高效的“一站式”服务管理。通过减员提效,将精简下来的工作人员充实到社区,增加社区网格员数量,增强社区的工作力量。

3. 强化网格员队伍建设,进一步做实网格化工作。数据信息采集工作是整个信息化建设中最基础、最重要的一环,网格员的素质和业务水平起着决定性作用。因此,要加强网格员队伍建设,从网格员数量(包括 AB 岗)、素质(资质)等方面不断充实提高,特别在管理考核上要明确目标、责任和奖惩,确保人户基础信息准确、及时、新鲜。同时,网格员

必须沉下网格，回归本位，要把主要精力用于本职工作上，尽量减少对网格员正常工作时间上的占用。要健全充实以楼栋长、物业企业、志愿者等为主的网格信息员，辅助网格员开展工作。做到有人巡查、有时间巡查、有真实情况的信息反映。

4. 推进资源共享，加大信息应用。大数据的应用是推进信息化的核心。要尽最大可能把在平台上有为民服务的各个部门信息进行收集并发挥作用，彻底消除信息的“部门化”、“碎片化”问题。同时要实行部门之间、市区之间、区与区之间的信息共享，减少重复劳动，降低成本、提高效率，真正实现“一点受理、全城通用”的目标。同时要进一步加大对信息化成果的应用，依托准确、鲜活的人户基础信息库和网格化社会服务管理平台，统筹开展基层社会服务管理工作，彻底改变原来各部门动辄组织社区上门摸底、入户登记的工作习惯，实现精细、高效的服务管理。通过对大数据资源的共享和应用，提升政府的社会治理能力。

5. 完善社区网格事件联动处置机制，发挥网格化管理效能。以信息化为支撑的社会服务管理网格化工作，需要各级、各部门把服务管理的关口前移，上下联动。对网格内城市物件损坏、市容管理、矛盾纠纷、安全隐患等事件上报、流转、处置的闭环运行，应调动更多的单位参与，并主动与市级部门和民生服务企业打通接口，在一线并联为群众解决问题，真正改变社区原先“管得了的事情看不见，看得见的事情管不了”的状况，最大限度发挥网格化服务管理的效能。

6. 加强奖惩激励机制建设，健全和完善相关规章制度。落实对网格员的绩效考核，完善各中心（街道）及参与网格化平台运行的单位工作考评机制，尽快建立健全具体的、操作性较强的奖惩激励机制，加快推动全区社管信息化建设。在现已制定并实施的规章制度基础上，结合半年来运行的实际情况和发现的新问题，不断创新工作方法和机制，进一步健全完善相关规章制度，形成镜湖特色模式。

关于加大扶持电子商务企业促进全区现代服务业快速发展的建言报告

（2014 年 9 月 17 日区政协八届十六次常委会议通过）

9 月 17 日上午，镜湖区政协召开八届十六次常委会议，围绕“加大扶持我区电子商务企业，促进全区现代服务业快速发展”进行协商讨论。

根据《2014 年度重点民主协商活动计划安排》（镜委办〔2014〕22 号）文件精神，区政协与区直有关单位按照职责分工，深入开展调查研究。近年来，区委、区政府十分重视经济转型升级，将现代服务业发展作为主导产业全力推进。电子商务作为新兴产业，有着广阔的发展前景。两年来我区电子商务得到了快速发展，但在规划引领、物流仓储、监督管理等方面还存在一些问题。为此，提出以下建议：

1. 确立电子商务作为新型产业地位，强化规划引领。根据我区的发展实际，确定电子商务发展作为我区新型产业战略地位，制定战略规划，引领指导电子商务加快发展。加强对电子商务产业培育和扶持，依据《芜湖市人民政府关于加快电子商务发展的若干意见》，修订完善《镜湖区促进电子商务产业发展实施意见》，以优惠的政策配套，形成与周边地市、县区政策环境比对的“洼地效应”，迅速吸引有一定规模的电子商务企业来我区集聚发展,努力建设省级电子商务集聚区。尽快建立电商企业数据库,加强政府与企业之间的相互沟通和协调,增强规划的实际性和指导性,切实推动电子商务在支柱产业、新兴产业、服务业的广泛、深入应用。

2. 加大电子商务扶持和人才集聚政策导向,放水养鱼。电子商务企业均为轻资产企业,改变传统招商引资重资产、重即期税收的观念,进一步解放思想,扶持电子商务企业迅速发展壮大。研究出台相应人才政策,鼓励发展电子商务人才项目,加快培养一批电子商务高质量人才,加大公租房建设、领军人才奖励等政策配套,加快电商人才集聚,带领我区电子商务高端产业发展。加大同企业、高等院校及专业培训机构的交流,建立电子商务人才数据库。

3. 积极搭建电子商务发展平台,促进电商企业更好发展。政府应积极搭建电子商务发展载体和综合服务平台,为加速发展电子商务创造基础条件。利用现有淘宝"特色中国·芜湖馆"、大学生电子商务创业孵化基地平台,整合相关部门、企业及社会资源,搭建我区餐饮、住宿、娱乐、交通等各方面电商专业服务平台,如综合网站、微信等平台建设,使电商企业和传统商贸企业共享平台数据、多渠道推广发布信息,积极开创网络咨询、手机订单、电子(微信)支付等优质服务。

4. 积极引导解决物流瓶颈难题,规划集中仓储。政府应发挥积极的调控、引导作用,加强对物流基地、物流中心等物流基础设施的规划。为加快对小微电子商务企业培育,规划集中仓储项目,解决电商企业起步阶段的需求。鼓励我区电子商务企业分类抱团自建物流体系,促进第三方物流企业重整与规范,建立经济有效、互联互通、开放的专业化、社会化物流配送体系。鼓励传统商贸企业试水电子商务,基本实现信息流、资金流、物流的信息化和网络化。建议利用社区便利店等,建立统一的提货点。鼓励大型零售企业在自己的门店开辟配送点、自提点,并将自建、自用的物流配送体系向行业、社会开放,以有效减少配送线路数、车辆数,提高效率、降低污染、缓解拥堵。

5. 加大对电子商务的监督管理。在肯定电子商务发展的同时,也要做好必要的监管,要建立统计制度、成立电子商务协会等。对一些企业和个人以次充好,以少充多,伪劣假冒,成立查处机制,及时予以打击。建立消费者投诉维权机制,发现问题有人管,管得住。

6. 加大电子商务税收管理。电子商务企业不纳税,这对实体零售业的不公平,造成传统的商业与电商并不是在一个公平的环境里竞争,电商纳税已经成为众多实体企业的呼声,另一方面电商不纳税也造成大量地税收流失。各级政府应研究建立网上交易经营主体工商注册、税务登记制度,建立电子商务税款代扣代缴制度。

7. 加强宣传推介。加大宣传力度,提高人们对电子商务的认知度。电子商务作为一种新生事物还未被大多数消费者所感知,也未能引起广大经营者的高度重视和关注。要推动我区电子商务的快速发展,宣传推介是重要的工作前提,要通过多种渠道和方式大力宣传推广电子商务,营造浓厚氛围,促进消费方式多样化。

8. 加强顶层设计。地方政府作为市场的建设者和监督者,对发展电子商务加强研究,总体规划,准确定位,合理布局,突出重点,树立典型。要加强工商、物流、保险、财税、银行等机构的协调,大力构建社会信用环境,完备的物流体系,安全可靠的金融支付环境等,并建立相应保障机制,促进电子商务健康有序发展。

第七章　民主监督 专项督查 社情民意

第一节　民主监督

民主监督是人民政协的一项重要职能,长期以来,区政协在区委的领导下、在区政府的支持下,积极发挥组织和委员的作用,通过多层面、多渠道的民主监督,推动了全区经济建设和社会事业、基层民主政治建设的发展。现选录部分重要活动。

一、镜湖区(原)政协的重大监督活动

2000 年,芜湖市委、市政府为加强公安队伍建设,密切警民关系,在全市公安派出所开展了"创人民满意活动"。区政协积极配合,于 2000 年 6 月至 2001 年,持续一年完成了对镜湖区公安派出所的跟踪民主评议工作。

二、新芜区政协的重大监督活动

2000 年至 2002 年,区政协社会法制委员会对新芜区公安派出所"创人民满意活动",进行了为期 3 年的民主评议工作。

2002 年 4 月,新芜区政协社会法制委员会牵头组织部分委员,对区境内的文化市场进行现场考察和民主评议活动,对存在的现实问题,向区文化市场管理部门提出了意见和建议。

2003 年 4 月,根据区委、区政府统一部署安排,区政协积极参与抗击"非典"工作,成立了由一位副主席、一位常委、一位主任科员组成的抗击"非典"督察组,先后对 3 个码头、2 个汽车站、200 多个公共场所、娱乐服务行业进行督查。

2003 年 5 月 26 日,区政协召开情况通报会,邀请区委组织部长谢为群就部分街道党工委、办事处以及区直部门(单位)的人事调整情况作了说明。

三、政协镜湖区委员会的重大监督活动

进入 21 世纪以来,在党中央加强人民政协工作的一系列文件精神指导下,区政协的民主监督工作提升到一个新的台阶,从形式与内容上都有新的突破与创新。

2011 年,区政协首次联合区纪委、区监察局,就全区保障房、廉租房分配开展联合监督活动,尝试了政协民主监督与党内监督、行政监督的有机结合。

2012 年,区政协委员累计 420 余人次参与各类监督活动。选聘 98 名政协委员在镜

湖区公安分局、法院、检察院、纪委(监察局)、教育局、卫生局等12个部门(单位)担任民主监督员,应邀参与受聘单位的重大决策、工作落实的民主监督。

2013年,区政协推荐80多名委员担任了党政部门及“两院”特邀监督员。先后选派100余名委员列席各级党政会议,主动配合开展民主测评、政风行风评议、“电视问政”监督。邀请纪检监察部门通报情况,探讨开展联合监督的新领域。

第二节　专项督查

2007年,中共安徽省委、芜湖市委、镜湖区委先后制定下发了《关于进一步做好人民政协工作的实施意见》,进一步加强了人民政协政治协商、民主监督、参政议政的制度化、规范化、程序化建设,有力地推动了政协的各项工作。

自2008年开始,区政协针对群众反映较为强烈的社会热点、难点问题,组织委员在深入调研的基础上,依据事实和相关法律,开展了专项督查工作。区政协通过听取有关职能部门对全区大绿化、老旧小区整治、矿山关停、“三线三边”整治等专题情况通报和开展相关督查工作,为镜湖区社会环境的改造、和谐社会建设作出了贡献。尤其是在城市绿化美化、环境保护、文明创建、民生工程等关系到社会发展、国计民生的重大问题上,区政协在区委、区政府的支持下先后成立了专项督查组,开展了持续有效的专项督查工作,有力地促进了镜湖区的经济建设和社会发展。

一、“大绿化”督查

2008年,为建设优美镜湖,营造良好的发展和人居环境,区委、区政府决定由区政协负责全区绿化美化和环境保护工作督查。区政协把开展专项督查工作作为拓展民主监督领域的有效途径,成立了“城市绿化美化工作督查组”,制定了督查方案。区政协主席曹天民任组长,副主席周玉良、黄少雄任副组长,部分常委、委员和办公室人员任成员。适时开展区政协城市绿化美化工作督查、协调工作。

2月27日上午,督查组在曹天民主席的带领下,对我区城市绿化美化工作进行了督查。督查组首先听取了区建委的情况汇报,接着对2008年已完成的绿化美化任务及2009年在建项目进行了实地察看。督查组对区建委2009年“26820”的绿化美化工程思路(即:2009年绿化美化目标任务为2个公园、6个街头绿地、8段围墙拆墙透绿、20条道路绿化美化)给予肯定,对目前工作进展情况表示满意。

4月中旬,督查组在曹天民主席的带领下,对区建委四月份的在建项目进行专题督查。

4月29日上午,督查组在曹天民主席的带领下,对区建委四月份项目完成情况进行实地察看。对存在问题以简报形式送达有关部门。

6月,督查组对上半年的绿化美化进展情况包括已完工的项目和正在施工的项目进行督查。

9月,督查组对绿化美化进行了全面督查,提出了具体的意见和建议,并以调研报告的形式报送市政协及区政府。

11 月，督查组对全年绿化美化工作完成情况进行了督查，对全年的绿化美化工作进行了肯定。

2011 年，为进一步引导全民植绿、护绿，积极参与全市创建国家园林城市，努力建设绿色镜湖。5 月 11 日至 12 日，由区政协主席茆振文率队，督查组分成 2 个小组，深入部分街道开展“大绿化”督查工作。区政协副主席周玉良、季业保、黄少雄参加督查。

2011 年镜湖区为配合全市创建园林城市暨“大绿化”的建设项目有：西洋湖公园及部分道路的绿化项目、街头游园和立体绿化项目等。督查组分别对西洋湖公园、九莲塘公园、赤铸山路等大绿化重点建设项目和小区绿化进行督查，听取情况介绍，询问工程进展，就重点项目的拆迁、建设、绿化等与相关负责人进行交流。座谈会上，茆振文对全区“大绿化”工作取得的成效表示肯定，认为各街道及相关部门高度重视，环境有改善，群众反映好。督查组建议：各级各部门一要加大宣传教育力度，提高市民对“大绿化”的知晓率和参与度，形成良好舆论氛围。二要突出重点、强力推进。围绕国家园林城市的目标，以重点项目和街道绿化、小区绿化、建筑绿化等为重点，提高绿地覆盖率和人均公共绿地面积。三要上下互动促管理。各级各部门要积极互动，严格执行法规制度，创建管理到位，执法管理落实有效，形成合力，推动全区“大绿化”及创园工作深入开展。

2012 年 4 月 22 日下午，区政协城市绿化美化督查组组长、政协主席茆振文带领督查组成员对全区 2010 年以来大绿化进展情况进行专题督查。督查组一行先后在长宁街、申元街、红梅新村、西洋湖公园进行实地察看。督查组对正在进行的西洋湖公园改造提出了具体督查意见：因征地问题未解决，沿路通透式围墙施工无法完成，建议政府加快征地进度；水面污染严重，建议尽快制定截污规划方案；由于拆迁、拆违的建筑垃圾未清运，周边地区气味难闻，建议赭麓、东门街道办事处尽快将垃圾清除干净。

2012 年 11 月 15 日，政协镜湖区委员会正式启动 2012 年度绿化美化工作督查，这是继 2008 年以来第五次开展年度督查活动。此次督查由茆振文主席带队，区政协秘书长杨珍、人资环专委会主任陈宪生及部分专委会成员参加了督查活动。镜湖区政府副区长徐平、区住建委负责人陪同督查。据悉，2012 年镜湖区绿化美化工程主要包括 5 个公园及水系、4 处街头游园和部分桥梁立体绿化美化项目，并启动西洋湖公园周边城市立面综合改造项目，年内完成对主城区部分路段夜景亮化方案设计等。督查中，茆振文一行察看了西洋湖公园 C 区建设情况、西洋里小区绿化整治及部分街头景观绿化点等处的绿化情况，听取了区住建委 2012 年绿化、美化、亮化工程情况汇报。座谈会上，区政府副区长徐平就我区绿化美化工作与督查组成员交流讨论。督查组认为，要通过加强城市公共绿地建设、重视绿化养护与管理、推进城市立体绿化，着力提升城市绿化整体水平。同时，建议政府要多渠道筹集盘活绿化资金，引导鼓励社会力量参与城市绿化。针对存在资金筹措不到位、绿化品位有待提升、社会参与度不高等种种困难和问题，督查组将进一步认真讨论研究，把意见建议梳理整合到此次督查情况报告中，提交给区委、区政府作为决策参考。

2013 年，区政协持续开展了“文明创建、环境保护和绿化美化”三项督查，对港一路桥头公园、西洋湖公园及部分街头绿化点开展视察，有针对性地提出 20 余条提案和建议,从政务、商务、人文、人居等多维角度,助推社会生态环境建设。

二、环境保护督查

2009年4月26日,区政协根据市委、市政府、区委、区政府有关环保工作部署,制定了督查方案,成立区政协环境卫生保护督查组。区政协主席曹天民任组长,副主席季业保、黄少雄任副组长,部分常委、委员和办公室人员为成员,开展区环境卫生保护工作督查、协调工作。6月15日上午,督查组采取听汇报和实地察看两种形式对我区已完成的环境保护工作进行了督查。6月24日上午,督查组对阳光小区、华联新村小区生活垃圾管理进行了专项督查。督查组就小区没有物业管理这一共性问题向有关部门提出建议。12月,督查组对全年环境保护工作完成情况进行了督查,并形成汇报材料向有关部门汇报。

2010年,区政协主要领导多次参加镜湖区小煤炉(窑)整治专项督查。5月27日,市政协禁燃工作督察组和市政府禁燃工作领导小组联合赴镜湖区督查小炉窑灶烟尘污染整治情况。区政协主席茆振文、区委常委、副区长方华全程陪同督查。督察组先后到一院、一建浴池、铁路公寓所在地,实地查看整治情况,了解我区炉窑灶烟尘污染整治实际整治情况。随后,召开镜湖区炉窑灶烟尘污染整治汇报会,区委常委、副区长方华代表区政府作了汇报。

为加快镜湖区炉窑灶烟尘污染整治工作,确保完成目标任务。6月23日、24日,区政协主席茆振文和区委常委、副区长方华在环保、市容、卫生监督等部门负责人陪同下,对各街道办事处的炉窑灶烟尘污染整治进行了实地指导和督察。截止到6月30日,镜湖区各街道炉窑灶整改共完成159台,占总任务的79.3%,上报整改报告单92张,位列全市第一。

2011年至2012年,督查组重点在方村街道就农村环境卫生整治工作进行督查。督查组实地察看了方村街道境内村容村貌卫生整治情况和田间耕地环境卫生治理情况,听取了方村街道主要负责人关于方村街道清洁工程实施的主要情况汇报,针对街道提出的疑难问题进行了深入的探讨。区政协主席茆振文代表督查组,对方村街道环境保护工作进行讲评时指出:方村街道的环境卫生已有明显改观,特别是创新运用田间垃圾回收方式,教育引导了农民养成不乱丢废弃农药瓶袋的良好习惯,减少对生态环境的危害和对人畜生命安全的威胁,更大程度地保护了生态环境,发挥了农村清洁工程的长远效益。希望方村街道从三个方面入手,进一步提高农村环境整治水平。一是要加强创新,努力探索既符合农村特点,又满足城市建设总体要求的管理模式;二是要完善机制,努力形成街、村联动、居民积极参与的浓厚氛围;三是要坚持典型引路,把一些好的做法以制度的形式固定下来,并加以推广。

三、文明创建督查

区政协根据中共镜湖区委下达文明创建工作督查工作任务,于2012年6月22日,召开了文明城市创建工作专题情况通报会。区文明办主任杨珍就全国文明城市评选的基本情况、近年来在争创全国文明城市中所做的主要工作及存在的问题进行了通报。这是区政协对文明创建工作的一次重要督查。

通报会上,茆振文主席对文明城市创建工作提出了几点意见:一是突出重点,注重发挥市容、交警、机关党政干部、窗口服务单位、志愿者服务以及各级文明单位等几支队伍的重要作用;二是营造氛围,创新宣传教育视角,努力赢得社会各界的支持和广泛参与,尤其要在提高群众参与创建活动的热情上下工夫;三是加大投入,确保薄弱环节和问题逐步得到有效解决;四是加强督查,建立责任追究制。最后,他要求区政协各专委会、街道政协联络组积极开展调研视察和反映社情民意活动,特别是政协文明创建督查组,要主动加强与有关部门联系,适时开展督查,为我区创建工作献计出力。区政协及时印发《致全体政协委员一封信》,动员广大委员自觉以文明城市的标准来规范自己的言行,发挥示范带头作用。

2012 年 11 月 21 日,针对在文明程度指数测评中集贸市场和小微餐饮店存在的主要问题,区政协主席茆振文率文明创建督查组赴区境内集贸市场和小微餐饮店进行督查和调研。区委常委、宣传部长赵继红,区政协党组副书记鲁厚义,副主席谭闽月、甄长海参加调研。相关部门负责人及部分政协委员陪同调研。

镜湖区境内一些集贸市场年代久远、设施落后,导致市场及周边环境脏、乱、差现象严重,而小微餐饮店卫生状况堪忧,这成为在全市文明程度指数测评中镜湖区丢分的主要问题。区政协了解这些情况后,及时成立文明创建督查组开展督查,以期通过深度调研向区委、区政府提出合理化建议,解决集贸市场和小微餐饮店多个问题,助推主城区文明创建更上一层楼。督查组分为两组,实地考察了胜利渠、黄山西路等集贸市场建设管理情况和公安街、殷家山等小微餐饮店经营情况,随后召开座谈会,听取各相关单位情况汇报。区卫生局、商务局、区工商分局、质监分局等单位相关负责人和部分政协委员积极建言献策,提出了很多合理化的建议。诸如:采取疏堵结合的办法,加大中心(街道)对市场经营管理力度;从规划入手,合理布局人口集中区市场,按照方便、就近的原则科学设置分布市场等。建议区委、区政府从文明创建和关注民生的高度,对集贸市场和小微餐饮店多管齐下,彻底改善脏乱差等问题。

茆振文在督查中强调,文明创建工作任重道远,每个单位都要重视,对于集贸市场和小微餐饮店存在的问题,要尽快明确各责任主体,加大联合执法力度,创新管理方式,攻坚克难。

2014 年,中共镜湖区委、区政府坚持把"三线三边"整治作为提升全区发展环境和人居环境的一项重要工作来抓。为加快工作进度,确保整治工作取得实效,区委研究决定由区政协承担督查任务。为此,区政协成立了由主席会议成员及人资环委员会部分委员组成的督查组。

5 月 9 日,督查组对全区"三线三边"整治现场开展督查。区委常委、宣传部长赵继红,区政府副区长魏心平及相关单位负责人参加。督查组深入辖区内的港一路、皖赣铁路沿线弋江中路段、荆山集镇区及方村街道方塘、埭南社区等各整治重点区域和路段,对照"三线三边"整治方案要求,仔细查看沿线道路、沟渠、集镇区的整治效果。在随后召开的座谈会上,督查组听取了文明办、方村街道等部门(单位)关于"三线三边"环境综合治理工作情况的汇报后,在充分肯定取得成效的同时,针对督查中发现的垃圾处理、市容管理、废旧物品回收等问题,建议有关中心(街道)及部门负责人要进一步提高认识,强化举措,细化任务,调配力量,不折不扣地抓好各项任务的落实。督查组还就进一步建立长效机制、完善基础设施服务功能、疏导并重、扩大群众参与面等,提出了意见和建议。

座谈会上,茆振文在听取情况汇报和委员发言后,就下一步工作提出了要求:一要巩固成果,正视不足,在肯定成绩的同时要不断完善;二要加强宣传,人人参与,发动群众严格自律,遵守社会公德;三要突出重点,集中整治,让环境综治成果体现出本地文化特色、产业特色和地形地貌特点;四要加大投入,严格考核,通过建立长效机制,建立起制度约束。最后,他要求全区政协委员要积极参与,广泛宣传,把各界群众的思想认识切实统一到区委、区政府的工作部署上来,为全区"三线三边"环境综治工作取得新成效作出应有的贡献。

四、民生工程督查

2012年9月5日,区政协专门成立由茆振文主席任组长的民生工程督查组,对全区2012年度33项民生工程进展情况进行现场督查。

2012年度镜湖区实施了33项民生工程,除5项正在加紧推进外,其余均已完成。此次督查主要包括校舍安全工程、居家养老服务、再就业培训基地建设、"菜篮子"工程、农家书屋工程等项目。督查组在镜湖小学、二十七中学等校园安全改扩建工程现场,详细了解工程建设和设施配备情况。在掌握了具体情况后,督查组指出:校园安全工程是一项关系到师生安全的民心工程,有关单位要加强工程监督,确保把学校建成最安全、最放心的地方,为镜湖教育事业长足发展奠定坚实的基础!督查组还分别视察了镜湖新城居家养老服务中心、再就业培训基地、滨江山庄菜市场和方村街道农家书屋等。为真实了解民生工程建设情况,督查组每到一处,不仅认真查看设施设备配套情况,还现场询问群众和业主,听取他们对民生工程的建议和意见。

督查结束后,区政协主席茆振文希望有关部门在推进民生工程建设过程中,要积极鼓励群众参与,听取群众意见,获得群众支持,接受群众监督,真正体现了为民办实事的理念,把民生工程打造成民心工程、百姓工程、和谐工程。

在督查中,镜湖区财政局副局长、民生办副主任宋兰兰,区教育局副局长王成芝全程进行了陪同。

第三节　社情民意

社情民意是政协参政议政,沟通党和政府与社会各界人民群众之间信息交流的重要途径。区政协十分重视社情民意工作,尤其是进入21世纪以来,区政协的社情民意工作取得了显著成绩。

一、新芜区政协的社情民意工作

2003年,为做好社情民意工作,及时收集社会各界反映的问题,六届区政协根据主席会议研究决定成立2个调研组，分赴街道、社区、企事业单位等，通过走访、座谈收集社情民意。经整理形成2个专题报告，其中报市委、市政府及有关部门10条，报区委、区政府及有关部门若干条。现根据区政协新协办〔2003〕26号、27号《关于社情民意征集情况的报告》，经归纳整理摘录部分：

关于社区建设、城建城管方面

1. 芜湖这样的一个中等城市，没有一处建筑垃圾场，导致改造建筑垃圾无处倒，有的只能偷着乱倒。建议：明确建筑垃圾场。

2. 乱贴乱画问题。现在芜湖的大街小巷，楼道的乱贴乱画屡禁不止。建议有关部门加大打击力度。

3. 现在的开发商在建小区时，不考虑社区用房，建议规划局在审批小区规划时，要标明社区居委会用房的位置、面积。小区房屋竣工验收时，要有区街道、居委会参加。

4. 社区建设氛围不浓，群众参与积极性不高。在加强社区建设时要注重实效，少搞形式的东西。社区考核太多，资料越来越多。建议市、区两级加大对社区的投入。

关于科教卫生方面

5. 区教育系统反映，教师的开放城市补助费没有到位，要求区财政予以考虑。

6. 部分无医保的大病居民，原单位买断后无力承担高额药费，建议有关部门能关注这部分群体。

7. 计生部门要加强对街道工作指导，通过减少负担、科学考核，帮助街道社区更好开展好此项工作。

关于政法、劳动人事方面

8. 目前，4050人员就业难，建议政府采取各种办法，多提供就业岗位。

9. 在派出所警力有限的情况下，政府招聘的辅警大都在派出所帮忙，基本看不到巡逻，社区警务室也成为摆设。

10. 居委会、环卫所人员工作量大、劳动强度高，建议政府在人员配备、劳动报酬方面给予帮助。

二、镜湖区政协的社情民意工作

2006年区政协常委李铭在做了大量调查研究的基础上，在市民心声网站上发表了长达22000多字的《强市富民100计》的帖子，对芜湖的发展提出了100条建议。陈树隆市长给李铭亲笔回信，对涉及我市经济建设、城市管理、文化事业发展的100条建议代表市政府向他表示诚挚的谢意。陈市长还请市政府办公室将100条建议归纳整理，相关部门分头落实。

2007年，继上年8月份省政协系统社情民意工作座谈会之后，与新闻媒体共同策划组织常规性报道和全委会重点宣传，反映社情民意。在《江淮时报》、《芜湖政协》、《镜湖政协》等报刊上发表的《芜湖市镜湖区围绕中心、服务大局，积极参政议政》、《发挥中心城区优势、提升服务功能》、《关注古城、聚焦城市发展》、《长街小商品市场经营与发展状况调研报告》等一批信息和调研报告被区委、区政府重视并采纳，有的作为《领导参阅》文件送达四大班子成员传阅。

2008 年区政协专门确定办公室一名同志负责 11 个街道的社情民意征集工作,建立了由市、区、街道组成的社情民意反馈渠道网络。一年来,区政协通过“委员进社区”活动广泛征集社情民意 44 条。邓恒先委员的《芜湖快速制造服务中心亟待建设》被市政协第 13 期《社情民意》采用,并上报给市委书记陈树隆,陈书记阅后批示:“这是个很好的建议,但谁来建、怎样建要认真研究。请政府负责同志研处。”

区政协委员通过“进社区,到村组”活动的平台,了解到长街小商品批发市场内两座公厕长期失修,不能正常使用,群众反映很大的问题,提出了建议修缮改造的社情民意。该社情民意由市、区两级政协主席多次督办,召集多个部门共同协调,由区政府牵头出资人民币 40 万元,解决了这一“老大难”问题。

2009 年,区政协为进一步搞好社情民意工作,举办了由各街道党工委副书记(区政协委员)和社情民意信息员参加的培训班,邀请市政协刘建生副秘书长和研究室的同志到会指导。

2009 年全年征集社情民意信息 40 余条。特邀信息员杨成顺委员个人报送信息 6 条,张云龙委员反映的《出台“住宅小区禁止办公经商”规定已刻不容缓》的信息,得到区委主要领导的肯定。

2010 年,区政协进一步拓宽了社情民意信息来源和渠道,发动委员深入基层、深入群众了解和收集社情民意。建立、完善信息收集、整理、报送、反馈等渠道与程序。一年来,通过召开座谈会、恳谈会、上门访谈等收集社情民意,累计向市政协、区委、区政府报送社情民意信息 28 篇。

2011 年,区政协办公室根据部分委员的建议,整理了“推广地源热泵空调系统的应用”的社情民意,报市政协后,刊登在芜湖市政协研究室编的社情民意《专报》第 8 期上。

委员们针对镜湖区交通拥堵现象的日趋严重,给予了高度的关注,集中提出了一系列关于解决中心地段交通拥堵和人民群众出行难的意见与建议。如:段联“关于在城区主要道路口增加人行天桥的建议”、艾敏“增加公交车辆,缓解交通压力,防止道路拥堵”、李铭“加强对城市中心区停车场规划与管理”、吴晓苏“关于缓解老小区停车难的建议”、常红“关于解决芜宁路立交桥下便民通道有关问题”等社情民意,得到了区政府的重视。

2012 年区政协高度关注民生民情民意,利用多种渠道广泛收集和反映社情民意。向区委、区政府报送《社情民意信息》14 期,提出意见建议 62 条。《关于镜湖区文化产业发展的建议》受到市委书记高登榜和市长杨敬农的批示,要求由市委宣传部成立专题调研组,对所提建议开展可行性调研,进一步推动了“人文镜湖”建设。

徐宏霞的社情民意“繁荣小区文化事业”报送市政协后,为市政协研究室编辑的《社情民意》2012 年第 2 期刊登,时任市长杨敬农阅后作了“请市文化委研究”的批示。

2013 年针对我区非物质文化遗产的保护现状,为发掘、保护、传承本土非物质文化遗产,弘扬优秀民族传统文化,推动文化产业与文化事业的共同发展,八届常委会在充分调查研究的基础上,形成了《关于抢救和保护芜湖“三画”的建议案》。区委、区政府主要领导高度重视,批示指出:该建议案非常及时和重要,分析问题透彻,所提建议可操作性强。相关职能部门认真采纳落实建议,先后举办“复活的城市文化记忆”两次大型主题艺术精品展,为保护濒临失传的本土民间艺术瑰宝做出了努力。同时,该建议案被市政协作为社情民意报送市委、市政府。

委员王何能的“加强旅游业发展步伐，提升三产职能，增强区域经济”、钱正海“关于镜湖区打造成为文化强区的几点建议”、杨成顺的“关于设立芜湖古城文化艺术‘围墙’的建议”及谢海保的“关于规范社区居委会公章管理的建议”等社情民意，从各个方面对镜湖区的经济、社会发展提出了积极建议，产生了一定的社会反响。

2014 年，区政协进一步强化社情民意工作，完善了社情民意信息员队伍建设，办公室确定了专人负责信息员队伍的协调、管理。

上半年，委员们针对群众反映强烈的社会问题，经济建设社会发展中的现实问题，提出了一些有价值的意见、建议。如：方兴友“关于滨江北路新芜路至吉和广场路段开通”的社情民意，赵彪等委员“关于对我区道路交通基础进行梳理整改的建议”，抓住了困扰群众多年的繁华路段的拥堵问题，提出了可行性的建议。查明提出的“关于加强镜湖区居民小区内家庭式小旅店管理的建议”，钱大青“关于加强对小区居民住宅楼内棋牌室管理的建议”等，切中了社会基层管理的不足之处，并提出了可行性意见与建议。

附录一

政协镜湖区委员会环境保护工作督查方案

为贯彻落实市委、市政府《关于进一步加强环境保护的决定》，推动我市环境保护重点工作的落实，配合市政协环境保护工作督查，区政协根据市委、市政府、区委、区政府有关环保工作部署，开展区环境保护工作督查、协调工作，特制定本督查方案：

一、指导思想：

以中共十七大和十七届三中全会精神为指导，以科学发展观为统领，紧紧围绕区委、区政府中心工作、重点工作，以优化城市环境为切入点，以督查、解决有关环境保护的重点难点问题为突破口，把做好环境保护工作与履行政协职能结合起来，加强对环境保护工作的督查，推进我市、我区城市建设，促进经济平稳可持续增长。

二、组织领导：

（一）成立区政协环境保护工作督查组。区政协主席曹天民任组长，副主席季业保、黄少雄任副组长，成员分别由张承武、李强、郭云峰、周全、陶桂林、孙家万、胡首春等同志担任。督查组下设办公室，由区政协办公室胡首春负责办公室工作。联系电话：3122596。

（二）区政协环境保护工作督查组名单如下：

组　长：曹天民（区政协主席）
副组长：季业保（区政协副主席）
　　　　黄少雄（区政协副主席）
成　员：张承武（区政协专职常委）
　　　　郭云峰（区环保分局局长）
　　　　周　全（区规划分局局长）
　　　　李　强（区建委副主任）

陶桂林(区华安拆迁事务所主任)

孙家万(区环卫所干部)

胡首春(区政协办公室副主任)

三、督查内容:

按照《芜湖市2009年环境保护重点工作任务分解表》进行督查。督查内容为:水环境保护(化学需氧量减排)、大气环境保护(二氧化硫减排)、扬尘污染整治(解决民众反映的热点问题)、小区生活垃圾管理、工业园区污染防治等五个方面。

四、督查方式:

(一)听取情况通报。区政协督查组每季度听取一次政府有关职能部门和项目负责人的情况汇报。每年向政协常委会通报两次工作情况,一次通报全年工作安排,一次通报全年工作进展。

(二)组织视察活动。区政协督查组根据项目任务分解开展视察活动。对环保工作实施情况、进展情况、完成情况等进行全程跟踪督查,使督查工作常态化。

(三)抓好意见反馈,设立举报电话。对督查工作中发现的问题,及时进行专题汇报,广泛听取政协委员、市民的批评、意见和建议。举报电话:3122031、3122596。

附录二

关于全区绿化美化工作的督查报告

根据区委的要求,2011年5月11日至12日,区城市绿化美化督查组一行10人在茆振文主席、周玉良副主席的带领下,分两个小组对全区10个街道(除荆山、方村街道)的城市绿化美化工作进行了督查。督查组成员通过听取汇报、实地查看、座谈交流等形式,对完成2011年市、区下达的绿化美化任务、道路绿化养护管理、街头绿地景观管理、背街巷道路维修保洁四个方面的情况进行督查。现将督查情况报告如下:

一、基本情况

1. 领导重视。各街道对城市绿化美化工作高度重视,将此项工作纳入重要议事日程。成立组织,制订方案,明确任务,责任到人,采取措施,抓好落实。

2. 宣传有力。通过向居民发送宣传单,悬挂宣传标语,开辟专题、专栏等形式进行宣传,发动居民和公共单位做好庭院绿化、单位绿化,增加绿化总量,营造了“人人关心绿化,人人参与绿化”的浓厚氛围。

3. 认真落实区下达的绿化任务。各街道对区下达的植树任务非常重视,动员机关干部和党员、志愿者等参加义务植树活动,在道路两侧、住宅小区、公共单位进行种植,目前天门山、赭麓、北京路、东门、北门街道已完成或超额完成200棵植树任务。

4. 重视道路绿化的养护管理和街头绿地景观的管理工作。街道将沿街街头绿化带和街头绿化景观带纳入门前“三包”管理范围,确保每个绿化带有人护养、有人管理,同时做好道路绿化的日常巡查工作。赭麓、北门街道发现毁绿现象,及时查处。镜湖街道安排专人对街头绿化进行修剪、除草、除虫,确保养护到位,对坏死的树苗及时补种。吉和街道为提高街道境内绿化品位,自我加压,在吉和南路天爱公寓门前进行120平方米的立体绿化景观，现已完成工程施工图及效果图设计，进入招标程序。北京路、赭麓街道注重长效管理，为境内树木建立档案。汀棠、赭山、弋矶山三个街道安排专人负责保兴埠两岸的绿化看护工作。

5. 加强背街巷道路的保洁和维修。今年以来，各街道加大了对背街巷的投入，依靠环卫和社区城管队伍进行保洁和监督，对背街巷道路进行了清淤和维修，卫生保洁状况良好，居民较为满意。北门街道对金马门社区境内的鹅卵石街投入资金，进行大面积维修。

二、存在问题

1. 同一条道路上的大树由市园林负责日常养护，树下的绿化池归街道管理，存在多头管理的现象。

2. 有些路段新栽种的树木跟踪养护不够，导致存活率偏低；个别社区居民和沿街商户素质不高，受利益驱使，恶意毁绿；有些绿化带周围有积存树叶和少量垃圾。

3. 街道缺乏城市绿化美化的专业管理人员。街道对绿化工程的招标业务、流程不清楚。

4. 棠梅园安置小区基础设施不全，绿化不到位，存在脏、乱、差现象。

5. 西洋湖公园建设目前还在清淤阶段，尤其是绿地集团代建部分至今未动工，年底完成建设任务有困难。

6. 街道背街巷道路改造维修工程，因需要完善招标、审议等环节，施工单位不愿意承接，致使施工延期；招标流程时间影响了工程进度，居民反映的问题得不到及时解决。

三、几点建议

1. 区住建委和各街道要进一步高度重视绿化美化工作，进一步加大宣传教育力度，提高广大市民、公共单位对“大绿化”的知晓度和参与度，形成良好氛围。将城市绿化美化工作提升到建设宜居镜湖、秀美镜湖的高度来认识。围绕国家园林城市的目标，以重点项目和街道绿化、小区绿化、建筑绿化等为重点，提高绿地覆盖率、人均公共绿地面积。

2. 针对街道城管科人员对城市绿化美化业务工作、招标和采购流程不熟悉的问题，建议区住建委进行相关知识的培训。街道也可以加大绿化专业人员的引进。

3. 建立绿化巡查长效管理机制，进一步明确街道、社区和有关科室职责，街道行政执法中队要严格执法，加大对毁绿行为的处罚力度。为避免一条路上绿化多头管理的现象，建议与市直有关部门统筹安排，以节约人力、财力。

4. 老旧小区的基础设施改造工作，区有关部门要有指导性意见，并适时进行培训；对于背街巷的维修工程，由住建委议标，指定工程单位施工。

5. 市区有些路段要进行维修、加强管理。如北门境内的环城东路（杏花小区路段）破损严重、影响市容，建议有关部门尽快进行维修；中江桥下目前属市政管理，现乱堆乱放现象严重，与文明创建格格不入，建议加以整治后在此地进行绿化；棠梅安置小区要加强管理，加大投入，并做好小区绿化工作。

6. 各街道要选择 1 ~ 2 个醒目之处对屋顶、围墙进行立体绿化。

7. 市下达的宁安城际铁路下的绿地建设，因归属权在铁路方面，地方无权进行绿化，建议将此项绿化任务取消。

8. 加大西洋湖公园建设力度,督促绿地集团尽快开工,实行倒计时工程安排,以确保年底完成。

2011 年 5 月 16 日

附录三

关于印发区政协 2009 年社情民意信息征集要点的函

为了做好今年的社情民意信息工作,区政协办公室拟订了部分信息征集要点供大家参考。望各位委员和信息员充分发挥作用,认真研究要点,深入实际调研,及时报送信息。反映的社情民意信息要力求真实客观、注重质量、论述充分、建议可行,具有较高的参考价值。

来信请寄:区政协办公室

电　　话:3122031 传真电话:3122031

电子信箱:jhzxb2031@163.com

联 系 人:王　君

附:

一、2009 年社情民意信息征集要点:

1. 关于建设社会主义新农村的建议;
2. 高度关注民生,实现好、维护好、发展好人民群众根本利益方面的意见和建议;
3. 关于强化对行政管理权力的监督,提高行政效率和效能的建议;
4. 关于加快依法治区步伐,推动和谐社会建设的建议;
5. 关于推进政治文明建设和精神文明建设的建议;
6. 关于大力弘扬社会主义先进文化的建议;
7. 关于进一步做好新形势下人民政协工作的建议;
8. 关于加快镜湖区建设的建议;
9. 关于改善市民出行条件的建议;
10. 关于改善城市公用设施的建议;
11. 关于加强社会治安的建议;
12. 关于加强食品卫生安全的建议;
13. 您认为需要反映的群众关心关注的其他一些重要情况及建议。

二、撰写社情民意要求:

1. 政协委员每月应反映一条具有重要参考价值的社情民意信息。委员可通过各联络组或党派报送,也可直接送区政协办公室或提案委。有条件的须通过草坪区内网传输。

2. 反映社情民意信息的内容一定要围绕中央、省、市决策的需要,充分发挥政协优势,注重收集其他渠道不易获得、人民群众普遍关心的带有倾向性、界别性、普遍性的重要情况、意见和建议。

3. 反映信息要理论联系实际,有理有据、以小见大,真实准确。信息行文要按照提出问题—分析问题—解决问题的结构，做到内容完整。提出问题、分析问题的篇幅要简明扼要、切忌空洞无物，抽象笼统。提出的建议和对策要有针对性、深刻性和可操作性。每条信息的字数应在1500～3000字之间，如反映内容确需增加篇幅，应控制在3000～5000字之间。

附录四：部分社情民意选录

推广地源热泵空调系统的应用

2011年

加强节能减排，发展低碳经济，已是全社会的共识。地源热泵空调系统是通过安装在地下的换热系统，从土壤、地下水中吸收能量，经过能量转换实现空调调节功能。它有两种，一是利用热泵技术，把“恒温层”的地下水抽出来，热量交换后再排回去；一种是土壤源热泵，利用浅层常温土壤或地下水中的能量作为能源，在地下埋管，吸收热能。地源热泵利用埋管温差传递，通过压缩机，能送上摄氏60度的热水和摄氏8度的冷水。与锅炉供热系统相比，地源热泵要比电锅炉加热节省三分之二以上的电能，比燃料锅炉节省二分之一以上的能量，运行费用为普通中央空调的50%～60%。此外，这种空调不会破坏臭氧层，使用过程中无任何排出物，对水资源不会造成消耗、破坏或影响。

我国是一个以中低温地热资源为主的国家。地源热泵是一种值得推广的可再生能源利用技术。我省也是一个具有中低温地热资源的城市，因此建议：

1. 在新建的大型建筑和较大型小区建设中推广地源热泵空调系统的使用，以节约能源，建设低碳型社会。

2. 在有条件的商业圈和小区探索进行相应的地源热泵空调系统改造。

（提供者：政协镜湖区委员会）

建议在荆、方地区建立“农村体验基地”

位于芜湖市镜湖区城郊的荆山、方村两镇不仅有着优美的自然风光，而且历史悠久，人杰地灵。但由于离中心城区较远，在规划后一直未能快速发展。市民至今还未能真正认识两镇的地理优势。

荆、方两地有着丰富的农业资源，农田种植面积大，水域宽。离城区驱车也只需十几分钟。

建议我区应结合其资源优势成立一个大型的“农村生活体验基地”。现在人们越来越重视提高儿童的各种能力，我市的部分家长开始注重带长期居住在市区或者城镇的小学生到周边农村去体验生活，但一直没有适合的地方让孩子全方位地感受到农村生活。如在荆、方地区投资建设大型的“农村生活体验基地”，由学校定期制订计划，有序地组织学生每半年参加一次，每次体验活动时间大约为一周。时间多安排在插秧或收割时节，让学生们能真正参与农业劳动。农村体验基地可安排住宿或就近安排农民家中，并将此举制定一份“儿童农村交流计划”，向全市推广。“体验基地”一方面可以让长期居住在市区或者城镇的小学生到农村去体验生活，感悟自然，开阔眼界，陶冶情操，学会自立；另一方面也能扩大荆、方地区知名度，促进经济发展。初步估算，仅镜湖区九年制义务阶段学生,如每人每次体验一周,收费200~300元,“农村生活体验基地”每半年收入即可达几千万元。同时我们可利用“农村生活体验基地”的影响力开发农家乐旅游,鼓励市民在节假日体验农村生活。

(政协镜湖区委员会委员　王敏)

繁荣小区文化事业

一、大力实施文化基础建设,把好各类文化配套设施的规划关

1. 在对新建小区,要在建设前把好各类文化配套设施的规划关。新建小区建设过程中有关单位要对各类配套设施的到位情况进行审核,未按规划设计建设的一律不验收。

2. 对已建好小区,有些开发商将有关文化配套设施作为它用或已变卖,给社会带来很多矛盾。有关单位应予以查处,使小区党建、文体、残联人康复等文体活动得以顺利开展。

3. 对棚户区,政府可在社居委投资建设小范围的娱乐活动室,并和有场地的单位协调,在节假、双休日期间实现资源共享,政府补贴或奖励这些单位。

二、围绕百姓文化需求,大力开展丰富多彩的文化广场活动

1. 通过文化广场活动,能减少不团结的因素。

2. 通过文化广场活动,能促进邻里相互了解,关系和谐。

3. 通过文化广场活动,能锻炼群众身体。

三、针对有兴趣爱好和特长的百姓,鼓励设立民间文化类协会。

1. 有一个正规组织,活动起来比较规范。

2. 能让有些非文化遗产得到传承,在文体活动中起到了非文化遗产传帮带的效果。

3. 通过协会平台,能集结愿意为社会作奉献的人士来发挥各自作用,同时也给自己带来了快乐和幸福。

(区政协委员徐宏霞)

关于抢救和保护“芜湖三画”的建议案

(2013年7月17日政协镜湖区第八届委员会第9次常委会通过)

铁画、堆漆画、通草画被通称为“芜湖三画”,是芜湖人引以为荣的文化遗产,是芜湖历史文明结晶,更是芜湖城市文化名片。“芜湖三画”有着独特的制作技艺和高超而丰富的艺术表现力,它们曾以非凡的艺术创造赢得了全国乃至世界的赞誉。尤其是“芜湖三画”中的铁画,曾经被郭沫若称为“以铁的资料创造优美的图画,以铁的意志创造伟大中华”的文化瑰宝,作为首批荣获国家级非物质文化遗产项目,是芜湖驰名中外的文化产品之一。然而,通过多次调研后感到,“芜湖三画”的发展现状令人担忧,已到了非抢救不可的地步。

一、现状及主要问题

1. 芜湖铁画尽管享有国家级非物质文化遗产的盛誉,但其发展现况并不乐观。全市现有铁画企业大小约13家,其中拥有固定生产基地、规模较大的企业仅五六家,而作为铁画龙头企业的芜湖市工艺美术厂却因种种原因已于近期破产。全行业从业人员不到

200 人,年产值不足 3000 万元。与同为首批国家级非物质文化遗产的苏州刺绣、宜兴紫砂壶、景德镇陶瓷等比较,相差甚远。

2. 堆漆画、通草画濒临消亡。堆漆画目前全市仅有年近 60 岁的吴纯刚一人能够制作,而吴纯刚自从工艺美术厂下岗后,为谋生路,长期在装潢市场做漆工,只能利用业余时间坚持作画。通草画传承人周苗海已年过 80 岁,夫妻两人依靠 2000 余元的退休金度日,居住的廉租房根本没有空间用来作画。

3. 缺乏推广。这些具有很高的艺术性和潜在市场经济价值的传统工艺美术品,长期处于“藏于深宫无人识”的境地,对外界推崇不够。如此下去,堆漆画、通草画将面临失传的危险。

鉴于此,抢救和保护“芜湖三画”传统工艺美术技艺已迫在眉睫。

二、抢救和保护“芜湖三画”的建议

1. 从历史的高度认识抢救和发展“芜湖三画”的深远历史意义。市、区两级应结合发展文化产业,指定相关文化部门制定抢救方案,并拨出专门经费,用于扶持、帮助传统工艺美术技艺的抢救、保护、传承与推广,同时对传承人给予必要的经费培养后人,促使其传承技艺。

2. 打造具有本土特色的传统工艺技艺文化产业集群。可将传统工艺美术技艺的传承人集中到如大砻坊等文化产业园区,划定专门场所,加以企业化、产业化孵化,逐步培育芜湖传统工艺美术品生产基地。

3. 在制定鼓励文化产业发展的优惠政策时,注意制定照顾芜湖传统工艺美术特点的条款。如:传统工艺美术品的产值较低、手工技艺的性质,提供贴息贷款、鼓励招收徒弟、鼓励内容与形式的创新等,给予传统工艺美术生产销售企业享受文化企业税收优惠待遇或适当补助。

4. 调动社会各方面力量,开展对非物质文化遗产和传统工艺美术技艺的传承与培训。建议在职业学校、技术学院开设芜湖传统工艺美术专业课程,有条件的可以设立传统工艺美术实践基地。

5. 开拓市场。将“芜湖三画”制成精品,开发成旅游产品与芜湖华强等企业联手,在方特公园或其他各旅游景区进行现场营销和推销,以期产生良好的社会效益和经济效益,使之保持旺盛的生命力。

6. 加大宣传力度。借助文化馆、博物馆、展览馆等充分展示“芜湖三画”精品,通过举办专家讲座、创意大赛等形式,让市民认识和了解其丰富的历史文化价值和精湛的制作技艺。

“芜湖三画”具有很高的文化艺术价值和极大潜在市场经济价值,抢救、保护和发展“芜湖三画”等传统工艺美术是许多有识人士的强烈呼吁,请区委、区政府高度重视,并望得到市委、市政府的大力支持。

2013 年 7 月 19 日

第八章　文史资料征集工作

文史资料的征集、研究和编纂在政协工作中占有重要的地位。它是爱国统一战线工作和社会主义文化建设的一个重要组成部分，认真做好这项工作，对于巩固和扩大爱国统一战线，建设社会主义物质文明和精神文明，进行爱国主义宣传教育，都具有不可估量的作用。

第一节　1984—2006 年镜湖区（原）政协的文史资料征集

1984 年 5 月政协镜湖区委员会成立，即设立了文史资料研究委员会。多年来，区政协把文史资料工作作为一项经常性、基础性工作狠抓落实，为记载镜湖历史、弘扬优秀传统文化、建设幸福镜湖起到了积极作用。

一、文史资料的征集

（一）把握指导思想，确保稿件质量，严把“三关”，坚持“三审”

区政协始终以“对历史负责，对人民负责”的政治责任感，坚持正确导向，客观、公正地阐述历史，为现实服务，为建设中国特色社会主义提供有价值的历史借鉴资料。按照“有史料价值、有教育意义、有借鉴作用”的要求，向社会提供弘扬爱国主义、发扬革命传统、增强民族精神的历史读物。对于文史资料的征集，区政协始终把握实事求是、突出特色的原则，积极挖掘传统文化和本土史料，在编辑前先向文史资料研究员、政协委员以及文史爱好者发放征稿提纲，采取“因人选题”与“以题找人”相结合的做法，对重大事件的亲历者或阅历丰富的人士提前预约、登门拜访；对拟定的题目，尽量做到寻找事件当事人，以保证稿件史料真实性，且尽可能做到多角度、全方位反映那段历史事件或人物轶事的全过程；对于编辑，区政协坚持精编细选、宁精勿滥的原则，严审细核，确保质量。对征集到的稿件，先由文史委组织人员进行初审（对不符合文史资料要求和事实不清、质量不高、有争议的稿件坚决不用），再由政协分管领导、文史委组成人员、主编、责任编辑、编辑等人组成编辑委员会，召开审稿会，然后交由责任编辑统编之后，将初审稿件打印成若干份，送交编委会成员审核，征求意见并进行修改，再召开第二次审稿会。经反复审核后，组织人力进行认真校对。通过多次审核、修改，力求文史资料的内容更加丰富、文字更加流畅、主题更加鲜明。由于区政协重视文史资料的质量，工作中严把“三关”，坚持“三审”，因此出版的文史资料不仅内容丰富、翔实，且文笔流畅，可读性强，也有较高的收藏价值，受到社会各界广泛赞誉。

（二）加强组织领导，搞好协调配合

多年来，区政协文史资料征集工作尽量克服人力、财力、稿源等方面的困难，成功编辑《文史资料简介》共二十一辑。有的已被《芜湖日报》选登；有的被选入《芜湖文史资料》。这里最值得总结的一条经验就是历届区委、政府领导高度重视此项工作，了解情况听汇报，现场办公解难题，尤其在经费方面给予了极大的支持。领导亲自选题撰写稿件，参与征集、编纂、出版的筹划和稿件审阅等工作，如区政协主席张浩根亲自撰写《芜湖名医——李少白》和《关于芜湖市工农教育情况的一段回忆》等稿件，为文史资料工作的开展提供组织保证。同时，区政协不断完善文史资料征集出版工作制度，定期召开专题会议，建立对口联系单位协商制度，将档案史志和文化旅游等部门作为对口单位进行联系，座谈协商。加大资金投入，改善办公条件，提高文史资料稿酬，激发了文史爱好者投稿积极性。

（三）加强队伍建设，健全文史网络

为打造一支精益求精、埋头苦干、团结协作的工作队伍，区政协注重文史撰稿员队伍建设，多形式与撰稿员联系、沟通与交流，通过座谈会、采风活动等形式，在交流中发掘新人，在培养中扩充队伍。区政协制定出台了稿酬和奖励制度，扩大通报表彰奖励优秀撰稿员的影响力。同时对自费撰写“三亲”史料的文史研究员，报销部分费用，极大地调动了广大文史爱好者的积极性，激发了撰稿员对文史资料工作的热爱以及他们的创作热情。在队伍建设方面，区政协主要做到以下几点：一是通过调整充实专委会人员，加强文史委队伍建设；二是通过抓文史通讯员队伍建设，建立一支知晓历史、热心文史的征编队伍。将历届从文史委退休的老领导、老委员聘请为文史顾问，从社会各界选聘了一批阅历丰富、文字功底深、热心文史工作的同志作为特邀编辑委员，请他们列席文史工作会议，参与文史稿件的征集、编撰、审核、校对等工作，发挥他们的余热和特长。如区政协在1985年就聘请了芜湖市知名的地方史专家刘伯璜、潘观祥和吴箐三人为区政协文史资料委员会委员；三是团结组织文史委员和基层文史爱好者，悉心收集整理文史资料，充分发挥文史资料工作在团结联系各界人士中的特殊纽带作用；四是注重培养新人，充实文史研究员后备力量。这里值得特别一提的是老委员俞正东先生。1984年俞正东被借调到区政协工作。平时除回学校上课外，均在区政协上班，办《文史资料简介》和《镜湖政协》简报。白天骑着自行车到档案馆（室）查阅摘抄资料，联系有关单位和同志采访、组稿、约稿、催稿。晚上伏案整理，分析研究，辛勤笔耕，常到夜半更深。编辑出版了《文史资料简介》21期，共计24万多字，其中俞正东先生就写了15万多字，有的选登在省、市乃至全国政协文史资料书籍中，有的见诸报端。由于编写文史资料，必须有根据有引证，要做到五重：一重档案志书上的记载；二重调查采访；三重第一手资料：四重分析研究，实事求是.去伪存真：五重写实写真，反对杜撰和空谈。在写《芜湖夫子庙今昔》一文，他查阅了《芜湖县志》，其中仅有关庙、学记、序就有21篇，近3万字，当时无法复印，只好在档案馆里慢慢摘抄。其中，北宋政治家范仲淹为培养人才，改革旧制，把孔庙和学宫合为一体的问题，还是他到苏州出差时抽空到当地夫子庙参观时摘抄的。回来后根据他新中国成立前后对夫子庙亲眼所睹，把夫子庙四大组成部分和旧址绘制成示意草图，使人一目了然。又如写日寇和汪伪罪行两篇文章时，当时他还在学校教课，只有利用两年暑假共一个多月的时间泡在市公安局看敌伪档案,写出的东西也就真实具体了。有的人看过他写的日汪伪《“十一号”特务组织的内幕及其罪行》一文后,同他开玩笑说:“老俞,沦陷时期你参加过‘十一号’吧?不然,哪能知道那许多内幕情况呢?”

(四)强化理论学习,做好史料征集

文史资料工作涉及面广,政策性强,要真正做好史料的征集和出版,必须加强基本理论和业务知识的学习。区政协注重文史资料工作基本理论的研讨学习,加强文史委员教育培训,坚持把加强对文史委员的教育培训作为提高队伍素质的关键环节来抓,组织文史委员参加党的统一战线理论、人民政协等知识培训,提高其政治理论水平、业务素质和写作水平,推动文史资料编纂工作顺利开展。在作为基础工作和关键环节的史料征集工作中,区政协坚持科学规范、实事求是,切实做到“五深入”(深入群众、深入实际、深入历史、深入事件、深入思考)。一方面走出机关上门约稿,专门走访老领导、老委员、老革命,邀请有关人士开展研讨座谈,组织文史爱好者实地考察,悉心收集整理民间传说,风土人情,历史遗迹等,征集大量有价值、可借鉴的历史资料,为编纂工作打基础。另一方面适时召开文史资料研究员和文史对口单位座谈会,扩大横向联系,广泛获取史料来源,确保文史资料稿件源源不断。

政协镜湖区委员会自成立以来,先后编辑了共二十一期镜湖区《文史资料简介》。

二、镜湖区《文史资料简介》目录

第一辑　目录

1. 发刊词　(张浩根)

2. 爱国民主运动在安徽学院　(怡人)

3. 忆新中国成立前安徽大学学生运动片段史实　记冯璋、纪增辉两同学的死难(撒少华)

第二辑　目录

1. 芜湖市小学教育发展简史(一)

新中国成立前至第一个五年计划期间小学教育情况　(蔡旭东　俞正东)

2. 回忆芜湖古迹城隍庙　(张罗)

第三辑　目录

1. 忆芜湖市的《新工商报》　(潘维浩)

2. 我所知道的汪特“十一号”之内幕　(俞正东)

第四辑　目录

1. 周瑜墓址谈片　(刘伯璜)

2. 关于汪特“十一号”的两点补充　(俞正东)

第五辑　目录

1. 古坊钩沉　(杨芜)

2. 芜湖市私塾改造情况　(俞正东)

3. 北市小学的变迁　(潘观祥)

第六辑　目录

1. 芜湖名医徐少鳌简介　（徐树生）
2. 镜湖区著名文物简介　（张罗）
3. 元泽桥古今　（一新）
4. 浅谈十二属相与甲子　（俞正东）

第七辑　目录

1. 编者的话
2. 芜湖画家萧尺木传略　（刘伯璜）
3. 姑孰画派始祖——(萧云从　俞正东）
4. 名人轶事——二位画家忘年交　区政协办

第八辑　目录

1. 现代女艺术家王莹　（刘伯璜）
2. 芜湖名医滕脉华　（张罗）
3. 怀念吾师高列彭　（俞正东）

第九辑　目录

1. 芜湖名医——李少白　（张浩根）
2. 医者重德——李少白轶事　（杨芜）
3. 镜湖区内的古城八门老街　（俞正东）

第十辑　目录

芜湖的“毒瘤”——租界　（俞正东）

第十一辑　目录

1. 日寇芜湖宪兵队等及其罪行　（俞正东）
2. 日机狂轰滥炸芜湖　（撒少华）
3. 帝国主义在芜湖进行文化侵略的片段　（石玉辉）
4. 新新戏院鬼子挨炸　（刘伯璜）
5. 芜湖劳动人民抗日斗争轶事三则　（张罗）
6. 芜湖沦陷后汉奸政权组织梗概　（鸠篇）

第十二辑　目录

1.《芜湖大众》报记略　（汪兴泉）
2. 芜湖市大花园游艺场　（董舜仪）
3. 回忆在芜湖搞地下工作二三事　（宁夏）
4. 芜湖沦陷时的伪政权组织　（鸠篇）

第十三辑　目录

1. 镜湖区简介　（石玉辉）
2. 芜湖柳春园史略　（区政协文史委）
3. 芜湖夫子庙的今昔　（俞正东）
4. 日汪在芜湖文化统治概述　（刘伯璜）
5. 珍贵碑刻今犹在　（区政协办公室辑）

6. 在震撼全国的“五四”学生爱国运动浪潮推动下

芜湖发生一次罢市活动始末 （齐建平）

8. 著名中医峒山杨——杨仲书先生简介 （张罗）

第十四辑 目录

1. 忆芜湖市郊区土地改革工作 （撒少华）

2. 芜湖关帝庙 （俞正东）

3. 萧尺木墓辩证 （刘伯璜）

4. 芜湖市娱乐大戏院 （董舜仪）

5. 附:更正

第十五辑 目录

1. 芜湖报刊事业的摇篮——镜湖区 （汪兴泉）

2. 鸠江—中江—芜湖—江城的历史变迁 （崔可祥）

3. 芜湖会馆及其办学情况 （俞正东）

4. 记爱国老人、中央文史馆馆员洪镕 （刘伯璜）

5. 谒戴安澜烈士墓 （张罗）

第十六辑 目录

1. 全国政协历届会议情况摘要 （区政协文史委）

2. 关于芜湖市工农教育情况的一段回忆 （张浩根 刘伯璜）

3. 镜湖区内桥梁知多少 （袁之）

4. 芜湖八景简介 （俞正东）

第十七辑 目录

1. 1927 年芜湖大昌火柴厂罢工斗争 （袁之）

2. 周瑜“点将台”初探 （张承芳）

3. 曾国荃残笺考释 （刘伯璜）

4. 古鸠陨石今何在？ （俞正东）

第十八辑 目录

1. 芜湖市的社会主义“三大改造”实况简介 （撒少华）

2. 芜湖最早的近代报刊 （汪兴泉）

3. 把生命献给党——缅怀翟慕颐同志 （俞正东）

4. 韦昌辉悬首石跪 （刘伯璜）

第十九辑 目录

1.《皖报》初考 （汪兴泉）

2. 张孝祥与《玉簪记》 （刘伯璜）

第二十辑 目录

1. 芜湖的岳王会 （鸠篇）

2. 芜湖梨簧戏简史 （刘伯璜）

3. 文庙内的芜湖劝学所 （俞正东）

4. 芜湖报苑集萃 （艾云）

第二十一辑　目录

1. 赭山探胜　（许知为）
2. 北门“天花庙”的来历　（俞正东）
3. 芜湖报苑集萃(续)　（艾云）
4. 由《飞天梦》引谈黄钺　（刘伯璜）
5. 文史资料两则　（文史委辑）

第二节　1984—2006 年新芜区政协的文史资料征集

政协新芜区文史资料工作组建于 1984 年,文史资料工作虽然起步晚、基础差、人手少,但在市、区两级政协领导及有关部门的关怀和大力支持下,坚持文史资料工作高举爱国主义旗帜的方向,立足本区、广征博采、重点抢救,发动政协委员、各界人士积极参加这项工作,口述笔录亲历、亲闻、亲见史料。

一届区政协期间,共征集各类文史稿 10 篇,计 26400 字,其中有 4 篇计 12400 字送市政协《芜湖文史资料》审定出版。1985 年 4 月 23 日,在首届二次会议常委会工作报告中指出:着手做好文史资料征集工作,截至目前已撰写征集资料五篇,其中属于对省政协文史资料选辑 1—18 辑的评论 4 篇。政协新芜区委员会在文史资料征集工作组的努力下,聘请有关人士 6 人为特邀征集员,扩大了文史资料征集队伍,组织撰写了《中国天主教芜湖教区概况》、《镜湖春秋》、《三轮车兴衰史》、《育红小学校史》,并发行了《芜湖文史资料》,受到社会各界好评。

1986 年,撰写了《砸盒子》、《斛工沧桑》等文史资料,刊登在《芜湖文史资料》第二辑上。

1987 年,由区政协文史资料研究委员会征集,市人民广播电台陈国胜撰写的《我省第一座无线广播电台及其创办人郑有荣》文史资料。经与上海有关单位核对,证实该电台于 1933 年秋在芜湖创办,是我省最早的一座无线广播电台。该资料生动地描写了创办人郑有荣如何从徒工成为民族资本家,抗日战争期间如何在地下党员的影响下,长期与共产党合作,积极支持人民解放战争,建国初期成为共产党员的动人事迹。

1988 年,由区政协委员、市人民广播电台主编冷水泰等三同志主编的《千奇百趣》一书出版发行。该书汇天下之奇、撷四海之趣、集中外奇闻轶事近 900 条,22 万字。

1989 年 10 月,由政协新芜区文史资料征集研究委员会主办的《新芜文史资料专刊》第一辑编印完成。本辑录用情况:区政协委员、师大附中图书馆负责人汪英明编写的《芜湖籍现代著名文学家、戏剧家、文学史家、藏书家——钱杏邨(阿英)的毕生贡献》和区政协委员、市十一中老教师章秀芳所写的《芜湖市第十一中校史简介》。

1990 年,《新芜文史专刊》,稿件五篇,近万字。

1991 年,编写完成:

《新芜文史资料专辑》第三辑。

附目录：

1.1840 年鸦片战争后—“五四”运动

芜湖开辟为通商口岸

芜湖海关的设立

芜湖租界的设立

芜湖教案

芜湖光复

孙中山巡视安徽

皖江日报馆事件

“五四运动”在芜湖

芜湖学生冲击商会事件

2.“五四”运动和第一次国内革命战争(汪英明委员)

马克思主义在芜湖的传播

芜湖人力车工人大罢工

反奴化教育运动

芜湖兵变

芜湖海关事件

驱陈斗争

芜湖四一八反革命事件

3.建国前芜湖报刊简介：

《白话报》、《安徽俗话报》、《鸠江日报》、《商务日报》、《风月谭》、《工商日报》、《芜湖》半月刊。

1993 年 3 月 12 日，甘良祥在四届四次会议工作报告中指出：积极撰写人物史记《著名教育家张涤华先生生平》等五篇文章均被省级报刊采用。同年，编辑出版《新芜文史专刊》两集，并在《江淮文史》刊物上发表文章 15 篇。编辑撰写《汀棠公园》等两篇文史资料。

《文史资料专刊》第四辑。内容：汀棠公园游记、天主教芜湖教区晋铎首祭纪实

2004 年，编撰完成《新芜区社区地名探源》。该书由新芜区政协主席邢昌海主编，原市政协主席方成作序。该书共收集了 91 篇地名故事，约 15 万字，新芜区境内 200 余个新旧地名对照附后。内容融史料性、文学性、可读性于一体，具有一定的收藏价值。该书自去年编写以来，一直受到我市社会各界人士的关注，许多文化名人都参加了这次地名故事的收集、考证与写作。

附：目　录

市象民风：米市、租界、陶沟、法华庵、吉祥寺、接官厅、雄观亭、八角亭、清风楼、牛奶坊、老海关、大戏院、小戏院、红墙院、大观园、曾家塘、头道渡、寺码头、芜湖港、防洪墙、新市口、化鱼山、弋矶山、十三道门、李漱兰堂、李淳风墓、芜湖海关邮政处、周家山修道院、皖南医学院、第一人民医院、萃文中学、圣雅阁中学、安徽师范大学

老街古巷：来龙里、集益里、万字里、利济巷、怡和巷、来复会巷、三昧庵巷、横街、进宝

街、冰冻街、吉和街、下二街、长宁街、公安街、下长街、华盛街、迎江街

风光览胜：赭山公园、汀棠公园、玩鞭亭、吴波亭、翠明园、广济寺（附：地藏王庙会）、范罗山、中江塔、天主教堂、铁山宾馆、刘希平墓、戴安澜烈士墓、王稼祥纪念馆

美食家园：凤凰美食街、耿福兴、四季春、同庆楼、马义兴民族饭店、鼎泰酱坊、铁佛花园、泰华家园、园丁小区、润安小区、红梅社区、团结新村、胜利桥小区

经纬纵横：沿河路、轮渡路、江东路、中和路、新芜路、黄山西路、中山北路、长江南路、银湖中路、银湖南路、滨江北路、北京西路、天门山西路、中山路步行街

第三节　2006—2014 年镜湖区政协的文史资料征集

2006 年，行政区划调整以后，新的政协镜湖区委员会面临调整以后的诸多任务，文史资料的征集工作暂时停滞下来。一直到 2012 年第八届委员会期间，重新设立了学习与文史资料委员会，着手进行文史资料的征集工作。

2013 年，根据八届常委会年度工作计划的安排，学习与文史资料委员会开始征集、编纂《镜湖区文史资料》，并于同年底完成了第一辑的编辑工作，2014 年付印。

附：

《镜湖文史资料》（第一辑）

目　录

荆壁禅寺话沧桑
“荆山寒壁”寻踪记
老海关的钟声
清军·太平军十年征战芜湖文物古迹的毁灭
文化碧玉民间荆山
芜湖古城与金马门
方村洪门寺由来
兴衰古城寺
让赭山告诉我们

民间工艺人物

“耿福兴”传统小吃的制作技艺
芜湖王少华梨膏糖

民俗风情

广济寺庙会
芜湖八景之“吴波秋月”
芜湖的“泰山石敢当”
吃　新
春　节
方村民间饮食集萃
忌讳
流水湾的抄网、蟹网
谈志和与行春大刀会
张氏清明祭祀

第九章　政协自身建设

政协自身建设是做好政协工作的重要环节。30年来，区政协一直坚持把加强制度建设和机关自身建设作为推进政协工作向纵深发展的关键来抓，取得明显成效。

第一节　1984—2006年镜湖区（原）政协自身建设

一、制度建设

区政协自成立以来，高度重视建章立制，每一届区政协都根据当时形势的发展和工作需要，制定和修订完善一些规章制度，使区政协的工作逐步走向制度化、规范化、程序化的轨道。

历届政协先后制定与完善了一系列规章制度。

1988年10月26日，在二届八次常委会上通过了《政协芜湖市镜湖区委员会常务委员会工作规则》、《政协芜湖市镜湖区第二届委员会工作委员会组织通则》。1993年6月23日，在四届二次常委会上，根据中国人民政治协商会议章程和全国、省、市政协常务委员会工作规则，结合本区情况，对常务委员会工作规则进行了修订。四届区政协制定了《政协镜湖区委员会提案工作条例》、《政协镜湖区委员会关于政治协商、民主监督、参政议政实施意见》等制度。

五届区政协，根据形势的发展和情况的变化。修订了《政协镜湖区委会提案工作条例》。针对改革开放的新形势下党的建设所面临的新情况，制定了《政协镜湖区委员会党组党风廉政建设规定》、《政协党组理论学习制度》、《政协党组会议制度》。同时，建立、健全政协各项工作制度，诸如《政协镜湖区委员会财务管理制度》、《政协来宾接待制度》、《学习考勤制度》、《政协办公室主要职责》等，并认真付诸实施。

六届政协再次修订与完善了《常务委员会工作规则》、《工作委员会组织通则》。

二、机关建设

（一）、思想建设

1. 整党工作

1985年，根据区委的统一部署，区政协机关分3个阶段开展了整党工作。参加整党的中共正式党员，经过考核审查，符合党员条件，全部予以登记。

2."三讲"教育

2000年2月,根据中共中央关于在县(区)以上领导班子和领导干部中开展"三讲"教育的部署,在省委"三讲"教育巡视组的正确指导和区委"三讲"教育领导小组的领导下,区政协在机关县处级干部中开展了"讲学习、讲政治、讲正气"为主要内容的"三讲"教育活动。通过教育活动,对于加强政协自身建设,尤其是领导班子的自身建设,更好地带领和组织广大委员积极履行政协职能,推动政协工作不断深入发展,产生了积极的作用。

3."三个代表"重要思想学习教育

2001年,政协镜湖区委员会按照区委的要求,在全体机关党员干部中开展了"三个代表"重要思想学习教育活动。经过认真动员、集中学习、查摆问题、整改提高等阶段,开展机关作风整顿,使区政协领导班子建设得到加强,制度建设得到完善,管理工作得到促进,机关人员的政治素质和服务水平得到明显提高。

4.先进性教育

2005年,根据中共中央和省、市、区委的安排部署,区政协领导班子和区政协机关中共党员参加了第一批保持共产党员先进性教育活动。通过思想动员、学习文件,对照检查、交流心得、批评和自我批评、分析评议,整改提高、建立长效机制等阶段的学习教育。

参加第一批保持共产党员先进性教育活动的政协党支部党员共有20名,其中在职党员10名(含县处级干部党员5名);退休干部党员10名。区委动员大会之后,区政协党组立即召开党组会议,研究部署政协教育活动的具体安排,并对支部作了详细具体的要求,同时设立了先教办公室,成立了领导小组,由政协主席曹天民为第一责任人并亲自抓,副主席、支部书记具体抓,常委们协调抓。建立了在职党员与退休党员联系制度,并落实到位。确保覆盖率百分之百,受教育面百分之百。

为确保"先教"活动的实效性,政协党组成员在支部会上表明自己的学习打算和学习态度,要求每位党员都要做到的,党组成员先做到,如:撰写学习心得、3篇读书心得和不少于2万字的学习笔记刚性要求等。政协先后制定了整改方案、"回头看"大讨论方案、主题实践活动方案。同时,在开展学习教育的活动中,支部特别强调学习教育时间服从质量,形式服从效果,提出时间、人员、内容、效果"四落实",确保"先教"活动与政协工作的有机结合。

全体党员在学完了党员必修教材及内容的"规定动作"外,还完成了学习的"自选动作",如学习全国政协会议精神、《政协章程》。在职全体党员结合优秀共产党员事迹报告会撰写了听后感,并公示在学习园地上。相互学习、相互交流。结合整改活动的实施,政协办了两件事:一是调查、统计全区政协委员担任的行风监督员;二是建立了政协常委与政协委员联系制度。

(二)干部队伍建设

自区政协成立以来,区政协党组按照区委的要求,始终坚持党管干部的原则,注重加强政协机关的组织建设,特别是2000年以来,区委从两个方面关心、关注区政协机关的组织建设。一是加大政协机关科级干部与区直单位的横向交流,逐年调进一批年富力强的科级干部和科级后备干部担任政协办和各专委会主任、副主任。二是从基层选调年轻的公务员到政协机关工作,确保政协机关干部的连续性和稳定性。

在加强干部队伍建设的过程中,逐步建立了机关党员管理机制:一是党员教育谈心制度,坚持做到"四个及时谈"即,:在思想认识有偏差的时候要及时谈,为党员疏通思想,纠正偏差;在工作遭受挫折的时候要及时谈,帮助分析原因,总结经验,变压力为动力;在生活遇到困难的时候要及时谈,了解党员生活状况,设法解决后顾之忧;在获得荣誉的时候要及时谈,告诫各位党员保持清醒,做到谦虚谨慎,鼓励再接再厉。二是开展争创"五好"、"五带头"组织和优秀共产党员活动。

(三)作风建设

在加强机关思想建设的同时,注重加强机关的作风建设。一是改进服务态度。以机关效能建设为抓手,经常对机关工作人员进行思想和作风教育,切实提高机关工作人员为机关服务、为委员服务的水平和质量。二是塑造良好形象。注重加强各专委会和办公室各科室的建设,细致周到地做好办文、办会、行政、财务、接待、专访等工作,在每件小事、每项工作、每个同志的言行等具体环节上,塑造区政协机关的良好形象。

第二节 1984—2006 年新芜区政协自身建设

一、制度建设

政协工作规范化、制度化建设,是切实履行政协三项职能的有力保证。区政协成立以来,一直高度重视制度建设。每届政协都能根据当时的情况和形势的需要,制定和修订完善一些规章制度,逐步使区政协的工作走向制度化、规范化、程序化的轨道,切实保障了政协职能的有效发挥,保证了党的路线方针政策和中央重大决策更好地执行,促进了政协工作水平与质量的不断提高。

一届区政协成立后,建立了主席分工责任制和"一、二、三"会议制度,即主席办公会议一个月一次,各委员会联席会议二个月一次,常委会议三个月一次。

三届区政协认真贯彻执行《中共中央关于坚持和完善中国共产党领导的多党合作和政治协商制度的意见》和全国政协委员会制定的《关于政治协商、民主监督的暂行规定》,在总结以往经验的基础上,结合区情实际,通过多次民主讨论,广泛征求意见,制定了《关于政治协商、民主监督的暂行办法》,进一步明确了政治协商、民主监督的目的、内容、形式和基本程序,标志着区政协工作向经常化、制度化迈进了一步。同时,三届政协相继协商制定了《常务委员会工作规则》、《专门委员会组织通则》,规定了常委会议制度和主席会议制度。这些制度的建立,减少了区政协工作的盲目性和随意性,为全区政治协商、民主监督逐步向多层次、多形式发展奠定了基础。

四届政协制定了政协的一系列具体规章制度,诸如:《政协新芜区委员会提案工作实施细则》、《区政协常务委员会工作规则》、《政协新芜区专门委员会通则》、《关于区政协与区党政职能部门完善对口协商制度》、《区政协办公室工作规则》、《新芜区政协经费使用办法》、《关于常务委员会组成人员参加常务委员会会议的规定》、《新芜区政协关于加强廉洁自律工作的若干规定》等,规范了区政协的各项工作。五届政协进一步制定、完善了相关制定,即:《政协新芜区委员会关于视察、调查工作的规则》、《关于规范主席领办督办重点提案办理工作的意见》、《关于加强区政协领导班子建设的决议》等,建立、健全了区政协各项制度体系,实现了政协工作的制度化、规范化。

二、机关建设

(一)思想建设

1. 三讲教育

根据省、市、区委统一部署和安排,2000 年 2 月,区政协副县以上领导干部及党组成员参加全区开展的“三讲”教育。共分集中学习、教育动员,深入基层、搞好调研,剖析问题、开展批评,认真整改、巩固成果等阶段:3 月 1 日,区政协召开“三讲”教育动员大会。区政协党组书记邢昌海在政协机关全体党员、干部大会上进行了动员讲话,进一步明确了“三讲”教育的目的、意义和要求。通过动员,大家认为,区委领导班子是好的,能够团结奋进带领全区人民,在以经济建设为中心的各项工作中做出显著成绩。特别是近年来,新芜区经济连年大幅度增长、机关干部的福利待遇有了较大提高。全区机关工作人员搬进了新的办公大楼,实现了全区机关干部多年愿望,本届区委领导班子是干事创业的班子。大家在发言中还谈道,通过学习和开展批评与自我批评,增强了凝聚力,不仅对党的建设有好处,而且对全体党员干部都有好处。通过“三讲”教育进一步激发了党员干部特别是领导干部的工作热情,牢固树立宗旨观念,为全区建设作出了新的贡献。

2.“三个代表”重要思想学习教育

2001 年 2—4 月,区政协机关根据中共新芜区委统一安排,深入开展了“三个代表”重要思想学习教育活动。

3. 先进性教育

2005 年,为切实抓好先进性教育活动,根据中共新芜区委先进性教育活动领导小组文件(新先组发〔2005〕1 号)精神,区政协机关全体党员员牢牢把握“五个坚持”(坚持正面教育为主,认真开展批评与自我批评,坚持发扬党内民主、走群众路线,坚持领导干部带头、发挥表率作用,坚持区别情况、分类指导),努力做到“六个贯穿始终”,确保实现提高党员素质、加强基层组织、服务人民群众、促进各项工作。区政协机关先进性教育活动从 2005 年 1 月开始,到 2005 年 6 月基本结束。活动中分学习动员、分析评议、整改提高三个阶段,其中集中教育时间不少于 3 个月。成立了区政协先进性教育活动领导小组,组长:邢昌海;副组长:王昌生,下设办公室,主任:张志南。

(二)作风建设

1. 坚持走群众路线,牢固树立全心全意为人民服务的思想。坚持走群众路线,深入调查研究,是为人民服务的基础。我们要坚持带着问题深入实际,深入群众,关心群众生活,反映社情民意,做群众的贴心人。要加强政协委员之间的联系,定期走访委员,熟悉和了解委员情况,强化委员参政议政意识。还要有目的有计划地深入基层调查研究,坚持实事求是,不搞形式主义,把群众的意见、呼声和疾苦及时反映上来,把群众实践经验及时总结出来，提高我们建言立论水平，真正为人民服务。

2. 坚持民主集中制，加强党性党风建设。坚持党的民主集中制原则，是党性党风建设的需要。政协工作要履行好“民主监督”的职能，首先要“民主监督”好自身。凡是重大问题的决策，要做到集体讨论，充分酝酿，在民主集中制原则的指导下由会议作出决定。定了就要执行，发挥班子集体领导作用。要克服工作中的随意性和自由主义倾向。还要按照党性原则，定期召开民主生活会，认真开展批评和自我批评，要做到同志间坦诚相见，有话讲在当面。班子主要领导和成员之间都要经常谈心、交心、交换意见，沟通思想，增进了解，以利团结。要使政协机关形成民主、团结、生动、活泼的政治局面。

3. 认真贯彻执行党风廉政建设责任制的规定，加强班子廉政建设。认真贯彻执行党风廉政建设责任制的规定，是加强政协班子廉政建设的需要。我们要加强党内外群众对廉政建设的民主监督，使班子成员做到遵纪守法，廉洁从政，不利用职务之便谋取不正当利益。到基层工作，避免接受吃请，确实需用工作餐时，按规定标准用餐。要按规定合理使用车辆，严格公车管理，禁止违规用车。要关心群众生活，体谅基层干部，坚持实事求是，不搞形式主义，不摆花架子，严禁铺张浪费，不给基层单位添麻烦，树立廉洁从政的良好形象。

第三节　2006—2014 年镜湖区政协自身建设

一、制度建设

自政协七届一次会议之后，政协镜湖区委员会高度重视制度建设，逐步实现了政协工作的规范化、制度化。先后制定和完善了《政协党组党风廉政建设的规定》、《政协党组理论学习制度》、《政协党组会议制度》、《政协镜湖区第七届委员会全体会议规则》、《政协镜湖区第七届委员会常务委员会工作规则》、《政协镜湖区第七届委员会专门委员会工作通则》、《政协镜湖区第七届委员会提案工作细则》、《政协镜湖区第七届委员会视察工作规则》、《政协镜湖区第七届委员会反映社情民意信息工作规则》、《学习考勤制度》、《政协办公室主要职责》等 14 项规章制度。

2007 年修订和完善了《政协镜湖区第七届委员会全体会议工作规则》，制定了《政协镜湖区委员会评选表彰优秀提案及承办提案先进单位（个人）暂行办法》、《政协镜湖区第七届委员会反映社情民意工作细则》、《政协镜湖区第七届委员会关于考察学习若干规定》，进一步规范了政协工作，为政协委员更好地履行职能提供了制度保证。

2007 年，区委召开全区政协工作会议后，七届区政协先后制定了《区政协常委会工作规则》、《主席会议议事规则》等 10 余项制度，完善了政协工作运行机制。为进一步明确各专委会、联络组履行职能的内容、程序、方法，制定了《政协专委会与区职能部门对口联系协商制度》、《政协委员街道联络组工作规则》。坚持和完善委员参加政协会议、活动考勤制度和缺席情况通报制度。制定和完善了《政协常委会成员联系委员制度》、《专委会与部门（单位）对口联系协商制度》

在制度建设的过程中,各届政协委员通过提案的形式,提出了一系列积极而有创意的建议,推动了政协的制度建设。如:在七届一次会议上,周自炎委员提出了关于《做好政协调研工作的规范化》的提案,区政协制定了《政协委员调研、视察工作细则》。

在七届三次会议上,曹俊委员提出了《关于加快建立政协委员与社区联系机制》的建议,区政协积极采纳,开展了“委员进社区”活动,建立了主席联系常委、常委联系委员、委员联系社区的机制。将全区政协委员分成11个小组,对应11个街道,与对应街道的社区开展活动;并利用委员自身优势为社区居民排忧解难,受到群众的普遍欢迎,为政协工作创新履职形式积累了经验。

在七届五次会议上,王珏、曹俊委员的《加强政协委员进社区活动》、《扩大征集社情民意渠道,提高委员履职能力》的提案,得到区政协党组的高度重视,结合区委要求和委员提案,区政协于2010年上半年制定了《关于开展政协委员进社区活动实施意见》,并报请区委同意,建立了政协委员街道联络组,自2010年下半年开始,辖区内各街道联络组开展了丰富多彩的活动,较好地贯彻了区委“两代表、一委员”参与基层重大决策的要求。

2010年区政协按照“巩固、规范、提升”的原则,制定印发了《政协委员街道联络组工作规则》、《政协委员结对帮扶特困家庭实施意见》;修改完善了《政协镜湖区委员会领导联系委员制度》。

七届委员会期间,政协镜湖区委员会逐步建立、健全了各项会议规则与工作制度,即:《委员会全体会议工作规则》、《常务委员会工作规则》、《主席会议工作规则》、《专门委员会通则》、《提案工作细则》、《委员视察工作规则》、《委员对口联系制度》、《反映社情民意信息工作规则》。

八届委员会进一步加强与完善制度建设,制定了《政协镜湖区委员会提案工作实施细则》,出台了《政协镜湖区委员会委员履职管理考核办法(试行)》,建立了委员履职考核制度。为增强委员履职积极性,探索委员履职管理有效方式,《考核办法》确定了细化、量化标准,对政协委员参加会议、活动、撰写提案、反映社情民意等情况进行统计入档。

为进一步完善政协工作制度体系,不断推进委员履职常态化、规范化、制度化建设,2013年,制定出台了《镜湖区“双尽职”优秀政协委员考评办法》、《镜湖区先进政协联络组和优秀联络员考评办法》等规章制度,从制度上保障了政协委员能够认真履行职责,调动了中心(街道)政协联络组及委员的积极性和主动性。

2014年,八届四次会议以后,为深入贯彻党的十八大关于健全社会主义协商民主制度的精神,推进政治协商、民主监督的广泛、多层、制度化发展,制定了《政协镜湖区委员会关于建立各专门委员会与区直部门(单位)对口联系协商制度的意见》。区党委高度重视,向区直各部门(单位)下发了这一《意见》,要求遵照执行。

二、委员队伍建设

政协委员是政协发挥政治协商、民主监督、参政议政职能的主体力量,加强委员队伍建设,提高委员的政治素质和参政议政能力,一直是政协镜湖区委员会高度重视的一项工作。长期以来,区政协一方面通过培训和集中学习,增强政协委员的政治水平和思想素质;另一方面努力构建政协委员参政议政、履行职责督促机制。

(一)思想建设

统一思想、提高政协委员的理论素养是做好政协工作的前提。历届区政协不断加强对全体委员学习工作的组织领导,深入学习邓小平理论、“三个代表”重要思想和科学发展观;及时地组织学习、领会中共十七大、十八大以及历次中共中央全会的精神;深入学习中央、省、市、区委关于加强人民政协工作的意见。通过学习讨论,进一步深刻领会和把握坚持中国共产党领导的政治协商制度的重大意义,深刻领会和把握人民政协在推动科学发展、促进社会和谐进程中所肩负的历史使命。在全体委员中树立了政治协商促和谐、民主监督为人民、参政议政谋发展的基本理念。

1. 政协委员培训教育

增强政协委员的政治素质和履职能力是做好政协工作的关键。七届委员会以来,历届常委会坚持把加强学习培训、提高委员素质作为推动政协事业发展的重要任务并贯穿于履职全过程。先后共举办各类研讨交流、专题报告会及新委员与联络组长培训班40余次。围绕《如何当好一名政协委员》、《怎样写好政协提案》、《民主政治与政协委员参政议政》课题,组织新委员学习履职的基本知识,同时还先后邀请专家学者作了关于《胡锦涛同志在庆祝人民政协成立60周年大会上的讲话》、《胡锦涛同志在中国共产党成立90周年大会上的讲话》、新修订的《政协章程》以及《低碳经济与生活》、《现代金融知识》和《皖江城市带承接产业转移示范区规划解读》等理论专题辅导报告,政协委员的履职能力和政治水平得到明显提升。

2006年8月,新成立的第七届区政协在镜湖区政务大楼大礼堂举办全体委员培训班,针对换届以后的特点,组织委员集中学习。培训班邀请了市政协秘书长李光平,市政协副秘书长、办公室主任张怀铮,分别就《如何当好一名人民政协委员》和《怎样写好政协提案》两个专题进行了培训,并在会上传达了全省政协工作会议精神。通过集中学习培训,提高了委员特别是新委员对坚持中国共产党领导的多党合作和政治协商制度重要性的认识,增强了做好新时期人民政协工作的光荣感、使命感和责任感;使广大政协委员知晓了提案的概念,如何写好提案以及如何通过提案来履行政协委员的职责,提高了广大政协委员的政治理论水平和业务综合素质。

2012年2月9日,为了使政协镜湖区委员会老委员们继续保持旺盛的参政议政积极性,使新委员们尽快熟悉政协工作、提高建言献策的能力和水平,区政协举办政协委员培训班,邀请市政协常委、提案委主任张怀铮委员为镜湖区全体政协委员进行培训。张怀铮主任结合自己多年来的政协工作经验,深入浅出地解析了政协工作的主要职责和人民政协的基本知识。针对目前政协工作的模糊点和个别委员对政协委员职能认识不清的现象进行了分析和澄清。通过讲课培训,区政协委员们对人民政协的性质、宗旨和应履行的职能有了进一步的认识,对怎样当好政协委员,如何提提案有了更深入的理解。与会委员们纷纷表示,将在今后的工作中,联系本职工作实际,联系政协工作实际,履行政协职能,更好地参政议政,为建设“五型”镜湖做出应有的贡献。

2. 建立、健全委员学习制度与联系机制

2008年以后,区政协常委会拓宽了委员学习的方法与渠道,通过委员活动、专题讲座、致委员一封信、倡议书等各种形式,多层次、多渠道组织委员学习,努力培养委员的主体意识,提高委员的思想水平和整体素质。同时,加强与委员的联系,通过视察、参观和委员进行面对面沟通、交流,了解委员的思想动态,以不断提高履职水平。如区政协建立了政协主席联系常委,常委联系专委会(委员)制度;办公室建立了信息群发系统,较多的与委员沟通,密切了政协领导班子与委员之间的联系,增加亲和力。

在建立健全委员学习制度的同时,不断创新学习机制,逐步形成了政协委员每季度参加街道社区学习调研的学习、联系机制,通过向基层学习、向实践学习,不断夯实做好政协工作的思想基础。

(二)创新委员履职机制

2010 年,区委下发了《关于进一步发挥"两代表一委员"作用的意见》,委员应邀列席区、街道两级党政会议 500 余人次。几年来,区政协组织、推动各位委员坚持每周五上午深入各街道(中心)、社区,接待群众来访,倾听群众意见、了解基层情况,调解各类纠纷,化解社会矛盾。委员们细致入微的工作、体贴善意的关爱,将党和政府的政策与关怀落实到实处,为推动基层社会的稳定与和谐,发挥了积极作用。

区政协七届常委会为了加强领导班子成员与政协委员的联系、交流,全面了解委员的基本情况,充分调动委员履行职能的积极性,于 2010 年 3 月制定了《政协镜湖区委员会领导联系委员制度》。

《制度》规定:主席、副主席、秘书长联系所分管的专门委员会的常委,常委联系所在委员会的委员。政协领导要积极参加各委员会组织的委员活动,与委员一起讨论、视察、考察、调研和参观,加强对委员的了解,增进与委员的感情。关于联系的方法,可采取走访、接待、电话约谈等不同形式进行。原则上每季度开展一次。联系的内容包括:了解常委、委员们的学习、生活、工作情况,向常委、委员们通报政协工作开展情况及全区经济建设和社会发展的主要情况,为委员知情问政、参政议政创造条件;倾听委员意见、建议和要求,尽力帮助委员解决生活、工作等方面存在的困难和问题;倾听委员们对政协工作的意见、建议和批评,促进政协工作与时俱进、不断发展。

联系中要与委员谈心、交友,鼓励支持委员积极反映社情民意,为全区经济社会发展、构建和谐社会献计出力;向委员所在单位宣传政协工作的职能、作用,反映委员参政议政的情况,加强政协组织与委员单位的沟通,促使所在单位支持委员参加政协活动。《制度》规定:领导联系委员的情况要定期向主席会议汇报,不断总结完善。

这一《制度》的制定与实行,有力地推动了政协委员不断提高自身素质与能力,积极参政议政、认真履行职能的自觉性与主动性。

为了让委员的履职平台更加宽阔、贴近基层更加深入,2010 年 8 月,镜湖区历史上首次建立政协委员街道联络组,全区 200 余名政协委员全部划分到各街道定期开展活动。

2012 年区政协换届后,在区委重视下,联络组长由街道党工委副书记调整为街道办事处主任担任,进一步加强了联络组工作的组织领导。两年来,区政协充分利用联络组这一平台,在组织委员参与街道经济社会发展、社区建设和促进社会稳定等方面,发挥了"党委决策的宣传员、科学发展的参谋员、中心工作的监督员、化解矛盾的调解员和社情民意的信息员"作用,开创了政协委员参与基层协商议政、民主监督的新局面。

2013 年,针对街道社区体制改革的新情况,区政协及时调整公共服务中心(街道)政协委员联络组，为政协委员参加“两代表一委员”工作室的群众接待工作打下坚实的基础。按照《政协章程》的规定，加强对委员的履职管理，制定出台《政协委员履行职责考核办法（试行）》，对委员参加会议、活动，撰写提案，反映社情民意等作出明确要求，有力地加强了对委员履行职责的监督。

政协联络组工作的广泛开展，实现了“政协委员进社区”的组织化、制度化、常态化。一是增强了委员的责任意识。在社会大转型时期，特别是在镜湖区推进“大征收、大建设、大发展”进程中，社会需求多样、社会矛盾复杂，通过委员进社区活动，促进了政协工作向基层延伸，强化了委员责任意识。二是提升了委员履职水平。政协委员与居民群众座谈交流、进家入户走访，开展咨询服务、慈善捐赠等活动，与社区群众“零距离”接触，了解和掌握群众所思所想所需，提高了建言献策能力和水平。三是发挥了委员主体作用。政协全会闭会期间，以界别、专委会、联络组为单位开展活动，是实现委员履职常态化的重要形式。通过开展活动，便于委员及时了解、掌握不同社会阶层的动态与心声，把握社会发展脉络和方向。同时，通过发挥委员优势、挖掘委员潜力，在服务社区、服务群众、服务发展等方面，委员主体作用也得到了充分体现。

为总结经验、鼓励先进，推动联络组工作，2012 年 12 月 31 日，区政协八届三次常委会作出了“关于表彰先进政协委员联络组的决定”，对原弋矶山、镜湖、吉和、北京路、北门 5 个街道联络组给予表彰。

2013 年，区政协为进一步调动广大政协委员履行职能的积极性，增强政协联络组履职实效，推进政协工作的制度化、规范化、程序化建设，制定了《镜湖区“双尽职”优秀政协委员评选办法》、《政协镜湖区委员会先进联络组及优秀联络员评选办法》，并区政协八届八次常委会议协商通过、执行。决定自本届委员会开始，在政协委员和各联络组开展评选表彰活动。每届评选两次，分别为届期的第二和第四年度，评选当年 12 月底前完成。

三、机关建设

政协机关是政协的办事机构，机关的效能与机关干部的思想水平、综合素质、工作作风与行政能力，直接关系到政协各项工作的开展。因此，七届、八届委员会高度重视机关建设，尤其是机关的思想、作风建设。自 2007 年以来，先后进行了一系列思想教育活动。

（一）作风教育月活动

2007 年 7 月，区政协根据区纪律检查委员会、区委组织部、区委宣传部的统一部署，在政协机关中集中开展了作风教育月活动。作风教育月活动按照“学、看、写、改”四个步骤，制定了具体实施意见，发到每位党员干部手中，并在每周一、三集中学习文件、座谈讨论，通过开展批评与自我批评，结合政协工作的实际，认真查找梳理，政协领导班子和政协机关在作风建设上的薄弱环节，研究制定具有针对性、操作性的加强政协机关作风建设的具体措施和意见，推动了机关建设

（二）学习实践科学发展观活动

2009 年 3 月，政协镜湖区委员会党组、机关支部按照中共镜湖区委的部署要求，开展了持续五个月的深入学习实践科学发展观活动，活动经过学习调研、分析检查、整改落实三个阶段。

为加强学习实践科学发展观活动的领导,区政协成立了深入学习实践科学发展观活动领导小组,曹天民主席任组长,周玉良副主席任副组长,季业保、鲁厚义、黄启明、燕国群、邓恒先为成员的领导小组,下设办公室,办公室成员由邓恒先、胡首春、王君、吴强组成。负责整个活动日常工作的正常开展。

学习实践活动在领导小组的具体指导下,精心组织,周密部署,扎实推进,较好地完成了各个阶段的各项任务,进一步提高了政协机关党员干部特别是领导干部贯彻落实科学发展观的执行力、创新力和协同力,机关服务观念进一步增强,工作作风进一步转变,服务质量进一步提高。在学习实践活动中,区政协始终坚持边学边做、边查边改、以干促学;注重把学习实践活动与解放思想相结合,把学习实践活动与推进当前工作相结合,把学习实践活动与走群众路线相结合,把学习实践活动与加强党组自身建设相结合,大大提高了区政协党组和机关的综合素质与能力,推动了政协工作的开展。

(三)党的群众路线教育实践活动

按照全区统一部署,区政协认真组织开展"机关联系基层、干部联系群众"的双联系活动,不断强化政协机关干部的群众观念,改进工作作风,增强了为基层、为委员服务的意识。

2014 年,区政协坚定地贯彻落实党的群众路线,开展了广泛深入地践行党的群众路线教育实践活动,把"机关联系基层,干部联系群众"工作推向了新的高度。

群众路线教育活动分为三个阶段:2 月底至 4 月为学习教育、听取意见阶段;5 月至 8 月进入查摆问题、开展批评阶段;9 月至 10 月为整改落实、建章立制阶段。

第一阶段:采取了专题辅导重点学习与讨论交流深入学习相结合的方法,以增强党员干部对开展群众路线教育实践活动的理解和把握。以作风建设为重点,广泛征求意见。通过广开渠道倾听真言、全面查摆问题表现、即知即改务求实效,有力地推动了政协工作。

2 月 24 日,区政协机关支部召开深入开展党的群众路线教育实践活动动员大会,机关所有在职干部、机关支部的离退休党员参加了会议。区委第一督导组有关领导参加了动员大会。支部书记杨珍作了动员讲话,支部副书记孙书孝组织学习实施方案。区委第一督导组余部长从活动的重要意义、活动的要求以及任务作了讲话。区政协党组副书记鲁厚义提出了活动要求,号召机关全体党员要从讲政治的高度,积极参加教育实践活动。

3 月 3 日上午,区政协机关党支部组织全体党员参观了由省纪委、省监察厅主办的《安徽省反腐倡廉警示教育》图片展览。将群众路线教育实践活动与反腐倡廉相结合,牢固树立为人民服务的理念。

3 月 19 日,区政协党组暨机关支部召开党的群众路线教育实践活动集中学习交流会,进一步强化全体党员干部的宗旨意识和群众观念,为政协科学履职奠定更加牢固的思想作风基础,努力把教育实践活动引向深入。区政协主席、党组书记茆振文主持会议并讲话。区委第一督导组成员出席指导会议。党组及支委成员紧紧围绕贯彻落实党的群众路线、切实加强机关作风建设的主题,紧密联系自己思想和工作实际,汇报学习收获,交流心得体会。大家一致认为,坚持群众路线是推进人民政协事业的必然要求,是发挥人民政协优势和作用的重要渠道,是汇聚力量、建言献策、服务大局的基础。开展党的群众路线教育实践活动，就是要认真履职、发挥人民政协协商民主重要渠道作用，拓展人民政协协商民主的途径，提高人民政协协商民主的时效性。

3月11日上午，区政协秘书长杨珍带领办公室工作人员来到荆山社区，围绕开展党的群众路线教育实践活动征求意见和建议，同时进行了“双联系”结对帮扶家庭的走访慰问。

第二阶段：查摆问题、开展批评。

5月8日下午，区政协党组书记、主席茆振文主持召开座谈会，就区政协党组及机关党支部开展群众路线教育实践活动，专题征求区政协老同志的意见建议。

7月9日，在深入开展党的群众路线教育实践活动中，区政协机关党支部组织机关人员赴市政务文化中心参观了“光辉的历程伟大的成就——纪念建党93周年安徽及芜湖党史图片展”。通过观看展览，回顾党的历史，帮助党员干部增强党性修养，提升思想境界。

7月10日，区政协党组召开群众路线教育实践活动专题民主生活会。省委第十一督导组成员汪灿、汪洋到会指导。区政协党组书记、主席茆振文主持会议，区政协党组副书记鲁厚义，区政协党组成员、副主席甄长海、陈国强，党组成员、秘书长杨珍出席会议。

生活会上，班子成员开门见山、直奔主题，注重联系各自的思想实际、工作岗位、成长经历，从深层次挖掘存在问题和思想根源。经梳理班子及其成员在“四风”方面的问题63条，提出了整改措施32条。班子成员在相互批评时坚持坦诚相见，诚恳提出了各自的批评意见和建议达57条。同时，办公室领导班子民主生活会和支部组织生活会在政协党组的具体指导下，分别于8月6日、8月20日按规定召开，均达到了预期目标。

第三阶段：9月，进入整改落实、建章立制阶段。

政协党组订立了“党的群众路线教育实践活动整改方案”，全面贯彻落实党的十八大、十八届三中全会精神，以习近平总书记系列讲话精神为指导，以为民务实清廉为主题，以“三严三实”为标尺，以焦裕禄、沈浩精神为镜子，坚持立行立改、开门整改。从端正学风、改进文风着手，对形式主义进行清理，推动政协的各项工作。从密切联系群众、委员着手，对官僚主义进行清理，改进工作作风。从抓好机关日常管理，严格执行党中央的“八项规定”着手，对享乐主义、奢靡之风进行清理，树立清廉勤政、为民服务的政治理念。

与此同时，为建立长效机制，推进落实党的群众路线的规范化、制度化建设，政协党组订立了“党的群众路线教育实践活动制度建设计划”，对已有制度进行一次全面梳理，列出清单，做好废、改、立工作；以围绕解决“四风”（形式主义、官僚主义、享乐主义、奢侈之风）方面的突出问题，制定相关制度。

“计划”确定了具体方法步骤：

（1）制订计划（8月下旬）。在调研摸底的基础上，依照有关政策规定和制度规范，深入研究讨论，广泛听取群众意见，制定制度建设计划。

（2）拟定制度（9月上旬）。拟定相关制度，既要注重制度的系统性，使各项制度相互衔接、系统配套，又要注重制度的可操作性，使各项制度明确具体，务实管用。

（3）制度审核（9月中旬）。认真制定、及时上报整改方案和制度建设计划，形成科学完善的制度体系。

(4)制度发布执行(9月底至10月中上旬)。按照“成熟一个、发布一个、执行一个”的原则进行。

自2月初以来,区政协机关第二批党的群众路线教育实践活动,在区委的坚强领导下和各级督导组的精心指导下,按照“照镜子、正衣冠、洗洗澡、治治病”的总要求,以为民务实清廉为主要内容,以解决“四风”问题为导向,坚持把作风建设放在突出位置,切实加强组织领导,严格遵循和落实学习教育、听取意见,查摆问题、开展批评,整改落实、建章立制三个环节的各项要求,整个活动开展有序、扎实深入,实现了教育实践活动预期目的,取得了阶段性成果。茆振文书记在区政协党组暨机关党的群众路线教育实践活动总结会上,从四个方面对活动作了总结。他指出:开展教育实践活动、发扬好的作风,最终目的是要促进工作、实现发展。反“四风”是为了固本清源,创造良好政治环境和发展环境。活动收尾绝不是作风建设收场。“四风”问题解决起来也不是一朝一夕的事,必须持之以恒抓下去。因此,就进一步巩固教育实践活动成果,他提出了四点意见:第一,进一步加强思想政治教育,坚定理想信念和精神追求。第二,加强领导班子建设,严肃党内政治生活,不断提高班子凝聚力、战斗力。第三,进一步严明党的政治纪律,切实有效解决突出问题。第四,进一步推进整改落实,切实把求真务实精神体现到政协工作中。

附:

表9-1 政协镜湖区委员会党组党的群众路线教育实践活动制度建设工作任务表

建设方向	任务目标	制度名称	完成时限	责任部门	备注
反对形式主义方面	改进作风规范办文办会	制订政协会议服务与保障相关制度规定	2014年9月	区政协办	修订
	改进走访调研	完善政协领导联系委员制度	2014年9月	区政协办	修订
		制订加强政协调研、视察工作相关制度	2014年9月	区政协办	新订
	加强委员考核管理	完善政协委员街道联络组工作实施意见	2014年9月	区政协办	修订
		完善委员履职考核、培训管理制度	2014年9月	区政协办	新订
反对官僚主义方面	加强和改善协商民主	完善年度重点民主协商计划安排及工作流程	2014年9月	区政协办	修订
	加强与委员群众联系	建立机关党支部联系群众有关工作机制	2014年9月	区政协办	新订
		关于加强社情民意工作实施办法	2014年9月	区政协办	新订
反对享乐主义方面	加强政协工作创新	完善委员进社区工作机制	2014年9月	区政协办	修订
	加强制度建设	制定学习考察相关制度规定	2014年9月	区政协办	新订

续表

建设方向	任务目标	制度名称	完成时限	责任部门	备注
反对奢迷之风方面	坚决制止铺张浪费	修订完善政协机关管理有关制度	2014 年 9 月	区政协办	修订
其他综合类	加强党风廉政建设	完善党风廉政建设和反腐败工作制度	2014 年 9 月	区政协办	修订
	切实抓好理论武装	制定政协机关学习制度	2014 年 9 月	区政协办	新订

四、成立区政协工作研究会

为推动政协工作的全面发展,2013 年 12 月 27 日下午,区政协工作研究会正式成立并召开第一次全体会议。市政协工作研究会会长方成,区委书记贺东,区政协主席茆振文,市政协工作研究会秘书长、人资环委员会主任李洪林,市政协研究室主任陶泰山,区政协老领导张浩根、欧天水、汪国兴、王美成、曹天民等出席了会议。

大会宣读了区委关于同意设立研究会的批复,听取了研究会筹备情况和章程的说明,审议通过了研究会章程,选举出第一届研究会会长、副会长、秘书长;茆振文当选为政协镜湖区委员会工作研究会会长,大会聘请区政协老领导张浩根等担任名誉会长。茆振文在会上讲话,他指出,区政协工作研究会是在政协镜湖区委员会党组领导下,从事对中国共产党领导的多党合作和政治协商制度、人民政协工作进行研究、宣传和咨询的组织。为此,区政协工作研究会要始终做到“四个坚持”,即始终坚持党的领导、坚持结合实际、坚持科学方法和坚持协调配合。

区委书记贺东在讲话中表示,成立区政协工作研究会,是区政协认真贯彻落实党的十八大及十八届三中全会精神的具体举措。希望全体会员要进一步加强学习,使政协工作研究会成为政协工作的“思想库”、成为区委区政府的“智囊团”。

政协工作研究会的成立是政协镜湖区委员会事业发展中的一件大事,也是政协镜湖区委员会工作不断开拓创新、不断发展进步的重要标志。

附一:原政协镜湖区委员会部分规章制度:

《政协芜湖市镜湖区委员会常务委员会工作规则》

(1988 年 10 月 26 日第二届常委会第八次会议通过)

为了加强与健全政协芜湖市镜湖区委员会常务委员会的工作和制度,根据中国人民政治协商会议章程和全国、省、市政协常务委员会工作规则,结合本区情况,特制订本工作规则。

1. 职权

常务委员会由政协芜湖市镜湖区委员会主席、副主席和常务委员组成,负责主持会务。常务委员会的工作由主席主持,副主席协助主席工作。常务委员会行使以下职权:

(1)决定召集并主持政协芜湖市镜湖区委员会全体会议,一般每年召开一次。每届第一次全体会议由大会主席团主持。

(2)组织委员视察、参观、调研和协商对话、咨询服务等重要活动;贯彻执行政协章程规定的任务和全国及省、市、地方委员会所作的全国性与全地区性的决议,组织实施本区政协委员会全体会议的决议。

(3)审议通过向中共镜湖区委、区人大常务委员会、区政府提出的重要建议案。

(4)协商决定本届区政协参加单位、委员名额和人选变更及下属区政协参加单位、委员名额和人选。

(5)决定本届区政协委员会工作机构的设置和变动及其组成人员,并任免其领导成员。

(6)领导和督促区政协委员会工作机构的工作。

2. 会议

(1)常务委员会会议

常务委员会会议一般每季度举行一次,必要时可临时召开;会议日期、议程由主席会议决定,并于会前一个星期发出通知,会议由主席主持,也可由主席委托的副主席主持。会议的任务是:

①讨论决定常务委员会会务工作中的重大问题。

②听取中共镜湖区委、区政府及其所属部门关于贯彻党和国家大政方针、本区重大决策、半年或年度工作报告以及其他重要情况通报,并进行协商讨论,提出建议和批评。

③协商讨论本区重要事务、统一战线工作和群众生活中普遍关心的重大问题,提出建议和意见。

④传达上级党委、政府和政协的有关会议和指示精神,学习有关文件,讨论决定贯彻意见。

⑤审查重要的视察报告、专题调查报告和提案。

⑥决定工作机构的设置,变动及组成人员。

⑦审议区政协年度工作计划,并听取工作情况的报告和专门工作委员会的报告,提出意见或作出决议。

根据需要,本会工作机构负责人以及与议程有关的其他人员可列席常务委员会会议。

(2)主席会议

主席会议由主席、副主席组成。主席会议一般每月一次,会议日期、议程由主席提出,或由主席、副主席、会同办公室负责人事先商定后提出。会议由主席主持,也可由主席委托的副主席主持,并根据会议内容作适当分工。主席会议的任务是:

①常务委员会会议闭会期间,讨论处理常务委员会的重要的会务工作。

②协商讨论贯彻党和国家的大政方针、地方的重要事务、群众生活中普遍关心的重大问题以及本区的重大决策,提出建议和意见。必要时提请常务委员会审议。

③审查以区政协名义向中共镜湖区委、区人大常务委员会、区政府提出的重要建议案及其他重要文件。

④决定常务委员会召开会议的日期、议程，审议提交常务委员会会议的文件。

⑤传达上级有关会议、文件和指示精神，讨论提出贯彻意见。

⑥讨论决定委员视察、参观调研、咨询服务和约请区委、政府负责同志协商对话等重大活动。

⑦审议本会工作机构年度计划、活动进展情况，讨论决定工作机构中的一般成员的变更或调整。

本会办公室负责人以及与议程有关的其他负责人可以出席主席会议。

(3)专题座谈会

专题座谈会根据需要不定期举行。会议日期、议题由主席或有关分工的副主席提出，也可由主席会议根据常务委员的提议研究确定。会议由主席或有关副主席主持，也可由主席委托的副主席主持。根据议题和需要邀请有关的常务委员，工作委员会成员和办公室负责人参加。座谈会的任务是：

①就某项专门问题听取有关部门的情况通报，并进行协商讨论，提出建议和批评。

②听取重要的视察报告、专题调查报告等并进行座谈讨论，提出建议和意见。

③就贯彻党和国家的方针政策以及地方的重要决议、决定或本区的重大决策问题进行座谈讨论，提出建议和意见。

④就重要纪念日和节日活动举行专题座谈会。

⑤协商讨论有关工作委员会联会组织的重大活动，作出具体安排。

(4)有关事项

①常务委员会会议、主席会议、专题座谈会需要邀请中共镜湖区委、区政府领导或有关部门领导通报情况时，应提前向有关方面提出通报题目和报告的建议。

②常务委员会会议、主席会议和专题座谈会，都要发扬社会主义民主，进行充分协商讨论，全面反映各方面的不同意见和建议。需要常委会会议、主席会议作出决定的会务工作，按民主集中制原则办理。

③常务委员会会议、主席会议、专题座谈会均作会议记录。常务委员会会议、专题会的主要情况应印发简报，发送区委、区人大常务委员会、区政府、全体政协委员以及有关部门和已建立联络关系的同级政协，并报送市政协。主席会议必要时亦可简报。

3. 文件审批

(1)凡属区政协全局性的问题，由主席审批或经主席会议讨论决定。凡属已定方针、原则范围内的问题或局部性的问题由主管副主席及办公室负责处理。

(2)以区政协名义发出的文件，由主席或主管副主席签发；涉及其他副主席主管的工作，经有关副主席审阅后再签发。

(3)已经常务委员会会议或主席会议通过的向区委、区人大常委会、区政府提出的建议案，由主席或副主席签发；传送有关领导和部门的视察，专题调查报告，由主席或主管副主席签发。

4. 附则

本工作规则经常务委员会会议讨论通过后实施，修改时同。

《政协芜湖市镜湖区第二届委员会工作委员会组织通则》

(1988年10月26日第二届常委会第八次会议通过)

第一章 总则

第一条 根据中国人民政治协商会议章程第四十九条的规定,经本区政协第二届委员会常务委员会第一次会议决定,设置十个工作委员会。

提案委员会

学习委员会

文史资料研究委员会

财政经济工作委员会

城市建设工作委员会

文化教育工作委员会

科学技术工作委员会

医药卫生工作委员会

社会工作委员会

祖国统一工作委员会

第二条 工作委员会是在区政协常务委员会和主席会议领导下,组织委员进行经常性活动的工作机构。

第三条 工作委员会应遵循社会主义初级阶段的基本路线,以经济建设为中心,坚持四项基本原则和改革、开放,贯彻“长期共存、互相监督”,“肝胆相照、荣辱与共”的方针,切实履行政治协商、民主监督职能,团结和调动一切积极因素,为两个文明建设服务,为和平统一祖国服务,为民主和法制建设服务,为发展安定团结的政治局面,推进社会主义现代化建设服务。

第四条 工作委员会应根据中国人民政治协商会议章程的要求,以及区政协委员会全体会议、常务委员会会议、主席会议提出的各项任务,结合本委员会工作的实际,分别组织实施,并就全国、省、市和本区政治、经济、城市建设与管理、文化教育、科学技术、社会生活以及统一战线内部等方面的重要问题,进行调查研究,提出意见和建议。

第五条 工作委员会广泛联系政协委员和各界人士、多形式、多渠道、多层次地开展学习宣传、座谈研讨、调查考察、咨询服务、人才培训、征集出刊文史资料等活动,发挥人才优势,为促进我区经济建设和各项事业的发展做出贡献。

第二章 组织

第六条 工作委员会的设置和变动,由区政协常务委员会决定。

第七条 工作委员会设主任一人,副主任若干人,委员若干人,其组成人员,以政协委员为主,必要时可邀请有关人士参加。主任、副主任和委员的人选均由常务委员会决定。

第八条 常务委员会根据工作需要,可举行各工作委员会或部分工作委员会领导成员的联席会议，讨论研究有关的重要问题。

第九条　工作委员会根据需要，可分设小组进行活动。并可根据需要邀请委员和非委员中的有关专家学者参加活动。

第十条　各工作委员会成员，应积极参加工作委员会活动和区政协组织的各项活动。

第三章　工作制度

第十一条　工作委员会的各种活动，应发扬社会主义民主，进行充分协商。对调查研究中的各种不同意见，不强求一致，对工作委员会会务工作的一些重要问题，应按照民主集中制的原则作出决定。

第十二条　以工作委员会名义形成的书面材料和口头发表的重要建议或意见，须经委员会集体讨论，并由主任或主任委托的副主任审定；重大问题提请常务委员会或主席会议审议。

第十三条　工作委员会应根据区政协委员会全体会议和常务委员会的决议精神，制订年度工作计划并组织实施。每次活动应预先研究安排，活动的主要情况由委员会领导成员汇集后交区政协办公室编写简报印发，重要情况应由委员会写出调查报告送区政协主席或主管副主席审查处理。

第十四条　工作委员会每年度应做工作总结向常务委员会报告，并应向区政协积极推荐委员为四化服务，热情政协工作的先进事迹，由区政协办公室编入简报介绍推广。

第十五条　工作委员会应与中共镜湖区委、区人大常委会和区政府的有关部门建立经常的工作联系，便于知情出力，并就重要问题进行对口协商，必要时，与区人大常委会的有关委员会联合进行视察、参观、调查。

第十六条　工作委员会不定期举行会议，会议的日期、议程由主任或正副主任商定提出；会议由主任或副主任主持；会议须作记录，会议的主要情况应向主管的主席或副主席汇报，必要时由区政协办公室编发简报。

第四章　附则

第十七条　本通则经常务委员会通过后实行。

《政协镜湖区委员会党组党风廉政建设规定》

为认真贯彻、落实中央关于领导干部廉洁自律的有关规定，加强党组自身的廉政建设，特制定如下规定：

1. 认真贯彻民主集中制的基本原则。发扬民主，坚持群众路线，倾听党内外人士的建议，加强民主、科学决策，重要事项均须集体讨论决定，任何人不得擅自改变。过好双重组织生活，认真开展批评和自我批评，自觉接受组织和党员、群众的监督。

2. 深入实际，勤政为民。每年用一段时间到基层调查研究，指导工作。原则上，不接受宴请和馈赠，对区外来宾的必要招待，坚持对口陪客，坚持节俭的原则。不参加用公款支付的营业性歌厅、舞厅、夜总会等娱乐活动。

3. 一般不参加基层各类庆典活动，必须参加的，由区政协办公室统一安排，或由分管领导出席。

4. 在公务活动和个人交往中，不接受可能有影响的宴请；不收受礼品、礼金、有价证券，对无法拒绝而接受的，要交公处理；不到下属单位报销应由个人支付的各种费用；也不得索要或象征性低价购买物品。

5. 严格执行中央关于领导干部的用车规定，不利用职权向企业、下属单位换车、借车；不擅自用公车办私事，不用公款和公车为本人和家属学习驾驶技术。

6. 不违反规定集资建房、建私房、压价购买住房；不利用职权为自己、子女、亲友购买住房提供优惠条件；不用公款超标准为个人及亲友装修住房。

7. 不买卖股票，不经商办企业，不从事有偿的中介活动，不在各类经济实体中兼职、领取报酬；不利用职权为配偶、子女和亲友经商办企业提供任何优惠条件；

8. 不利用本人及家族成员婚丧嫁娶、工作调动、过生日、迁新居等机会大操大办、挥霍浪费，借机敛财。

9. 执行重大事项报告制度。如建私房、购公房、住房、子女就业、提干、工作调动、出国等重大事项自觉向区纪委申报，并在民主生活会上公开，接受组织监督。

（五届政协期间制定）

《政协镜湖区委员会党组理论学习制度》

在深化改革、扩大开放和建立社会主义市场经济体制的新的历史时期，加强理论学习，具有更为重要的意义。为此特制订如下学习制度：

1. 主要学习马克思主义基本理论，重点是学习邓小平同志建设有中国特色社会主义理论，学习党的建设理论、《党章》和党的基础知识，学习党的路线、方针、政策，同时，要学习社会主义市场经济的基本知识和有关法律、法规，学习现代科学技术的基础知识，学习近代史和现代史，尤其是中共党史。

2. 学习要贯彻“要精、要管用”的原则，注重理论联系实际，不断探索和解决我区改革开放和现代化建设中的新情况、新问题。对一些重大的理论问题力求学得多一些、精一些，以不断提高自身的理论素养和政治素质，增强工作中的原则性、系统性、预见性和创造性。

3. 学习以自学为主，读原著为主，实行分散自学和集中讨论相结合，读原著与辅导教材相结合，听录音、看录相与中心发言相结合。

4. 在自学的基础上，每月的第一个星期一为集中学习日，每季度集中学习 2 ~ 3 天。

5. 学习中心组组长为党组书记，副组长为党组副书记。学习组长或副组长主持党组的集中学习和讨论，并负责审定学习计划和学习内容，安排中心发言人。

6. 按照学习组长的要求，根据区委部署的理论学习计划，准备学习材料，做好学习记录；由副组长确定具体的学习内容、日期安排。

7. 建立学习签到制度。每个成员都要按时参加学习，除外出开会、上级来人等特殊情况外，一般不得请假。

8. 党组成员要认真做好学习笔记，结合学习内容进行调查研究，每年写出 1 ~ 2 篇理论联系实际的心得体会或调查报告。

（五届政协期间制定）

《政协办公室主要职责》

1. 做好区政协全委会、常委会、主席会和其他会议的会前准备、会间服务和会后有关事宜的处理工作。

2. 为政协全委会、常委会、主席会和其他重要会议起草文件、报告、工作总结、编印简报、积累资料。

3. 处理文电、搞好书刊、资料、印鉴、财物、档案管理和保密工作。

4. 协助各工作委员会搞好调查研究，视察考察活动，为履行政协基本职能和发挥政协整体功能作用提供服务。

5. 加强与各方面的联系，协调好同有关部门的关系，做好兄弟政协的来访和接待工作。

6. 负责机关安全、卫生管理工作。

7. 协助“三胞”联谊会做好对外宣传及“三胞”的接待工作。

8. 加强小车管理，确保领导和机关工作用车。

9. 负责与人大、政府等有关部门协商联系工作。

10. 做好领导交办和其他有关方面的工作。

（五届政协期间制定）

附二：新芜区政协部分规章制度

新委字（93）02号
关于政治协商、民主监督的暂行规定

（1992年6月24日区政协三届十六次常委会议通过）

为了认真贯彻执行《中共中央关于坚持和完善中国共产党领导的多党合作和政治协商制度的意见》和全国政协委员会制定的《关于政治协商、民主监督的暂行规定》，使我国政治协商、民主监督逐步实现经常化、制度化，进一步发挥各民主党派、无党派爱国人士、人民团体和各界爱国人士在国家政治生活中的作用，现结合我区的实际，特制定本规定。

第一条　人民政协是我国爱国统一战线组织，也是共产党领导的多党合作和政治协商制度的一种组织形式，其主要职能是对国家大政方针和地方重要事务以及群众生活、爱国统一战线内部关系等重要问题进行政治协商，并通过提出建议和批评，发挥民主监督作用。

第二条　政治协商、民主监督的目的是：发扬社会主义民主，反映社会各方面的意见和要求，为政协委员参政议政开辟畅通的渠道，促进我区重大决策的科学化与民主化，协助和推动我区机关改进工作，提高办事效率，加强廉政建设，使宪法、法律、法规和方针政策能够更好地贯彻执行，推动社会主义两个文明建设和民主法制建设，促进我区经济持续、稳定、协调发展，协调社会各方关系，加强中共新芜区委领导的各界人士的团结合作，促进祖国统一大业的实现。

第三条　政治协商主要内容:我区社会主义物质文明和社会主义精神文明建设;民主法制建设和改革、开放的重大决策与部署;区政府工作报告;政治生活和群众生活方面重大问题;街道居委会区划变动;区属企事业单位撤并及经济工作中重大问题的决策;中共新芜区委提出重要人事安排;统一战线的内部重大问题及区政协内部重要事务问题。

第四条　政治协商一般应在决策之前。政治协商的程序是:区政协根据新芜区委、区人大常委会、区政府所需要协商内容向区政协主席会议提出协商的议题,安排协商活动并决定协商形式和参加范围;区政协主席会议认为需要协商的问题,也可以建议中共新芜区委、区人大常委会、区政府将问题提交区政协进行协商。协商的议题与会议确定后,区政协办公室至少提前一周将会议通知及有关文件送达参加会议人员。以便事先做好准备,充分发表意见;区政协进行政治协商时,可视情邀请中共新芜区委、区人大常委会、区政府负责人参加会议。协商会议提出的建议、意见和批评,区政协应以正式文件的形式送达有关部门,有关部门应积极负责地研究处理,并将结果尽快正式文件形式作出答复。

第五条　政治协商的主要形式有:政协例会,即每月一次主席会议,每两个月一次常委会,一年一次政协全委会议。专题座谈会,即不定期常委专题座谈会;区政协各专门委员会与党政部门对口协商座谈会。区政协各专门委员会要与区委、区政府有关部门建立经常联系,相互支持,相互配合,协商座谈会议,就社会各界普遍关心的重大问题,可由区政协邀请区委、区人大常委会、区政府领导参加座谈,或由区委、区人大常委会、区政府邀请区政协领导、常务委员、各专门委员会负责人参加,使“我要协商”与“要我协商”有机结合起来。

第六条　民主监督主要内容:国家宪法、法律和法规在本区实施情况;国家大政方针和政策贯彻执行情况;我区党政机关及其工作人员履行职责、遵纪守法,为政清廉方面的情况;群众普遍关心的物价、市场管理及社会治安重要情况;政协委员提案和有关建议案的办理情况;参加政协的单位和个人遵守政协章程和执行政协决议的情况。

第七条　民主监督主要形式有:由区政协全委会议、常委会和主席会议向区委、区政府提出的建议案;由区政协各专门委员会提出建议或有关报告;组织政协委员调查、视察;政协委员提案;委员举报或以其他形式提出的批评和建议;参加区委、区政府组织的调查或检查活动。

区委、区政府及其有关职能部门印发的文件、资料可抄送区政协及其办公室、有关专门委员会。

第八条　政治协商、民主监督的情况反馈。凡由区政协以政治协商和民主监督的形式向区委、区政府有关部门提出的提案、举报、调查报告以及建议和批评、各有关部门均以正式文件作出答复。

第九条　区政协通过各种方式让委员知情。通过组织集体学习、传阅文件方式让委员看到有关文件或资料等,在参政议政中更好地发挥他们作用。

第十条　切实加强调查研究。区政协各专门委员会在常委会领导下,应组织委员经常开展调查研究,为政协履行协商、监督职能,提供有理、有力、有据的资料。

第十一条　政协委员的民主权利依法应予保护，在政协活动中应广开言路，允许发表意见和提出政策性的建议。

中国人民政治协商会议芜湖市新芜区第四届委员会专门委员会组织通则

（1993 年 5 月 25 日区政协四届二次常委会议通过）

第一章　总则

第一条　根据《政协章程》第四十六条第 6 款的规定，经政协芜湖市新芜区第四届常务委员会第一次会议决定，设置九个专门委会：

一、经济建设委员会
二、科学技术委员会
三、文教委员会
四、医卫委员会
五、祖国统一联谊委员会
六、学习委员会
七、社会法制委员会
八、提案委员会
九、文史资料委员会

第二条　专门委员会是在区政协常委会和主席会议领导下，组织委员开展经常性活动的工作机构。

第三条　专门委员会应遵循党在社会主义初级阶段的基本路线，坚持以经济建设为中心，坚持四项基本原则，坚持改革开放，认真贯彻“长期共存，互相监督”、“肝胆相照，荣辱与共”的方针，切实履行人民政协的政治协商，民主监督的基本职能。

第四条　专门委员会应根据《政协章程》的要求，结合区政协全委会议和常委会议提出的各项任务，具体组织实施，并就我区政治、经济、文化、卫生、社会生活等方面的重要问题，有计划地开展调查研究和咨询服务，通过广泛的协商讨论，提出批评和建议。

第二章　组织

第五条　专门委员会的设备和变动，由常委会研究决定。

第六条　专门委员会设主任委员 1 人，副主任委员若干人，其人选均由常委会研究决定。

第七条　各专门委员会的活动，也可邀请有关委员或人士参加活动。

第三章　工作制度

第八条　专门委员会的各种活动应发扬社会主义民主，进行充分的协商，对专门委员会的会务工作，需要作决定的，应按照民主集中制原则办理。

第九条　专门委员会应根据区政协全委会议和常委会议的决定,制定年度工作计划,一般第三个月召开一次会议,并向常委会报告工作。

第十条　以专门委员会名义发现的书面材料,一般需经委员讨论,并由委员会主任委员审定,重大问题须提请常委会或主席会议审定。

第十一条　专门委员会应主动与区委、区人大常委会和区政府及其有关部门建立经常性的工作联系,必要时可邀请他们举行协商座谈。

第十二条　根据工作需要,可由主席或副主席主持召开各专门委员会主任委员联席会议,研究讨论各专门委员会有关的重要问题。

第四章　办理机构

第十三条　各专门委员会是区政协的重要组成部分,因条件有限,目前暂不设独立的办公室,其正常活动在各专门委员会主任委员、副主任委员的领导下进行,必要的会务活动等工作,均由区政协办公室协调办理。

第五章　附则

第十四条　本通则经常委会通过后实行,各专门委员会可参照本通则制定各自的工作简则。

中国人民政治协商会议芜湖市
新芜区第四届委员会常务委员会工作规则

(1993 年 5 月 25 日政协四届二次常委会议通过)

为了加强区政协常务委员会的工作,并使之制度化、规范化,按照《政协章程》的有关规定,结合我区实际情况,特制定本规则。

一、常委会职权

(一)决定召集并主持政协新芜区委员会全体会议(每届第一次会议由会议选举主席团主持),审议提交全体会议的工作报告及其他文件。

(二)组织委员进行视察、参观和调查等重要活动,实现《政协章程》所规定的任务与区政协全体会议所通过的各项决议。

(三)协商决定本届区政协任期内参加单位,委员名额和人选的变更及下届区政协一次会议参加单位、委员名额和人选。

(四)全体会议闭会期间,审查通过向中共新芜区委、区人大常委会、区政府以文件形式提出的重要建议案。

(五)决定区政协专门委员会的设置、变动及其组成人员。

(六)领导和督促各专门委员会开展工作。

二、常务委员会议

常务委员会议一般两个月举行一次,如遇特殊情况可提前或延期举行,常务委员会议必须有常委过半数出席才能举行。

常务委员会举行会议时，会议通知一般在三日前送达，常委接到通知时应按时出席会议，因病或因事不能出席会议时，应事先请假。

（一）会议的日期、议程、地点由主席会议决定，并于会前发出通知，以使出席会议的人员对会议的内容事先有所准备。

（二）会议由主席主持，也可以由主席委托副主席主持。

（三）会议的内容

（1）传达学习和讨论中共中央、国务院以及省、市、区委有关文件和领导同志的重要讲话。

（2）听取区委、区政府及有关部门就本区大政方针的报告或有关情况通报，就其中重要事项和群众中普遍关心的重大问题，进行协商讨论，提出意见和建议。

（3）讨论决定区政协常务委员会会务工作中的重大问题及其他需要提交常委会研究决定的事项。

（4）审议专门委员会的工作报告及重要的视察、调查报告和提案。

（四）本会办公室正、副主任，以及与议程有关的专门委员会的正、副主任委员和其他工作人员，可列席常委会议。

（五）常委会议上委员们提出的重要意见和建议，由本会办公室整理，送交有关部门和单位处理。

（六）常委会需要表决作出决定的会务工作，必须由常委会全体人员过半数通过。

三、主席会议

主席会议由主席、副主席组成，办公室主任列席会议，一般每个月召开一次，必要时可临时召集。

（一）会议的议程由主席、副主席提出，或由办公室负责人提出报主席决定。

（二）会议由主席主持，也可由主席委托的副主席主持。

（三）会议的内容

（1）常委会议闭会期间，讨论处理常委会的重要会务工作。

（2）讨论本区的大政方针以及群众普遍关心的重大问题，提出意见和建议。

（3）审查以区政协名义向区委、区人大常委会、区政府提出的重要建议案以及其他重要文件。

（4）决定常委会召开日期、议程、审议提交常委会的文件，主持召开各专门委员会主任委员联席会议。

（5）审议区政协年度工作要点和专门委员会年度工作计划，讨论决定委员视察，参观和调查等重要活动。

（四）主席会议需要作出表决的会务工作，由主席会议成员的过半数通过。

（五）如工作需要，办公室主要负责人和与议题有关的其他同志可列席会议。

四、常委会议、主席会议，需要请区委、区政府或有关部门领导作报告和说明问题时，应当提前向区委、区政府或有关部门提出报告题目和报告人的建议。

五、常委会议、主席会议,都要发扬民主,进行充分的协商讨论,全面反映各方面的不同意见和建议,需要做决定的,按民主集中制原则办理。

六、常委会议、主席会议均需要作记录,有关重要情况应写出简报或会议纪要,送请区委、区人大常委会、区政府以及有关部门参阅酌处。

七、凡属区政协全面性的问题或以区政协名义发出的文件由主席审定签定或经主席会议讨论决定。

八、凡属已经原则决定的重大问题,或经常委会议、主席会议通过的议案,会议简报、纪要及转送有关部门的视察,调查报告等,均由主席或副主席签发。

中国人民政治协商会议
芜湖市新芜区委员会提案工作实施细则

(1994年6月14日四届十次常委会通过)

第一章　总则

第一条　为充分发挥提案工作在政治协商、民主监督职能中的作用,促进提案工作逐步实现制度化、规范化。根据《中国人民政治协商会议章程》和《政协芜湖市委员会提案工作细则》的有关规定精神,结合本区实际,特制定本提案工作实施细则。

第二条　提案必须坚持以经济建设为中心,坚持四项基本原则,坚持改革开放,充分发扬民主,广开言路,广开才路,调动一切积极因素,提高提案工作质量,为安定团结,促进区街经济发展,献计出力,为加强社会主义精神文明建设,以及民主政治建设和祖国统一大业服务。

第三条　政协提案是人民政协履行政治协商、民主监督主要职能的一个重要方面,是政协委员行使民主权利,参政议政,为两个文明建设和祖国统一大业献计献策的一个重要方式,是政协党政部门联系各方面人士广泛听取意见,实现决策民主化、科学化的一条重要渠道。

第二章　提案委员会

第四条　提案委员会是在常委会和主席会议领导下负责提案工作的常设机构。提案委员会由主任一人、副主任和委员若干人组成。其人选由常委会审议通过,任期五年。在任期内的人事变更,由常委会决定。

第五条　提案委员会的主要职责:

一、收集、整理、审查、立案、移送和催办。

二、研究办复工作。

三、意见反馈、回复和存档。

四、制定年度工作计划和编制有关资料。

五、负责拟写提案办理和审查工作文书材料,视工作需要作出相应的决议,并向常委会和全委会报告工作。

六、积极做好宣传提案意义和作用,拓展年度表彰工作,扩大提案工作的知名度。

七、认真开展视察、参观和调查研究,总结交流经验。

第六条 提案委员会的例会制度,提案委员会全体委员会议原则上每半年举行一次。

第七条 经提案委员会起草的文件,应由提案委员会讨论通过,并上报常委会审定。

第八条 加强与区委、人大、政府办公室和各提案承办单位的联系,努力做好对口协商工作,开创新局面,促进提案办理工作。

第九条 提案委员会的日常事务由区政协办公室确定专人负责。

第三章 提案的提出

第十条 提案以经济建设为中心,围绕党和国家大政方针,本区职权范围内的重大事务,爱国统一战线内部关系和群众中普遍关心的问题提出的,并经提案委员会审查后立案的书面意见和建议。

第十一条 提案可以委员个人、联名、专门委员会等方式提出。

第十二条 提案可以在全体会议期间提出,也可以在会后提出,全会期间的提案,由大会秘书处收集整理,闭会后提出的提案可直接送达或邮至区政协办公室转提案委员会审查,按交办程序移送、落实办理。

第十三条 提案应坚持一事一案原则,要求用钢笔或毛笔填写,字迹工整清楚,内容充实具体。

第十四条 提案提出前,应先调查研究,要求既要有事实、理由和根据,又要有解决问题的办法或建议,力求论据充实可靠,内容符合严肃性、科学性和可行性的提案标准。

第四章 提案的审查、立案

第十五条 提案委员会对提案的审查、立案以本细则第三章第十、十一、十三、十四条的规定为依据。

第十六条 全会期间的提案由提案委员会负责审查,闭会后委员提出的提案,由提案委员会主任、副主任和分管提案工作的主席共同审定。

第十七条 提案有下列情况的,不予立案。

一、涉及党和国家机密的。

二、涉及个人隐私或纯属个人问题的;

三、涉及人事问题的;

四、司法诉讼方面的或点名揭发问题的;

五、经济纠纷方面的;

六、内容不具体的;

七、反映党派组织内部问题的。

第十八条 对不立案的提案,应以书面形式向本人说明情况,解释清楚,同时以人民来信的方式移送相关单位,建议研究处理,进而使委员提出的提案件件有着落,对确有一定影响的涉市提案,由提案委员会商请市政协委员代为提案或商请区有关职能部门协助,即:以业务对口的形式提交市有关单位,共同研究办理。

第五章 提案的办理

第十九条 全委会闭会后,对已决定立案的提案,由区政协办公室按新府字(1991)045号《新芜区人民政府关于办理人大议案、人大代表建议和政协委员提案工作的暂行规定的通知(试行)》的文件要求,及时移送区政府办公室,区政府办公室接到提案后,梳理分类及时归口,转交各职能部门承办,要求承办单位在三个月内办复,个别难度大的提案,也应在六个月内办结,承办单位如确认不属本单位的提案,应在接到提案后的十五天内向政府办公室作出反馈、协商移转工作。承办单位不得自行转交。

第二十条 对重点提案的办理,提案委员会应主动登门走访,过问办理进度,采用多种形式,尽速办结。如:深入现场调查、召开提案见面会,邀请承办单位座谈等。

第二十一条 催办进度:提案委员会应及时掌握多数提案的办理进度和质量,要求时间服从质量,对承办数量多难度大的单位,为确保质量,可会同政府办负责提案工作的同志共同协作,尽早落实办理。

第二十二条 提案办理后复文要求

一、提案所提问题已经解决的,要将解决的情况详细介绍;

二、提案所提问题,因受客观条件限制一时难以解决的,要说明原因,并将今后打算和解决的举措一并写清。解决后,要将成效向提案委员会反馈。

三、提案所提问题确实无法解决的,要实事求是地说明情况,解释清楚。

第二十三条 提案文书工作要求

一、由承办单位一式三份报区政府办公室,由政府办公室转二份给提案委员会,提案委员会负责审阅、把关、对不符合要求的,及时商请原承办单位重新考虑,答复时,政协办公室一并将“征询意见表”随提案办理报告表附上提案人在接到提案办理情况答复后,对答复有异议的,应在十五天内作出反应,逾期则认为没意见。

二、对委员反馈来的意见,应及时研究,区别情况作出相应的处理意见,对个别委员函复意见较大的,应认真组织有关方面的同志共同复议,妥善处理。

第六章 附 则

第二十四条 本细则由常委会审议通过后实行。

第二十五条 本细则由提案委员会负责实施。

中国人民政治协商会议芜湖市新芜区委员会
关于视察、调查工作的规则

(1998年7月14日区政协五届二次常委会议通过)

组织政协委员视察、调查,是委员深入实际,联系群众,反映社情民意,认真履行政治协商、民主监督和参政议政职能的重要途径和有效方式。为使委员更好地履行职能,行使民主权利,加大民主监督的力度,促进我区两个文明建设,根据《中国人民政治协商会议章程》及有关规定,特制定本规则:

第一条 视察、调查是区政协组织政协委员对我区的政治、经济、文化教育、科学技

术和社会生活等方面进行实地观察、检查、研讨的重要活动。

第二条　视察、调查要坚持“小型、专项、节约、实效”的原则，深入实际，广泛地听取意见，全面地了解情况。视察、调查应根据其内容和范围，一般以专门委员会为基础，组织一至若干个视察、调查组。

第三条　视察、调查活动每年应有计划地实施。重要的视察、调查活动应由主席会议确定。

第四条　视察、调查组要按照视察、调查的内容要求，组织有关委员参加，必要时也可邀请有关人士参加。

第五条　根据需要，有些专项视察、调查活动，也可同区委、区人大、区政府及有关部门联合进行。

第六条　视察、调查结束后，应形成报告，参与视察、调查的主席、副主席或专门委员会主任审核，由区政协办公室主任签发，报送区委、区政府和有关部门。

第七条　本规则经区政协常务委员会审议通过后组织实施。

中国人民政治协商会议芜湖市新芜区委员会
关于完善与区委、区政府对口联系制度的意见

（1998 年 10 月 20 日区政协五届常委会第二次会议通过）

政治协商、民主监督、参政议政，是人民政协的主要职能。为贯彻《政协全国委员会关于政治协商、民主监督、参政议政的规定》精神，逐步实现我区政协工作规范化和制度化，特提出以下意见。

一、指导思想

以邓小平理论和党的基本路线为指导，认真履行《政协全国委员会关于政治协商、民主监督、参政议政的规定》，充分发挥人民政协“人才库”的优势，调动政协委员参政议政积极性，为改进政府工作，提高工作效率，推进我区经济建设和社会事业发展，作出新的贡献。

二、区政协与区政府对口协商的方法

1. 政府明确一位分管区长联系政协工作。

2. 政府召开常务会议时，根据会议内容，可请政协主席或一名副主席列席会议；也可请有关专门委员会主任列席会议。政协召开常委会议或有关专题座谈会，可邀请政府分管区长和政府有关职能部门领导到会听取意见和情况反映，通过协商，以求共识。

3. 政府每半年向政协常委会通报经济建设等主要工作情况，重大问题应随时通报。

4. 政府提请人大常委会审议的工作报告或重大决策，应提前征求政协意见；政协对政府的工作报告或重大决策应及时组织协商讨论，并将研究结果及时反馈政府。

5. 对涉及全局性的重大问题或政府提出的调研课题，政协可组织专委会或有关人士进行调查研究，并提出书面意见或建议。

三、政协各专委会与区党、政职能部门对口协商方法

1. 建立联络制度,由政府办和政协办主任任联络员,实行定期联系。

2. 区政协各专委会与区党、政职能部门对口协商的单位、部门:

(1)政府经计委、财政局、乡企局、劳动局、统计局与政协经济委员会;

(2)政府办公室、信访办、城建委、环保分局与政协提案委员会;

(3)政府教委、卫生局、计生委、文体局与政协科教文卫体委员会;

(4)综治办、政府监察局、审计局、民政局、司法局与政协社会法制委员会;

(5)区委统战部与政协"三胞"联谊委员会;

(6)区委宣传部、文明办与政协学习宣传委员会。

3. 对口协商的内容:

(1)党的路线、方针、政策和国家法律法规贯彻执行的情况;

(2)经济与社会发展规划;

(3)两个文明建设和民主法制建设方面的重要事项;

(4)廉政建设方面的工作;

(5)政府职能部门密切联系群众生产、生活的重大问题;

(6)政府工作报告、财政预、决算和经济计划执行情况等;

(7)重要人事安排。

4. 对口协商的具体要求:

(1)区党、政职能部门主要领导与政协对口的各专委会正、副主任每年召开1~2次联席会议。会议由职能部门领导通报本部门工作情况,互通信息、交换意见、协商解决有关问题。

(2)互相邀请列席各自召开的重要会议。

(3)对专题研讨会、座谈会等,由"联络员"牵头承办,并做好文字记录工作。

(4)对重大问题,可协商进行联合调查。在调查中应注重质量和效果。

(5)政协组织专委会开展重要专题调查时,应事先通报区委、区政府有关职能部门,并写出调查报告,提出建议和意见,及时送交有关职能部门;区委、区政府职能部门研究处理后,亦将办理结果反馈政协及对口的专委会。

(6)政府办公室和政协办公室根据工作需要,可互相传阅有关文件和资料;政府职能部门工作涉及重要方面问题的有关文件资料,应抄送政协对口的专委会参阅。

中国人民政治协商会议芜湖市
新芜区委员会专门委员会通则

(2003年7月24日六届二次委员会议审议通过)

第一章　总则

第一条　为充分发挥专门委员会履行政协职能的作用,进一步健全工作制度,根据《中国人民政治协商会议章程》的有关规定,结合我区的实际情况,制定本通则。

第二条　政协新芜区委员会设置六个专门委员会，定名为：

1. 提案委员会
2. 经济委员会
3. 教科文卫体委员会
4. 社会法制委员会
5. 学习宣传委员会
6. 港澳台侨委员会

第三条　专门委员会是在区政协常务委员会和主席会议领导下，组织委员进行经常性活动的工作机构。

第四条　专门委员会的设置和变动，由常务委员会决定。

第五条　专门委员会以邓小平理论和"三个代表"重要思想为指导，认真履行人民政协的政治协商、民主监督、参政议政的职能，为促进我区的经济建设和各项事业的发展做出贡献。

第二章　组　织

第六条　专门委员会按照有利于联系各界、各方面人士，便于组织经常性活动和自愿、协商、统筹安排的原则，由本届区政协委员组成。

第七条　专门委员会设主任 1 人，副主任 1～2 人。主任和副主任由常务委员会决定，委员划分由主席会议决定。

第八条　专门委员会的工作由主任主持；若遇特殊情况，主任暂缺时，可由主席会议研究，确定一名副主任主持工作。

第九条　专门委员会可根据需要，分设小组进行活动。各专门委员会还可邀请不是本委员会的区政协委员以及非政协委员的专家、学者参加活动。

第十条　各专门委员会不设办公室，日常工作由主任、副主任负责，区政协办公室予以协调办理。

第三章　主要任务

第十一条　专门委员会根据政协章程的要求，按照区政协全委会、常委会和主席会议提出的各项任务，分别组织实施，就我市、我区政治、经济、文化教育、科学技术、社会生活等方面的重要问题，提出建议、意见和提案。

第十二条　专门委员会应广泛联系政协委员和各界人士，积极开展学习、座谈讨论、调查视察、咨询服务等活动，了解和反映社情民意，为委员知情出力，履行职责创造条件。

第四章　工作制度

第十三条　专门委员会的各种活动应发扬社会主义民主，进行协商讨论。专门委员会对工作作出决定时，以委员会全体委员的过半数通过。

第十四条　以专门委员会名义形成的材料，一般由委员会主任或主任委托的副主任审定签发；重要的由委员会议或主任会议审议。

专门委员会提出的意见和建议需形成文件的,一般以区政协办公室名义发出,由办公室主任签发;重要的呈请主席会议审议,以政协名义发出,由主席或分管副主席签发。

第十五条　专门委员会可不定期地举行会议,检查工作开展情况,研究有关问题。

第十六条　专门委员会应加强与中共新芜区委、区人大、区政府有关部门经常性的工作联系,并就重要问题开展对口联系协商。

第十七条　专门委员会每年应根据全委会议的有关精神,制定年度工作计划。年末应有工作总结,并向主席会议、常委会议或全委会议报告。

第五章　附　则

第十八条　本通则经区政协常务委员会通过后实施。

附三:中国人民政治协商会议芜湖市镜湖区委员会有关制度与规则

中国人民政治协商会议芜湖市
镜湖区委员会全体会议工作规则

(2006年7月28日七届一次常委会议审议通过)

第一章　总　则

第一条　为进一步推进中国人民政治协商会议镜湖区委员会(以下简称政协镜湖区委员会)全体会议的制度化、规范化和程序化建设,根据《中国人民政治协商会议章程》,省、市政协的有关规定,制定本规则。

第二条　全体会议是政协镜湖区委员会围绕团结和民主两大主题,履行政治协商、民主监督、参政议政职能的最高形式。

第三条　全体会议以马克思列宁主义、毛泽东思想、邓小平理论和“三个代表”重要思想为指导,坚持社会主义初级阶段的基本路线,在热爱中华人民共和国、拥护中国共产党的领导、拥护社会主义事业、共同致力于中华民族伟大复兴的政治基础上,根据中国共产党同各民主党派和无党派人士“长期共存、互相监督、肝胆相照、荣辱与共”的方针,充分体现和发挥我国社会主义政党制度的特色和优势,促进参加政协镜湖区委员会的各党派、无党派人士的团结合作,促进中华民族的大团结大联合,促进社会主义物质文明、政治文明和精神文明的协调发展,为进一步巩固和发展爱国统一战线,为实现我国各族人民的根本任务而奋斗。

第四条　全体会议坚持民主、求实、团结、鼓劲的方针,广开言路,求同存异,民主协商,集思广益,鼓励委员充分发表意见和建议。

第五条　每届政协镜湖区委员会的参加单位、界别设置、委员名额和人选,须在每届第一次全体会议举行一个月前,经上届政协镜湖区委员会主席会议审议同意后,由常务委员会协商决定。

每届政协镜湖区委员会任期内,增加或者变更参加单位、委员名额和人选时,要经本届主席会议审议同意后,由常务委员会协商决定。

第六条 每届政协镜湖区委员会第一次全体会议举行前召开预备会议,全体委员参加。政协镜湖区委员会每届任期五年,从该届政协镜湖区委员会第一次全体会议预备会议开始。

第七条 全体会议每年举行一次。常务委员会认为必要时,可临时召集。

第八条 全体会议须有三分之二以上的委员出席,始得举行。

第九条 全体会议的主要任务:

(一)选举政协镜湖区委员会的主席、副主席和常务委员,决定常务委员会组成人员的增加或者变更;

(二)协商讨论镜湖区的大政方针以及政治、经济、文化和社会生活中的重大问题,提出建议和批评;

(三)听取和审议常务委员会工作报告、提案工作情况的报告和其他报告;

(四)讨论本会重大工作、方针、任务并作出决议。

第十条 全体会议由常务委员会召集并主持。每届第一次全体会议由预备会议选举产生的主席团主持。

第二章 会议的准备

第十一条 全体会议召开前,常务委员会须根据主席会议的提议,进行下列准备工作:

(一)审议通过全体会议议程和日程;

(二)通过常务委员会工作报告、提案工作情况的报告和其他报告,并确定报告人;

(三)审议常务委员会组成人员增加或者变更的建议名单;

(四)会议的其他准备事项;

第十二条 在全体会议举行一个月之前,主席会议提出全体会议议程草案和日程草案的建议。

第十三条 预备会议由上届常务委员会授权主席会议主持,主要任务为通过第一次全体会议的议程和日程,通过本次会议主席团、主席团会议主持人和提案审查委员会名单。

主席团会议由主席团会议主持人主持,主要任务是通过主席团常务主席名单,审议提请全体会议通过的决议,决定全体会议的其他事项。

主席团常务主席会议由主席团会议主持人主持,主要任务是审议提请主席团会议审议的各项文件。

主席团和主席团会议主持人、主席团常务主席工作至会议选举产生本届政协镜湖区委员会主席、副主席、常务委员为止,提案审查委员会工作至本次会议结束为止。

第十四条 全体会议设立会议秘书处,秘书处由秘书长和副秘书长组成,办理常务委员会或主席团、主席会议或主席团常务主席交付的事项和处理会议日常事务。

第三章 会议的举行

第十五条 全体会议采取大会和小组会、联组会等形式进行。

第十六条　全体会议开幕会的任务:

(一)听取常务委员会工作报告;

(二)听取常务委员会提案工作情况的报告;

(三)听取其他报告或说明。

第十七条　全体会议闭幕会的任务:

(一)通过会议决议;

(二)决定常务委员会组成人员的增加或者变更;

(三)其他事项。

第十八条　全体会议听取并讨论政府工作报告及其他报告,提出意见和建议。

第十九条　全体会议可安排大会发言。各党派、团体、界别、专门委员会、委员个人或联名均可提交书面发言材料,申请大会发言。大会发言人选由会议秘书处提请主席会议确定。

第二十条　全体会议各次大会的主持人由主席会议协商决定。每届第一次全体会议的执行主席、主持人由主席团会议协商决定。

第二十一条　委员小组按界别组织。视情况可单独编组或合并编组。每届第一次会议,由上一届主席会议提出小组召集人人选,主席团常务主席会议协商确定,如有变更须由主席会议协商确定。

第二十二条　会议可根据需要组织联组讨论,联组会可由同一界别的委员小组合并而成,也可由不同界别的委员小组联合而成。联组会的主持人由主席会议协商确定。

第二十三条　全体会议邀请中共镜湖区委、区人大常委会、区政府、区人武部和区人民法院、区人民检察院领导同志出席,邀请中共镜湖区委、区政府有关部门和有关人民团体负责同志列席。也可根据情况邀请其他人士列席。

第二十四条　全体会议期间,各党派、团体、界别、专门委员会、委员小组或联组均可提出提案。提案的审查工作由提案委员会或提案审查委员会负责。

第二十五条　全体会议期间的大会情况和小组会、联组会讨论情况,应编发会议简报。

第二十六条　委员应按照会议日程积极参加全体会议的各次会议和各项活动,因病或其他特殊情况不能出席会议和参加活动时,须请假。

第四章　选举和表决

第二十七条　每届第一次全体会议从本届委员中选举产生本届政协镜湖区委员会主席、副主席、常务委员,组成常务委员会。选举工作由会议主席团领导。

第二十八条　主席、副主席和常务委员的建议人选由主席团审议后提交各委员小组充分酝酿讨论。主席团根据委员的意见,确定正式候选人名单,提交大会选举。

第二十九条　每届第一次全体会议选举采用无记名投票方式。其他各次全体会议选举采用举手表决方式。选举时须有三分之二以上的委员出席。候选人得到的赞成票超过全体委员的半数方可当选。

每届第一次全体会议的选举办法,由主席团会议审议决定。其他各次全体会议的选举办法，由常务委员会会议审议决定。

第三十条　每届任期内，常务委员会组成人员的增加或者变更，由常务委员会提请全体会议决定。

第三十一条　全体会议的决议和建议案，应经全体委员过半数通过。

第四章　附　则

第三十二条　本规则经常务委员会会议通过后实行。本规则的解释权属于常务委员会。

中国人民政治协商会议
芜湖市镜湖区委员会常务委员会工作规则

（2006年7月28日七届第一次常委会议审议通过）

第一章　总　则

第一条　为进一步推进中国人民政治协商会议镜湖区委员会常务委员会（以下简称常务委员会）工作的制度化、规范化和程序化建设，根据《中国人民政治协商会议章程》，（以下简称《政协章程》），结合我区实际，制定本规则。

第二条　常务委员会以中华人民共和国宪法为根本准则，以马列主义、毛泽东思想、邓小平理论和"三个代表"重要思想为指导，以《政协章程》为依据，高举爱国主义和社会主义旗帜，坚持中国共产党领导的多党合作和政治协商制度，进一步巩固和发展爱国统一战线，围绕团结和民主两大主题，积极履行政治协商、民主监督、参政议政职能，为全面建设小康社会而奋斗。

第三条　常务委员会主持政协镜湖区委员会的会务，在政协镜湖区委员会全体会议闭会期间，处理政协镜湖区委员会的重要工作。

第四条　常务委员会由政协镜湖区委员会主席、副主席、常务委员组成。政协镜湖区委员会主席主持常务委员会的工作，副主席协助主席工作。

第五条　常务委员会的职权：

（一）协商决定下届政协镜湖区委员会的参加单位、界别设置、委员名额和委员人选。协商决定本届政协镜湖区委员会增加或者变更的参加单位、委员名额和人选；

（二）召集并主持政协镜湖区委员会全体会议。每届第一次全体会议前召开全体委员参加的预备会议，选举第一次全体会议主席团，由主席团主持第一次会议；

（三）在非常情况下决定政协镜湖区委员会是否延长任期。由常务委员会以全体组成人员的三分之二以上多数通过，得延长任期；

（四）执行政协全国委员会、政协安徽省委员会、政协芜湖市委员会和政协镜湖区委员会全体会议的决议；

（五）审议通过提交中共镜湖区委、镜湖区人民代表大会常务委员会、镜湖区人民政府的重要建议案；

（六）常务委员会组成人员增加或者变更时，常务委员会提出建议名单，由政协镜湖区委员会全体会议决定；

(七)决定政协镜湖区委员会工作机构的设置和变动,并任免其领导成员；

(八)根据《政协章程》决定对参加政协的单位和个人的纪律处分事项。

第六条　常务委员会组成人员要认真执行《政协章程》和政协镜湖区委员会及常务委员会的规定、决议,积极参加常务委员会的活动,加强同各方面人士的联系,广交朋友,及时反映人民群众的意见和要求。

第二章　常务委员会会议

第七条　常务委员会会议一般每季度举行一次;必要时可临时举行。

第八条　常务委员会会议的议程和日程由主席会议确定,于会前7天将会议的有关事项通知常务委员会组成人员;临时举行的会议,可以临时通知。

第九条　常务委员会会议由主席主持,也可由主席委托的副主席主持。

第十条　常务委员会会议的主要任务:

(一)审议政协镜湖区委员会及常务委员会会务和工作中的重大事项；

(二)协商讨论中共镜湖区委和区人民政府的重大方针政策及社会生活中的重大问题,听取中共镜湖区委、区人民政府以及有关部门负责人对有关重要问题的报告或说明,提出意见和建议；

(三)审议提交政协镜湖区委员会全体会议的文件；

(四)审议重要的建议案、提案、视察报告、调查报告和其他报告；

第十一条　常务委员会举行会议时,政协镜湖区委员会办公室主任、副主任列席;视会议内容和需要,可邀请有关的政协镜湖区委员会委员、市政协委员和分管联系政协工作的中共镜湖区委、区人民政府负责人参加。

第十二条　常务委员会会议必须有全体组成人员的三分之二多数出席方能举行;会议要发扬社会主义民主,对议题进行充分协商讨论,全面反映各方面的意见和建议;会议的议案或其他需表决的事项,须经常务委员会全体组成人员过半数通过方能生效。

第十三条　常务委员会会议可采取全体会议和分组会议相结合的方式。

第十四条　在全体会议上,根据需要可安排发言。各民主党派、团体、界别、专门委员会、委员个人或联名均可提交发言材料,申请发言,由会议统筹安排。

第十五条　常务委员会组成人员要积极参加常务委员会会议,因病或其他特殊原因不能出席会议时,须请假。不请假又不出席会议的,以一定方式予以公布。

第十六条　根据需要,可举行专题常务委员会会议,就某项专门问题进行协商讨论,提出建议和意见。

第十七条　常务委员会会议闭会期间,由主席、副主席组成的主席会议主持常务委员会的日常工作。

第三章　文件

第十八条　常务委员会作出的决定,提出的建议、意见和批评,须经主席或委托的副主席签发,以政协镜湖区委员会文件或办公室文件的形式送达有关方面或部门。

第十九条　常务委员会会议可作新闻报道，并视情由办公室编发会议纪要。

第四章　附　则

第二十条　本规则经常务委员会会议通过后实行，其解释权和修改权属常务委员会。

中国人民政治协商会议
芜湖镜湖区委员会主席会议工作规则

（2006年7月28日七届一次常委会议审议通过）

第一条　为进一步推进中国人民政治协商会议镜湖区委员会主席会议的制度化、规范化和程序化建设，根据《中国人民政治协商会议章程》及有关规定，结合我区实际，制定本规则。

第二条　政协镜湖区委员会主席、副主席组成主席会议，负责处理常务委员会的重要日常工作。主席主持常务委员会的工作，副主席协助主席工作。

第三条　主席会议以中华人民共和国宪法为根本准则，以中国人民政治协商会议章程为依据，以马克思列宁主义、毛泽东思想、邓小平理论和“三个代表”重要思想为指导，坚持和完善中国共产党领导的多党合作和政治协商制度，高举爱国主义、社会主义的旗帜，围绕团结和民主两大主题，认真履行政治协商、民主监督、参政议政职能，巩固和发展最广泛的爱国统一战线，调动一切积极因素，为促进我区社会主义物质文明、政治文明和精神文明协调发展服务，为全面建设小康社会而奋斗。

第四条　主席会议组成人员要认真执行《中国人民政治协商会议章程》和政协镜湖区委员会、常务委员会、主席会议的规定、决议，切实履行职责，加强同各方面人士的联系，广交朋友，及时反映人民群众的意见和愿望，积极参加政协镜湖区委员会、常务委员会、主席会议举行的会议和活动。

第五条　主席会议的主要任务：

（一）学习《中华人民共和国宪法》，学习《中国人民政治协商会议章程》和有关规定，学习建设中国特色社会主义的基本理论、基本路线、基本纲领和基本经验，学习统一战线和人民政协的理论和政策，学习经济、科技、法律和现代管理知识；研究部署学习工作。

（二）审议下届政协镜湖区委员会的参加单位、界别设置、委员名额和人选，提请常务委员会协商决定。审议本届政协镜湖区委员会增加或者变更参加单位、委员名额和人选，提请常务委员会协商决定。

（三）根据《中国人民政治协商会议章程》和有关规定，安排协商活动，决定协商的形式和内容。

（四）对中共镜湖区委员会和镜湖区的重大方针政策以及社会生活中的重大问题进行讨论，提出建议、意见或建议案。

（五）审议以政协镜湖区委员会或常务委员会名义向中共镜湖区委、镜湖区人大常委会、镜湖区政府提出的重要建议案。

（六）召集并主持常务委员会会议，确定会议的议程和日程，审议提交会议审议的文件。

(七)受常务委员会的委托,主持下一届第一次全体会议预备会议。

(八)审议政协镜湖区委员会及其常务委员会的工作计划、工作报告和重要活动方案及重要的调研视察报告,审议政协镜湖区委员会的委员视察报告。

(九)决定专门委员会委员人选。

(十)执行常务委员会会议的决议;根据常务委员会的授权,履行常务委员会的部分职权。

(十一)研究涉及政协镜湖区委员会全局性的工作方针,对政协镜湖区委员会及全体会议、常务委员会的制度化、规范化、程序化建设提出建议。

(十二)协调政协各参加单位之间的关系,促进团结合作。

(十三)处理常务委员会的其他重要日常工作。

第六条　主席会议由主席或主席委托的副主席召集并主持。

第七条　主席会议的议题由主席或副主席提出,由主席或主席委托主持会议的副主席确定。

第八条　主席会议一般每月举行一次;必要时可临时召开。

第九条　主席会议举行前,办公室应将开会时间、地点、主要议题等通知事项和提交会议审议的重要文件,送达主席会议组成人员;临时召开的会议临时通知。

第十条　主席会议举行时,政协镜湖区委员会办公室主任、副主任列席,必要时也可邀请专门委员会主任和与会议议题有关的其他人员列席;协商讨论重大问题时,可邀请有关部门负责人到会介绍情况、听取意见。

第十一条　主席会议须在全体组成人员过半数出席时方能举行。

第十二条　主席会议协商讨论问题,要充分发扬民主。讨论决定问题,必须坚持少数服从多数的原则;对于少数人的不同意见,应当认真考虑。如对重要问题发生争论,双方人数接近,除在紧急情况下必须按多数意见执行外,应当暂缓做出决定,待进一步调查研究、交换意见、统一认识后再做决定。

第十三条　主席会议决定问题时,一般以分项审议方式通过,必要时也可以合并审议通过。

第十四条　对提请主席会议审议通过的文件,提请人应在主席会议审议时作出说明。

第十五条　主席会议审议通过的文件,需继续提请常务委员会会议审议通过的,在常务委员会会议表决通过前,由主席或由主席委托的副主席作出说明;主席会议审议通过即发生效力的文件,由主席或主席委托的主席会议其他成员签发,以政协镜湖区委员会文件或办公室文件的形式送达有关方面或部门。

第十六条　主席会议应作会议记录并视情编发会议纪要。会议纪要由主席或主席委托的主席会议其他成员签发。

第十七条　本规则经政协镜湖区委员会主席会议通过后实行。

中国人民政治协商会议
芜湖镜湖区委员会委员视察工作规则

（2006 年 7 月 28 日七届一次常委会议审议通过）

第一条　为了加强政协镜湖区委员会委员视察工作的制度化、规范化、程序化建设，根据《中国人民政治协商会议章程》和有关规定，结合我区实际，制定本规则。

第二条　委员视察作为人民政协的一项基础性工作，是委员了解情况、研究问题、学习提高的重要方式；是委员有序参与国是，履行政治协商、民主监督、参政议政职责的重要渠道；是密切同社会各界联系，加强党派、界别之间合作共事的重要途径；是围绕团结和民主两大主题，在政治生活中发扬社会主义民主的重要形式。

第三条　视察工作以马克思列宁主义、毛泽东思想、邓小平理论和“三个代表”重要思想为指导，坚持社会主义初级阶段的基本路线和基本纲领，贯彻“长期共存，互相监督，肝胆相照，荣辱与共”的方针，围绕区委、区政府的中心工作，深入实际，深入基层，深入群众，了解社情民意，提出意见建议，为促进社会主义物质文明、精神文明、政治文明建设和构建和谐社会服务。

第四条　视察的主要内容包括国家宪法、法律、法规和地方性法规的实施以及重大方针政策的贯彻执行情况；改革开放和社会主义现代化建设的重大成就；政治、经济、文化和社会生活中的重要问题；政府机关及其工作人员的工作情况。

第五条　视察组织工作坚持“求实、规范、安全、协作”的原则，科学安排，精心组织，周到服务。

第六条　区政协办公室会同各专门委员会统筹安排视察工作，制订每届的视察工作规划和年度视察工作计划，提请主席会议审批，报常务委员会议批准；年度内向常务委员会议提交视察工作情况报告。

第七条　政协委员的视察，由区政协办公室负责协调，相关专门委员会负责组织。

第八条　组织委员赴街道、社区视察时，根据视察内容需要，可邀请当地的政协委员参加。

根据需要，有些专项视察活动，可同市政协或区委、区人大、区政府及有关部门联合进行，可邀请市政协委员参加，必要时也可邀请有关人士参加。

第九条　委员参加视察，要按照日程参加各项活动，遵守有关规定；认真了解情况，研究问题，反映社情民意；切实履行政治协商、民主监督、参政议政职责。

第十条　区政协办公室或相关专门委员会要预先商请区有关部门和有关单位，围绕视察内容制定活动日程，安排接待工作。

第十一条　视察过程包括听取情况介绍、实地考察、座谈、与被视察单位党政领导交换意见。

第十二条　视察结束后，在集思广益的基础上形成视察报告（由各专门委员会负责撰写）。重要视察报告提交主席会议或常务委员会会议审议，并报送区委、区政府。

第十三条　对视察过程中发现的一些重要情况或建议，可以通过提案、信息、信访渠道反映给有关部门。

第十四条　视察视情邀请新闻单位派记者采访报道,扩大委员视察的社会影响。

第十五条　区政协办公室或相关专门委员会派出若干工作人员,负责委员视察活动的各项组织服务工作。

第十六条　委员的视察经费,由区政协办公室统一安排。委员超出视察日程安排之外的活动费用由个人自理。

第十七条　本规则自七届一次常务委员会议通过之日起实行。由区政协办公室负责解释。

中国人民政治协商会议
芜湖市镜湖区委员会反映社情民意信息工作规则

(2006 年 7 月 28 日七届一次常委会议审议通过)

第一条　为发挥人民政协反映社情民意信息工作在履行政治协商、民主监督、参政议政职能中的重要作用,根据《中国人民政治协商会议章程》和有关规定,制定本规则。

第二条　反映社情民意信息工作以马克思列宁主义、毛泽东思想、邓小平理论和“三个代表”重要思想为指导,全面贯彻落实科学发展观,围绕中心,服务大局,解放思想,实事求是,为促进社会主义物质文明、政治文明、精神文明与和谐社会建设的协调发展服务。

人民政协要运用包容各界、联系广泛、人才密集的有利条件,了解和反映社会不同阶层、不同群体的愿望和要求。反映社情民意信息工作应抓住重点,体现特色,真实准确,讲求时效。

第三条　反映社情民意信息工作,是政协各参加单位、各个界别、各专门委员会、政协委员、各民主党派和工商联成员及无党派人士,围绕国家大政方针,政治、经济、文化和社会生活中的重要问题,以及人民群众普遍关心的问题,通过政协镜湖区委员会办公室内部刊物《镜湖政协》,向市政协、中共镜湖区委、区人民政府以及区直单位党政机关有关部门反映重要情况,提出意见和建议。

第四条　了解和反映社情民意是人民政协履行职能的重要基础和关键环节。政协委员要密切联系群众,重点联系本界别群众,深入了解民情,充分体察民意,广泛集中民智,积极反映社情民意信息。

第五条　做好反映社情民意信息工作是政协镜湖区委员会办公室和各专门委员会的重要职责。办公室和各专门委员会要在组织会议、政协委员视察、专题调研、提案等项工作中,收集、整理政协委员反映的重要情况和意见、建议。

建立特邀信息员制度。聘请若干政协委员为特邀信息员。同时聘请若干名热爱信息工作的人士为信息员。

第六条　积极为各民主党派和工商联反映社情民意信息提供服务。充分发挥参加政协的各民主党派、工商联组织和无党派人士在反映社情民意信息工作中的作用。

第七条　加强与各街道办事处、区信访局反映社情民意信息工作的联系,做好协调和服务工作。

第八条　维护政协委员、各民主党派和工商联成员及无党派人士依照宪法、法律和政协章程反映社情民意信息的民主权利。同时支持特邀信息员的工作。

第九条　政协镜湖区委员会办公室主办反映社情民意信息内部刊物《镜湖政协》。

第十条　政协镜湖区委员会办公室确定一名(兼职)反映社情民意信息专门工作人员,负责社情民意信息的收集、编辑、报送、反馈,以及有关组织、协调、服务工作。

第十一条　政协镜湖区委员会办公室与参加政协的各民主党派、区工商联,各街道办事处,以及反映社情民意信息工作联系点建立专门的信息网络,以保证反映社情民意信息传递渠道畅通、安全、快捷。

第十二条　政协镜湖区委员会办公室要重视反映社情民意信息工作队伍建设,配备必需的人员和设备,同时加强信息工作人员的政治和业务培训,为开展信息工作创造条件。

第十三条　定期通报反映社情民意信息工作情况,表彰反映社情民意信息工作先进单位和先进个人。

第十四条　本规则自区政协七届一次常务委员会议通过之日起实行,由政协镜湖区委员会办公室负责解释。

中国人民政治协商会议
芜湖市镜湖区委员会提案工作细则

(2012 年 6 月 27 日政协镜湖区第八届委员会常务委员会第一次会议修订)

第一章　总　则

第一条　为发挥人民政协提案(以下简称提案)在履行政治协商、民主监督和参政议政职能中的重要作用,根据《中共中央关于加强人民政协工作的意见》、《中国人民政治协商会议章程》和《政协全国委员会关于政治协商、民主监督、参政议政的规定》,参照安徽省政协提案工作条例和市政协提案工作细则,结合我区实际情况,制定本细则。

第二条　提案是政协委员、参加政协的党派、人民团体和政协专门委员会(以下统称提案者)向政协全体会议或常务委员会提出的,经提案审查委员会或提案委员会审查立案后,由承办单位办理的书面意见和建议。

提案是履行人民政协职能的一个重要方式;是坚持和完善中国共产党领导的多党合作和政治协商制度的一种重要载体;是协助中国共产党和国家机关实现决策民主化、科学化的一条重要渠道。

第三条　提案工作以马克思列宁主义、毛泽东思想、邓小平理论和“三个代表”重要思想为指导,坚持社会主义初级阶段的基本路线和基本纲领,全面贯彻科学发展观,遵循“长期共存、互相监督、肝胆相照、荣辱与共”的方针,充分发扬民主,广开言路,调动一切积极因素,为构建和谐社会,促进深化改革、扩大开放,为推进我国的社会主义现代化建设,实现祖国完全统一,维护世界和平与促进共同发展这三大历史任务服务。

第四条　提案工作要坚持围绕中心、服务大局、提高质量、讲求实效的方针,加强规范化、制度化、程序化建设,努力提高提案质量、办理质量和服务质量。

第五条　提案工作是人民政协的一项全局性工作,政协委员和参加政协的各党派、各人民团体以及政协各专门委员会,应密切协作,履行各自职责,形成合力,促进提案工作的开展。

第六条　政协镜湖区委员会全体会议听取和审议常务委员会关于提案工作情况的报告。

第二章　提案审查委员会和提案委员会

第七条　每届政协第一次会议成立提案审查委员会,由主任、副主任和委员若干人组成,成员从本届政协委员中产生,由大会预备会议决定。

第一次会议闭会后,经常务委员会议审议通过后,提案审查委员会作为提案委员会,列入专门委员会序列,每届任期五年。提案委员会组成人员的调整,依据《政协镜湖区委员会专门委员会通则》的有关规定办理。

第八条　提案审查委员会和提案委员会的职责:

(一)制定全体会议的提案工作方案和提案委员会年度工作计划;

(二)依照本细则的规定,组织征集提案;

(三)对征集到的提案进行审查立案,协商确定承办单位;

(四)对提案办理工作进行检查和督促,推动承办单位认真办理,对办理不符合要求的应及时商请承办单位重新办理;

(五)向全体会议、常务委员会会议、主席会议报告工作;

(六)对提案进行综合分析,采取多种形式向区委、区人大、区政府和有关部门反映意见和建议。

(七)加强对提案工作的调查研究,组织对提案工作的宣传报道。

(八)加强与中共镜湖区委办公室、区人大办公室、区政府办公室、区政协办公室以及各承办单位的联系和配合,加强与区政协委员、各民主党派、工商联、有关人民团体的联系,加强与本会其他专门委员会的协作;改进工作,为提高提案工作质量搞好服务。

(九)加强与市政协提案委员会的联系,接受指导。

第九条　对于在经济、政治、文化、社会生活中发挥重要作用的提案,对于办理提案有显著成绩的承办单位和个人,提案委员会可报请主席会议审定,以适当的方式给予表彰。

第十条　提案委员会全体会议一般每季度举行一次,必要时可临时召集;主任会议根据工作需要举行。

第十一条　提案委员会形成的重要文件,须经提案委员会全体会议或者主任会议讨论通过,并由委员会主任审定、签发。

第十二条　区政协办公室是提案委员会的办事机构,是政协机关的组成部分,具体负责提案委员会的日常工作。

第三章　提案的提出

第十三条　下列人员和单位可以提出提案:

(一)政协镜湖区委员会的委员及在我区的市政协委员,可以个人名义或联名方式提

出提案;全体会议期间可以界别、会议小组或联组名义提出提案;

(二)参加区政协的各党派、人民团体,可以本党派、团体的名义提出提案;

(三)政协镜湖区委员会专门委员会,可以本专门委员会名义提出提案。

第十四条　提案的基本要求:

(一)提案应当坚持严肃性、科学性、可行性,围绕国家的大政方针,地方重要事务以及人民群众普遍关心的问题等建言献策;

(二)提案须一事一案,并按统一规定的格式提交,内容要实事求是、简明扼要,做到有情况、有分析、有具体建议;

(三)委员联名提出的提案,发起人作为第一提案人,签名列于首位;以界别、小组或联组名义提出的提案,应有召集人的签名;以党派、团体名义提出的提案,须由该组织负责人签名并加盖公章;本会专门委员会提出的提案须由该专门委员会主任签名。

第十五条　提案可在全体会议期间提出,也可以在闭会期间提出。

在全体会议提案截止时间之前提出的提案,作为大会提案处理;截止时间以后的提案,作为平时提案处理。大会提案和平时提案的效力相同。

第四章　提案的审查和处理

第十六条　提案审查委员会和提案委员会本着尊重和维护提案者的民主权利、保证提案质量的原则,对收到的提案进行审查,符合本细则第三章规定的予以立案。有下列情形之一的不予立案:

(一)涉及党和国家秘密的;(二)国家明令禁止的;(三)中共党员对党内有关组织、人事安排等方面有意见的;(四)民主党派成员反映本组织内部问题的;(五)进入民事、刑事、行政诉讼及仲裁程序的;(六)属于正常行政渠道解决的;(七)属于学术研讨的;(八)超出本地区职权范围的;(九)为本人或亲属解决个人问题的;(十)宣传、推介具体作品、产品的;(十一)举报揭发的;(十二)内容空乏、建议笼统的。

第十七条　经审查立案的提案,要根据提案内容和有关单位的职责分工确定承办单位。凡涉及两个以上承办单位办理的提案,应当确定主办单位、会同办理单位或分别办理单位;未立案的应及时通知提案者,所提意见和建议,可根据不同的情况,分别以适当方式转送有关部门研究、参考。

第十八条　提案委员会对涉及全局问题的重大提案,可报请主席会议或者常务委员会议审议通过后作为建议案提出。送请中共镜湖区委、区人大常委会、区人民政府研究处理。

提案委员会还应选择一些内容重要、可操作性较强的提案提请主席会议审议通过后,作为由主席会议组成人员领衔督办的重点提案。

第十九条　已立案的提案,应及时交办。全体会议期间的提案,由区政协办公室会同中共镜湖区委办公室、区政府办公室,按照归口管理的原则,联合交有关单位承办。全体会议闭会期间立案的提案由区政协办公室及时送交有关单位承办。

第五章 提案的办理

第二十条 承办提案的中共镜湖区委、区人大常委会、区人民政府、区政协等，根据国家法律、法规、政策和有关规定对提案进行认真办理，并对提案者作出书面答复。

第二十一条 提案办理工作的具体要求是：

(一)承办单位应当遵循认真负责、积极主动、实事求是、注重实效的办理原则保证提案的办理质量，并在规定的时限内对提案者进行答复。

(二)提案办理工作，要健全制度，严格程序，有领导分管，专人负责。凡有条件解决的，应努力予以落实；因条件所限，一时尚难解决的，应当作出规划，提出解决措施；确实不可行的，应实事求是地说明情况，解释清楚，

(三)涉及两个或两个以上单位会同办理的提案，主办单位应主动与会办单位协商；会办单位应当积极配合，及时将会办意见告知主办单位，由主办单位答复提案者；分别办理的提案，由承办单位分别答复提案者。

(四)在办理提案中，承办单位应积极实行“开门办案”，加强与提案者的联系，及时互通情况，共商解决问题的办法。

(五)办理复文遵循归口管理的原则，按规定的份数寄送。办理复文应当按规定的格式行文，并加盖承办单位的公章。

(六)承办单位应当主动征询提案者对办理复文的意见。如提案者对办理结果不满意，经提案委员会审查后，交由承办单位重新办理。

(七)承办单位应高度重视主席会议组成人员领衔督办的重点提案，支持区政协提案委员会安排好各种形式的督察活动。办理党派、人民团体、政协专门委员会的集体提案，在书面答复前，应先征求提案者的意见。

第二十二条 区政协提案委员会可采用协商座谈、实地考察、专题调研、走访承办单位、定期联络等方式，推动提案办理工作。对提案中当年不能解决的重要问题，要跟踪督办，促进落实。

第二十三条 各党派、人民团体、政协专门委员会提案和其他重要提案，提案委员会应当有选择地报送主席或副主席阅示，并建议主席、副主席对部分重要提案以适当方式推动办理。

第六章 附 则

第二十四条 本细则经政协镜湖区委员会常务委员会审议通过后由提案委员会组织实施。

第二十五条 本细则由区政协提案委员会负责解释。

中共镜湖区委关于转发《政协镜湖区委员会关于建立各专门委员会与区直部门（单位）对口联系协商制度的意见》的通知

镜发〔2014〕9号

区直各部门(单位),区政协各专门委员会:

现将《政协镜湖区委员会关于建立各专门委员会与区直部门(单位)对口联系协商制度的意见》印发给你们,请遵照执行。

中共镜湖区委

2014年5月5日

政协镜湖区委员会关于建立各专门委员会与区直部门（单位）对口联系协商制度的意见

为深入贯彻党的十八大关于健全社会主义协商民主制度精神,推进协商民主广泛、多层、制度化发展,根据《中国人民政治协商会议章程》、中共中央和省、市、区委关于推进人民政协政治协商制度建设的有关要求,结合我区实际,现就进一步加强区政协各专门委员会与区直部门和单位对口联系协商制度提出如下意见:

一、对口联系协商的指导思想

建立和实施对口联系协商制度,要坚持以党的十八大和十八届三中全会关于协商民主制度重要思想为指导,认真履行政治协商、民主监督、参政议政的职能,充分发挥人民政协智囊团、人才库及政协委员联系面广的特点,调动政协委员参政议政的积极性,为打造安徽人居环境最美、经济实力最强、社会秩序最好、百姓受益最多的中心城区贡献力量。

二、对口联系协商的有关部门(单位)

1. 提案委员会:区委办、人大办、政府办、提案各承办单位

2. 经济委员会:经发改委、财政局、审计局、统计局、商务局(旅游局)、招商局、安监局、工商联、旅游商品经济园区管委会、镜湖建设投资公司、重点办、金旅建设投资公司

3. 人口资源环境委员会:住建委、人口和计划生育委员会、文明办、农水局、市容局、重点局、宜居公司、征收办、爱卫办、环卫所

4. 教科委员会:教育局、科技局、科协

5. 文卫体委员会:宣传部、卫生局、文广新局(体育局)、信息办、卫生监督所、妇幼保健所、疾控中心、文化馆

6. 社会和法制委员会:政法委、综治办、法院、检察院、公安分局、民政局、司法局(法制办)、人社局、监察局、信访局、市场监督管理局、交警大队、工会、团委、妇联、残联

7. 民族宗教和港澳台侨委员会:统战部、宗教局、侨联

8. 学习和文史委员会:档案局(党史研究室)、地方志办公室

三、对口联系协商的主要内容和形式

紧紧围绕我区经济建设、政治建设、文化建设、社会建设、生态文明建设中的重大问

题,围绕改善民生问题,围绕部门重大政策措施进行协商。主要形式有:

1. 联席会议。区相关部门(单位)同区政协对口专门委员会,每年至少召开一次联席会议,就有关问题进行协商,通报工作情况,交换意见。联席会议的时间、议题由各对口联系的部门(单位)与政协专门委员会商定。

2. 工作协商。区相关部门(单位)在制定重要规划、方案和有关政策措施时,应事先向政协对口专门委员会征求意见,邀请专门委员会共同参与论证。政协各专门委员会年度工作计划和重大调研活动,应向区委、区政府相关部门通报协商。

3. 活动互助。区相关部门(单位)列入工作计划的专题调研、重要专项检查,商请政协对口的专门委员会参加;区相关部门(单位)负责人受政协邀请出席的会议,需要通报有关情况的,会前应认真准备及提供有关资料。政协专门委员会按照政协常委会议、主席会议要求,组织对全区政治、经济、文化、社会和生态文明建设等方面发展规划、重大项目建设和重大方案实施情况进行专题调研和视察活动,区委、区政府相关部门应积极支持和配合。政协专门委员会开展的调研、视察等活动,要以调研报告、提案、信息等形式,向区委、区政府及相关部门(单位)报告情况,提出意见和建议。

4. 会议座谈。区相关部门(单位)和政协专门委员会召开专题研讨会、座谈会,可相互邀请参加。双方本着民主、务实的原则就共同关心的问题开展专题协商,增进共识。

5. 信息通报。区相关部门(单位)下发的重要文件、工作简报、有关资料等,应抄送政协各专门委员会。政协专门委员会的重要工作动态、重大活动和重要意见、建议,应及时向区委、区政府相关部门通报、反馈。

6. 落实和反馈。区政协各专门委员会对联系方面的工作每年应有计划开展调查研究,提出工作建议,帮助对口部门(单位)反映情况,献计出力。区有关部门(单位)对区政协专门委员会的调研、视察报告及建议案,要认真研究办理,指定专人负责,并及时给予答复和反馈。

四、对口联系协商的程序

1. 每年年初,区政协各专门委员会及时同区各对口联系协商部门(单位)制定对口联系、协商工作计划。年终对计划的实施情况进行总结,使联系经常化,协商制度化。

2. 各对口部门(单位)每年至少协商一至两次,协商以咨询论证工作决策、研究讨论工作措施为主,注重质量和实效。

3. 协商活动,由对口双方部门(单位)负责人主持,参加人员根据情况确定协商具体内容。协商情况和成果应形成书面材料,根据需要向区委、区政府、区政协报告和向有关单位发送。

五、对口联系协商的组织领导

对口联系协商工作由区委办公室、区政府办公室和区政协办公室负责组织协调。协商中的重大问题及时报告区委、区政府和区政协分管领导,必要时向区委、区政府、区政协主要领导汇报。

第十章　社会活动

《中国人民政治协商会议章程》第二十四条:“中国人民政治协商会议全国委员会委员和地方委员会委员应热爱祖国,拥护中国共产党的领导和社会主义事业,维护民族团结和国家统一,遵守国家的宪法和法律,在本界别中有代表性,有社会影响和参政议政能力。中国人民政治协商会议全国委员会委员和地方委员会委员要密切联系群众,了解和反映他们的愿望和要求,参加本会组织的会议和活动。”区政协组织广大政协委员,广泛地联系各界人士,团结海内外同胞,反映人民群众的意愿与呼声,大力宣传政协的地位与作用,为中华的振兴和崛起献计出力,为构建和谐社会竭尽心智,开展了多种形式的社会活动。

第一节　1984—2006 年镜湖区(原)政协社会活动

一、拍摄电视剧《十五支红蜡烛》

1987 年为了用视觉形象进一步唤起学校、家庭、社会关心和加强对青少年的教育,由政协镜湖区委员会委员自编、自导的电视剧《十五支红蜡烛》(上下集)开拍。9 月 26 日,根据中共镜湖区委镜发字(87)014 号“关于电视文学剧本《悠悠寸草情》(后改名为《十五支红蜡烛》)的批复”,政协镜湖区委员会认真做好该电视剧的摄制工作,组建《悠悠寸草情》电视剧组。并刻制“政协芜湖市镜湖区委员会《悠悠寸草情》电视剧组”公章一枚,便于对外联系。电视剧拍摄完成以后,在 1988 年春节前后进行几次试放,得到市、区党政和政协领导与观众的充分肯定和好评。“六一”前由芜湖电视台搬上荧屏与全市广大观众见面,反应良好。1988 年下半年,由芜湖电视台推荐到南京全国电视中心交流,先后在十几个中等城市中播放。1989 年元月 15 日和 22 日,在中央电视台少儿节目中分别播出该剧上下两集。

《十五支红蜡烛》是政协镜湖区委员会和芜湖电视台共同拍摄的。它以一组生活在知识分子、个体户和皮包公司经理家庭里的孩子为主要艺术形象,通过他们生活的环境——家庭、学校和社会三者之间在读书育人问题上的不同的方式方法,展开一些令人深思的社会问题。

《十五支红蜡烛》在拍摄过程中得到中共镜湖区委、区人大、区政府的极大支持。该剧由市创作研究室主任、政协镜湖区委员会文教工作委员副主任徐国华编写,市文工团演员、政协镜湖区委员会常委胡曼力导演。

剧本突出在人生的征途中,少年时期是人生关键的时期。如何在这极富可塑性而又充满理想与梦幻的年华里,教育、鞭策、关怀与理解孩子们,把他们培养成为有用的人才,这不仅是学校和家长所关注的问题,也是一个具有普遍意义的社会问题,电视剧《十五支红蜡烛》正是带着这个课题进行创作构思的。但是,由于少年文学的创作,长期以来形成的一些固有模式和规范,必然影响编者的创作思维和表现手法。通过大量素材的剖析,在区委和区政协的鼓励和帮助下,作者摒弃了传统的故事型结构,而选取了三个不同类型(知识分子、个体户、皮包公司经理之类)家庭的一组孩子作为主要人物,以家庭、学校、家长、教师和孩子之间在教育方式、教育思想方面所发生的矛盾为戏剧冲突,通过艺术形象的再现,客观地揭示了一些值得注意的问题,给人们以启迪。

二、团结联谊

1985 年 5 月 1 日,在党的“双百”方针指引下,为了弘扬祖国书画艺术,活跃群众文化生活,为社会主义精神文明服务,政协镜湖区委员会举办了《芜湖镜湖书画展览》。展出书画作品 105 幅,其中书法 76 幅,国画 29 幅。惠赠展览珍品佳作的有省政协副主席郑家琪、市政协主席刘健农、96 岁高龄的本省著名画家肖龙士、大书法家葛介屏、刘子善,誉为“江南一支竹”的芜湖名画家黄叶村,镇江著名诗人、画家李宗海、黄厚庵、卢伢千、石寿等老寿星。本市文联、书画院、工人文化宫等单位的书画界知名人士和部分业余爱好者也以其精品力作参与此次展览。展出作品,题材广泛,风格各异,手法新颖,多姿多彩。

1986 年 9 月 6 日,为庆祝第二个教师节区政协组织区属小学一年级班主任和从事教育工作的部分区政协委员前往马鞍山进行一日游活动。

1986 年 9 月 10 日,为迎接中秋节,区政协和区统战部组织部分“三胞”亲属赴九华山观光。

1986 年 9 月 13 日,为了关心和保护老干部及职工的身心健康,区政协于当月下旬起举办首期《老年保健知识讲座》共分六讲,每周一次。讲座聘请皖南医学院教授、讲师主讲涉及老年健康的各个方面,内容比较丰富,实用性较强。

1998 年 4 月 15 日,区政协和区委统战部联合举办了“侨务、对台、出入境”知识讲座,由市侨联主席刘言汉、市台办副主任张明星,市公安局外事科副科长冯海波分别讲授了有关侨务、对台和出入境的知识。

1998 年 8 月 17 日,区政协组织工商界的政协委员前往区境青弋江防洪第一线江堤,慰问七个责任段的一线抗洪干部和群众。

1999 年 9 月,区政协在有关部门的协助下,在镜湖区大礼堂举办以“庆祝国庆、人民政协五十华诞、迎中秋、喜盼澳门回归”为主题的文艺联欢会,中共镜湖区委、区人大、区政府到会祝贺并致贺词,精彩的文艺演出获得圆满成功。

1999 年 11 月 24 日,区政协为庆祝澳门回归举办了《澳门的历史、现状和未来》讲座,由安师大历史系罗超教授主讲。

1999 年 12 月 12 日,区政协组织政协委员中的医务专家,举行迎澳门回归义诊活动,接待群众 144 人问医诊断,扩大了宣传,取得了较好的社会效益。

2001 年 10 月 16 日,区政协会同区委统战部举办了《纪念辛亥革命 90 周年报告会》,由安师大历史系罗超教授主讲。

为加强联系、相互学习、取长补短，进一步做好政协工作，区政协与兄弟政协联系较为广泛，五年(1998—2003)来，接待了省内外县(市)、区政协考察团51批，走访了省内县、区政协13家，外省市、区政协7家。

2003年9月9日在凯生大酒店召开镜湖区各界人士国庆、中秋联谊会。参加会议的有:区政协主席、副主席、常委;港澳台侨工作委员会主任、副主任;区海联会会长、副会长;台胞及“三胞”亲属代表;区工商联会长、副会长;区纳税大户代表。

2003年12月25日在天源酒店召开镜湖区各界人士新春茶话会。参加会议的有:区政协主席、副主席、常委;民营企业人士代表;侨属、侨眷、台胞、台属代表;各街道办事处、区教育局统战委员;特邀人员。

2004年4月上旬，经济工作委员会召开“融入长三角，谋求新发展”的研讨会。

三、友好往来

1985年5月，为学习外地经验，扩大交往，有利于开展工作，区政协参观学习小组一行八人赴九江、武汉(江汉区)、长沙(南区)等地学习政协工作经验。

1989年4月11日，政协镜湖区委员会主席张浩根，副主席程志道与新芜区、马塘区、郊区政协各位主席驱车前往马鞍山市雨山、花山两区政协学习参观，受到这两区的区委、区政府、人大、政协负责同志的热情接待。

1989年4月17日，南京市鼓楼区政协孙家泉主席一行十九人前来镜湖区进行友好访问，受到区政协领导同志的热情接待，区委、区政府有关负责同志会见来宾。会上镜湖区政法委和鼓楼区政法委互相介绍了社会治安和综合治理情况，并就如何进一步搞好这一工作，进行了切磋。大家互通信息，交流经验，互有启发，获益匪浅。

1989年4月27日，合肥市西市区政协耿主席等四人前来镜湖区交流工作情况，受到区政协领导同志热烈欢迎。

1989年4月28日，政协镜湖区委员会主席张浩根和副主席程志道等一行六人前往宣城市泾县政协，受到泾县政协刘会龙主席和办公室同志的热情接待。

1989年5月13日，淮南市潘集区政协一行五人由张勤士主席带队来镜湖区传经送宝。区政协主席张浩根、副主席赵宁远等热情接待了他们。赵宁远同志还向他们介绍了在改革开放的新形势下如何发挥“政治协商、互相监督”的作用以及工作委员会的主要工作。

1989年6月7日，由无锡市崇安区政协副主席王祖领队的一行十人来镜湖区交流指导工作，受到了区政协主席张浩根、副主席程志道、赵宁远的接待。双方就如何发挥区政协职能作用，如何为经济服务和自身建设等问题进行了亲切的交流，会前并由副主席程志道陪同游览了赭山广济寺、芜湖米市和市景，客人们兴致盎然。

第二节　1984—2006年新芜区政协社会活动

一、社会关爱

1985年，为了丰富青少年的业余生活，区政协常委年广久主动赞助人民币5000元，支援新芜区6个街道文化站和44个居委会文化室购置图书,受到了人民群众的赞扬。

采取灵活多样的形式,开展经济技术咨询活动,为区街企业发展献计出力。1987年,新芜区政协常委、市建筑设计院工程师陆企霄,区政协常委、市纺织工业公司工程师焦光明,两次去春光针织服装厂,为该厂兴建织造车间进行实地考察,提出技术咨询。陆企霄常委还多次向区街企业提供市场信息。

林继良委员为区新芜路街道办事处旧城改造引进资金310万元人民币。

二、团结联谊

政协新芜区委员会采取座谈会、茶话会或上门祝贺等多种形式,积极加强与社会各界人士的联系和交往。

为活跃和丰富全区的文化生活,1985年6月,与区文化馆联合组织了一次50余位各界人士参与的"京剧清唱会"。同年,中央关于教育体制改革《决定》公布后,组织了一次全区小学校长座谈会,听取他们对教育体制改革的意见,积极向有关部门作出反应。

1985年9月,邀请40余位在大、中、小学及幼儿园从事教育工作的市、区两级政协委员及各小学的代表欢聚一堂,共同庆祝第一个教师节。中秋节和春节前夕,分别召开了"三胞"茶话会,向他们表示节日祝贺。1985年农历七月三十日和公历12月25日,分别是佛教地藏菩萨生日和天主教圣诞节,分别派出代表登门祝贺,并积极协助天主教爱国会落实宗教房产,密切了各界人士的关系,扩大了交往。

1986年10月,为做好对失足青少年的转化、挽救工作,群工法制工作组先后两次到市重型机床厂和市起重运输机器厂,为两个厂近千名干部和职工开展法制宣传教育,受到广大职工一致好评。

1987年10月4日下午,区政府、区委统战部联合举办中秋茶话会。会议由刘润枝主持。区委副书记朱长明、区人大主任郭瑞广、区政府副区长李文龙出席。

1988年4月25、26两日,在潘孝淳副主席带领下,黄书文常委、宋静波、俞定烈等委员前往三联幼儿园,为全区五所幼儿园老师进行体检,并将检查发现的问题,及时向分管区长作汇报。

1988年9月3日下午,区政协举行庆祝第四个教师节茶话会。同年,9月24日下午,区政协召开中秋茶话会。

1989年1月17日,区政协举行新芜区政协委员、台胞台属及有关人士迎新春活动,并放映电视录像、开展文娱活动。

1989年9月22日,为庆祝中华人民共和国成立40周年,区政协组织全体委员开展一次集体活动。活动中,区委统战部长传达了省、市统战工作会议精神,组织观看了有关国际政治形势的录像资料。

1991年5月17、18日,为稳定社会秩序,发展安定团结的大好形势,根据区政协医卫组委员会工作安排,考虑到全区政法系统干部任务重,决定组织委员对政法、公安、司法和法院、检察院等机关干部,分批开展健康普查活动。

1992年1月17日下午,为进一步增进委员之间的友谊,经区政协常委会研究决定,区政协在九华山路市科学会堂举办迎新春政协委员联欢会。

1992年9月8日下午，区政协举办政协委员暨“三胞”亲属中秋茶话会。

1998年6月25日，区政协举办对台形势报告会。为庆祝香港回归一周年，区政协邀请市对台办领导作形势报告。“三胞”联谊委全体委员、“三胞”亲属代表，区属各党委、总支、直属支部统战委员参加报告会。

三、友好往来

1989年6月3—5日，西安市新城区政协来我区进行友好访问。

2000年8月31日，黄山市徽州区委副书记、政协主席毕炳生，副主席胡在坤一行四人来区访问，区委副书记胡正强、区政协副主席姚声涛热情接待了来宾。

2000年9月9日，区政协副主席姚声涛接待了来我市观光游览的黄山市徽州区政协往届的老主席代表一行八人。

2001年9月4日，以刘全旺副主席带队的安庆市大观区政协港澳台委员会一行八人来区访问，除观光了市容市貌和游览了凤凰美食街外，还就如何发挥专委会作用，进一步为经济建设服务工作进行了交流。

2001年11—12月，区政协先后邀请、接待了浙江金华市婺城区政协陈士采常务副主席一行九人；合肥市郊区政协主席王云飞一行十一人，黄山市歙县政协仇家灏主席一行四人；和县政协章恒清主席一行6人；我市民革、民盟等民主党派及工商联负责人；还有我市繁昌、镜湖等县区政协的领导同志。区政协领导与客人就做好新形势下政协工作进行了交流。分别陪同客人参观游览了凤凰美食街、步行街和鸠兹广场。

第三节　2006—2014年镜湖区政协社会活动

一、社会关爱

2007年5月底，区政协常委高述红和区政协委员奚秀珍带着慰问品，慰问了市第一儿童福利院的孩子们，表达了她们对弱势群体的关爱和对建设和谐社会的一份贡献，芜湖电视台进行了报道宣传，收到了良好的社会效果。

2008年市政协不断创新委员履职形式，以市、县（区）政协上下联动的方式开展委员“进社区，到村组”活动，即以委员活动小组为单位，选择一个社区为联系点，为基层提出2条好建议、帮扶2个困难户、办好2件实事（即“222”工程）。区政协高度重视、精心安排，随即将全区197名政协委员分成11个小组，分别由主席、副主席带队分赴11个街道的一个社区开展委员“进社区，到村组”活动。截至年底，11个活动小组通过视察、调研、开展活动，提出有价值的建议22条，办实事24件，累计捐款13余万元，安排就业岗位16个，资助残疾人家庭4户，资助困难学生16人，资助困难家庭15户，捐赠公用垃圾桶20个、电脑4台、空调器3台、热水器2台、健身器材和科普读物。通过委员“进社区，到村组”活动的开展，促进了委员主体作用的发挥，推动了委员对社区的了解，让辖区居民切切实实感受到了政协组织和政协委员的一份关爱，有力地促进了和谐社会建设，扩大了区政协的社会影响。如区政协常委高述红(美食街耿福兴酒楼经理)热情参加由区政协组织召开的“下岗再就业”推介会,安排了辖区内10名下岗人员再就业,其中一人已成为该酒楼白案组的大师傅;广济寺知客圣修委员捐赠了100斤食油给荷塘社区的特困家庭。市、县(区)委员“进社区,到村组”活动的经验交流会和总结会均在我区召开,我区政协分别在会上作了经验介绍。

2009年区政协积极响应市政协号召,围绕市政协提出的“履职为民,科学发展”主线,开展以“到基层、访群众、知民情、帮民困、办实事、促和谐”为主要内容的委员“界别周”活动,力所能及地为群众办实事、解难事、做好事,在实际行动中体现政协委员履职为民的良好形象。界别周期间,全区197名政协委员分6个小组各有一名主席带队分赴一个社区结合各自特点、优势开展活动。分别开展了慰问特困户和贫困学生、市容整治年、义诊、法律咨询、送科技下乡等活动。这次活动的开展,深受社区群众欢迎,密切了委员与群众的联系,树立了我区政协履职为民的良好形象。

2010年3月,区政协为推动政协委员深入基层、深入群众、关爱社会,制定了《关于开展政协镜湖区委员会委员结对帮扶特困家庭活动实施意见》,印发给各位委员,要求委员认真做好结对帮扶工作,力所能及地为特困家庭办实事、解难事、做好事,为构建和谐镜湖贡献自己的力量。根据该《意见》,区政协组织动员全区近200名委员开展结对帮扶活动,广大委员积极参与,表达爱心。汪之初委员向60户特困家庭送温暖、资助5户特困家庭的女童完成高中学业,向市福利院、市青少年发展基金捐赠等,各项捐赠累计达11万元;陈曾木委员设立奖学金帮助困难学子完成学业,并一次性安置20余名下岗职工;高述红委员连续7年邀请困难家庭参加“爱心年饭”,同时还为多名下岗工人、残疾人等安排就业;何成龙委员在安置离职下岗工人、帮扶贫困家庭的同时,资助2名患病、智障儿童。这一系列活动展示了政协委员的爱心。

与此同时,区政协组织开展了“关注民生、服务社区、构建和谐、促进发展”的主题活动。各街道联络组结合实际,精心安排,活动形式各具特色、成效显著。

镜湖、吉和等街道联络组发挥委员的监督员、调解员和宣传员作用,在拆迁和选房等工作中化解矛盾、协调关系。

北京路、汀棠、北门等街道联络组组织委员看望生活困难和海外侨眷家庭,开展为困难学子提供资助,为下岗职工提供岗位等活动,起到了凝聚人心的作用。

东门、荆山街道联络组安排委员实地视察安置房建设,委员们冒雨深入生活贫困的安置户家中,倾听群众对拆迁安置的意见和建议。

镜湖、赭山、天门山等街道联络组发挥委员特长,组织委员进社区开展法律咨询和卫生健康服务。

弋矶山街道联络组还在中秋国庆期间,组织委员向40余户贫困家庭送月饼献爱心。

2012年区政协组织委员深入社区群众,开展走访慰问活动。许苏平委员捐资100万元作为中小学生大病救助基金。汪之初委员为特困群众减免医药费20余万元,捐款捐物近10万元。王何能委员出资20余万元为40多名留守儿童举办夏令营活动,资助2名困难白血病儿童医疗费。

5月30日上午,区政协与盛宇家纺联合举办“情系社区,爱心捐赠”活动,朱观华委员向原12个街道困难家庭赠送棉被240床,向原弋矶山街道困难妇女家庭赠送棉被60床。高述红委员向方村街道40名留守儿童捐赠学习用品和特色小吃,并与方家村签订"结对共建"协议。企业家委员奚秀珍、鲍传好、俞锦霞等,自发捐款购买防暑降温用品,向坚持奋战在高温一线的环卫工人"送清凉、献爱心"。

2013年,区政协组织委员先后开展了走进中小学校开展"关爱留守儿童、放飞童年梦想"主题捐赠活动;举办古玩字画义卖活动,为困难学子募集善款。一年来,政协委员以各种方式举办爱心扶助活动,以多种渠道筹集善款累计60多万元;向困难群众捐赠米油、衣物等生活物资以及书籍、学习用品等价值20余万元。

1月21日下午,政协赭山联络组在大官山小学举办了爱心进校园捐助活动。区政协委员、光明书店总经理项静茹向20名困难学生捐助爱心大礼包。区政协党组副书记鲁厚义、区政协常委徐宏霞、大官山小学校长程斌、赭山公共服务中心主任周君凤等参加了活动。

为认真贯彻落实中央和全省党的群众路线教育实践活动工作会议和芜市办〔2013〕19号文件精神,中共镜湖区委办公室、区人民政府办公室于2013年8月1日下发了《关于进一步加强机关联系基层干部联系群众工作的意见》,在全区范围开展了"双联系"活动。区政协及时研究部署,并专门成立了领导小组。结合工作实际,制订实施方案,发放了民情日记、联系卡和"双联系"通讯录等。

区政协针对大建设、大征收、大发展过程中产生的矛盾隐患,主动协助各中心、社区开展政策宣传,发动委员开展送温暖等活动。累计走访慰问达300余人次,帮助解决群众反映的低保、廉租房、学习教育、就业和环境整治等问题10余个。

区政协领导班子成员身体力行,深入基层、落到实处,发挥了表率作用。区政协主席茆振文与地处镜湖区边缘的荆山社区重度残疾(二级)靠低保金维持生活的黄必峰,夫妻双方残疾、无收入、长女无固定职业、二女儿在上学、靠低保金维持生活的李桂萍以及谈守银、戴后发孤寡老人结对,给予帮助。党组副书记鲁厚义、副主席奚要武、谭闽月、甄长海等则长期跟踪、联系基层的困危人群、拆迁户、上访户,开展细致入微的工作,扶贫助困、排忧解难、化解矛盾;为建设"五型"镜湖发挥了积极作用。

2013年1月31日上午,茆振文主席、杨珍秘书长走访慰问了荆山公共服务中心的4户困难家庭,其中1户为困难老党员家庭、2户为残疾人家庭、1户为孤寡老人。送上了春节慰问金和大米、食用油等生活必需品。

7月23日上午,正值高温酷暑之际,茆振文主席、杨珍秘书长惦记着结对帮扶的困难户,他们来到荆山社区困难户杨玉华和李桂萍家中,走访慰问,并送上了防暑降温慰问品。

2014年春节前后,区政协主要负责人先后深入基层,看望、慰问鳏寡孤独,送去党和政府的关怀。1月25日上午,区政协主席茆振文带领委员芮东、朱观华等专程来到荆山社区慰问基层老党员和生活困难群众,看望区敬老院老人,并送去米面油等生活用品和慰问金,向他们致以节日的问候和良好的祝愿。

1月26日,区政协副主席甄长海来到车站社区走访慰问重度残疾人孟宪来、袁青两户特困家庭,分别送去米、油等日常生活。

2月13日下午,区政协副主席谭闽月委托香格里拉社区给四户“双联系”户送上爱心汤圆。

2014年中秋节前夕,区政协党组副书记鲁厚义先后来到弋矶山中心陡门口社区、车站社区看望慰问自己的长期帮扶对象——特困户郭长金、曹志强,送去慰问金和食品。区政协副主席陈国强赴方村方家村残疾人腾永林家中看望,并送去慰问金。

区政协机关全体干部长期坚持走进社区、乡村,看望、慰问特困人群,送去党和政府的关怀。

二、团结联谊

区政协历来重视加强与民主党派和政协各参加单位的联系沟通,主动邀请他们参加政协组织的调研、视察、督查、评议等工作,并为他们开展活动搭建平台。积极协助有关党派、团体前来我区开展调研。

2010年区政协与市民主促进会联合赴荆山开展专题调研、与市民主建国会联合赴方村街道,向鳏寡孤独老人、敬老院老人送温暖献爱心,累计捐助衣被、现金价值一万余元。2013年先后配合民盟、市侨联等组织走访调研所属盟员履职、侨胞动态等情况;协助市政协、民进、民革等开展社区管理体制改革、中小学生心理健康教育等课题调研活动。

三、宣传工作

2006年,七届常委会十分重视宣传工作,主要领导多次在政协机关学习日和相关会议上强调,要抓好宣传报道工作,为人民政协履行职能营造良好的舆论环境。政协办公室在区委宣传部、区信息办的指导下,利用宣传媒体和镜湖区政府网站报道政协各项重大活动。自6月份以来,共有十余篇文章在《江淮时报》、《芜湖日报》、《大江晚报》、《芜湖政协》等报刊上发表,使政协开展的活动,报刊上有文字报道,电视上有影像记录,扩大了政协镜湖区委员会的影响。

2007年利用去年安徽省新闻采访团“政协工作江淮行”活动为契机,在《江淮时报》上撰稿发表了由卢炳华委员的一份提案引发区政府在老城区改造中保留十里长街最后九百米石板路的文章,宣传了政协常委李铭在政府网站上参政议政的感人事迹。在重庆市武隆县召开的全国七省市部分区、县(市)政协工作经验研讨会上,介绍我区政协的工作经验。通过参加市政协第二届摄影展,反映区政协工作,从不同侧面展示区政协委员的风采。一年来,在省、市级报刊及政府网站上共发表22篇通讯报道。通过扩大宣传,增强了政协委员的荣誉感,扩大了政协的影响力。

2008年依托新闻媒体、政府网站和《镜湖政协》简报,加大对基本政治制度、委员履行职能、政协视察等方面的宣传力度。“镜湖纵横”栏目分三期介绍了区政协“委员进社区”的开展情况。《江淮时报》、《芜湖日报》、《大江晚报》也适时刊登了有关“委员进社区”活动的感人事迹,如帮助特困家庭,资助贫困大学生,利用委员自身特点开展义诊、义演等。参加全国七省市部分市、县(区)政协工作经验研讨会,并与兄弟县(区)相互交流了政协工作经验。积极参加市政协第三届摄影展,有16幅作品获奖,反映了区政协精神面貌,从不同侧面展示区政协委员的风采。组织参加了“芜湖市宣传政协工作好新闻评选”活动，我区政协有5幅作品获奖。全年在省、市级报刊及政府网站上共发表通讯报道39篇（其中省级报刊8篇）。

与此同时，区政协充分发挥《镜湖简报》和政协信息网的作用，向《江淮时报》、《芜湖日报》、《大江晚报》等报刊及各级各类网络媒体反映政协工作累计30余篇。

2010年组织政协委员参加芜湖、亳州两地书画摄影作品联展，推荐政协委员参展作品20余幅。

2012年制定《政协信息和宣传报道奖励办法》，进一步加大政协工作宣传力度。加强与新闻媒体的联系协作，积极开展对政协重要会议、重要活动、参政议政成果等方面的宣传，先后有40多篇文章被《江淮时报》、《芜湖日报》及省、市政协网等媒体采用，进一步提升了镜湖政协的知名度和影响力。

2012年5月，政协镜湖区委员会为隆重庆祝中共十八大的胜利召开，全面展示我区经济社会发展成果，特别是近年来我区大力实施民生工程取得的成就，与区民生办联合筹办“政协委员看民生”书画摄影展，并于11月28日镜湖区第五届邻里节期间，在市文化馆正式展出。展览得到了各公共服务中心（街道）政协联络组积极响应，共收到各类作品318件。这些作品从不同角度不同侧面真情描绘我区民生工程的丰硕成果，同时也展示了政协镜湖区委员会委员的艺术才华和精神风貌。通过专家评审，组委会综合评定，孙书孝等委员的30件作品分别被评为一、二、三等奖；赭麓政协联络组等3个单位被评为优秀组织奖。1月23日，区政协召开八届六次常委会对“政协委员看民生”书画摄影展的优秀组织单位和获奖个人进行了表彰。

2013年，区政协进一步加强了信息化建设，重视政协宣传工作，积极向《人民政协报》、《江淮时报》以及省、市政协网投稿，全年被采用稿件200多篇。认真编辑《镜湖政协》简报，总结宣传政协组织和委员履职成果。5月，区政协组织委员参加了镜湖区与芜湖电视台举办的“媒体问政”活动，直接与老百姓围绕建设“五型”镜湖，进行了面对面的交流，听取群众的意见、了解人民群众实际生活中的困难与矛盾，提出解决建议与方案。

2014年，区政协高度重视政协宣传工作，不断加强对委员履职活动和参政议政成果的宣传报道力度，在《江淮时报》《芜湖日报》等省市媒体刊发230余篇，为政协事业发展营造了良好舆论氛围。结合纪念人民政协成立65周年暨区政协成立30周年，在《江淮时报》刊发《回眸三十年，谱写新辉煌》专稿。围绕“我与政协”主题，组织部分政协委员撰稿，其中5篇分别在《江淮时报》《芜湖日报》上刊发。

四、纪念活动

2009年是中华人民共和国成立和人民政协成立60周年，区政协开展了纪念建国暨人民政协成立60周年征文比赛、“镜湖风采”书画摄影展和围棋、乒乓球赛等系列庆祝活动。

征文活动，共收到征文60余篇。万晓明委员的《一个温暖的大家庭》、方宁委员的《赤铸山下的紫薇花》、王利军委员的《青春，在政协事业中闪光》等征文内容翔实，从不同层面反映了全区政协委员重视政协工作的心声，体现了政协委员参政议政的责任感和使命感。

“镜湖风采”书画摄影展受到委员和各界人士的普遍关注，共收到书法、绘画、摄影作品近1000余幅,经过专家评委的遴选,选出300余幅作品参展。参展作品从不同角度浓墨重彩地描绘了镜湖区的美丽景象,展示了我区颇具魅力的风俗民情,讴歌了改革开放30年来的丰硕成果,记录了镜湖发展进程的精彩瞬间,反映了镜湖区大建设大发展的成就,展现了镜湖区人民良好的精神风貌。摄影展应广大群众和上级领导的要求,将原定10天展期延期至一个月,取得了很好的社会效应,有效地宣传了镜湖区。

与此同时,区政协积极组织参加了全国政协办公厅和中国摄影家协会举办的"辉煌60年"政协委员全国摄影作品展,区政协一名副主席和杨成顺常委选送的作品分别获优秀奖和参展作品奖。

2011年为庆祝建党90周年和纪念辛亥革命100周年,区政协开展了区政协系统"庆祝建党90周年纪念辛亥革命100周年征文评选"活动。从4月6日下发通知到7月20日,共收到街道联络组和专委会征文50篇,其中庆祝建党90周年征文37篇,纪念辛亥革命100周年征文13篇。经过评委会的评议和主席会议、常委会议的审议,共评出一等奖4名,二等奖8名,三等奖13名。

2014年,为迎接人民政协成立65周年,同时纪念政协镜湖区委员会成立30周年,经区政协八届常委会研究决定,自6月开始,举办庆祝人民政协成立65周年暨区政协成立30周年系列活动。活动包括:"我与政协"征文活动、政协委员摄影展、政协委员座谈会、编撰1984—2014年政协镜湖区委员会志等。

广大委员积极参加"我与政协"征文活动,收到征文篇,经评委会评议和主席会议、常委会审议,评选出一等奖3名;二等奖6名;三等奖9名;优秀奖17名;组织奖3名。

政协委员摄影展共收到参展图片幅,经评委会评议和主席会议、常委会审议,评选出一等奖4名;二等奖9名;三等奖15名。

9月5日下午,区政协召开纪念人民政协成立65周年暨政协镜湖区委员会成立30周年座谈会。区政协主席茆振文,副主席、统战部长甄长海,区政协党组成员、秘书长杨珍以及部分委员出席座谈会。会议回顾了区政协成立的历史沿革和发展历程,总结了30年来区政协的主要工作。参会的委员代表围绕自身履职经历,畅谈了参政感悟。

附一:

"纪念全国政协成立65周年暨镜湖区政协成立30周年"征文获奖名单

2014.12

序号	姓名	作品名称	等次
1	张晓玲	缘于同舟共济 情系风雨兼程	一等奖
2	李 铭	参政议政三千天	一等奖
3	张 东	建言促发展 献策谱新篇	一等奖
4	孙 芳	参政议政,永远在路上	二等奖
5	江 琳	悠悠二十载,两代政协情	二等奖
6	高述红	我自豪,我是一名政协委员	二等奖

续表

序号	姓名	作品名称	等次
7	陈宪生	尽绵薄之力 行政协之道	二等奖
8	曹 蕾	春天,我有一个约会	二等奖
9	赵 想	“着力”要精准“特色”需显著	二等奖
10	徐宏霞	奋进岁月话政协	三等奖
11	丁 琴	破解难题 树立提案新理念	三等奖
12	吴晓苏	参到关键处 议到点子上	三等奖
13	晋月龙	争做一名优秀联络员	三等奖
14	梁 钧	我的四要素座右铭	三等奖
15	孙 琼	跳跃出时代的频率	三等奖
16	魏 欣	三个支撑擎起一片天	三等奖
17	陈聘婷	酸甜苦辣的初体验	三等奖
18	王 兰	离合之间不得不说的故事	三等奖
19	凤 坚	徐缓的行板 如歌的心路	优秀奖
20	鲁 燕	充满戏剧性的"三级跳"	优秀奖
21	杨成顺	一条街与一片社区的今世前生	优秀奖
22	张云龙	老委员的新梦想	优秀奖
23	张洪波	做好提案工作的几点思考	优秀奖
24	曹丽娟	舞者之美 时代风采	优秀奖
25	邹亚敏	良言济苍生 履职为民愿	优秀奖
26	陈 健	做政协人 圆教育梦	优秀奖
27	王国凡	术业有专攻 接访亦如此	优秀奖
28	王正华	一心不二用 问计向民生	优秀奖
29	刘荣霞	耕耘不问果 尽心自坦然	优秀奖
30	黄 祥	书香氤氲道心声	优秀奖
31	张国骏	万里长征正启程	优秀奖
32	陶 勇	以深沉的爱 尽委员的责	优秀奖
33	张 弘	约法四章担道义	优秀奖
34	鲍建国	政协如书任我读	优秀奖
35	邹华权	缘来须珍惜,履职莫辜负	优秀奖
36	天门山联络组		组织奖
37	赭山联络组		组织奖
38	张家山联络组		组织奖

附二：

“纪念全国政协成立65周年暨镜湖区政协成立30周年”书画摄影获奖作品名单

2014.12

序号	姓名	作品名称	作品类别	等次
1	邓恒先	书法作品	书画	一等奖
2	强克顺	昔日西洋湖旧貌新颜	摄影	一等奖
3	王　君	义诊活动	摄影	一等奖
4	高述红	政协委员慰问人民子弟兵	摄影	一等奖
5	谢克谦	书画作品	书画	二等奖
6	陈宪生	书法作品	书画	二等奖
7	孙　琼	重点提案督办	摄影	二等奖
8	陆　军	芜湖外滩	摄影	二等奖
9	丁苏琴	十五的月亮十六圆	摄影	二等奖
10	许　宁	政协委员会诊居家养老	摄影	二等奖
11	仇欣艳	参观交警大队指挥中心	摄影	二等奖
12	胡首春	委员庆国庆下基层服务	摄影	二等奖
13	丁宝森	节日礼物	摄影	二等奖
14	方　红	书法作品	摄影	三等奖
15	朱松涛	书画作品	摄影	三等奖
16	李　为	政协委员关注奇瑞民族品牌车	摄影	三等奖
17	鲁　燕	政协委员视察商合杭	摄影	三等奖
18	张晓玲	政协委员送爱心进社区	摄影	三等奖
19	章启文	高峡出平湖	摄影	三等奖
20	邹通文	政协委员关注文化产业发展	摄影	三等奖
21	孙书孝	政协委员参与社区服务	摄影	三等奖
22	陈　琪	智能化养老启动	摄影	三等奖
23	张珍玮	政协委员视察淘宝芜湖馆	摄影	三等奖
24	王永升	打桩演练	摄影	三等奖
25	梁　钧	余晖入网，满载而归	摄影	三等奖
26	夏　薇	暮色中的临江桥	摄影	三等奖
27	陶庭梅	点燃梦想放飞理想	摄影	三等奖
28	徐宏霞	采摘	摄影	三等奖

第四节　委员风采

一、镜湖区（原）委员风采

表 10－1　四届部分委员成果一览表

姓名	单位	职务(称)	荣誉称号获奖名称（书名、作品名等）	授予(颁发、出版)单位或部门	获得时间
袁银根	芜湖市中医学校	主任医师 高级讲师	①享受安徽省特殊津贴； ②“获首届安徽省名中医”称号； ③被列入《中国名医列传·当代卷》； ④作品《中医基础学》等	①安徽省政府 ②安徽省中医药学会 ③中国国际名人研究院 ④吉林科技出版社	①1994 年 ②1997 年 4 月 ③1994 年 ④1993 年
郝冰贞	芜湖市中医院	副主任医师	《脉络宁治疗肺心病急性加重期 44 例疗效分析》获优秀论文证书	中华医学会安徽分会	1996 年
郭在璞	市环球箱包厂	厂长	①社会福利企业优秀厂长； ②省福利生产先进个人；	①芜湖市民政局 ②安徽省民政厅	①1994 年 4 月 ②1995 年 4 月
刘晓龙	芜湖中医学校	高级讲师	①中国“百名杰出青年中医”提名奖；②“安徽省十佳青年中医”称号；③“安徽省杰出青年中医”称号	①中华青年联合会、中国中医学会； ②安徽省中医药管理局； ③安徽中医药学会；	①1995 年 6 月 ②1995 年 7 月 ③1997 年 4 月
俞绍林	芜湖市一职高	中学高级教师	《挂糖、上浆和勾芡》教案获全国首届职业技术教育优秀教案二等奖	中国职业技术教育学会职业高中教委、职业技术教育杂志社、中国职教学会职高教学研究会	1996 年 10 月
张响玲	镜湖区卫生防疫站	副站长	在创建全国卫生城市工作中被评为“先进工作者”	芜湖市政府	1996 年 9 月

续表

姓名	单位	职务(称)	荣誉称号获奖名称(书名、作品名等)	授予(颁发、出版)单位或部门	获得时间
储金霞	芜湖市工艺美术厂铁画研究所	所长	①为首都人民大会堂创制巨型铁画《黄山天下奇》受表彰;②参加首都人民大会堂安徽厅维修改造工程受表彰;③作为打铁画第五代传人赴台湾献艺	①芜湖市工艺美术集团; ②安徽省人民政府; ③国家经委组织;	①1994 年 12 月 ②1994 年 5 月 ③1995 年
崔时惠	镜湖小学	小学高级教师	①“全国优秀教师”称号 ②“芜湖市优秀园丁”称号	①中华人民共和国人事部,中华人民共和国教育委员会 ②芜湖市人民政府	①1995 年 9 月 ②1995 年 9 月
程元玮	芜湖市缝纫机厂	副厂长 总工程师	①“全国轻工系统劳动模范”称号; ②“安徽省轻工系统劳动模范”称号; ③“优秀科技管理工作者”称号	①中华人民共和国轻工业部,中华人民共和国人事部;②安徽省轻工业厅,安徽省人事局;③芜湖市人民政府	①1993 年 7 月 ②1993 年 2 月 ③1996 年 6 月

表 10－2　五届部分委员成果一览表

姓名	荣誉称号、获奖名称	授予单位或部门	获奖时间
吕绍文	社会治安综合治理卫生先进个人	芜湖市委、市政府	2000 年 2 月
杨成顺	①摄影作品《对外窗口》获一等奖 ②摄影作品《资源化乐章》获优秀奖 ③摄影作品《芜湖人的梦》获铜奖 ④摄影作品《两个辣妹子》获最佳作品奖 ⑤摄影作品《一对野鸳鸯》获优秀奖	①中国摄影家协会 ②国土资源部、人民日报、中国摄协 ③文化部、中国文联、中国摄协 ④中国摄影家协会 ⑤法国法中博爱文化交流协会	①2000 年 2 月 ②2000 年 6 月 ③2000 年 7 月 ④2001 年 12 月 ⑤2002 年 1 月
滕文静	①教案《找出亮着的灯》获三等奖 ②论文《小学数学课堂教学语言》获三等奖 ③获“教坛新星”称号 ④获“优秀党员”称号 ⑤教具“三角形内角和是 180°”获一等奖	①中国教育学会 ②区镜湖教育学会 ③区教委 ④中共镜湖区委 ⑤芜湖市教委	①1998 年 10 月 ②1999 年 9 月 ③2000 年 9 月 ④2001 年 7 月 ⑤2002 年 1 月
卞敬荣	①黄梅戏《斛擂》获优秀剧目奖 ②诗情歌舞剧《军人的情怀》获三等奖	①安徽省文化厅 ②安徽省文化厅	①1999 年 1 月 ②2001 年 11 月

续表

姓名	荣誉称号、获奖名称	授予单位或部门	获奖时间
王尚仁	①伊里查诺夫外固定技术的改进与骨科 ②临床应用获省科技成果奖及市科技进步一等奖 ③血氧饱和度仪诊断四肢动脉损伤的临床研究获市科技成果奖	①安徽省科委 ②安徽市政府 ③芜湖市科委	①1997 年 ②2002 年 5 月
严云曙	①与省电视台共同策划的电视新闻《世纪飞虹》获省"五个一工程"人选作品、获省广播电视新闻一等奖 ②电视新闻《市场漫谈：由"肯德基"引发的思考》获省经济好新闻一等奖 ③电视新闻《女人当自强——记保姆张建华》获省经济好新闻二等奖(与人合作)	①安徽省委宣传部 ②安徽省广播电视局 ③安徽省经济记者协会	①2001 年 11 月 ②2001 年 4 月 ③2002 年 4 月
吴海燕	获 1999—2000 年度"优秀党务工作者"称号	中共镜湖区委	2001 年 6 月
吴金兰	①编导的京剧戏舞《共有一个家》获省演出二等奖 ②获民进先进会员称号 ③编排的戏曲歌舞《群童戏舞庆六一》获市文艺调演一等奖 ④编导的舞蹈《中华瑰宝永流传》荣获市一等奖 ⑤编导的舞蹈《娃娃看京剧》获市一等奖 ⑥指导的课本剧《十六前的回忆》获市第二届课本剧比赛一等奖第一名	①安徽省文化厅 ②民进芜湖市委会 ③芜湖市教委 ④芜湖市教委 ⑤芜湖市教委 ⑥芜湖市教委	①1997 年 10 月 ②1999 年 3 月 ③1999 年 10 月 ④2000 年 6 月 ⑤2001 年 6 月 ⑥2002 年

二、新芜区委员风采

表 10－3　四届部分委员成果一览表

姓名	荣誉称号、获奖名称（书名、作品等）	授预（颁发、出版）单位或部门	获奖时间
宋静波	①妇幼保健优胜单位 ②初级卫生保健优胜单位 该同志系单位主要负责人	①中共新芜区委、区政府 ②中共新芜区委、区政府	①1994 年 ②1995 年

续表

姓名	荣誉称号、获奖名称 （书名、作品等）	授预（颁发、出版） 单位或部门	获奖时间
马素霞	①新芜区“十大”标兵优秀厂长 ②芜湖市优秀经理、芜湖市劳动模范 ③优秀企业家 ④新芜区“十佳”标兵 ⑤全省出口创汇经济效益优秀企业	①中共新芜区委、区政府 ②芜湖市委、芜湖市政府 ③中共新芜区委、区政府 ④中共新芜区委、区政府 ⑤安徽省外商投资企业协会	①1993 年 ②1993 年 ③1994 年 ④1995 年 ⑤1993 年至 1995 年
许大昭	①《文人当自重》（二等奖） ②《他们拥有一颗中国心》（二等奖） ③《百家小品文》	①全国高新新闻工作者协会 ②安徽省校报研究会 ③开明出版社	①1996 年 ②1997 年
李锦英	①教书育人先进个人 ②《学生辞海》（小学卷） ③《学生辞海》（初中卷） ④《现代中小学辞典》 ⑤《教育学》 ⑥《小学儿童教育心理学》 ⑦《小学语文教育研究》（主编） ⑧《语文、智力训练》（主编） ⑨《社会环境中的不良因素对中小学生的影响及对策》等 6 篇论文	①安徽师范大学 ②南京大学出版社 ③南京大学出版社 ④中国科技大学出版社 ⑤中国科技大学出版社 ⑥中国科技大学出版社 ⑦中国科技大学出版社 ⑧安徽大学出版社 ⑨《安徽教育学刊》	①1994 年 ②1993 年 ③1996 年 ④1993 年 8 月 ⑤1995 年 10 月 ⑥1995 年 12 月 ⑦1996 年 12 月 ⑧1997 年 7 月 ⑨1993 年第 4 期等
沙翊昌	“荣事达”杯优秀校对奖	安徽省新闻出版局	1993 年 2 月
李　健	《关于职高化学的思考与尝试》二等奖	安徽省教委	1996 年
李官连	《散文技巧》省高校人文社会科研优秀成果二等奖	安徽省高校人文社会科学研究优秀成果奖评审委员会	1995 年 7 月
钱建华	①安徽省先进个人 ②新芜区先进个人	①安徽省劳动厅 ②中共新芜区委、区政府	①1993 年 ②1993 年至 1996 年
卢　源	①技术进步二等奖 ②市先进个人	①国家船舶总公司 ②市委、市政府	①1993 年 ②1994 年
张代杰	①芜湖市劳动模范 ②芜湖市优秀党员	①芜湖市政府 ②中共芜湖市委	①1993 年 ②1993 年
周永康	市综合治理先进个人	中共芜湖市委	1995 年
梅　青	间隔条灯芯绒科技进步奖 中粗条霜花灯芯绒科技进步奖	芜湖市政府、芜湖市科委 安徽省科委、芜湖市政府、芜湖市科委	1994 年 1996 年

续表

姓名	荣誉称号、获奖名称（书名、作品等）	授预（颁发、出版）单位或部门	获奖时间
王克琏	①省热爱儿童特别奖 ②省家庭教育工作先进个人 ③市社区教育工作先进工作者 ④关心下一代先进工作者 ⑤《学习策略训练》	①安徽省少儿工作协调委员会 ②安徽省教委、省妇联 ③芜湖市委宣传部、芜湖市关工委、芜湖市教委 ④共青团芜湖市委员会 ⑤安徽大学出版社	①1993 年 2 月 ②1996 年 ③1997 年 7 月
陈　怡	①芜湖市新长征突击手 ②新芜区优秀共产党员 ③安徽省托幼工作先进集体 该同志系单位主要负责人	①共青团芜湖市委员会 ②中共新芜区委 ③安徽省教委	①1994 年 ②1995 年 ③1996 年
朱诗秀	安徽省优秀教研员 ①《浅谈小学英语童心教学》市第五届教育论文（二等奖） ②《根据儿童心理、优化英语教学》 ③芜湖市小学英语论文一等奖 ④芜湖市小学英语教研会第三届年会二等奖	①安徽省教科所 ②芜湖市教育学会 ③芜湖市教委 ④芜湖市教委	①1993 年 6 月 ②1993 年 12 月 ③1995 年 10 月 ④1996 年 12 月
徐槐林	“八五”期间优秀科技管理工作者	芜湖市政府	1996 年 5 月
丁桂华	①市“新老结对先进个人” ②市教坛新秀 ③发表《从课文内容入手，进行作文训练》等四篇论文 ④《浅谈低年级课外作业设计》 ⑤市师德先进个人	①芜湖市教委 ②芜湖市教委 ③《语文新苑》市级 ④《小学教学研究》省级 ⑤芜湖市教委	1993 年 9 月 1994 年 9 月 1996 年 1997 年
晋泽保	市优秀园丁	芜湖市政府	1993 年 9 月
李贤俊	①全国食品卫生示范区 ②治安综合治理先进单位 ③创建国家卫生城市先进单位 ④新芜区先进单位 ⑤《安徽省乡村医生中医中专水平培训及考试大纲》 ⑥《食品卫生行政处罚案件分析》 （该同志系单位主要负责人）	①芜湖卫生部 ②芜湖市、新老区综合治办 ③芜湖市委、市政府 ④新芜区委、区政府 ⑤安徽省中医药管理局 ⑥中国公共卫生杂志	①1993 年 9 月 ②1993 年 ③1996 年 ④1993 年至 1996 年 ⑤1997 年 5 月 ⑥1997 年
裴亚飞	安徽省计划生育工作先进工作者	安徽省计划生育工作领导小组	1996 年 4 月
邢重兴	“迎客松”杯春联比赛优秀奖 “新源杯”春联比赛优秀奖	芜湖日报社 芜湖市电视台 芜湖市群艺馆	1995 年 1997 年
奚仲云	安徽省乡镇企业管理先进个人	省经委、科委、乡企局	1993 年 1994 年

续表

姓名	荣誉称号、获奖名称 (书名、作品等)	授预(颁发、出版) 单位或部门	获奖时间
年金宝	青年文明号	芜湖市工商局、芜湖市消费协会	1996 年
周光发	先进残疾人工作者	芜湖市民政局、芜湖市残联	1993 年
邹维根	个体先进工作者	芜湖市工商局	1994 年
李金龙	个体先进工作者	芜湖市工商局	1994 年
焦　奇	粮油食品行业标兵	芜湖市委、芜湖市政府	1993 年

表 10－4　五届部分政协委员成果一览表

姓名	荣誉称号、获奖名称 (书名、作品等)	授预(颁发、出版) 单位或部门	获奖时间
王芳莺(在长江路街道办事处任书记期间)	①1996—1998 年度两个文明建设优秀共产党员 ②1998 年度市综合治理先进个人 ③2000 年度区综合治理先进个人 ④2001 年度区招商引资先进个人 ⑤1996—1998 年度街道先进基层党组织 ⑥1997—1998 年度市暑期社区三结合教育先进集体 ⑦1999 年度办事处计生责任目标二等奖	①新芜区委 ②芜湖市委、芜湖市政府 ③芜湖区委、芜湖区政府 ④新芜区政府 ⑤新芜区委 ⑥新芜市政府 ⑦新芜区政府	①1998 年 7 月 ②1999 年 2 月 ③2001 年 2 月 ④2002 年 3 月 ⑤1998 年 6 月 ⑥1998 年 9 月 ⑦2000 年 4 月
徐宏霞	①1998 年度区综合治理先进个人 ②1999 年度区政协宣传报道一等奖 ③1996—2000 年“三五”普法先进个人 ④1998 年度优秀通讯员 ⑤1998—2000 年连续三年被市电视台评为优秀通讯员 ⑥1998—2001 年分别获优秀稿件奖二、三等奖	①区委、政府 ②区政协 ③区委、区政府 ④市电视台 ⑤市电视台 ⑥市电视台	①1999 年 3 月 ②2000 年 5 月 ③2001 年 12 月 ④1999 年 2 月 ⑤1999、2000、2001 年 ⑥1999、2000、2001 年
李忠才	1998 年评为税务稽查能手	芜湖市国家税务局稽查分局	1999 年 3 月
俞义萍	①科研项目:孕妇下生殖道生殖支原体感染母婴传播研究获芜湖市科学技术一等奖 ②论文:《复生窒息 742 例两法复苏效果评价》获芜湖市预防医学会优秀奖 ③科研项目:应用套式聚合酶链反应检测孕妇弓形虫感染的研究获芜湖市科学技术“进步奖”二等奖	①芜湖市政府 ②芜湖市预防医学会 ③芜湖市政府	①2001 年 6 月 ②2001 年 4 月 ③2002 年 5 月

续表

姓名	荣誉称号、获奖名称（书名、作品等）	授预（颁发、出版）单位或部门	获奖时间
周自炎	①新世纪论文金牌 《中国基层医药》2001 年第 6 期第 510 页《乳腺癌根治术后皮瓣坏死问题探讨》 ②《中华临床医药成果总览》（新世纪珍藏版）	①《新世纪医学研究精览文库》编委会 ②中华临床实用医药杂志社	①2002 年 1 月 ②2002 年
吴小红	群体体育先进工作者	芜湖市人民政府	1999 年 10 月
陈丽亚	两个文明建设“单项能手”	芜湖市建筑设计研究院	2000 年 4 月
周　晴	在安徽省第二期中国妇女社会地位调查指导员工作评比中获三等奖	安徽省妇女联合会	2001 年 5 月
李燕凌	①“烧伤金黄液治疗烧伤创面的研究”获芜湖市科技成果奖 ②“烧伤金黄液治疗烧伤创面研究”获安徽省科学技术研究成果奖	①芜湖市科学技术委员会 ②安徽省科学技术厅	①2000 年 5 月 ②2001 年 11 月
丁宝森（任王家巷小学校长、书记期间）	①1996—1998 年度优秀共产党员先进个人 ②优秀学员干部 ③优秀学员干部 ④教科研论文一等奖 ⑤“九五”规划教育部重点课题小学生学科教学与学生智能结构优化 ⑥安徽省红领巾示范学校 ⑦芜湖市青年文明号 ⑧芜湖市德育先进学校 ⑨芜湖市示范学校	①中共新芜区委 ②中共市文明委 ③中共芜湖教育学院委员会 ④中共芜湖教育学院委员会 ⑤芜湖市教育委员会 ⑥安徽大学出版社 ⑦安徽省教委 ⑧安徽省教委 ⑨共青团芜湖市委 ⑩芜湖市教委 ⑪芜湖市教委	①1998 年 7 月 ②1999 年 12 月 ③2000 年 1 月 ④2000 年 10 月 ⑤2000 年 11 月 ⑥2000 年 5 月 ⑦1999 年 6 月 ⑧1998 年 9 月 ⑨1998 年 11 月 ⑩1998 年 12 月 ⑪2001 年 4 月

续表

姓名	荣誉称号、获奖名称 (书名、作品等)	授预(颁发、出版) 单位或部门	获奖时间
龙学群	①市制图竞赛获辅导教师奖 ②首届"旅游杯"全国书法大赛中获园丁奖、作品优秀奖 ③市"乐百氏杯"少儿现场书画赛辅导金奖 ④"双龙杯"全国少儿书画大赛连续三届获园丁奖 ⑤中日、中新、中美少儿书画赛连续四届获优秀辅导教师奖 ⑥"素质杯"全国少儿书画大赛连续四届获优秀园丁奖 ⑦1999 年度区政协宣传报道工作评为三等奖 ⑧"中华世纪之光"中国书画大展中获优秀园丁奖 ⑨"百佳绿色园丁奖"(中国赛区)市大中专"教师粉笔字"比赛获二等奖 ⑩"中国科技文化成果博展会书画大展"获成果奖及先进组织工作者 ⑪《中国名书法家楹联大观》刊出作品 ⑫"我爱大桥、我爱芜湖"少儿书画现场比赛获得银奖	①芜湖市教育委员会 ②大赛评审会、张家界书画院 ③芜湖市教育委员会 ④大赛委员会 ⑤大赛组委会 ⑥大赛组委会 ⑦政协新芜区委员会 ⑧文化部文艺人才中心,中国书协美协大赛组委会 ⑨市教育工会 ⑩文化部社会文化司 ⑪香港华泰出版社 ⑫芜湖市教育委员会	①1998 年 6 月 ②1998 年 12 月 ③1998 年 5 月 ④1998、1999、 ⑤2000 年 6 月 ⑥1998、1999、 ⑦2000、2001 ⑧1998、1999 (二届) ⑨2000 年 ⑩2000 年 5 月 ⑪2000 年 6 月 ⑫2001 年 8 月 ⑬2001 年 9 月 ⑭2002 年 2 月 ⑮1999 年 6 月 ⑯2000 年 5 月
庆启明	①论文:《练就口才育出人才》获得一等奖 ②论文:《观鸠兹 知芜湖爱家乡》获得市一等奖 ③论文:《抓住说话训练的契机》获得三等奖	①芜湖市教委 ②芜湖市教委 ③中华圣陶杯论文大赛组委会	①2001 年 4 月 ②2001 年 4 月 ③2001 年

三、镜湖区委员风采

表 10－5 七、八届部分政协委员成果一览表

姓名	荣誉称号、获奖名称 (书名、作品等)	授予(颁发、出版) 单位或部门	获奖时间
周玉良	《我们的城市有条鱼》获《辉煌六十年》全国政协委员摄影展优秀奖	全国政协办公厅 《中国政协》杂志社 中国摄影家协会	2009 年 9 月

续表

姓名	荣誉称号、获奖名称（书名、作品等）	授予（颁发、出版）单位或部门	获奖时间
杨成顺	《提案》获摄影作品一等奖	全国政协教科文卫体委员会 中国新闻社 全国政协《纵横》杂志社	2004年6月
	摄影《芜湖人的梦》入选2000年世界华人艺术展铜奖，并被授予世界华人艺术家荣誉称号	文化部文化艺术人才中心 中国文学艺术界联合会艺术指导委员会	2000年7月
	建议《该废则废·与时俱进》在“共绘蓝图——我为‘十二五’规划建言献策”活动中荣获三等奖	国家发展和改革委员会	2011年7月
	《改革开放让我改天换地，科学发展让我耳目一新》	《科学社会主义》杂志社	2011年4月
高述红	安徽省财贸系统全心全意依靠职工办企业“十佳女企业家”	安徽省财贸工会	2006年3月
	中国改革开放三十年中华老字号优秀传承人	中国商业联合会 中华老字号工作委员会	2009年2月
	中国烹饪事业杰出贡献奖	中国烹饪协会	2011年10月
	安徽省劳动模范	安徽省人民政府	2012年4月
	安徽省商业服务业巾帼建功商界杰出女性	安徽省妇女联合会 安徽省商业联合会	2012年6月
肖旭东	2005—2006年度农工民主党全国社会服务工作突出贡献奖	中国农工民主党中央委员会	2006年12月
刘朝晖	《谈保险代为求偿权在陆运和海运中的区别》	《安徽律师》2006年第6期	2006年
	《国企改制何以成为经济犯罪的温床》	《法治中国》2007年第8期	2007年
	《律师必须依照系统论特征办案》	《安徽律师》2007年第2期	2007年
	“安徽省十佳律师”	安徽省律师协会	2009年
吴晓苏	①调研课题《实施扩大就业发展战略，促进以创业带动就业》2008年被社中央采用，提交全国政协十一届二次会议。	①九三学社安徽省委员会编《九三学社安徽省委参政议政成果选编》256—261页。	2009年5月收录
	②全国参政议政先进个人	②九三学社中央委员会	2010年7月
	③九三学社安徽省委“优秀社务工作者”	③九三学社安徽省委员会	2012年1月
	④九三学社安徽省委2012年度社务工作先进个人	④九三学社安徽省委员会	2013年1月

续表

姓名	荣誉称号、获奖名称（书名、作品等）	授予（颁发、出版）单位或部门	获奖时间
鲍　钰	①在《共和国之恋》安徽省民主建国会建国60周年全省文艺汇演中获一等奖	①安徽省民主建国会	2009年
	②省民建八大代表	②安徽省民主建国会	2012年5月
吴　燕	全省侨办系统先进个人	安徽省人民政府侨务办公室	2010年1月
吴爱芳	首届全国创建和谐寺观教堂先进个人	国家宗教事务局	2010年
马淑莲	芜湖市优秀共产党员	中共芜湖市委	2011年6月
汪之初	芜湖市优秀共产党员	中共芜湖市委	2011年6月
王国凡	①《传统文化视角下的徽州民俗体育》	①中国体育社会科学年会专题报告，荣获论文二等奖	2011年
	②民盟安徽省“先进个人”	②民盟安徽省委	2011年
段　莉	①全国第五届中小学交互式电子白板教学大赛一等奖	①中央电化教育馆	2012年5月
	②全国第五届中小学电子白板现场说课比赛一等奖	②中央电化教育馆	2012年5月
徐宏霞	①市第十一届“双尽职先进个人”	①芜湖市政协	2012年
	②《火红节日话政协》	②《江淮时报》	2012年6月29日
邹亚敏	芜湖市提案工作先进个人	芜湖市政协	2012年
朱崧涛	①《中国创意设计年鉴·2012》年度银质奖	①中国设计师协会	2012年
	②标识设计作品《巨焦文化》获得“创意中国，第七届全国设计艺术大展”优秀作品奖	②中国设计师协会	2013年
	③标识设计《艺术家光芒计划》获得《中国创意设计年鉴·2013》年度银质奖	③中国设计师协会2014年	
曹　蕾	①民盟安徽省社会服务工作先进个人	①中国民主同盟安徽省委员会	2012年12月
	②民盟机关建设先进个人	②中国民主同盟安徽省委员会	2014年3月

续表

姓名	荣誉称号、获奖名称（书名、作品等）	授予（颁发、出版）单位或部门	获奖时间
鲁　燕	①九三学社省委会2012年度宣传工作先进个人	①九三学社安徽省委员会	2013年1月
	②九三学社省委会2012年度社情民意信息先进个人	②九三学社安徽省委员会	2013年1月
	③2012年度全市统战信息工作中被评为先进个人	③中共芜湖市委统战部	2013年3月
	④九三学社2013年度宣传工作先进个人	④九三学社安徽省委员会	2014年1月
魏　欣	安徽省价格监督检查先进个人	安徽省物价局	2013年3月
孙　艳	①嘉奖	①中央社会管理综合治理委员会 中国共产党中央委员会组织部	2013年5月
	②芜湖市2012年度社会管理综合治理工作先进个人	②中共芜湖市委、芜湖市人民政府	2013年6月
曹丽娟	安徽省维护妇女儿童权益优秀律师	安徽省司法厅 安徽省妇女联合会	2013年12月
奚秀珍	安徽省“巾帼创业之星”	安徽省妇联	2014年4月
骆水凤	①安徽省小戏折子戏调演表演三等奖	①安徽省文化厅	2012年11月
	②第六届安徽省小戏小品大赛优秀表演奖	②安徽省文学艺术界联合会 安徽省戏剧家协会	2013年6月
	③《地方戏剧院团改革面面观》	③《新戏剧》2012年春夏卷	2012年
	④《浅谈地方戏剧的兴衰》	④《新戏剧》2012年秋冬卷	2012年
魏正平	①民进全国宣传思想工作先进个人	①民进中央	2013年9月
	②民进全国新闻宣传优秀通讯员	②民进中央	2014年2月
濮荣强	①省级优秀教学管理工作者	①安徽省教育厅	2010年11月
	②省级教学成果特等奖	②安徽省教育厅	2012年11月

第十一章　历届政协主席、副主席

第一节　政协主席

张浩根，男，汉族，1929 年 2 月出生，江苏省武进人，高小文化程度，1949 年 12 月参加工作，1953 年 4 月加入中国共产党。1949 年 12 月至 1951 年 2 月，在江苏武进县鸣凰区政府任粮征股员、财粮员、事务长；1951 年 3 月至 1951 年 6 月，在芜湖市天主堂医院任会计、政治辅导员；1951 年 6 月至 1954 年 10 月，在芜湖市医务工会任工会干事、组织部长；1954 年 10 月至 1957 年 3 月，在芜湖市卫生局任人事干事、人事股副股长、党支部副书记、书记；1957 年 3 月至 1960 年 2 月，在芜湖市第三中学任人事秘书、党支部组织委员；1960 年 2 月至 1968 年 12 月，在芜湖市教育局任工农教育科科长、中等教育科科长、党支部组织委员；1968 年 12 月至 1970 年 4 月，在芜湖市五七干校任文员、支委；1970 年 4 月至 1978 年 5 月，在芜湖市郊区革委会政工组副组长；1978 年 5 月至 1984 年 5 月，在芜湖市镜湖区任组织部长、常委、革委会副主任、副区长；1984 年 5 月至 1990 年 7 月，在芜湖市镜湖区任政协镜湖区委员会主席、党组书记。

刘润枝，男，汉族，1931 年 10 月出生，安徽省繁昌县人，高小文化程度。1949 年 12 月参加工作，1951 年 4 月加入中国共产党，1949 年 12 月至 1982 年 1 月在部队服役；1982 年 1 月至 1984 年 3 月任芜湖市裕溪口区委副书记；1984 年 5 月至 1990 年 6 月任新芜区政协主席、政协党组书记。

陶永盛，男，汉族，1931 年 8 月出生，安徽省芜湖市人，大学专科学历。1950 年 10 月参加工作，1954 年 6 月加入中国共产党，1950 年 10 月至 1956 年 3 月在芜湖市郊区任供销社营业员、毛猪仓库负责人、党组组长和人事负责人；1956 年 4 月至 1957 年 10 月任芜湖市委组织部干事；1957 年 11 月至 1973 年 2 月任环城区组织部干事、镜湖区组织干事、市上二街分社党支部副书记；1973 年 3 月至 1974 年 7 月任镜湖区机关联委主任、市老干部下基层锻炼（南湖农场）带队干部；1974 年 8 月至 1983 年 3 月任镜湖区委常委，镜湖区革委会政工组组

长;1983 年 4 月至 1990 年 10 月任裕溪口区委常委、历任组织部部长、区委副书记、区人大主任;1990 年 6 月至 1993 年 3 月任新芜区政协主席、党组书记。

欧天水,男,汉族,1937 年 2 月出生,安徽省固镇县人,大专文化程度。1952 年 2 月参加工作,1956 年 2 月加入中国共产党。1956 年 2 月至 1984 年 9 月历任战士、班长、干事、副政委、飞行大队政委、团政治处主任、团副政委。1984 年 9 月至 1987 年 3 月转业任四褐山区委副书记。1987 年 3 月至 1990 年 7 月任四褐山区人民政府区长。1990 年 7 月至 1997 年 3 月任镜湖区第三届、第四届政协主席,党组书记。

汪国兴,男,汉族,1938 年 8 月出生,安徽省无为县人,大学学历,高级经济师。1955 年 1 月入伍,1957 年 12 月入党。1953 年 2 月至 1955 年 12 月分别在安徽黄麓师范学校、宣城师范学校读书。1955 年 12 月参军,历任战士、文化教员、学员、正副班长。1958 年 12 月至 1960 年 7 月,解放军西安军事电信工程学院预科班学员,1960 年 7 月转入本院控制工程系,1964 年 7 月毕业。1967 年 7 月至 1984 年 12 月,解放军国防科工委新疆第二十一试验训练基地,历任基地司令部政治部青年干事、宣传干事、基地警卫团指导员、宣传股长。1978 年 8 月至 1979 年 12 月,西安解放军政治学院学员。1980 年 1 月至 1984 年 12 月,任解放军第二十一试验训练基地警卫团政治处副主任、副政委、基地教导大队副政委、基地安全防护总站政委(党委书记)。1985 年 1 月至 1987 年 3 月任芜湖市外经贸局副局长(正处),党委委员。1987 年 3 月至 1993 年 3 月,任芜湖市镜湖区人民政府区长、区委副书记。1993 年 3 月至 1998 年 3 月任新芜区第四届政协主席、党组书记。

王美成,男,汉族,1941 年 10 月出生,江苏省淮安市人,大专文化程度。1958 年 10 月参加工作,1973 年 4 月加入中国共产党。1958 年 10 月至 1969 年 2 月历任市联盟化肥厂工人、副工段长、副值班长,1969 年 2 月至 1971 年 11 月借调到市上山下乡办公室、遣送站工作;1976 年 7 月至 1978 年 10 月任芜湖市砂制品厂副科长;1978 年 10 月至 1987 年 3 月在芜湖市委组织部任干事、副科长;1987 年 3 月至 1993 年 5 月任芜湖市新芜区区委委员、组织部长;1993 年 5 月至 1997 年 3 月任芜湖市镜湖区区委副书记兼纪委书记;1997 年 3 月至 2001 年 3 月任政协镜湖区委员会第四届、第五届政协主席,党组书记。

邢昌海,男,汉族,1947年1月出生,中专文化程度,中共党员。1968年3月入伍,1971年退伍。回乡后历任大队民兵营长,公社团干,郊区团委副书记、书记,公社党委副书记等职。1984年4月至1990年3月任芜湖市郊区赭山乡党委书记;1990年4月至1997年2月任芜湖市新芜区汀棠街道党委书记,其间自1993年起兼任中共新芜区委委员、汀棠街道办事处主任;1998年3月至2006年2月任芜湖市新芜区政协主席、政协党组书记。

曹天民,男,汉族,1949年12月出生,安徽省巢湖市人,大专文化程度。1969年2月参加工作,1971年2月加入中国共产党。1969年2月至1986年元月在部队服役,1986年元月至1990年4月在芜湖市郊区任组织部副部长、部长、区委常委;1990年4月至1998年3月任鸠江区区委委员、组织部长,区委副书记,政协主席;1998年3月至2001年3月任镜湖区委副书记;2001年3月至2003年3月任镜湖区委副书记、政协主席、政协党组书记;2003年3月至2010年1月任政协镜湖区委员会主席、政协党组书记。

茆振文,男,汉族,1954年10月出生,安徽省芜湖市人,大学文化程度。1970年7月参加工作,1982年2月加入中国共产党,1970年7月至1979年12月在芜湖县粮食部门工作,其间1973年9月至1975年7月在安徽省粮食学校储藏专业学习;1980年元月至1984年元月任石硊公社团委书记、党委秘书;1984年2月任围山乡副乡长,火龙岗镇副镇长,澛港区委组织委员,其间1985年9月至1987年7月在芜湖市委党校大专班脱产学习,1990年8月至1992年12月在中央党校函授学院政治专业学习;1993年3月至2006年2月在马塘区历任组织部副部长、组织部长、纪委书记、区委副书记;2006年2月任镜湖区委副书记;2007年11月任芜湖市劳动保障局党组书记、副局长;市人力资源和社会保障局党组书记;2010年元月至今任政协镜湖区委员会主席、党组书记。

第二节　政协副主席

李必明　镜湖区第一届政协副主席(1984.5—1985.12)

赵宁远　镜湖区第一届、第二届政协副主席

林鸿民 镜湖区第一届、第二届政协副主席

沈家庚 镜湖区第三届政协副主席(1990年7月—1991年1月)

饶秀元 镜湖区第一届、第二届政协副主席

马荫瑞 镜湖区第三届、第四届、第五届政协副主席

程志道 镜湖区第二届、第三届政协副主席

赵业钜 镜湖区第四届政协副主席

郝冰贞 镜湖区第三届、第四届、第五届政协副主席

林章华(女),镜湖区第四届、第五届、第六届政协副主席

鲁慎如 镜湖区第四届政协副主席

方贤益 镜湖区第六届政协副主席

罗湘华 镜湖区第五届政协副主席

黄少雄 镜湖区第六届、第七届政协副主席

许士华 镜湖区第五届、第六届政协副主席

晋 琳 女,新芜区第一届政协副主席

黄 明 镜湖区第五届、第六届政协副主席

李兴华,女,新芜区第一届、第二届政协副主席

潘孝淳，新芜区第一届、第二届政协副主席

周钜生 新芜区第三届政协副主席

无照片

汤蕴瑾 新芜区第一届、第二届政协副主席

李保明 新芜区第三届、第四届、第五届政协副主席

杜伯严 新芜区第二届政协副主席

张静宜 新芜区第三届政协副主席

段开福 新芜区第三届、第四届政协副主席

甘良祥 新芜区第四届政协副主席

李友俊 新芜区第四届、第五届政协副主席

邓伯康 新芜区第五届政协副主席

佘建中 新芜区第四届政协副主席

张求学 新芜区第五届政协副主席

宋静波 女，新芜区第四届政协副主席

姚声涛 新芜区第五届政协副主席

齐业琛 新芜区第四届政协副主席(1996年3月—1998年3月)

马素霞 女，新芜区第五届、第六届政协副主席

鲍根权　新芜区第五届、第六届政协副主席

丁桂华　女，新芜区第六届政协副主席

王昌生　新芜区第六届政协副主席

鲁厚义　镜湖区第六届、第七届、第八届政协副主席（2003 年 4 月—2012 年 9 月）第八届政协党组副书记

黄启明　新芜区第六届政协副主席、镜湖区第七届政协副主席

周玉良　镜湖区第七届政协副主席

丁劲松　新芜区第六届政协副主席、镜湖区第七届政协副主席

季业保　镜湖区第七届政协副主席

燕国群　镜湖区第七届政协副主席

谭闽月　女,镜湖区第八届政协副主席

无照片

邹维琴　女,镜湖区第八届政协副主席(2012年2月—2014年1月)

甄长海　镜湖区第八届政协副主席(2012年9月—)

奚要武　镜湖区第八届政协副主席(2012年2月—2013年10月)

陈国强　镜湖区第八届政协副主席(2014年2月—)

第三节　政协秘书长

章启文　镜湖区第七届、八届政协秘书长(2010年1月—2012年9月)

杨珍　镜湖区第八届政协秘书长(2012年9月—)

第十二章　附　录

本章选录政协镜湖区(原)、新芜区、镜湖区委员会常务委员会工作报告、提案工作报告、区委书记讲话、重要历史文件、重点提案等。

第一节　政协镜湖区全委会工作报告

勿忘团结奋斗　致力振兴中华
为开创人民政协工作新局面而奋斗
在政协镜湖区一届一次会议上的工作任务报告

(1984 年 5 月 17 日)

张浩根

各位委员、各位同志:

政协镜湖区第一届委员会第一次会议,在全区人民认真贯彻中共十二大精神,努力开创社会主义现代化建设新局面的大好形势下,在我市第四次党代会精神指导下召开了。这是我区人民政治生活中的一件大事。它揭开了我区统战工作的新篇章,标志着统一战线在我区的进一步深入和发展,显示了我区人民政协的大团结和大统一。这次会议的召开,对于开创我区统一战线和人民政协工作的新局面,动员和团结各方面力量,加快我区社会主义现代化建设的步伐,为完成祖国统一大业,发展大好形势,必将起到重大的推动作用。

这次大会选举了第一届委员会主席、副主席和常务委员,这是全体委员和全区人民对我们的信赖和重托。值此机会,我代表当选的同志,向全体委员和全区人民表示衷心的感谢！今后我们一定继续遵循党的十一届三中全会以来的路线、方针、政策,在区委的领导下,依靠常委会的集体领导,依靠全体委员的共同努力和全区人民的大力支持,把我区政协工作搞好,本届政协工作任务是什么,应当怎么做？对这个问题,我们当选的同志做了初步研究,现在我受常委的委托,就我区本届政协工作任务讲几点意见,请各位委员、各位同志审议。

人民政协是在中国共产党领导下的爱国统一战线组织,今后爱国统一战线的方针任务,就是要高举爱国旗帜,在四项基本原则精神的指导下不断发展和加强各民族的大团结、大统一,为实现祖国社会主义现代化、完成祖国统一大业,维护世界和平作出新贡献。要实现这个任务,我们必须牢记胡耀邦同志在各界民主人士协商会上提出的"勿忘团结奋斗,致力振兴中华”的指示,进一步解放思想,发扬民主,调动一切积极因素,并尽可能化消极因素为积极因素,把蕴藏在各方面人士中的智慧和力量充分发挥出来。要积极支持各界人士中的智慧和力量充分发挥出来,要积极支持各界人士的一切爱国行动和首创精神,鼓励他们大胆工作,发挥他们的聪明才智,为中华民族的繁荣富强和统一作出更大的贡献,为此我区政协要着重抓好以下几项工作:

一、充分发挥人民政协政治协商和民主监督的积极作用

人民政协的主要职能是:贯彻执行“长期共存,互相监督”、“肝胆相照,荣辱与共”的方针,由中国共产党和各民主党派,各人民团体以及各方面的代表人士,就国家的大政方针和地方重要事务以及群众生活的重要问题进行政治协商,并通过批评和建议发挥民主监督作用。在新的历史时期,政治协商是为了使中国共产党和党外人士进一步取得政治上的一致,为实现新时期的总任务加强相互间的合作。民主监督是本着“肝胆相照,荣辱与共”的精神,互相提意见,作批评,坚持真理,修正错误,加强和改善各方面的领导,共同把国家的事情办了,这两点是活跃国家政治生活,调整关系,统一思想,促进安定团结,促进四化建设的重要措施。今后,我们要围绕国家的大政方针、我区的重要事务、群众生活和统一战线等重大问题,通过全委会、常委会、座谈会、民主协商会和各种专题调查等多种形式开展政治协商活动,并组织各民主党派和各界人士就国家事务和我区各项工作,提出批评建议,实行民主监督,以充分发挥人民政协的职能作用。

实行在中国共产党领导下的多党合作的统一战线,是我国政治制度的一个重点和优点,我们要在坚持四项基本原则的基础上,加强同各民主党派、各人民团体、无党派民主人士和其他爱国人士的合作,做到政治上充分信任,工作上大胆使用,思想上经常沟通,生活上热情关怀,真正发扬民主协商的优良传统,活跃我区政协工作。

二、为实现台湾回归祖国,完成祖国统一大业,作出积极贡献

实现台湾回归祖国,完成祖国统一大业,是党和国家在新的历史时期中的一项重大任务,是全国各族人民的共同愿望,也是我们人民政协责无旁贷的任务。

台湾自古以来就是中国领土,台湾人民世世代代都是我们的骨肉同胞,1949 年大陆解放,台湾和祖国的分离是人为的,是违背中华民族利益的,目前,台湾回归祖国的大势所趋,人心所向,是不可抗拒的历史潮流。全国人大常委会发表的《告台湾同胞书》已经宣告了我国政府对台湾回归祖国的大政方针。叶剑英委员长发表的九条建议,邓小平同志与杨力宇的谈话精神,以及邓颖超同志在全国政协六届一次会议《开幕词》中阐述的实现祖国和平统一的立场和方针等已经系列地阐明了党和政府关于统一祖国的方针、政策。邓颖超同志还在今年全国政协新年茶话会上的讲话中指出:台湾同大陆的关系,团结则安,分裂则危,时至今日,谁在阻挠祖国的统一,谁就对不起先人,对不起后人。政协组织是一切爱国者之家,我们要清除“左”的思想影响,通过各种形式开展活动,进一步做好台胞、台属、侨属和起义投诚人员的工作。通过组织对台宣传稿件、信件,并通过多种渠道,帮助台属同海外亲人取得通讯联系,向海外亲人积极宣传贯彻党和政府关于统一祖国的方针、政策,宣传叶剑英委员长的九条建议和《廖承志致蒋经国先生的信》,宣传“爱国一家”,“爱国不分先后”的政策,还要实事求是地宣传新中国的建设成就,以激发他们爱国、思乡、怀旧之情。并要积极协助有关方面,进一步落实去台人员亲属的政策,对他们要一视同仁,不得歧视,以充分调动他们的积极性,特别要组织台属、侨属、港澳同胞,发挥他们有利的条件去做对台工作,为促进祖国统一大业作出积极贡献。

三、重视和加强知识分子工作,充分发挥知识分子的智慧和才能

我国的知识分子是工人阶级的一部分,他们同工人、农民一样是我国社会主义事业的依靠力量,做好知识分子工作,是人民政协真正把自己工作重点转移到社会主义现代化建设上来的重要标志之一。

政协荟萃了各方面有识之士,他们学有专长,在许多问题上有真知灼见,是四化建设的一支重要力量。他们同各界知识分子有着广泛的联系,重视和努力做好知识分子工作,充分发挥知识优势,是政协工作重要内容之一。因此,我们首先要做好政协委员中的知识分子工作,使人民政协成为政协委员之家,知识分子之家。要创造各种条件,运用各种有效形式,使他们参加各项活动,为国家各项事业献计、献策。当前我区政协在重视和做好知识分子工作方面,要努力抓好三件事:一是抓好思想政治工作。要倡导知识分子在自愿基础上学习马列主义、毛泽东思想,深入实际、深入工农,在改造客观世界的同时改造自己的主观世界,朝着又红又专的方向迈进,二是抓落实党对知识分子的政策。要彻底肃清"左"的思想影响,继续克服轻视知识、轻视知识分子的偏见;要大力宣传知识分子在四化建设中的重要地位和作用。宣传加强工人、农民同知识分子紧密团结的重大意义;要在排除干扰,深入调查研究的基础上,了解知识分子的思想,工作业务和生活状况,做他们的知心朋友,关心他们的进步,关心他们的工作和生活,并与有关方面联系尽可能帮助他们,特别要帮助中年知识分子改善工作条件和生活条件,逐步解除他们的后顾之忧。要真正做到对待知识分子政治上一视同仁,工作上放手使用,生活上关怀照顾,使他们更好地为四化服务。三是充分发挥知识分子的聪明才智,要引导和组织知识分子积极传播先进思想,开展爱祖国、爱人民、爱劳动、爱科学、爱社会主义的公德,以及革命的理想、道德和纪律的宣传教育工作,坚持发展科学繁荣文化的"百花齐放,百家争鸣"的方针,密切联系各有关方面在政治、经济、教育、科学技术、文化艺术、医药卫生、体育等方面开展调查研究,开展咨询服务,举办技术讲座和学术报告,广开言路,广开才路。区政协还将组织委员视察、参观和调查了解情况,就各项事业和群众生活的重要问题进行研究,向各有关方面提出建议。

文史资料工作是社会主义文化建设的一部分,是一项惠及后代的光荣事业,也是人民政协的一项重要任务。做好这项工作对于联系各界人士,巩固发展统一战线,继承和发扬中华民族的优良传统,进行爱国主义教育,促进社会主义精神文明建设等方面都将起到积极作用。我们要专门组织力量,本着"存真求实"的方针,加强调查研究,深入发掘,把重点征集和广征博采结合起来,把抢救珍贵史料放在首位,逐步把史料的征集,研究工作引向专题化、系统化,同时,我们要积极配合有关部门做好地方志的编写工作。

四、支持民主党派开展活动,活跃政协工作

在中国共产党领导下,党同各民主党派实行多党合作是我们党的一贯方针,是我国政治制度的一个特点和优点。我区民主党派成员,分布在好几个民主党派组织之中,他们大部分是知识分子,有较高的文化科学知识和比较丰富的实践经验,有比较广泛的社会联系和影响,又有爱国热情和为国出力的愿望,是我区统一战线中的一支重要力量。

我们要坚定地贯彻“长期共存,互相监督”,“肝胆相照,荣辱与共”的方针,加强同他们的真诚团结合作,支持他们在各自的组织中参加各项活动。

五、认真贯彻落实民族政策和宗教政策

人民政协要加强同各族人民和宗教界爱国人士的团结,中华人民共和国是全国各族人民共同缔造的统一的多民族国家。在中国共产党领导下,全国各民族已形成平等、团结、互助的社会主义民族关系,区人民政协要积极宣传和努力贯彻执行国家的民族政策,反映少数民族的意见和要求,配合有关方面维护少数民族的合法权益,改善和发展社会主义的民族关系,增进各民族的大团结。

人民政协还要宣传和协助贯彻执行国家的宗教政策,保护正常的宗教活动,团结和支持宗教界的爱国人士,积极参加祖国的社会主义建设,为祖国统一大业和维护世界和平做出贡献。

六、认真贯彻党的十二届二中全会精神,积极帮助中共整党和投入防止与清除精神污染的工作

党的十二届二中全会作出了整党决定,提出了加强思想政治工作,清除精神污染的问题,这两项工作,关系到我国社会主义现代化事业的兴衰成败,关系到党和国家命运和前途的大事,也是顺利进行以经济建设为中心的社会主义建设,胜利实现国家在现阶段的总任务的根本保证。

中共中央整党工作指导委员会强调指出,整党中要充分听取党外朋友和党外群众的意见,并且作出八项规定,要求各级党的干部和广大党员,对党外群众的意见,一要诚恳欢迎,二要切实改正错误。这充分体现了“勿忘团结奋斗致力振兴中华”的精神,贯彻中央整党决定和加强思想政治工作,清除精神污染,是中国共产党在新的历史时期为争取新的伟大胜利所采取的一个重大步骤。政协委员和一切爱国人士都要认真贯彻这一方针。提高对整党和清除精神污染的重要性、迫切性的认识;要以“休戚相关,荣辱与共”的态度对国家、对人民负责的精神,知无不言,言无不尽地帮助中国共产党胜利完成整党任务,同时要加强政治学习,自觉地抵制精神污染,促进“两个文明”建设。

七、解放思想,立志改革,勇于创新,为振兴中华建设芜湖做出新贡献

当前农村商品生产的迅猛发展,工业战线的经济改革,给我们提出了许多新的课题,特别是世界范围内“新技术革命”的兴起,对我们既是促进,又是挑战。黄璜同志在省六届人大二次会议和省政协五届二次会议上的讲话中指出:“现在的问题是要以认真负责的态度,开拓前进的精神,百折不挠的毅力,扎扎实实的作风,积极付诸实施,尽最大努力,把安徽的两个文明建设搞上去。”根据黄璜同志的指示,人民政协要以党的十二大提出的总目标,作为自己的总任务,围绕经济建设这个中心,解放思想,立志改革,勇于创新,充分发挥政协的人才优势,努力开发智力资源,满腔热情地支持敢于改革的人士,积极推进各个领域的改革,迎接“新技术革命”的挑战。

实现四个现代化,科技是关键,我区政协人才荟萃,他们来自科技、教育、卫生、工交等各条战线,学有专长,具有较高的理论造诣和丰富的实践经验,既有爱国之心,又有报国之才,我们要组织和推动一切有识之士,围绕“两个文明”建设,按照政协工作的特点开展工作,为振兴中华,建设芜湖作出新的贡献。我们政协委员更要努力学习,不断掌握新的科学技术知识和信息，重视知识更新，防止知识老化，尽最大努力推动各项事业的发展。

根据我国生产力的发展状况，在很长时期内，还要多种经济形式的同时并存，社会主义国有经济在整个国民经济中居于主导地位，而劳动群众集体所有经济和劳动者个体经济，又都是国营经济的必要补充，因此我们还必须对发展集体经济给予支持和指导，并要配合有关方面鼓励和扶持劳动者个体经济在国民政策规定范围内和工商行政部门管理下，适当发展，同时要通过"个体劳动者协会"的活动，帮助他们端正为社会主义服务的方向。

总之，我们要从各方面为加快社会主义现代化建设的步伐，为开创我区各项社会主义事业的新局面，开拓前进。

委员们，同志们，我区政协是新建机构，政协委员和机关工作人员，大都没有做过这项工作，对党的统一战线工作的方针、政策。对人民政协的性质、地位、任务和作用还不够熟悉，对如何做好政协工作还缺乏经验，许多事都得从头做起，这就要一个学习和熟悉的过程，因此，对我们来说，更要提出一个加强学习，搞好机关思想、作风建设的任务，根据市委统一部署，结合政协工作特点要组织全体委员，包括党外人士开展学习活动，并及时向党外委员传达学习党和政府有关文件，使大家了解党的方针、政策，知情出力，当前我们全体委员和机关工作人员要进一步学习党的十二大文件，学习《邓小平文选》和《陈云文选》，学习全国六届二次人大，及全国政协六届二次会议文件，学习省六届人大二次会议及省政协五届二次会议文件，学习新宪法，学习政协新章程，在学习中要解放思想实事求是，发扬理论联系实际的学风，解决我们工作中的问题，不断地摸索、总结经验，尽快地熟悉业务，并要树立对政协工作的光荣感、责任感，尽心尽力地做好政协工作。

在我们的政协委员和各界人士中很多是学者、专家，这是我们做好政协工作，为现代化服务的优势之一。政协工作的实践证明，人民政协的工作组，就是人民政协发挥自己优势的一种卓有成效的组织形式。我们要积极筹建各个工作组，运用多种形式开展活动，根据我区的实际情况，我们初步设想成立一个学习委员会和文教、科技卫生、经济、城建、祖国统一、群工法制、文史资料等七个工作组，围绕党的中心工作，按照各工作组自己的特点，争取有关部门的配合，有计划地开展参观、专题调查、学术讲座、经验交流和各种形式的座谈等活动，从而发挥政协委员和各界人士为四化服务的积极性，为我国和我区的各项建设事业献计献策，帮助党和政府了解情况，改进工作，对于区政协的工作机构设置，请委员们研究探讨，提出意见，再由常委会讨论确定。

各位委员，各位同志，人民政协有着光荣的革命史，它是中国共产党与各民主党派、无党派人士在长期的革命斗争中形成的统一战线，在新的历史时期，人民政协正在组织和动员社会力量，实现新时期总任务的伟大事业中，是大有可为的。我区政协第一届委员会肩负着开创我区政协工作新局面的历史使命。任重道远，前途光明，我们一定要在十二大精神指引下，在中共镜湖区委的领导下，认真贯彻执行省人大六届二次会议、省政协五届二次会议和市第四次党代会的精神，团结一致，群策群力，兢兢业业，做好工作，力争不负全区各界人士的期望。让我们热烈响应胡耀邦同志的号召，"勿忘团结奋斗，致力振兴中华"，满怀信心地奋发努力，为开创我区政协工作的新局面，为社会主义现代化建设,统一祖国大业,反对霸权主义,维护世界和平而努力奋斗!

祝各位委员,各位同志身体健康!

中国人民政治协商会议
芜湖市镜湖区第二届委员会常务委员会工作报告

(1990年7月8日)

程志道

各位委员、各位同志:

中国人民政治协商会议芜湖市镜湖区第二届委员会自1987年4月召开第一次会议以来,至今已三年多了,现在我受二届委员会常务委员会的委托,向大会报告三年多来的工作情况和今后任务的建议,请予审议。

三年回顾

三年来,区政协在区委领导和上级政协的指导下,在区政府和各有关方面的支持下,紧密围绕着党的基本路线,高举社会主义和爱国主义旗帜,认真履行人民政协的职能,在发挥政治协商、民主监督作用,为社会主义民主和法制建设,为改革、开放和两个文明建设以及在巩固和发展爱国统一战线,为促进和平统一祖国等方面,都做了一些工作,作出了应有的贡献。

(一)加强协商、监督,进一步发挥职能作用

政治协商、民主监督是人民政协的主要职能,是实现共产党领导的多党合作和发扬社会主义民主的重要内容和方式。三年来,我们在履行政协职能、发挥协商监督作用方面,经过不断探索,取得了新的进展。

一是政治协商、民主监督走向经常化、制度化。

为充分发挥政协的主要职能作用,中共中央和省委都分别转发了全国和省政协《关于政治协商、民主监督的暂行规定》、市委和区委也曾对建立政治协商、民主监督的制度,提出了《规定》和《意见》。这些《暂行规定》和《意见》,都对政治协商、民主监督的目的任务、主要内容和程序方法作了明确规定,使政治协商、民主监督工作有所遵循。区政协和各有关经过认真学习与贯彻,进一步促进了协商监督朝着制度化方向发展。

根据区委的指示和上级政协的规定,区政协还相继制定了《常务委员会工作规则》和《各工作委员会组织通则》。这些《规则》与《通则》都明确规定了区政协主席会议、常务委员会和各工作委员会的性质、任务和工作制度。它的制定与实施,保证了政协工作规范化,也促使政治协商、民主监督经常化。例如,我们按照《规则》与《通则》的规定,如期开好各种例会,经常在主席会议上就统一战线内部或政协工作进行协商;在常委会议上,就区委、区政府一些重要决策或其他重大问题本着协商于决策之前的精神听取情况通报进行协商讨论;并在全委会议上听取与审议政府工作。此外,区政协各工作委员会还经常就一些重要问题分别与政府各有关部门会同举行考察、视察,进行了对口协商,从而使协商、监督趋于经常化。

二是参与重大问题的协商与监督,促进决策民主化、科学化。

根据全国政协和省、市、区委关于建立政治协商、民主监督制度的规定和意见,区委、

区政府注意了凡遇重大问题能与政协协商讨论。三年来曾就我区推进经济体制改革，完善企业承包经济责任制；发展外向型经济以振兴区、街工业以及制订镜湖区三年发展规划等议题，分别由区长汪国兴、副区长殷之仁、韩世安等向区政协常委会、常委扩大会和科技界委员座谈会、祖国统一工作委员会及“三胞”亲属联谊会等通报了情况和设想，广泛征求与会者的意见和建议，进行了决策前的协商。区政协注意了发挥委员的参政议政作用，为我区决策民主化、科学化作了一些工作。去年初，区政府还曾在区人大十届四次会议召开前两周，将《政府工作报告》送请区政协常委会审议征求意见。这表明，我区党、政领导也为发挥政协的协商监督作用，实现决策民主化、科学化迈出了重要的一步。区政协为发展民主监督作用，使监督于决策实施之中，还曾在上述议题的实施过程中，邀请区政府有关领导同志，向区政协常委会和常委扩大会通报了在实施企业改革中的区街生产情况和工作安排，在实施发展规划中的我区城市建设和管理情况、社会治安情况和深化教育改革等情况，委员们对政府工作提出了各方面的有益意见和建议，区政府有关领导同志表示欢迎批评、监督，努力改进政府工作。去年平息反革命暴乱后，区政协还十分关切这场斗争的彻底胜利，邀请区委副书记魏连泗同志向区政协常委会通报了“两清”情况，并提出了意见和建议。

三是开展对口协商，协商监督向多层次、多渠道发展。

我区的政治协商、民主监督活动，在区政协常委会与区委、区政府领导层之间进行的基础上，已进一步在区政协各工作委员会和区委、区政府各部门之间进行了对口协商，这标志着我区的政治协商、民主监督已向多层次、多渠道发展。三年来，区政协财政经济工作委员会与区经委之间多次进行了通报情况，对口协商区街经济工作，为解决发展街道第三产业问题，区政协财经工作委员会还会同区经委，并邀请街道负责同志，组成学习考察组赴江苏三个市辖区学习考察，并将这三个区开发街道第三产业和发展区街经济的经验写进《学习考察报告》供区委研究参考。区委、区政府在制定三年发展规划中，借鉴了其中好的经验，并将《学习考察报告》送呈市政府主要领导审阅，区政协城市建设与社会工作委员会曾多次分别与区城建、工商局和环卫所、文明办等部门会同视察和对口协商了关于我区城市建设、防汛工作、农贸市场管理、饮食卫生和环境卫生等问题。区政协社会工作委员会组织去安庆等地考察社会治安综合治理情况并写出了专题报告。他们为了解我区贯彻国务院关于《女职工劳动保护规定》的情况，还曾会同区妇联和区劳动局到区环卫所和区、街属三个厂进行视察，并座谈协商，写出了专题报告，供有关方面参考。区文化教育工作委员会曾多次会同区教委、妇联视察和对口协商了小学教育和幼儿园工作，并就办好个体幼儿园多渠道地解决幼儿入园难的问题提出了意见和建议。医药卫生工作委员会还曾会同区卫生局，赴江苏省三个市辖区区属医院、保健所学习卫生改革的经验并进行座谈协商，为深化我区卫生改革提出了意见和建议。以上所进行的对口协商及我们认为是政治协商、民主监督职能作用朝着比较深一层的、协商面较广的、协商内容、解决问题比较具体的方向发展。

四是组织学习考察和参观视察，提调协商、监督的质量与效果。

为使委员体察下情，掌握第一手资料，提调协商监督的质量与效果，我们注意了协商前的调查研究。三年来，区政协常委会和各工作委员会根据选定的关于发展区街经济、城建城管、社会治安综合治理、教育卫生体制改革和治理整顿、深化改革等议题,分别组织政协委员赴江苏省三个市辖区学习考察发展区街经济的经验,赴安庆市考察社会治安情况,赴区属有关单位和街道、居委会视察。调查城建、城管问题,并通过召开汇报会、座谈会等方式,调查了教育改革情况;听取了各街道和区属企业负责人关于深化改革区街经济的意见。经过上述活动,委员们在听取有关的情况通报、进行了协商讨论后,就能较好地提出有情况、有分析、有建议的意见,并能得到有关方面的采纳、实施。

五是办好委员提案,发挥委员参政议政的作用。

委员提案是委员参政议政的重要方面。办好委员提案,是发挥委员参政议政作用,检验协商监督成果的重要标志。本届政协共收到委员各类提案153件,内容涉及财经、工商、城建、城管、文化、教育、卫生、房管、物价、政权建设及群众生活等各方面。我们均逐年召开了专门会议,按管理职权范围,分别提交区政府有关职能部门办理或作为意见、建议转请市有关部门处理,现已全部办结。各级党政领导对委员提案十分重视,一般都指定专人负责办理,涉及两个或两个部门以上的提案,部门之间也能互相配合办理。区政府及政协两个办公室都确定专人负责催办,对于一些重要提案还派专人到承办单位了解和协助办案,从而使一些疑难问题得到解决。本届提案153件,已采纳的52件,占34%;限于条件,只能逐步解决的56件,占37%;由于财力、物力及现行政策所限不能办的33件,占22%,并向提案人作了解释。

(二)发挥人才优势,为两个文明建设服务

三年来,委员们在做好本职工作的同时,各工作委员会还运用各自的优势,通过各种方式组织委员为社会主义物质文明和精神文明建设献计出力,取得成效。

一是开展专题调查,提供意见和建议。

我们除了根据协商议题,于协商前进行了上述的专题调查外,各工作委员会还围绕着党和国家的中心任务,就我区重要事项和群众关注的问题,选定专题进行调查研究、提供意见、建议。三年来,先后组织此类调查12次,写出各种专题调配报告10件,调查的专题有:青年婚姻状况与离婚问题;青少年法制教育问题;幼儿教育与小学教育改革、卫生体制改革问题以及智障儿童教育问题等。经过调查,向有关方面提供了有益的意见和建议。例如:社会工作委员会在调查离婚案逐渐增多的同时,还总结了南门街道办事处从法制教育着手,坚持“五好”家庭评比,引导青年男女正确处理婚姻、恋爱问题和调解家庭纠纷等经验,为街道做好家庭工作、稳定社会秩序提供了有益的经验。文化教育工作委员会鉴于加强青少年思想政治教育的需要,连续六次召开了区境内部分中、小学干部、教师座谈会,并选用大家反映的素材,自编自导了电视剧《十五支红烛》,先后在本市和十多个中等城市电视台以及在中央电视台播映,用视觉形象进一步唤起学校、家庭和社会理解、关心和加强对青少年的教育,播映后反应很好。该委还曾就“智障”儿童教育问题,投书新闻界,《芜湖日报》和市广播电台都作了报导,进一步引起社会对“智障”儿童的关注。

二是开展咨询服务,献计出力。

搞好咨询服务,是发挥人才优势,为建设和改革献计出力的重要方面。三年来,区政协常委会和各工作委员会都运用多种形式开展了咨询服务活动。例如:科技工作委员会为区金属容器厂设备改造提供技术服务,医药卫生工作委员会举办了“优生优育”讲座,深受好评。为振兴区街经济，区政协召开了有24名教授、讲师、工程师参加的发展区街经济座谈会，就若干重大问题进行了研究和探讨，并先后召开“三胞”亲属联谊会理事会和部分会员座谈会，对发展区街经济提出了30多项有益的意见和建议，提供了不少经济科技信息，受到了区委、区政府的重视。为对发展区街经济筹集和融通资金，我会分管财政经济工作委员会的副主席还主动为区政府组建金融机构咨询服务，并具体协助进行筹建工作，在全市率先成立了“芜湖市镜湖城市信用社”，为筹集和融通资金支持我区集体企业与个体工商业者发展生产经营作出了一定的贡献，为帮助亏损企业摆脱困境，区政协还组织委员中的部分高、中级专业技术人员，对我区亏损企业镜湖织布厂的发展前景进行了科学论证，为企业的治理整顿献计出力。

三是面向群众，多做实事。

面向群众多做实事，是人民政协为群众服务，为两个文明建设服务的又一个重要途径。三年来，各工作委员会发挥优势，做了大量的有益的工作，获得了社会赞誉。例如医药卫生工作委员会先后为34名五保老人、为中江个体幼儿园33名幼儿，并为54名未入园的散带幼儿及36名宁渊小学智障儿童进行了体检。对患病者及时建议治疗，深获群众好评。芜湖电视台和芜湖报社，分别对为五保老人体检作了专题报导。此外，各工作委员会还运用各自的专长办实事，为有关方面排忧解难。

四是开展传统活动，活跃政协工作。

根据多年来政协工作规律，区政协决定：将每年召开一次政协委员为两个文明建设服务经验交流表彰会，每年举办一次委员活动日，每年为鳏寡孤独老人体检一次，每年为街道幼儿健康检查一次，每年教师节开展一次庆祝活动，每年中秋节开展一次“三胞”联谊活动，每个工作委员会每年搞一次专项调查；每个委员每年为政协工作做一件实事等“七个一”活动，列为区政协的传统活动。三年来，我们除了将表彰会改为发《简报》书面表彰，以及个别项目未坚持外，其余项目均采用不同形式开展了活动，通过上述形式多样、内容较为丰富的传统活动，活跃了政协工作。

（三）开展“三胞”联谊活动，为祖国统一服务

在推行“一国两制”方针，解决了香港、澳门问题后，为适应统一战线的新发展、新要求，区政协在全市率先成立了芜湖市镜湖区“三胞”亲属联谊会，下设联谊组，联谊会成立以来，广泛地联络了区境的“三胞”及其亲属为促进祖国统一和发展区街经济服务，我们的做法主要是：

开展宣传教育。积极宣传党的“一国两制”方针和祖国统一的各项方针政策，并开展台湾形势及对台工作的宣传。区委、区政协每年都要举办一至两次台湾形势报告会，分别向区机关干部、政协委员及部分“三胞”及其亲属阐述了台湾目前情况，特别是国民党十三大以来的形势和“一国两制”、对台方针政策，还会同市对台办向全区县级以上干部放映了有关录像。并经常结合节日活动，组织“三胞”及其亲属议形势、议政策、忆亲人，他们纷纷表示要加强与台湾及海外亲人联络，为祖国统一和建设家乡出力。

广交朋友，联络友谊。这是区政协和“三胞”亲属联谊会的重要任务。首先是通过参观、访问和座谈等活动，开展联谊工作。其次是热情接待回乡“三胞”。区政协负责同志还有重点地探望了回乡台胞，彼此坦诚相见，加深了解，增进了友谊，在接待中还尽可能

地做一些实事为“三胞”排忧解难,回乡“三胞”深受感动。

认真做好海外人士来信来访工作,这是近年来我们经常要做的工作。三年来,我们配合区有关方面接待有来信来访,并根据来访来信提出的问题,按照党的政策认真答复和处理了为“三胞”查找亲人、解决住房、调动工作、子女入学、参军和要求落实政策等问题,深受三胞亲属和海外人士的赞许。

为发展区街经济献计出力。区政协与区“三胞”亲属联谊会为发挥“三胞”优势为区、街经济服务,于去年向三胞亲属发出了开展“十一个一”活动的号召,号召“三胞”亲属开展写一封家信和引进资金、项目、技术、人才等活动。“三胞”亲属积极响应,向区政协提供信息、提供项目,并为区街企业联系业务。区“三胞”联谊会部分成员还集资开办了“芜湖市台味面包厂”、“三联商店”为振兴区、街经济,为“三胞”亲属子女就业开拓领域。

(四)发扬文化遗产,做好文史工作

文史工作是人民政协为社会主义精神文明建设服务的一项重要工作,为抢救历史资料,达到资政、存史、育人的目的,本届区政协文史资料研究委员会认认真学习贯彻了全国文史资料工作会议精神,调整充实了《文史资料简介》编委会,并逐年制定了史料征集计划,本着“存真求实”,广征博采与重点征集相结合的原则,坚持进行了文史资料的征集、编辑、发行工作。三年多来共发行了《文史资料简介》十三辑,史料53篇,约17万多字,在数量和质量上逐步有所提高,其中的《我所知道的汪特“十一号”之内幕》、《日寇军、警、宪、特在芜湖的罪行》、《芜湖沦陷后的汉奸政权组织概况》、《日伪在芜湖文化统治概述》、《芜湖人民自发抗日斗争事迹三则》等五篇资料分别为省、市政协采用,选登于《安徽文史集萃丛书》和《芜湖文史资料》(第二、三辑),另有六篇,《芜湖日报》作了转载。

(五)倡导委员学习,发扬自我教育的优良传统

组织委员学习,进行自我教育,是人民政协的优良传统。本届区政协继续坚持以自己提出问题、自己分析问题、自己解决问题的“三自”原则,以自学为主适当组织座谈讨论的方式组织委员学习。每年都由学委会制订学习计划,由区政协转发各委员按计划学习,遇有重大事项,常委会组织专题学习座谈,并作出决定,部署委员学习。学习内容主要是学习党的方针、政策,党和国家在各个时期的中心任务和重大时政。此外,还结合政协工作学习统战理论和政协业务,并注意经常推荐委员为社会主义四化建设服务的经验供委员们学习交流。

三年来,我们首先着重开展了“坚持四项基本原则,反对资产阶级自由化”的学习讨论,明确了它既是立国治国之本,又是人民政协立根创业之本,并坚持将其列入区政协的主要任务之一,委员们在各自岗位上和参政议政中,为维护安定团结和加强社会主义精神文明建设作出了努力。中共十三大召开以来,我们主要学习了十三大及十三届三中、四中、五中全会精神,省、市委重要会议精神和有关文件,学习中,开展了我国社会主义初级阶段的理论和党的基本路线与方针政策的学习讨论。基本搞清了我国社会主义初级阶段的理论和特征,以及在这一时期的路线、方针、政策;正确认识了我国十年改革、开放的成就和当前的困难问题;明确了治理经济环境、整顿经济秩序的必要性和紧迫性,提高了贯彻执行治理整顿、深化改革方针的自觉性,特别是在去年春夏之交,北京发生学潮、

动乱及至反革命暴乱期间，区政协及时组织常委和委员们认真学习了《人民日报》社论《必须旗帜鲜明地反对动乱》和《维护大局，维护稳定》、邓小平同志在接见首都戒严部队军以上干部时的讲话、中共中央、国务院《告全体共产党员和全国人民书》、《北京发生反革命暴乱的真相》以及党的四中全会文件与江泽民同志《在国庆四十周年大会上的讲话》等，经过一系列的学习，委员们明确了这场暴乱的性质和产生暴乱的国际、国内因素，表示要旗帜鲜明地维护稳定，反对动乱，并坚决拥护中央平息反革命暴乱的果断措施。在这场动乱中区政协委员们在行动上能与中央保持一致，大家还积极努力宣传暴乱真相，澄清一些模糊认识，并从中吸取教训，加强政治理论学习，进一步坚持四项基本原则，为稳定芜湖局势，巩固和发展安定团结的局面做出了积极的努力。

本届区政协，还结合政协业务，部署委员们学习，贯彻了全国人大、政协七届一次、二次会议精神和省、市人大、政协会议精神。经过学习全国人大、政协会议上的《政府工作报告》与政协《常委会工作报告》，进一步理解了国内工作的基本经验和今后五年建设与改革的目标、方针、任务，以及政协工作的基本经验和今后任务。在学习中还探讨了社会主义初级阶段中统一战线的形势与任务，以及人民政协的性质、地位和作用，为更好地履行政协的职能作用，增添了自觉性与积极性。

区政协还坚持报导政协委员为四化作贡献的先进人物和事迹，鼓励大家为振兴中华，建设芜湖多作贡献。

以上是本届区政协在全体委员共同努力下所做的主要工作。我们的工作虽然取得了一些成绩，但还有不足之处，主要是：(1)政治协商、民主监督在制度上还有待于不断完善，在执行上还必须有具体实施办法，在各有关方面相互主动与配合的问题上，还必须进一步改善；(2)为四化服务的路子还必须拓宽，如何适应区街特点还有待于探索；(3)对工作委员会的指导帮助，与委员的联系均有待于加强；(4)政协的自身建设需进一步加强。

几点体会

(一)要高度重视与认真履行政协的主要职能。要健全政治协商、民主监督制度与具体实施办法；要与有关党政领导和部门建立联系制度、相互主动地支持与配合，有计划地开展协商监督活动。要努力做到协商于决策之前，监督于决策实施过程之中，政治协商、民主监督必须坚持“长期共存、互相监督、肝胆相照、荣辱与共”的方针，真正民主、平等、坦诚地交换意见，充分地反映意见、要求、批评和建议。开好全委会、常委会是进行政治协商的主要形式，同时还要多层次、多渠道、多形式地开展对口协商，为提高协商监督、质量与效果，还必须抓好情况通报和开展参观学习考察视察和专题调研等工作帮助委员知情出力。

(二)要重视与充分发挥工作委员会的作用。工作委员会是在区政协常务委员会和主席会议领导下的组织委员进行经常性活动的工作机构。应充分重视与发挥工作委员会的作用，加强对工作委员会的具体指导与帮助，切实贯彻执行《工作委员会组织通则》，按照《通则》规定的任务与组织制度，努力开展各项活动，为发挥政协的职能作用多做贡献。

(三)要依靠全体委员的共同努力，做好政协工作。政协委员是来自各党派和各界代表人士，具有广泛的代表性，必须抓好落实委员政策的工作，认真处理委员的提案，虚心听取委员的意见、建议,加强与委员的联系,广交朋友,增进友谊,充分调动委员的积极性,只有这样才能团结委员与各界人士做好政协工作,为三大任务服务。

(四)要坚持贯彻“长期共存、互相监督、肝胆相照、荣辱与共”的方针,高举社会主义与爱国主义旗帜,广交朋友,巩固与发展统一战线,认真学习统战理论,贯彻执行统战方针、政策,为完成社会主义新时期的统战任务而努力。

(五)要加强政协的自身建设。首先要加强思想建设,努力学习时事政治理论和党的路线、方针、政策,学习统战理论加强思想政治工作,不断提高干部素质努力改进作风,增强服务观念,提高办事效率。其次要建立健全组织制度和工作制度,使政协机关工作走向规范化,以适应人民政协工作的需要。

今后任务的建议

今年是20世纪90年代的开始,又是治理整顿,深化改革的关键的一年。根据中共十三届四中、五中、六中全会精神,结合当前实际情况,今年,摆在全党、全国人民面前的主要任务是:为治理整顿、深化改革的顺利推进,为实现我国政治、经济和社会的进一步稳定发展而奋斗。围绕这一任务,我们建议:我区今后一年政协工作的指导思想是:坚定不移地贯彻执行党的基本路线,坚持以经济建设为中心,坚持四项基本原则和改革开放,深入贯彻执行中共十三届四中、五中、六中全会精神,调动一切积极因素,进一步加强与各党派、各人民团体和各界代表人物的团结合作,为维护政治稳定、社会稳定,进一步搞好我市、我区的治理整顿和深化改革,促进经济持续、稳定、协调发展,并为促进社会主义精神文明建设,为促进祖国和平统一而作出我们应有的贡献。

按照上述指导思想,今后一年的主要工作任务是:

(一)认真贯彻落实中共中央《意见》和全国政协《暂行规定》,进一步发挥政协的职能作用。

去年初,中共中央批转了全国政协《关于政治协商、民主监督的暂行规定》;年末又发布了《中共中央关于坚持和完善中国共产党领导的多党合作和政治协商制度的意见》;今年元旦,江泽民同志又在政协新年茶话会上发表了重要讲话。这些文件和讲话,是推进我国政治体制改革,加强社会主义民主政治建设的重要文献,也是反对资产阶级自由化和反对国际敌对势力搞“和平演变”的锐利武器。这些文件和讲话的贯彻实施还必将把人民政协工作推向新的发展阶段。人民政协是爱国统一战线组织,是共产党领导的多党合作和政治协商的重要组织形式。人民政协汇集了社会各个层次,各个方面的代表人士,也是一个高层次的智力库。作为人民政协组织和政协委员,我们必须树立高度的政治责任感,责无旁贷地把坚持和完善共产党领导的多党合作和政治协商制度作为自己肩负的历史使命,坚持“长期共存、互相监督、肝胆相照、荣辱与共”的方针,进一步履行政治协商、民主监督的职能,在自己的工作中创造更加民主的气氛,真正使人民政协成为各党派、各人民团体、各界代表人物团结合作、参政议政的重要场所。为此,今年我们应做好以下几方面的工作:

一是认真贯彻中共中央(89)14号文件和全国政协《关于政治协商、民主监督暂行规定》修订与执行区政协《常委会工作规则》和《工作委员会组织通则》,促使政协工作走向规范化,政治协商、民主监督走向经常化、制度化。

二是开展多层次、多形式、多渠道的政治协商和民主监督。要就国家大政方针、政策法令的贯彻,本区的重要事务,群众生活和统一战线中的重大问题,与区委、区政府开展协商与监督活动。为便于委员知情出力,建议区委根据需要每年不少于两次向政协通报情况;区政府每年工作总结、意见,财政预决算均向政协通报,政府重要决策在决策前向政协通报、听取意见建议,并建议区监察审计工作每年至少向政协通报情况一次。

三是加强区政协各工作委员会和区党、政有关部门的联系与协作,并摸索经验,创造条件、开展对口职能部门协同进行调研和协商、监督活动,以发挥政协工作委员会在决策、咨询中的作用。

四是做好委员提案工作,着重于提高委员提案、提案处理和办案的质量。

(二)深入开展委员视察和专题调查活动,围绕党的中心任务,为本区两个文明建设服务。

视察、调研等活动,是政协行之有效的活动方式,应大力开展。当前应围绕着促进政治、社会、经济的稳定发展和顺利推进治理整顿深化改革这个中心议题,结合本区情况,选择发展区街经济、城建城管和社会主义精神文明建设中的重要议题以及人民群众普遍关心的重要问题,开展调研活动,向区委、区政府提出建设性的意见和建议。同时还要坚持以服务为宗旨,开展咨询服务和为群众办实事。各工作委员会应根据上述要求和各自的优势,制定今年的工作计划,积极安排和组织委员活动。上届区政协提出的“七个一”活动,如属必要可以坚持下去。

(三)继续做好“三胞”联谊工作,促进祖国和平统一。

区政协祖国统一工作委员会,应进一步加强与区“三胞”亲属联谊会的联系与协作,充分发挥联谊会和联谊组的作用,可通过多种形式,向“三胞”亲属进行形势教育,爱国主义教育和四项基本原则教育,继续深入进行“一国两制”、和平统一祖国方针政策的宣传教育。要广泛开展“三胞”亲属联谊活动,继续配合有关方面做好为海外侨胞、台、港、澳同胞查访亲人和归国探亲访友的接待工作,并热情做好来信、来访工作,力所能及地为他们办一些实事、为他们排难解忧。“三胞”联谊会倡导的“十一个一”活动可继续深入开展。总之,要通过各种活动与“三胞”及其亲属扩大交往,增进友谊,团结合作为促进祖国和平统一做出贡献。

(四)加强同各民主党派和无党派人士的团结合作。

中国共产党领导的多党合作和政治协商制度是我国一项基本政治制度。而人民政协又是贯彻这种合作协商的重要组织形式。我们要在政协工作中,发挥政协在密切党和群众联系中的桥梁和纽带作用,加强与政协委员及其所代表的民主党派、无党派和各界代表人士的联系。并在坚持中国共产党的领导和坚持四项基本原则的基础上,进一步发扬社会主义民主,鼓励和支持民主党派、无党派人士对党和国家的方针政策和地方的各项工作提出意见、批评和建议。并要在相互信任、尊重和支持的基础上,进一步搞好共产党与民主党派、无党派人士的合作共享,组织他们参加各种参政议政活动,彼此之间还要经常开展谈心活动,坦诚相见,做肝胆相照的挚友与诤友,共同努力为取得政治安定、社会稳定和完成治理整顿、深化改革的任务而团结合作。

(五)继续深入学习,认真贯彻中共四中、五中、六中全会精神。

今年是夺取政治、社会和经济稳定发展的关键的一年,当前国际上的政治斗争形势也较为复杂。为此中共中央召开了一系列重要会议,发布了很多重要文件,为了提高认识,统一思想,认清形势,增强信心,在复杂的政治斗争中保持清醒的头脑,一切为了政治稳定和团结合作做好工作。我们必须继续把学习工作作为一项重要任务抓紧、抓好。当前要组织委员继续深入学习贯彻中共四中、五中、六中全会精神,深刻领会《中共中央关于坚持和完善中国共产党领导的多党合作和政治协商制度的意见》、《中共中央关于加强同人民群众联系的决定》、《中共中央关于治理整顿,深化改革的决定》等重要文件以及江泽民等领导同志的有关的重要讲话精神,并结合学习全国及省、市政协会议精神。新任政协委员还必须学习统战理论,在学习中,要联系实际提高认识,自觉做好本职工作和政协工作。为了从根本上提高委员政治觉悟思想水平和参政议政能力,还必须组织和推动委员在自觉自愿的基础上,学习马列主义、毛泽东思想,学习党和国家的方针、政策,学习时事政治和现代科学知识,根据上述要求,各委会要制定今后一年的学习计划,安排一些学习活动,常委会要加强对委员学习工作的领导,并认真组织好常委一班人的学习。

(六)要继续高举爱国主义旗帜做好文史工作。

(七)继续加强政协机关建设。

为了有效地开展政协工作和活动,必须进一步加强政协机关的思想建设和组织建设,要加强政治思想和业务学习,加强调查研究,加强调查研究,加强与委员的联系和加强科学管理,不断提高干部素质,努力改进工作作风和增强服务观念,不断提高政协机关的办事效率,为充分发挥区政协的职能作用,提高良好的服务。

各位委员、各位同志,区政协二届委员会在区委的领导、政府和各有关方面的配合支持下,经过全体委员的共同努力,做了一些工作,基本上完成了自己的历史使命。三届委员会已正式组成,我代表二届委员会常务委员会和二届委员预祝大会胜利成功,并祝愿三届政协工作更上一层楼,各项工作取得新的发展。

以上报告,如有不妥,请批评指正,谢谢大家。

毋忘团结奋斗　致力振兴中华
为开创人民政协工作新局面而奋斗

(在新芜区政协第一届委员会第一次会议上的报告)

刘润枝

各位委员、各位同志:

正当全区人民在党的领导下,全面开创社会主义现代化建设新局面,全区更加安定团结,生产建设不断发展,市场贸易十分活跃,教育、卫生、文化事业逐步走向繁荣,人民生活逐步改善提高,两个文明建设取得显著成果的时候,政协芜湖市新芜区第一届委员第一次会议胜利召开了,这是我区人民政治生活中的一件大事,它揭开了我区统战工作新的一页,标志着统一战线在我区的进一步深入和发展,显示了我区人民的大统一和大团结。这次会议的召开,对于开创我区爱国统一战线和人民政协工作的新局面,动员和团结各方面力量,加快我区社会主义现代化建设的步伐,为完成祖国的统一大业,发展大好形势,必将起到重大的推动作用。

这次大会选出了第一届委员会主席、副主席和常务委员,这是全体委员和全区人民对被选进常务委员会的全体成员的信赖和重托。值此机会,我代表当选的同志,向全体委员和全区人民表示衷心的感谢!我们被当选,感到十分光荣,但也感到任务重大而艰巨。从事政协工作,我是一个新兵,担心有负众望。但是我深信,只要遵循党的路线、方针、政策,依靠常务委员会的集体领导,依靠全体委员的共同努力和全区人民的大力支持,我们在干中学、学中干,我区政协工作是一定会搞好的。那么,本届政协工作任务是什么,究竟怎么做?这个问题我们被当选的同志做了初步研究,现在,我受常委会的委托,就本届政协工作任务讲几点意见,请各位委员审定。

今后爱国统一战线的方针任务,就是要高举爱国旗帜,发展和加强中华民族的大团结、大统一,为实现社会主义现代化建设,完成祖国统一大业,维护世界和平作出新贡献。要实现这个任务,我们必须牢记胡耀邦同志在各界民主人士协商会上提出"毋忘团结奋斗,致力振兴中华"的指示,进一步解放思想,发扬民主,调动一切积极因素,尽可能化消极因素为积极因素,把蕴藏在各方面人士的潜力充分发挥出来,要积极支持他们的一切爱国行动和首创精神,鼓励他们大胆工作,发挥自己的聪明才智。因此,我区政协要着重抓好以下几项工作:

一、充分发挥人民政治协商和民主监督的积极作用

人民政协的主要职能是,对国家的大政方针和地方重要事务及群众生活的重要问题,进行政治协商。并通过批评和建议,发挥民主监督作用。在新的历史时期,政治协商是为了使中国共产党和党外人士进一步取得政治上的一致。民主监督是为了进一步加强相互之间的合作。因此,我们要围绕国家的大政方针,我区的重要事务、群众生活和调整统一战线内部关系等重大问题,通过定期召开全委会、常委会,经常进行座谈会,民主协商会等多种形式,开展政治协商活动。组织各民主党派和各界人士就国家事务、我区各项工作,提意见、作批评,实行民主监督。当前,着重就我区正在进行的机构体制改革,打击经济领域严重犯罪和刑事犯罪活动,整党和清除精神污染等重大问题,在调查研究的基础上,对这些问题提出中肯的批评和有益的建议,以充分发挥人民政协的职能作用。

二、为实现台湾回归祖国,完成祖国统一大业,作出积极的贡献

争取实现包括台湾在内的祖国统一,是党和国家80年代三大任务之一,是全国各族人民的共同愿望,也是我们人民政协责无旁贷的任务,我们要清除"左"的思想影响,通过各种形式开展活动。要积极宣传贯彻党和政府关于统一祖国的方针、政策。当前,要继续宣传叶剑英委员长的九条建议和《廖承志致蒋经国先生的信》,宣传"爱国一家"、"爱国不分先后"的政策。要实事求是地宣传新中国三十五年来的建设成就,以激发他们爱国、思乡、怀旧之情。要积极协助有关部门,进一步落实去台人员的政策。要一视同仁,不得歧视,充分调动他们的积极性。特别要组织台湾、港澳同胞,发挥他们的有利条件去作对台工作,为促进祖国统一作出贡献。

三、要重视和加强知识分子工作

我国的知识分子已是工人阶级的一部分,他们同工人、农民一样,都是我们社会主义建设事业的可靠力量。积极做好知识分子的工作,是人民政协真正把自己的工作重点转移到社会主义现代化建设上来的重要标志之一。政协荟萃了各方面有识之士,他们学有专长,在许多问题上具有真知灼见,是一支为四化建设服务的重要力量。因此,我们首先要做好政协委员中的知识分子工作,运用各种有效形式,使他们积极参加各项活动,为国家各项事业献计献策。当前,我们要大力宣传知识分子在四化建设中的重要地位和作用,宣传加强工农与知识分子紧密团结的重要性。要彻底肃清"左"的思想影响,继续克服轻视知识分子,歧视知识分子的偏见,进一步落实党对知识分子的政策。我们要积极向有关方面反映建议,切实改善他们,特别是中年知识分子的工作条件和生活条件,充分调动他们的社会主义积极性。同时,我们要倡导知识分子学习马列主义、毛泽东思想,深入实际,深入工农,做到理论同实践相结合,教学、科研、生产相结合。自觉地把自己所做的工作同民族的前途、国家的命运联系起来,同社会主义、共产主义事业联系起来,不断更新和发展自己的知识和能力。要主动争取各方面的配合和支持,经常组织他们开展咨询服务、专题调查、座谈讨论等活动,充分发挥他们的聪明才智,更好地为社会主义事业服务。

四、运用多种形式,积极开展各委员会和工作组活动

委员会和工作组是人民政协的工作机构,是联系政协委员和各界人士的纽带,是反映各方面意见和要求的重要渠道,是宣传党的方针、政策阵地,是发挥人民政协自己优势的一种卓有成效的组织形式。我们将组织若干委员会和工作组,开展各项活动,希望各委员会和工作组要按照自己的特点,围绕各项中心工作,结合本委员会和工作组的业务工作实际,制订出近期和长期的活动计划,列出活动的重点,在此基础上,要积极争取有关部门的配合,有计划地组织参观视察、专题调查、学术讲座、经验交流和各种形式的座谈会等活动,推动各界人士为建设"两个文明"积极提建议,献计献策,帮助党和政府了解情况,改进工作。

五、支持民主党派开展活动,活跃政协工作

中国共产党同各民主党派实行多党合作,是中国共产党的一贯政策,是我国政治制度的一个特点和优点。我区民主党派成员虽然不多,但他们却分布在好几个民主党派组织之中,他们大部分是知识分子,有较高的文化科学知识和比较丰富的经验,有比较广泛的社会联系和影响,又有爱国热情和为国出力的强烈愿望,是我区统一战线组织中的一支重要力量。因此,我们要坚定地贯彻"长期共存、互相监督、肝胆相照、荣辱与共"的方针,加强同他们的真诚团结和合作,尊重他们在宪法范围内的政治自由、组织独立和法律上的平等地位,鼓励他们独立地开展各项活动,作出更大的贡献。

六、做好文史资料的征集、研究工作

文史资料是社会主义文化建设的一部分,是一项惠及后代的光荣事业,也是人民政协一项重要任务,做好这项工作对于联系各界人士,巩固和发展爱国统一战线,加强社会主义精神文明建设,将会起着积极的作用。我们要组织专门力量,本着"存真求实"的方针,加强调查研究,深入发掘,把重点征集和广征博采结合起来,把"抢救"珍贵史料放在首位,逐步把史料的征集、研究工作引向专题化、系统化。同时,我们要积极配合有关部门做好地方志的编写工作。

七、积极帮助中共整党的投入防止与清除精神污染工作

最近,中共中央作出整党决定,并提出加强思想政治工作,防止和清除精神污染的同题，这是关系到我国社会主义现代化事业兴衰成败，关系到党和国家命运前途的大事，是顺利进行以经济建设为核心的社会主义建设，胜利实现国家在现阶段的总任务的根本保证。我们政协委员，要提高对整党和加强思想政治工作，防止和清除精神污染重要性和迫切性的认识。要以“休戚相关，荣辱与共”的态度，对国家对人民负责的精神，知无不言，言无不尽，帮助中国共产党胜利完成整党的任务。防止和清除精神污染，是要解决中共党员中、国家干部中和人民中的思想问题，是人民内部矛盾，要进一步提高广大干群的思想觉悟，为建设社会主义精神文明贡献自己的力量。

八、加强学习，搞好机关思想作风的建设

我区政协是新建的机构，政协委员和机关工作人员，大都没有做过这项工作，对党的统战工作的方针、政策，对人民政协的性质、地位、任务和作用还不够了解，对如何开展好政协工作还不够熟悉，许多事都要从头做起，这就是有一个学习过程和熟悉过程。因此，对我们来说，更要提出一个加强学习，搞好机关思想、作风建设的任务。全体委员要进一步学习党的十二大和六届全国人大一次会议以及全国政协六届一次会议文件，学习新宪法，学习新政协章程。要理论联系实际，解决我们工作中的问题，不断摸索，总结经验，把我区政协工作做好。机关工作人员，要通过深入学习和工作实践，尽快熟悉业务，并要进一步肃清“左”的思想影响，树立对政协工作的光荣感，尽心尽力做好本职工作。要建立各项规章制度，不断改进机关思想作风和工作作风，提高工作效率。要发扬正气，倡导新风，表彰先进，推动后进，每个人员都要争做“两个文明”建设的促进派。

各位委员，各位同志，我们政协第一届委员会担负着开创我区政协工作新局面的历史使命。我们都深感责任重大，任务艰巨。但是，我们的工作是大势所趋，人心所向，展望未来，我们的前途充满了光明。我们一定要在区委的领导下和市政协的指导下，认真贯彻中共十二大、全国人大六届一次会议和全国政协六届一次会议以及市委第四次党代会精神，团结一致，群策群力，兢兢业业，做好工作，力争不负全区各界人士的期望。让我们热烈响应胡耀邦同志发出的“毋忘团结奋斗，致力振兴中华”的号召，满怀信心地奋发努力，争取新的胜利。

祝各位委员，各位同志身体健康！

中国人民政治协商会议新芜区第四届委员会常务委员会工作报告

（1998年3月8日在区政协五届一次会议上）

区政协主席　汪国兴

各位委员：

我受政协芜湖市新芜区第四届委员会常务委员会的委托，向大会作四届常委会五年来的工作报告，请予审议。

一、开拓前进的五年

过去的五年，全区人民在邓小平理论和党的基本路线指引下，在中共新芜区委的领导下，认真贯彻“抓住机遇、深化改革、扩大开放、促进发展、保持稳定”的方针，解放思想，开拓进取，全面推进了我区改革开放和现代化建设的发展，国民经济和各项社会事业取得了令人可喜的成绩。五年来，区政协自觉坚持党的领导，服从服务于全区工作大局，紧紧围绕党和政府的中心工作,认真履行政治协商、民主监督、参政议政的职能,积极进取,开拓前进,不断开创政协工作新局面。在全体委员的共同努力下,四届政协工作取得了多方面的进展,为促进我区各项工作的胜利完成,作出了积极的贡献。

(一)坚持组织委员深入学习,用邓小平理论统一思想

组织委员学习是人民政协的一项重要工作,是提高委员自身素质,更好地履行参政议政职能的有效方法。五年来,我们始终把学习邓小平理论放在政协工作的首位,把组织委员学习作为政协的重要任务,认真抓紧抓好。为了把学习引向深入,使学习活动开展得更加活跃,我们在提高对学习工作重要性和必要性认识的基础上,重点抓好常委会和政协机关的学习。根据全年的学习计划,安排主席会议、常委会议集中学习人民政协理论和中共中央重要会议文件。政协机关也制定每周学习日制度,由专人负责,保证机关学习活动持之以恒。我们在要求委员自学的基础上,坚持把学习邓小平理论作为重点,同时围绕党和国家的中心任务部署学习内容。几年来,我们组织委员学习《邓小平文选》第三卷,学习社会主义市场经济理论,学习统战理论和人民政协知识,还学习了江泽民总书记、李瑞环主席等领导同志的重要讲话。为了增强学习工作的吸引力,我们还举办了纪念毛泽东同志100周年诞辰报告会,纪念抗日战争胜利50周年座谈会,学习江泽民同志《为促进祖国统一大业的完成而继续奋斗》重要讲话座谈会,开展了学习《政协章程》知识问答等活动。中共十五大召开后,我们组织收看大会开幕电视实况,召开主席扩大会议进行了认真学习,并在委员中掀起学习、宣传、贯彻十五大精神的热潮。为了配合委员自学,我们还编辑了《政协委员手册》,编印四辑《学习资料》,为每位委员订阅一份《江淮时报》,将全国政协八届期间修改的《政协章程》和《关于政治协商、民主监督、参政议政的规定》,寄发给全体委员,并组织委员参观考察。由于我们坚持把理论学习与提高自身素质相结合,把组织学习作为帮助委员了解情况,掌握政策,知情出力的有效途径,通过开展各种活动来组织和推动委员学习,使学习活动开展得生动活泼,富有成效,进一步加深了委员们对新时期人民政协的性质、地位和作用的认识,增强了委员们搞好政协工作的责任感和使命感,为更好地履行人民政协的基本职能奠定了思想基础。

(二)切实履行政协职能,充分发挥协商监督的作用

人民政协发扬民主,履行职能,将参政议政的意见和建议纳入党委政府的决策,主要是通过政协各种会议实行的。开好政协各种例会,是政协履行职能的主要形式,也是反映社情民意的重要渠道。五年来,我们坚持政协全委会先于人代会单独召开,充分体现了协商于决策之前。把一年一度的全委会,作为调动委员参政议政积极性的重要时机,努力在提高会议质量上下工夫。我们在组织委员对《政府工作报告》提出意见和建议的同时,广泛邀请区委、区政府领导及各单位负责人参加会议,听取委员们参政议政真知灼见,增进对有关问题的共识,加强政协与各部门之间的联系。我们还注重做好委员意见和建议的收集整理工作,及时将讨论中委员的意见和建议整理送交区委、区政府,以便引起重视和采纳,使政协全委会真正成为委员评议国是、建言献策的重要场所。其次是开好政协常委会。政协常委有较强的参政议政优势,为了确保常委会的质量和效果,每次会议我们都认真选题,精心组织,对一些涉及全局的重要工作和议题,我们还组织有关常委和委员进行会前调查、视察。如:四届三次常委会讨论关于组建鑫春针纺织集团可行

性议题时，由于会前认真做好了调查咨询工作，使常委们了解情况，发表的意见和建议可行性强，会议质量和效果明显提高。再次是开好情况通报会。适时召开各种情况通报会，既有助于委员知情明政，也利于发挥民主监督的作用。五年中，我们先后就全区经济建设、财税工作、社会主义精神文明建设、反腐倡廉、社会治安、文化教育、食品卫生、计划生育等多项工作，邀请各部门负责同志向政协常委会通报情况。为了让委员更多地知情，更好地议政，我们还将请进来通报情况与走出去调查研究相结合，组织委员深入一线调查研究，接触实际，掌握实情。如：我们在听取区委关于全区创建社会主义精神文明建设工作情况通报前，就组织常委视察了区境内部分文明单位，在掌握情况的基础上，与区文明办共同总结和探讨创建工作经验和方法，使协商的内容更加充实，民主监督的力度得以加强。本届政协期间，我们共举行了42次主席会议、29次常委会议、25次情况通报会，较好发挥了政协例会参政议政的作用。

（三）认真开展调查研究，积极为党政领导决策建言献策

开展调查研究，是人民政协参政议政的有效方式，也是人民政协抓大事、议大事，充分反映社情民意的内在要求。五年来，我们把认真开展调查活动，积极为党政领导决策建言献策，作为本届政协工作的重点。为此，我们从本区的实际出发，围绕区委、区政府的中心工作，选择改革开放中出现的一些重点、难点问题，认真组织调查研究，在努力提高调研质量，充分发挥调研成果方面做了一些积极的探索。我们先后就组建鑫春针纺织集团、开发香苑果蔬批发市场、小学素质教育、《食品卫生法》执行情况、环卫新体制运行、企业优化重组、青少年犯罪等问题开展了17次调查，约有200人次参加调查，撰写专题调查报告17篇。我们曾三次组织文教委员会和法制委员会就青少年犯罪问题进行调查。委员们深入学校、家庭、娱乐场所和司法机关，通过走访学生、召开教师座谈会，参观省少年管教所，进行了多层次、多专业的调查，写出了《优化社会环境，关心青少年健康成长》等调查报告，受到有关部门的重视。又如：我们在组建鑫春针纺织集团可行性调研中，尽可能广泛地听取各方面意见，在了解掌握第一手材料的基础上，提出“发挥政府协调服务作用，引进多种经营机制，加强企业领导班子建设，大力培养科技管理队伍”等建议，受到区政府及有关部门的采纳。为了使调研工作不流于形式，保证调研成果进入党政领导的决策中，我们还制定了《新芜区政协关于视察、调查工作的规定》，着重抓好三个环节：一是选准课题，本着少而精，注重实效的原则，每年选择2至3个政府急需了解，人民群众普遍关心，而政协又能做得到的课题，开展调查，力求出成果。二是精心组织，根据调研的课题和委员的专长，采取不同的组织形式，尽量发挥政协的人才优势，努力提高调研质量。三是注重调研成果的处理，克服只顾耕耘，不问收获的状况，对有分量的调查报告，提交主席会议、常委会议研究审议后，以文件形式送交有关部门，对一时拿不准办不到的，不盲目提意见和建议，力求解决问题的科学性和可行性，使调研成果尽量转化为领导决策的依据。

五年来，我们积极为区街企业排忧解难，热情为农民兴建住宅小区咨询服务，主动为孤寡老人送医送药，并在“存史、资政、团结、育人”方面取得成绩，编辑《新芜文史》两集，在《江淮文史》及有关报刊发表纪念我省著名教育家张滁生先生等文章15篇。

(四)切实做好提案工作,努力发挥政协提案效益

四届政协加强了对提案工作的领导,不仅确定一名副主席分管提案工作,还为提案委员会配备了一名专职主任、两名兼职副主任。区政协常委会还研究制定了《新芜区政协委员会提案工作实施细则》,推进我区提案工作更趋于制度化、规范化。为了发挥政协提案在参政议政中的作用,我们把组织委员认真写好提案,作为搞好提案工作的基础。每年举行政协全会前,提前向全体委员发出征集提案的通知,提出书写提案的要求和方法,鼓励委员多提提案,提好提案。我们还利用《政协简报》,宣传政协提案知识,帮助委员们了解提案工作。在提案办理过程中,我们加强与承办单位的联系,对每年的提案不是一“交”了事,坐等承办单位的回复,而是把着力点放在提高办理质量和充分发挥提案效益上。对提案承办大户和重点提案承办单位:我们采取联合办案、现场办案、跟踪督办等方式,主动登门检查督促,协助承办单位研究解决疑难问题,有效地促进了提案特别是重点提案的办理落实。如吴小红委员《要求切实解决好大官山小学门前被阻问题》的提案,是多年未得到解决的重点提案。由于反映了民意,引起政府的高度重视,区长王彬同志亲自主持召开有关部门会议,工商分局采取了一系列治理措施,使多年的行路难问题得到解决,引起了一连串社会反响,受到群众的广泛好评,使政协提案产生了良好的社会影响。我们还坚持了对提案办理工作意见的反馈制度,对委员表示“不满意”的办复件,一律退回重新办理,直到委员表示满意为止。五年来,我们共收到政协提案135件,当年提案办复率均达到百分之百,委员对提案办复基本满意。为了调动委员运用提案参政议政的积极性,扩大提案工作的影响,我们还开展优秀提案评比表彰活动,在四届三次会议上对9件优秀提案进行了表彰。几年来,我们从实际出发,采取了一系列措施,加大了提案工作的力度,使我会提案工作取得了一定的成效。

(五)加强建章立制工作,推进履行职能的规范化、制度化建设

推进履行职能规范化、制度化建设,是新时期人民政协工作的一项新任务。为了减少和避免履行职能中的盲目性和随意性,必须在实际工作中不断充实和完善各项配套措施,建立必要的规章制度。加强建章立制工作,是本届政协推进履行职能规范化、制度化的一项重要举措。四届一次会议以来,根据《政协章程》和全国政协《关于政治协商、民主监督、参政议政的规定》,结合我区实际,我们在对原有的《常务委员会工作规则》、《专门委员会组织通则》进行修改后,又先后研究制定了《关于区政协与区党政职能部门完善对口协商制度的办法》、《新芜区政协提案工作实施细则》、《新芜区政协关于视察、调查工作的规定》、《新芜区政协关于常务委员会组成人员参加常务委员会会议的规定》、《新芜区政协关于加强廉洁自律工作的若干规定》。由于建立了一系列相应的规章制度,进一步明确了政协履行职能的形式和方法,规范了委员活动的内容,使政协工作有章可循,较好地克服了履行职能中出现的随意性和形式主义,激励委员更加主动、自觉地履行职责和义务,使参加议政既能突出实际效果,又保证了经常化、规范化。

(六)努力做好“三胞”联谊工作,不断拓宽联谊渠道

江泽民总书记提出:“人民政协工作涉及范围很广,但主题是两个,这就是团结和民主。”努力做好“三胞”联谊工作,巩固和发展最广泛的爱国统一战线,促进祖国的和平统一,是人民政协的性质决定的。近几年,我们始终把这项工作抓住不放松:充分发挥政协

委员在海外联系面广的优势，鼓励他们加强与亲朋故旧的联系，介绍祖国建设成就，宣传“一国两制”和对台方针政策。我们曾组织委员学习《祖国统一和台湾问题的白皮书》，对台湾当局分裂祖国、破坏统一行径进行批判。1995 年元月，江泽民同志关于台湾问题的重要讲话发表后，我们又及时组织委员学习座谈，交流学习体会，使委员们更加坚定了按照“一国两制”实现祖国和平统一的信念。每逢传统佳节，区政协都举行“三胞”茶话会、座谈会，邀请区委、区政府领导与“三胞”及其亲属共度佳节，增进共识和友谊。为了加深海峡两岸人民的了解和感情，我们还为赴台湾探亲归来的委员举办欢迎会，在香港回归祖国前夕，与有关部门共同举办了“庆回归，三胞亲属联欢会”。此外，我们还为“三胞”来芜投资牵线搭桥，热情提供咨询服务，并通过“三胞”亲属为我区旧城改造引进资金 310 万元人民币。在各部门的支持协助下，我们依靠政协委员，通过各种形式、各种渠道，加强与“三胞”及其亲属的联谊工作，为推动两岸关系的发展，促进祖国和平统一大业作出了不懈的努力。

我们还加强了与各市、县、区政协的联系，多次参加政协工作研讨会，并与合肥市西市区、黄山市徽州区、安庆市大观区联合举办了六省二十六区、县(市)政协联谊会第七次会议。五年中，我们分别组织党外主席及文教委员会、文史资料委员会、祖国统一联谊委员会、学习宣传委员会、法制委员会、医卫委员会赴外地政协考察学习。通过学习交流，使委员们开阔了眼界和思路，进一步增强了做好政协工作的自觉性。

(七)加强政协自身建设，不断提高政协工作水平

回顾五年的工作，我们不断加强自身建设，始终坚持依靠广大委员活跃和深化政协工作，始终不渝地坚持中国共产党的领导，认真履行人民政协的主要职能，牢牢把握团结和民主两大主题，努力探索新形势下履行职能的途径和方法，使四届政协的各项工作积极、稳步、活跃、有序地向前推进。在肯定成绩的同时，我们也应看到在重视发挥委员作用，提高提案工作质量，加大民主监督力度上还存在不足之处。我们相信，五届政协会在现有基础上工作得更出色。在此，我谨代表四届政协常委会向五年来支持和关心政协工作的各部门、各单位，向付出辛劳和贡献的全体政协委员表示崇高的敬意和衷心的感谢！

二、四届政协工作的认识和体会

根据李瑞环主席“把总结经验作为一项重要工作认真抓好”的讲话精神，回顾五年参政议政的实践，我们对做好政协工作有以下几点认识和体会：

(一)坚持党的领导，是做好政协工作的保证

政协履行职能必须坚持中国共产党的领导，这是我们五年来坚持遵循的原则。在实际工作中，我们紧紧依靠党的领导，主动接受区委的领导，自觉地贯彻执行党的路线、方针和政策，对党中央以及各级党委的重要会议和重大决策，都认真及时地进行学习宣传，并在工作中贯彻执行。我们坚持重要事情、重大活动及时向区委请示汇报制度，主动争取党委的重视和支持。正是由于区委加强了对政协工作的领导，才使近几年来我区政协工作有了新发展，委员活动和机关办公的环境和条件得到较大改善。实践使我们体会到，政协工作只有置于党的领导之下，在区委的重视和支持下，政协的职能作用才能得到充分的发挥。

(二)积极进取,主动参与,是做好政协工作的条件

人民政协既不是权力机关,也不是行政管理机构。政协履行职能、参政议政,不能消极等待,必须要有强烈的参与意识,保持积极进取的精神状态。因此,必须在思想上提高对“有为”与“有位”的认识。只有认识到位,政协工作才能大有可为。实践证明:搞好政协工作,贵在主动,重在实干。只有围着中心工作转,当好党委和政府的参谋,以出色的成绩赢得党委和政府的重视和支持,政协工作才能体现出自己的特色,才能发挥自己的作用。

(三)发挥委员作用,是做好政协工作的基础

政协委员是履行职能的主体,搞好政协工作必须充分发挥广大委员的主体作用。我们在工作中坚持依靠广大委员活跃和深化政协工作,通过加强学习,调动委员参政议政的积极性,增强做好政协工作的自觉性和主动性,我们积极创造条件,让委员参加政协各项活动,扩大委员的参与活动面,让委员充分施展才能。我们还加强了与委员密切联系,倾听委员的呼声,在政治上和生活上关心他们,帮助他们解决一些实际问题。由于我们正确处理好发挥委员个体作用与发挥政协整体功能作用的关系,使之相互配合,形成合力,政协工作基础更加扎实,履行职能的力度和质量都有了明显的提高。

(四)加强政协机关建设,是做好政协工作的保障

政协机关的工作质量和服务水平,直接影响人民政协能否卓有成效的履行职能。政协工作要开创新局面,必须重视加强机关建设,切实提高机关的服务保障能力。在实践中,我们深深地体会到,政协机关只有明确职责,完善制度,加强培养造就高素质的干部队伍,保持和谐的人际关系,增强机关的凝聚力,才能更好地为政协工作提供有效服务。

中国人民政治协商会议
芜湖市新芜区第五届委员会常务委员会工作报告

(2003年4月6日在区政协六届一次会议上)

邢昌海

各位委员:

政协新芜区第五届委员会始于1998年3月,已历时五年。我受政协新芜区第五届委员会常务委员会的委托,对五年来的工作向大会作报告,请予审议。

一、五届政协工作的回顾

五届一次会议以来,政协新芜区第五届委员会在中共新芜区委的领导下,在市政协的指导和区政府的大力支持下,坚持以邓小平理论和“三个代表”重要思想为指导,认真贯彻中共十五大、十六大精神,按照李瑞环同志“讲政治、讲团结、讲民主、讲真话、办实事、求实效”的要求,紧紧围绕全区工作大局,突出调查研究,反映社情民意、探索建章立制、坚持跟踪督办、狠抓提案落实、提高自身素质、加强班子建设,与时俱进,开拓创新,认真履行“政治协商、民主监督和参政议政”的职能,较好地完成了五届政协各项工作任务,为我区改革、发展和稳定献计献策,尽智尽力。

(一)加强学习,提高素质

本届政协按照江泽民同志提出的“学习、学习、再学习”的要求,始终把加强政治理论

和业务知识学习摆在各项工作首位，要求全体委员把握主题服从大局紧跟形势及时学、围绕中心联系实际重点学、创造条件自觉学。五年来始终坚持学习日制度，区政协主席、副主席除参加区委中心组学习外，还充分利用主席会议、常委会议，适时安排了领导集体的学习，与此同时还组织传达了全国统战工作会议和组织各种专题学习了中共十五大、十六大会议精神及党和国家领导人在“国庆”、“七·一”等纪念活动上的重要讲话，以及省、市政协工作会议精神。举办了邓小平理论报告会、统战理论报告会和“行政诉讼法”、“税法”知识等讲座。在进一步巩固和发展“三讲”教育成果的同时，区政协机关还举办了学习“三个代表”重要思想座谈会，将机关的学习和组织委员学习有机地结合起来。

在学习内容上还与国内外发生的大事紧密结合。在深入揭批李洪志宣扬的歪理邪说活动中，组织委员传达学习了中共中央下发的关于不准修炼“法轮大法”的文件精神，在政治上与党中央保持高度一致，五届政协委员没有一个参与修炼法轮功。为维护国家主权和统一，组织部分委员学习江泽民同志提出的“和平统一、一国两制”的八项主张，为迎接澳门回归祖国，组织部分委员学习了澳门基本法和参与“澳门历史、文化知识答题竞赛”活动。1999 年，人民政协成立五十周年，我们组织了一系列的纪念庆典活动。包括请区委书记写纪念文章，组织委员撰写文章、诗词，召开文艺联欢会等，广泛宣传人民政协在新时期的历史地位和作用。在常年学习中我们还坚持学习经济、文史、科技等知识，及时跟踪新观点、新动态，不断拓宽知识面，增强参政议政的能力。通过各种不同形式的学习活动，不但提高了委员的整体素质，而且坚定了委员们正确的政治方向。

在学习形式上采取多种多样方式，除组织培训、举办各种讲座、编发学习辅导材料、寄送学习资料外，还组织委员参加调研、视察、评议等活动，帮助委员开阔了视野。

中共十六大召开后，号召全体委员继续发扬人民政协重视学习的优良传统。组织好常委会、主席会、各专门委员会的学习，要求全体委员积极参加各单位组织的报告会、辅导会，掀起学习贯彻十六大精神的新高潮。使广大委员进一步认清了新的形势和任务，增强了使命感和责任感，决心更好地发挥自身优势，把各方面的力量和智慧凝聚起来，为促进先进生产力的发展、弘扬社会主义先进文化、维护最广大人民的根本利益尽智出力。

（二）围绕中心，履行职能

政协全委会议、常委会议、主席会议、专委会议和各种座谈会、通报会，既是政协履行参政议政职能的主要形式，也是履行民主监督职能的重要渠道。政府有关部门将经济建设、文化建设、社区建设等工作以及有关的改革方案，拿到政协来通报协商、听取意见。区政协充分利用这些有效载体，认真搞好全委会议总体协商、常委会议专题协商、主席会议重点协商，以例会协商来带动履行职能的各项活动。

五届政协共召开了五次全委会、二十七次常委会、四十次主席会和四十六次区情通报会，分别听取了区政府财政运行情况的通报；特色经济园区建设及凤凰美食街和中江园区设计建设方案等征求意见会；区政府每年度的防汛工作和社区建设、企业改制、人事制度改革和环卫体制改革等情况通报；区政府关于区政协每年度的提案办理情况的通报；区政府各年度关于办好与人民群众生活密切相关的实事落实情况的通报；区政府关于城市居民最低生活保障工作实施情况的通报等。

每次常委会议都经主席会议精心研究，认真做好会前准备，会中常委们各抒己见、畅所欲言。在充分肯定区政府工作成绩的同时,还积极提出一些好的建议。把建言献策作为履行政协职能的主要形式,把视察调研、提出新建议新提案作为履行政协职能的基本任务,把落实"围绕改革和发展,积极推进我区以企业改制为重点的各项改革,进一步拓展特色经济,大力发展各项社会事业",作为履行政协职能的主要目标。

(三)完善民主监督形式、加大民主监督力度

调查研究是做好人民政协工作的基础,在履行政治协商、民主监督和参政议政重要职能过程中,必须掌握大量丰富可靠的第一手材料。委员们把反映社情民意作为自己应尽的责任,常怀为民之心,常思为民之策,常兴为民之举。自觉保持与人民群众的联系,悉心体察民众的呼声和情绪。紧扣党政工作中心,反映建设型的意见;配合党政决策,反映建议型的意见;针对群众关注的热点、难点,反映监督型的意见。

五年来,按照区委统一布置,先后分别围绕区文明城市创建活动、下岗职工再就业、公费医疗制度改革、小学素质教育、文化市场管理、投资环境、学校门前个体摊点卫生、防汛排涝、"三五"普法、划转企业运转、企业优化重组、明渠污染治理、私营企业发展、社区建设等内容,开展了视察、调研活动100多次,形成调查报告30多份,并精选汇编成册。还将有关入世前对策等方面的视察调查报告的文稿选录了20篇,编印成《新世纪、新作为》册子,供相关人员学习参考。

2001年10月,区委转发了《关于做好反映社情民意工作的通知》,在区政协主席、副主席的带领下,先后18次前往街道、部委办局、企事业单位及原行政村进行走访,涉及我区经济发展、体制改革、城市建设、社会法制、文化、教育、计生、医疗、社会保障、宗教等方面,如实反映了人民群众关心的热点问题。征集到的社情民意共74条,其中40条是反映给区委、政府及有关部门的。我们及时整理,以文件形式上报,并召开了情况通报会,区委、政府有关领导及有关部门负责同志到会听取了通报。还有34条是反映给市政府及有关部门的,我们也专题报市政协办公厅,转送市政府及有关部门。

受区委、政府的委托,组织部分委员赴浙江、江苏等地对社区建设、撤村并居等工作进行了实地考察、调研,为区政府积极稳妥地抓好撤村并居工作提供了决策意见。

2002年10月,为进一步落实"中共新芜区委、区政府关于加强城区社区建设工作的实施意见",组织了三个组,分别对七个街道办事处的社区建设工作进行了专题调研,如实地反映了基层社区居委会存在的问题和困难,及时为区委、政府的决策提供了依据。

积极开展调研活动,并及时报送调研报告,向区委、政府和有关职能部门反映社情民意。有利于为区委、政府分忧解难、理顺情绪、协调关系、化解矛盾。

上下联动、民主评议,是民主监督领域的拓展和有效形式。从1999年6月起,结合公安部门开展"创人民满意活动",在市政协的指导下,由区政协社会法制委员会牵头,组织十九名区政协委员,会同七名市政协委员组成新芜区评议组,对新芜公安分局所属派出所进行了连续三年民主评议。新芜公安分局根据政协委员的建议,在区境内务派出所责任区普遍实行"民警定点服务日"。区政协主要负责同志和分管副主席自始至终参加了这项活动,他们带领评议组深入辖区九个派出所和七个街道,通过走访、座谈、问卷调查、现场察看等形式开展测评,对各派出所存在的不足提出了改进意见,对他们工作中存在的实际困难,如实地向有关领导和部门进行了反映,并把资政监督与反映社情民意、提案

办理结合起来，促进基层问题的解决，改善了警民关系，推进了安定团结，为营造我区稳定祥和的社会环境，使广大人民群众安居乐业发挥了积极作用。

（四）把握主题，资政为民

人民政协由各民主党派、各人民团体和社会各界人士所组成，是大团结大联合的象征。在组织上具有最广泛的代表性，在政治上具有最大限度的包容性。在团结和联系方面，有着不可替代的独特优势。区政协积极发挥这种优势，组织委员开展了各种联谊活动。

一是加强与委员的联系，坚持了主席、副主席走访委员制度。确定走访对象，采取上门或座谈方式，分别走访了部分委员和部分委员单位，了解委员的政治、思想和生活、工作情况，并向委员介绍我区经济建设和改革、发展情况，对委员的真知灼见，认真整理，通过信息或简报形式向区委、政府反映。同时，对委员们的要求和困难，尽量帮助解决。通过走访委员活动，密切了与委员的联系，进一步调动了委员参政议政的积极性。

二是加强与“三胞”及亲属的联谊，开展招商引资活动，促进区域经济发展。“三胞”联谊专委会，为赴台探亲归来的委员举办欢迎会、中秋茶话会、联欢会，组织他们参观凤凰美食街，为“三胞”来芜投资牵线搭桥，热情提供咨询服务，组织观看“台情参考”录像片。

三是拓宽联系面，加强与各民主党派及其成员的沟通联络。2001 年，是我市各民主党派换届年，为了及时取得联系，区政协先后邀请了市民进等七个民主党派和市工商联的领导及机关同志来我区座谈交流，并邀请他们到凤凰美食街视察，区政协领导借机向他们介绍凤凰美食街情况，真诚欢迎社会各界人士前来凤凰美食街创业发展，进一步加大了凤凰美食街的宣传力度，增进了区政协与各民主党派、工商联之间的联系。

四是积极参加政协之间的横向联系。我们除坚持参加市、县、区政协之间的工作交流外，由主席或副主席带队自 1999 年至 2002 年分别参加了七省 28 区县（市）政协工作理论研讨会。会议期间，我们向与会代表分发了介绍我区概况和《围绕中心搞调研，服务大局重实效》等工作交流材料。此外，工商联界别委员积极开展联系企业活动；教育界委员到外地考察基础教育情况；民族宗教界委员为维护安定团结，宣传党和国家有关政策，积极协助区委、政府做好协调关系、化解矛盾工作。通过开展各种联谊活动，进一步加强了团结，加深了感情，拓宽了委员知情渠道，调动了他们参政议政的积极性。

（五）规范办理程序，发挥提案效益

五年来，提案委员会共收到委员提出的提案 260 件，经审查立案 208 件，立案率为 80%；其中：涉及经济建设方面的提案 10 件，占 5%；城建城管方面的提案 107 件，占 51%；科教文卫方面的提案 39 件，占 19%；政法、劳动人事方面的提案 52 件，占 25%。提案办结率达 100%，委员对提案的满意或基本满意率达 95% 以上。

五届二次会议后，制定了《规范主席领办督办重点提案办理工作的意见》，规定了办理重点提案的标准操作程序和方法，促进了提案办理工作上水平，上档次。同时加大对重点提案的办理力度，2000 年列为重点提案的为 4 件，2001 年列为重点提案的为 2 件。

从提案的提出、审查、立案、办理、催办、跟踪督办、反馈等情况来看，提案工作具有明显的六个特点：一是区委、政府对提案办理工作高度重视，各承办单位积极配合；二是全区已形成办理网络,各承办单位,特别是承办大户,都建立了一支精干的办理队伍;三是提案质量、办理质量和服务质量有明显的提高;四是民主党派和工商联界别的政协委员提出的提案比较多(五年共110件,占总数42%),较好地发挥了政协委员的作用;五是对重点提案办理力度和跟踪督办的力度比较大;六是组织提案人和承办单位直接见面,提案的办理形式灵活多样,且承办单位态度诚恳、工作认真,办结率提高,信息反馈及时,提案人比较满意。

各位委员:回顾五届区政协的工作,我们坚持不断学习,增进民主团结,注重求真务实,积极履行职能。我们不负使命,认真工作,深感成绩来之不易。这些成绩的取得,是区委正确领导、区政府大力支持、各有关部门热情配合、各民主党派、工商联、各人民团体、社会各界人士通力协作,广大委员认真履行职能的结果。在此,我谨代表区政协常委会向所有关心、支持政协工作的各级组织、各界人士表示衷心的感谢和崇高的敬意!

二、工作中主要体会

1. 党委重视,政府支持,是做好政协工作的根本保证。坚持党的领导是做好政协工作的关键。五年来,中共新芜区委认真贯彻落实省、市委有关文件精神,进一步加强和改善对政协工作的领导,做到"三个保证":从领导上保证,切实把政协工作摆到党委工作的重要议事日程;从工作上保证,支持政协履行职能;从队伍上保证,重视加强政协领导班子、委员和政协机关干部队伍建设。同时,政府支持也是做好政协工作的有力保证。根据政府工作安排和需要,适时邀请区政协副主席及驻会常委列席政府有关会议。年度《政府工作报告》在提请人代会审议前,提前送交政协常委会讨论、征求意见。把政协提案办理摆在重要议事日程。区委、政府还积极解决区政协在工作中遇到的实际困难和具体问题,为政协开展工作创造良好条件。

区政协党组认真履行职责,充分发挥政治核心作用,保证党的路线、方针、政策,在政协工作中得到正确的贯彻落实。

2. 认真学习邓小平理论和深入贯彻"三个代表"重要思想,是我们做好政协工作的基础。通过各种形式的学习活动,使广大政协委员深刻领会"三个代表"重要思想的科学内涵、理论依据、内在联系和伟大意义,准确地把握其精神实质。在新形势下,使大家对人民政协工作有了新认识,不断增强进一步做好人民政协工作的光荣感、使命感和责任感。把履行政治协商、民主监督、参政议政职能的过程,变成促进先进生产力和先进文化发展的过程,变成为人民群众根本利益服务的过程。

把"三个代表"重要思想,贯穿于政协工作的全过程,在改革和发展中探索新时期人民政协工作的规律,努力使政协工作能够在理论与实践的结合上走出新路子。对群众关心的热点、难点问题,组织政协委员进行调研、视察,并协助政府排忧解难。

3. 围绕中心,服务大局,是人民政协履行职能必须遵循的原则。我们在履行职能、开展工作中,坚持以经济建设为中心,自觉服从和服务于改革、发展、稳定的大局,围绕中心工作,选择人民群众反映强烈的热点、难点问题,深入基层,开展调研活动。以专委会为依托,组织专题调研,提出解决问题的具体意见,为区委、政府决策时提供参考依据。

实践使我们感到,履行人民政协主要职能,必须主动配合党委、政府的工作。选好角度,选准切入点。把政协工作定位在协调、协助、协办和参与、参加、参议上,坚持参政不包办,参谋不决断,参与求实干。

五年来,区政协的各项工作虽然取得明显成效,但我们必须清醒地认识到,我们的工作中还存在一些不足,这主要表现在:对口联系制度执行得不够正常,民主监督的渠道还不多,委员小组活动还不够正常,为委员提供高效周到的服务还须加强,等等。对这些工作中存在的不足和差距,我们将认真研究和重视,努力改进和做好今后的工作。同时,也诚恳地希望委员和同志们多提建议和意见。

三、对今后工作的建议

今后五年是我区发展的又一个重要时期,区政协工作的指导思想是:认真贯彻中共十六大精神,以邓小平理论和"三个代表"重要思想为指导,把握主题,紧紧围绕新芜区第七次党代会提出的"未来五年我区经济、社会发展的目标和任务",认真履行人民政协的主要职能,充分发挥政协委员联系面广和桥梁纽带作用,积极建言献策,为区委、政府决策服务,与时俱进、开拓创新,为强区富民,提前实现小康社会做出积极贡献。

1. 继承光荣传统,积极推进创新。政协工作要在继承中发展,在实践中创新,如何做好本届政协工作,关键要有创新精神,创新是民族进步的灵魂,也是推动政协工作的不竭动力。我们要继承和发扬人民政协各项光荣传统,了解和熟悉人民政协的全部历史,研究汲取历届政协的成功经验,继承和发展五届政协的创新精神。历届政协工作的成果和经验,许多都具有创新的意义。举办"政情交流"、"专题议政"等活动,使党政领导与政协委员直接沟通情况,交换意见,丰富协商的形式,提高协商的实效。开展"民主评议",成立"民主监督小组",拓宽民主监督的渠道,促进政协民主监督与其他方面监督的相互配合。建立"界别活动"、"委员约谈"、"委员走访"制度,制定和完善同有关部门联系的办法,健全各种议事规则和工作程序,推进规范化、制度化建设。只要我们不断增强创新意识,敢于突破陈规旧习,做到与时俱进;只要我们时刻牢记人民群众是创造历史的动力、尊重人民群众的首创精神,经常从人民群众中吸取智慧和力量;只要我们切实遵循实践第一的观点,边实践边总结,用成功经验推动工作;只要我们始终注意把优良传统与时代特点结合起来,在继承中发展,在开拓中前进,人民政协的事业就一定能够充满生机与活力,就一定能够不断开创新的局面。

2. 围绕小康目标,切实履行职能。中共十六大已经确定了我国加快推进社会主义现代化建设的大政方针,提出了在本世纪头 20 年全面建设小康社会的奋斗目标。深入贯彻中共十六大精神,以促进全区物质文明、政治文明、精神文明协调发展为目标,发挥位置超脱、人才荟萃、联系面广的优势,更加紧密地围绕全区中心工作,更加鲜明地突出团结、民主两大主题,更加有效地履行政治协商、民主监督、参政议政三大职能,不断开创工作新局面。未来五年是为我区全面实现中共新芜区第七次党代会提出的"三个文明"建设的奋斗目标和全面完成"新芜区国民经济和社会发展十五计划"发展的重要时期,经济发展既有着有利的机遇,也将面临严峻的挑战。我们要坚持以经济建设为中心,抓住机遇,加快发展,围绕我区的工作中心,聚精会神搞建设,一心一意谋发展,为我区各项工作上台阶、创佳绩,尽智尽力。

切实履行职能,关键是提高政治协商的质量。要精心组织,开好全委会议,常委会议和主席会议等例会。要充分运用人民政协履行职能的各种有效形式,做好协商、调研、视察和通报工作,每项活动都要精心组织,注重质量,讲求实效,力戒形式主义。总结经验,积极探索,进一步开展多种形式的民主监督,推进社会主义民主政治建设,加大对依法行政民主监督的力度,使民主监督的领域不断拓宽,方法不断创新,实效不断提高,在促进党、政职能部门改进工作方面发挥更重要的积极作用。

充分发挥民主党派、工商联、社会团体和各界人士参政议政的重要作用。进一步加强同各民主党派人士、工商联、政协委员的联系与合作,对他们提出的提案和建议案,要高度重视,认真研究,妥善处理。

3. 理论联系实际,注重求真务实。邓小平同志关于新时期政协工作的思想,是建设中国特色社会主义理论的重要组成部分,是我们做好政协工作的理论基础、政策依据和科学指南。"三个代表"重要思想,为进一步坚持和完善共产党领导的多党合作和政治协商制度指明了前进的方向。多形式、多层次地认真组织政协委员开展一系列学习活动,深刻领会"三个代表"重要思想的科学内涵、理论依据、内在联系和伟大意义,准确把握其精神实质。把履行政治协商、民主监督、参政议政职能的过程变成促进先进生产力和先进文化发展的过程,按照"三个代表"的要求,继承和发扬理论联系实际、密切联系群众的优良传统和作风,讲求实效。注重发挥人民政协渠道畅通的优势,全心全意为人民服务,尽心尽力为群众排忧解难。当好党和政府密切联系人民群众的桥梁和纽带,就要心中始终装着人民群众,着力于解决实际问题,为人民群众多办实事,多办好事。

要加强学习,扩大视野,更新知识,及时跟踪和吸纳改革开放和现代化建设实践中不断发展和创新的新思想、新观念、新论断,用以指导实践。

4. 加强自身建设,增强服务功能。要开创全区政协工作的新局面,我们必须适应新形势、新任务的需要,进一步加强政协自身建设。全体政协委员要发扬政协历来重视自觉学习的优良传统,要通过多种形式组织学习,不断更新知识,不断扩大知识面,提高政协委员和机关工作人员的政治素质和业务水平,自觉地把社会荣誉和社会责任统一起来。充分发挥全体委员的积极性、主动性和创造性。全体委员要积极参加政协的各项活动,努力做到在本职工作上建功立业,在政协工作上建言立论。

专委会工作是政协工作的重要基础,要从政协履行职能的实际需要出发,进一步加强专委会的建设,努力提高专委会工作的水平和实效。政协机关要进一步树立服务观念,认真抓好各项规章制度的落实,工作讲质量、讲效率、讲规范、讲协作,树立良好的形象,把政协机关建设成精干高效的办事机构,更好地为政协工作服务,为全体委员服务。

各位委员,各位同志,我们正处在一个伟大的时代,面临十分难得的历史机遇和严峻挑战,新时期对人民政协工作提出了更高要求,我们要以强烈的历史责任感和时代紧迫感,以良好的精神状态,扎实的工作作风,以十六大精神为指导,高举邓小平理论伟大旗帜,认真贯彻"三个代表"的重要思想,在中共新芜区委领导下,广泛联系社会各界人士,围绕中心、服务大局,同心同德,群策群力,与时俱进,开拓创新,为推进我区实现加快发展、强区富民的目标而努力奋斗!

凝心聚力　共谋发展
为镜湖区经济和社会发展献计出力

（2006年6月21日在政协镜湖区七届一次会议上）

曹天民

各位委员：

今年2月，芜湖市政府决定撤销原新芜、镜湖两个区，成立新的镜湖区。中共芜湖市委决定成立镜湖区政协筹备组。随之，在中共镜湖区委领导下，镜湖区政协进行组建换届。今天，政协镜湖区七届一次会议开幕了，我受镜湖区政协筹备组的委托，向大会作2006年工作建议报告，请予审议。

2006年是实施"十一五"规划的开局之年，是区划调整后的第一年，也是全面落实中共十六届三中、四中、五中全会精神，加快我区跨越发展的重要一年。今年区政协工作的指导思想是：在中共镜湖区委的领导下，以邓小平理论和"三个代表"重要思想为指导，全面贯彻中共十六届三中、四中、五中全会精神，学习和落实中共中央〔2005〕5号文件和〔2006〕5号文件精神，坚持和完善中国共产党领导的多党合作和政治协商制度；牢牢把握团结与民主两大主题，以科学发展观统领政协工作；鼓励创新精神，培养创新意识，弘扬创新文化，自觉服从和服务于改革、发展、稳定大局，切实履行政治协商、民主监督、参政议政职能，为维护稳定、构建和谐社会，为把我区建设成为第三产业发达且具有区域影响力，工业经济具有核心竞争力，环境优美，和谐宜居的秀美城区作出新的贡献。按照这一指导思想，今年区政协工作的奋斗目标和努力方向是：自觉坚持和维护党的领导。认真贯彻区委各项重大决策部署，凝心聚力，尽职到位，努力把区委的工作思路变为各党派、各团体和社会各界的自觉实践与行动。增强创新意识。解放思想，更新观念，与时俱进，努力探索政协工作的新形式、新途径，使各项工作更加适应发展的需要，体现时代的要求。务真求实地履行职能。提高工作质量和工作水平，力求政治协商要切实，民主监督要有力，参政议政要有成效。委员工作充满生机与活力。特别在委员活动的组织上，力求形式灵活，气氛活跃，凝聚力、战斗力和整体活力进一步增强。为实现今年政协工作的奋斗目标，广大政协委员，一定要切实肩负起自己的责任，解放思想、破满破难，以全新的姿态和昂扬向上的精神风貌，鼓劲加压，干事创业，力求在实施"十一五"规划的开局之年开创政协工作的新局面。

一、加强思想理论建设，努力打造学习型机关

加强思想理论建设。新一届政协委员要自觉树立不断学习、终身学习的理念，把学习作为提升境界、提高修养、增强创新意识的重要手段，做学习的表率，成为学有所获、学以致用、用求所成的模范。区政协在适当时机将对新委员进行培训，组织委员集中学习"三个代表"重要思想、学习中共中央两个5号文件、学习政协章程、学习统战知识，学习新时期人民政协性质、地位、作用及有关知识。通过学习，使政协委员加深对坚持中国共产党领导的多党合作和政治协商制度重要性的认识；明确坚持中国共产党对人民政协的领导，是政协事业健康发展的根本保证，增强坚持和维护中国共产党领导的坚定性；从发展社会主义民主政治、构建社会主义和谐社会、加强党的执政能力建设的高度，提高对人民政协重要地位和作用的认识,增强做好新时期人民政协工作的使命感和责任意识;增强政协组织按章程办事的自觉性,提高政治协商、民主监督和参政议政的制度化、规范化、程序化水平,推动政协工作的开展。

注重学习型机关建设。政协机关要积极营造学习氛围,认真开展行之有效的活动,继续打造学习型机关。当前要坚持把理论武装放在首位,把深入学习"三个代表"重要思想与学习贯彻十六届三中、四中、五中全会精神结合起来,与学习胡锦涛总书记关于统一战线和人民政协工作的一系列重要讲话结合起来,与认真践行"八荣八耻"结合起来,与学习贯彻中共中央关于加强人民政协工作的意见结合起来,与学习贯彻政协章程结合起来,夯实理论基础,用理论指导实践,不断提升政协工作的水平,更好地为经济建设服务。

二、围绕中心,服务大局,把促进发展作为履行职能的第一要务

统一思想,提高认识。全区各界人士要把思想和认识统一到区委、区政府的战略决策上来,把主要精力投放到建设新镜湖的伟大实践中去,坚持以人为本的科学发展观,勇于创新,善于创新,努力为加快我区经济社会发展建实言、谋实招、出实力。区政协要通过情况通报、考察、视察、调研等活动,不断增强政协委员履行职能的责任感,调动政协委员投身经济建设的积极性,敢为发展献诤言,善为发展谋良策,勇为发展出高招,多为发展鼓实劲。

要紧扣协商主题,增强履行职能的针对性。精心组织好对我区大政方针和社会发展重大问题的协商。把主要精力放在对经济社会发展趋势的把握上,放在对改革、发展、稳定深层次矛盾的分析上,放在事关全区建设小康社会、争先进位的宏观性、战略性、前瞻性问题的思考上,放在党委、政府关注的热点和难事的对策研究上,为党委、政府提供科学的决策依据。着重围绕落实科学发展观、推进改革、促进全面协调可持续发展的一些重大问题开展深层次、多角度、高质量的协商讨论。

加强民主监督力度,改进工作作风。民主监督是人民政协三大职能之一,是发展社会主义民主政治的必然要求和重要内容。要运用调研、视察、评议、提案、反映社情民意等多种形式,加强民主监督力度。要督促有关部门发挥好特邀监督员的作用,拓宽民主监督渠道,定期或不定期邀请党政领导和有关部门就重要方针政策的制定和贯彻执行情况,宪法、法律、法规的实施情况,向政协进行通报。推动政协机关改进作风,提高效率,改进服务。切实增强大局意识、政治意识和责任意识,充分发挥政协委员代表性强、联系面广、影响力大的优势,发挥党和政府联系群众的桥梁纽带作用,多做协调关系、理顺情绪、化解矛盾的工作,为发展减少阻力、增加动力、培植合力,建设政通人和的社会环境。

三、加强联系,努力构建安定和谐的政治局面

充分发挥政协委员的主体作用。努力搭建广阔坚实的平台,为政协委员参政议政创造良好的条件。做好政协委员的知情服务工作,帮助政协委员了解情况,扩大视野。尽可能地多组织政协委员参加各种视察、调研活动及情况通报会,畅通建言献策渠道。坚持主席与常委、常委与委员、委员与群众的三级联系制度,加强与政协委员的联系,帮助政协委员解决实际问题。切实尊重政协委员的民主权利,维护政协委员的合法权益。积极宣传政协委员的先进事迹,充分调动政协委员履行职能的积极性、主动性。政协委员每年至少要参加一次专题视察、调研活动,提出一件提案或反映一次社情民意。

进一步密切同各界人士的联系和沟通。要充分发挥委员界别上下沟通、联系各界的作用，多形式、多渠道、多领域地开展工作，引导各界人士正确认识和处理好个人利益和集体利益、局部利益和整体利益、当前利益和长远利益的关系。在共同的政治基础上，巩固和发展民主团结、生动活泼的政治局面。要在主席、常委、委员之间，在社会各界、各民主党派、工商联、人民团体和无党派人士之间，营造并优化凝心聚力、真诚合作、关系融洽、宽松和谐的环境。

广交朋友，做好招商引资工作。政协要发挥联系面广的优势，与政治上有影响、经济上有实力、社会上有威望、事业上有成就的海内外人士加强联系，以诚相见、以礼相迎、以情相待、以心相交，向他们宣传镜湖、介绍镜湖，以联谊促引进，努力为我区招商引资工作牵线搭桥，鼓励他们来我区投资，为我区经济建设出力。

四、加大提案工作力度，积极反映社情民意

做好提案工作。政协提案是政协履行职能最有效、最直接的方式之一，要提高对提案工作重要性的认识，提高提案质量、办理质量和服务质量。要以提案为载体，围绕广大人民群众普遍关心的热点、难点问题，多提可行性强、有前瞻性的高质量提案。坚持政协领导领衔督办重点提案、联合协商办理提案、开门办案等行之有效的方式，切实提高提案办理质量，确保提案所反映的问题得到解决和落实。发挥重点提案办理的带动作用，以推动整个提案办理工作的深入。同时总结分析各有关方面在提案办理工作中的经验，围绕促进提案效益的发挥，健全提案办理工作机制等问题进行深入调研，全面提高提案工作水平。开展优秀提案、提案办理先进单位和个人的评比表彰活动。使政协提案在实现决策的民主化和科学化，促进经济社会的协调发展，改进部门工作等方面，发挥重要作用。

做好反映社情民意工作。反映社情民意是政协履行职能的重要基础，要加强对社情民意工作的领导，通过接待来信、来访、视察、调研等多种形式，把人民群众的愿望、呼声、意见、要求，以及滞留于基层、散佚于民间的真知灼见收集和反映出来，以正确的社情民意为载体，及时使基层群众的真情实况和有价值的意见进入决策程序，在党心和民心之间架起联通之桥，积极向区委、区政府反映人民群众的呼声，使其决策更加科学民主，更符合最广大人民群众的根本利益，以赢得人民群众更多的理解和支持。

五、适应新形势、新任务的需要，努力加强政协自身建设

坚持党的领导。要自觉接受党委对政协工作的领导，始终做到与党委、政府思想上同心、工作上同步、目标上同向、责任上同担。工作中，我们要积极、主动、自觉地把政协工作置于中共镜湖区委的领导之下。首先，坚持重大活动开展前事先请示，工作中重大事项及时汇报，了解基层重要情况尽快反映，重要工作完成后及时总结报告；年初向区委提出政协工作要点，区委批准后认真组织实施；区政协重要会议请区委、政府分管、联系政协工作的领导参加。其次，政协党组要认真履行职责，在政协组织中充分发挥政治核心作用，保证区委的决策在政协工作中及时得到正确贯彻。再次，积极完成区委交办的任务。

加强“三化”建设。坚持从实际出发，建立健全与政协章程相配套的各项规章制度，逐步健全各种议事规则，规范工作程序，探索履行职能的各种有效形式，加强效能建设，使政治协商更加切实,民主监督更加到位,参政议政更加有效,进一步推进政协履行职能的制度化、规范化和程序化。

加强机关建设。要加强教育,积极引导机关干部把实践“三个代表”、践行“八荣八耻”、干好本职工作作为实现人生价值的崇高目标,形成团结进取、奋发有为、爱岗敬业、乐于奉献的精神风貌,提高工作的主动性和积极性,树立社会主义荣辱观,把政协机关建设成学习型、知识型、服务型、廉洁型的机关。加强政协领导班子建设,使之成为团结、民主、开拓、务实、廉洁、勤政的领导集体。本次大会将要选举产生新一届政协领导班子,将有一批政治素质高、参政议政能力强、热心政协工作的同志进入领导班子。我们坚信,通过全体政协委员的共同努力,区政协一定会为全区经济和社会发展作出新的贡献,区政协的工作一定会上一个新的台阶!

各位委员:“十一五”时期是我区奋力争先、全面建设小康社会的关键时期,我们已经站在新的历史起点,新形势、新任务对人民政协提出了更高的要求,也为我们开展政协工作提供了广阔的舞台。让我们更加紧密地团结在以胡锦涛同志为总书记的中共中央周围,高举邓小平理论和“三个代表”重要思想伟大旗帜,在中共镜湖区委的坚强领导下,团结一致,扎实工作,以新的姿态、新的思路、新的作风和新的作为,把区政协工作不断推向前进,为我区经济和社会的跨越式发展做出自己应有的贡献!

中国人民政治协商会议
芜湖市镜湖区第八届委员会常务委员会工作报告

(2012 年 2 月 16 日在区政协八届一次会议上)

茆振文

各位委员,同志们:

我受政协镜湖区第七届委员会常务委员会的委托,向大会报告工作,请予审议。请列席会议的同志提出意见。

七届政协工作回顾

政协镜湖区第七届委员会是 2006 年区划调整后组建的新一届政协。任期六年来,在中共镜湖区委的正确领导下,在区政府及社会各界的大力支持下,坚持以邓小平理论和“三个代表”重要思想为指导,深入贯彻落实科学发展观,牢牢把握团结、民主两大主题,积极履行政治协商、民主监督、参政议政职能,各项工作取得显著成效,为加快构建皖江区域和谐文明新镜湖,促进经济社会又好又快发展作出了积极贡献。

一、加强学习,统一认识,巩固团结合作的思想政治基础

加强学习,统一思想认识。统一思想、提高认识是做好政协工作的前提。常委会不断加强对学习工作的组织领导,深入学习邓小平理论和“三个代表”重要思想;深入学习实践科学发展观及构建社会主义和谐社会等一系列重大战略思想;深入学习中共十七大和十七届三中、四中、五中、六中全会及省、市、区党代会和政协工作会议精神;深入学习中央、省、市、区委关于加强人民政协工作的意见。通过学习讨论,进一步深刻领会和把握坚持中国共产党领导的政治协商制度的重大意义,深刻领会和把握人民政协在推动科学发展、促进社会和谐进程中所肩负的历史使命。

加强学习,提高履职能力。提高委员履职能力是做好政协工作的关键。常委会坚持把加强学习培训、提高委员素质作为推动政协事业发展的重要任务并贯穿于履职全过程。六年来,共举办各类研讨交流、专题报告会及新委员与联络组长培训班40余次。围绕《如何当好一名政协委员》、《怎样写好政协提案》、《民主政治与政协委员参政议政》课题,组织新委员学习履职的基本知识,还先后邀请专家学者作学习《胡锦涛同志在庆祝人民政协成立60周年大会上的讲话》、《胡锦涛同志在中国共产党成立90周年大会上的讲话》、新修订的《政协章程》辅导报告以及《低碳经济与生活》、《现代金融知识》和《皖江城市带承接产业转移示范区规划解读》等理论专题报告,政协委员的履职能力和水平得到明显提升。

加强学习,创新学习机制。建立健全学习制度是提高学习效果的有力保证。常委会积极探索加强学习的新方法,坚持每月一次主席会议,学习上级政协和区委相关文件,研究部署工作;坚持每季度一次常委会议,通报区委、区政府重大事项和重要工作;坚持每半月一次邀请有关职能部门通报工作,学习和了解有关部门工作职责和履职情况;坚持委员每季度参加街道社区学习调研,通过向基层学习、向实践学习,不断夯实做好政协工作的思想基础。

二、围绕中心,服务大局,为促进经济和社会事业跨越发展建言献策

整体协商着眼大局。七届区政协以推动科学发展作为履职的第一要务,深入开展调查研究,积极议政建言。在政协全委会议上,坚持全面协商和重点协商相结合,组织委员对"一府两院"工作报告、国民经济和社会发展计划执行情况、财政预决算报告等事关全局的重要工作认真协商讨论,在政治、经济、文化和社会事业发展方面提出了许多有价值的意见和建议。为切实提高建言献策的针对性和实效性,组织委员就经济建设、城市建设与管理、科教文卫事业、民生工程等方面深入调研视察。区委、区政府对委员的意见和建议高度重视,关于十二五规划、打造现代服务业和金融中心、创建文明城市、推进义务教育均衡发展、基层医疗机构建设、食品安全、社区养老服务、城市污染源治理、芜湖古城改造、宗教旅游以及传承和保护非物质文化遗产等方面的提案和建议,经区委、区政府主要领导批示后,得到相关部门的采纳和落实,较好地融入到全区经济社会发展的实践之中。

专题协商议政建言。六年来,七届区政协召开常委会议35次、主席会议67次。先后开展了长街小商品市场经营发展状况、荆山地区功能定位及发展规划、现代服务业发展、金融和文化产业发展、企业科技创新、总部楼宇经济、安置房建设等专题协商建言活动,为区委、区政府科学决策提供参考。根据区委要求,驻会主席和常委参与了全区重点工程百日会战,城市"四乱"整治,"大建设、大发展"及市、区重点工程镜湖新城、海螺和华强等十个地块的房屋征迁工作,为促进全区经济和社会发展做出了贡献。积极响应区委、区政府大力发展经济的号召,高度重视招商引资工作。在鼓励工商联界别和经济界别委员做大做强自身企业的同时,充分发挥政协的资源优势,成功引进了中信银行、光大银行和兴业银行等金融服务企业在我区落户。2009年和2010年度,相继获得我区招商引资工作一等奖和特别奖。

对口协商谋计献策。各专委会组织所联系的对口部门开展情况通报60余次,广大政协委员坚持在参与中协商议政,在参与中实施监督,在参与中发挥政协的职能作用。六年来,通过全委会议分组讨论、协商座谈,委员们把事关全区改革发展稳定、群众关心的热点问题直接与有关部门面对面协商建言,增强了议政协商的实效。如2007年,社会与法制委员会组织委员听取情况通报、深入走访低保户,提出了“弱势群体应保尽保”的建议;2009年,教科委员会在视察校园建设情况后,提出了“整合优势资源,促进教育均衡发展”的建议;2010年,城建城管委员会在调研房屋征迁及安置房建设情况后,提出了“进一步加大安置房建设力度,切实维护群众利益”的建议;2011年,文卫体委员会建议加大残疾人社区康复工作力度,该建议对我区成功创建国家级“残疾人康复示范区”起到了推动作用。

三、关注民生,科学履职,为构建和谐文明镜湖尽责尽力

围绕民生,开展调研视察。常委会始终坚持把开展调研视察作为科学履职为民的有效载体,并通过调研视察与民主监督的有机结合,为促进改善民生做出积极努力。调研视察中,委员们坚持深入街道社区、深入群众,听真话、看实情,及时反映人民群众的意愿和需求。六年来,各专委会、街道联络组围绕推进保障性住房建设、促进就业再就业和健全完善社会保障体系、学前教育、加快社区卫生服务机构建设等开展了专题调研视察,撰写调研视察报告40余篇,有针对性地提出了解决问题的建议近300条。2010年,围绕我区经济社会长远发展的主线,努力打造“五大中心”、构建“五型镜湖”,先后组织委员对现代电子商务、文化产业、总部经济、金融服务等课题进行调研,提出了许多切合实际、富有创意的建议。这些调研成果,集中了基层意见,反映了群众意愿,凝聚了委员智慧,为党委政府及时掌握社情民意、做好相关工作提供了重要依据。

围绕民意,创新提案工作。提案工作是政协履行职能的有效形式,也是政协委员行使民主权利、开展民主监督的重要渠道。六年来,七届区政协共收到提案632件,经审查立案512件。这些提案绝大部分紧扣经济社会发展主题,反映人民群众关心的热点难点问题,充分体现了广大政协委员对参政议政的高度负责精神。为进一步推进提案工作,提案委员会坚持创新发展。通过将“会前立案”改为“会后立案”,加强提案审查力度;积极推进承办单位与提案者面对面协商办理提案;坚持主席、副主席督办重点提案,提案委员会限时催办、跟踪督办等一系列举措,推动解决了经济社会发展中的突出问题和人民群众关心的难点问题。

围绕民情,拓宽履职渠道。坚持把关注民生、体察民情、反映民意作为拓宽委员参政议政渠道的重要内容。六年来,政协委员应邀列席区、街道党政会议300余人次。2010年,区委制定出台了《关于进一步发挥“两代表一委员”作用的意见》,政协委员参政议政渠道进一步拓宽。在区委、区政府征求对“十二五”规划、年度民生工程、五年教育发展规划纲要等重要事项的意见前,常委会组织委员深入基层调研,深度分析问题,提出许多有见解的建言。李铭委员2006年在“市民心声”发表的《强市富民100计》受到时任市长陈树隆同志的批示,要求市政府相关部门研究落实;2011年,杨成顺委员撰写的建言《该废则废、与时俱进》,被国家发改委收入《共绘蓝图——我为‘十二五’规划建言献策汇编》,系我省政协系统唯一获奖者。区委、区政府对政协专题调研视察报告、重要提案和社情民意信息极为重视,主要领导多次作出批示并送达相关部门,有力推动了政协参政议政成果的转化。

坚持把参与政风行风民主评议、落实专项督查作为履行民主监督职能重要形式。六年来,向有关部门推荐80余名特约监督员,在参与执法监督、行风政风评议、机关效能测评等活动中,对改进部门工作作风、优化服务环境、提高工作效率起到了较好作用。2008年,为建设优美镜湖,营造良好的发展和人居环境,区委、区政府决定由区政协负责全区绿化美化和环境保护工作督查。区政协把开展专项督查工作作为拓展民主监督领域的有效途径,成立了绿化美化和环境保护工作督查组。通过市、区两级政协上下联动,组织和参与了小炉窑污染源整治、街头绿化、老旧小区和背街巷道路整治及西洋湖公园建设情况督查,并形成专报报送区委、区政府。2011年,首次联合区纪委、区监察局,就全区保障房、廉租房分配开展联合监督活动,尝试了政协民主监督与党内监督、行政监督的有机结合。

四、把握主题,发挥优势,为增进社会各界团结凝心聚力

广泛联系社会各界。认真贯彻"长期共存、互相监督、肝胆相照、荣辱与共"的方针,坚持团结、民主两大主题,不断加强与各民主党派、工商联、人民团体及社会各界人士的交流合作。充分尊重和保障他们的民主权利,帮助他们解决困难和问题,努力为他们发挥作用创造条件。通过召开中秋茶话会、各类座谈会,邀请他们与区委、区政府领导面对面沟通交流,同时征询他们对全区经济社会发展的意见和建议。六年来,各民主党派、工商联、人民团体成员提交的提案、社情民意信息150余件,做到件件有落实,事事有回音,赢得了社会好评。

积极开展公益活动。广大委员积极参与"送温暖、献爱心"社会公益活动,先后开展了向汶川、玉树地震灾区、低温雨雪受灾群众等捐款活动。特别是2009年以来,全区200余名政协委员"一对一"结对帮扶特困家庭。六年来,政协委员自发的参与各类捐助财物价值累计200多万元,部分企业家委员在捐款捐物的同时,安排下岗职工和大学生就业,担当了更多的社会责任。为更好地组织委员深入基层、深入群众开展履职活动,先后与市政协联动开展了"委员界别周"、"百名委员进百家"、"委员进社区"等活动。2010年,各街道政协委员联络组建立后,广大委员参加街道征迁听证、社会矛盾纠纷大调处、廉租房摇号现场监督等活动,与街道社区共商发展良策,共建和谐社会。

加强联动交流联谊。七届一次会议以来,主动接受市政协指导,注重与友好城区政协的交流联谊。配合市政协及其各界别小组开展皖江区域商贸经济和低碳经济发展、和谐社区建设、关注弱势群体等调研视察活动30余次。加强与兄弟县区政协之间交流协作。在学习江浙等经济发达地区政协促进经济发展、构建和谐社会经验的同时,与结对城区——亳州市谯城区开展合作交流,积极为他们招商引资牵线搭桥。成功承办全国十四城区(市)政协工作研讨会第24次会议、全市政协提案工作研讨会和全市镇(街)政协联络组工作现场经验交流会。市政协主要负责同志对我区开展全国城区政协之间交流联谊活动和政协委员街道联络组工作,给予了充分肯定。通过对外交流联谊活动,达到了相互学习、交流经验、加强合作、共同发展的目的。

五、开拓创新,强化素质,有力推进政协事业全面发展

着力强化委员队伍建设。常委会坚持把加强委员的学习教育作为重要手段,努力提高委员的政治素质和履职能力。通过各专委会和街道联络组开展活动,积极为委员搭建履职平台,较好地发挥了政协委员在本职工作中的带头作用、政协工作中的主体作用和界别中的代表作用。加强与委员经常性联系沟通,建立和完善了主席、副主席、政协常委和专委会联系委员工作机制。坚持不定期开展情况通报制度,扩大委员知情权,进一步激发了委员参政议政的热情和积极性。依照政协章程和有关规定,对不履行职责的委员,适时进行调整。

着力提升政协"三化"水平。积极推进政协工作制度化、规范化、程序化建设。2007年,区委召开全区政协工作会议后,七届区政协先后制定了《区政协常委会工作规则》、《主席会议议事规则》等10余项制度,完善了政协工作运行机制。为进一步明确各专委会、联络组履行职能的内容、程序、方法,制定了《政协专委会与区职能部门对口联系协商制度》、《政协委员街道联络组工作规则》。坚持和完善委员参加政协会议、活动考勤制度和缺席情况通报制度,及时将委员议政建言、参与活动等履职情况向其所在党派、界别通报,为政协委员履职考核、评优评先、换届推荐提供重要依据。

着力加强政协机关全面建设。高度重视政协机关建设,以创建"学习型、服务型、创新型、和谐型"政协机关为目标,扎实开展了"深入学习实践科学发展观"、"创先争优"和"机关效能建设"等活动,强化了机关干部的大局意识、责任意识和服务意识。重视机关干部的教育培训和岗位锻炼,以庆祝建国和人民政协成立60周年、庆祝中国共产党成立90周年暨辛亥革命100周年等重大活动为契机,举办了系列征文、书画摄影展等专题活动。2009年,中共中央政治局常委李长春同志在视察观看我区政协系统庆祝人民政协成立60周年书画摄影展时,给予了较高评价。

各位委员,七届区政协成绩的取得,是中共镜湖区委坚强领导的结果,是区政府及社会各界大力支持的结果,是广大政协委员认真履行职责的结果。借此机会,我代表七届区政协常委会,向所有关心和支持我区政协事业发展的各位领导及社会各界人士,向所有为我区政协事业辛勤工作的各位委员、各位同志,表示衷心的感谢和崇高的敬意!

回顾七届区政协任期的六年,是继承传统、开拓创新的六年,是科学履职、真情为民的六年。尽管我们的工作取得了一些成绩,但我们也清醒地看到,我区政协事业发展还存在一些不足和差距。主要是:政治协商的形式和内容有待进一步规范;参政议政渠道有待进一步拓宽;民主监督的方法和效果有待进一步提高;部分委员的主体作用发挥还不够充分等。对于这些问题,我们将高度重视,努力加以改进。

六年来的主要体会

各位委员,回顾六年来区政协工作实践,主要有以下几点体会和认识:

一、党委领导,各界支持,是做好政协工作的根本保证

人民政协是中国共产党领导的最广泛的爱国统一战线组织,人民政协工作是党的全局工作的重要组成部分。六年来,中共镜湖区委高度重视政协工作,特别是在事关全区大政方针、重要工作部署、重要人事安排上,事先征求政协的意见和建议。区政府大力支持,积极为政协开展履职活动创造条件。区政协始终坚持与党委同心、与政府同向、与群众同忧、与委员同力,形成了"党委重视、政府支持、政协主动、社会认同"的良好局面。实践证明,主动接受、坚决维护党的领导是政协工作的根本原则,党委重视,各界支持是做好政协工作的根本保证。

二、围绕中心，服务大局，是做好政协工作的首要任务

围绕中心、服务大局是做好人民政协工作的基本原则，也是人民政协履行职能的第一要务。必须牢固树立发展为先、发展为大、发展为重的理念，不断增强为推动科学发展服务的大局意识、中心意识、责任意识，把促进和服务发展贯穿于政协履行职能的各个环节。必须找准政协工作与党政工作的结合点，努力做到参政参到点子上，议政议出水平来，监督抓住关键处，工作落到实效上。七届区政协既着眼于涉及全局的重大问题，又密切关注群众切身利益的热点问题；既着眼于全区长远发展的前瞻性问题，又切实关注当前工作中一些亟待解决的难点问题，积极为促进科学发展献计出力。实践证明，只有深入贯彻落实科学发展观，服务发展大局，人民政协工作才能有实效、有影响。

三、维护团结，发扬民主，是做好政协工作的永恒主题

团结和民主两大主题，是人民政协性质的集中体现，也是人民政协产生和发展的历史依据。七届区政协坚持民主协商、平等议事、求同存异的原则，积极营造畅所欲言、生动活泼的政治氛围，努力创造和衷共济、和谐稳定的社会环境。切实加强与各民主党派、工商联、人民团体和各族各界人士的交流与合作，为推动全区经济和社会事业发展，凝聚广泛力量，形成强大合力。实践证明，只有实行广泛的团结民主，人民政协才能切实提高履行职能的能力和水平。

四、解放思想，不断创新，是做好政协工作的活力之源

创新发展是政协工作的活力之源。七届区政协不断解放思想，勇于开拓创新，把政协的优良传统与时代特点、时代要求有机结合起来。在组织形式上，通过在街道设立政协委员联络组，使政协工作在基层得到了延伸，更及时地了解和反映群众的意愿；在提案工作上，创新了“立案”和“办理”的新方法。通过主席领衔督办和扩大委员与承办部门面对面交流，加大了提案办理的力度，使履行职能更具实效。实践证明，政协工作只有坚持创新发展，才能保持旺盛的生机和活力。

五、强化建设，提升素质，是做好政协工作的重要保障

加强自身建设是人民政协事业巩固和发展的重要基础。在推进政协自身建设中，必须切实加强理论学习，使政协履职更加理性；必须切实发挥专委会和联络组基础作用，使履职活动更加丰富；必须切实发挥委员的主体作用，使委员履职水平更有成效；必须围绕“四型”政协机关建设，提升综合素质和服务水平，不断推进我区政协事业全面发展。实践证明，只有不断加强政协自身建设，全面提升素质，人民政协事业才能适应新形势、开创新局面。

对八届政协的工作建议

各位委员，区八届政协任期内将是我区科学发展、跨越发展，全力实施“十二五”规划的重要时期。我们要高举中国特色社会主义伟大旗帜，以邓小平理论和“三个代表”重要思想为指导，全面贯彻落实科学发展观，牢牢把握团结、民主两大主题，在中共镜湖区委的领导下，充分发挥人民政协优势，以服务发展为履职第一要务，以“科学履职，真情为民”为主线，认真履行政治协商、民主监督、参政议政职能，努力为我区实施“三产强区、科教兴区、文化立区、统筹发展”发展战略献计出力。为此，我们提出以下工作建议：

一、围绕全区中心工作,在共谋科学发展上要有新贡献

围绕工作大局,主动参与发展。稳步推进经济转型,加速提升城区功能,着力优化发展环境,实现经济社会跨越发展是“十二五”时期我区经济工作的主线,也是区八届政协履行职能、服务大局的重点。要充分发挥政协委员资源优势、智力优势,在切实做好整体协商、专题协商和对口协商基础上,重点围绕招商引资、推动文化产业发展、推进城乡统筹发展、创新社区管理与服务、创建文明城市等献计出力。

紧扣发展重点,协商议政建言。围绕中共镜湖区委第九次代表大会提出的奋斗目标,就推进我区“十二五”规划实施、推动产业转型升级、促进荆方地区发展、落实民生工程项目等重大事项,进行广泛协商、深入议政。重点就皖江城市带承接产业转移示范区建设给镜湖区发展带来的机遇与挑战、加快文化产业项目建设、承接高端服务业转移等课题组织调研,积极献策;围绕基层医疗卫生服务机构改革后的运行情况、“大社区”建设与管理、社会综合矛盾调处等开展视察,主动建言;围绕文明创建、绿化美化和环境保护等方面,继续开展专项督查活动。

建设政协文化,服务科学发展。中共十七届六中全会就加强文化建设提出了明确要求,政协文化作为中国特色社会主义文化的重要组成部分,是反映我国爱国统一战线、共产党领导的多党合作和政治协商制度的政治文化形态,是推进政协事业发展的重要支撑。因此,新一届区政协要大力弘扬和谐文化,实现社会各阶层关系的和谐,努力提高服务科学发展的能力;大力弘扬协商文化,做好议政建言工作,努力增强服务科学发展的动力;大力弘扬求实文化,做到言为民所建,策为民所谋,不断丰富服务科学发展的效力;大力弘扬创新文化,探索履职的新思路新方式,不断提升服务科学发展的活力。

二、不断拓宽参政渠道,在真情为民履职上要有新成效

聚焦民生调研视察。重点围绕我区“十二五”规划确定的发展目标,围绕区委、区政府确立的民生工程项目等事关经济发展重点和社会事业难点,多层次、多形式、多领域组织委员视察,开展调查研究。各专委会要围绕推动产业转型升级、实现教育均衡化发展、促进文化卫生事业发展、建设滨江山水园林城区、推进社会治安综合治理、民族工作进社区等情况组织委员开展对口议政建言活动,力求提出一批有分量、有见解、有创意的建议,为区委、区政府决策提供有价值的参考。

抓住热点协商议政。主动邀请区委、区政府及有关部门领导参加政协全体会议、常委会议,不断拓宽委员协商议政渠道,使政协委员及社会各界人士的意见建议得到及时反映。不断加强与区委、区政府的联系,共同提出全年协商计划和重点协商议题。积极推荐优秀委员列席区委、区政府重要会议和街道党政会议。参加政风行风评议活动,不断拓宽评议内容和范围。坚持定期邀请有关部门通报经济社会发展情况和重点工作、民生工程落实情况,使委员更好地知情明政。发挥社情民意“直通车”作用,加强信息收集、反馈,及时反映具有普遍性的民情信息。

运用提案改善民生。坚持把提案作为履行政协职能的一项基础性工作,进一步发挥提案在推动工作、改善民生方面的重要作用。深入探索加强和改进提案工作的新思路、新方法,在提高提案质量、办理质量上下工夫。根据新一届委员特点,认真做好提案工作培训。在坚持政协主席会议成员督办重点提案的基础上,主动邀请区委、区政府领导督办政协重要提案,进一步提升提案的办理质量。完善提案委员与承办单位面对面协商交流机制,以增强民主监督的实效性。

三、充分发挥政协优势,在助推社会和谐上要有新作为

团结各界共谋发展。进一步加强与各民主党派、工商联、各人民团体和社会各界人士的合作交流,充分尊重他们的民主权利,努力营造民主协商、求同存异、宽松和谐的民主氛围。加强与社会各界人士的交流沟通,召开社会各界人士茶话会、座谈会,把他们的积极性、主动性和创造性引导到推动科学发展上来,共同为我区转变发展方式、破解发展难题献计出力。加强与省内外政协系统的工作经验交流,创新履职方法,不断提升履职能力和水平。

搭建平台促进和谐。各街道政协委员联络组要坚持在政协常委会和街道党工委的领导下,切实发挥委员在共谋发展良策、构建和谐社会、反映社情民意、情系弱势群体方面的重要作用。为使活动更加科学合理、形式更加丰富,各联络组要结合街道工作实际和特点,充分发挥委员的优势和特长,以"政协委员进社区"活动为重点,每年组织委员开展力所能及的医疗救助、法律援助、困难扶助和送健康知识、送法律知识、送就业岗位、送职业技能的"三助"、"四送"活动,真正发挥委员作为党委决策的宣传员、科学发展的参谋员、中心工作的监督员、化解矛盾的调解员和社情民意的信息员作用。

扶贫帮困奉献社会。认真贯彻落实区委关于广泛深入开展扶贫帮困送温暖活动的精神,以开展"帮扶结对"为重点,以献爱心解难题为目标,本着就近方便的原则,建议和倡导每名政协委员至少帮扶一户贫困户。希望委员更多关注社会、走近群众,主动担当社会责任。力争通过开展帮扶活动,增进与人民群众的感情,为化解社会矛盾,建设和谐社会贡献力量。区政协要全面总结政协委员结对帮扶活动情况,认真开展对优秀委员先进事迹的宣传工作。

四、不断加强自身建设,在提高履职能力上要有新举措

注重加强领导班子建设。发挥政协党组的核心领导作用,进一步加强政协领导班子的能力建设,为不断提高政协工作的质量和水平提供可靠的组织领导保障。根据新形势、新任务对政协工作提出的新要求,积极推进政协工作的制度化、程序化、规范化建设。政协常委会及其组成人员要带头加强学习,注重调研,多出成果。加强对各专委会和政协委员街道联络组工作指导力度。各专委会要切实做好与对口协商联系部门(单位)的协调与沟通,每年完成调研、视察课题并形成高质量的专题报告不少于2份,提交有价值的社情民意信息不少于3条。

注重发挥委员主体作用。加强委员的教育培训,认真组织新一届政协委员深入学习中国特色社会主义理论,学习各级党委关于加强人民政协工作意见精神,使委员进一步认清形势、统一思想、增进共识;认真组织委员学习统战理论和政协知识,研究把握人民政协事业发展规律,提高委员对人民政协性质、地位和作用的认识,提升委员履行职责的能力。加强委员的管理,完善委员参加会议、活动的考评机制和进退机制。支持和倡导政协委员开展"五个一"活动,即每年提交一份有质量的提案、提供一条有分量的建议、反映一条有价值的社情民意、撰写一篇有新意的调研报告、做好一件有爱心的实事。

注重推进政协机关建设。政协机关要始终保持与时俱进的精神状态,着力增强政治意识和全局观念,提高政协机关服务能力和统筹协调能力,为政协有效履行职能提供有力保障。积极推进政协机关效能建设,深入开展创先争优活动,倡导求真务实的风气,努力营造立足本职、争创一流的浓厚氛围。注重政协干部队伍建设,努力把政协机关干部打造成政治坚定、作风优良、学识丰富、业务熟练的队伍。加强政协信息化建设和人民政协工作的宣传,积极为广大政协委员参政议政做好服务工作。

各位委员,新起点开启新征程,新目标赋予新使命。让我们在中共镜湖区委的坚强领导下,高举中国特色社会主义伟大旗帜,深入贯彻落实科学发展观,团结合作,锐意进取,同心同德,扎实工作,为推动建设繁荣镜湖、秀美镜湖、人文镜湖、和谐镜湖、幸福镜湖作出更大贡献!

切实发挥政协常委会作用
努力做好政协各项工作

(2012年3月28日在区政协八届一次常委会议上的讲话)

镜湖区政协主席　茆振文

政协常务委员会是在全体委员会议闭会期间行使委员会的职权,处理政协重要事务的集体领导机构。如何发挥政协常委会作用,使政协履职活动更加有声有色,政协的建言献策更加具有针对性、科学性,政协的社会影响力更大。在工作实践得出几点体会和大家共勉。

一、加强学习,提升履职能力

有人把学习引申为“三重境界”:即为知、为己、为人。所谓为知,就是为了积累知识,增长学问,增长见识和智慧。所谓为己,就是古人所说的“修身、正己”,培养高尚的人格和道德情操。所谓为人,不是装门面给别人看,而是用学到的知识贡献社会和人民。

政协组织既是大统一爱国战线组织,也是一个善于学习、追求学习的组织。为什么人们说政协组织人才荟萃,知识密集,就是我们在选委员、常委时就充分考虑到各界别、各专业的代表人士。大家知道,我们政协说话办事靠什么?不是靠我们说了算,而是靠我们说得对。我们不是党委政府,不能用行政命令、组织命令,只能用我们的知识才能,组织的影响力和人格魅力。尽管有些同志具有某些方面的专业知识,但政协委员不仅要具备政协理论、统战知识,更重要的是涉及政治、经济、文化、社会和生态文明建设方面的基本知识。孔子说过:吾生也有涯,而知也无涯。因此,对于政协委员,特别是常委会组成人员必须牢固树立终生学习的理念,不断更新知识结构,始终保持旺盛的参政议政热情,才能让自己的意见和建议具有科学性、针对性和可操作性。如果我们不认真学习,势必对形势看不清、对政策吃不透、对专业不了解、对情况不熟悉,那么我们说话办事就会讲不清楚、偏离实际,参政议政时提出的意见和建议就没有质量,甚至会闹出笑话。这样,政协的形象受到影响,人格魅力也大打折扣。所以,一定要把学习作为一种政治责任,作为一种思想境界,作为一种人生修炼。

现在有不少政协常委是企业家,是某方面的专业人才,有着自己的一份事业,平时工作很忙,应酬也多。但是学习对做大、做强自己的企业很重要,对做精、做深自己的专业很重要。知识决定思维,思维决定思路,思路决定出路。如果我们放松学习或不学习,就会始终感觉到知识不够用，跟不上形势发展的需要。因此，无论我们工作多忙，社交再多，都要不断地学习，不断地提高自己的综合素质，才能做到“日异其能，岁增其智”。政协常委会要把学习结合到我们的政协工作中去，做到参政参到点子上，议政议到关键处，使我们履行政治协商、民主监督、参政议政三项职能有能力、有活力、有影响力。

二、加强团结，增进友谊

作为一个班子、一个集体，团结就是力量，不团结就没有力量。力量从团结来，力量的大小取决于团结的程度。政协工作的本质就是大联合、大团结。什么是统一战线？就是团结一切可以团结的力量，调动一切可以调动的积极因素来参与经济建设和社会发展，所以，团结是我们政协工作的基础，和谐是我们政协工作的目的，这一点大家必须明确。同时，我认为在团结问题上最能反映一个人的胸怀，最能体现一个的素质、品质。每个人都有个性，人的个性千差万别，个性完全相同的人不多。有个性不是坏事，但个性太强，往往会坏事。个性太强的人常与周围的人发生摩擦和争执，不仅会伤害别人，还会伤害自己。一个人若没有个性，便会失去自我，一个人若只按自己的个性行事，便会失去群众。

政协常委会一班人要带头搞好团结，大家要相互尊重、相互支持、相互理解、相互帮助，这是政协优良传统。我们过去在不同的岗位，不同行业，甚至是不同的地区，走到了政协组织，而且是政协常委会，这是一种缘分，有缘就是一家人。因此，一家人之间要多沟通、多交心、讲真话、办实事，加强团结，增进友谊。多讲有利于团结的话、多做有利于团结的事。常委们之间要互相学习，“三人行，必有我师”；也要相互“捧场”，即相互支持、相互促进、共同发展。

“和睦团结”是一个家庭追求的目标，“和谐共荣”是一个单位乃至一个国家追求的目标。“和”是我们传统文化的根，是儒家文化的精髓。国家有“政通人和”、商界有“和气生财”、家庭有“家和万事兴”。相信在大家的共同努力下，政协常委会一定能成为一个团结的集体、一个和谐的班子。

三、发挥好常委会作用

根据《政协章程》规定：政协全国和地方委员会的常委会由主席、副主席、秘书长和常务委员组成。常务委员会会议是人民政协全体会议闭会期间履行政治协商、民主监督、参政议政职能的主要形式。常委会的工作有多方面，如何发挥好作用，我认为归纳起来主要有三点：

一是围绕中心，服务发展。发展是中国共产党执政兴国的第一要务，也是人民政协履行职能的第一要务。政协的工作创新、作用发挥、贡献等都必须与发展紧密相连，只有服务发展、促进发展才能体现政协的作用和价值。当然，政协在推动发展上不是处在工作第一线，特点就是议政不行政、献策不决策。我们主要通过调研、视察、督查等方法来建言献策，给党委政府当好参谋。政协常委会要学会站在全局的高度思考问题，用民主来集中智慧，用科学的方法来提出建议，用务实的行为来助推发展。要牢固树立发展意识，自觉地把政协工作融入到发展大局。现在党委、政府工作不容易，上有压力、下有阻力，矛盾和困难比较多，需要方方面面的支持、配合，所以我们要把监督融于支持之中，不要一讲监督就“横挑鼻子竖挑眼”。要体现政协的厚重、智慧和文明，表达方式要中肯贴切,要以理服人,使人感到诚心实意,有所启示和帮助。

二是围绕稳定,促进和谐。政协是大团结的象征,它的本质属性与构建社会主义和谐社会的要求是完全一致的。人民政协工作是团结各界、凝聚人心的工作,是党的群众工作的重要方面。镜湖区有别于其他县区,各民主党派成员较多,五大宗教各具特色,台胞、侨胞以及台商、港商都有,因此,政协要做好各民主党派、工商联、各人民团体、各民族宗教和新的社会阶层的团结合作工作。随着产业调整、城市征迁、金融风险等问题的矛盾,创新社会管理的任务更加艰巨。政协常委要带头做好群众工作,帮助做好政策的宣传,理顺情绪,化解矛盾。总之,政协要在党委的领导下,自觉维护社会稳定,协调各方关系,团结各界人士,营造和谐社会。

三是围绕民生,反映民情。人民政协来自人民。政协不仅要服务发展,服务稳定,还有一个重点就是服务人民。服务人民就是关注民生、体察民情、倾听民声、反映民意。我区乃至全市目前正处于大建设、大征迁、大发展时期,尽管城市面貌大大改变,群众也享受到发展带来的成果,但仍有一些低收入家庭生活比较困难,仍有一些诉求,党委政府目前还难以解决。我认为这既是发展过程的问题,也是推动党委政府工作的动力。从政协的角度,一方面要向群众宣传。宣传政策,宣传发展的目标、任务;另一方面向党委政府反映群众的期望和合理诉求,推进相关问题的解决。因此,要深入一线开展政协委员进社区、进企业、进村组活动,开展扶贫帮困,了解真情、了解民意。要关注民生,如棚户区的改造、困难群众的生活与救助、社会保障与就业、教育、卫生、交通、环保以及征迁、安置房建设等人民群众最关心、最直接、最现实的利益问题。当然,我们关注民生更多的是反映一些普遍性、共性的社情民意。我想,通过政协常委会的努力,切切实实在人民群众和党委政府之间发挥好桥梁纽带作用,以推动问题的不断解决,推动社会的不断进步。

(本文刊登在由人民日报出版社《坚持和发展中国特色社会主义,全面推进小康社会建设》实践篇)

第二节　提案工作报告

中国人民政治协商会议芜湖市镜湖区第一届委员会
第一次会议提案审查委员会关于提案审查的报告

(1984 年 5 月 18 日)

撒少华

各位委员:

中国人民政治协商会议,芜湖市镜湖区第一届委员会第一次会议,自 5 月 13 日大会报到之日起截至 5 月 16 日上午,共收到提案 41 件。经提案审查委员会审理,共分七个方面。

属于文化教育方面 13 件,内容涉及增办幼儿园及小学学前班;增加小学幼儿园教育经费,培训幼教师资,提高民办保教人员工资待遇;改善幼儿园校舍;解决个别小学环境污染；组织离、退休教师协会；以及兴建区文化馆，落实市书画院院址，增设东门地区新华书店门市部或售货亭等问题。

属于体育卫生方面2件。内容涉及尽快拨款修建镜湖区医院病房大楼，建议制订计划生育实施细则，具体落实计划生育的有关政策。

属于城市管理方面19件。内容涉及开拓北门口马路，修建西门口马路，修建东门笆斗街和南门地区街巷道路；修建区织布厂出口通道马路；拆除市区主要马路的违章建筑，加强交通管理和公共汽车的管理，改善服务态度以及实行粪便无害化处理；加强镜湖区风景区环境保护和花津桥地段涵管排污治理，增设路灯，增设马路洒水车等问题。

属于落实政策方面1件。主要是归还个体工商户房屋问题。

属于体制改革方面1件。建议设立科技人员统一管理机构，解决技术人员合理流动问题。

属于政法工作方面3件。内容涉及解决区检察院、法院的办公用房；建议公安政法人员进修学习，提高业务素质；建议学校、街道对青少年加强法制教育。

属于群众生活方面2件，内容涉及增加服务项目，增设蔬菜供应网点，解决双职工洗衣难、做饭难、买菜难的问题。

上述提案，经提案审查委员会逐案分析研究，建议区政协第一届常务委员会，转请区政府有关部门研究办理的9件，办理结果将由常委会分别转告提案人。其余32件，作为区政协委员的意见和建议，转请市有关部门研究办理。

以上报告，请审议。

中国人民政治协商会议
芜湖市镜湖区第三届委员会第一次会议提案审查委员会
关于提案审查情况的报告

（1990年7月12日）

戚小平

各位委员：

我受提案审查委员会的委托，现将这次会议提案审查情况报告如下：

政协镜湖区第三届委员会第一次会议截至7月11日，共收到委员提案、意见和建议32件，经提案审查委员会整理归纳，属于本区责权范围内应予立案的有26件，属于市有关方面研究参考的意见和建议有6件。在审查立案的26件中，属于教育、科技方面的7件，市场管理方面的4件，城管、城建方面的4件，民族宗教方面的2件，社会治安方面的2件，群众生活方面的2件，卫生方面的6件，财经方面的1件，其他方面4件。

提案人共有48人次，其中新委员23人次，占48%。

各位委员，这次会议是在全国政治、经济和社会稳定的形势下召开的，委员们以饱满的政治热情和主人翁责任感，本着“肝胆相照，荣辱与共”的精神，各抒己见，积极参政议政，履行职能，紧紧围绕我区治理整顿、深化改革，加强两个文明建设，爱国统一战线和人民生活中的重大问题，真诚地提出了意见和建议，这将对进一步推动我区各项改革、维护社会稳定和改进政协工作，都将发挥积极的作用。

提案审查委员会对上述提案已全部审阅完毕，在大会闭幕后，区政协将会同有关部门召开专门会议,具体研究提案办理事宜,并根据每件提案内容涉及的问题,确定承办单位,及时转请有关部门办理,并以各种形式与承办单位加强联系,提高提案办案效率,做到件件有着落,事事有交待,为了使办理提案工作质量不断提高,我们将对重要提案的办理情况进行跟踪检查和督促,以尽快发挥提案应有的作用。

我们坚信,在中共镜湖区委领导下,在区政府的重视和有关部门的大力支持下,本届一次会议的提案处理工作一定会做得又快又好。

以上报告,请予审议。

提高质量　注重实效
切实做好提案工作

(2003 年 4 月 8 日在政协镜湖区六届一次会议上)

黄　明

各位委员:

我受区政协第五届常务委员会的委托,向大会作五届一次会议以来提案工作报告,请予审议。

五届区政协提案工作的回顾

自 1998 年区政协五届一次会议以来,政协的提案工作在区政协常务委员会的领导下,遵照"积极主动、求真务实、开拓创新、勤奋高效"的原则,坚持以"三个提高"为中心,实现了从数量规模型向质量效益型转变,在履行"政治协商、民主监督、参政议政"的职能中,起到了促进我区改革开放经济建设和维护社会稳定的积极作用。

一、求真务实,积极提案。五年来共收到委员提案 319 件、立案 247 件;平均立案率 77.4%。提案办结率为 100%。

2002 年共收到提案 63 件,立案 48 件,立案率为 76%。其中,关于经济建设方面 12 件,占 25%;科教文卫体方面 14 件,占 29%;城建城管方面 17 件,占 35%;统战、其他方面 5 件,占 10%。截止 2002 年 12 月底已全部办复完毕。

二、提案质量显著提高。本届政协关于经济建设、社会发展的提案逐年增多。提案的主题鲜明,重点突出。五年来,有关经济建设方面的提案 41 件,占 16.6%,科教文卫体方面的提案 56 件,占 22.7%,城建城管方面的提案 102 件,占 41.3%,统战、其他方面的提案 48 件,占 19.4%。有重点、有分析、有具体建议的提案日渐增多。多数提案是在认真调查研究后提出的。委员们紧紧围绕区委、区政府的中心工作,密切结合事关社会进步、人民生活的实际问题和人民群众反映的热点问题开展工作;着重在改革开放、经济建设、社会稳定等方面出主意、想办法,以对人民高度负责的态度,提出了与人民群众息息相关的提案,很多提案案由突出、中心明确、建议具体、书写规范、针对性强,为提案办理奠定了坚实的基础。

三、提案办理的质量委员满意。五年来提案办理工作"实事求是、件件办结",办理质量逐步提高,提案效益日趋明显,为我区的经济建设、社会事业等方面发挥了积极作用。如:刘峰委员提出《切实保障私营企业和个体工商户的合法利益》的提案,得到了区政府和有关部门的高度重视,对提案中所涉及的问题,承办单位和有关领导及时到现场进行了协调、疏导。针对提案中涉及的问题，区委、区政府根据市委有关文件精神，制定了五条实施意见，效果明显，委员满意。罗俊委员提出《加强对民办私立幼儿园的规范管理和行业指导》的提案得到区教委的高度重视，在办理过程中，拟定了《镜湖区幼儿园管理实施细则》和《关于镜湖区境内社会力量办学单位管理的暂行规定》，并通过幼儿园办学水平评估、年检、年报、评优等措施强化了幼儿园的常规行政管理，增强了民办幼儿园依法办园的意识和规范办学行为。同时对幼儿师资队伍建设和培训工作也做出了相应的规定。1998 年有几位委员提出《加强对镜湖公园周围环境的管理》的提案，针对涉及面广，办理难度大的特点，区政府召集了公安分局、工商分局、环保局、区文体局、城管执法队等部门研究制定了具体管理方案，先后组织集中行动二十余次进行查处；区文管办还挤出一万余元支持管理工作的开展，分管区长、区文体局负责人带队在镜湖四周死看硬守，在各有关部门共同努力下，取缔了露天卡拉 OK，制止了影响公共利益的不良行为。潘德新委员提出《保留基督教礼拜堂》的提案，区政府立即做出了反映，及时与市宗教局联系，并向市有关领导汇报，在市、区两级政府的高度重视下，很快得到了妥善处理。区建委每年都办理很多委员的提案，其中在办理关于《八中垃圾中转站需拆迁重建》的提案过程中，多次选点，历经三年，投资 80 余万元于 2002 年初将新站建成，提案委员对他们想方设法办好提案的工作作风深表满意。

五年来的主要做法

五年来，政协提案工作所取得的成绩，是在区委的正确领导下，在区政府关心和支持下，在各民主党派、工商联、人民团体配合下，经过广大政协委员的共同努力和各承办单位、提案工作人员的勤奋工作取得的。在工作实践中，我们的主要做法和体会是：

一、坚持理论学习，把握正确方向。学习毛泽东思想和邓小平建设有中国特色社会主义理论，学习“三个代表”的重要思想和江泽民同志在人民政协成立五十周年纪念大会上的讲话，同时还认真学习关于提案工作的业务知识。通过学习，明确在新时期、新形势下政协提案工作的新任务和新要求，进一步提高对做好提案工作重要性的认识，并以此指导提案工作实践，使我区的政协提案工作始终坚持正确的政治方向，精心选择经济发展、社会进步等方面的重大课题，提出了一些质量较高的提案，使提案工作能紧扣时代主题、着眼工作大局，从而取得了较好的经济效益和社会效益。

二、树立精品意识，提高提案质量。搞好提案工作不仅要有数量，更要注重质量。“所谓提案质量就是对确确实实是广大群众所关心、所重视、有意见或反映强烈，而上级还没有注意的问题，对上级有关部门还在急于寻找出路和办法的问题。”提案工作必须以质量求发展。没有数量当然谈不上质量，但没有质量的数量，数量就是空的。为促进提案质量的提高，我们在三个帮助上做了大量的工作。即：帮助委员熟悉提案知识，提高参政议政水平；帮助委员扩大知情面，请区政府有关部门向委员通报区情、社情，为委员扩大知情面创造条件；帮助各工作委员会开展专题调研和视察活动，为集体提案和同行业委员共同研讨提案提供各种方便和服务。对委员所写提案，先由提案工作委员会审查，做到一事一案，再报到政协常委会审批通过。对所立提案，尽可能地做到符合严肃性、科学性、可行性的规范要求，努力提高提案质量，以便充分发挥政协提案在三个文明建设中的积极作用。

三、加强组织领导,强化提案工作。五年来,区委、区政府不断加强对提案工作领导。各级党、政组织把做好提案工作同发扬民主、改进工作和贯彻“三个代表”重要思想结合起来,抓好提案工作的落实。在日常工作中,区政府分管区长每年主持提案交办会、批阅重要提案、现场办案、参加政协有关会议,向政协委员和党外人士问计求策;各承办单位的行政一把手,都已担任起提案办理工作的第一责任人;区政府还设立督办室,负责议案、提案的日常督办工作,通过统一格式行文的方式答复每一位提案人,并注明办案负责人、经办人的电话便于联系。借此机会,我谨代表全体委员,对各承办单位、经办人,政府督办室的工作人员为办好政协提案所做的大量细致工作和付出的辛勤劳动,表示由衷的感谢!

为强化提案工作,我们依据政协有关规定修订了《提案工作细则》;把提案办理和政协委员视察工作相结合;把办理和跟踪督办相结合。注重增强服务意识、提高服务质量、主动与提案承办单位加强沟通、协调,对一个承办单位难以办理的提案,我们发挥政协优势,同有关单位协商,使提案工作落到实处。我们还主动向省、市报刊投稿、介绍我区政协提案工作开展情况。提案工委副主任戚小平同志被授予2000年度“全市政协系统提案工作先进个人”荣誉称号;在人民政协成立五十周年之际,我们推荐的倪哲华委员的提案《垃圾转运站污水处理问题》入选安徽省优秀提案展,受到省领导、政协委员和各界人士的好评,扩大了镜湖区的影响。

五年来,我们虽然做了不少工作,但与领导和委员的希望及新形势对提案工作的要求,还有一定差距,提案工作将在促进提案质量的提高、审查立案的准确性、提案办理的落实率和有关规章制度的健全等方面,继续探索、创新,力求使委员满意、群众满意、社会满意。

今后提案工作的建议

各位委员:

中共“十六”大的胜利召开,为我们描绘了全面建设小康社会,加快推进社会主义现代化,使社会主义中国发展和富强起来的宏伟蓝图。我们要高举邓小平理论的伟大旗帜,全面落实“三个代表”重要思想,更加努力地做好新世纪的政协提案工作。为此我们建议:

一、加强学习,进一步提高对新时期提案工作重要性的认识。要认真学习中共“十六”大重要文件,学习邓小平理论和“三个代表”重要思想,坚持提案工作的正确方向。要认真学习全国政协和省市政协关于提案工作的有关文件,明确为什么要做好政协提案工作,提高做好提案工作的自觉性。提案工作是政协行使政治协商、民主监督和参政议政职能的一个重要方面,是参加政协的各民主党派、工商联、人民团体和政协委员为社会主义现代化建设和祖国统一大业献计出力,完善中国共产党领导的多党合作和政治协商制度的一种重要方式,也是协助共产党和人民政府加强与各族各界人士的联系,实现决策民主化、科学化、依法行政的一条重要渠道,是政协工作的重要组成部分。通过学习,不断提高对提案工作在履行政协职能中的重要作用的认识,进一步增强使命感和责任感。要认真学习《提案工作细则》等业务知识,不断增强履行职能的能力。做到认识到位,目标明确,业务熟悉,为我区提案工作的新发展而不懈地努力。

二、把握时代脉搏,努力提高提案工作水平。从多年的实践来看,我们认为:在提案工作中,提案质量是基础,提案办理质量是关键,服务质量是核心。三者是贯穿于提案工作的全过程,相互联系,相互促进,缺一不可,我们要努力抓好办理质量这个关键,如失去这个关键,再好的提案也不能发挥效益;我们要努力提高服务质量,抓好这个核心,没有这个核心,提高提案质量和办理质量就无从谈起。从提案的提出,到提案的办理,再到提案的落实,有一系列的服务问题。要做到主动请示汇报,争取领导的重视,把代表最广大人民群众根本利益的思想落实到做好每一件提案工作中,要努力提高自身的素质和工作水平,大力提倡和树立勤奋工作,尽职尽责的爱岗敬业和无私奉献精神,努力提高服务质量,以高质量的服务,来促进提案质量和办理质量的提高,进而提高整个提案工作的水平。

三、坚持党的领导,进一步发挥委员报效国家服务人民的积极作用。坚持共产党的领导和多党合作的政协协商制度,是我们党总路线、总政策的重要组成部分。很多委员的提案都是有问题有分析,并提出解决问题的具体建议,在收到提案答复函后,又据情、据理向其周围的群众宣传办理结果或解释一时难以解决的缘由,这样不仅密切党和群众的社会联系,还对国家公务员克服官僚主义、改进工作作风,都起到了积极的作用。做好政协提案工作还有利于进一步发挥政协委员参政议政的政治热情,使他们尽力展现报效祖国和服务人民的才能。这样我们就可以最大限度地团结一切可以团结的力量,调动一切可以调动的积极因素,为建设中国特色社会主义事业新局面殚精竭虑,尽心出力。

各位委员:

政协提案工作是人民政协切实履行好职能的一项意义重大的具体工作,做好新时期政协提案工作,任重而道远。让我们在中共镜湖区委的领导下,高举邓小平理论的伟大旗帜,实践"三个代表"重要思想,认真贯彻十六大精神和全国政协十届一次会议精神,牢牢把握团结和民主两大主题,紧紧围绕区委、区政府工作大局,与时俱进,不断探索,勇于创新,走出一条符合区情的提案工作新路子,努力开创我区政协提案工作的新局面。

政协新芜区第二届委员会关于提案工作办理情况的报告

(1990年6月27日)

王大东

各位委员、各位同志:

我受政协新芜区第二届委员会提案工作委员会的委托,向大会作提案办理情况的报告,请予审议。

一、二届委员会以来提案工作概况

政协新芜区二届一次会议以来,委员们围绕我区两个文明建设,在坚持四项基本原则的基础上,遵照中央关于治理整顿,深化改革的方针、政策,联系本区实际情况和全区广大人民群众普遍关心的重大问题,向有关党、政部门和企事业单位提出了许多有情况、有分析、有价值的意见和建议,为我区经济建设起到了积极的推动作用。

在二届委员会期间,提案工作委员会共收到委员提案83件。其中:文教医卫方面的24件,占28.9%;城建方面的18件,占21.7%;市场管理方面的18件,占21.7%;社会治安方面的7件,占8.4%;经济建设方面的4件,占4.8%;组织建设方面的4件,占4.8%;宗教政策方面的4件,占4.8%;其他方面的4件,占4.8%。提案总人数为82人次,(其中二届一次会议40人次、二次会议20人次,三次会议22人次)。提案人平均每年占全体政协委员总人数30%以上,截至1989年底,已经办结提案78件,提案办结率94%。

从提案内容来看,不仅涉及面大、范围广,而且内容丰富,且一次比一次充实、具体,更富有群众呼声的代表性。在这些提案中,有的是经政协委员认真调查研究,深思熟虑提出来的;有的是政协委员从长远的利益出发,经过反复论证提出来的;有的是站在国家长治久安的高度提出来的。总之,这些提案均关系到治理整顿、深化改革的大局,是涉及政治稳定、经济稳定和社会稳定的大局。据不完全统计,在这些提案中,有近84%提案已被有关单位或部门重视和采纳,它集中地反映在我区文教医卫、城市建设、市场管理、社会治安和区街经济建设等五个方面。

实践证明:委员们的提案,对改进党政机关工作作风,促进治理整顿、深化改革方针的贯彻,密切党与人民群众的联系,推进廉政建设,发展经济建设,起到了积极的推动作用。

二、二届三次会议以来提案工作办理情况

二届三次会议以来,提案工作委员会共收到委员提案25件,我们根据其性质、内容分别进行归纳、整理、编号和交办。其中:文教医卫方面的8件,占总数32%;市场管理方面的5件,占总数20%;社会治安方面4件,占总数16%;城建方面5件,占总数20%;其他方面的3件,占总数12%。

在提案办理时,大致可分为三种情况:

第一,有关单位已被采纳或解决的19件,占提案总数76%。如:在文教医卫方面,冯政清常委关于"为扩大华兴街小学活动场地"的提案,要求新芜区政府及其职能部门引起重视,如实向上级有关组织或部门反映,要求尽快帮助解决。区政府在研究时认为,冯政清同志意见十分中肯,华兴街小学学生活动场地确实太小,不能保证小学生正常活动,直接影响小学生健康素质的提升。区政府会同区教委共同研究,并以"新府教字(1989)43号文件"正式行文,向市政府提出专题报告,要求以现在学校围墙为标准向南扩伸9米,从而扩大华兴街小学用地面积。汪英明委员关于"在学校公共场所设置消防水龙头"的提案,以确保师生员工人身安全。区政府认为,汪英明同志的意见非常诚恳,并会同区教委共同研究解决,经协商后区政府给区境每个小学添置了数量不等的灭火器,商请公安消防业务部门配合,深入到学校及校办工厂进行安全、防火大检查,为各个学校、校办工厂增订了《安徽消防》杂志。同时以区教委为主建立了校卫队业余消防员。在社会治安方面:金美珠委员关于"尽快建立工读学校,维护社会治安"的提案,市教委对此很重视,并及时转达了市常委的意见和指示。市委常委决定市干部学校,在干校原址建立市工读学校并决定89年9月开学。唐绍明委员关于"群众普遍反映无安全感"的提案,区政法委向区委汇报后,区委很重视,立即采取了以下几点措施:(1)成立新芜区综合治理办公室,负责全区社会治安综合治理工作的日常事务;(2)提请区委宣传部、文明办结合年终在精神文明建设方面复查时一并予以落实；（3）从 1989 年 4 月 1 日起，区公安分局全力以赴集中开展辖区内打流窜专项斗争，并大张旗鼓地公开处理一批人犯，从而震慑敌人，弘扬正气，稳定社会治安大局。在城市建设方面：李保明委员关于“市第一人民医院至铁道口一段约 60 米长的路面急待整修”的提案，市政工程管理处认为李保明委员反映情况属实，因该段路面无下水道，道路两旁居民污水泼至路面，使路面长期浸水被损坏，虽经多次修补，但无法解决根本问题。为此，他们提出二条建议：即：（1）埋设 50—60 涵管约 100 米；（2）拟请市有关部门投资改建这段路面。

第二，提案内容较好，但由于条件受到限制，暂时得不到解决的共有 5 件，占提案总数 20%。如：黄书文常委关于“充分发挥各区医院的力量和病床设施作用，解决我市看病难、住院难的现状”的提案，建议上级机关将市马塘区、四合山区医院逐渐办成我市肿瘤医院，以解决日趋增多的中、晚期患者住院、治疗难的痛苦，同时还可以有效地防止病人和资金外流。市卫生局对此意见很重视，认为意见很好，但目前条件不具备，暂时解决不了，市马塘区医院市里已作了安排，设立职业病床位，四合山医院，远离市，且又系工业生产区，人口较集中，应建成一个综合性医院为宜。市内成立一个肿瘤医院是很必要的，至于在什么地方办，以何种形式办，目前因受到条件限制，只能有待今后考虑。

第三，由于情况复杂，尚不能解决的 1 件，占提案总数 4%。如：陆国华委员关于“落实宗教房产问题的”提案，由于情况比较复杂，未能得到解决。在市政协七届二次会议期间，区政协主席刘润枝同志带着提案工作委员会的意见，以提案的形式向市政府提出，请求帮助解决。市政府研究认为：此天主教堂修女楼（修女避静间）和爱国诊所已于 1981 年 1 月卖给了皖江轮船公司，因此，该房产已经不再是宗教房产，不发生落实宗教房产政策问题。据此，这一提案只能有待今后依靠有关党政部门逐步加以解决。

三、办理提案工作的体会

第一，提高对提案工作的认识。提案工作是人民政协履行政治协商、民主监督职能的一个重要方面；是政协委员行使民主权利，参政议政，为社会主义两个文明建设献计出力的一种形式；也是党政部门联系各方面代表人士，听取各方面意见，促进有关部门工作决策科学化、民主化的一条重要渠道；围绕党和国家大政方针，重大事务和人民群众普遍关心的重大问题，通过委员提案的形式提出协商意见。

第二，承办单位领导重视是办好提案的关键。

在治理整顿和深化改革进程中，不少党、政部门对提案工作都很重视，不仅单位主要领导干部亲自过问、审阅，而且还安排专人办理，负责认真答复，使每件提案都能做到事事有交代，件件有着落，尽最大努力做到让提案人满意。

第三，认真调查研究，改进工作方法，建立必要的工作制度。

为做好提案工作，提案工作委员会采取定期或不定期方式组织研究提案工作，自觉学习全国政协提案委员会各种文件精神，在实践中我们已建立了“一交、二促、三落实”的工作制度。即：认真办理每件提案的交办工作，每隔二个月即与各承办单位取得联系，协商对话，从而加快进度；对已批答的提案，提案工作委员会及时召开会议研究，根据提案性质、内容，结合承办单位的具体条件和情况，认真分析研究，从实际出发，实事求是地对待每件提案。凡办理质量基本符合要求的，我们及时将承办情况反馈于提案人。在实践中,我们提案工作委员会的工作重点是放在办复上,从而促使其早日产生社会效益。

四、对今后提案工作建议

第一,进一步提高认识,加强领导。

根据全国政协提案委员会的指示,提案工作委员会今后总的指导方针是:“要全力支持和协助中共党委和人民政府的工作,切实履行政治协商、民主监督职能,围绕治理整顿和深化改革的任务,加强调查研究,积极提出建议、意见和批评,推动治理整顿,深化改革工作顺利进行。”要做到这一点,必须发挥政协人才库的优势,发扬民主,广开言路,团结一切可以团结的力量,同心协力,为政治稳定、经济稳定,社会稳定作出应有的奉献。为了实现这一基本方针,必须切实加强领导,统一思想,统一认识,自觉为四化建设服务。

第二,加强调查研究,提高提案质量,协助有关部门决策科学化、民主化。

政协委员绝大多数是来自基层。对基层工作具有一定的社会实践经验,但必须深入群众调查研究,才能提出质量较高的提案,特别是要注重社会和经济“两个”效益,这是形势发展的需要,参政议政的需要,我们提倡政协委员今后可按工作性质和界别集体提出提案,以便发挥集体智慧和力量,共同为四化建设献计献策。

承办单位对委员提出的意见、建议和批评应予保护和尊重,并认真负责地办理。提案工作委员会的每个成员,应做到嘴勤、手勤、腿勤,身体力行地参与调查和研究,在具体实施过程中,既要做到提案人与承办单位协商统一,意见一致,从而实事求是地向有关部门提供有情况、有分析、有价值,具有可行性决策意见,使每件提案落实于实处,促进各项工作向前发展。

第三,提高提案办理质量,开辟办理工作的新路子。

提案工作往往涉及人、财、物三大要素,在实践中解决起来难度确实也比较大,不仅协调任务重而且双方意见不尽相同,如何做到思想统一,又能满意地解决问题,这就要求我们在新形势下开辟一条新路子。以新的观念、新的办法、新的作风、新的措施,解决新问题。初步设想的意见是:会议结束后,对提案进行认真的筛选,对筛选出来的难度较大的提案,作为提案系统工程重点来抓,会同分管政协主席或副主席直接与承办单位正面接触,共同研究协商解决的主导意见,必要时可开辟提案人与承办单位直接对话,共同探讨寻求解决方案和措施。在实际工作中可采用跟踪调查,正面接触,直接对话,协商统一,走群众路线等,要求政协提案工作委员会全体成员,全力以赴,投入提案落实工作中去,从而扩大政协的政治影响,推动提案工作朝着制度化、规范化的总体目标迈进。

第四,总结提高。

回首二届提案工作的具体做法,我们感到与兄弟政协和组织上的要求有一定差距。存在的问题主要是质量问题。如:在提案征集时,往往重量不重质;审查提案时,往往重分不重审;交办提案时往往重交不重促;办结提案时,往往重复不重馈。因此,全国政协在现阶段提出提高质量的意见是十分必要的,是具有现实意义的,我们将认真对待自己的不足之处,严格要求自己,自觉把握住提案质量关和办理质量关,扎扎实实地把提案工作搞好,不辜负全体委员的期望。

各位委员、各位同志,人民政协是我国爱国统一战线组织,也是共产党领导的多党合作和政治协商的重要组织形式,同时又是各党派,各人民团体,各界代表人物团结合作参政议政的重要场所。为认真贯彻党的十三届四中、五中和六中全会精神，希望委员们在坚持四项基本原则的基础上，积极参政议政，充分发表自己的意见和建议，为振兴中华，建设新芜区，开创政协工作新局面共同献计献策，夺取新的更大的胜利。

中国人民政治协商会议
芜湖市新芜区第四届委员会提案委员会
关于提案工作情况的报告

（1998 年 3 月 8 日在区政协五届一次会议上）

提案委员会副主任　李开应

各位委员：

我受四届政协提案委员会的委托，就区政协四届委员会的提案工作情况，向大会作报告，请予审议。

一、五年来的提案工作情况

自四届一次会议以来，委员们高举邓小平理论伟大旗帜，坚持以“一个中心，两个基本点”为指导，本着“肝胆相照，荣辱与共”的精神，积极参政议政。五年来，共收到委员提案 254 件，经审查后，予以立案的提案 135 年，立案率为 55%；其余 119 年作人民来信处理。在 135 件提案中（四届一次会议 22 件、二次会议 32 件、三次会议 31 件、四次会议 21 件、五次会议 29 件），每年都能按期全部办结，结案率为 100%。其中经济建设方面的 13 件，占立案总数的 9.6%；城建城管方面的 58 件，占立案总数的 43%；文教卫方面的 29 件，占立案总数的 21.5%；组织廉政建设方面的 20 件，占立案总数的 14.8%；法制建设方面的 4 件，占立案总数的 3%；工商管理方面的 3 件，占立案总数的 7.7%；社区服务方面的 1 件，占立案总数的 0.7%；其他方面的 3 件，占立案总数的 2.2%。对这些提案，我们根据《关于办理政协委员提案工作的暂行规定》，做到逐一登记，分类整理，分别提出交办意见，送交区委、区政府各有关职能部门办理。在五年的提案办理中，绝大多数承办单位领导对委员的提案比较重视，都能把办理提案工作当作支持委员参政议政和加强民主政治建设的一项重要工作来抓。由于在各级党政部门的重视和支持下，提案办理质量一年比一年好。如：区委分管书记为提案办理工作曾专题召开会议。区政府分管区长也多次主持召开会议研究，在会上或交办文件上提出具体要求，并下基层负责协调现场办案。由于区委、政府主要领导思想重视，认识到位，本届政协提案办理质量较以往有很大提高，委员对提案办复表示满意。

五年来，从提案办理情况来看，政协提案对我区两个文明建设起到了促进作用，收到了一定的社会效益和经济效益。

（一）在经济建设方面，委员们提出《区政府应大力扶持新芜区建安公司》提案，区委、政府主要领导非常重视，区经计委在办理提案时，主动为其引进基建项目牵线搭桥，并明确表示在区属范围内，在同等条件下，优先考虑让区建安公司承接工程。同时，区委、政府还为建安公司引进人才，使建安公司各项工作开展得有声有色，生机勃勃。

王胜佳委员提出《发展社会主义市场经济》的提案，建议在区范围内多一些市场。区政府参照委员建议，结合社区特点，已先后兴办了一些各类市场，既解决了一批下岗人员的再就业,又方便了人民群众的生活。段开福、焦光明、焦奇委员联名提出《希望加快4号地块开发工作》的提案,区政府对此十分关注,经多次协商并做了大量细致的思想工作,该地块已于1997年7月26日全部完成拆迁工作,目前施工工作已全部展开。

(二)在城市建设和管理方面,应百里委员提出《关于加速我区旧城居民住宅改造》的提案,区委、区政府对此非常重视,成立了新芜区旧城改造建设指挥部,负责全区旧城改造工作。与此同时,还成立了新芜区房地产开发公司。经多方努力,第一批4500平方米的拆迁任务,已于1993年底交付使用。第二批总面积为14万平方米的新芜路老街改造工程,也于1994年11月初拉开了序幕,现已初具规模。又如:吴小红委员提出《要求切实解决好大官山小学门前被阻问题》的提案,是多年来一直没能解决的问题。区长王彬同志亲自召集新芜工商分局和区建委负责同志现场办案,并于1996年9月2日组织有关单位30多人,采取有效措施,彻底解决了大官山小学师生和附近居民的行路难问题。

(三)在文教医卫方面,为培养和教育下一代担负起建设社会主义现代化强国的责任,许大昭委员于1995年提出《建议新芜区教委在小学高年级学生中,开展'学会生存'的挫折教育》的提案。区教委十分重视,结合市教委教学方案的总体要求,制定了《新芜区小学、幼儿园素质教育实施方案》,成立了素质教育领导组,下设六个实验小组,采取积极措施,开展"两学"军训,加强劳技课等活动,让学生在实践中经受锻炼。为开办医疗特色项目,袁开祥委员提出《扶持新芜区医院分院开办五官科特色项目》的提案,区政府领导及时要求区卫生局、财政局开展投资项目的调查,进行可行性的论证。经会同有关部门调研,在财政十分困难的情况下,区政府已拨专款予以扶持。

(四)在组织和廉政建设方面,王心铎委员提出《认真抓好区属企业、乡镇企业第一把手考核》的提案,得到区委组织部的重视和采纳,并于当年下半年对区属企业领导班子进行了全面考核和调整。有关部门还分批安排企业领导参加区委党校举办的干部培训班,有的被推荐到市委党校经济管理班继续学习深造。这些工作的开展,为我区开创经济工作新局面,提供了坚实的思想基础和组织保障。

二、做法与体会

政协提案是履行协商监督职能的一种最有成效的重要方式,是委员们为经济建设和社会主义精神文明建设贡献才智、发挥专长、献计出力的主要方法,是完善中国共产党领导的多党合作制度的一种具有不可替代的重要形式。根据全国政协第三次提案工作座谈会和省政协第二次提案工作会议精神的要求,结合本区的工作实际,我们着重抓了以下几件工作:

(一)加强学习,提高认识。为增强委员参政议政意识,提高提案质量,提案委员们利用《政协简报》,连载刊登政协提案知识问答,便于委员们自学。同时,每年例会前,随会议通知提前附发提案表,要求各位委员会前开展调查研究,以便在会议期间提出具有一定价值的"三性"(即:严肃性、科学性、可行性)提案。

(二)认真做好提案的征集、整理、审查、立案、交办、催办等工作。五年来,我们对委员每年提出的提案均能做到逐一登记,确定承办单位、提出处理意见和要求。根据提案交办程序,及时送交区委、区政府批转有关职能部门办理。

(三)努力提高办理质量。提案交办后,我们定期组织人员,由分管主席带队,会同政府办公室负责人深入基层，主动听取承办单位对提案办理工作情况的汇报，共同研究和解决重点、难点提案的办理，有效地促进了提案办理进度和办理质量。

（四）认真做好提案反馈工作。提案反馈是提案工作的重要环节。我们按照办理程序，对委员们提出的应该解决而又具备条件解决的提案，要求承办单位及时答复。对应该解决但由于客观条件限制暂时不能解决的问题，由承办单位负责把情况向委员解释清楚。对一时难以解决的问题，也应由承办单位负责向委员讲清道理，以便在适当时机创造条件争取解决。

（五）为总结经验，表彰先进，调动提案人和承办人的积极性，促进提案质量和办理质量的进一步提高，我们于 1994 年底开展了优秀提案评比活动。从四届一、二次会议的 54 件提案中，评出 9 件优秀提案，给予大会表彰和物质奖励，有力地促进了提案工作的开展。

（六）为完善提案办理工作程序和制度，根据“保证质量，注重实效”的原则，我们于 1995 年 6 月制定了《新芜区政协提案工作实施细则》共六章 75 条，并经区政协四届第十次常委会议通过实施。使我会提案工作逐步走向程序化、制度化、规范化的轨道，充分发挥了提案工作应有的作用。

五年来，本届政协提案工作有进步、有提高、有发展，为我区两个文明建设做出了应有的贡献，收到了一定的社会效益和经济效益。但是，也还存在一些薄弱环节，如：有的提案质量不高，有的承办单位对办理工作不够重视，影响提案工作进度。这些问题将有待于今后认真地加以改进。

三、对今后提案工作的建议

为认真贯彻中共十五大会议精神，努力开创政协提案工作新局面，根据五年来的工作实践，对今后提案工作提出以下几点建议：

（一）认真学习，加大宣传力度。继续认真学习全国政协第三次提案工作座谈会精神，提高认识，广泛深入地贯彻省政协第二次提案工作会议精神，真正把提案作为人民政协参政议政的突破口，进一步履行政治协商、民主监督和参政议政的突破口，进一步履行政治协商、民主监督和参政议政主要职能，更好地使提案工作以经济建设为中心，为改革开放，发展经济建设和社会主义精神文明建设服务。

（二）加强提案工作的组织建设。李瑞环主席曾强调：“提案工作是一项特殊意义的工作”。省政协第二次提案工作会议指出：“提案是政协唯一可用量化指标考核的硬任务，提案委员会的组织机构建设只能加强，不能削弱。”为此，在新的一届里，区政协常委会要加强对提案委员会的组织建设。

（三）加强自身建设，努力提高提案质量。提案工作政策性强、涉及面广、环节多、工作量大，是一项硬任务、硬指标的系统工程，离不开各有关单位和部门的大力支持与配合，特别是一些办理难度较大的提案，更需要做好各方面的协调工作。这要求提案委员会全体委员和工作人员要埋头苦干，乐于奉献，自觉增强服务意识，勇于甘当无名英雄。要积极采取“走出去，请进来”的办法，通过协商办案、开门办案、跟踪办案，努力提高办理工作的质量。

（四）确定工作重点，把握工作难点，主动协调配合，狠抓提案落实。提案委员会应把工作的重点放在调研上,主动深入基层调查研究,总结经验,加强协调,切实做到办理一件,落实一件,满意一件,一步一个脚印地办理好每一个提案。

(五)继续开展优秀提案评比活动,力争每年开展一次。把开展这项活动作为提高提案质量、推动提案办理工作的一项有效措施,常抓不懈,坚持下去。

(六)建立健全规章制度。建立健全规章制度是提高提案工作质量的重要保证。在新的一届里,我们将拟定《关于提案审查、立案工作的意见》、《关于提案办理质量标准的意见》、《关于提案工作双向反馈制度》,并协助有关单位制定《关于办理提案工作先进承办单位考核评比计分细则》,使提案工作逐步走向规范化、制度化,开创我区提案工作新局面。

各位委员:

值此之际,我谨代表政协新芜区第四届委员会提案委员会,真诚地感谢各位委员、各承办单位以及承办人,对政协提案工作的关心和支持。让我们在邓小平理论和党的基本路线指引下,在中共新芜区委和区政协常委会的领导下,坚持以经济建设为中心,充分发扬民主,广开言路,群策群力,努力搞好提案工作,为我区两个文明建设再作新贡献。

中国人民政治协商会议
芜湖市镜湖区第七届委员会常务委员会
关于七届一次会议以来提案工作情况的报告

(2007 年 1 月 29 日在区政协七届二次会议上)

黄启明

各位委员:

我受政协镜湖区第七届委员会常务委员会的委托,向大会报告区政协七届一次会议以来的提案工作情况,请予审议。

一、2006 年是我市区划调整后的第一年,新的镜湖区作为我市唯一的中心城区无论是在地域人口、还是在社会经济发展的各个层面都有了新的拓展,综合经济实力已进入全省第一方阵,各项工作受到社会各界的普遍关注。新一届区政协委员怀着饱满的热情,围绕全区发展稳定的大局和人民群众普遍关注的热点、难点问题,积极参政议政、建言献策,提出了许多好的意见和建议。七届一次会议以来,区政协提案工作委员会共收到提案 127 件,立案 122 件(其中 10 件涉市提案),内容涉及经济建设方面 60 件,占提案总数的 49.2%;科教文卫体方面 28 件,占提案总数的 23%;政法和劳动人事方面 22 件,占提案总数的 18%;政协、统战、民族宗教等其他方面 12 件,占提案总数的 9.8%。在区人大、政府、政协议案、提案交办会上,分别交由各承办单位办理。未立案 5 件,作为委员来信处理。截至 2006 年 11 月下旬,提案已全部办复。根据委员的反馈意见,满意或基本满意为 100%。从提案的办理效果来看大致可分为以下三类情况:

(一)广泛采纳,认真落实。倪勇委员提出的《引导和推动电子商务园区的发展》的建议,区政府高度重视,经过进一步的调研论证,已经采纳了这一建议,正积极谋划电子商务园区的发展规划蓝图,即将出台对企业的扶持政策,引导和推进电子商务业发展,吸引更多的品牌电脑商入驻九华山路,使这一地区成为集电子商务、文化休闲、旅游购物为一体的特色街。吴大光委员提出的《关于加快企业改制步伐,促进社会稳定的建议》,得到区委、区政府的高度重视,如大砻坊11家改制企业的遗留问题,经过区相关部门审核确认,在企业改制时未兑付项目的资金,已基本发放到位,职工普遍比较满意。吴广奎委员提出的《让农民工子女就近入学的建议》,区教育局根据上级部门文件精神,制定了《镜湖区流动儿童就学暂行管理办法(试行)》,采取定点入学的措施,针对外来务工子女较多的情况,为方便农民工子女就近入学,确定了13所学校为外来务工子女就学定点学校(其中中学2所,小学11所),较好地解决了农民工子女就学的问题。周自炎委员提出的《关于做好政协调研工作规范化的建议》,政协办公室积极落实,制定了《政协委员调研、视察工作细则》,经主席会议研究,七届一次常委会议讨论通过实施;七届一次会议闭会后,成立了七个专委会,分别制定了调研、视察活动计划。无论是专委会的视察工作还是政协办公室的机关工作,逐步走向规范化、制度化、程序化。对江传选等13名委员提出的《关于深化教师人事制度改革,优化教师队伍的建议》,区人事局已一一办理落实。从2006年起,事业单位人员的引进权已由市人事局编办收归管辖,区人事局将根据各中小学、幼儿园具体情况并遵循教育规律,适时申报引进计划,以维护校园教师队伍正常的新陈代谢。

(二)列入计划,尽早解决。程定贵委员提出的《关于加快荆山地区基础设施建设,改善生活环境的建议》,荆山街道和区建委领导高度重视,结合荆山地区的实际,将分重点、按照规划逐步实施和改善,同时,为彻底改善镇区车辆停放无序问题,将11路车站移址,投资约7万元建调度室、停车场地、公厕和围墙。陶紧跟委员提出的《关于加大力度扶持旅游商品交易中心、中基鞋城发展的建议》,对于旅游商品交易中心和中基鞋城发展中遇到的问题,区委、区政府高度重视,根据我市发展思路的重大调整,已将旅游商品经济园区作为发展弋江路商贸经济圈中的核心和辐射带动项目予以大力扶持。胡志恒委员提出的《关于整顿康复路铁道口占道经营现象的建议》,区市容局已会同东门街道对该处的占道经营问题进行了集中整治,逐户上门进行宣传教育,清理出店经营和摊点占道行为,令其进店进场规范经营。同时驻街城管执法中队加强日常巡查管理,防止回潮,在上下班等高峰时段安排市容协管员在此定点看守,及时制止纠正乱设摊点等市容违规行为。

(三)远程提案,跟踪督办。龙其霞委员提出《尽早搬迁吉和街骑路市场》的提案,区政府曾多次建议经营户搬迁至皖江市场及长江大市场,但因客观条件的限制均未达到良好的效果。市委、市政府现正积极筹划,拟结合滨江公园的建设改造启动一个新市场。对条件尚不具备暂时不能解决的提案,区政府及有关承办部门在认真调查研究的基础上,均向提案人作了详细说明。10件涉市提案因时间限制未能转交市政协办理,经电话与委员协商,表示理解。1件因所提内容涉及面广,需多个部门共同研究办理,年内推进难度较大,经会同环保等部门与委员协商,同意将该提案转为2007年提案。

二、七届一次会议以来,区政协提案工作委员会着力提高提案自身质量,狠抓提案办理效果,创新工作思路,促进提案工作不断取得新的成效。

(一)各级领导重视,加大提案办理力度

七届一次会议以来,提案办理工作受到各级领导的高度重视,区政府常务副区长陶建国参加提案交办会,要求各承办单位以高度的责任心克服一切困难,在规定时限内保质保量地完成提案办理任务。在重点提案督办会上王志鹏副区长到会,他强调提案是作为民主监督的主要形式,提案办理是对政府工作的一种支持、宣传。各承办单位领导认真研究部署,形成了一把手亲自抓,分管负责人上门征求意见,办公室具体答复的办案流程,效果明显。区市容局、建委、卫生局、人事局、教育局、招商局、民政局、社保局、经发改委等单位主要负责人,不仅认真组织办理工作,有的还亲自登门听取委员意见,查看办理进度,推进提案办理落到实处。区政协主要领导亲自过问提案工作并对提案工作提出具体要求和改进措施,区政协常委会听取了重点提案办理情况的报告,主席会议听取了区政府关于七届一次会议提案办理情况的通报。各级领导的重视保证了提案工作的顺利开展。

(二)切实加强督办,促进提案办理落实

一是重点提案由分管主席领衔督办。今年被列为重点提案的是郑宁委员提出的《加强加大对镜湖区违章建筑执法力度》和由吴广奎委员提出的《让农民工子女就近入学》2件提案。由分管主席领衔提案工作委员会成员和邀请提案人参加了区政协提案工作委员会组织的重点提案督办活动,通过到现场察看、听取汇报、座谈讨论,得知提案中的建议均已得到很好的落实,郑宁和吴广奎两位委员对政府所做的工作表示满意。二是注重督办实效。在办理进程中分别采取电话督办、抄告督办、重点督办等不同形式,要求各承办部门定期报告办理工作进度,明确要求各主办单位在条件许可的情况下采取与委员面商的方式取得沟通、征求意见,促使各承办单位工作走向规范化、程序化,使答复满意度进一步提升。

(三)组织跟踪视察,提升提案办理效果

对已办结的提案组织开展"回头看"活动。对区市容局所承办的提案,组织委员采用看现场、听汇报、现场评议的办法,就提案的办理、落实情况以及如何进一步实施长效管理,面对面地进行建言献策,促进提案的办理落实。对委员反馈不满意的提案进行二次督办,重新办理。

(四)发挥整体功能,扩大提案社会影响

区政协提案工作委员会始终把服务工作贯穿于提案工作的全过程,充分发挥专委会的整体功能。在全会召开前,发放提案征集表,并组织部分委员有的放矢地进行调研,掌握第一手资料,使提案具有可行性和针对性。新一届政协产生后,适时举办了委员培训班,邀请市政协有关方面负责同志,就怎样写好政协提案做了专题讲座。加强与新闻媒体的联系合作,《江淮时报》、《芜湖日报》、有线电视台、镜湖区政府网站上都报道了提案督办活动和承办部门积极落实提案的办理情况,及时地宣传了政协工作,宣传了提案工作,扩大了政协提案的社会影响。

一年来,区政协提案工作在全体政协委员、提案承办单位共同努力下取得了一定得成绩,但与政协委员们的期望、与社会各界的要求相比还存在一定的差距。主要表现在:提案办理力度尚需进一步加大,服务质量尚需进一步优化;提案质量尚需进一步提高,部分提案意见的针对性、前瞻性、可行性和科学性还不够强;个别承办单位的主动性、自觉性还有待加强,还不同程度地存在"重答复、轻落实"的现象。这些问题都需要我们在今后的工作中逐步加以解决。

三、提案工作是人民政协的一项全局性的重要工作。在新的一年里,面对新形势和新要求,我们将深入贯彻党的十六届六中全会精神,紧紧围绕区委、区政府的中心工作和人民群众普遍关心的热点、难点问题,继续在提高提案质量、办理实效和服务水平上下工夫,使提案工作在我区三个文明建设中发挥更好的作用。

(一)进一步提高对提案工作的认识

提高认识是做好提案工作的前提。今年是我区实施区划调整的第二年,各方面的任务艰巨繁重,面临着不少新的矛盾和问题,广大政协委员要增强使命感和责任感,积极通过提案为全区的发展建言献策,将群众的呼声和意愿及时反映上来,积极协助党委和政府做好促进发展、化解矛盾和维护稳定的工作。提案工作委员会要不断总结经验,加强学习,进一步规范立案审查工作,提高立案审查的准确性。做好优秀提案和承办单位的评比表彰工作。提案办理单位要从推进民主政治建设的高度,进一步提高对提案办理工作重要性的认识,高质量地完成提案办理工作。

(二)进一步提高提案的质量

提案自身质量是提案工作的生命。我们将在加大提案征集力度、增加提案数量的基础上,不断提高提案自身的质量。通过编发提案基本知识、举办培训班等,不断提高提案的撰写水平;通过传达文件、邀请党政部门做专题报告、召开专题座谈会、组织参观考察等,拓宽提案人知情渠道,丰富信息来源;利用政协人才荟萃、位置超脱、视野开阔的独特优势,鼓励民主党派、工商联、专委会提出集体提案。

(三)进一步加大提案落实的力度

落实提案是提案办理工作的根本。要进一步落实上级有关文件精神,加强提案的办理工作,提高提案办理质量。一些事关全局的重点提案,有关领导要亲自阅批,督促和协调有关部门认真办理。不断推进提案办理成果转化,提高提案的落实率。提案工作委员会要经常与区委办、人大办、政府办保持密切的合作,进一步加强与各承办单位的沟通和协作,促使提案办理工作更加富有成效。提案工作委员会还要充分发挥在提案者与承办单位之间的桥梁纽带作用,主动与承办单位沟通协调,紧密配合,加强跟踪与落实,努力提高提案办理质量,使提案更好地发挥科学决策的参与作用,改革发展的促进作用,了解民意的窗口作用。

各位委员,镜湖区"十一五"规划的宏伟蓝图已展现在我们面前,使命光荣,责任重大,凝心聚力绘蓝图,励精图治谋发展。我们要认真学习贯彻中共十六届六中全会精神,紧紧围绕区委、区政府的中心工作,团结合作,开拓进取,把政协提案工作做得更好,为加快建设新镜湖而努力奋斗!

中国人民政治协商会议
芜湖市镜湖区第八届委员会常务委员会
关于八届一次会议以来提案工作情况的报告

(2013 年 2 月 25 日在区政协八届三次会议上)

鲁厚义

各位委员,同志们:

我受政协镜湖区第八届委员会常务委员会的委托,向大会报告提案工作,请予审议。

一、八届一次会议以来提案工作的基本情况

提案作为履行人民政协职能的一个重要方式,越来越受到政协委员和政协各参加单位的重视。一年来,全体政协委员和政协各参加单位,以高度的责任感和使命感,积极参政议政,全面贯彻落实科学发展观,围绕经济社会协调发展、构建和谐社会等重大问题,提出了大量有主题、有分析、有建议的提案,提案质量有了进一步提高,得到了区委、区政府及各承办单位的高度重视。各承办单位积极采纳提案建议,把办理提案作为一项政治任务来完成,并与促进本部门工作紧密结合起来,落实到具体工作中,为促进经济社会协调发展发挥了积极作用。

区政协八届一次会议以来,共收到提案 130 件(其中会后提案 2 件)。经审查,立案 100 件(其中并案 1 件;二次会议会后 1 件),转市社情民意 3 件,作为委员来信 1 件,未立案 26 件。未立案的 26 件提案已作为委员意见转送有关部门在工作中参考。八届一次会议闭幕以后,提案委员会将会议期间审查立案的提案送交区委、区政府办公室,分别由 38 个单位负责承办。截至 2012 年 11 月底,各承办单位均已办理完毕,办结率 100%。委员对办理结果表示满意或基本满意 100%。提案按涉及内容分类,主要有以下四个方面:

(一)涉及区域经济发展的提案共 11 件,占提案总数的 11%。根据区委、区政府构建“五型镜湖”的奋斗目标,提出优化提升传统商贸业、发展壮大现代服务业、推动产业集聚发展、增强自主创新能力等经济、科技、人才方面的意见建议,为新形势下区委、区政府决策提供了重要参考。《关于支持我区中小企业发展的几点建议》、《保护开发历史文化遗产,提升文化旅游产业内涵》、《关于打造镜湖区特色小吃餐饮产业的建议》等提案,受到区委、区政府高度重视。区经发改委与市邮政储蓄银行人员一同走访数十家中小企业,向各位企业老总和财务负责人了解企业近期发展情况和融资问题,积极为企业提供所需融资贷款帮助,受到企业的欢迎。为提高提案办理综合效益,区经发改委还积极与市金融办联系,将委员提出的企业融资贷款难问题向市金融办反映,希望得到市直部门关注,以期在严峻的经济形势下,能尽力做好服务企业工作。

(二)涉及城市建设管理等方面的提案共 28 件,占提案总数的 28%。提案内容主要涉及加强城市建设与管理;加大污染治理和环境执法力度,改善我区人居环境;科学规划,严格管理,保证公共交通畅通等。在城市建设和管理方面:《关于让老街边建筑重放光彩,使镜湖更美的建议》、《关于加大力度对渣土车进行整治、管理的建议》、《关于东郊路亟待整治改造的建议》、《关于加强背街背巷等路段路灯亮化的建议》、《关于加强交通法规教育,树立芜湖人形象的建议》等提案,都引起相关部门高度重视。在办理《东郊路亟待整治改造的建议》提案中，区市容局在接到提案后立即督促张家山公共服务中心（原北京路街道）市容执法中队赶赴现场，将存在问题进行了整改，对东郊路的违法建筑进行查处和拆除，还路于民。东郊路全长563米，于2012年底完成沥青路面铺设已正式通车。该工程总投资近60万元人民币，将有效改善周边居住、商业环境，使中心城区的道路循环更为畅通。为加强城市管理，争创文明城市，区住建委高起点、高规划，邀请国内知名设计单位对文化路金融一条街、西洋湖周边、东郊路、长江路高架桥周边等重点路段、沿街建筑立面进行专项设计，提高了城市规划设计水平。

（三）涉及科教文卫体方面的提案共35件（并案1件），占提案总数的35%。提案内容主要涉及实施科教兴区、文化立区、提高义务教育质量、加强对民办幼儿园的监管、加强区内“小饭桌”监管、打造镜湖文化品牌、完善医疗保障制度等。主要有《打造镜湖文化品牌，加快建设区域性文化中心的建议》、《关于加强对民办幼儿园的监管，规范民办园办学行为的建议》、《关于加强对“小饭桌”监管的建议》、《加大中小学教育资金投入，提高我区教育质量》、《加强社区卫生服务站的建设》、《建立跳蚤市场，丰富社区文化》和《关于建立“芜湖版画博物馆”的建议》等提案，经相关承办单位办理，多数已得到落实。例如，对委员普遍关注的学前教育问题，区委、区政府做了大量细致的工作，创新学前教育发展模式，新建和改扩建2所公办幼儿园，确定6所普惠性幼儿园，确保全区适龄幼儿全部入园。针对委员提出的社区卫生服务工作，区卫生局把该项工作作为民心工程来抓，改建了4298平方米的区公共卫生服务中心和覆盖全区的社区卫生服务体系。逐步实现了社区卫生服务机构网络化、人才队伍专业化。2012年在文化立区方面，区委、区政府高度重视，区委主要领导多次强调，要加快镜湖区文化事业、文化产业的发展速度，努力构建文化立区，达到文化强区的目标。25000万平方米的区文体活动中心即将竣工使用。积极促进了我区文化事业的发展。

（四）涉及社会建设和民生问题的提案共25件，占提案总数的25%。提案内容涉及社会保障、创业富民和“网上居家养老”服务体系建设等方面。如《关于加强对从事农业生产创业项目奖扶力度的建议》、《关于打造“网上居家养老”的建议》、《关于建议政府各行政执法部门建立信息共享机制的建议》、《关于我区老年事业问题的几点的建议》、《关于加大对家政服务业的扶持和管理，创新社会管理的建议》、《“惠民工作落到实处”——关于廉租房落实到真正需要的困难家庭》等，都是关系到富民强区、居家养老的提案。这些提案得到了有关部门的高度重视和认真办理。在办理《关于加强对从事农业生产创业项目奖扶力度的建议》的提案中，区人社局组织我区有创业能力的农民，参加SYB创业培训，通过系统培训，激发农民的创业精神，寻找适合自身发展的创业项目。同时对创业农民出台了一系列优惠政策。在办理《关于加大对家政服务业的扶持和管理，创新社会管理的建议》的提案中，区商务局高度重视，主动联系协办单位制定家政服务行业的工作细则和奖励政策，培育和扶持一批家政服务企业，并联合人社局加强对该行业服务人员的技能培训，加快企业规模化、连锁化步伐。

二、提案办理和取得的成效

区委、区政府对政协提案工作十分重视，各承办单位在办理工作中积极主动，提案围绕我区经济建设、政治建设、文化建设、社会建设以及生态文明建设，为政府决策提供了广泛的智力支持和民意支撑,在推进科学发展和促进社会和谐大局中发挥了积极作用。

(一)创新方式,加强督办

为保证提案的办理质量。镜湖区政协在全省率先建立并实行了区委领导、区政府领导、区政协领导牵头督办重点提案制度。通过提案“回头看”和承办单位与委员面对面沟通、交流、座谈等形式,确保提案落到实处,得到提案人的认可。如:区委领导牵头督办的081号《关于加强创新社会管理实施社区网格化管理》的提案,区政府加大实施力度,全区约配备了670名网格管理员,建立社区网格管理机构。加大对社区基础设施的投入,着力打造功能完备、设施齐全、运转有效、人气聚集的社区公共服务中心、社区居民活动中心和社区组织办公场所,普遍实行“一站式”服务。区政府领导牵头督办的087号《全面提升镜湖社会治安视频监控系统质量,构建镜湖“天网”工程》的提案,区政府高度重视,2012年拨付专项资金130万元人民币,在20个社区内安装了236个视频监控探头,在全区重点防范区域内从“零散分布”向“连线成面”发展,基本形成了致密监控网络,有效提高了社会面治安管控能力,维护了社会的稳定。区政协主要领导牵头督办的001号《关于支持我区中小企业发展的几点建议》的提案,得到政府的认真办理,镜湖区充分发挥财政奖扶资金作用,通过落实各类财税免缓政策,支持企业发展。2012年已支出2亿元人民币产业引导资金,扶持企业发展,奖补企业近160户(次),企业类型包括总部经济、金融创业、再生资源、文化产业等。

(二)领导重视,责任明确

区委、区政府高度重视提案办理工作,提出把办好提案工作作为承办单位的政治任务,作为接受政协民主监督、落实“科学发展观”的具体举措。主要表现在以下几个方面:一是继续坚持区长阅批提案制度。各主管区长阅批分管工作内的每一件提案,逐一签署明确的办理意见,阅批率达100%。区委、区政府联系领导领衔督办重要提案,解决委员提出的事关我区经济社会发展和人民群众切身利益的重要问题。二是区委办公室和区政府办公室在提案办理工作中发挥了积极作用,在督促各部门加快办理进度、协调各承办单位完成难点提案办理等方面,做了大量的组织和协调工作。三是各承办单位把提案办理工作与进一步改进机关工作作风、为民办实事办好事结合起来。从实效出发,针对群众提出的一些热点和难点问题,深入进行调查研究,掌握第一手资料,使办理工作的方式、方法更具有针对性和实效性。四是通过实地走访、电话询问等方式,对今年提案的办理情况进行抽查回访,并和政协委员进行了面对面的交流。与委员见面率达到100%。五是承办单位建立了有效的提案办理机制。区卫生局、区民政局、区教育局、区文广新局、区市容局、区住建委等部门,都在交办会议以后,召开专门会议,成立办理工作班子,建立并落实办理工作责任制,做到领导重视,分工明确,责任到人,有效地提高了提案办理质量。

(三)专题研究,扎实推进

涉及中小企业发展、交通安全、创新社会管理等内容的8件提案,是区政协八届一次会议以来的重点提案。对这些提案的办理工作,相关部门高度重视,组织力量,专题研究,扎实推进,8件重点提案的建议全部采纳。如:针对委员《关爱荆方地区学生安全,消除重大交通安全隐患的建议》,区荆方办、交通办和教育局多次协调督促解决,区政府拨款200多万元购置了8辆公交车，基本解决了学生上学、放学的交通安全。区政协提案委在分管领导的带领下三次到方村地区实地察看，在一起共同研究解决方案，区交通办很重视，再次追加资金，在原有建立的站台基础上，进行了改扩建，解决学生上学安全问题。学校满意、家长满意、委员认可。

（四）积极沟通，委员满意

各承办单位继续加强与委员的沟通，采取上门走访、电话征询、现场办理、邀请委员座谈和召开办理情况通报会等形式，真正把办理工作做好、做实。通过沟通，各承办单位直接听取委员的意见，与委员共商解决问题的办法，及时向委员通报提案办理情况。有的承办单位在办理委员提案时，先提出初步的办理工作方案，经分管领导审核后，主动走访提案人，深入了解他们的意图和要求，提出初步答复意见。正式答复之前，再次走访提案人，听取提案人的意见和建议，提案人表示满意后才正式答复。同时，部分承办单位还率先试行了区人大代表、政协委员同类型议案、提案联合办理的方式，面对面听取议案、提案人意见，提高了工作效率，代表、委员较满意。

（五）注重落实，工作到位

各承办单位本着少说空话、多办实事的精神，把办理工作的着力点放在解决问题的实效上。如区文广新局承办的9件提案，涉及建立社区书屋、保护非物质文化遗产、网络文化建设、塑造品牌艺术、发展群众文化生活等方面，在提案办理工作中，区文广新局邀请提案委员面对面座谈，认真听取委员意见。结合我区实际，积极采纳委员的意见和建议；对委员不清楚的问题，热情地对委员说明情况。在办理委员提出的《关于加强我区餐饮食品安全监管的建议》的提案时，区食品、药品监督所完善了食品安全监管体系。食品安全监管明确分工，层层负责，责任到人。建立学校、托幼机构监管交流QQ群，大中型餐饮服务单位QQ群，做到及时传达食品安全信息，同时加大食品安全知识宣传，提高食品安全意识。

各位委员：一年来，提案工作取得了一定成绩，但与区委、区政府的要求和广大人民群众的期望还有一定差距。一是部分提案缺乏扎实的调查研究，内容空泛，建议、意见不够具体；二是提案审查、立案还不够准确；三是个别提案承办单位还存在重答复、轻办理等。这些问题和差距，有待于我们认真研究和解决。真诚地希望各位委员对提案工作多提意见和建议，以便把提案工作做得更加扎实有效。

三、2013年提案工作的建议

2013年，政协提案工作要坚持“围绕中心、服务大局、提高质量、讲求实效”的工作方针，以中共十八大精神为指导，着力提高提案办理质量，使政协提案工作再上一个新台阶。

（一）明确目标，增强镜湖政协提案工作特色

八届政协确定的五年规划明确提出，提案工作要发挥引领作用，坚持“以优为主、以质取胜”，集中展现委员智慧，树立政协形象。牢固树立质量意识，今年要在提案内容的“新、深、实”上狠下功夫，做到立意新，分析深，建议切实可行，同时在写作上力求规范。要积极发挥党派团体的优势，选择重大问题进行深入调研，撰写优质的集体提案。全体委员要围绕经济社会发展的重点问题、群众生产生活中的难点问题，产生一批优秀提案、

精品提案。进一步形成并增强镜湖政协提案工作的鲜明特色,真正做到“参政参到点子上,议政议到关键处”。

(二)服务大局,围绕“三个多做”建言献策

今年的提案工作将围绕“三个多做”上下功夫。一是多做促进经济发展工作,为建设率先发展走在全省前列的镜湖作贡献;二是多做促进民生和谐和环境工作,为建设秀美镜湖和幸福镜湖作贡献;三是多做促进社会稳定工作,为建设平安稳定镜湖作贡献。要把三个“多做”作为提案选题、调研和建言的重点,结合专委会、联络组、党派、团体、界别特点,精心打造集体提案、重点提案,进一步提高提案质量水平,切实为镜湖经济社会转型发展、创新发展、跨越发展贡献智慧力量。

(三)强化督办,进一步转化提案成果

认真贯彻落实八届政协常委会新修订的《镜湖区政协提案工作细则》,坚持和完善重点提案区委、区政府联系领导和政协领导督办制度。继续开展提案重点承办单位的专项督办及视察活动,重点跟踪已制定工作计划而尚未落实的提案,促使提案中的问题得到解决。积极探索提案办理评议工作的新路子,充分调动承办单位办理提案的积极性。根据《镜湖区政协提案工作细则》规定,明年将表彰一批优秀提案人和先进承办单位及个人。

(四)加强协作,进一步提高服务水平

一是加强与提案承办单位的协作配合,及时发现和解决办理中的新情况、新问题,不断探索提案工作的规律。二是加强与政协各组成单位和政协委员的联系,适时进行情况通报、视察调查、现场办案活动,为委员知情明政、了解社情民意,提出高质量提案做好服务。三是加强网上办案平台建设,逐步取消纸质提案递交方式,提高文本质量和工作效率。

(五)开拓创新,进一步健全工作制度

结合我区提案工作的实际,建立和完善提案征集、立案审查、交办、督办、意见反馈和总结表彰等制度。一是加强提案工作信息化建设,采取多种方式,加大创新力度,为委员以提案履职提供信息化服务。二是搭建知政平台。创新方式,多渠道通报政情,让委员与经济社会同脉动、共命运。三是畅通提案信息渠道。利用新闻媒体、会议、活动、简报、网络等载体,经常向委员公布提案线索,供委员选题建言。

各位委员,提案工作是政协的一项基础性工作,在新的一年里,我们要认真学习贯彻中共十八大精神,在新的更高起点上,紧紧围绕区委、区政府中心工作,锐意进取,开拓创新,努力使政协提案工作在推动科学发展、构建和谐镜湖征程中发挥更大的作用!

第三节　区委书记在政协全委会上的讲话选录

团结奋战　立志改革　为开创我区社会主义现代化建设的新局面而努力

（1984 年 5 月 18 日在芜湖市镜湖区九届人大一次会议政协首届一次会议上的讲话

中共镜湖区委书记　蒋登岐

各位代表、各位委员、各位同志：

芜湖市镜湖区第九届人民代表大会第一次会议、政协芜湖市镜湖区第一届第一次会议。历时五天，即将胜利闭幕了。由于到会全体代表、全体委员集中思想、群策群力，顺利地完成了两个大会所预定的各项议程。我代表中共芜湖市镜湖区委员会，对两个大会的圆满成功表示热烈的祝贺！对同志们在会议期间给我区各方面的工作所提出的批评、设想和建议，表示诚挚的欢迎，并致以深切的谢意！

我区九届人大一次会议，是在前届人大工作基础上召开的换届选举的重要会议。代表们认真审议和批准了张浩根副区长所作的政府工作报告、李金安副主任所作的区人大常委会的工作报告及区法院、区检察院的两个工作报告。根据《地方组织法》和《地方选举法》的规定，选出了区人大常委会、区政府、区法院、区检察院的新的领导成员，较好地体现了新老合作和交替。区首届政协一次会议，是建立政协机构，开创我区统战工作新篇章的重要会议。会议按照政协章程的规定，选举产生了我区政协领导成员，决定了今后政治协商和民主监督等方面的工作任务。这两个大会是在全国人民沿着党的十二大指引的路线胜利前进，是在市第四次党代会给全市人民提出各项任务的大好形势下召开的。两个大会的召开，是全区广大人民群众和各阶层、各方面人士政治生活中的一件大事。对加强今后我区的政权建设、物质文明和精神文明建设以及民主与法制的建设，对进一步落实党的统战政策，加强同民主党派和无党派民主人士的合作共事，尽早实现台湾回归祖国、统一祖国大业，对开创我区社会主义各项建设事业的新局面，都具有极其重大的政治意义，并起积极的推动作用。因此，我们一定要认真贯彻这两个大会的精神，使两个大会所确定的各项工作任务落到实处。

各位代表、各位委员：

具有历史意义的党的十一届三中全会，作出了把全党工作重心转到社会主义现代化建设上来的战略决策，这是一个新的起点。党的十二大提出了全面开创社会主义现代化建设新局面的历史任务，并且提出到本世纪末我国工农业年总产值翻两番的战略目标，标志着我国进入了一个崭新的历史时期，振兴中华、振兴经济、加速社会主义现代化建设的时期。三中全会以来，在党的正确路线、方针、政策的指引下，我国的政治经济形势越来越好。当前正在深入进行的各项改革，进一步激发了人们的政治思想热情和建设社会主义的积极性，推动了大好形势的发展。在大好形势下，振兴中华、建设芜湖的问题，已经历史地摆到了全市人民的面前。今年年初,市委在全面、深刻地分析当前新形势、新问题的基础上,提出了要在经济工作、科技教育、城市建设和管理等方面实现“五个突破”的设想和要求,对全市各条战线的工作推动很大,刚刚结束的我市第四次党代会又提出了今后五年的奋斗目标和任务,把市区建成整洁、优美、文明、繁荣的城市,把一市四县建成重要的生产基地,这给全市人民以新的鼓舞。对于今年我区的工作,区委根据我区的职能任务,也提出了“工业生产有新的发展,城市建设和管理工作有新的突破,各方面的面貌有新的改观”的要求,这次区人代会上的政府工作报告中,对以经济建设为中心、以市政管理为重点的各项任务,又作了具体的部署和安排。

各位代表、各位委员:党的十二大所赋予我们的历史使命,我市和我区的近期任务及今后的规划设想都已明确,我们要增强信心、振奋精神,把革命热情和科学态度结合起来,积极地去付诸实现。毛主席早就说过,人总是要有一点精神的。对我们所肩负的历史任务,对做好当前工作和今后任务,首先要增强必胜的信心。这是一个精神支柱。我们讲信心,从总体上说,就是对马列主义、毛泽东思想这个科学真理的崇高信仰;就是对建设社会主义、实现共产主义的坚定信念。具体来说,就是要增强对振兴中华、建设芜湖、加强我区两个文明建设的信心。列宁曾经指出:“要认真地认识事物,就必须把握、研究它的一切方面,一切联系和中介。”对待形势和任务,我们要坚持全面地、发展地看问题,要把握事物发展的本质和主流。尽管目前我们的党风、社会风气和财政经济状况还没有根本好转,前进中的困难还很多,但要看到我们有党中央的坚强领导,有以马克思列宁主义和毛泽东思想为指导的正确路线,坚持走符合我国国情的、有中国特色的社会主义道路,这是我们必胜信念的根本所在。当前政治、经济等各个领域正在深入进行的改革,已经收到了显著的成效,并将日益成为我们社会主义建设事业的巨大推动力。人民群众中所蕴藏的社会主义劳动积极性和创造精神,我们以往工作的宝贵经验和成就,都是我们继续前进的良好基础和有利条件。这次区人民代表大会按照革命化、年轻化、知识化、专业化的要求,选举产生的新的一届人大和政府的领导班子,是富有经济、富有朝气的精悍的班子。区政协的领导成员,是一个人才荟萃、学有专长,并同社会各方面有广泛联系的重要力量。只要我们坚定地在政治上、思想上同党中央保持一致,更加广泛地动员和团结全区广大人民,以勇于改革、开拓前进的精神,百折不挠的毅力,勤奋扎实的作风,就一定能为振兴中华、建设芜湖,把我区“两个文明”建设搞上去作出新的贡献。

我想借此机会,就有关的几个问题讲点意见:

一、坚持改革,发展经济,搞活经济,以经济建设为中心,一切工作都要服务于和服从于这个中心,这是我们必须十分明确的指导思想。发展经济,搞活经济,一是靠政策,二是靠科学。最近省委、省政府下发的(84)17 号文件是一个充满创造精神的文件,是我省继农业生产责任制之后的又一重大改革和新的突破,完全符合中央关于改革的精神,符合广大职工的要求,符合经济发展的规律。工商企业经济责任制的建立,管理体制、人事、工资、奖金等一系列问题的改革,必将冲破一切“左”的思想的束缚,打破过时的条条框框,大大增强经济工作的活力,推动经济工作的迅速发展。我们必须适应新的形势,进一步解放思想,大胆改革。我区区属工业生产未列入国家计划,加上基础比较薄弱,技术和设备比较落后,缺乏竞争能力,经济效益不高,在新形势下的发展面临着新的考验,要改革我区工业生产的现状，适应形势的发展，根本出路在于改革。为此，我们要更加坚定地贯彻执行省委、省政府17号文件，坚持从实际出发，搞好各种形式的经济责任制，并相应地在体制、人事、工资、奖金等方面进行探索和改革，十分重视智力投资，知识开发，人才培养和交流，搞好职工队伍的技术培训、文化补习，以提高技术业务素质，开拓工业生产的新路。针对我区生产以市场经济为主的特点，切实搞好市场调查，掌握市场信息，精心组织和安排生产，千方百计地提高经济效益。

二、努力建设社会主义精神文明。建设社会主义精神文明，从根本上说，是由我们优越的社会主义制度所决定和要求的一项战略任务，各部门、各单位必须把这项工作摆在重要的议事日程，切实加强领导，结合工作任务，坚持不懈地抓下去。要以共产主义、爱国主义思想为核心，大力开展社会公德、职业道德的教育，抵制资产阶级思想的侵蚀，清除封建主义思想的遗毒，大力倡导移风易俗，树立良好的社会风尚。要抓住薄弱环节，继续治理脏、乱、差，进一步整顿市容、美化、绿化、净化环境，实行门前包卫生、包绿化、包秩序的“三包”工作，是贯彻人民城市人民管的方针的根本途径。市政府要求在大力推广中山路门前“三包”成功经验的基础上，由目前的主要马路推向小街小巷，六月底前在全区范围实行，进而向经常化、制度化的方向发展。要认真贯彻我市建设的总体规划和小区规划，按照市政建设的需要，搞好道路拓宽、居民拆迁、拆除违章建筑、修建街巷道路等工作。修建街巷道路，是一件深入民心的好事。我区城建部门要在前两年工作的基础上，作出新的规划和安排，积极争取地方财政拨款和受益单位集资，力争把街巷道路多修一些，修好一些。要努力发展教育、文化和托幼事业，搞好职工教育，统筹安排其他方面的社会工作。创建以社会主义精神文明为主要内容的文明单位，是我们都要为之努力的目标，根据市委、市政府对我市建成文明城市的规划，区委、区政府拟按照每年抓好三分之一的要求，采取分类指导、典型引路、倡导军民、警民、厂街共建等措施，争取在三至四年内把我区建成文明区，使更多的文明街道、文明大院、文明工厂、文明学校的灿烂之花，在全区盛开。

三、巩固和发展安定团结的政治局面。安定团结的政治形势，是我们顺利进行社会主义建设的前提和保障。为此要坚决贯彻党中央、国务院、全国人大常委会的指示和决定，紧紧掌握斗争的重点，继续贯彻依法“从重从快、一网打尽”的方针，严厉打击严重刑事犯罪和经济犯罪，务求准确，使斗争深入一步。大力搞好社会治安和综合治理，宣传社会主义法制，进一步建立和健全治安责任制，整顿社会治安秩序，各厂矿企事业单位要整顿好内部秩序，加强安全保卫制度，防止和堵塞漏洞。着眼于基层，发动和依靠群众，做好基础工作，预防和减少犯罪，进一步促进我区社会治安情况的好转，增强人民群众的安全感。我区公安司法部门要严格按法办事，排除各种干扰。坚持秉公办案，刚直不阿，保证案件质量，做到不枉不纵。

四、加强和改善党的领导，充分发挥区人大和区政协的作用。按照中央关于整党的部署，当前主要是学习整党的文件，为下一步整党做好准备。各级党组织要贯彻边学边改、未整先改的精神，加强思想、作风和组织建设，坚决抵制和纠正不正之风，搞好党风，带动民风，要重视和支持人大和政协的工作，使他们及时了解党的路线、方针、政策和省、市委对各方面工作的重大决策，以发挥人大地方权力机构的作用和政协的“智力库”作用,要支持人大常委会依法行使职权,严格按照《宪法》和《地方组织法》办事,凡是法律规定属于人大常委会讨论决定的重大事项,都由人大常委会讨论决定;属于人大常委会任命或批准任命的干部,均由有关方面及时提请人大常委会任命或批准。人民是国家的主人,我区各级组织要通过加强同人民代表的联系、接待和处理群众的来信来访等渠道,倾听群众的意见和要求,使人民更好地行使当家做主的权利,进一步加强社会主义民主和法制建设,各级党组织和党员必须在宪法和法律的范围内活动,自觉维护宪法和法律的尊严,要坚持"长期共存,互相监督"、"肝胆相照,荣辱与共"的方针,重视和支持政协的工作,注意倾听政协的意见和建议。党组织和党员要善于和党外人士合作共事,重视组织政协中的有识之士为四化建设献计出力,落实好党的统战政策。

代表们、委员们,镜湖区是新中国成立前的老城区,现在辖区范围较大,有9.433平方公里,近十五万人口,按照四化要求,各项建设和管理工作的任务是十分繁重的,无疑也是极其光荣的。要搞好城市建设和管理工作,首先是我区各级干部要解放思想,振奋精神,加强学习,勤奋工作,在实践中不断提高政策水平、科学知识水平和管理水平,同时恳切希望代表们、委员们在各自岗位上,热情宣传和带头贯彻执行党的各项方针政策,热情宣传搞好两个文明建设的重要意义,热情宣传城市建设和管理的各项规定,及时给我们传递信息,介绍经验,对我们的工作提出批评和建议,使区委、区政府按照人民群众的意愿,把各项工作做得更好一些,让我们团结奋战,立志改革,为进一步开创我区社会主义现代化建设事业的新局面,力争尽快把我区建设成为文明区而努力奋斗!

最后,祝同志们身体健康,工作顺利!

团结合作　继往开来　努力开创人民政协工作的新局面
——在政协镜湖区三届一次会议上的讲话

(1990年7月12日)

中共镜湖区委书记　陈哲亚

各位委员、同志们:

这次区政协召开的三届一次会议,是我区政协史上新老交替,继往开业的一次盛会。在大会主席团的直接领导和全体委员的共同努力下,会议自始至终洋溢着民主、和谐、团结、奋进的良好气氛。历时五天的会议,现已顺利地完成了预定的任务,收到了预期的效果,我代表中共镜湖区委向大会的圆满成功表示热烈的祝贺!并借此机会,向上届政协做出显著贡献的老委员表示衷心的感谢,向已经离任的老委员和领导同志致以亲切的问候和崇高的敬意,向新进政协的委员们表示热烈的欢迎!

在这次会议上,程志道同志代表二届常委会作了工作报告,报告中对三年来的工作总结和今后任务的建议,我完全同意,请三届常委会对今后的工作任务进一步的协商和研究,使之更加充实、更加完善,商定后,再贯彻执行。

下面我讲两个问题:

一、新时期统一战线的新形势和新任务

同志们都非常熟悉,统一战线是我们党的三大法宝之一,历来是中国共产党总路线总政策的重要组成部分。在革命战争年代,统一战线发挥了重要作用。建国初期,在“一化三改造”中,统一战线也发挥了很好的作用。党的十一届三中全会以后,随着全党工作重点的转移,党中央对统战工作又作了许多重大决策,特别是“一国两制”这一基本国策的提出和实施,更给我国统一战线注入了新的生机和活力,使统一战线出现了新的形势和新的格局。主要表现在以下三个方面:

(一)新时期的爱国统一战线是一个非常广泛的联盟。只要有利于建设四化、统一祖国、振兴中华;只要有利于民族团结、社会进步、人民幸福;只要有利于挫败国内外敌对势力的渗透颠覆与和平演变,不论哪一个阶级、阶层,哪一个党派、集团,哪一个人,我们都要团结。对台湾同胞、港澳同胞和海外侨胞,只要爱国,即使不赞成社会主义制度的人,也要积极争取团结。

(二)新时期统一战线的范围和规范空前扩大,形成了包括两个范围的联盟。一个是内向型的联盟,就是在大陆范围内,以爱国主义和社会主义为政治基础的、团结全体劳动者和爱国者的联盟。在这个联盟中,必须坚持四项基本原则,反对资产阶级自由化,弘扬爱国主义精神。另一个是外向型的联盟,就是在大陆范围以外,以爱国和拥护祖国统一为政治基础的、广泛团结台湾同胞、港澳同胞、国内外侨胞的联盟。在这个联盟中,可以求同存异,就是说,可以求爱国和祖国统一之同,存社会制度、意识形态和生活方式之异,不要求他们都赞成大陆的社会主义制度,只要赞成祖国统一、赞成“一国两制”,都要争取和团结。这两个范围的联盟,构成了新时期统一战线的整体和新的格局。其中第一个范围的联盟是主体,主要安定团结,坚强有力,第二个范围的联盟才能巩固扩大,整个统一战线就会更加蓬勃兴旺。

(三)新时期统战工作的领域不断向深度和广度拓展,有三个发展和延伸。一是统一战线由国内向国外发展延伸,要立足国内,面向港澳、面向国外,做好五千五百万华侨和华人的工作。二是统战工作由大中城市逐渐向小城镇、街道和农村延伸,由政治领域逐步扩展到经济、科技、文化、教育等各个领域。三是统战工作由实践上升到理论,用马列主义的基本原理来研究具有中国特色的统战理论和政策,以指导实际工作。

新时期统一战线出现的新形势,形成的新格局,向我们提出了新的任务和更高的要求。最近,江泽民同志强调指出,今后一个时期,爱国统一战线的任务是:高举爱国主义、社会主义旗帜,团结一切可以团结的力量,调动一切因素,同心同德,群策群力,为巩固和发展安定团结的政治局面服务,为推进社会主义现代化建设和改革开放服务,为健全社会主义民主和法制服务,为促进“一国两制”、和平统一祖国服务。这个任务,是党的统一战线任务,也是人民政协的任务,既光荣,又艰巨,前景无限广阔。邓小平同志早在几年前就明确指出,统一战线和人民政协工作,“前程远大,大有可为”;在新的历史时期,统一战线仍然是一大法宝,统一战线工作不但不能收缩、削弱,而且必须不断扩大和加强。江泽民同志最近还指出,统一战线“不仅是新民主主义革命的一个基本特点,也是中国社会主义建设的一大特色。”希望委员们遵照中央领导同志的指示,扎扎实实地把统战工作做好,把人民政协工作做好,为开创统一战线和人民政协工作的新局面做出自己应有的贡献。

二、对政协工作的几点希望和要求

根据新时期统一战线的新形势和新任务,当前我区政协工作,应该做到哪些,怎么做,程志道同志在工作报告中已经讲得比较详尽,比较具体,本届常委会还要进一步协商研究。这里我只提几点希望和要求:

(一)要认真学习、宣传、贯彻全国统战工作会议精神。今年6月11日至15日,中共中央在北京召开了全国统战工作会议,这是我党统一战线史上的一次重要会议。会上,江泽民同志发表了题为《努力发展最广泛的爱国统一战线》的重要讲话。这个讲话,是党中央领导集体指导今后统一战线工作的纲领性文件。现在全国各地正在学习贯彻。在我们镜湖区,区委、区人大、区政府、区政协都要学习贯彻。对区政协来说,学习贯彻全国统战工作会议和江泽民同志讲话精神,着重要解决好两个方面问题:一是提高认识,要深刻理解统一战线在社会主义现代化建设中的重要战略地位,充分认识统战工作的长期性、必要性和重要性,明确新时期统一战线的性质、方针和任务。二是抓好落实,要以江泽民同志的讲话为指导,紧密联系我区政协工作实际,充分协商讨论,拿出贯彻落实的具体办法和措施。把江泽民同志的讲话精神真正落到实处。这件事,请区政协常委会务必抓紧抓好,抓出成效。

(二)要把维护社会稳定作为政协工作的出发点。政治稳定、社会稳定、经济稳定,是我们取得社会主义现代化建设胜利的重要保证。我国的统一战线和人民政协,是维护国家稳定的重要力量。去年春夏之交,在党中央正确领导下,我们取得了制止动乱、平息反革命暴乱的伟大胜利,在这场政治风波中,我区政协在制止动乱、稳定局势中做出了积极的贡献,发挥了很好的作用。但是必须看到,四项基本原则和资产阶级自由化的对立是长期的,决不可掉以轻心。我们一定要充分发挥人民政协的凝聚力和政治优势,团结一切爱国力量,挫败国内外敌对势力的渗透、颠覆与和平演变等各种图谋,以保证国家的长治久安,保证改革和建设的顺利进行。

(三)要进一步强化人民政协"政治协商、民主监督"的基本职能。人民政协的政治协商和民主监督,是中国共产党领导的多党合作的一个重要制度,也是发扬社会主义民主的一个重要渠道,协商和监督的范围很广,具体到我们区来说,最主要的是决策上的协商和监督,这就是说,区委、区政府的重要决策和重大问题,要争先同政协协商;在决策实施过程中,政协要进行民主监督。这种决策上的协商、行动上的协调、目标上的协同、效果上的协助,如能相辅相成,全面发挥,就能相得益彰,事半功倍,对决策的民主化、科学化、保证决策的顺利实施,将会产生积极的作用。为了进一步强化政治协商、民主监督的职能,区委表示:热诚欢迎政协定期或不定期召开情况通报会,由区委、区政府负责同志通报工作情况和解决问题的思路,以便大家知情出力,献智献策;欢迎政协的同志进行深入的调查研究,向区委、区政府提供信息和建议;以便决策更加科学、更加符合人民利益;欢迎区政协派出调查组、检查组、视察组,到区政府各职能部门和企事业单位开展调查、检查和视察工作,发现问题及时反映;欢迎政协中有各种专长的委员,深入企事业单位进行技术咨询;帮助排忧解难,对重大的经营决策和产品开发进行科学论证;欢迎全区政协委员对区委、区政府的各项工作进行批评监督。

(四)要进一步加强共产党与党外人士的合作。共产党与党外人士合作共事,是人民政协优良传统之一。我们要继续认真贯彻“长期共存、互相监督、肝胆相照、荣辱与共”的方针，广交朋友，多交诤友，推心置腹，坦诚相见，真心实意地同党外人士商量办事。要在政治上、工作上、生活上关心他们，满怀热情地为他们排忧解难，多做实事。今年，区人大、区政府、区政协换届，市、区委根据干部“四化”条件和德才兼备的原则，继续推荐了一批党外人士，分别在区人大、区政府、区政协担任适当的领导职务。我们要热情支持他们的工作，发挥他们的专长，使他们有职有权有责，充分发挥党外人士参政议政的作用。

（五）充分发挥政协委员的群体作用。人民政协是爱国统一战线的组织。这个组织的成员，无疑都是统战工作者。人们常说，政协委员的肩上有两副重担，一是做好本职工作，一是做好统战工作。就做好统战工作来说，政协委员的职责有两个：一个是充分反映民意，使下情上达；一个是认真宣传贯彻党和国家的方针、政策、法令、法规，使上情下达。现在我区政协委员共有 113 名，是各个界别的代表人物，如果每个委员都能广泛联系本界别的爱国人士和自己各个方面的亲朋好友，并同他们一起宣传贯彻党的方针、政策和任务，那就会形成巨大的社会力量，起到党政系统所不能起的作用。就拿政协的科技界、经济界为例，如果这个界别的委员，广泛联系本界别的人士，为我市、我区的改革、开放和两个文明建设各献一计，那就是千方百计。政协委员中的“三胞”亲属，如果每个人都能多渠道、多形式地与港、澳、台和国外的亲人取得联系，向他们宣传党的“一国两制”、和平统一祖国的方针政策，宣传十年来大陆改革开放的巨大成绩，对和平统一祖国，就会大有裨益。所以说，政协委员，不只是一个光荣的头衔，重要的是肩负着光荣的历史使命。我们希望每个政协委员都要树立和增强做好统战工作的光荣感和责任感，积极参加政协的各项活动，并在实际工作中，多动脑筋，多出主意，献计献策，尽智尽力，力争把政协工作做得有声有色，好上加好。

（六）大力倡导和发扬自我教育的优良传统。爱国统一战线的团结，是建立在重大问题的共同认识基础之上的。我们提倡和鼓励政协委员和爱国人士，特别是中青年成员，在自愿的基础上，努力学习马列主义、毛泽东思想，学习邓小平等老一辈无产阶级革命家的著作，学习中国和世界的现代史与近代史。通过学习，逐步掌握马克思主义的立场、观点和方法，提高识别水平和识别能力。要结合形势和任务，学习党的路线、方针、政策，继续开展爱国主义和社会主义教育，坚持四项基本原则和反对资产阶级自由化的教育、民主法制和国情教育。学习要发扬理论联系实际的学风，方法灵活多样，务必讲究实效。

区政协机关要努力提高自身的政治、业务素质，积极、主动、务实、创新，树立起与新形势、新任务相适应的新观念、新方法和新作风。区委、区政府各部门，要与政协密切配合，加强协作，充分发挥各自的职能和优势，共同搞好统战工作。

同志们，从今年开始，我国已进入九十年代。当前，我们正处在现代化建设和改革开放的重要时期。在八十年代，我区上两届政协，为我区的改革开放和两个文明建设，为社会主义民主和法制建设，为维护社会的安定团结，为促进祖国和平统一做了许多有益的工作，履行了自己应尽的责任。区委对上届政协表示感谢，对三届政协和全体政协委员寄予厚望。希望大家团结合作，振奋精神，继往开来，开拓前进，以高度的政治热情和历史责任感，努力开创人民政协工作的新局面，为党的统一战线和人民政协工作，忠诚奋斗。在统一祖国、振兴中华，建设有中国特色的社会主义的伟大事业中做出新的更大的贡献。

祝同志们身体健康、工作顺利、全家幸福!

在区政协五届二次会议闭幕会上的讲话

(1999 年 2 月 2 日)

中共新芜区委书记　高理玉

各位委员、同志们:

新芜区政协五届二次会议从元月 31 日开幕以来,经过全体委员和同志们的共同努力,圆满完成了会议的各项议程。会议开得很好、很成功。

会议期间,委员们以高度的政治责任感和加速新芜区两个文明建设的饱满热情,紧紧围绕我区改革、发展、稳定的大局,坦诚建言,献计献策,认真履行政协的各项职能,使会议开成了一个统一思想、团结一致的大会,开成了一个积极向上、献计献策的大会,开成了一个鼓实劲、求实效的大会。

这次大会,各位委员还就我区改革开放和两个文明建设中的重要问题以及人民群众普遍关心的热点、难点问题,提出了许多建设性意见和建议。希望区政府和有关部门认真研究,并抓紧落实。新一届区政协自 1998 年 3 月选举产生以来,认真贯彻"长期共存,互相监督,肝胆相照,荣辱与共"的方针,不断探索政协工作与区委、政府的联系,建立了一套行之有效的对口联系制度,强化了政协的工作职能,使我区政协工作逐步走上了规范化和制度化的轨道。1998 年,34 件涉及社会方方面面的提案全部办理完毕,不仅令提案人满意,更为老百姓办了实实在在的事,切实履行政治协商、民主监督、参政议政的职能。

当前,我区同全国各地一样,正处于改革的攻坚阶段和发展的关键时期,人事多、新事多、难事多,既面临良好的发展机遇,也同样遇到很多困难和矛盾。经济利益的摩擦、思想观念的碰撞;一些不公正、不合理的事情,一些消极、腐败的东西,我们的工作也会出现这样、那样的问题。尽管这些是难以避免的,但是,它确实给一些人带来生活上的困难,心理上的失衡、情绪上的不顺。对此,我们决不可掉以轻心,甚至回避、敷衍、推托。我们必须面对现实,负起责任,真心实意地关心群众疾苦,尽心竭力地解决各种问题,耐心细致地做好思想工作,这是保持团结、发展、稳定局面的重要基础。为了使我区各项事业顺利发展,少走弯路,有一个安定、团结的局面,就要在决策之前充分吸纳各界人士的真知灼见,就要对区机关各职能部门和各级领导干部实行有效的监督,就要在各项工作中争取人民群众的广泛参与。所有这些都要求人民政协在履行职能上有所作为、有所前进。下面,我就今后如何进一步加强人民政协工作和发挥政协职能作用,提以下几点要求:

一、进一步提高对新时期人民政协性质、地位和作用的认识

人民政协是共产党领导的统一战线组织,是进行政治协商、民主监督的机构,在我国政治生活中具有不可替代的作用,它与人大、政府互为补充,相辅相成。党中央曾多次指出,改革开放越深入,经济建设越发展,越需要加强统一战线和人民政协工作。各级党组织一定要从建设社会主义民主政治的高度,从维护安定团结、实现国家长治久安的高度,充分认识人民政协的重要性和长期性，从思想上、行动上真正重视和发挥人民政协的作用，支持政协委员履行职能，引导政协委员紧密围绕党的中心工作开展调研活动，为党和政府的决策提供依据。

二、积极推进政治协商、民主监督和参政议政的规范化、制度化

政治协商、民主监督、参政议政是人民政协的主要职能。进一步推进政治协商、民主监督和参政议政的规范化、制度化，对于促进领导决策民主化和科学化，对于加快社会发展的步伐具有非常重要的意义。政协要切实履行职能，发挥优势，首先必须主动接受党委的领导，这是人民政协把握正确的政治方向，正确地履行职能，充分地发挥作用的根本保证。所以，不论是建言献策，还是批评监督，都要从有利于加强和改善党的领导出发。凡是政协的重要事项、重要活动、重要工作都要主动向党委汇报，自觉主动接受党委领导。党委也要高度重视关心政协工作，给予全方位的支持。二是必须主动加强与有关部门的联系与配合。政协工作涉及方方面面，需要多方支持与配合，因此，在履行职能过程中要积极主动地加强与有关部门的沟通协调，理顺方方面面、上上下下的关系，争取在得到党委重视的同时，形成政协主动，人大、政府支持，各方配合的良好外部环境。三是必须始终服从和服务于国家大局，围绕各项中心工作，选准角度，按照尽力而为、量力而行的原则，建言立论，履行职能，把政协特有的事情干得更好。各级党政机关和领导干部都要增强民主意识，自觉接受政协的民主监督，积极支持政协开展视察、考察和调研，反映社情民意，认真办理政协的提案、建议和举报，并按规定要求和时限给以答复，为政协履行职能创造必要的条件。

新的形势和任务给人民政协工作提出了更高的要求，政协工作要想更加扎实有效的向前推进，就必须加强政协工作的规范化、制度化建设。要在总结自身经验、学习别人长处的基础上，结合本区实际，把经过实践检验为行之有效的经验上升为规章制度。我们深信，在“长期共存、互相监督、肝胆相照、荣辱与共”的方针指引下，在广大政协委员的积极参与下，我区政协的各项制度必将不断完善和健全。

三、充分发挥政协委员的作用，切实加强人民政协的建设

活跃政协工作，履行政协职能，必须依靠广大委员的共同努力。政协委员代表各个界别、各个阶层的群众参加政协组织，具有人才荟萃、智力密集、联系广泛、上通下达和各方面的实践经验，可以多渠道地汇集群众意见，能够提出有价值的建议。政协委员必须认清自己所处的地位，努力增强责任感和使命感，与本界别群众保持密切联系，倾听群众呼声，体察群众情绪，反映群众愿望，维护群众利益，使自己成为本界别群众名副其实的代表。要加强学习，充实知识，更新观念，了解国家重大方针、政策和法律法规，及时了解党委的工作思路和意图，紧紧围绕党委和政府的中心工作，认真履行政协的职能，不断提高参政议政的水平。

政协机关要继续创造活动条件，帮助委员了解情况，熟悉政策，扩大视野。力求在建言献策时能摸真情、讲真话、出实招、出高招，并通过多种方式，充分发挥政协“人才库”、“智囊团”的作用，使委员有事可干，有劲可使，为我区改革和发展献计出力。要把握大局，及时反映委员们提供的各种信息，对委员们提出的意见和建议要认真整理，及时报送，主动催办，使意见有答复、建议有着落。要尊重委员的权利，努力形成民主和谐、畅所欲言的环境。在这里,我代表中共新芜区委、新芜区人民政府诚恳地希望大家加强对区委、政府的民主监督,帮助我们克服工作中的缺点和错误,共同把新芜区的事情办好。

各位委员,1999 年是具有特殊意义的一年,是中华人民共和国成立 50 周年、澳门回归祖国的一年,也是我区加速经济发展关键的一年。让我们在以江泽民同志为核心的党中央的坚强领导下,齐心协力,同唱一个调,共奏发展曲,为进一步开创政协工作的新局面,为新芜区两个文明建设再上新台阶而努力奋斗。

在区政协第六届委员会第一次会议上的讲话

(2003 年 4 月 11 日)

中共镜湖区委书记　李志国

各位委员、同志们:

政协镜湖区第六届委员会第一次会议,经过全体委员的共同努力,圆满地完成了各项议程,即将胜利闭幕了。我谨代表中共镜湖区委对大会的成功召开,对新当选的政协主席和各位副主席、常委表示热烈的祝贺!上届政协委员会中有 79 位委员,因年事和工作调动等原因,不再担任六届政协委员了。过去,他们和全体委员一道在政协工作和各条战线上,为全区改革开放和现代化建设事业,为巩固和发展爱国统一战线,促进祖国和平统一,勤勤恳恳、做了大量卓有成效的工作。在此,让我们向这些同志和全体委员表示衷心的感谢并致以崇高的敬意,希望这些同志今后继续关注我区的经济和社会事业的发展,继续关心和支持区政协的工作。

这次大会是在全国深入学习贯彻中共十六大精神,全区奋力实现第七次党代会所确定目标的新形势下召开的、会议审议通过了区政协第五届委员会工作报告和关于提案工作情况的报告,听取和讨论了《政府工作报告》及其他几项报告,选举产生了区政协第六届委员会常务委员。几天来,委员们以满腔的热忱和高度的责任感,对关系我区改革发展和稳定大局以及关系人民群众切身利益的重要问题提出了许多宝贵的意见和建议,就如何做好新一届政协工作发表了很好的见解。这次大会开得很成功,是一次民主求实、团结鼓劲的大会,是一次继往开来、与时俱进的大会,更是一次凝聚力量、催人奋进的大会。

五年来,在区委、区政府的领导下,全区人民围绕“加快发展、富民强区”这一主题,全面贯彻邓小平理论和“三个代表”重要思想,进一步解放思想,抢抓机遇,开拓进取,促进了经济和社会各项事业的全面发展,顺利实现了所确定的目标任务。

这五年,也是我区政协工作全面发展、取得成效的时期,区政协紧紧围绕区委、区政府的中心工作,按照把握大局、服务中心的总体要求,团结带领全体政协委员和各界人士,认真履行政治协商、民主监督、参政议政的职能,开创了政协工作的新局面,创造了许多新经验,为促进我区经济发展、政治稳定和社会进步做出了积极的贡献。下面,我就进一步做好新时期的政协工作讲几点意见。

一、深入学习贯彻中共十六大精神,不断提高参政议政的能力

十六大是中国共产党在新世纪召开的第一次全国代表大会,也是我国开始实施社会主义现代化建设和第三步战略部署新形势下召开的一次十分重要的会议。这次大会,提出了全面建设小康社会的奋斗目标,做出了建设中国特色社会主义经济、政治、文化的战略部署,顺利实现了中国共产党中央领导集体的新老交替。这对于进一步开创中国特色社会主义事业新局面,具有极其重大而深远的意义。贯彻落实十六大精神是当前和今后一个时期全区各级党组织的首要政治任务,也是区政协的首要任务。区政协要积极组织广大委员认真学习十六大精神,深刻领会"三个代表"重要思想的科学内涵和精神实质,按照中央关于新世纪政协工作的方针原则、历史使命和工作主题,进一步提高委员对政协的性质、地位、作用、任务的认识,增强做好政协工作的光荣感、责任感和使命感,自觉做到以"三个代表"重要思想为指导,努力推动政协工作不断创新发展。

前不久,我们刚刚召开了中共镜湖区七届一次代表大会,这是在党的十六大精神指引下召开的一次十分重要的会议。这次党代会绘就了我区未来五年的发展蓝图,明确提出了未来五年我区发展思路、奋斗目标和各项任务,为我们下一步发展指明了方向。区政协以及各级组织要在深入学习贯彻好党的十六的基础上,落实好区第七次党代会精神,紧紧围绕区七届一次党代会的要求,扎扎实实做好政协的各项工作。

二、围绕中心,服务大局,为实现我区经济和社会各项事业提速发展献计出力

要坚持围绕中心、服务大局,把为实现全面建设小康社会的奋斗目标服务作为政协履行职能的出发点和落脚点。发展是中国共产党执政兴国的第一要务,也是人民政协履行职能的第一要务。区政协工作的开拓与创新,政协的作用与贡献,都同全区经济和社会各项事业的发展紧密相连。

区六届政协任期的五年是我区全面建设小康社会的关键时期,也是关系到我区能否牢固确立中心城区的关键时期。我们要按照区第七次党代会确定的"全面建设富裕、繁荣、文明的新镜湖"这一目标,把发展作为执政兴区的第一要务,进一步解放思想,实事求是,与时俱进,继续深化改革、扩大开放,加大经济结构调整步伐,促进全区经济持续快速健康发展。经过五年努力,到2007年,力争实现社会总产值在2002年的基础上翻一番,年均增长14.9%,财政收入年均增长15%。围绕这些思路和目标,我们要采取一系列措施,加大力度,促进发展。今年,我们要着重抓好旅游商品经济园区建设,操作好小九华文化旅游商业街、芜湖古城、大砻坊地区滚动开发项目,实施好东郊路1#、2#项目建设和国际品牌超市项目,进一步改善和优化经济发展环境,全面提升招商引资的质量和水平,要实现上述目标和任务,我们深感发展的责任很大,担子很重,必须依靠各方面的力量,需要全区人民共同努力才能实现。区政协在履行职能、开展工作中,要围绕中心,注重发挥好"三个优势"作用:首先要发挥人才优势。区政协中汇聚了各领域的专家、学者和领导骨干,特别是经济、科技、管理方面的能人,他们层次高、影响大,是"智囊团"和"人才库"。区政协要充分利用这一人才荟萃、智力雄厚的优势,广泛吸纳民间资本来我区投资兴业,吸引个体私营经济业主来我区落户发展,参与我区的企业改制、经济结构调整和重点项目的实施建设,为全区的经济和社会发展献计出力;其次要发挥组织优势。区政协在组织上有着广泛的代表性,政治上有着很大的包容性,要充分发挥这种联系广泛、代表性强、视角广阔的优势,紧紧围绕区委、区政府的重大决策,围绕全区三个文明建设中的重点工作,围绕人民群众普遍关注的"热点"、"难点"问题,帮助区委、区政府了解各方面的愿望和要求,不断改进工作;再次要发挥载体优势。继续深化区“海外联谊会”的窗口载体作用,积极做好来我区探亲、访友、经商、旅游的“三胞”、“三属”工作,巩固和发展爱国统一战线,为我区经济发展牵线搭桥,搞好服务。

总之,区政协要积极适应新的形势要求,探索新路子,拓展新领域,努力开创政协工作的新局面,通过组织委员深入开展调查研究,创造性地思维和工作,大胆提出设想、意见、建议和措施,积极协助区委、区政府做好重大决策前的民主协商和研究讨论工作,为镜湖区的发展建言献策。

三、努力协助区委、区政府协调关系,化解矛盾,维护和促进我区社会政治稳定

维护安定团结的局面,是改革开放和现代化建设顺利进行的前提和保证,也是政协责无旁贷的神圣职责。随着改革攻坚、社会转型和体制转轨,各种新矛盾、新问题不断出现,我区维护社会稳定的任务十分繁重。政协是广泛的统一战线组织,团结面大、联系面广,应当充分运用这些有利条件,把团结各界、维护稳定作为政协工作的一个着力点,团结一切可以团结的力量,调动一切可以调动的因素,协助区委、区政府在理顺关系、化解人民内部矛盾、维护社会稳定方面,做出特殊的贡献。要发挥政协委员在群众中的独特影响力,从大局出发,深入细致地做好矛盾转化工作。对可能引发争端的不安定因素,要及时反映,并提出意见和建议,以利于有关方面采取正确的措施,把问题解决在基层,解决在萌芽状态。要努力畅通社情民意的渠道,鼓励政协委员反映基层现状,如实表达各方意愿,帮助各级各部门准确把握社会各方面的情况。同时,区政协还要配合区委、区政府多做统一思想、理顺情绪的工作,多做团结鼓劲、凝聚人心的工作,多做排忧解难、化解矛盾的工作,为改革发展稳定减少阻力、增加助力、形成合力,把全区人民的注意力引导到“加快发展、富民强区”的目标上来,为我区各项事业的发展创造良好的环境。

四、加强和改善党对政协工作的领导,促进政协工作再上新台阶

政协工作是党的全部工作的重要组成部分,党对政协工作的坚强领导和政府的全力支持,是充分发挥政协组织的职能作用,做好新时期政协工作的根本保证。多年来,区委、区政府始终把政协工作作为党的工作的重要组成部分,从思想上、组织上、制度上、经费上重视和支持区政协的工作,有力地促进了政协工作的制度化、规范化建设。今年,区委新一届班子将认真按照党的十六大精神,继续加强对政协工作的领导,加大对政协工作的支持力度。全区各级党委和各级党政领导干部,要从思想上、行动上进一步重视和支持政协工作,对干部群众进行广泛深入的国家基本制度和人民政协基本知识的教育,把统一战线理论、方针、政策的宣传列入党员教育和干部培训计划中,为政协更好地履行职能创造必要的条件,切实做到思想上重视、政治上关心、组织上保证、努力推进区政协工作再上新台阶。区政协机关要认真履行区委赋予的职责,在政协组织中发挥政治核心作用,进一步加强同民主人士、工商联的联系,及时向区委反映他们的意见和要求。政协党组成员和政协机关中的共产党员,要以诚恳的态度,真心实意地搞好与党外人士的团结合作,在工作上、生活上、作风上都要充分发挥共产党员的模范带头作用,把全区各界人士的力量凝聚到聚精会神搞建设、一心一意谋发展上来。同时,要进一步加强政协组织的自身建设,按照十六大要求,加强学习,与时俱进,不断提高委员参政议政的水平,为全区物质文明、政治文明、精神文明建设献计出力。

各位委员、同志们，新的形势对政协工作提出新的要求，也为政协工作开辟了更加广阔的舞台。宏图已绘就，奋斗在今朝。让我们高举邓小平理论伟大旗帜，按照“三个代表”的要求，同心同德，群策群力，开拓进取，服务大局，为全面完成区第七届党代会提出的各项任务，胜利实现建设富裕、繁荣、文明的新镜湖而努力奋斗！

在区政协六届二次会议上的讲话

（2004年1月10日）

中共新芜区委书记　李金华

各位委员、同志们：

今天，区政协六届二次会议隆重开幕。我代表中共新芜区委、区人大常委会向大会表示热烈的祝贺！

人民政协是中国共产党领导的多党合作和政治协商的重要机构，是我国发扬社会主义民主的重要形式。在过去的一年里，区政协高举爱国主义、社会主义旗帜，认真履行各项职能，充分发扬民主，努力促进团结，深入调查研究，积极反映社情民意，为维护改革、发展、稳定的良好局面和全面完成我区各项工作做出了应有的贡献。在此，我代表区委、区政府向全体政协委员表示衷心的感谢！

2003年12月23日至24日，区委召开了七届二次全体（扩大）会议，号召全区各级党组织、党员干部要紧紧围绕“抓住机遇，加快发展，为尽快实现区七次党代会目标而努力奋斗”这一主题，集中人力、物力、财力和精力，全力以赴抓经济发展、促社会进步。为了有力地推进我区各项工作的协调发展，全面完成区委、区政府提出的工作任务，希望区政协在新的一年里，继续牢牢把握团结和民主两大主题，紧紧围绕全区的中心任务和工作大局，积极参政议政，广泛建言献策，团结各界群众，调动一切积极因素，为我区的改革开放和三个文明建设做出新的贡献。下面，我谈几点意见。

一、把促进全区经济建设作为区政协履行职能的着眼点，积极建言献策

随着新芜区新一轮经济和社会发展时期的到来，我们面临着许多前所未有的新问题和新挑战。解决问题的关键，就是发展。我们要紧紧牢记经济不发展，社会就不稳；经济不发展，民心就不稳；经济不发展，政局就不稳；经济不发展，执政党就不稳；经济不发展，“三个代表”重要思想就不能体现的道理。为此，区政协要结合区委、区政府提出的坚持以经济建设为中心统揽全局的要求，紧紧围绕我区如何加快发展，推进企业深化改革，拉动第三产业的发展；如何开源节流，科学理财，增强区级可支配财力；如何优化投资环境，提升服务竞争力等重大问题，精心选择区委、区政府当前迫切需要解决，人民群众特别关心，区政协本身又有条件做的课题，积极组织政协委员，以及参加政协的各民主党派、人民团体、各界人士深入开展调查研究，积极提出具有指导性、前瞻性、针对性和可操作性的意见和建议，切实履行政治协商、民主监督和参政议政的职能，促进区委、区政府决策的民主化和科学化，推进我区经济建设的快速、持续、健康发展。

在调查研究和建言献策过程中，全体委员要坚持和发扬求真、务实、创新的工作作风，坚持从我区的实际出发，以实事求是的科学态度，尊重客观规律，敢于坚持真理；要以动态和发展的眼光，思考和探索我区经济发展过程中出现或可能出现的一些新问题，把解决新问题与发展先进生产力辩证地统一起来;要善于把政协的人才优势转化为工作优势,更多地寻找发挥政协作用的新载体,使建言献策符合先进生产力发展的要求,更加富有成效。

二、不断加强自身建设,进一步提高政协工作水平

首先,要加强学习。继续组织委员们学习马列主义、毛泽东思想、邓小平理论和"三个代表"重要思想的有关论述,学习党的十六届三中全会、中央经济工作会议、省、市委七届五次全会精神,学习党中央关于新时期人民政协工作的方针、政策,坚持理论联系实际,真正做到学以致用,提高政治理论水平,提高在工作中解决实际问题的能力。其次,要加强机关建设,完善政协工作的各项制度,推行履行职能的规范化和制度化。要继续抓好政协领导班子建设,政协机关工作人员队伍建设,以良好的精神风貌确保机关工作健康、有序、高效地运行。第三,要认真开展调查研究。要抓住经济和社会发展中出现的新矛盾、新情况、新问题和群众关注的热点问题,切实而有效地搞好调查研究。

三、广泛反映社情民意,维护安定团结的大好局面

当前,随着改革开放不断深入,社会生活已经发生和正在发生着深刻变化,社会经济成分、组织形式、利益分配和就业方式的多样化,带来了不同阶层、不同群体的利益差异。区政协要从"代表最广大人民群众的根本利益"出发,充分发挥多党合作的政治优势和联系面广的组织优势,切实把了解和反映社情民意作为一项经常性的工作,并贯穿于政协履行职能的一切活动之中。要进一步加强同各界人士人民群众的联系,倾听他们的呼声,体察他们的情绪,反映他们的愿望,维护他们的利益。要认真听取各方面的意见、批评和建议,敢于讲真话、实话,在党委、政府和人民群众之间真正起到桥梁纽带作用,充分发挥人民政协在协调关系、化解矛盾、沟通民意、理顺情绪、争取人心、凝聚力量、鼓舞士气、维护稳定等方面的特殊优势和作用,为我区各项事业的顺利发展创造良好的社会环境。

四、切实加强和改善党对政协工作的领导,为政协开展工作创造良好的外部环境

加强和改善党对政协工作的领导,充分发挥政协工作的职能作用,是各级党委的重要职责。各级党组织要继续宣传人民政协的重要作用,不断优化政协工作的外部环境;要把政协工作同全局工作紧密联系起来,统一研究,统一部署,统一落实,为进一步发挥政协职能作用提供有力保证。一是坚持把政治协商纳入决策程序,增强政治协商效果。做到重大问题协商于区委决定之前、人大通过之前、政府实施之前。要克服随意性,帮助政协做好协商前的准备,确保协商有理有据。二要自觉接受来自政协的批评建议,严肃认真对待政协委员的提案和建议,认真办理,实实在在地落实。三是要努力为政协参政议政创造条件,支持政协更好地围绕区委的中心工作发表意见,参政议政。要主动通报情况,使政协委员及时了解国内外形势的变化和区委、区政府的工作重心及工作中遇到的困难,使政协工作更有针对性,更有成效。

各位委员、同志们,政协工作是全区整体工作的重要组成部分。做好政协工作是全区人民的共同责任,需要全区各单位、各部门的共同努力。因此,区各级各部门都要高度重视和支持区政协工作,主动加强与区政协的联系和沟通,认真听取和对待来自政协方面的意见和建议,切实改进和加强自身的工作,为区政协履行职能创造条件,并同人民政协一起，为切实推进我区社会主义民主政治建设，为尽快实现区七次党代会目标而努力奋斗。

在区政协第七届委员会第一次会议上的讲话

（2006 年 6 月 23 日）

中共镜湖区委书记 韩卫民

各位委员、同志们：

中国人民政治协商会议芜湖市镜湖区第七届委员会第一次会议在全体委员的共同努力下，圆满地完成了各项议程，即将胜利闭幕了。我谨代表中共镜湖区委对大会的成功召开，对新当选的区政协主席、各位副主席和常务委员表示热烈的祝贺！政协委员是政协的主体，一届又一届政协委员，为我区的繁荣兴旺，努力工作，付出了辛勤的汗水，为我区政协工作做出了重要贡献，借此机会，向历届区政协委员表示衷心的感谢并致以崇高的敬意！

这次大会，是我区实施行政区划调整、筹备组建新镜湖区的形势下召开的一次盛会。会议审议通过了区政协筹备组工作建议报告和关于提案工作情况的报告；列席了第八届人民代表大会第一次会议，听取了区委副书记、区政府筹备组组长陈家本同志所作的政府工作建议报告以及其他重要报告。选举产生了政协镜湖区第七届委员会常务委员会，选举产生了区政协新一届主席、副主席。几天来，委员们以满腔的热忱和高度的责任感，对关系我区改革发展和稳定大局以及辖区群众切身利益的重要问题提出了许多宝贵的意见和建议。这些意见和建议非常中肯，有的针对性较强，有的富有创造性，对委员们提出的提案，我们将认真研究梳理，办理好这些提案，以便更好地促进和改进我区的各项工作。这次大会是一次民主求实、团结鼓劲的大会，是一次继往开来、与时俱进的大会，更是一次凝聚力量、催人奋进的大会！

过去的四年，在区委、区政府的领导下，全区人民广大干部群众认真贯彻邓小平理论和“三个代表”重要思想，解放思想，抢抓机遇，开拓进取，围绕“加快发展、富民强区”这一主题，全面推进了经济和社会事业的发展，综合经济实力已步入全省第一方阵行列。区政协紧紧围绕区委、区政府的中心工作，按照服务中心、把握大局的总体要求，团结带领全体政协委员和各界人士，认真履行政治协商、民主监督、参政议政职能，积极为我区“三个文明建设、努力构建和谐社会”尽智出力，开创了政协工作的新局面，积累了许多新经验，做出了新贡献。面对新的历史发展机遇、新的工作目标，需要我们进一步理清思路、鼓足干劲，更好地开展新时期的政协工作，下面，我讲四点意见。

一、深入学习贯彻中共中央有关文件精神，不断提高政协参政议政的能力

近两年来，为了加强人民政协工作，中共中央相继下发《关于进一步加强中国共产党领导的多党合作和政治协商制度建设的意见》（中发〔2005〕5 号）和《中共中央关于加强人民政协工作的意见》（中发〔2006〕5 号），这是我们做好人民政协工作的纲领性文件。为此，中共安徽省委下发了《中共安徽省委关于贯彻落实〈中共中央关于进一步加强中国共产党领导的多党合作和政治协商制度建设的意见〉的实施意见》（皖发〔2005〕9 号），中共芜湖市委也专门下发了《中共芜湖市委关于进一步加强同各民主党派政治协商的实施意见》,这充分表达了从中央到地方的各级党委,都高度重视人民政协工作,始终把政协工作列为党委的重要工作内容,面对新的战略机遇和国内外形势的变化,对进一步做好新时期人民政协工作提出了新的更高的要求。政治协商是中国共产党领导的多党合作和政治协商制度的重要组成部分,是实行科学民主决策的重要环节,是中国共产党提高执政能力的重要途径。

区政协要积极组织广大委员认真学习文件精神,深刻领会精神实质,按照中共中央关于新世纪新阶段人民政协工作的方针原则、历史使命和工作主题,进一步提高委员对政协的性质、地方位、作用、任务的认识,增强做好政协工作的光荣感、责任感和使命感,自觉做到以“三个代表”重要思想为指导,围绕全区工作的大局,团结各界人士,凝聚各方力量,立足本职工作,发挥自身优势,积极参政议政,主动献策出力,推动各项工作。

在新时期,人民政协要牢牢把握政治协商的根本任务,也就是坚持发展。发展是中国共产党执政兴国的第一要务,也是人民政协履行职能的第一要务。政治协商要牢牢把握发展这个根本任务,树立和落实科学发展观,紧紧围绕经济建设这个中心,自学服务于改革发展稳定的大局,把各方面的智慧和力量凝聚到推进我区实现跨越式发展,全面建设小康社会目标上来,促进我区社会主义物质文明、政治文明、精神文明建设,努力构建和谐镜湖。

二、围绕中心,服务大局,为实现我区经济和社会各项事业提速发展献计出力

今年是“十一五”开局之年。区委根据我区经济和社会事业发展的客观要求,在广泛调研的基础上,确定了“4226”发展目标,全力打造全省第一强区。这就要求全区上下必须以科学发展观为指导,抢抓机遇,锐意进取,开拓创新,实现我区又快又好的发展。区政协工作要紧紧围绕全区经济社会发展这一中心,注重发挥好政协智力密集、联系广泛的优势,把政协委员的积极性和创造性转化为促进改革、加快发展的动力,依托专门委员会和各界别,组织委员有重点地开展调查研究,积极建言献策,为区委、区政府的决策提供真实情况和科学依据。区政协在履行职能、开展工作中,要注重发挥好“三个优势”作用:首先要发挥人才优势。区政协中汇聚了各领域的专家、学者和技术骨干,特别是经济、科技、管理方面的能人,他们层次高、影响大,是我区发展的“智囊团”和“人才库”;其次要发挥组织优势。区政协在组织上有着广泛的代表性,政治上有着很大的包容性,要充分发挥这种联系广泛、代表性强、视角广阔的优势,紧紧围绕全区三个文明建设中的重点工作,围绕转变增长方式、调整经济结构、加强科技创新、深化改革开放、建设社会主义新农村这些重大方面,围绕人民群众普遍关注的“热点”、“难点”问题建言献策,组织开展多种形式的活动,提出前瞻性、创造性、建设性的意见和建议,帮助区委、区政府了解各方面的愿望和要求,进行科学民主决策;第三要发挥载体优势。继续深化和扩大区“海外联谊会”的窗口载体作用,积极做好来我区探亲、访友、经商、旅游的“三胞”、“三属”工作,巩固和发展爱国统一战线,为我区招商引资和经济发展牵线搭桥,搞好服务。

三、努力协调关系,化解矛盾,维护和促进我区社会政治稳定

维护安定团结的局面,是改革开放和现代化建设顺利进行的前提和保证。未来五年,我区已进入快速发展时期,随着改革攻坚、社会转型和体制转轨步伐的加快,各种新矛盾、新问题不断出现,全区维护社会稳定的任务十分繁重。区政协要把团结各界、维护稳定摆在政协工作的重要位置,发挥好政协团结面大、联系面广的优势,团结一切可以团结的力量,调动一切可以调动的因素,协助区委、区政府在理顺关系、化解人民内部矛盾、维护社会稳定方面,做出积极的贡献。要发挥政协委员在群众中的独特影响力,从大局出发,深入细致地做好矛盾转化工作。对可能引发争端的不安定因素,要及时反映,并提出意见和建议,以利于有关方面采取正确的措施,把问题解决在基层,解决在萌芽状态。要支持和鼓励政协委员深入基层,了解民情反映民意集中民智,如实表达各方意愿,帮助各级各部门准确把握社会各方面的情况,提高区委区政府的执政能力和水平。广大政协委员要多做团结鼓劲、凝聚人心的工作,多做排忧解难、化解矛盾的工作,为改革发展稳定减少阻力、增加助力、形成合力,把全区人民的注意力引导到"加快发展、富民强区"的目标上来,为我区各项事业的发展创造良好的环境。

四、加强和改善党对政协工作的领导,促进政协工作再上新台阶

中国共产党领导的多党合作和政治协商制度,是我国的一项基本政治制度,是我国社会主义民主制度的重要内容。中共十六大明确提出:"发展社会主义民主政治、建设社会主义政治文明,是全面建设小康社会的一个重要目标。"我们必须切实按照中共十六大要求和两个5号文件发精神,始终坚持并且不断完善、发展和落实好这项政治制度。区委要继续加强对政协工作的领导,从思想上、组织上、制度上、经费上重视和支持区政协的工作,促进我区政协工作的制度化、规范化、程序化建设,使我区政协工作上新水平、上新台阶。全区各级党委和部门都要热情地支持政协工作,切实做到思想上重视、政治上关心、组织上保证。区政协机关要为政协委员履行职责提供服务和帮助,要进一步加强同民主人士、工商联的联系,及时向区委反映他们的意见和要求。政协委员中的共产党员,要积极贯彻党的方针政策,带头遵守政协章程,努力提高自身修养和能力。坚持"长期共存、互相监督、肝胆相照、荣辱与共"的方针和民主协商、平等议事的原则,大力加强同民主党派、工商联和无党派人士的团结合作,大家相互学习、取长补短,共同为全区物质文明、政治文明、精神文明建设献计献策。

各位委员、同志们,新的形势对政协工作提出新的要求,也为政协工作开辟了更加广阔的舞台。宏图已绘就,奋斗在今朝。让我们高举邓小平理论伟大旗帜,按照"三个代表"的要求,同心同德,群策群力,开拓进取,服务大局,为全面开创镜湖区经济社会跨越式发展的新局面,率先实现全省第一强区的宏伟目标而努力奋斗!

在区政协七届六次会议闭幕式上的讲话

(2011年2月22日)

中共镜湖区委书记　卢仓报

各位委员、同志们:

中国人民政治协商会议镜湖区第七届委员会第六次会议,经过全体委员和与会同志的共同努力,顺利完成了预定各项议程。值此会议即将闭幕之际,我谨代表中共镜湖区委对会议取得圆满成功表示热烈祝贺!向新当选的政协常委表示热烈祝贺!并借此机会,向全体政协委员和与会同志、向历届政协领导以及各界人士致以崇高的敬意!

这次会议,审议通过了区政协常委会工作报告和关于提案工作情况的报告;听取和讨论了政府工作报告、法检两院工作报告和区经发改委、财政局的两个报告草案;选举出新的政协常委。会议期间,各位委员和同志们以饱满的政治热情和高度负责的精神,认真履行职责,积极参政议政,紧紧围绕全区发展的重大问题和涉及群众切身利益的热点难点问题,积极献计献策,提出了许多宝贵意见和建议。这次会议开得非常成功,是一次民主团结、求真务实的大会,也是一次群策群力、共谋发展的大会。对于我们做好新形势下政协工作,加快镜湖区发展,必将起到积极作用。

2010年,在市委、市政府的正确领导下,全区上下抢抓机遇、加快发展,经济稳步增长,民生逐步改善,党的建设取得新成效,先后荣获"全国社区服务先进单位"、"全国养老社会化服务示范区"、"全国残疾人社区康复示范区"等称号。这些成绩的取得,是全区上下共同努力、团结奋斗的结果,更是广大政协委员和社会各界人士的积极建言献策、参与中心工作,履行职能的结果。在此,我谨代表中共镜湖区委,向区政协和全体政协委员,向各民主党派、工商联、人民团体以及社会各界朋友们、同志们表示衷心的感谢!

2011年,是我区实施"十二五"规划的开局之年,各项工作任务繁重。前不久召开的区八届六次党代会,围绕全市战略部署,确定了"繁荣镜湖、秀美镜湖、人文镜湖、和谐镜湖、幸福镜湖"的"十二五"宏伟蓝图,目标振奋人心、催人奋进。希望区政协在新的一年里,紧紧围绕全区中心工作,凝聚各方智慧,动员一切力量,为实现新的目标作出更大贡献。

下面我讲三点意见:

一、认清形势,进一步坚定加快发展的信念

当前,我们面临的形势充满机遇和希望。皖江城市带江北产业集中区建设与芜湖"三产兴市"战略积极实施,有利于镜湖区服务业的集聚发展;宁安城际铁路、芜申运河等重大项目积极推进,镜湖区的区位优势更加突显;荆山和方村的发展,为产业发展和布局提供了更为广阔的空间。特别是"十一五"以来,我们各级干部不断探索经济发展和城市建设经验,给今后发展积累了弥足珍贵的经验。我们赶上了机遇的高峰期,迎来了转型的收获期,迈入了发展的黄金时期。希望区政协和广大政协委员坚定信心,切实把思想和行动统一到区委的决策部署上来,坚持团结、民主两大主题,最广泛、最充分地调动一切积极力量,为以优异成绩完成"十二五"新征程做出积极贡献。

二、把握重点,充分发挥政协的职能作用

要把推动发展作为履行职能的第一要务,紧紧围绕经济建设这个中心履行职能,深入调查研究,多想科学发展之事,多献统筹发展之策。要把促进社会和谐作为履行职能的核心,时刻关注民生,主动服务民生,协助区委、政府处理好、协调好、解决好涉及群众切身利益的重大问题。要充分发挥政协委员联系广泛的优势,加强开展对外联谊工作,多形式、多渠道宣传镜湖的产业特点和发展潜力,提高镜湖区知名度和影响力。要切实加强民主监督,提升监督水平,使区委、区政府切实提高决策的针对性、科学性和有效性。区政协机关要努力创造条件、优化服务,为委员们的自身发展和参政议政提供有效的途径和载体,积极创新政协工作制度、工作机制和工作方法,加强政协干部队伍建设。当前要突出把认真学习贯彻刚刚闭幕的市政协会议和区党代会精神作为一项重要的学习任务,统一思想,振奋精神,把各方面的积极性、主动性和创造性引到实现"十二五"宏伟蓝图上来。

三、加强领导，为政协工作开展提供有力保障

我们要认真贯彻中央和省、市文件精神，切实改善和加强对政协工作的领导，始终保持在政治上同向、思想上同心、工作上同步，始终保持人民政协事业沿着正确的方向前进。各级各部门要积极支持政协履行职能，支持和帮助政协不断改善工作条件，为人民政协履行职能创造良好的工作环境。要强化政协的协商职能，重要事情在决策之前应主动提交政协协商。不断完善民主监督机制，自觉、主动地欢迎和接受政协开展各种形式的民主监督，尊重、保障和不断扩大政协委员的知情权、参与权和监督权。要加强提案办理工作，促进决策的科学化、民主化。全区上下要不断努力巩固和发展“党委重视、政府支持、政协主动、各方配合、社会关注”的良好工作格局，推进我区人民政协事业的新发展。

各位委员、同志们，人民政协使命光荣，荣誉崇高，责任重大。让我们同心同德，肝胆相照，为把镜湖区建设成皖江区域的现代服务业核心区，环境优美的滨江山水园林城区，社会事业更加发达的文明和谐城区而共同努力奋斗！谢谢大家！

在区政协八届三次会议闭幕式上的讲话

（2013 年 2 月 27 日）

中共镜湖区委员书记　贺　东

各位委员、同志们：

区政协八届三次会议，经过全体委员和与会同志的共同努力，圆满完成了各项议程，就要胜利闭幕了。这次会议，是在我区全面学习贯彻党的十八大精神之际召开的一次重要会议，是一次团结民主、求真务实、共商发展的大会。会议期间，各位委员和同志们以饱满的政治热情，认真履职尽责、积极参政议政，听取审议了区“一府两院”工作报告、区政协常委会工作报告和提案工作报告，提出了不少很好的提案、建议和意见。会议开得非常成功，对于我们团结、凝聚各界力量，做好新形势下政协工作，加快我区改革发展步伐必将起到积极作用。值此即将闭幕之际，我谨代表中共镜湖区委，对会议取得圆满成功表示热烈祝贺！向全体政协委员和与会同志，向历届区政协领导以及各界人士致以崇高的敬意！

过去的一年，在市委、市政府正确领导下，全区上下认真贯彻落实区第九次党代会精神，深入实施“三产强区、科教兴区、文化立区、统筹发展”战略，积极打造“五大中心”，构建“五型镜湖”，成功应对各种困难与挑战，经济稳步增长，民生大幅改善，社会大局保持和谐稳定，各项指标位居全省城区前列。社区管理体制改革、“两代表一委员”调解工作室等管理创新举措，受到广泛好评，被誉为“镜湖经验”推广。这些成绩的取得，是全区上下共同努力、团结奋斗的结果，更是广大政协委员、各民主党派、人民团体和社会各界人士凝心聚力、积极参与的结果。在此，我代表区委、区政府，向区政协和全体政协委员，向各民主党派、工商联、人民团体以及社会各界的朋友们、同志们表示衷心的感谢！

当前，我区正处在加快发展、全面转型的黄金期，实施“十二五”规划的关键期，同时也是社会矛盾凸显期，改革发展攻坚期。刚刚闭幕的区九届二次党代会，对今年工作进行了全面部署，确定了主要发展目标和任务，要实现既定目标任务，需要全区上下群策群力、共同奋斗，需要区政协发挥优势、共聚合力、倾情助推，希望区政协和全体政协委员继续保持良好的精神状态，发挥更大作用，协助区委、区政府攻坚克难，肝胆相照、携手并进，为推进镜湖区经济社会更好更快发展作出新的贡献。

下面讲四点意见：

一、充分认清形势，进一步坚定加快发展的信心

今年是全面贯彻落实党的十八大精神开局之年，是实施“十二五”规划承前启后的关键一年，做好各项工作至关重要。去年，受宏观经济形势影响，我区招商落户和重大项目开工不足，经济增长速度明显趋缓；社区管理体制改革刚刚起步，探索完善的任务仍很艰巨；中心城区人口多、矛盾多，社会事业和民生保障任务重，维稳压力仍然很大，无论是经济发展还是社会事业都面临诸多困难和挑战。目前，虽然宏观经济形势仍面临很多不确定因素，但随着国家“中部崛起”战略深入实施、皖江城市带建设提速、国家和省市加快服务业发展的政策不断完善，为我区加快发展带来了不少新的机遇。综合分析当前形势，我们仍处于黄金发展期的总体判断没有变，加速发展仍具备不少难得的优势条件。只要全区上下坚定信心，善于在变局中把握机遇，在逆境中主动作为，在挑战中勇于创新，按照区第九次党代会和“十二五”规划确立的发展思路、描绘的美好蓝图，继续弘扬不畏艰难、勇于创新的好传统，继续维护全区上下和衷共济、共谋发展的好氛围，把全区广大干部群众的智慧和力量，凝聚到打造“五大中心”、构建“五型镜湖”的实践中去，坚持一届接着一届干、持之以恒抓落实，坚持与时俱进、不断完善，就一定能推动新发展、实现新突破。希望全区各级政协组织和广大政协委员切实把思想和行动统一到区委决策部署上来，最广泛、最充分地调动一切积极力量，凝聚各方智慧，全力支持和积极参与中心工作，为实现改革发展稳定新目标作出更大贡献。

二、深入学习贯彻党的十八大精神，突出团结民主两大主题，为构建和谐镜湖做出新贡献

当前，区政协和各位委员要把学习贯彻好党的十八大精神作为当前和今后一段时期的首要政治任务，自觉将贯彻会议精神与开展工作紧密结合，始终突出团结、民主两大主题，充分发挥自身优势，为构建和谐镜湖多做贡献。一要切实搞好政治协商，巩固社会和谐的政治基础。要坚决做到把政治协商纳入决策程序，不断健全社会主义协商民主制度。积极引导社会各方进行有序的政治参与，促进不同党派、不同民族、不同界别之间的团结联合，巩固发展最广泛的爱国统一战线。区政协要按照“长期共存、互相监督、肝胆相照、荣辱与共”的方针，进一步加强与各民主党派、人民团体和无党派人士的团结合作，充分发挥各民主党派、人民团体和无党派人士在维护和谐、建设和谐中的独特作用，共同营造心情舒畅想干事、聚精会神干大事、竭尽全力干好事的和谐政治环境。二要积极服务经济发展，夯实社会和谐的物质基础。社会要和谐，首先要发展。政协组织要继续把推动发展作为履行职能的第一要务，精心选择课题，深入调查研究，搞好协商议政，多想科学发展之事，多献推动改革之策。坚持广开言路，广集民智，鼓励和支持广大政协委员多提有利于加快发展的意见和建议，广聚有利于推动发展的力量和智慧，切实把方方面面的力量凝聚起来，把方方面面的积极性调动起来，共同推动全区经济发展提速增效，提升全区综合实力。三要维护人民群众利益,筑牢社会和谐的群众基础。群众关系和谐是社会和谐的基础。政协委员联系广泛,亦“官”亦民,要继续把促进社会和谐作为履行职能的核心,坚持履职为民,时刻关注民生,主动服务民生,协助区委、政府处理好、协调好、解决好涉及群众切身利益的重大问题。要进一步发挥委员优势,鼓励和支持政协委员积极参加“两代表一委员”工作室活动,化解社会矛盾,维护群众利益。深化政协委员走访帮扶困难群众活动,及时反映社情民意,积极协调利益关系,协助区委、区政府做好沟通思想、理顺情绪、释疑解惑、化解矛盾、维护稳定的工作,努力形成共建和谐、共享和谐的生动局面。

三、认真贯彻落实区九届二次党代会精神,为加快镜湖区发展发挥新作用

刚刚闭幕的区九届二次党代会,提出了突出抓好“产业转型升级、城乡建设提质、社会管理创新、民生持续改善”四项重点工作,全面推进党的建设,积极打造“五大中心”,构建“五型镜湖”,奋力开创镜湖更好更快发展新局面的美好愿景。要把美好愿景变为生动现实,需要全区广大干部群众艰苦奋斗,勤奋工作,需要政协委员广泛参与、共同努力。一要充分发挥职能作用,为实现党代会目标多作为。区政协组织要通过建言献策积极参与重大决策,通过民主监督促进社会热点难点问题的解决,通过调查研究有效参政议政。要切实加强民主监督,完善监督机制,不断提升监督水平,使区委、区政府及时掌握影响发展的重大问题。各位委员要紧紧围绕区九届二次党代会提出的改革发展的重点任务,紧紧围绕全区经济建设、政治建设、文化建设、社会建设和生态文明建设中的重大问题,紧紧围绕人民群众关心关注的热点难点问题,采取委员提案、视察考察、专题调研、社情民意、民主评议等方式,多提具有建设性、前瞻性、可行性、操作性的意见和建议,为区委、区政府民主决策、科学决策当好“高参”。二要充分发挥桥梁纽带作用,为实现党代会目标多聚力。政协委员中有一批经济强人、社会名人、知识能人,政协组织是党和政府联系社会各界人士的重要桥梁和纽带。为此,区政协要进一步广泛团结各界人士,围绕科学发展、和谐发展,议大事、献良策、出实力。要通过座谈、走访等各种形式,进一步增强政协组织与参加单位、委员与群众之间、各界别之间的紧密团结,为推动全区经济社会又好又快发展,实现党代会确定的奋斗目标,增添助力、减少阻力、凝聚合力。三要充分发挥联谊交友作用,为实现党代会目标多服务。区政协组织要通过多种形式、多种渠道和多种活动,充分发挥政协委员联系广泛的优势,加强开展对外联谊工作,加强与港澳台同胞、海外侨胞以及国内知名人士的联系,巩固老朋友,广交新朋友,积极宣传我区良好的投资环境,推介我区的区位优势、资源优势、人文优势和产业优势,不断提高镜湖区的知名度、影响力,吸引更多的海内外投资者来镜湖投资创业,进一步提高全区经济社会发展水平。

四、加强和改善党对政协工作的领导,促进政协工作迈上新台阶

政协工作是党的工作的重要组成部分,加强和改善党对政协工作的领导,是充分发挥人民政协职能作用,做好新时期政协工作的根本保证。近年来,中央和省、市委高度重视政协工作,先后出台了关于加强人民政协工作的一系列文件,对新形势下进一步加强政协工作提出了新的目标要求。我们要认真贯彻落实,进一步加大工作力度,注重改革创新。全区各级党组织要充分认识新时期政协工作的重要性,按照区委《关于进一步加强新形势下人民政协工作的实施意见》要求,一如既往地支持区政协依照章程独立负责、协调一致地推进民主政治建设,真正做到在思想上重视、政治上关心、组织上保证、工作上支持,促进全区政协工作迈上新台阶。一要切实把加强政协工作作为党委总揽全局的重要内容。全区各级党组织要按照总揽全局、协调各方的要求,坚持把推进党的全局工作与加强政协工作统一起来,把发挥党委的政治核心作用与支持政协协调一致开展工作统一起来,积极推进人民政协履行职能的制度化、规范化和程序化建设。坚持并不断完善区委定期或不定期研究政协工作的制度,及时解决政协工作中遇到的困难和问题。各公共服务中心、街道要由一名主要负责同志负责政协联络组工作。要把是否重视人民政协工作,作为衡量党政领导综合素质、执政能力和民主作风的重要标尺,使全区各级党政干部尤其是党政主要领导,真正做到对政协工作思想认识到位,制度落实到位,保障支持到位,监督检查到位。二要大力支持政协依照章程规定履行职能。全区各级各部门要以实际行动支持政协充分履行职能,形成尊重和支持政协顺利开展工作的良好氛围。区委、区政府制定发展规划、出台重大政策等,都要充分先听取政协和各民主党派的意见和建议,做到先协商后决策、先协商后决定、先协商后通过。要依法保护政协委员的民主监督权力,自觉接受政协的监督,尊重、保障和不断扩大政协委员的知情权、参与权和监督权。认真研究办理政协委员提出的提案、意见和建议,并及时作出答复。要从政协工作的实际出发,积极帮助政协组织解决具体困难和问题,切实保障政协工作经费,不断改善政协组织的办公条件。坚持和完善党政部门与政协专委会对口联系制度和情况通报制度,为政协组织开展调研、视察、考察等各种活动提供便利。各单位要大力支持政协委员开展调研、考察、视察等活动。要大力宣传政协工作的重大意义,宣传政协重要活动和政协委员的先进事迹,努力营造全社会重视政协组织、支持政协工作的浓厚氛围。三要充分发挥区政协党组和政协委员中的共产党员作用。政协党组是党在人民政协中的派出机构,对于实现党对人民政协的领导肩负着重大责任。区政协党组要充分发挥领导核心作用,坚定不移地贯彻执行党的基本路线,贯彻执行党关于人民政协的方针政策,把党的决策贯彻到实际工作中去,切实完成党所赋予的各项任务。区政协委员和政协机关中的共产党员,要充分发挥先锋模范作用,自觉按照《党章》的要求,不断提高自身素质,争做贯彻落实党的路线方针政策的表率、学习宣传党的统一战线和人民政协理论的表率、廉洁奉公合作共事的表率,努力在政协事业中彰显共产党员的先进本色。四要不断加强政协组织的自身建设。关心政协领导班子建设,有计划、有目的地发现和培养政协领导干部后备人才,重视抓好党外干部的培养选拔工作。加大政协机关干部与党政机关干部双向交流力度,使政协机关和政协干部队伍始终保持旺盛的生机和活力。区政协机关要以建设学习型、服务型、创新型、和谐型机关为目标,不断加强机关干部队伍建设,努力造就一支政治坚定、作风优良的高素质干部队伍。要努力创造条件、优化服务,为委员们的自身发展提供有效的途径和载体,组织好委员学习培训,促进委员素质和能力的提高。加强各公共服务中心、街道政协工作联络组建设,进一步完善工作机制,创新工作平台,健全政协委员考核和管理制度,努力把履行职能的制度化、规范化、程序化建设提高到一个新水平。

各位委员、同志们,镜湖区改革发展正处在一个新的历史阶段,人民政协使命光荣,荣誉崇高,责任重大。让我们同心同德,开拓创新,奋发图强,扎实工作,为把镜湖区建设成皖江区域现代服务业核心区、环境优美的滨江山水园林城区、社会事业更加发达的和谐文明城区作出新的更大的贡献!

谢谢大家!

第四节 其他文件选录

关于印发《镜湖区政协委员街道联络组工作实施意见》的通知
镜发〔2010〕23 号

各街道党工委、办事处,区直各有关部门,区境各相关单位:

为进一步加强基层政协工作,组织和动员街道所在地的政协委员、各界人士参政议政,积极为地方经济和社会发展献计献策,努力增进党和政府同人民群众的联系,根据中央、省、市委《关于加强人民政协工作的意见》和《中国人民政治协商会议章程》有关规定,区委决定,在街道建立"镜湖区政协委员街道联络组"。《镜湖区政协委员街道联络组工作实施意见》已经区委 69 次常委会议讨论通过,现予以印发,请遵照执行。

中共镜湖区委员会

2010 年 8 月 2 日

镜湖区政协委员街道联络组工作实施意见

为全面加强我区政协工作,充分发挥政协委员的主体作用,使政协委员更好地围绕中心、服务大局,关注民情、反映民意,认真履行政治协商、民主监督、参政议政职能。现根据中央、省、市委文件精神和政协章程有关规定,结合我区实际,就镜湖区政协委员街道联络组工作提出如下实施意见:

一、指导思想

坚持以邓小平理论和"三个代表"重要思想为指导,坚持中国共产党的领导,坚持团结和民主两大主题,坚持学习实践科学发展观,认真履行人民政协职能,为构建文明镜湖做出贡献。

二、组织方式

政协委员街道联络组,是加强政协委员联系,充分调动政协委员履职积极性,有效发挥政协委员作用的重要载体;是政协组织向基层延伸的有效形式;是了解民情、集中民智,适应新形势、新要求,进一步开创政协工作新局面的重要举措。

建立政协委员街道联络组,其目的是进一步发挥政协委员在街道和社区的作用,扩大政协委员的联系面和团结面,更好地为基层服务、为群众服务。

政协委员街道联络组,按属地、就近、有利于工作的原则划分,由工作单位或家庭住址在所属街道的区政协委员参加。开展活动时,可邀请相应范围内的省、市政协委员参加。

“联络组”组长由街道党工委副书记担任,负责开展各项活动。

“联络组”在区政协常委会领导下开展工作。

三、主要任务

1. 围绕全区和本街道经济与社会发展的重大问题及人民群众普遍关心的热点、难点问题,组织政协委员深入社区和企事业单位开展调研、视察活动,通过开展活动、民主评议、撰写提案、反映社情民意等方式,主动向党政领导机关和有关部门建言献策,为经济发展和社会和谐作贡献。

2. 积极协助区委、区政府和街道做好教育群众、联系群众、沟通思想、协调关系、化解矛盾、增进共识、扶贫帮困和凝聚人心等工作,促进全区及本街道的政治稳定和社会安定。

3. 积极组织和参与市、区、街范围内的政风、行风评议和各项民主监督活动。

四、工作要求

1. 区政协要结合实际,制定“联络组”工作制度,创造性地开展工作。

2. 各“联络组”要注重发挥委员的智力优势,深入开展进社区解民意、进家庭送温暖、进企业谋发展等实践活动,增强委员的社会责任感和群众影响力;要创新活动载体,广泛开展带头建言献策、带头外引内联、带头维护稳定、带头排忧解难,努力将委员的责任意识转化为促进发展的实践行动。

3. 各街道党工委、办事处要充分认识区政协委员街道联络组的重要意义,要从讲政治的高度,积极支持“联络组”工作,在人员、经费、场所等方面提供保障,确保“联络组”工作扎实有效地开展。

主题词:政协工作　街道联络组　实施意见　通知

发:各街道党工委、办事处,区直各有关部门,区境各相关单位

报:市委,市政协

抄:区人大,区政府

中国人民政治协商会议芜湖市镜湖区委员会文件

镜协〔2012〕9 号

关于印发《镜湖区政协委员街道联络组工作意见》的通知

各街道联络组:

《镜湖区政协委员街道联络组工作意见》已经区政协八届一次常委会议协商通过。现印发给你们,请遵照执行。

2012 年 3 月 28 日

镜湖区政协委员街道联络组工作意见

建立区政协委员街道联络组(以下简称街道联络组),是进一步拓展政协活动平台的重要举措,是更好地发挥委员主体作用的实际行动,是政协工作向基层延伸的现实需要。

根据《中国人民政治协商会议章程》和区委有关文件精神，结合我区政协实际，现就做好街道联络组工作提出如下意见。

一、编组办法和组织设置

1. 街道联络组，按照属地、就近、有利于工作的原则，以区政协委员工作单位或实际居住地址所在街道为单位进行划分，并邀请所属街道的省、市政协委员参加。

2. 八届区政协委员共212名，全区所属十二个街道，共分成11组（附后）。鉴于荆山和方村两街道政协委员人数相对较少，编为一个组，联合开展活动。

3. 街道联络组设组长1名（荆山、方村街道联络组设2名），副组长1~2名，联络员1名。组长由街道党工委副书记、办事处主任担任，副组长由区政协主席会议确定，联络员由各组指定（附后）。区政协领导、办公室人员分别联系、协调和服务有关联络组（附后）。

二、主要任务和工作方式

4. 组织学习培训。采取集中学习、专题辅导、座谈交流、理论研讨、调研视察等形式，组织委员认真学习政治理论和政协、统战理论，学习中央和省、市、区委关于加强新时期政协工作的方针政策，学习履行职责的相关知识，提升理论素养和履职能力。

5. 推动区街发展。紧紧围绕区、街中心工作和群众普遍关注的热点、难点问题，组织开展调研、视察、研讨等活动，为推动区、街经济社会发展建言献策。配合有关部门，积极开展政风、行风评议和民主监督活动。

6. 促进社会和谐。认真贯彻落实区委关于“两代表一委员”参与社会矛盾纠纷调解工作。积极协助街道有针对性地做好协调关系，化解矛盾，团结鼓劲的工作。开展联谊、走访等活动，加强委员与群众、委员之间的沟通和交流，进一步增进了解，达成共识。

7. 反映社情民意。采取走访、座谈等形式，深入基层、贴近群众，了解民情、收集民意，以提案、社情民意、大会发言等方式，及时、准确、快捷地表达社会各阶层和不同利益群体的诉求。

8. 服务基层群众。充分调动委员积极性，采取咨询服务、结对帮扶、慈善捐赠、节日慰问等形式，积极开展社会公益活动，各尽所能、各展所长，真心服务社会，真情服务群众。

三、组织协调和有关要求

9. 街道联络组在区政协常委会和街道党工委的领导下开展工作。街道联络组组长是活动的组织者和领导者，组织活动时，要主动邀请街道党工委领导参加，切实履行好组长的职责。副组长协助组长开展好各项活动。

10. 区政协主席会议每年至少研究一次街道联络组工作，每年召开一次街道联络组工作总结部署会议。区政协组织的有关会议和活动，应适时邀请各街道联络组组长参加。区政协领导要经常指导所联系的街道联络组工作，定期深入街道，协助解决街道联络组的实际困难。区政协办公室负责联络和服务工作，协调区政协领导所联系的联络组，及时了解其工作开展情况，努力为联络组开展工作创造条件，提供便利。

11. 各街道联络组应围绕区政协年度工作要点，结合区、街工作中心，制定活动计划，年终形成工作总结，并报送区政协办公室和街道党工委。街道联络组每季度开展一次活动。坚持以小型多样、适度实效的原则。各街道联络组之间、街道联络组与市政协委员区域活动组之间要加强联系,整合力量,汇聚智慧,开展联合视察、联合考察、联合调研等,以发挥整体优势。各街道联络组要利用新闻媒体、网络平台和政协简报等,做好政协委员的履职宣传和街道联络组活动的经验总结;每年撰写一篇有价值的调研、视察报告提交区政协办公室。

12. 街道联络组要建立委员履职档案,平时开展活动情况应及时与区政协办公室和有关专门委员会进行沟通,做好登记工作,并及时报送开展工作的创新做法和典型经验。同时,要注重制度建设,建立健全学习、例会、调研、视察、考察、走访、考核等制度机制,推进街道联络组工作常态化、规范化。

13. 街道党工委、办事处要按照中共镜湖区委镜发〔2010〕23 号文件要求,充分认识街道联络组工作的重要意义,要积极支持街道联络组工作。在召开党工委、办事处会议时,邀请政协委员列席;在举办各类活动时,邀请政协委员参加,并在人员、经费、场所等方面提供保障,确保街道联络组工作扎实有效地开展。

附:区政协委员街道联络组分组名单

表 12-1　区政协委员街道联络组分组名单

组别	组长	副组长	成员	联系领导	联络员
北京路街道 19 人	倪树磊	汪之初	倪树磊、张洪波、鲍　钰、程益先 杨　玲、汪之初、肖旭东、蒋　亚 陈木林、胡　斌、陈君华、王　宏 孙　芳、陶　杰、恽奎银、陈道军 熊　煜、石　亚、曹　红	茆振文 章启文	吴　胜
荆山、方村街道 18 人	高　鑫 陈　钧	王　敏 陶庭梅	高　鑫、陈　钧、王传昌、王　敏 史声良、郑武军、张庆玲、姚东方 刘湛发、张　弘、胡昌荣、杨　勇 许木根、周长凤、王永升、陈　健 陶庭梅、王　君	茆振文 章启文	胡之香 朱曼曼
吉和街道 19 人	王劲发	褚跃武	王劲发、董德午、丁　毅、吴爱芳 滕　伟、徐阳春、王红群、谢文婕 唐海燕、李　华、褚跃武、凤　坚 杨文华、刘朝晖、谢　彬、彭东风 施安信、赵建民、钱正海	鲁厚义	姜丽萍
弋矶山街道 18 人	谢海保	许　亮	谢海保、邓恒先、戴泽平、诸葛邦林 周自炎、许　亮、洪长林、崔　权 钱大青、鲍建国、芮　冬、朱宝琴 黄胜奎、杨　红、周　燕、刘荣霞 张克非、许　菲	鲁厚义	王道友
赭麓街道 18 人	胡云峰	丁宝森	胡云峰、严兆清、杨成顺、陈曾木 汪　浩、胡才富、丁宝森、周文霞 朱　琳、鲁淑萍、郑达礼、鲁和平 徐　遥、方　勇、秦　静、朱观华 王　斌、曹　蕾	鲁厚义	付　辉

续表

组别	组长	副组长	成员	联系领导	联络员
北门街道 20 人	晋奇志	钱震球	晋奇志、孙书孝、胡志恒、张金扣 史孔明、马淑莲、席 斌、章 捷 陈东菊、奚秀珍、李荣年、钱震球 冯士兰、俞锦霞、杨世荣、徐丹林 钟令托、章建平、吴 燕、胡首春	邹维琴	程 云
东门街道 19 人	周 伟	濮荣强	周 伟、杨 珍、濮荣强、范益民 吴建红、鲍传好、郑小丽、薛 媛 王 兰、王 蓉、夏 云、朱本三 刘南宣、夏媛媛、魏正平、陆 宇 刘宏友、艾 敏、王 健(农工)	邹维琴	汪 群
镜湖街道 20 人	潘际新	鲁 燕	潘际新、陈宪生、李 为、谢克谦 王何能、陶 勇、王利军、卢昌福 陈小平、陶新伯、夏 薇、姚文林 刘升阳、徐小军、鲁 燕、张天梁 方 红、吴文骏、汪重楠、查 明	奚要武	薛 勇
天门山街道 18 人	曹铭伟	张 武	曹铭伟、李学红、张 武、江 琳 张国俊、陈 波、季一全、方兴友 殷海源、王成芝、郭志宏、李 强 程金明、曹丽娟、王 萍、周 育 王 祥、魏 欣	奚要武	李瑞迪
赭山街道 19 人	周君凤	许 宁	周君凤、徐宏霞、高述红、许苏平 董晓华、邹亚敏、李 铭、朱崧涛 王正华、黄 祥、段 莉、项静茹 王国凡、陆 军、圣 修、赵 彪 孙 艳、王 健、许 宁	谭闽月	吴 萍
汀棠街道 18 人	芦 义	梅 斌	芦 义、赵苏宁、孟丽丽、骆水凤 蒋 诚、王福仁、吴晓苏、李 泉 梅 斌、宋志平、强 华、马 蓓 唐 绯、花雪琴、陶紧跟、张胜娟 吴卓逊、张晓玲	谭闽月	付军洲

注:排名不分先后。

主题词:区政协委员街道联络组 工作意见 通知

报:主席、副主席,秘书长

抄:市政协,区委办公室、区政府办公室

政协芜湖市镜湖区委员会 2012 年 3 月 31 日印发

(共印 50 份)

中国人民政治协商会议芜湖市镜湖区委员会文件
关于开展“政协委员进社区”活动的意见
镜协〔2013〕7号

各政协委员联络组:

为充分发挥政协委员作用,促进政协委员更好地履职为民,根据市政协芜协办〔2013〕11号文件要求,今年继续在全区开展“政协委员进社区”活动,并提出以下意见。

一、指导思想

深入贯彻落实中共十八大精神,坚持以邓小平理论、“三个代表”重要思想、科学发展观为指导,围绕“服务科学发展,关注社会建设”履职主线,组织开展“政协委员进社区”活动,努力为科学发展献策,为社会建设出力,充分发挥人民政协联系群众的桥梁纽带作用,展示政协委员的良好形象。

二、主要内容

1. 调研创新社区管理体制改革的成效、存在问题及建议。

2. 了解社情民意,及时掌握群众所思所需,听取意见建议,采取多种形式,努力为基层群众办实事、解难事、做好事(走访2~3户贫困家庭或房屋征收家庭)。

三、方法步骤

1. 拟订方案。6月中旬,拟定活动方案,做好准备工作。

2. 各联络组召开委员动员会议,统一思想认识,进行工作部署。

3. 开展活动。6月下旬至8月下旬,各联络组选择一个社区集中开展活动。

4. 总结交流。9月上旬,进行活动总结。

四、保证措施

1. 加强组织领导。成立区政协“委员进社区”活动领导小组,由区政协主席茆振文任组长,鲁厚义、邹维琴、奚要武、谭闽月、甄长海、杨珍任副组长,各联络组、办公室确定联系人,协调活动安排。

2. 深入宣传发动。各联络组组织引导委员积极响应,充分发挥自身优势和专长,投入到“委员进社区”活动中去。各联络组对活动中涌现的先进经验和做法、优秀典型,及时总结宣传。

3. 丰富活动形式。坚持结合实际,量力而行,广泛开展视察调研、收集民意、咨询服务、结对帮扶、走访慰问、慈善捐赠等活动,务求实效。

4. 认真谋划实施。区政协各联络组组长要认真动员和组织本组委员开展好这项活动。同时,各联络组要结合本单位实际,组织好“委员进社区”活动,切实把此项工作落到实处。

请各联络组,于活动结束后一周内将活动情况统计表(附件2)和总结材料以电子邮件形式通过阳光政务发至区政协办公室。(联系人:王君、邹通文,电话:3122031)

附件1:“政协委员进社区”活动安排表

附件2:“政协委员进社区”活动情况统计表

2013年6月13日

主题词:政协工作　委员活动　意见
送:市政协,区委,区政府
发:各政协委员联络组、区政协各专门委员会
政协镜湖区委员会办公室　2013 年 6 月 8 日印发

第五节　重点提案选登

中国人民政治协商会议芜湖市镜湖区第七届委员会
第一次会议提案第 009 号

加快荆山地区基础设施建设　改善居民的生产生活环境

程定贵

内容:

荆山街道现有人口 9800 余人,辖荆东、荆西两村,一个社区及四个国有企业、事业单位等,中心居住区居住人口近 5000 人,面积 2.5 平方公里,随着区域调整,荆山划下镜湖区,该地区基础设施建设情况较差的问题日益突出。一是居民如厕难,居民集中居住区(中心区)目前只有一所公厕,且年久失修,远不能满足周围居民住的近千户居民及路过行人(11 号路公交车站设在荆山)的需要。二是居住区无下水设施,居民的生活用水只能沿街泼洒,日照天热气味难闻。三是道路路况极差,荆十路荆山段荆山老街内部道路坑坑洼洼,晴天灰尘满天,雨天积水较深,水泥混杂,即老百姓称之为“三洲”现象(灰洲、湖洲、震洲)。

建议:1. 增建公厕,解决群众如厕难问题;

2. 加快设施荆山老街的下水管理铺设,改善居民的生活用水处理问题;

3. 加快荆山地区内部道路的维修,解决居民出行难问题

中国人民政治协商会议芜湖市镜湖区第七届委员会
第一次会议提案第 032 号

加强加大对镜湖区违章建筑执法力度

郑　宁

内容:

随着镜湖区的一次新的飞跃与发展,镜湖区作为中心城区开始了自身的发展和完善。在城市管理方面面临一个非常大的挑战,特别是城市违章建筑这方面管理亟待加强和加大管理,加强执法力度。目前,镜湖区违章建筑执法力度有一定提高,但离打造中心城区、建设环境优美的和谐社会要求还有待提高。

违章建筑一般利用夜间、双休日突击进行、违法运行,在利用背街管理方面的盲区形成违章建筑。同时,违章建筑户主利用违章建筑索取拆迁费用,这样造成我区大量违法建筑存在,并屡打屡建,为镜湖区形象造成严重危害。为解决我区违章建筑问题,建议在

两方面做工作。

一方面:政府、城管部门、公安加大执法力度,特别在夜间、双休日加大对背街背巷进行巡查,及时发现问题、及时纠正。另一方面:建议对违章建筑的拆迁,其户主一概不予补偿,杜绝利用违章建筑索取补偿费的心理,彻底消除违章建筑。

中国人民政治协商会议芜湖市镜湖区第七届委员会

第一次会议提案第043号

关于芜宁路集贸市场一带加强综合整治的提案

吴金兰

内容:

芜宁路集贸市场建成至今,现周边环境发生了很大变化。周围新建有“仁和苑”、“香樟花园”、“天和苑”等多个居民小区,居民数量激增。与之相比,芜宁路集贸市场规格却日显狭小,周边环境面积外溢,“四乱”现象屡禁不止。尤为突出的是:(1)进入集贸市场的两条通道边的商贩均在店外设摊,占据了通道,阻碍了通行,造成居民进市场难,随着“天和苑”小区的建成,居民人数更多,这一现象将更为严峻。(2)位于此路段出口位置的“鑫银河(原新天地)大酒店”将店门口路段变成了自家的“停车场”,每到中晚用餐时,也是交通高峰期停在路段口处的各种车辆严重阻碍了交通的畅通极易造成各种事故及隐患。(3)此路段二十七中学大门两旁分别有10家和4家住户搭建门面房开店竟占据了整个人行道。造成这一路段行人、车辆通行特别拥挤,经常发生拥堵,尤其是27中学生放学时,通行困难。(4)这一路段马路路面破损严重,修护不够及时。

建议:1. 有关部门在整治四乱中要动真格,坚决拆除市场通道两旁店外设摊和沿街两旁设摊占道现象,拆除违章建筑,还人行道给市民。

2. 建议“鑫银河大酒店”搬迁或另辟停车场,交警部门应严禁其在店门口停车,阻碍交通。

3. 市政部门及时维修,此段路面让行人不再感觉行路不便。

4. 建议有关部门对芜宁路集贸市场适时扩建,满足居民增长之需。

5. 建议各执法管理部门对此路段要有长效措施,不要只应付检查,治标不治本。

中国人民政治协商会议芜湖市镜湖区第七届委员会

第一次会议提案第060号

关于进一步加强我区妇幼保健工作的提案

马　乐

内容:

“母亲安全”、“儿童优先”是当代世界妇女和儿童生存、健康及发展的主旋律。今年2月,新的镜湖区已经成立了,原有的妇幼保健所已不能和它相匹配了。首先,办公用房问题。原镜湖保健所是老式的小四合院,现已列入危房;而原新芜区保健所又建在三楼,对孕妇和婴幼儿又不方便。建议安排一处两层楼的办公地点。其次,医疗设备差。按照省卫生厅的要求,应在42天之内对婴儿进行早期的听力筛查,由于没有设备,现只能用小瓶装上豆粒这种简单的方式来检查,且时间也推迟至4~6月,不能及时发现问题。建议配置儿声发射仪。最后,随着现在医学知识的日新月异,病患要求的提高,工作人员原有的知识体系已经老化,建议给予进修的机会和加入一些新进人员,来改进现有的知识结构。面对以上问题,提请区政协、区卫生局、区政府作专题研究。

中国人民政治协商会议芜湖市镜湖区第七届委员会
第一次会议提案第066号

完善社区的医疗服务

牛广建

内容:

医疗服务走进社区是社会发展的需要,是医疗事业改革的重要举措,它直接关系到民生大计。随着经济的发展,生活水平的提高,医疗保健日益被人们重视,结合目前看病难、看病贵的现象,完善社区医疗服务就更显重要。

1. 社区医疗服务站的设立要以社区人口的比例合理发展(如2000:1)。其形式为政府支持10个体经营或股份制式,以区医院为主要帮扶或管理,加强服务质量。

2. 社区医疗服务内容:(1)为社区内每人设立保健卡;

(2)了解每个人的身体健康状况,做到小病不出社区;

(3)定期进行保健讲座,使人人增强保健意识;

(4)24小时全天候的服务。

3. 对社区医疗服务站的管理:

(1)打击非法行医,规范社区医疗市场,社区医护人员必须是有医师、护理资格执照者,做到人和执照相符,杜绝人和执照不相符。

(2)看病要有病历,处方要登记。药品及医疗操作费用要公开化。

(3)医政局要对社区医疗服务站进行长期的不定期的检查,杜绝打着社区服务的牌子非法行医者,发现一次就要严惩、关闭,对其医务人员要定期或不定期进行考试及培训,疫情发生时要有初步的对应措施和能力。

说明:政府支持包括资金投入或政策上的倾斜。

中国人民政治协商会议镜湖区委员会
七届一次会议提案第3号

关于加强镜湖区旅游产业发展的建议

江 琳

旅游业是无烟产业,投入大、收益大、影响大,对提升镜湖区影响力、促进镜湖区第三产业发展的作用巨大。方特主题公园落户芜湖后,极大地拉动了芜湖的旅游业发展,两个已建成的方特主题公园和已经规划中的方特水上主题公园成三角之势,镜湖区位居其中。镜湖区是芜湖市的老城区,历史文化悠久,有众多旅游资源,近年来,镜湖区旅游业也有发展和进步,但相对滞后,没有形成品牌,名气不大。为此建议:

1. 规划和整合旅游资源,形成三个品牌项目,如芜湖铁画—赭山公园—广济寺—镜湖公园—步行街的城中旅游景点带;滨江公园——沿江老建筑——长江半日游的长江景点带;儒林街、周瑜点将台一带的芜湖老城景点带。

2. 政府职能部门要拿出招商一般的热情,投入资金对旅游业在周边地区大张旗鼓的包装、推介;采取补贴、优惠等方式鼓励旅行社在方特游路线上将镜湖区旅游项目加入。

3. 引入资金,采取与企业合作方式加快旅游基础设施的建设,学习扬州的古城旅游,对老城区进行保护性开发,大手笔、高起点地规划老城区的旅游开发。

4. 采取各种方式提高旅游景点的知名度,例如大型活动在景点举办;将旅游景点通过交通指示牌等各种方式设置为地标,吸引自驾游。

中国人民政治协商会议芜湖市镜湖区第七届委员会
第一次会议提案第070号

让农民工子女就近入学

吴广奎

内容:

建设“新镜湖”,离不开农民工的劳动。为参加建设“新镜湖”的农民工朋友提供子女就学的方便,我认为十分必要。

目前许多农民工子女随父母来我区生活。他们的学习问题,令他们的父母(农民工)苦恼。近期有农民工咨询“新闻服务网”,答复我市准备集中2所学校做“农民工”子女的就学地方。

针对以上情况,我建议:区教育局能否在可能的情况下,制定政策,让参加“新镜湖”建设的农民工子女也能就近入学呢?将人心比自心,农民工子女老集中在1~2所学校就学,势必给他们的父母造成麻烦。农民工子女的接送上学又会成为农民工的一大难题。为创建和谐的社会吸引农民工来我区参加建设,敞开学校大门,让农民工子女就近入学,这是众多农民工子女的愿望,也是农民工的愿望。关注弱势群体,关注农民工子女的就学问题,我们责无旁贷。

中国人民政治协商会议芜湖市镜湖区第七届委员会
第二次会议提案第012号

加快重点项目建设,推动我区经济发展

倪　勇

内容:

今年是镜湖区区划调整以来的建设之年,年内重点项目建设规模将进一步加大。这些项目的投资建设将极大地推动我区经济持续增长,而决定这些重点项目能否如期投资建设的一个关键问题,就是如何加快这些项目所需地块的拆迁工作。相关管理部门和法院等部门,应邀请有关专家人员对各拆迁地块的拆迁工作人员进行岗前培训,对拆迁中遇到涉及政策的疑难问题进行讲解,对拆迁政策的原则性和灵活性做出权威的解释。对拆迁中遇到的“钉子户”等问题现场进行了解,及时掌握情况,为下一步进行行政裁决和法院强制执行提供准备工作。

加快安置房建设。由于拆迁规模宏大,对安置房的需求随之加大。安置小区的选址建设应从全区的建设项目的选址全局出发,既考虑到项目建设用地的需要又兼顾城市居民的生活习惯和生活环境,对安置小区工程质量、户型设计、配套设施、物业管理、基础设施建设等问题均要高标准、精品化、精心设计、建设。要让安置小区成为拆迁户的居住生活的天堂。

发挥政协作用,加强服务和监督工作。政协城建城管工作委员会应充分发挥参政、议政、民主监督作用。针对区境内拆迁地块众多、涉及面广的特点,会同拆迁管理部门建立专门的拆迁监督巡视制度,聘请政协委员作为拆迁监督巡视员,定期不定期对各拆迁地块进行巡视监督,遇到问题及时反映,帮助拆迁工作人员做好拆迁户的思想工作,充分发挥政协委员参政、议政作用,做好促进发展、化解矛盾和维护稳定的工作。

中国人民政治协商会议芜湖市镜湖区第七届委员会
第二次会议提案第025号

关于设立北塘小学门前“爱心岗亭”的建议

艾　敏

内容:

北塘小学是芜湖市小学规模最大,办学条件最好的现代化小学。现在学生数近2000人。学校地处黄山东路,行政服务中心对面,这里的停泊车辆就像长龙,马路上机动车川流不息,交通十分繁忙。尤其上学、放学的时候,车辆云集:私家车、三轮车、电动力、摩托车、自行车,交通秩序非常混乱。而且人流密集,最高峰学校门口人流量可达5000人。

有的孩子心急过马路与车辆抢道,有的孩子站在马路中间,车子呼啸而过,像这样的险情,随处可见。这些现象令家长、学校、老师及各界人士担忧不已。孩子是祖国的未来,是每一个家庭的希望,是每一个家长的寄托,一旦发生交通事故,不仅给学生、家庭带来永远的伤痛,而且造成十分不良的社会影响,这是一个多么不和谐的音符啊!

我曾经就北塘小学门前安全隐患问题提出建议,但是由于有关部门人力有限,无法根治。但是北塘小学门前交通混乱问题日益突出,我再次提出建议,希望有关部门能高度重视,切实有效地尽快解决这一安全隐患问题。

建议:1. 在北塘小学门前设立“爱心岗亭”,交警能疏散人群,疏导车辆,确保学生出行安全。

2. 在北塘小学门前增设限速警示标志或减速带,避免和预防交通事故的发生。

中国人民政治协商会议芜湖市镜湖区第七届委员会
第三次会议提案第003号

提升我区旅游景点知名度的建议与对策

徐阳春

内容:

我区在芜湖市属于中心区域,地理位置优越,购物环境尚佳,人流量较大。市政府在城市规划中,已经将我区列为重点旅游产品(商品)销售中心。旅游产生及销售点也在完善之中,但是我区的旅游景点知名度不高,像双江塔影、老海关、周瑜点将台、王步文塑像、王稼祥、戴安澜纪念园等历史文化景观,不仅周边群众不清楚,就连我市不少居民也不了解。故我建议提高我区旅游景点的知名度,提升我区的文化品位,让外地游客来芜湖不仅可以看大桥、购物、休闲,还要看步行街、周瑜点将台、王稼祥、戴安澜纪念园等人文景观,扩大影响,教育后人。有以下对策:

1. 改善我区旅游景点的环境和配套设施。

2. 游客参观这些旅游景点时,可以免费或低价,以此来带动餐饮、住宿、购物等行业,促进就业,推动旅游商品经济的发展,可以增加我区的税收来得到回报。

3. 在省电视台进行广告宣传。

4. 在交通要道悬挂宣传画。

5. 印制宣传画册,通过专业旅行社向外地游客免费发放。

中国人民政治协商会议芜湖市镜湖区第七届委员会

第三次会议提案第002号

对芜湖古城规划建设的建议

杨成顺

内容:

芜湖古城的规划建设,是芜湖市委市政府多年以来所致力打造和尽力完善的倾力之作,它若能如期建设成功,必将是芜湖最靓丽的一大风景区和最美好的名片之一,也必将是芜湖的文化产业大发展大繁荣的佐证,也必将是芜湖的旅游经济腾飞的助推器,也必将是芜湖的知名度大为提升之时。所以我们每个市民都应尽心关注,力促芜湖古城早日呈现在世人面前。

具体建议:首先,规划中的古城范围有多大,就圈起一个多大范围的不规则图景的大“围墙”,这个围墙的造型格调应一致,应高雅,这样能给游览过的人特别是外地人一个深刻的印象。这围墙可开设若干个出入口,每个出入口均有独创之处,有独特的设计造型,并在显眼位置注明此门内有何特色,像是“前言”似的给人以提示,让游客一目了然此门内有何景可看,有何物可购,免得乱串找不着北。第二,整个“围墙”设计要新颖、独特,足显古城的魅力,有较强的吸引力,让游览过的人有一游难忘的感觉。第三,围墙内的布局要有讲究,房屋建筑要讲究艺术风格,要根据其使用功能,兼顾观赏性和实用性于一体,进行科学合理的布局且相互谐调不冲突。第四,围墙内的道路要纵横有致,标示明确,出入方便,让游客知晓进哪个门走哪条道能看到什么能买到什么,不至于想看什么到处跑,想买什么到处找等乱哄哄的现象。第五,围墙内按功能划分条块,按条块布置道路,给人以明朗爽快之感。第六,这条大“围墙”可以是通透式的也可以是封闭式的或者是两者间隔相连的,外墙壁根据该段墙内的建筑风格和使用功能,进行适度粉饰。

这样构造出的一条绵延数公里的木型不规则图景的特色“围墙”,恰似一条风格别致的古城墙,其本身就是一个富有魅力和饱含文化的风景线,定会给游览过的人一个深刻的印记而不易忘怀。

中国人民政治协商会议芜湖市镜湖区第七届委员会
第三次会议提案第 015 号
关于完善镜湖区安置房、廉租房小区的物业管理工作

王利军

内容：

我区在 2007 年民生工程中，大力建设安置房、廉租房小区民生工程，为建设我区和谐社会起到积极作用。从现状看，拆迁安置、廉租房住宅小区都是近年来新建的住宅小区，但由于后续管理跟不上同样形成重建设—轻管理—搞整治—再整治的恶性循环，由于回迁小区住户统一管理、居民意识不强，导致管理跟不上，出现一年新、二年旧、三年破的小区面貌。目前我区安置小区有棠梅小区、新都花园、跃进小区等大面貌回迁小区，如目前不重视适度投入管理，过几年将又会出现"老城区"再现。

改善办法几点建议：

1. 区政府的高度重视，新区建投、物业先行。

2. 区政府在土地出让金中按比例投入物业管理费用，以免未来再投入。

3. 对小区住户进行物业管理教育，给予优惠实行物业费过渡收取制度，第一年每平方米 0.2 元，第二年后每平方米 0.5 元。

4. 进行市场化运作，物业管理公司科学化、专业化，长期管理。

5. 解决残疾人、下岗人员再就业；成立福利、民生物管队伍，参与和谐社区建设。总之，高度重视社区建设的重要性，安置小区物管工作应提到一定高度，现在重视，将来收益，有利于把我区建设成为环境优美，文明进步和谐宜居的现代化城区。

中国人民政治协商会议芜湖市镜湖区第七届委员会
第三次会议提案第 034 号
大力引进现代金融服务业，将我区打造成皖江金融中心

恽奎银

内容：

银行业是现代经济的核心，是经济发展的催化剂，分工中处于高端地带。我省合肥市除国有专业银行外，已吸引招商、光大、中信、浦发银行入驻，上半年，第一家外资银行及股份制民生银行也有可能落户合肥。合肥理所当然成为全省金融中心。我市近年经济快速发展，产业集群不断扩大，经济规模迅速提升，也成为皖江开发开放的龙头城市，浦发银行把安徽省的第一家分行设在我市（目前，除合肥芜湖有股份制银行外，其他地市均没有，交行除外）。目前抢占先机，迅速引进股份制银行在我市设立分行或二级分行，做大芜湖金融业，不仅十分必要，而且十分紧迫。

1. 股份制银行入驻我区，立足我市，辐射皖江周边地区，实际上把芜湖作为地区总部，能显著提高我区现代服务业档次，对强化我市对周边地区金融服务功能，扩大我市影响，巩固我行皖江龙头城市地位有重要意义。

2. 各股份制银行超前的经营理念，差异化的经营策略，不断创新的业务品种，能极大

满足我市企业及市民融资及其他需求,也促进我市现有银行提高效率、改善服务,共同推动芜湖经济发展,方便人民群众生活。也能增加我市税收及高端人才的引进,引进金融机构比引进一家企业作用可能更大。

建议:

1. 加大对金融业的招商力度,积极宣传我市我区的区域及经济优势,争取股份制银行在我区设立分行或二级分行,区市领导及招商部门要主动出击,拜访股份制总部,本市银行监管部门积极促进此事,提供支持。

2. 我区在城市功能规划上,要划出专门地块作为金融中心,在股份制银行入驻我市选址及其他服务业提供完善的支持。我们设想,2008 年我区将引进 2 ~ 3 家股份制银行分行或二级分行,将成为安徽省除合肥外的第一区域金融中心。

中国人民政治协商会议芜湖市镜湖区第七届委员会
第四次会议提案第 54 号

加快解决拆迁遗留问题，促进我区拆迁建设工作顺利进行

陶桂林

内容:

在新的一年里,我区将继续坚持“围绕中心、服务大局、提高质量、讲求实效”的方针。拆迁工作在新的一年里仍是我区的中心任务之一,过去一年我区的拆迁工作在区委区政府的正确领导下卓有成效,取得了很好的成绩。

但就过去的一些拆迁地块来看或多或少都存在一些遗留问题,这些问题棘手,难度大,不好解决,难以处理,主要问题有:

1. 地块多,经在手工作的大致统计,目前尚有滨江公园一期、二期、九莲塘公园、海螺地块、棠梅地块等还有很大部分拆迁户未安置到位;

2. 拆迁户过渡时间超长,如滨江公园、九莲塘公园都是 2004 年拆迁的,至今还有几百户拆迁户未安置到位;

3. 政府资金压力过大,这些没有安置到位的拆迁户都需要加倍发放过渡费,而过去的标准不能满足现在市场租金居高的行情,被拆迁户经过多年的在外租房过渡生活,居无定所,怨言颇多,影响他们的正常生活、工作状态。

针对主要遗留问题,建议如下:

1. 尽快加大安置房建设进度,逐步解决拆迁户安置问题;

2. 提高对解决拆迁遗留问题重要性的认识,切实加强工作进度;

3. 加快及顺利解决我区历年来拆迁遗留问题对我区的拆迁建设工作具有促进意义;

4. 树立政府形象,切实解决老百姓的切身利益问题。

希望本提案能为区委区政府科学决策提供重要依据,为广大人民群众关注的热点、难点问题的解决起到一定的促进作用,希望我区的 2009 年拆迁建设工作更加制度化、规范化、程序化,减少遗留问题,努力提高整体服务质量,取得更大成绩。

中国人民政治协商会议芜湖市镜湖区第七届委员会
第四次会议提案第64号

镜湖区作为芜湖的中心城区应该着力打造特色街区

李　美

内容：

镜湖区作为芜湖市的中心城区，如何找到区域经济发展的着力点和助推器呢？利用城市改造的良好契机，打造特色街区不失为一个好的尝试。

目前，芜湖市打造特色街区较成功的不乏先例，依托传承的历史文化和生活习惯，对老街进行改造，其中一些取得了成功，如中山路步行街。有的发掘现代人的需求，特色产业定位准确，也取得了成功，如凤凰美食街。有的市场建好却缺乏人气，需要数年时间才热起，如新时代商业街，主要问题是市场定位不清，各类商业店铺太杂，商品散乱，关联效应小，未能形成有效特色。还有一些街区自发形成，聚集了一定的人气，如银湖中路已形成以福海家具城为中心的家具一条街，九华山路从小九华广场到五一广场的电脑软件一条街，青山街咖啡屋聚集地，双桐巷的服装一条街，但是这些街区比较粗条，由于产业发展和城市的改造等诸多因素的影响，有的特色街取得了成功，有的甚至已经消亡了，那么，如何发展特色街成为我们的重要课题，为此做以下建议：

1. 依托现有资源，政府做好规划引导工作。政府要依托已形成的商业业态和人气集聚程度，在一定区域内利用原有设施在政府引导、宣传、调整业态、完善配套、强化服务，促进我市商业业态合理布局。

2. 坚持规划设计先行，统筹推进。政府要明确不同特色街区的功能定位。建议建立一个由各行业专家、政府工作人员、街区业主代表组成的评审组，对规划好的项目进行评审。

3. 坚持招商引资、市场化运作。把规划好的特色街做成招商项目，鼓励和支持各种经济成分组织和个人投资参与街区开发建设。

4. 一街一策，分步实施。做强中山路步行街、凤凰美食街；完善扩充九华山路电脑街、赤铸山西路二手车和小吃排档一条街，银湖中路家具装修一条街、福禄商城现代时装街；新建东郊路特色商业街、方特动漫一条街、古城民俗产品商业街、鸠兹广场地下商业街、两站广场商业街等。

中国人民政治协商会议芜湖市镜湖区第七届委员会
第四次会议提案第12号

关于加快全区无障碍设施建设的建议

曹　俊

内容：

镜湖区公共设施建设近年来发展比较快速，但在残障人士公共设施建设方面严重滞后，与全省第一大区不相适合，同时对残障人士的人文关怀远远不够，对其生活、工作等方面造成了极大的不方便。

为解决残障人士的出行困难,保障其合理权利,创建和谐社会,使人人都用公共设施,我建议:

1. 请建委部门在规划全区发展公共设施建设时,多考虑无障碍设施布局、建设;
2. 请相关部门在各自办公活动区域内,改建有关无障碍设施;
3. 在全区范围内,加强对无障碍设施建设重要性和必要性的宣传和动员;
4. 在精神文明建设活动中,把无障碍建设设施作为重点工作来办理。

中国人民政治协商会议镜湖区委员会

七届六次会议提案第1号

关于将通达新村改造列入区2011年小区整治计划的建议

弋矶山街道政协联络组

通达新村小区建于1998年,现有4幢楼144户,共420人。该小区建成之初,花园社区帮助联系了一家物业公司,后来因一些居民不交物业费,物业公司于2009年底退出。为了管理好该小区,花园社区在原物业公司退出后想方设法为该小区重新寻找物业公司,虽然参与竞争的物业公司很多,但都因嫌该小区太小而不愿进驻。于是,花园社区帮助该小区实行自治,进行自我管理。由于新成立的小区业主委员会的委员们缺乏必要的小区管理经验和资金,小区管理上一直滞后,居民们常有怨言。考虑到该小区位于银湖中路繁华地段,是城市的一个窗口,从1998年建成以来已经十几年了,该小区的道路、绿化带及公共设施都已经破旧不堪,道路不平,路灯不亮。而该小区很小,只有144户业主,每年所有的费用仅仅只能勉强维持小区工作人员的开支,根本无力进行自我更新改造。因此建议将对该小区的改造列入区2011年小区整治计划,由区政府投资,帮助把这个处于我市重要位置的小区改造,将这个位于繁华地段的小区打造成亮点,这是小区本身的需要,也是广大业主的迫切需要。

中国人民政治协商会议芜湖市镜湖区第七届委员会

第五次会议提案第68号

设立政协委员活动联系组,扩大征集社情民意渠道,提高委员履职能力

王　珏

内容:

镜湖区广大政协委员近年来围绕区委、政府促进城市建设、经济大发展,环境大变化等重大战略任务,把握团结民主两大主题,选择区委、政府需要,人民群众关心,政协有条件做好的课题,采取专题调研、协商、议政等方式,为我区经济社会科学发展建言立论,献计出力,为加快建设繁荣富裕、文明和谐的镜湖区作出了贡献。

在闭会期间,除按政协委员的岗位、专长以及界别、组织委员进行视察等活动外,我建议还可以按委员单位所在地或居住地等,按11个街道划分委员活动联系组。一是可以加强不同界别委员之间的联系交流,二是可以更便于政协委员深入社区,密切与各界群众的联系,更便于了解民意,体察民情,反映社情民意,使社会各阶层利益诉求通过政

协渠道得到充分表达。

建议：

1. 将全区 200 名政协委员按单位所在地、居住地或对口联系的社区等进行划分，在 11 个街道设立委员活动联系组，每个联系组约 20 名委员组成。

2. 政协常委会组成人员分别联系 11 个联系组任组长，各街道党工委副书记任联络员。

3. 各联系组每季度开展 1 次集体活动，可以组织委员开展参观视察，走访慰问，便民服务等活动。

4. 各联系组及时将活动开展情况报送区政协办公室，将收集到的群众意见和愿望反映给相关部门。

5. 适时可以开展优秀联系组评比活动。

中国人民政治协商会议芜湖市镜湖区第七届委员会
第五次会议提案第 37 号

关于加强对城市“三车”违法违规行为监督的意见

王翠莲

内容：

随着城市经济建设的高速发展，市区内的机动车辆越来越多。用于施工建设的渣土车、运料车、混凝土搅拌车（以下简称为“三车”）也大量进入城区。受经济利益的驱使，“三车”在行驶过程中往往超速超载，野蛮行驶，成为城市交通中的头号“马路杀手”。此外，行驶过程中抛洒的渣土以及对路面的破坏影响市容市貌；产生的噪音也严重干扰了百姓的生活。

针对以上现象，本委员提出了以下监管建议，仅供参考。

1. 排查摸清“三车”的基本情况。

组织各相关部门人员深入全区各建设施工现场，运料车货场，混凝土搅拌站等场所全面调查，摸清“三车”的运营、使用、管理情况，并分类登记造册，为监管工作做好前期准备。

2. 严格从严监管。

各职能部门和管理单位应联合监管，在对“三车”驾驶人员进行相关法律法规和安全驾驶常识的宣传、教育的同时，对严重违法违规行为可从严处罚，以起到震慑作用。

3. 发挥媒体在监管工作中的作用。

相关部门可不定期地带领各新闻媒体，采用记者跟踪报道的形式对“三车”违法违规行为进行曝光，这样既可以打击“三车”的违法违规行为，也可以对即将违法违规的“三车”起到警示作用。

当然，对“三车”的监督管理需要一个长效的机制，切不可一阵风就了事。只有“三车”的违法违规行为得到彻底遏制，老百姓的出行才有了安全保障，生活才能更安宁，城市才会更美丽！

中国人民政治协商会议芜湖市镜湖区第七届委员会
第五次会议提案第44号
如何高效发挥社区医疗服务中心的作用

王红群

内容:

社区医疗卫生服务中心是一项优化城市医疗卫生资源的配置,是新形势下适应群众需要,保障人民群众身体健康,转变医疗体制,建立医疗新型机制,构建和谐社会的一项重大举措。在一定程度上,解决了群众看病难、看病贵的社会问题,但是由于其刚刚建立,所以还有很多问题存在并亟待解决,目前社区医疗服务中心存在的主要问题:

1. 管理不够规范,认识职责不清。很多社区医疗服务中心没有全面理解预防为主,防治结合,全科服务,以维护居民健康为中心的社区卫生服务理念,主动服务没有有效开展,社区公共卫生服务没有得到普遍落实。

2. 基础设施薄弱,医疗、护理人员匮乏。很多社区卫生服务机构的基础设施很薄弱,设备短缺、陈旧,身体健康检查、诊治和康复医疗服务功能不全,社区医疗、护理人才短缺,由于工资待遇、职称晋升等政策还没有普遍落实,缺乏吸引优秀人才进社区、扎根社区的有效激励机制,城市医疗社区卫生相互配合,相互支援的机制还没有建立起来,因此大大制约了社区医疗服务中心的发展。

解决方法:

1. 加强社区医疗服务中心的规范化管理,明确其工作内容,即疾病的检查与基本医疗;健康检查和保健;术后理疗与康复;疾病预防;健康教育和计划生育技术指导。让群众知道一般的常见病都能在社区中得到有效的治疗和处理。

2. 加强社区医疗中心基础设施建设,添置必备的医疗设施和设备,确保通常的居民身体、健康检查和疾病检查与治疗在社区中得到有效的落实。对于医护人员缺乏的问题,应加强与大医院的合作和联系,充分利用大医院的技术力量,与技术人才培养优势,选派在岗的技术骨干到大医院进修,这里需要强调的是,进修一定要实实在在,在大医院各科室轮转,而不是像现在这样,只图一个形势,拿一张进修表,到各科室盖一个章,草草了事!还可以请大医院的专家学者来社区中心讲课,对诊疗服务或医疗技术进行指导,参加有关学术交流与活动,强化在岗人员的岗位培训,加强继续教育,提高医护人员的专业技术能力,让社区医疗和护理有别于大医院的专而精,向全科医师和社区护理方向发展,向突发病和危重病人的应急急救处理与转诊的方向发展。同时,积极吸引医科大学毕业生和退休的医护专家到社区医疗服务中心来,通过这些措施,社区的医护水平一定会有大幅度提高。

希望在各部门的努力下,镜湖区能构建出以社区医疗服务为中心,社区和医院密切联系,相互支持分级医疗,双向转诊的制度。通过社区医疗中心切实有效的工作,真正给社区居民带来健康。

中国人民政治协商会议芜湖市镜湖区第七届委员会
第五次会议提案第14号
关于对棚户区拆迁改造工作的几点建议

奚要武

内容：

对城市棚户区实施拆迁改造，是政府保障和改善民生的责任和义务，也是改变城市面貌的有效途径。

日前，住房和城乡建设部、财政部等五部门联合出台了《关于推进城市和国有工矿棚户区改造工作的指导意见》，从国家政策层面提出了城市和国有工矿棚户区改造目标和工作措施。

建议镜湖区抓住国家鼓励城市进行棚户区拆迁改造的机遇，积极探索和创新棚户区拆迁安置补偿制度。

具体工作措施建议如下：

1. 拆一还一，原地回迁，尽量满足群众"故土难离"心理诉求。除公益项目以外的拆迁地块由商品房建设的开发商代建拆迁安置房，允许被拆迁人回迁到世代熟悉的地域居住生活，在心灵得到依归的环境中安居乐业。

2. 将建设40平方米保障性户型住房作为政府的民生工程。对仅有唯一住房，被拆迁房屋面积低于40平方米低收入家庭，在安置补偿时，原有的旧房面积置换新住房的面积，不再计算成新和结构差价，新增面积部分的差价款仅收取建造成本，让利于民，解决老百姓的住房困难，惠及困难群体的被拆迁户。

3. 改进拆迁工作方式，加大政策宣传力度，将好事办好，体现社会公平。要求街道、社区干部上门入户宣传不少于3次。棚户区拆迁改造召开群众大会或者群众听证会，邀请各方利益主体共同参与，达成共识。试行根据群众投票结果决定是否拆迁，尊重群众意愿，问计于民，增强城市房屋的拆迁管理工作决策过程中群众的参与度，最大限度地争取群众对拆迁工作的理解和支持。

4. 发挥政府配置资源优化，做大做强华安房地产开发公司，使华安公司成为政府建询拆迁安置房惠民工程的活动载体。

5. 争取中央和省、市政府的财力支持，根据政策规定，棚户区改造，中央财政将拨付定额资金，为保障性拆迁安置创造经济条件。

中国人民政治协商会议芜湖市镜湖区第七届委员会
第五次会议提案第24号
注重盘活存量楼宇资源 促进现代服务业发展

张庆玲

内容：

今年政府工作报告提出要"产业升级，建设提速，环境改善，百姓受益"，去年，在调查优化产业结构方面，政府积极建设商务楼宇，加大总部经济载体建设，促进了现代服务业的发展，但作为中心城区，土地面积发展空间、资源等有限。要实现产业升级的目标，不能仅做增量，面对资源限制和现实挑战，我区应通过“做大增量，盘活存量，提高质量”，在建设商务楼宇，做大增量的同时，抓好存量资源利用，要注重盘活境内存量楼宇资源，为总部经济发展产业结构的调整提供优质、充足的载体。

建议：

1. 摸清底数。建立楼宇资源动态信数据库。由相关职能部门牵头，属地街道配合，全面梳理摸排存量楼宇，分门别类，登记造册。

2. 通过提升、改造、盘活，利用存量资源，引导其向现代服务业优势产业和优势企业集聚。加快存量资源利用。提升一批，以中山路步行街商务楼宇，环镜湖周边商务楼宇为重点，推进商务楼宇改造，加大业态优化和品牌提升力度，提高品牌集聚度和商业规模经营的水平，鼓励和引导楼宇业主实施硬件和软件改造，提升楼宇品质，改造一批，借市党政机关迁往政务新区的有利契机，抓紧收储，规划并改造整合市党政机关原办公楼宇，将其作为总部经济，金融业等现代服务业态发展的重要载体。

中国人民政治协商会议镜湖区委员会

七届六次会议提案第30号

给住宅小区一个绿色环保的环境

周自炎

一、提案目的：建议将芜湖市中天印染厂搬离市区。

二、提案理由：

中天印染厂是一家集纺织、染色、印花、服装为一体的工厂，其中纺织品染色及印花生产过程中，必须应用染料，染料一般为氨基偶类化合物，它是致癌的主要物质，尽管在生产过程中采用一些防污染措施，水处理相对有效，但对于空气粉尘污染的清除，往往不够理想，可能对厂区及厂周围有所影响。

中天印染厂的西边将建滨江公园，是人们休闲游玩的地方，南边有长江1号居住小区，东面紧对果江东方小区，北贴美加印象小区，而印染厂恰位于这些人居小区的中间，不仅有污染，且与城区不协调。

三、提案建议：

中天印染厂产品畅销国内外，建议政府帮助该厂划定新厂区，尽量远离城区，造福于市民。

中国人民政治协商会议镜湖区委员会

七届六次会议提案第60号

关于大力发展公办园，提高学前教育水平的几点建议

杨　斌

2010年11月24日，国务院颁发了《关于当前发展学前教育的若干意见》，提出了加快推进学前教育的十条政策措施，同年12月1日，国务院召开电视电话会议部署近3年学前教育工作，意味着国家将学前教育纳入了基础教育的重要组成部分并予以高度重

视，为了使我区能合理、科学的发展公办幼儿园，提前学前教育水平，特提出以下建议：

一、根据国务院颁发了《关于当前发展学前教育的若干意见》，遵循“广覆盖、保基本”的学前教育公共服务原则。加大政府投入，新建、改建、扩建同时并举，建设一批安全、适用的幼儿园。新建幼儿园地点分布要合理，建议在新建小区和部分经济不发达地区，如：荆山、方村地区。改变公办幼儿园集中在市中心和老小区的不合理分布状况。

二、加快充实一支师德高尚、热爱儿童、专业精良的幼儿教师队伍，严把入口关。为了让幼儿园有一个良好发展的基础，同时也为了民办幼儿园教师队伍不受冲击，建议公开招聘一批素质高、技能精、直接从大专院校毕业的获得幼儿教师资格证的毕业生。

三、开展新建公办园体制改制。为了使公办园和谐、快速的发展，解决幼儿“入园难”问题及快速提高学前教育水平，建议新建公办园由原公办园管理人员进行管理，带班教师全部使用新聘教师担任。在管理中园长有新聘教师的人事权，做到能进能出，动态化管理。

四、加大学前教育投入，将学前教育经费列入政府财政预算，新增教育经费向学前教育倾斜，设立学前教育发展专项资金，主要用于公办幼儿园的建设与发展。如：省级一类幼儿园每两年进行一次评估，政府可从专项资金里对在评估中取得好成绩的幼儿园给予奖励；每年可从专项资金里拿出部分资金对一所幼儿园进行改造，逐步改善我区公办幼儿园的办园条件；建立科学的考核体系，对办得好的公、民办幼儿园进行奖励；在没有解决幼儿园教师编制问题之前，可从专项资金中拿出部分资金用于教师的培训、进修……这样才能保证我区公办幼儿园继续在芜湖市乃至安徽省都起着龙头和引领作用，并发挥示范和辐射作用，促进镜湖区学前教育事业健康和谐发展，从而带动芜湖市学前教育的快速发展，切实解决“入园难”问题。

中国人民政治协商会议镜湖区委员会

七届六次会议提案第59－2号

关于“文化立区、魅力镜湖”的几点建议

张云龙

作为芜湖历史和文化发祥地的镜湖区，有着深厚的文化历史积淀。在提升和壮大经济实力的同时，如何科学制定文化发展规划，发掘历史文化底蕴，加快整合现有资源，加强各类文化载体建设，尽快做强文化产业，是实现“文化立区、魅力镜湖”的根本所在。因此要把文化建设放在突出的战略位置，进一步明确工作着力点，以区域特色文化塑造形象，以健康文化生活陶冶居民情操，以文化产业的大发展提升镜湖文化的竞争力，以文化创新加快发展，全面提升镜湖城区软实力，将镜湖区建设成为文化综合实力在全市和全省领先的区域文化中心区。

为此建议：

1. 制定文化产业发展战略。成立区文化产业发展领导小组，结合实情制定镜湖区“十二五”文化产业发展规划，编制文化产业在手目录，通过调研走访、专家论证等多种形式认真谋划文化产业。

2. 加强政府服务、强化政策支持。尽快出台《镜湖区关于加快文化产业发展的若干

政策》,建立“文化产业发展专项资金”等,建立和完善全区文化统计体系,每半年召开一次文化产业推进会,每年举办一次文化产业高层论坛。

3. 大力实施文化产业推进工程。运用现代经营方式和科技创新手段,按照“做强核心层、做大外围层、做精相关层”的思路,不断推进重点文化产业项目建设,提升做优传统文化产业,培育发展新型文化产业,努力提高文化产业在服务业中的比重,增强文化产业的竞争能力。

4. 大力实施骨干文化企业和重大文化项目带动战略,加快推进堂子巷、铁画博物馆、少儿艺术剧院、世茂滨江大剧院等一批文化载体建设,形成以美食、购物、节庆、旅游、影视、动漫、休闲娱乐、书画会展等为主体的文化产业发展格局。

5. 整合产业资源,营造良好环境。深度挖掘中心城区历史文化内涵,加强对西洋文化、宗教文化、古城文化、商埠文化、滨江文化等开发保护利用,加强音乐、戏剧、美术、铁画工艺品等核心文化创作与开展,发展具有本土特色的文化产业。

6. 实施文化精品工程,培养一批在省内外有影响的优秀文化人才,创作一批反映时代精神的精品力作,打造一批有实力、有影响、有活力的艺术创作和表演团队。

7. 突出产业高端发展和龙头企业带动作用,着力打造艺术品投融资、文化产品交易等全省乃至全国知名文化产业基地,引领镜湖由文化大区向文化强区迈进。

8. 规划建设一批有特色、有水平的文化设施,启动规划建设镜湖区文化艺术中心工程。在大型小区筹备建成一批主题文化广场,植入文学、影视、音乐、图书等文化元素。

9. 实施文化惠民工程,以“市民大讲堂”、“镜湖文化论坛”为平台,开展经常性的文化惠民活动,建设社区文化图书阅览室,免费向群众开放,推进公共文化服务社会化、无偿化、均等化,形成社区群众“家门口文化圈”。

中国人民政治协商会议镜湖区委员会

八届一次会议提案第001号

关注荆方地区学生安全、消除交通安全隐患

王成芝

一、案由:

由于城市区域调整,荆方地区隶属镜湖区辖,该区域面积约77万平方公里,现有居民5万余人,区域内现有中学3所、九年一贯制学校1所、小学3所、教学点3个,共有学生3617人。幼儿园4所(含3所民办园),在园幼儿522人。无证园8所,在园幼儿491人。该地区道路均为县乡级公路(除埭南地区湾石公路),路面狭窄,路况较差。区境中小学均无自备校车,平时接送学生的车辆都是家长自发租用的无营运资质的车辆,存在重大交通安全隐患,故提出“关注荆方地区学生安全、消除交通安全隐患”。

二、调查现状

1. 区域面积大,是城区其他10个街道总面积的1.8倍,学校分布稀疏(城区约44平方公里有区属中小学28所,市直属学校初中部4所),公共交通不方便;区域内道路狭窄,路况差,部分道路较大的客运车根本无法通行。

2. 学生因上学路途较远,采取拼车、包车等形式解决上学交通困难。经调研,方村学

校有 130 余人包租 7 座小面包车 6 辆；埭南小学有 47 人包租 7 座小面包车 2 辆，均属严重超载，另外，埭南小学还有 4 名学生包租 7 座小面包车。这些车辆通过违规改装，私自载客营运，车辆安全性能不符合国家有关质量标准，没有安全系数，大都是无牌无证经营，驾驶者多数也未经专门培训，交通安全意识淡薄，极易诱发交通事故。

3. 方村地区 2 所有证幼儿园都配备非专用校车用于接送学生，目前除了有证园的车辆我们对它可以进行监控以外，无证园的车辆处于无人监管状态，这些车辆均为 7 座的小面包车，经了解，发现车辆在原有座位的基础上，均配备了小板凳用于超载之用。

4. 今年 9 月，区政府投入了 200 万元，购置了 8 辆公交车，在方村地区建立了公交环线，缓解了荆方地区人民群众出行难问题，也解决了方村和天民地区部分学生上学的交通问题。但公交环线为单向循环，且未通行到埭南地区。根据学校反映，新通的公交环线对于解决学生上学并未起到多大帮助，其原因是：公交车到站时间和学生上放学时间不吻合，公交线路设计不合理等。

三、建议

1. 高度重视、加强领导。由区政府分管领导或部门牵头，由交通、安监局、办事处、车管所、公交公司、教育等单位参与的协调小组，定期召开会议解决荆方地区学生上放学交通安全隐患问题。

2. 明确职责、加强监管。参与协调单位，各负其责，统力协调，尽职尽责。区交通管理部门和交警大队要加强对方村、埭南地区无证运营车辆的清理，特别是上、放学期间对无证用于运输学生的车辆提高打击力度。

3. 区政府加大对荆方地区投入，对荆方地区道路进行拓宽改造或新建，以便公交线路覆盖整个荆方地区，解决学生上、放学乘车困难。

4. 优化公交线路和到站时间。与方村和天民两校密切合作，在学生上放学时间段能双方向同时到站 1～2 部公交车辆，解决学生乘车。

5. 由政府财政投入，购置专用校车，定时定点，定营运车主，在规定线路、规定时段、规范行车，彻底解决学生上、放学乘车问题。

中国人民政治协商会议镜湖区委员会

八届一次会议提案第 86 号

关于进一步加强我区年鉴、方志编纂工作的建议

胡志恒

年鉴是系统汇辑一年内的重要时事文献和统计材料，按年度逐步出版发行的编年体工具书。方志是以一定体例记载某一地区自然的和社会的各个方面的历史与现状的综合性著述。近年来，我区年鉴、方志编纂工作扎实进行，《镜湖区年鉴 2009》、《镜湖区年鉴 2010》、《镜湖区志》（1949—2002）得以出版面世，充分反映了我区近年来的辉煌成就，真实记录了我区既往的光荣历史。

年鉴通常是记录上一年度情况的，它对各级领导者、决策者及时全面了解区情、制定今后目标计划具有实际意义，对有意来我区投资的客商了解最新投资环境也具有指南作用。因而年鉴的时效性是至关重要的。而目前最新的《镜湖区年鉴 2011—2012》已出版，

建议此后逐年出版。

鉴此,建议:

1. 得到领导重视

各级领导要真正重视年鉴、方志编纂工作。应明确分管此事的副区长。鉴于地方志办公室对撰稿部门没有约束力,建议将及时有效地供稿与撰稿部门领导的绩效挂钩。

2. 需有经费保证

为保证每年度年鉴的正常编纂出版,充足的编纂出版经费应明确列入每年度的财政预算。

3. 注重编纂者队伍建设

应加强对各部门各行业撰稿者的培训,加强对统稿者的培训,建立一支相对稳定的编纂队伍。

4. 需有明确时间表

每年第一季度应完成组稿任务,第二季度完成编纂出版工作,确保年鉴在年内面世。如《镜湖区年鉴2012》应在2012年3月底前完成各部门各行业的组稿(2011年材料),2012年4—6月高效运行编辑、统稿、出版各环节,确保反映2011年区情的年鉴能在2012年6—7月面世。

5. 建立长效工作机制

组织、经费、队伍、工作流程等逐步完善后,我区年鉴工作就会常态化,就能建立较为完备的资料档案,形成长效工作机制,可为新一轮修纂区志打下坚实的基础。

中国人民政治协商会议镜湖区委员会

八届三次会议提案第005号

建议把握芜湖拥江发展机遇,着力打造区域转型发展新平台

张胜娟

最新出台的《芜湖市城市总体规划(2012—2030年)》,确定芜湖市中心城区城市空间发展的结构为:龙湖为心,两江三城。龙湖为心,即以龙湖生态环境敏感区为自然本底,构筑城市生态绿核,同时作为城市未来发展的重要战略储备区域;两江三城,即以长江、青弋江—漳河为轴线,形成江南城区、龙湖新城和江北新城3大主城区,实现两岸共同繁荣。同时鉴于我市当前及今后一段时期,市委市政府"整体提升江南,加快建设江北",积极打造长江流域具有重要影响的现代化大城市的拥江发展思路,建议我区抢抓机遇,积极谋划打造转型发展新平台。

1. 积极谋划滨江片区开发。根据城市总体规划布局要求,按照高端定位,邀请国际国内知名设计机构开展滨江片区产业定位研究与岸线规划设计,力争通过城市高端要素集聚和综合服务功能叠加提升,将滨江片区建成现代产业集聚、文化底蕴彰显、城市功能完善的现代化大城市中心标志性区域。

2. 谋划建设"飞地"工业园。紧紧抓住我市加快拥江发展、实施江北地区大开发机遇,摒弃固有的行政区划概念,突破我区土地、空间等要素瓶颈制约,借鉴江阴经济开发区靖江园区模式(分属不同行政区域的江阴和靖江两个县级市,一方出资金,另一方出土

地,成立江阴经济开发区靖江园区,实现优势互补,联动开发,跨江发展,达到双赢目的),规划建设江北集中区镜湖"飞地"工业园。一方面积极承接我区外迁重点工业企业,另一方面坚持招大引强选优,谋划实施一批投资大、效益好、与我区产业关联度高的重点工业项目,重点发展战略性新兴产业,积极培育区域新的增长点。

中国人民政治协商会议镜湖区委员会
八届三次会议提案第028号

促进物业企业良性发展,建立并完善对其服务的监督与管理体系

周 伟

案由:物业管理,关乎着民生工程的落实,更关系着千万百姓切身利益,是维护社会稳定,推进社会管理体制改革的重要内容之一。目前大多数物业管理企业特别是安置房物业管理企业因自身服务意识不强、"造血"功能不足、完全依赖政府性补助生存,以及当下政府监督体制不完善,政府和部门对业主委员会的期望过高,物业管理企业市场竞争力低下而造成的物业服务水平无法满足住户实际需求的现状,使诸多业主对物业公司、对政府不满情绪较为普遍。

案据:1. 针对服务意识淡漠的问题,建议:引入小区住户满意度测评作为聘用、续用物业管理企业的重要标准。同时引导物业管理企业扩宽思路,从单纯的环境卫生维护、治安巡查的传统物业服务的思想中解放出来,通过与劳动力市场和专业的家电维修等市场对接丰富物业管理与服务内涵,提高业主对物业企业的归属感。

2. 针对"造血功能"不足的问题,建议:可采取如开发商必须按照要求提供社区办公活动用房的理念,要求建设单位必须配套建设地下车库、公共停车位、门面房等经营性场所,产权归全体业主或政府所有,赋予物业企业场所使用权,用于补贴物业管理日常开支,并且设立政府奖补基金和物业企业保证金制度,每年以物业公司服务的小区或楼宇为单位进行考核,针对考核情况给物业公司一定的物质奖励和惩罚,促使物业公司不断强化服务意识,履行管理职能。

3. 针对业委会自身水平不高的问题,建议:政府首先应明确业委会不是唯一的监督物业公司的主体,不能仅依靠业委会的成立来制约物业管理部门,应通过社区居委会的属地作用,协助业委会引入专业人士以顾问的形式,从事对物业企业的多方位监督。通过政府的统筹、社区的协助和业委会成员的积极参与等一系列手段,努力提高业委会成员自身水平,提高业委会依法监督物业企业的能力。

4. 针对监督体系不完善的问题,建议:政府相关部门应在物业年度评价上,让基层的服务中心和社区有话语权。将物业年度评价权利下放到所在区域的基层社区,让社区有话语权、评价权。对于在多个区域服务的物业企业,政府相关部门应听取其各所在服务区域的社区意见,进行综合评价,提高基层社区在物业企业监督体系中的合法地位。

5. 针对安置房物业企业市场竞争力低下的问题,建议:采用引入加培育的方法,政府主管部门通过先补贴后考核的方式,有意识的引入高资质的物业管理企业进入安置房管理市场,一方面提升安置房区域的物管水平,同时对安置户的素质和意识的提升也有带动作用,最终将安置房的管理与服务推向市场,从而促进安置房物业管理的良性发展。

中国人民政治协商会议镜湖区委员会
八届三次会议提案第40号
关于加快芜宁路菜市场建设的建议

方　勇

内容:

社区菜市场与城市居民日常生活密切相关,芜湖市镜湖区芜宁路菜市场临时菜市场的建成,虽然在一定程度上,给居民带来一些便利,但是治标不治本,依然存在着很多弊端。

一、排水系统,排水管道的堵塞,污水难以排放,路面常年积水,气味难闻,给行人带来很多不便;

二、遮蔽不完全,雨雪天气,行人露天撑伞买菜,摊主和居民意见较大,本就狭窄的过道很是拥挤不堪;

三、菜市场内气味难闻,由于是露天菜市场,鱼禽类散发的气味,严重影响到了周围的小区居民;

四、停车困难,菜市场的附近没有停车场也没有规范的停车线。

针对此区域菜市场环境混乱的状况,建议如下:

一、加快芜宁路菜市场标准化的建设,尽快地建设一个标准化的菜市场,彻底改变市场脏、乱、差局面,给群众提供一个舒适、安全、现代的购物环境。

二、充实城管执法大队的力量,全面禁止在人行道上的停车,或者摆摊,营造一个良好的路边环境。

三、加强农贸市场的位置和建设的科学调研,确保方便本区市民使用,实现降低经营成本和便民、利民的目标。

四、在芜宁路附近整修路面,画出停车线,规范停车,或者在建设的标准化的菜市场过程中,修建停车场。

五、城区菜市场的建设涉及广大人民群众的利益,给群众创造一个环境舒适、安全卫生的买菜环境是执政为民的具体表现。应把建设和管理好城区菜市场作为为民生办实事的“民生工程”来抓,提供专项资金和优惠政策进行扶持,进一步完善菜市场的硬件设施。

后　记

政协镜湖区委员会自1984年成立以来,已走过了30年的光辉历程,在镜湖区的社会主义经济建设、政治建设、文化建设、社会建设中发挥了重要作用。为存史资政、继往开来,经2012年10月9日召开的八届六次主席(扩大)会议协商研究,决定编撰《镜湖区政协志》(1984—2014)。

为做好《镜湖区政协志》(1984—2014)的编纂工作,区政协成立了以政协主席为主任、副主席和秘书长为副主任的《镜湖区政协志》(1984—2014)编纂委员会。委员会下设编辑部,具体负责编纂工作。为确保志书编纂工作的正常推进,区政协除办公室全体同志全力以赴外,特聘请了三位同志从事资料收集与志稿的编辑工作。

《镜湖区政协志》(1984—2014)撰写工作于2013年6月启动,为全面指导与做好档案资料搜集、整理以及编写工作,编纂委员会制定了具体的编纂工作计划与方案,制定了工作例会制度、编纂委员会审定制度、撰写人员分工负责制等工作制度。

八届主席会议十分重视编纂工作,定期召开会议听取汇报、了解情况、掌握进度。编纂委员会的重大事宜均交由主席扩大会议研究决定。

由于时间跨度长,人员变动大,档案资料缺失较多,在编纂过程中频频出现资料不全、无从下手的情况。为解决这一问题,区政协办公室同志和编辑人员采取了各种方法、做出了巨大努力,尽可能地从各种零散的资料中剥茧抽丝、细细耙梳,终经一年有余,完稿付梓。

《镜湖区政协志》(1984—2014)的编纂过程得到了历届政协老主席的关心与帮助,他们克服年事已高、身体不便的困难,将自己珍藏的图片、文字资料提交给我们,使本志内容得以充实而丰满。在此,我们对他们表示深深的敬意与感谢!

《镜湖区政协志》(1984—2014)共计72万字,采用图片64幅。本志针对镜湖区区划变迁的特点,采取了条块结合的编纂体例,全书共十二章,分为三部分(1984年至2006年的原镜湖区部分和新芜区部分,2006年至2014年镜湖区部分)。原镜湖区部分由胡毓骅收集整理资料并撰稿,胡首春全程配合;新芜区部分由蔡传鸿、邹通文收集整理资料并撰稿;2006年之后的镜湖区部分由金卫东收集整理资料并撰稿,王君全程配合。凡例、大事记、后记由金卫东撰稿;概述初稿由胡毓骅撰稿,杨珍进行全面修改、定稿。图片由邹通文搜集、编排并作文字说明。

在本志的撰写过程中,茆振文对初稿的每一章节进行了逐章逐句的审阅,提出了具体详细的修改意见。初稿几经修改形成了送审稿,经历届政协老主席和相关老同志的审阅,并提出修改意见。编纂人员根据各方面的反馈意见,进行反复核实、修改,最后经编委会集体审定通过。

《镜湖区政协志》(1984—2014)的编纂工作得到了中共镜湖区委、镜湖区人民政府的大力支持,得到中共芜湖市委组织部、镜湖区委组织部、区档案局、区地方志办公室等部门的大力帮助。在此付梓之际,谨向所有为本志提供支持与帮助的单位和个人表示诚挚的谢意。

本志记录的时间自1984年至2014年,前后30年,历史跨度较长,区划变迁大,档案资料多有缺失,很多资料难以征集齐全。加之,时间较为紧迫,编者水平有限,书中难免存在一些缺点与不足,疏漏之处在所难免,敬请读者批评指正。

《镜湖区政协志》编纂委员会

2014年9月